JOHN KERR

EINE HÖCHST GEFÄHRLICHE METHODE

JOHN KERR

EINE HÖCHST GEFÄHRLICHE METHODE

Freud, Jung und Sabina Spielrein

Aus dem Amerikanischen
von Christa Broermann
und Ursel Schäfer

verlegt bei Kindler

Titel der Originalausgabe: A Most Dangerous Method
Originalverlag: Alfred A. Knopf, New York

Die Deutsche Bibliothek – CIP-Einheitsaufnahme

Kerr, John:
Eine höchst gefährliche Methode: Freud, Jung und Sabina Spielrein /
John Kerr. – München: Kindler, 1994
Einheitssacht.: A Most Dangerous Method ‹dt.›
ISBN 3-463-40172-X

Dieses Buch wurde auf chlor- und säurefreiem Papier gedruckt.
Die Folie des Schutzumschlags sowie die Einschweißfolie
sind PE-Folien und biologisch abbaubar.

Umschlaggestaltung: Graupner & Partner, München
Umschlagfoto: Archiv für Kunst und Geschichte, Berlin
Satz: Büro Mihr, Tübingen
Druck und Bindung: Ueberreuter, Korneuburg
Printed in Austria
ISBN 3-463-40172-X

2 4 5 3 1

Manche Menschen haben das Glück, drei Eltern zu besitzen.
Dieses Buch widme ich
meiner Mutter
meinem Vater
und
Mabel Groom.

Ich hoffe, daß Freud und seine Schüler ihre Gedanken bis an die äußerste Grenze verfolgen werden, damit wir erfahren, von welcher Art sie sind. Ohne Zweifel werden sie einiges Licht in die menschliche Natur bringen, doch ich gestehe, daß ich von Freud den Eindruck habe, er sei von fixen Ideen besessen. Ich für mein Teil kann mit seinen Traumtheorien nichts anfangen, und »Symbolik« ist offenkundig eine höchst gefährliche Methode.

William James, *Brief an Théodore Flournoy,*
28. September 1909.

Inhaltsverzeichnis

Teil III
Die Bewegung

Teil IV
Intime Angelegenheiten

Teil V
Die Folgen

Einleitung

Sigmund Freud und Carl Gustav Jung begegneten sich zum ersten Mal am 3. März 1907. Sie unterhielten sich dreizehn Stunden ohne Pause. Das letzte Mal begegneten sie sich beim Vierten Internationalen Psychoanalytischen Kongreß am 7. und 8. September 1913 in München. Soweit wir wissen, wechselten sie bei dieser Gelegenheit kein einziges Wort. Damit endete eine der schwierigsten intellektuellen Beziehungen im Schweigen. Und dennoch haben die beiden Männer in den gut sechs Jahren ihrer Zusammenarbeit das Denken im 20. Jahrhundert entscheidend beeinflußt.

Dieses Buch enthält die Geschichte ihrer Beziehung. Ich erzähle sie nicht in erster Linie, um das biographische Wissen über die beiden zu erweitern, und schon gar nicht, um für den einen oder den anderen Partei zu ergreifen. Ich möchte vielmehr zum Nachdenken darüber anregen, worin ihre gemeinsame Leistung besteht.

In den Jahren ihrer Zusammenarbeit machten Freud und Jung eine neue Methode der Psychotherapie berühmt, die Psychoanalyse, und sie erreichten, daß die auf vielen Gebieten radikale psychoanalytische Sichtweise sich weithin durchsetzte. Ohne Freud und Jung oder vielmehr ohne ihre Zusammenarbeit gäbe es keine Psychoanalyse, wie wir sie heute kennen. Freud und Jung schufen zwar etwas grundsätzlich Neues – die verändernde Kraft ihrer Errungenschaft ist noch heute spürbar –, aber dabei wurden auch Einflüsse wirksam, die mit ihrer jeweiligen Lebenssituation zusammenhingen und die durchaus vermeidbar gewesen wären. Diese Einflüsse führten zu Verzerrungen ihrer Sicht, und darum ist es wichtig, sie zu erkennen und zu verstehen.

Die Geschichte der Beziehung von Freud und Jung zu erzählen ist fraglos eine wichtige Aufgabe. Aber es ist nicht leicht, diese Geschichte aus kritischer Distanz zu erzählen. Zu beiden Männern würden wir gerne aufschauen, sie als Helden bewundern, die anziehenden, menschlichen, skeptischen und letztlich weisen Persönlichkeiten in ihnen sehen, die in vielen Anekdoten aus späterer Zeit sichtbar werden. Freud und Jung haben eine neue Sicht auf die menschliche Psyche eröffnet und ganz besonders auf die menschlichen Grenzen; notgedrungen mußten sie daher als erste mit der Bürde der Selbstreflexion leben, die für die moderne Psychologie charakteristisch ist. Insofern waren Freud und Jung die ersten Bürger des 20. Jahrhunderts. Für uns ist der Gedanke verlockend und beruhigend, sie hätten all jene Vorzüge besessen, die erforderlich sind, damit die neue Art der Selbstwahrnehmung dem Menschen hilfreich sein kann.

Beide waren immer dann besonders gewinnend, wenn sie zu etwas in Opposition standen. Wenn die Situation es später in ihrem Leben verlangte, daß sie in Opposition zu ihren eigenen Theorien traten, meisterten sie auch das mit Leichtigkeit. Ich denke, wir haben alle schon einmal von Freuds unwilligem Protest gehört: »Manchmal ist eine Zigarre einfach nur eine Zigarre.«[1] Noch deutlicher wird das vielleicht aus einer Bemerkung Freuds gegenüber Abram Kardiner, der während seiner Lehranalyse die Logik eines bestimmten psychoanalytischen Lehrsatzes in Frage stellte: »Oh, nehmen Sie das nicht zu ernst. Das ist etwas, was ich mir an einem regnerischen Sonntagnachmittag ausgedacht habe.«[2] Aber Freud konnte nicht nur respektlos sein, sondern besaß auch eine gute Portion Unerschrockenheit. Als die Nazis vor der Erteilung der Ausreiseerlaubnis von ihm verlangten, er solle eine Propagandaerklärung unterschreiben, die bescheinigte, daß sie ihn gut behandelt hätten, reagierte Freud mit einem Anflug von Heldenmut. Er setzte seinen Namen unter die Erklärung und fügte dann bedächtig als Postskriptum an: »Ich kann die Gestapo jedermann aufs beste empfehlen.«[3]

Auch Jung konnte ironisch Abstand von sich selbst nehmen. Bei einem Podiumsgespräch in dem Institut, das er gegründet hatte, flüsterte er einem Kollegen vertraulich ins Ohr: »Gottlob bin ich kein Jungianer.«[4] Im Umgang mit Patienten konnte Jung unverblümt direkt sein. Als eine junge Frau es einmal satt hatte, über ihre unerwiderte sexuelle Übertragung zu reden, und ihm vorschlug, sie sollten sich lieber gemeinsam auf die Couch legen, erwiderte Jung trocken: »Ja, das könnten wir – aber dann müßten wir wieder aufstehen.«[5] Und Jung konnte auch ebenso nonchalant seinen Ruhm genießen wie sein einstiger Wiener Freund. Bei einer Reise nach London in späteren Jahren hielt sich Jung einen Nachmittag frei, um im Lesesaal des Britischen Museums nach einem seltenen Buch zu forschen. Am Eingang wurde er höflich vom Aufseher angehalten und gebeten, seinen Benutzerausweis vorzuzeigen. Jung erwiderte, er habe keinen Ausweis, er sei Carl

Gustav Jung aus Zürich und habe nicht gewußt, daß er einen brauche. Der Aufseher fragte, offensichtlich überrascht: »Carl Gustav Jung? Sie meinen Freud, Adler, Jung?« Worauf Jung versonnen sagte: »Nein ... nur Jung.«[6] (Er durfte hinein.)

Diese Anekdoten stammen aus den späten Lebensjahren der beiden Männer. Die Geschichte ihrer Beziehung gehört in einen früheren, erheblich dunkleren Lebensabschnitt. Zwar waren viele ihrer bewundernswerten Eigenschaften auch damals schon erkennbar, aber sie waren doch beide noch ehrgeiziger, dogmatischer, intoleranter und verbohrter als später. Erfolg verbessert den Charakter der meisten Menschen, Ehrgeiz jedoch selten. Und zur Zeit ihrer Zusammenarbeit wurden Freud und Jung beide heftig von dem Verlangen nach jeweils eigener zukünftiger Größe geplagt.

Dabei gilt es auch den weiteren Kontext zu berücksichtigen. Zu Anfang unseres Jahrhunderts interessierte man sich in Europa wie in Amerika in nie gekanntem Ausmaß für die Psychologie sogenannter nervöser Erkrankungen. Gleichzeitig experimentierte man überall mit psychotherapeutischen Behandlungsmethoden. Beides – das Bemühen, die Natur nervöser Beschwerden zu ergründen, und das Bestreben, sie durch rein »psychotherapeutische« Methoden zu lindern – hing mit bestimmten Entwicklungen zusammen, die in der gesamten westlichen Welt zu beobachten waren. Zunächst einmal war die Jahrhundertwende eine Zeit wirtschaftlicher Blüte. Damals wie heute geben Menschen, die es sich leisten können, ihr Geld gerne für sich selbst aus. Oft heißt das, daß sie Hilfe bei Beschwerden suchen, denen sie unter härteren Lebensbedingungen weniger Aufmerksamkeit schenken würden. Zum zweiten kamen damals »nervöse« Störungen generell häufig vor. Nur wenige Menschen wissen heute noch, daß in einem ordentlichen viktorianischen Haushalt in allen Räumen des Erdgeschosses Fläschchen mit Riechsalz bereitstanden für den Fall, daß eine ebenso ordentliche viktorianische Dame von einem damals überaus verbreiteten Unwohlsein, der Ohnmacht, niedergestreckt werden sollte. Aber nicht nur die Frauen waren betroffen, auch die Männer litten an vielfältigen seelischen und körperlichen Symptomen. Wo die genaue Ursache lag, war umstritten, aber Einigkeit herrschte darüber, daß die Schnellebigkeit der modernen Zeit sich schädlich auf das Nervensystem auswirkte.

In der Regel richtete sich die Diagnose nach dem Geschlecht. Während die Hysterie weitgehend, wenn auch nicht ausschließlich den Frauen vorbehalten blieb, waren Neurasthenie, Zwangsneurose, Zwangshandlungen und andere Syndrome vorwiegend die Krankheiten der Männer. Überdies schlossen all diese Etiketten die noch schlimmere sekundäre Diagnose einer erblichen Belastung mit ein. Als typischer Lückenbüßer der medizinischen Theorie befriedigte sie das Bedürfnis des Arztes, etwas zu sagen, und raubte zugleich dem Patienten jegliche Hofnung, daß er wieder gesund werden könnte. Damals konnten sich viele sensible und obendrein nicht wenige robuste Zeitgenossen lediglich auf ein reines Gewissen berufen, um geheime Zweifel und Befürchtungen abzuwehren. Sie mußten ihre Energien durch Überarbeitung und durch nicht minder strapaziöse Reisen in Badeorte erschöpfen, um eine ominöse, dumpfe Mattigkeit zu vertreiben; sie mußten alle möglichen philosophischen, politischen und sozialen Bewegungen unterstützen, um ihre Aufmerksamkeit von einer inneren Schwermut abzulenken, für die sie keinen Namen wußten. Offenbar waren die Stützen des Charakters – Willenskraft und Rechtschaffenheit – auf geheimnisvolle Weise von innen her ausgehöhlt worden.

Gegenüber alldem hatte sich die Neurologie am Ende des 19. Jahrhunderts als ausgesprochen hilflos erwiesen. Zwar hatte man einige grundlegende Einsichten über die elementare Funktionsweise des Nervensystems gewonnen, aber deren Bedeutung für nervöse Störungen beschränkte sich darauf, daß man eine physikalisch gefärbte Sprache einführte, in der von »Energie« und »Entladung«, »Spannung« und »Ermüdung« die Rede war. Damit wurden lediglich die Ausdrucksmöglichkeiten des Patienten beschnitten. Die verfügbaren physischen Behandlungsformen – Elektrizität, Bromide, operative Eingriffe – hatten keine zuverlässigen Erfolge erbracht, und viele hegten den Verdacht, daß die Erfolge, die trotz allem erzielt wurden, vorwiegend der Suggestionskraft zu verdanken seien. Die Anwendung von Hypnose hatte zu dauerhafteren Erfolgen geführt, aber sie war umstritten. Wenn die Seele in Trance zum Guten hin beeinflußt werden konnte, warum dann nicht im Wachzustand? Und was sagte dies über die Natur der Beschwerden aus und über die Funktionsweise des Nervensystems im allgemeinen?

Nervöse Leiden regten zu vielen höchst interessanten, neuen wissenschaftlichen Fragen an. Eine große wissenschaftliche Erkenntnis sicherte damals bleibenden Ruhm, und schon dieser Anreiz garantierte, daß sich talentierte Köpfe ernsthaft mit den nervösen Erkrankungen beschäftigten. Von allen Faktoren, die das Interesse für solche Störungen beförderten, war der wohl wichtigste philosophischer Natur. Denn in jener Zeit wurde erstmals der wissenschaftliche Materialismus als vorherrschendes Weltbild akzeptiert. Man nahm inzwischen allgemein an, daß die Wissenschaft endgültig über die Religion und die Metaphysik triumphiert habe und daß eine vollständig materialistische Erklärung der äußeren Welt zum Greifen nahe sei. Aber wie sollte der Mensch dann jenen anderen Pol der Erfahrung faßbar machen – das Selbst? Es sah so aus, als gebe es in der materiellen Welt mit ihren endlosen Ketten von Ursachen keinen Ort für die denkende, fühlende, wollende Kraft des Selbst. Das Paradox lag allen deutlich vor Augen, aber es gab noch keinen einhellig anerkannten Weg, es zu lösen.

Die Fragen, die mit den nervösen Beschwerden zusammenhingen – die Beziehung des Nervensystems zum Bewußtsein und zum Unbewußten –, betrafen ein zentrales philosophisches Problem. Ein befriedigendes System, das die Empfindungen der menschlichen Seele mit den Erkenntnissen der Anatomie und der Physiologie verknüpfen konnte, hatte zwangsläufig schwerwiegende philosophische Implikationen. Daher überrascht es nicht, daß Mediziner, die sich mit nervösen Patienten beschäftigten, auch häufig ihr Glück mit der Philosophie versuchten. Ebensowenig überrascht es, daß die Erscheinungsformen der nervösen Störungen in der Vorstellung der meisten Menschen eng mit all dem verbunden waren, was ihnen außergewöhnlich und rätselhaft erschien, mit Séancen, Genie, Telepathie und ähnlichem. Offenbar gab es doch noch Risse in der materialistischen Weltordnung.

In dieser Situation schlugen viele weitblickende Mediziner den einzig erfolgversprechenden Weg ein: Sie trieben psychologische Forschung und experimentierten mit psychotherapeutischen Behandlungsmethoden. Diese Richtung setzte sich in der gesamten westlichen Welt durch. Obwohl die Ansätze sehr vielfältig waren, kann man mit vollem Recht von einer »psychotherapeutischen Bewegung« sprechen. Innerhalb weniger Jahrzehnte löste sich die Bewegung jedoch wieder fast vollständig auf. Die Fülle der Konzepte mußte einer einzigen Theorie weichen, die ursprünglich nur eine von vielen gewesen war.

Der rasche Aufstieg der Psychoanalyse zur Vorherrschaft ist im Rückblick erstaunlich. Von 1900 an waren die Theorien Sigmund Freuds über Hysterie und andere verbreitete nervöse Syndrome den meisten Medizinern bekannt, aber sie nahmen keinen höheren Rang ein als die vielen anderen Theorien zahlreicher sonstiger Zeitgenossen. Die spezifische Methode, mit der Freud zu seinen Theorien gelangte – seine geliebte »Psychoanalyse« –, wurde mehr als Kuriosiät angesehen denn als Vorbild. Oft war die scheinbar vernünftige

Ansicht zu hören, Freud selbst habe dank der Psychoanalyse zwar eindrucksvolle Entdeckungen gemacht, sie sei jedoch weder lehrbar noch lernbar und könne in den Händen eines weniger talentierten Arztes nichts Lohnendes erbringen.

Im Jahr 1911, kaum zehn Jahre später, war diese anfangs wenig beachtete Methode zum Brennpunkt einer heftigen, erbittert geführten Kontroverse geworden. Sie beschäftigte die offizielle Neurologie und Psychiatrie in ganz Europa. Bis 1926, als das geheime leitende »Komitee« von Anhängern der Psychoanalyse aufgelöst wurde, war die Psychoanalyse bereits zur weltweit prominentesten Schule für Psychologie und Psychotherapie aufgestiegen. Sie zog einen steten Strom von Ausbildungskandidaten und Anhängern an, und zwar nicht nur aus dem Bereich der Medizin, sondern auch aus der Kunst und den Geisteswissenschaften. Im Jahr 1939, dem Todesjahr Freuds, hielt Auden eine Lobrede auf die Psychoanalyse und sagte, sie sei inzwischen »geradezu eine Weltanschauung«. Freud war zu Ruhm und Ansehen gelangt durch die Beschäftigung mit den wissenschaftlichen und philosophischen Fragen, die von Anfang an mit dem Begriff »Neurose« verbunden gewesen waren. Diese Nische gab es schon seit langem, und Freud war dazu ausersehen, sie zu besetzen. Jung mußte die für ihn passende Nachbarnische finden. Das gelang ihm auch. Sein System ließ Raum für die religiösen und mystischen Empfindungen, die Freud ein Greuel waren.

Die Psychoanalyse stieg so rasch zur vorherrschenden Theorie auf, daß sie den Diskurs früherer Zeiten vollständig verdrängte. Verschwunden waren die Namen und Beiträge vieler anderer Denker, verschwunden war auch die Vielfalt origineller Standpunkte, die bis dahin fruchtbaren Boden für neue Theorien abgegeben hatten. Die Situation war reif dafür, die Geschichte neu zu schreiben. Dabei entstand leider an manchen Stellen ein Gespinst aus Mythen und Halbwahrheiten, deren Urheber oft Freud selbst war. Ein Beispiel ist die falsche Darstellung des damaligen Umfeldes. Es wurde behauptet, ursprünglich sei allein Freud an die Fragen der menschlichen Sexualität unvoreingenommen herangegangen und ebenso habe Freud als einziger die Idee des Unbewußten ernst genommen. Weiterhin wurde behauptet, er sei aus diesem Grunde teils völlig ignoriert, teils in unfairer Weise angegriffen worden, und seine Zeitgenossen hätten ihn gezwungen, das Leben eines wissenschaftlichen Nomaden zu leben, bis die Welt für seine Lehren reif gewesen sei. All dies ist nachweislich unwahr, aber erst in den letzten fünfundzwanzig Jahren haben Historiker den Mut aufgebracht, das klar auszusprechen.

Ein weiteres Gespinst aus Mythen und Halbwahrheiten umgab die Ursprünge von Freuds Theorien. Es hieß, seine Ideen seien ihm erstmals im Laufe seiner klinischen Arbeit gekommen – seine Schlüsse seien ihm sogar mehr oder weniger von seinen Patienten aufgedrängt worden – und er habe diese Erkenntnisse dann durch eine heroische Selbstanalyse erweitert. Auch das ist mehr Dichtung als Wahrheit. Es ist inzwischen völlig klar, woher Freud seine Ideen hatte – vorwiegend aus seiner Bibliothek –, und es ist ebenso klar, daß er mit der neuartigen Anwendung dieser Ideen keineswegs immer ins Schwarze traf, sondern ebensohäufig weit daneben, wie seine Patienten bezeugt haben. Der Mythos der Selbstanalyse wird erst seit kurzem kritisch überprüft. Man kann noch nicht absehen, wie das abschließende Urteil ausfällt, aber schon jetzt ist klar, daß Freud einige der angeblichen theoretischen »Früchte« dieses Unterfangens anderswo geerntet hat.

Das vorliegende Buch befaßt sich hauptsächlich mit einem dritten Gespinst aus Mythen und Halbwahrheiten. Seinen Mittelpunkt bilden die ersten Jahre dieses Jahrhunderts, in denen die Psychoanalyse ihre umstrittene Vorherrschaft erlangte. Da die fundamentalen Erkenntnisse der Psychoanalyse von Freud stammten, neigten die meisten Historiker dazu, die Geschichte der psychoanalytischen Bewegung aus der Perspektive von Wien zu erzählen. Dann klingt die Geschichte leicht so: Freud baute nach und nach sein theoretisches Gebäude aus und scharte gleichzeitig Anhänger um sich. Einige von ihnen standen jedoch der ganzen Psychoanalyse oder einigen Teilen ambivalent gegenüber, gingen später weg und gründeten ihre eigenen Schulen. Auf den ersten Blick erscheint diese Betrachtungsweise plausibel. Die später mit großem Getöse vollzogenen Spaltungen verlieren etwas von ihrer Peinlichkeit, denn sie erscheinen weniger bedeutsam. Paradoxerweise ist diese Sicht auch für die Anhänger der Abtrünnigen attraktiv, denn sie erlaubt ihnen zu glauben, ihre Meister hätten von allem Anfang an deutlich abgesetzte eigene Ansichten gehabt.

Problematisch an dieser Sichtweise ist, daß sie Freuds spätere Größe auf die frühe Periode seiner Arbeit zurückprojiziert und zudem die damaligen Verhältnisse in der medizinischen Fachwelt Europas außer acht läßt. Geltung und Ansehen genossen Jung und sein Züricher Mentor, Eugen Bleuler – nicht Freud. Jung und Bleuler besaßen einen internationalen Ruf als Pioniere der Psychiatrie. Außerdem hatten sie das Prestige der Züricher medizinischen Fakultät hinter sich und leiteten die Züricher psychiatrische Klinik mitsamt dem dazugehörigen psychologischen Laboratorium, wo interessierten Ärzten eine Fortbildung angeboten wurde. Kurz gesagt waren es Jung und Bleuler, die über die institutionellen Mittel verfügten, die man brauchte, um die Psychoanalyse in eine wissenschaftliche Bewegung zu verwandeln. Der Aufstieg der Psychoanalyse spiegelt die institutionellen Gegebenheiten unmittelbar wider. Erst ab dem Zeitpunkt, als Jung und Bleuler berichteten, sie könnten einige von Freuds Theorien anhand der Arbeit mit ihren eigenen Patienten bestätigen, begannen die ernsthaften Diskussionen. Fast alle bedeutenden frühen Anhänger Freuds erhielten in Zürich ihre Ausbildung in der neuen Methode. Und Zürich stellte der Psychoanalyse auch ihre ersten offiziellen Institutionen bereit: Der erste Kongreß, die erste Zeitschrift, die Gründung der Internationalen Vereinigung – all das wurde von Zürich aus organisiert, nicht von Wien aus. Jung und Bleuler machten Freud in der Wissenschaft bekannt, nicht umgekehrt.

Man muß die Geschichte der psychoanalytischen Bewegung mit Blick auf die Achse Zürich–Wien begreifen. Diese Perspektive zwingt uns, die grundlegende Veränderung anzuerkennen, die die Psychoanalyse kurz nach dem Einstieg von Jung und Bleuler durchlief. Insoweit die Psychoanalyse eine Wissenschaft war, mußten ihre Ergebnisse prinzipiell reproduzierbar sein. Da Freud die Notwendigkeit einsah und versuchte, Nutzen daraus zu ziehen, präsentierte er sich Jung und Bleuler als wissenschaftlichen Gewinn, den es zu erwerben galt. Sie reagierten ihrerseits dergestalt, daß sie die notwendigen praktischen Einrichtungen zur Verfügung stellten. Anfangs schien das Arrangement klar und eindeutig. Freuds zeitliche Priorität war unangefochten, und darüber hinaus kennt die Wissenschaft kein Eigentumsrecht an Erkenntnissen. Es gab keinen vernünftigen Grund, warum Zürich nicht das internationale Zentrum der Psychoanalyse sein sollte, und anfangs war Freud auch sehr daran gelegen, Zürich zum Zentrum zu machen.

Aber Freuds Ehrgeiz war nicht allein wissenschaftlicher Natur. Er ließ sich von Dingen wie experimenteller Überprüfung, Erfolgskontrolle und den sonstigen Gepflogenheiten kollegialen Forschens nicht aufhalten. Kaum hatte die Psychoanalyse den dringend benötigten äußeren Anstrich einer normalen Wissenschaft erhalten, da änderte sich bereits die Richtung. Stück um Stück verlor sie ihre Bedeutung als klinische Methode, immer mehr wurde sie zu einer literarischen, künstlerischen und kulturellen Bewegung mit dem Bestreben, eine umfassende Deutung der Welt zu bieten. Jung hatte seine eigenen Gründe, sich über diese Entwicklung zu freuen, und trieb sie eifrig voran. Bleuler hingegen freute sich nicht und zog sich zunehmend zurück. Aufgrund des veränderten Charakters der Bewegung erschien auch das institutionelle Arrangement nicht länger vernünftig. Denn in einer literarischen, künstlerischen und kulturellen Bewegung gibt es durchaus so etwas wie Eigentumsrechte. Als Freud Jung zu mißtrauen begann, wollte er das Steuer in der psychoanalytischen Bewegung wieder selbst in die Hand nehmen.

Die daraus resultierende Konfrontation war wissenschaftlich zerstörerisch und persönlich gnadenlos. Es spricht nicht für Freud, daß er um seiner Eigentumsrechte willen nur allzu bereitwillig zu einem naheliegenden Mittel griff: Er verwandelte sein neues therapeutisches Werkzeug in eine Waffe und versuchte, Informationen über Jungs persönliches Leben auzunützen, um ein für Jung unerträgliches Maß an ideologischer Kontrolle auszuüben. Es spricht nicht für Jung, daß er in dem Versuch, diesem Druck entgegenzuwirken, zwar einerseits offizieller Vorsitzender der Bewegung blieb, andererseits aber mit der Idee spielte, eine christianisierte Version der Psychoanalyse einzuführen. Freud machte daraufhin immer häufiger entsprechende Andeutungen, bis Jung schließlich drohte, mit gleicher Waffe zurückzuschlagen und zu enthüllen, was er über Freuds Privatleben wußte. Das Ende des Konflikts, daß beide Männer zu der Freiheit fanden, ihren eigenen Weg zu gehen, war nicht vorhersehbar. Eine Zeitlang konnten die beiden nur verhindern, daß das destruktive Potential die Oberhand gewann und alles vernichtete, was sie durch soviel harte Arbeit aufgebaut hatten. Als letzten Akt der Zusammenarbeit erkannten sie an, daß sie in einer Pattsituation festsaßen.

Die Geschichte, von der das vorliegende Buch handelt, ist ebenso schwierig wie bedauerlich. Die wichtigste ihrer vielen Dimensionen ist womöglich am schwierigsten zu erfassen: Was hatte das persönliche Verhältnis der beiden mit dem theoretischen Kampf zu tun, der daraus hervorging und schließlich allein übrigblieb?

Natürlich ist allgemein bekannt, welche Motive Freud Jung unterstellte, seit im Jahr 1974 ihr Briefwechsel veröffentlicht wurde. Bis dahin gab es keine Möglichkeit, die Vorwürfe objektiv zu bewerten und zu einem Gesamturteil über die Sache zu gelangen. Der Bruch mit Freud war so schmerzhaft für Jung – er hatte über Jahre hin schwere seelische Krisen –, daß er später so viel Abstand wie eben noch vertretbar zwischen sich und diesen Lebensabschnitt legte. Nachdem er dann zu seinen eigenen, unverwechselbar »Jungschen« Überzeugungen gekommen war, verschleierte er lieber, daß es

Kontinuität zwischen seinen späteren und seinen früheren Bestrebungen gab. Noch genauer gesagt, versteckte er absichtlich die biographischen Schlüssel, ohne die man die Kontinuität nicht verstehen konnte. Aber die Geschichte der psychoanalytischen Bewegung kann ohne Jung nicht angemessen erzählt werden. Er spielte sogar eine so zentrale Rolle, daß man Jung, wollte man die Geschichte in die Form eines Dramas bringen, zwangsläufig zur Hauptfigur machen müßte: Dramaturgisch gesprochen war er der Motor der Geschichte, die treibende Kraft, welche die Dinge ins Rollen brachte.

Obwohl die Unterstellungen Freuds dazu reizen, sich mit Jung zu befassen, erwies es sich für spätere Wissenschaftler als schwierig, Jungs Motive gründlich zu erforschen. Der verständliche Wunsch der Historiker, seine Motive genauer kennenzulernen, wurde durch eine eindrucksvolle, in erster Linie pragmatische zeitgenössische Wissenschaftstheorie behindert, die kategorisch bestimmt, daß die Intentionen des Forschers keinerlei Einfluß auf die Gültigkeit einer Entdeckung haben. Da die Chronisten der psychoanalytischen Bewegung Jungs Motive nicht kannten, hatten sie keine Möglichkeit, unwahre Behauptungen richtigzustellen. Dabei stammten gerade Jungs erste Revisionen der psychoanalytischen Theorie, die Freuds Mißtrauen geweckt und das baldige Ende ihrer Zusammenarbeit herbeigeführt hatten, unmittelbar aus Jungs Reflexionen über seine Motive und darüber, wohin sie ihn psychologisch geführt hatten. Auch wenn das nur ein Bruchstück der Geschichte ist, muß eine angemessene historische Darstellung der psychoanalytischen Bewegung dennoch die vielen Entscheidungen Jungs im Laufe seiner Tätigkeit als Psychoanalytiker vor der absichtlichen Mystifizierung retten, mit der er sie später umgab. Ich glaube, damit wird man Jung besser gerecht, als er selbst es konnte.

Daß wir die Anfänge von Jungs beruflicher Laufbahn sowie seine Beziehung zu Freud jetzt neu bewerten können, verdankt sich wesentlich einem ebenso erstaunlichen wie unerwarteten Fund in einem Archiv. 1977 wurde im Keller des Palais Wilson in Genf ein Karton mit persönlichen Aufzeichnungen entdeckt. Es stellte sich heraus, daß sie einmal einer gewissen Sabina Spielrein gehört hatten, die zuletzt 1923 in Genf gelebt hatte. Sie lehrte damals Psychoanalyse am Rousseau-Institut, einem internationalen pädagogischen Zentrum, das zu jener Zeit im Palais Wilson untergebracht war. Bei der Rückkehr in ihre russische Heimat hatte sie unter ungeklärten Umständen die Aufzeichnungen zurückgelassen, und nun waren sie durch einen Zufall wieder ans Tageslicht gekommen.

Wir müssen uns klarmachen, wie unglaublich wenig über Sabina Spielrein bekannt war, damit wir die Entdeckung gebührend würdigen. Man wußte, daß sie eine der ersten Psychoanalytikerinnen war. Das Verzeichnis ihrer Werke umfaßt ungefähr dreißig Artikel in Fachzeitschriften, einige wenige davon werden in Arbeiten von Jung oder Freud zitiert. (In der Sekundärliteratur wird hauptsächlich ein Aufsatz erwähnt; angeblich hat Sabina Spielrein darin Freuds spätere Theorie vom »Todestrieb« vorweggenommen.) Zu unterschiedlichen Zeiten wurde sie offiziell in den Mitgliedslisten der psychoanalytischen Vereinigungen von Wien, Berlin, Genf und Moskau geführt. Über diese Fakten und einige biographische Daten hinaus, die man aus der Lektüre ihrer Aufsätze ableiten konnte, war bis 1974 praktisch nichts über sie bekannt.

Einen ersten Anhaltspunkt, daß Sabina Spielrein vielleicht mehr als eine Randfigur war, gab der Briefwechsel zwischen Freud und Jung, der 1974 veröffentlicht wurde. Aus den Briefen geht hervor, daß Sabina Spielrein vor ihrer Zeit als Analytikerin einmal Jungs Patientin gewesen war. Offenbar hatte zwischen den beiden eine heimliche Liebesbeziehung bestanden, und um ein Haar wäre es zu einem Skandal gekommen. Den Briefen war weiterhin zu entnehmen, daß Sabina Spielrein später nach Wien zog und Freud persönlich kennenlernte. Als zusätzliche Informationsquelle steht seit 1975 der dritte Band der Protokolle der Wiener Psychoanalytischen Vereinigung zur Verfügung. Er verzeichnet Sabina Spielreins Teilnahme an den wöchentlichen Treffen der Psychologischen Mittwoch-Gesellschaft im akademischen Jahr 1911/12. Aber die beiden dokumentarischen Quellen passen nicht recht zusammen. Die Briefe und Sabina Spielreins fachliche Veröffentlichungen ergaben kein kohärentes Bild von dieser Frau. Trotzdem mutmaßte ein jungianischer Analytiker aus Rom, Aldo Carotenuto, in einem 1976 veröffentlichten und weitgehend auf Intuition gestützten Buch, daß Sabina Spielrein viel wichtiger für Jungs Entwicklung gewesen sein könnte, als man bislang angenommen hatte.

Dann entdeckte man den Karton im Palais Wilson. Er enthielt Teile eines Tagebuches von Sabina Spielrein, Briefe und Entwürfe zu Briefen an Freud und Jung sowie – was ebenso wichtig ist – bislang unbekannte Briefe von Freud und Jung an sie. Da Carotenuto als erster in einem Buch über Sabina Spielrein spekuliert hatte, gab man den überraschenden Fund in seine Hände. Carotenuto stellte weitere Nachforschungen an, und als diese ergebnislos blieben, veröffentlichte er 1982 das vorliegende Material zusammen mit einem etwas anachronistischen, aber durchaus verständnisvollen Kommentar aus jungianischer Sicht. Kaum war sein Buch erschienen, fand man im Familienarchiv der Nachkommen des berühmten Genfer Psychologen Édouard Claparède einen zweiten Karton. Claparède hatte Sabina Spielrein persönlich gekannt. Inzwischen ist ein weiterer Karton im persönlichen Archiv von Georges de Morsier aufgetaucht, der einmal ein bedeutender Schweizer Analytiker war.

Zusammengenommen gestatten es die verschiedenen Dokumente und Quellen, große Teile einer alles in allem erstaunlichen beruflichen Laufbahn nachzuzeichnen. In unserem feministisch geprägten Zeitalter wird wohl niemand der Auffassung widersprechen, daß über Sabina Spielreins Rolle in der psychoanalytischen Bewegung schon allein um ihrer selbst willen berichtet werden soll. Leider ist es nicht einmal mit Hilfe der neuen Materialien möglich, ihre Geschichte auch nur annähernd so detailliert zu erzählen, wie es wünschenswert wäre. Über Sabina Spielreins Ehemann wissen wir beispielsweise nicht viel mehr, als daß er ein jüdischer Arzt war. Ebenso gibt es mehrere lange Abschnitte in ihrem Leben, die wir nicht erhellen können. Aber vielleicht sollten wir dankbar dafür sein, daß wir überhaupt etwas wissen. Wie sich gezeigt hat, war Sabina Spielrein eine Frau, die mit besonderer Vorliebe gerade dann auf ihrem Standpunkt beharrte, wenn der Wind sich drehte und aus der Gegenrichtung zu wehen begann. Im Rückblick wird deutlich, daß ihr Name nicht zufällig so lange unbekannt ist.

Von all den großen Geistern, die sich später wünschten, Sabina Spielrein möge in Vergessenheit geraten, hatte keiner so dringende Gründe dafür wie Jung. Sabina Spielrein hatte Jung während jener persönlichen Wandlung, aus der er als Freudianer hervorgegangen war, am nächsten gestanden. Ebenso war sie Mittelpunkt des plötzlich entstehenden Mißtrauens, das zum Bruch mit Freud führte. Letztlich konnte sie allein den fehlenden biographischen Schlüssel liefern, der es ermöglichte, Jungs frühe Gedankengänge mit seinen späteren zu verknüpfen. Aber ganz abgesehen davon, daß die Geschichte Sabina Spielreins ein neues Licht auf den Beginn von Jungs Laufbahn und seine Beziehung zu Freud wirft, hat sie, soweit sie bekannt ist, noch eine andere Bedeutung. Wie der Leser feststellen wird, leistete Sabina Spielrein einen entscheidenden eigenen Beitrag zur psychoanalytischen Theorie, der möglicherweise zentral für deren Gesamtstruktur war. Doch ihr Beitrag wurde ebenso wie ihre früheren Äußerungen als Patientin und Geliebte erst ignoriert und dann absichtlich unterschlagen. In dieser

Hinsicht ist Sabina Spielrein ein Beispiel für die umfassendere Geschichte, die in diesem Buch erzählt wird. Das Schweigen, das sich für so lange Zeit über ihre Geschichte breitete, ist ein Sinnbild für ein schlimmeres Schweigen, das sich in jener Zeit allmählich über die Psychoanalyse legte. Durch eine neue Art des Zuhörens hatte die Psychoanalyse den nervösen Patienten erstmals eine Stimme gegeben. Als aber die psychoanalytische Theorie immer stärker in den Dienst persönlicher und politischer Ziele ihrer beiden großen Führungsgestalten gestellt wurde, hörte man nicht mehr so genau zu. Und ohne bereitwilligen Zuhörer durften die Patienten viele Dinge nicht mehr sagen.

Der Philosoph Paul Ricœur hat Geschichte definiert als Erzählung des Vergangenen in der Gegenwart und mit Ansichten aus der Gegenwart. Die Gegenwart, an die sich die vorliegende Geschichte richtet, ist der heutige Stand der Psychoanalyse. Die heutige Situation der Psychoanalyse ist durch vier Merkmale gekennzeichnet. Erstens befindet sie sich in einer Phase des institutionellen Niedergangs. Die Zahl der Ausbildungskandidaten geht zurück, es sind schwerer Patienten zu bekommen, andere therapeutische Richtungen fordern lautstark Anerkennung. Nachdem die Psychoanalyse anfänglich der Psychiatrie übertrieben weit entgegengekommen war, ist sie heute in vielen bedeutenden medizinischen Einrichtungen, die traditionell ihr Stammgebiet waren, nicht mehr erwünscht. Zweitens befindet sich die Psychoanalyse in einer anhaltenden Periode beachtlicher theoretischer Fruchtbarkeit. Zahlreiche neue Theoretiker haben in jüngster Zeit Aufmerksamkeit erregt, und während einige von ihnen noch immer Freud Treue schwören, schwören ihm andere eloquent ab. Drittens bedarf die Psychoanalyse, vom wissenschaftlichen Standpunkt her gesehen, nötigst einer Beschneidung. Der bekannte Psychologe Robert Holt hat den derzeitigen wissenschaftlichen Status des psychoanalytischen Lehrgebäudes folgendermaßen kommentiert: »... die Situation ist nicht hoffnungslos, aber sie ist ernst. Die Psychoanalytiker haben in einem Wolkenkuckucksheim gelebt ...«[7] Viertens vernachlässigen die Psychoanalytiker nach wie vor auf sträfliche Weise ihre eigene Geschichte. Keine andere Disziplin, von der biomedizinischen Forschung bis hin zur Literaturwissenschaft, zeigt ein ähnlich geringes kritisches Interesse für ihre eigenen Anfänge.

In diesem Buch wird behauptet, daß der Keim für die heutige Situation während der Zusammenarbeit zwischen Freud und Jung gelegt wurde. Denn in jener Periode galt geschichtliche Genauigkeit erstmals weniger als ideologische Linientreue. Es gab keinen hinderlichen historischen Rahmen mehr, vor dem man sich verantworten mußte. So entstand durch die ideologische Befrachtung ein Umfeld, in dem wissenschaftliche Behauptungen erhoben werden konnten, ohne daß man eine kritische Überprüfung für notwendig hielt. Die künstliche Beschränkung des Spektrums erlaubter Deutungen, von der sich die heutigen Theoretiker nun endlich befreien, hat ebenfalls in jener Zeit ihren Ursprung. Zusammengenommen garantierten diese Entwicklungen geradezu, daß die Psychoanalyse als Institution schließlich in eine problematische Lage geraten würde, sobald die gewaltige Stoßkraft, die Freud und Jung ihr verliehen hatten, verpufft war.

Das vorliegende Buch über die Frühzeit der psychoanalytischen Bewegung schließt an eine kleine Anzahl ähnlicher Studien an, die genauso das Ziel hatten, der Psychoanalyse ihr kritisches historisches Bewußtsein zurückzugeben. Zwar können solche Versuche weder das Bemühen praktizierender Analytiker um neue theoretische Perspektiven ersetzen noch die dringend benötigten Bemühungen von Wissenschaftlern, psychoanalytische Hypothesen durch empirische Untersuchungen zu überprüfen. Sie können jedoch eine wichtige Ergänzung dazu sein. Wenn die kritische Geschichtsschreibung die Fundamente der Psychoanalyse sorgfältiger untersucht, kann sie denjenigen helfen, die das darauf errichtete Gebäude renovieren oder erweitern wollen. Dieses Buch wurde in der Hoffnung geschrieben, daß es die Zukunftschancen für die Psychoanalyse beträchtlich verbessern kann, die derzeit bestenfalls mäßig sind.

Ich möchte diese Einleitung mit einer letzten Vorbemerkung, einer Warnung, schließen. Die Geschichte, die nun folgt, ist nicht schön. Sie ist keine Liebesgeschichte. Sie ist auch keine jener erbaulichen Geschichten, die erzählen, wie ein paar unerschrockene Männer und Frauen einen wissenschaftlichen Durchbruch erzielten. Sollte ich sie in einem einzigen Satz zusammenfassen, dann würde ich sagen, daß es eine ausgesprochen gruselige Gespenstergeschichte ist. Das Gespenst, das am Ende schließlich alle verschlingt, ist kein menschliches Wesen, sondern eine Theorie – und eine bestimmte Art des Zuhörens. Es sollte uns nicht überraschen, daß die Überzeugung der Menschen, sie hätten die Macht, einander in einer vollkommen neuen Weise zu verstehen, zu tragischen Folgen führte.

Teil I

Ein Fall von Hysterie

Wenn [...] unsere vielgeplagte Seele durch längst vergessene unliebsame sexuelle Erfahrungen für alle Zeiten ihr Gleichgewicht verlöre, so dürften wir am Anfange vom Ende unseres Geschlechts angekommen sein; die Natur hätte ein grausames Spiel mit uns getrieben!

Emil Kraepelin, *Psychiatrie. Ein Lehrbuch für Studirende und Aerzte,* Leipzig 1899.

Kapitel 1

Die Hand ihres Vaters

Es sind leichtere Fälle von Hysterie, bei denen solche delirante Zustände vorkommen. [...] Gemütsbewegungen scheinen [ihren] Ausbruch zu befördern. Es rezidiviert leicht. – Am häufigsten findet sich Verfolgungs-Delirium mit oft sehr heftiger reaktiver Angst, dann religiöses und erotisches Delirium. Halluzinationen aller Sinne sind nicht selten. [...] Die Gesichtshalluzinationen drehen sich besonders häufig um Tiervisionen, Leichenzüge, phantastische Prozessionen, in welchen es von Toten, Teufeln, Gespenstern und dergleichen wimmelt. – Die Gehörstäuschungen sind einfach Akusmen (Geschrei, Getöse, Knallen) oder wirkliche Halluzinationen, vielfach mit sexuellem Inhalt.

Richard von Krafft-Ebing, *Lehrbuch für Psychiatrie,* Stuttgart 1902.

Am 17. August 1904 wurde eine junge knapp neunzehnjährige Russin namens Sabina Spielrein von ihrer Heimatstadt Rostow am Don in die mehr als 1500 Kilometer entfernte psychiatrische Klinik Burghölzli im schweizerischen Zürich eingeliefert. Dank der rigorosen Verschwiegenheit, mit der im Burghölzli die Privatsphäre der Patienten geschützt wurde, ist Sabinas Krankengeschichte nicht zugänglich. Praktisch alles, was wir über ihren Zustand zum Zeitpunkt ihrer Einlieferung und den Verlauf ihrer Krankheit bis dahin wissen, stammt aus einer Vorlesung, die drei Jahre später ihr behandelnder Arzt Carl Gustav Jung hielt. Die Vorlesung gab Anlaß zu schwerwiegenden Mißverständnissen, weil augenscheinlich sehr gravierende Symptome geschildert wurden:

> Mit dreizehn Jahren trat die Pubertät ein. Von dieser Zeit an entwickelten sich Phantasien durchaus perverser Art, die sie obsedierend verfolgten. Diese Phantasien hatten Zwangscharakter: Sie konnte sich nie zu Tische setzen, ohne daß sie sich beim Essen zugleich die Defäkation vorstellen mußte; sie konnte auch niemanden ansehen beim Essen, ohne an das gleiche zu denken, namentlich nicht den Vater. Besonders die Hände des Vaters konnte sie nicht mehr ansehen ohne sexuelle Erregung; aus dem gleichen Grunde auch konnte sie die rechte Hand des Vaters nicht mehr berühren. [...] Zog sich die Patientin eine kleine Züchtigung oder gar nur einen Tadel zu, so antwortete sie darauf mit einem Lachkrampf, Herausstrecken der Zunge, Pfuirufen und Abscheugebärden, weil sie jedesmal die plastische Vorstellung der züchtigenden väterlichen Hand auf ihren Nates hatte, verbunden mit sexueller Erregung, die jeweils sofort in schlechtverhehlte Masturbation überging.[1]

Für einen schweren Verlauf spricht die lebhafte Schilderung ihres Zustandes bei der Einlieferung:

> [Ihr Zustand] hatte sich [...] derart verschlimmert, daß die Patientin eigentlich nur noch zwischen tiefen Depressionen, Lach-, Wein- und Schreikrämpfen abwechselte. Sie konnte niemand mehr ansehen, hielt den Kopf verborgen, streckte bei jeder Berührung unter den Zeichen größten Abscheus die Zunge heraus usw.[2]

Dieses Bild hat viele Kommentatoren unserer Zeit in die Irre geführt. Aldo Carotenuto, der die erste Sammlung von persönlichen Papieren Sabina Spielreins veröffentlichte, vermutete, sie habe einen kurzen »psychotischen Schub« erlitten, der auf »Schizophrenie« hindeute. Bruno Bettelheim, dessen scharfsinnige Kommentare zu Carotenutos Buch der englischen Ausgabe als Vorwort vorangestellt wurden, schwankt zwischen »entweder einer schizophrenen Störung oder einer schweren Hysterie mit schizoiden Zügen«.[3]

So mißdeutet ein Zeitalter die Krankheiten einer anderen Zeit. Tatsache ist, daß weder die vielen persönlichen Aufzeichnungen, die Sabina Spielrein hinterlassen hat, noch irgendwelche anderen Dokumente einen Anhaltspunkt dafür bieten, über die Diagnose hinauszugehen, die ihr behandelnder Arzt in seinem Vortrag gestellt hat: »psychotische Hysterie«.[4] Wie in einem späteren Kapitel noch dargelegt wird, war es das Ziel dieser unter historischen

Umständen gehaltenen Vorlesung, eine neue Herangehensweise an das Syndrom der Hysterie vorzustellen. Der Psychiater Anthony Storr hat sich als einziger unter den Rezensenten von Carotenutos Buch der Diagnose »Hysterie« angeschlossen und angemerkt:

> [Aufgrund der] veränderten gesellschaftlichen Verhältnisse sehen wir selten die dramatischen Fälle von Konversionshysterie, auf denen die frühen Theorien der Psychoanalyse beruhten. Meine Vermutung ist, daß Sabina Spielrein ein solcher Fall war. Jungs Diagnose zeigt, daß eine Hysterie so schwer verlaufen konnte, daß sie dem psychotischen Bruch mit der Realität zum Verwechseln ähnlich sah.[5]

Storr bezeichnet den entscheidenden Punkt: Obwohl solche dramatischen Fälle von Hysterie heute außerordentlich selten sind, traten sie um die Jahrhundertwende recht häufig auf und wurden in der psychiatrischen Literatur unter den verschiedensten Bezeichnungen ausführlich behandelt. Richard von Krafft-Ebing, Professor für Psychiatrie an der renommierten Universität von Wien, schildert in seinem *Lehrbuch für Psychiatrie,* das zwanzig Jahre lang das wichtigste Standardwerk im deutschsprachigen Europa war, ausführlich die vielfältigen Erscheinungsformen der Hysterie. Seine späteren Untersuchungen über sexuelle Pathologien vorwegnehmend, doch noch in Übereinstimmung mit einem alten Vorurteil, betonte Krafft-Ebing die Rolle erotischer Themen in den Halluzinationen hysterischer Patienten. Jean-Martin Charcot, der legendäre Pariser Neurologe, hob hingegen den Aspekt des Traumas hervor. Charcot war der Meinung, daß solche wahnhaften Zustände regelmäßig das dritte Stadium eines voll entwickelten hysterischen Anfalls anzeigten, der wiederum als Manifestation einer tieferliegenden neurologischen Störung aufgefaßt wurde, und daß die wahnhaften Szenen sich oft auf den Vorfall bezogen, der die Störung ausgelöst hatte. Theodor Meynert, Professor für Neurologie in Wien und ein berühmter Gehirnanatom, hatte sich lange mit solchen Verwirrungszuständen beschäftigt und ihnen schließlich seinen eigenen Namen verliehen (»Meynerts Amentia«). Dies bewog einen verärgerten früheren Schüler, Sigmund Freud, das Krankheitsbild in seinem eigenen Katalog nervöser Störungen noch ein weiteres Mal umzubenennen (in »akute halluzinatorische Verworrenheit«). Meynert zufolge drückten solche Zustände die Erfüllung eines Wunsches aus; er brachte sie dementsprechend mit kindlichen Denkweisen in Verbindung. Freud hielt an der Wunscherfüllung fest, suchte jedoch den Kontext in der aktuellen sexuellen Situation.[6]

Die Ärzte jener Zeit wußten einerseits viel mehr und andererseits viel weniger über psychotische Hysterie als die Ärzte heute. Sie wußten mehr, weil sie viel mehr hysterische Patienten, vor allem Patientinnen, zu sehen bekamen. Heutzutage führt das Anfangsstadium eines hysterischen Symptoms, sei es ein befremdlicher Schmerz, ein Krampf oder ein Schwindelanfall, in der Regel zu einem Besuch beim Internisten oder beim Hausarzt. Der Arzt verschreibt Valium – in den Vereinigten Staaten eines der am häufigsten verordneten Medikamente – oder etwas Ähnliches und schickt ihn dann wieder nach Hause. Patienten, die hartnäckig ein zweites oder drittes Mal in die Sprechstunde kommen und darauf beharren, ihre Symptome seien schlimmer geworden, obgleich der Arzt keine organische Erkrankung feststellen kann, werden schließlich mit dem Hinweis zu einem Psychiater geschickt, sie stünden offensichtlich unter großem Streß. Diese wenig einfühlsame Behandlung und die Vertrautheit mit bestimmten psychologischen Allgemeinplätzen reichen aus, daß die meisten Patienten die Hysterie nicht weiterentwickeln. Es ist heutzutage selten, daß hysterische Patienten das Stadium des Wahns erreichen. Wenn ein Patient doch mit entsprechenden Symptomen in eine psychiatrische Klinik eingewiesen wird, werden alle erreichbaren Ärzte in Ausbildung zusammengetrommelt, damit sie das Syndrom in voller Blüte sehen können, weil sie in ihrer Praxis womöglich kein zweites Mal Gelegenheit dazu haben werden.

Um die Jahrhundertwende war das ganz anders. Eine beginnende Hysterie führte unter Umständen geradewegs in die Praxis eines ortsansässigen Nervenspezialisten. Dort wurden die Patientinnen neugierig ausgeforscht, und es wurde ein Behandlungsplan aufgestellt, der je nach der Vorliebe des jeweiligen Arztes kalte Duschen (hochtrabend als »Hydrotherapie« bezeichnet), elektro-galvanische Massage (mit so starkem Strom, daß Streifen zurückblieben) oder eine Reise zum nächstgelegenen Kurort (zu dem der Arzt im allgemeinen persönliche Verbindungen hatte) beinhaltete. Verschlechterte sich das Befinden, versuchte man es mit härteren Methoden bis hin zur operativen Entfernung der Eierstöcke oder der Klitoris. Inzwischen blieb es der Familie überlassen, so gut sie konnte für die Patientin zu sorgen. Aber was sollten Eltern, Ehepartner oder Kinder tun, wenn die Beschwerden bereits durch einen Nervenarzt sanktioniert waren? In einem solchen Klima blühte die Hysterie, und ebenso ihre wissenschaftliche Erforschung.

Die Hysterie war schon im Altertum bekannt. Die klassische griechische Theorie besagte, der Sitz der Krankheit sei der Uterus (griechisch *hystera*), daher der Name »hysteria«. Man glaubte, die Hysterie rühre daher, daß dic Sexualität oder Zeugungsfähigkeit nicht befriedigt sei, und als angemessenes Heilmittel verordnete man Geschlechtsverkehr. Die Griechen wußten, daß eine Erkrankung eine rein psychische Ursache haben konnte, etwa eine heimliche Leidenschaft, die die Patientin nicht verraten wollte. Diese Einsicht wurde später von dem großen mittelalterlichen Arzt Avicenna auf eine verwandte Störung ausgedehnt, die damals in der islamischen Welt häufig auftrat und als »Liebeskrankheit« bezeichnet wurde. Als Teil der Untersuchung pflegte Avicenna den Puls der Patientin zu fühlen, während er fragte, ob es nicht vielleicht eine Person gebe, zu der sie eine Neigung gefaßt habe. Wenn sich der Puls beschleunigte, wurden die Fragen immer präziser: Wohnt diese Person in einer bestimmten Stadt, einem bestimmten Viertel, einer bestimmten Straße? Und so fuhr er fort, bis die Identität des heimlich Geliebten enthüllt war. Dann lag es bei der Familien zu überlegen, was zu tun war. Nur wenn eine Heirat nicht in Frage kam, wandte Avicenna andere Formen der Behandlung an, die darauf abzielten, die Willenskraft zu stärken.

Der Verdacht, die Hysterie habe mit heimlichen oder frustrierten erotischen Wünschen zu tun – die Krankheit der Nonnen, Jungfrauen und alten Jungfern –, hielt sich bis in die moderne Zeit. Zugleich wurde in jeder Epoche auf andere Weise darüber spekuliert, wie man die damit verbundenen körperlichen Erscheinungen am besten begrifflich fassen könnte. Mitte des 19. Jahrhunderts brachte die Arbeit von zwei Männern, dem Augenarzt Richard Carter aus London und dem französischen Arzt Paul Briquet, schlagartig mehr Klarheit. Carter zeichnete ein modernes psychologisches Bild der Krankheit. Unter anderem behauptete er, daß die psychischen Triebkräfte der Krankheit sich mit ihrem Fortschreiten veränderten. Briquet widerlegte zur selben Zeit die Vermutung, bei der Hysterie spiele sexuelle Frustration die entscheidende Rolle, denn er konnte nachweisen, daß sie bei den Pariser Prostituierten weitaus häufiger vorkam als bei Mädchen mit anderen Berufen. Als Ursache der Hysterie identifizierte Briquet die »Leidenschaften«, und besonders nachdrücklich hob er hervor, daß ein seelischer Schock die Krankheit verschlimmere.

Im Jahr 1904, als Sabina Spielrein ins Burghölzli eingewiesen wurde, war von dieser Klarheit nicht mehr viel übriggeblieben. Schuld daran hatte paradoxerweise der Fortschritt der Wissenschaft. Denn zur selben Zeit, als

Carter und Briquet ihre psychologischen Porträts der Hysterie erarbeiteten, leisteten Louis Pasteur in Frankreich und Robert Koch in Deutschland die weitaus bedeutendere Arbeit und vervollständigten die moderne Theorie von der Entstehung der Krankheiten. Nach dieser neuen Synthese – wir sollten einen Moment innehalten, um uns zu vergegenwärtigen, wie neu sie tatsächlich war – wird Krankheit durch eine Unterbrechung der Funktion von Organen verursacht, die von einem spezifischen Krankheitserreger bewirkt wird, meist einem Bakterium oder einem Virus. Wenn die Krankheit zum Tod führte, konnte man die Wirkung auf die betroffenen Organe direkt durch eine Autopsie untersuchen. Andernfalls konnte der Arzt versuchen, die Krankheit nach den Symptomen und dem klinischen Verlauf zu klassifizieren und dann seine Hypothese zu erhärten, indem er mit bakteriologischen Untersuchungen in allen vergleichbaren Fällen einen bestimmten Krankheitserreger nachwies. Diese Theorie war gleichermaßen revolutionär wie vernünftig. Da sie außerdem einen Weg eröffnete, alle relevanten Disziplinen (klinische Beschreibung, Bakteriologie, Physiologie und Pathologie) zusammenzubringen, wurde sie fast über Nacht allgemein akzeptiert. Koch und Pasteur stiegen direkt ins medizinische Pantheon auf.

Unglücklicherweise war die neue Synthese, auf die große Masse der psychiatrischen Krankheiten angewandt, hoffnungslos verfrüht. Denn bei der weitaus größten Zahl der psychischen Leiden konnte eine Autopsie – außer bei Syphilis im Tertiärstadium und einigen wenigen dramatischen neurologischen Syndromen – keine organischen Veränderungen im Gehirn, dem vermuteten Sitz der Krankheit, ans Licht bringen. Auch die Suche nach Krankheitserregern blieb unergiebig. Zwar machte das Studium der Physiologie des Nervensystems unregelmäßige, aber bedeutende Fortschritte, und ebenso wuchs das Wissen darüber, wo bestimmte Funktionen im Gehirn zu lokalisieren sind. Doch die einzige greifbare Konsequenz dieser Bemühungen war, daß künftig mikroskopische Untersuchungen in den Ausbildungskanon der Psychiatrie aufgenommen wurden.

So kam es, daß die Psychiatrie in den letzten Jahrzehnten des 19. Jahrhunderts aus dem wohlmeinenden Bestreben nach Wissenschaftlichkeit in hundert verschiedene Richtungen zugleich aufbrach. Es gab immer mehr Syndrome, weil die Ärzte krampfhaft versuchten, bestimmte, regelmäßig gemeinsam auftretende Symptome zusammenzufassen; dabei konnten sie sich auf nicht viel mehr als direkte Beobachtung stützen. Die Theoretiker waren unterdessen von den aufregenden Entdeckungen über das Nervensystem so fasziniert, daß sie auf der Grundlage einiger weniger rudimentärer Hypothesen über Gehirnleitungsbahnen, Stoffwechseltoxine und ähnliches immer neue Erklärungen für psychische Störungen entwickelten – ein paar scharfsinnige Vertreter des Faches argwöhnten bereits, daß das Gebiet zu einer Art »Gehirnmythologie« verkommen werde.

Zwei der zahlreichen Theorien aus dieser Zeit betreffen unsere Geschichte direkt: die Theorie der erblichen Entartung und die Theorie der »funktionellen« Veränderungen des Nervensystems. Die Theorie der erblichen Entartung war ein spekulativer Versuch der Psychiater, ihr Fachgebiet mit den neuen Konzepten der Darwinschen Evolutionslehre in Einklang zu bringen. Sie besagte, daß sich in bestimmten Familien krankhafte erbliche Anlagen von einer Generation zur nächsten in zunehmend schwereren Störungen manifestierten. So könne man etwa in der ersten Generation nur relativ leichte Störungen wie Nervosität und eine allgemeine psychische Auffälligkeit (versponnene religiöse Ideen oder künstlerische Neigungen) finden. In der nächsten Generation träten dann gravierendere Erkrankungen auf, Epilepsie oder eine schwere Form der Hysterie. In der dritten Generation seien Psychosen oder Delinquenz zu erwarten. So werde es weitergehen, bis die entsprechende Linie ausgestorben sei. Der moderne Leser wird über diese Theorie gewiß den Kopf schütteln, selbst wenn er nach einem Augenblick des Nachdenkens erkennt, daß sie auf einer durchaus stichhaltigen Beobachtung beruht: Tatsächlich werden Geisteskrankheiten innerhalb von Familien weitergegeben, und in einigen Fällen verschlimmert sich das Krankheitsbild wirklich von Generation zu Generation. Unser Verständnis unterscheidet sich jedoch von dem des 19. Jahrhunderts darin, daß wir eine kontinuierliche Verschlechterung eher psychischen Ursachen zuschreiben und als Ursache von Krankheiten in der Folgegeneration schädigendes Verhalten der Eltern ansehen. Um die Jahrhundertwende erschien es jedoch ebenso vernünftig anzunehmen, daß solche seelischen Ursachen durch körperliche ergänzt wurden, daß das Protoplasma einer Familie ebenso degenerierte wie ihre geistige Gesundheit. Und obwohl hellere Köpfe auch damals schon der Theorie widersprachen, hielt sie sich lange. In einer staatlichen Nervenheilanstalt wie dem Burghölzli gehörte es darum bei der Aufnahme eines Patienten zu den ersten Pflichten des diensthabenden Arztes, die Familienanamnese zu erheben.

Die Theorie der erblichen Entartung hinterließ auch in anderen Gebieten als der Psychiatrie ihre Spuren. So wurde sie beispielsweise seit der Veröffentlichung von Krafft-Ebings Pionierstudie *Psychopathia sexualis* regelmäßig als Erklärungsvariable in der Literatur über sexuelle Abweichungen herangezogen. Auf kulturellem Gebiet kam sie in Mode, als Sozialkritiker sie zur Grundlage von Attacken gegen angeblich entartete Strömungen in Literatur und Kunst machten. Max Nordaus überaus populäres Buch *Entartung* stellte zahlreiche moderne Künstler als Varianten des kriminell-genialen Typus dar, herausragendstes Beispiel war der berühmt-berüchtigte Komponist Richard Wagner. Aber die bei weitem verhängnisvollsten Folgen hatte es, daß die Theorie dazu verwendet wurde, die Idee der rassischen Minderwertigkeit zu stützen. In erster Linie betroffen waren die Juden, denn damals galt es bei jüdischen und nichtjüdischen Ärzten gleichermaßen als einfache medizinische Tatsache, daß nervöse Störungen bei Juden häufiger vorkamen als bei den anderen Rassen in Europa.

Die zweite prominente Theorie, die unsere Geschichte betrifft und die man wahrscheinlich routinemäßig bei Sabina Spielrein herangezogen hat, war die Lehre von den »funktionellen« nervösen Störungen. Diese Kategorie war das Ergebnis der ärgerlichen Eigentümlichkeit, daß das Gehirn von Menschen mit nervösen Beschwerden bei einer Autopsie keine anatomischen Veränderungen aufwies. Daher hatte man in den frühen achtziger Jahren des letzten Jahrhunderts begonnen, über »funktionelle«, das heißt nichtstrukturelle Veränderungen im Nervensystem zu theoretisieren und sie als Ursache von »nervösen Erkrankungen« oder »Neurosen« anzusehen, wie man nun sagte. Auf der Suche nach Erklärungen für das Auftreten solcher funktionellen Veränderungen stießen die Theoretiker auf das Trauma: Genau wie ein Magnet auf geheimnisvolle Weise seine Anziehungskraft verliert, wenn man wiederholt mit einem Hammer daraufschlägt, konnte vielleicht das Nervensystem angesichts eines Traumas seine Funktion verändern, sei es durch ein äußeres Trauma (etwa daß der Patient von einer außer Kontrolle geratenen Kutsche angefahren wurde), sei es durch ein inneres Trauma (in Form eines endogenen Toxins, wie es etwa eine überaktive Schilddrüse produzierte). Man war sich darüber einig, daß das Trauma auch sexueller Natur sein konnte wie bei Mißbrauch im Kindesalter, und war sich ebenso darüber einig, daß die körperlichen Veränderungen in der Pubertät einen bedeutenden endogenen Stressor darstellten, der bei Menschen mit einer entsprechenden konstitutionellen Disposition hysterische Symptome auslösen konnte. Den potentiellen sexuellen Ursachen schenkte man keine besondere Beachtung; die »funktionelle« Theorie besagte im Gegensatz zu den Ansichten früherer Zeiten, daß eine Vielzahl von Faktoren als Auslöser der Hysterie in Frage kam.[7] Die eigentliche Ursache lag in der aus dem Trauma resultierenden Veränderung des Nervensystems, die ihrerseits nur bei einer entsprechenden erblichen Disposition eintrat.

Interessanterweise erschien ein ganz ähnliches Paradigma zumindest eine Zeitlang bei der Erforschung des Hypnotismus vielversprechend. Daß man Parallelen aufdeckte zwischen der hypnotischen Trance und dem hysterischen »Somnambulismus«, war vor allem die Leistung von Jean-Martin Charcot. Charcot erlebte einen legendären Aufstieg. Am Ende seiner Wirkungszeit hatte er nicht nur als erster alle erdenklichen neurologischen Syndrome identifiziert einschließlich Rückenmarksschwindsucht und Poliomyelitis, er hatte auch, begünstigt durch die Heirat mit einer reichen Frau und ein geselliges Naturell, in seinem Haus einen der beliebtesten Salons von Paris etabliert. Zu seinen Donnerstagsvorlesungen in der Heilanstalt Salpêtrière strömten alle ausländischen Ärzte herbei, die sich gerade in der Stadt aufhielten, außerdem die literarische und künstlerische Elite von Paris. Anfang der achtziger Jahre des 19. Jahrhunderts erklärte Charcot mit gallischem Selbstvertrauen, daß die Untersuchung der strukturellen, bei einer Autopsie nachweisbaren neurologischen Störungen weitgehend abgeschlossen sei, und wandte seine Aufmerksamkeit der damals neuen Kategorie der funktionellen Störungen zu, deren vorrangiges Beispiel die Hysterie war. Trotz ihres legendären Erfolges auf dem Gebiet der strukturellen Neurose bedeutete Charcots Krankheitstheorie einen Rückfall in eine frühere Zeit. Charcot betrachtete neurologische Erkrankungen mehr oder weniger als eigenständige Gattung und versuchte, den Grad ihrer Manifestation bei jedem einzelnen Patienten aufzuzeichnen. Bei einer Krankheit wie Polio funktionierte das gut, und Charcot zögerte nicht, bei der Untersuchung der funktionellen Störungen genauso vorzugehen. So beschrieb er bei der Hysterie vier Stadien eines hysterischen Anfalls, und beim Hypnotismus unterschied er drei Stufen von Hypnotisierbarkeit. Außerdem mischte er Symptome aus diesen beiden Bereichen, verglich sie miteinander und gelangte zu der Überzeugung, er habe eine wesensmäßige Verbindung entdeckt, die auf symptomatischen Ähnlichkeiten beruhte. Nach seiner Ansicht setzte die Hysterie eine konstitutionelle Schwäche des Nervensystems voraus, deren wichtigste psychologische Wirkung darin bestand, daß der Patient leicht in spontane hypnotische Zustände verfiel. Ähnlichkeiten gab es Charcot zufolge auch bei umgekehrter Betrachtung: Nur Hysteriker waren wirklich für Hypnose empfänglich. Auf der Grundlage dieser Theorie, die er mit dramatischen

Falldarstellungen anschaulich belegen konnte, erreichte Charcot 1883, daß die neurologische Realität des Hypnotismus von der Französischen Akademie der Wissenschaften anerkannt wurde, nachdem diese erlauchte Institution den Gedanken zuvor zweimal zurückgewiesen hatte.

Charcots Theorie – oder vielmehr seine Praxis – hatte jedoch eine verhängnisvolle Schwachstelle: Die behandelnden Ärzte, die für die Vorbereitung der Falldemonstrationen verantwortlich waren, kannten die Theorie gut und ebenso die Patientinnen, überwiegend Frauen aus der Arbeiterschicht, die in der Salpêtrière eine Art zweite Heimat gefunden hatten. Getrieben von dem Wunsch, in der Salpêtrière bleiben zu können, und gründlich unterwiesen von jungen Ärzten, die eifrig bestrebt waren, ihren Chef nicht zu enttäuschen, lernten die überwiegend stark traumatisierten Patientinnen rasch, alles zu bieten, was das Publikum von ihnen erwartete. Die drei Stufen der hypnotischen Trance und die noch dramatischeren Phänomene der vier Stadien eines hysterischen Anfalls wurden pflichtgetreu vorgeführt. Berührte Charcot eine Patientin etwa am Unterleib, fiel sie prompt in Ohnmacht. Das illustrierte die Macht der »hysterogenen Zone«. Berührte er die Wirbelsäule mit einem Metallstab, sprang die Lähmung, die den rechten Arm behinderte, plötzlich auf den linken Arm über. Das nannte man *le transfert.* Und so ging es weiter, stets im Einklang mit den neuesten neurologischen Lehrsätzen. Da die Phänomene als echt anerkannt wurden, kam eine besonders findige Gruppe von Forschern bald auf den Gedanken, daß die Wahrnehmungsveränderungen, die manche hysterische Phänomene begleiteten, eine Vergleichsbasis für die Untersuchung grundlegender psychologischer Prinzipien bieten könnten. So wurde die französische experimentelle Psychologie geboren, und Charcots Hysterikerinnen dienten ihr als Versuchskaninchen.

Die Korrektur dieser großen – allerdings faszinierenden – Torheit ließ nicht lange auf sich warten. 1888 veröffentlichte Hippolyte Bernheim aus Nancy das erste von zwei bedeutenden Werken, in denen er die Ansicht vertrat, der Hypnotismus sei nur ein Sonderfall der allgemeinen menschlichen Beeinflußbarkeit. Als logische Folge behauptete er, fast alle Menschen, nicht nur Hysteriker, könnten hypnotisiert werden. Die Phänomene, die Menschen unter dem Einfluß der Suggestion an den Tag legten einschließlich des Trancezustandes selbst, seien nur der Wirkung der Suggestion zu verdanken und besäßen keine unabhängige neurologische Realität. Bernheim hatte sich zum Studium des Hypnotismus teils aus medizinischen

Gründen hingezogen gefühlt – er bot eine rasche, wirksame Hilfe für bestimmte nervöse Störungen – und teils deswegen, weil er sich als Jude mit einem spektakulären Mordfall beschäftigte, der sich kurz zuvor in Osteuropa ereignet hatte: Der Sohn eines Rabbi hatte bezeugt, er habe gesehen, wie sein Vater ein Christenkind ermordet habe, um Blut für das Passahritual zu erhalten. Der Vorwurf des Ritualmordes an Christenkindern war ein Leitmotiv des Antisemitismus, es ließ sich bis ins Mittelalter zurückverfolgen. Daß es in einem aufsehenerregenden Prozeß in der zweiten Hälfte des 19. Jahrhunderts wieder auftauchte, war Indiz einer höchst unheilvollen Entwicklung. Beim Studium der Prozeßunterlagen wurde Bernheim klar, daß die Ankläger dem Zeugen die benötigte Aussage suggeriert hatten. Bernheim schloß daraus zu Recht, daß Suggestion, wenn sie unter so brisanten Umständen eine derart schauerliche Macht entfaltete, auch sehr wohl der einzig wirksame Faktor sein konnte, der der gesamten neueren Arbeit Charcots zugrunde lag. Etliche Kapitel seines Buches widmete Bernheim der Salpêtrière, und er nahm kein Blatt vor den Mund.

Die nachfolgende Debatte – Charcot starb überraschend im Jahr 1893, so blieb ihm das volle Ausmaß des Debakels erspart – hatte sowohl ernsthafte als auch komische Aspekte. Vom theoretischen Standpunkt bedeutete sie, daß die Hysterie wieder unbeackertes Gelände für neue Forschungsansätze war. Auch wenn sich Charcots Synthese nicht halten ließ, so meinte man doch noch immer, daß irgendeine Veränderung des Nervensystems mitspiele, und im allgemeinen verstand man darunter eine angeborene nervliche Hypersensibilität. Vom praktischen Standpunkt bedeutete sie, daß Wissenschaftler in Zukunft außerordentlich vorsichtig sein mußten, wenn sie sich nicht dem Vorwurf der unbeabsichtigten Suggestion aussetzen wollten. Vor allem war daraus die Lehre abzuleiten, daß die Ärzte sich nicht wörtlich auf das stützen durften, was die hysterischen Patientinnen über sich sagten, denn deren Zeugnis galt nun als wissenschaftlich unzuverlässig. Doch die wirkliche Sensation war Bernheims Behauptung, jeder Mensch sei hypnotisierbar, nicht nur die Hysteriker. Die deutsche Medizin hatte sich zu dem Zeitpunkt bereits den tröstlichen Gedanken zu eigen gemacht, daß die außerordentlichen Bedingungen, die Charcot beschrieb, nur bei der relativ minderwertigen Rasse der Franzosen vorkommen konnten. Die deutschen Ärzte fühlten sich daher keineswegs erleichtert, daß Bernheim Charcots Phänomene als unecht entlarvt hatte, sondern fühlten sich von der Aussicht bedroht, die spektakulären französischen Symptome könnten sich womöglich auch auf deutschem Grund und Boden breitmachen. So meldeten sich in der medizinischen wie in der juristischen Literatur besorgte Stimmen, die vor einer möglichen »psychischen Epidemie« warnten, falls Bernheims Erkenntnisse einer breiten Öffentlichkeit bekannt würden. Niemand kam indes auf den naheliegenden Gedanken, daß die weitverbreitete medizinisch-juristische Sorge selbst eine Art psychischer Epidemie war. Ein scharfsichtiger belgischer Kommentator, Joseph Delbœuf, meinte sehr treffend, daß in Wahrheit vor allem die französischen Ärzte eine große Suggestibilität bewiesen hätten, weit mehr als ihre Patientinnen.

Um die Jahrhundertwende veränderte sich die Phänomenologie der Hysterie allmählich, sei es aufgrund einer verzögerten Nachwirkung dieser Debatten oder sei es aus anderen, noch nicht ganz geklärten Gründen. Die besonders dramatischen Erscheinungsformen mit somnambulen und wahnhaften Zuständen verschwanden nach und nach in ganz Europa. Insofern war Sabina Spielreins Wahn ein letzter Ausläufer einer einst großen Welle. Ihr Fall sollte einer der letzten sein, der in der reichhaltigen Literatur beschrieben wurde.

Eine Diagnose ist eine Sache der Wahrnehmung; welche Diagnose gestellt wird, hängt von Erfahrungen und theoretischen Voraussetzungen ab. Sabina Spielreins Wahnvorstellungen boten in beider Hinsicht einen wohlvertrauten Anblick. In der Literatur wurden zahlreiche ähnliche Fälle ausführlich geschildert, und obwohl ein Rest Zweifel blieb, wie ernst man eigentlich die Halluzinationen und die vehementen Gefühlsausbrüche nehmen mußte, hielt man es zum mindesten für ärztlich geboten, der Patientin zuzugestehen, daß sie krank war. Nach vorherrschender Meinung lag die eigentliche Störung in der hysterischen Disposition, verstanden als ererbte physiologische Hypersensibilität des Nervensystems. Über zahlreiche Einzelfragen war man unterschiedlicher Meinung, etwa darüber, ob auch ein Mann eine solche Veranlagung haben konnte, wie man sich das physiologische Defizit, das die körperliche Veranlagung mit sich brachte, vorzustellen hatte oder welche ätiologische Bedeutung Umweltfaktoren besaßen. Immerhin wußte man genau, daß solche hysterischen Wahnzustände auftreten konnten und prognostisch letztlich nicht mehr Unheil ankündigten als andere, häufigere Manifestationen der hysterischen Konstitution.

Stationäre Behandlung

Eine weitere Quelle diagnostischer Mißverständnisse ist die Tatsache, daß Sabina Spielrein in eine Nervenheilanstalt eingewiesen wurde. In der heutigen Zeit entschließt man sich zu einem so gravierenden Schritt meist nur bei schweren Erkrankungen. Dadurch entsteht in unserer Vorstellung nicht nur das Bild einer schwer gestörten Patientin, sondern wir vermuten auch besonders heroische Bemühungen seitens der Ärzte. Wiederum fällen wir allzuleicht ein Fehlurteil über die Gepflogenheiten einer früheren Epoche. Tatsächlich war die Einweisung in eine Klinik bei Hysterie eine häufige Maßnahme, besonders bei Fällen mit manifesten Wahnzuständen, denn man wußte, daß solche Symptome oft augenblicklich verschwanden, wenn die Patientinnen von der Familie getrennt waren.

Charcot hatte in seiner Theorie die erbliche Veranlagung in den Vordergrund gerückt, gegen die man offensichtlich nichts unternehmen konnte. Dennoch glaubte er fest an den Nutzen einer Hospitalisierung – wie auch sein einstiger Schüler Pierre Janet, der zu der Zeit, als Sabina Spielrein aufgenommen wurde, wohl die weltweit größte Kapazität auf dem Gebiet der Hysterie war. In dieser Frage (wie auch in bezug auf andere Hypothesen Charcots) fügte Janet eine feinsinnige eigene psychologische Überlegung hinzu. Seiner Meinung nach bedurfte es der Einweisung in eine Klinik, um die Patientin von der Familie zu trennen, außerdem mußte das Gefühl der Patientin bestätigt werden, sie sei krank. Denn bei dem »moralischen Kampf«, der um die Symptome entbrannte, wurde die Reaktion der Familie selbst zu einem krank machenden Faktor:

> Das Übermaß an beharrlichem Druck erzeugt einen übertriebenen Widerstand; das Mädchen scheint zu begreifen, daß die kleinste Konzession von seiner Seite dazu führen würde, daß es vom Status einer Kranken in den eines kapriziösen Kindes hinüberwechselt, und dabei wird es niemals mitmachen.[8]

Tatsächlich oblag es der Klinik, in den Verhandlungen über die Symptome den Sieg davonzutragen, nachdem die Familie und die konsultierten ortsansässigen Ärzte gescheitert waren. Natürlich erkannten die Patientinnen manchmal durchaus, was im Gange war, und protestierten entsprechend heftig. So hielt es Freud 1893, als er die Krankengeschichte eines ähnlichen

Falles für die Aufnahme in Binswangers Privatsanatorium in Kreuzlingen niederschrieb, für angebracht, den Unterlagen folgende Bemerkung hinzuzufügen:

> Ich habe ihr versprochen, daß die Ärzte dort sie ebenso human und liebevoll behandeln werden wie wir und nicht glauben werden, daß sie simuliert oder übertreibt. Wenn man ihr Interesse bezeugt, ist vielleicht etwas mit ihr auszurichten.[9]

Im selben Jahr, in dem Sabina Spielrein eingewiesen wurde, veröffentlichte der prominente Schweizer Neurologe und Psychotherapeut Paul Dubois aus Bern sein großes Werk über die psychologische Behandlung nervöser Störungen. Dubois ging seinen eigenen Weg, er hielt nichts von Standardbegriffen wie erblicher Entartung, und seine Behandlung mittels »Überzeugung« unterschied sich deutlich von der üblichen Hypnosetherapie. Trotzdem befürwortete auch er die Hospitalisierung:

> Nach meinen Erfahrungen pflegen die hysterischen Erscheinungen, zumal diejenigen mit »dramatischem« Charakter, schon in den ersten Tagen der Spitalbehandlung, oft sogar innerhalb der ersten Stunden, unter dem bloßen Einflusse der neuen moralischen Atmosphäre zu verschwinden, manchmal ohne daß ich mir Mühe zu geben brauche, die Autosuggestion der Heilbarkeit wachzurufen, während dies freilich in anderen Fällen durch passende Gespräche geschehen muß.[10]

Andere bedeutende Ärzte betrachteten »Gespräche« als überflüssig. So gab es in Emil Kraepelins Klinik in München keine Räumlichkeiten für private Gespräche zwischen Arzt und Patient. Und in Paris behandelten Charcots Nachfolger in der Salpêtrière, Joseph Jules Déjérine und Joseph Babinski, die Hysterie bevorzugt durch vollkommene, strenge Isolation, die fast an sensorische Deprivation heranreichte: Die Betten der Patientinnen waren ringsum mit weißen Tüchern zugehängt, das Essen wurde auf einem Tablett hereingereicht.

Besonders nachdrücklich pries der amerikanische Arzt und Romanautor Weir Mitchell den therapeutischen Nutzen der Hospitalisierung bei nervösen Leiden. Die Weir-Mitchell-Ruhekur, die weltweit berühmt wurde und unter anderem auch von Sigmund Freud empfohlen wurde, bestand aus erzwungener Bettruhe, der Isolierung der Patientinnen von Freunden und jeglicher Unterhaltung sowie aus Überfütterung. Mitchell verschrieb bei allen nervösen Störungen stets unfehlbar seine »Mastcur« (was ihm den Spitznamen »Dr. Quiet and Dr. Diet«, Dr. Ruhe und Dr. Diät, einbrachte), weil er die Theorie vertrat, daß üppige Ernährung sowohl körperliche als auch seelische Wirkungen habe.

Das Problem bestand nicht darin, was man mit den Patientinnen machen sollte, solange sie in einer Heilanstalt waren. Schwierigkeiten bereitete indes die Zeit nach der Entlassung. Die rasche Wiederkehr der Symptome warf viele Fragen auf. Dubois schreibt über dieses Thema:

> Ich konnte mich wiederholt davon überzeugen, wie diese falsche Scheu, womit gewisse Kranke sich weigern, einem psychotherapeutischen Einflusse nachzugeben, nicht nur die Heilung beeinträchtigt, sondern oft nach bereits erfolgter Rückkehr in den Familienkreis Rezidive der Anfälle veranlasst.
>
> [...] wohl aber geben die Kranken ihren Angehörigen und Freunden gegenüber nur mit einem im Grunde begreiflichen Widerstreben zu, so plötzlich von ihren jahrelangen Leiden geheilt worden zu sein. Sie fürchten, man könnte ihnen einwenden: »Wie? Sie sind wirklich binnen zwei Monaten von Ihrem Leiden befreit worden, welches vorher viele Jahre gedauert hatte, und zwar einzig und allein durch psychotherapeutische Mittel? So waren Sie also doch nur eine ›malade imaginaire‹! Mit etwas mehr Energie hätten Sie längst geheilt werden können; ich hatte es Ihnen oft genug gesagt!«
>
> Viele Kranke fürchten sich vor dieser scharfen Kritik und ziehen absichtlich das Stadium ihrer Rekonvaleszens in die Länge, um solchen böswilligen Reflexionen vorzubeugen.[11]

So streng Déjérine und Babinski ihre Patientinnen in der Klinik behandelten, den Zeitpunkt ihrer Entlassung durften die Frauen selbst wählen. 1907 besuchte ein amerikanischer Arzt namens A. A. Brill die Salpêtrière und traf dort eine Frau, die mehrmals dem *traitement par isolement* unterzogen worden war: »Sie sagte, wenn sie anfange, sich zu langweilen, und sich in der Isolation nicht mehr wohl fühle, bitte sie um ihre Entlassung, und die Ärzte reagierten sehr *gentils* auf ihren Wunsch.«[12] Weir Mitchell legte die Dauer der Behandlung von vornherein genau fest – zwei Wochen Bettruhe, nicht mehr, dann leichte Gymnastik. Als sich einmal eine Patientin dagegen sträubte, zur festgesetzten Stunde ihr Bett zu verlassen, kam er auf eine pfiffige Lösung. Er erklärte ihr, wenn sie nicht aufstehen wolle, werde er sich zu ihr legen, und er fing an, sich auszuziehen. Daraufhin schlüpfte die widerspenstige Frau flugs in ihre Kleider und eilte in den Gymnastikraum.

Hier wie in vielen anderen Bereichen, die mit Hysterie und mit nervösen Leiden im allgemeinen zu tun haben, stammten die ausgefeiltesten Behandlungsstrategien von Pierre Janet. Wenn eine neu aufgenommene Patientin ansprechbar war, explorierte er sie sorgfältig, schrieb alles auf, was sie sagte, und setzte eine Reihe von zusätzlichen Verfahren wie automatisches Schreiben, automatisches Sprechen und Hypnose ein, wenn die bewußte Erinnerung unergiebig war. Auf diese Weise stellte Janet außerordentlich detaillierte Fallgeschichten zusammen, anhand deren er verfolgen konnte, wie im Laufe der Zeit unterschiedliche Konstellationen von abgespalteten Gedanken – für Janet das ausschlaggebende Kennzeichen des Syndroms – aufgebaut worden waren. Um spezifische dissoziierte Gedanken anzugehen, etwa die abgespaltene Erinnerung an ein traumatisches Ereignis, bediente sich Janet wiederum der Hypnose, diesmal jedoch als Werkzeug, um das aus dem Ereignis resultierende Syndrom direkt zu bekämpfen oder um die traumatische Erinnerung buchstäblich zu löschen, zum Beispiel durch die Suggestion, das Ereignis habe niemals stattgefunden. So veranlaßte Janet eine Patientin, deren Symptome letztlich auf eine Nacht in ihrer Kindheit zurückgingen, in der sie das Bett mit einem Mädchen geteilt hatte, dessen Gesicht schrecklich entstellt war, sich unter Hypnose vorzustellen, sie befinde sich wieder in derselben Situation, aber das Gesicht des kleinen Mädchens sei normal. Über den längeren Zeitraum einer stationären Behandlung hinweg betonte Janet jedoch die Rehabilitation. Er setzte eine ganze Reihe von Methoden ein – Arbeitstherapie, geistige Übungen und genaue Anweisungen zur Erfüllung bestimmter Aufgaben –, um die Willenskraft oder »geistige Energie« der Patientinnen zu stärken. Die Vorstellung von geistiger Rehabilitation paßte gut zu Janets Theorie, die eigentliche Ursache der Hysterie sei ein konstitutionell schwaches Nervensystem, das sich in einer Neigung zu dissoziierten Zuständen manifestiere. Die Behandlung war letztlich eine Erziehung zum Leben und dadurch eine Vorbereitung auf den Tag der Entlassung.

Ein Mädchen mit Gymnasialbildung

Janet bemerkte einmal, viele Patientinnen würden lediglich »schauspielern« und man dürfe nicht einmal »ein Viertel« von dem glauben, was sie sagten: »Sie versuchen, Sie mit ihrem Größenwahn oder ihrer Schuld zu beeindrukken, an die sie selbst nur halben Herzens oder gar nicht glauben.«[13] Sabina Spielreins Eltern gingen wohl von ähnlichen Voraussetzungen aus, denn sie brachten ihre Tochter ausdrücklich mit der Vorstellung nach Zürich, daß sie sich, sobald ihr Wahn abgeklungen sei, an der angesehenen medizinischen Fakultät der Universität Zürich einschreiben könne. Angesichts dieses zunächst überraschenden Plans sollten wir die Bedeutung der Symptome überdenken und uns fragen, was an diesem Fall außergewöhnlich war und was nicht.

Sabina Spielreins Beschäftigung mit der Defäkation, besonders während der Mahlzeiten, war nichts Ungewöhnliches. Dieses Symptom gab es damals häufig, und man hatte sogar in derselben Heilanstalt innerhalb der nächsten zwei Jahre einen weiteren Fall. Zwar wurden die viktorianischen Sitten für allzu vieles in der Genese der Hysterie verantwortlich gemacht, doch hier spielten sie tatsächlich eine entscheidende Rolle bei der Herausbildung einer bestimmten, verbreiteten Art von Symptomen. Mädchen, die man auf ein so überirdisches Ideal von Weiblichkeit hin erzogen hatte, daß die grundlegenden körperlichen Funktionen wie Essen, Stuhlgang und Schwitzen gar nicht vorkamen, beschäftigten sich häufig mit diesen Themen, wenn ihre Kraft zu sublimieren zusammenbrach. Es entsprach einer ganz einfachen psychologischen Logik, daß ein wohlerzogenes junges Mädchen gegen die steife Förmlichkeit eines Abendessens im Familienkreis mit Gedanken darüber protestierte, wo das Essen bald wieder herauskommen werde.

Ähnlich waren auch Sabina Spielreins visuelle Halluzinationen über die Hand ihres Vaters, die im Begriff war, sie zu schlagen, nichts Einmaliges. Es gab genügend solche Fälle, und seit Rousseau in seinen *Bekenntnissen* seine jugendliche Lust am Geschlagenwerden geschildert hatte, war man sich über die Verbindung von Schlägen und Erotik sehr wohl im klaren. Krafft-Ebing hatte das wissenschaftliche Verständnis dieser Verbindung in seinem monumentalen Werk *Psychopathia sexualis* auf neuesten Stand gebracht. Er schilderte zahlreiche Fälle wie den einer Frau, die ein wollüstiges Vergnügen aus der Vorstellung ableitete, sie erhalte Schläge »von der Hand ihrer Lehrerin«.[14] Auch war die intime Kenntnis dieser Dinge nicht allein der medizinischen Welt vorbehalten. Rudolph Binion hat in seiner Biographie über Lou Andreas-Salomé Szenen ihrer frühen Kindheit geschildert, in denen es um das Ausscheiden von Kot und um Schläge geht; der erwachsenen Frau waren die Szenen noch lebhaft in Erinnerung, und sie fand sie so aufregend, daß sie sie in einem sehr intimen Tagebuch festhielt.[15] Noch einmal sei erwähnt, daß in der Heilanstalt Burghölzli Hysterikerinnen zwar Seltenheitswert hatten, daß aber trotzdem nach wenigen Jahren eine weitere Patientin auftauchte, in deren Krankengeschichte in ähnlicher Weise Schläge des Vaters eine Rolle spielten:

> Der Vater liebte sie, und zwar sexuell; es fiel ihr als Kind auf, daß er neben anderen Zärtlichkeiten sie sonderbar auf dic Nates tätschelte, und zwar nur in Abwesenheit der Mutter.[16]

Auch Sabina Spielreins »schlechtverhehlte Masturbation« und die heftigen Ekeldemonstrationen waren nicht sehr ungewöhnlich. Wie wir in einem späteren Kapitel sehen werden, war im Burghölzli zweieinhalb Jahre zuvor eine andere Patientin mit praktisch den gleichen Symptomen behandelt worden.

Die augenscheinlich kruden Formen, die Sabina Spielreins privat aufgeführtes Drama annahm, mögen dem heutigen Leser extrem erscheinen. Aber auch hier hatten die zuständigen Ärzte einen bequemen Ausweg, um den Fall etwas abzutönen. Die junge Frau war Russin, und man wußte allgemein, daß die Hysterie in jenem Teil der Welt reichlich unzivilisierte Formen annehmen konnte. Keine geringere Autorität als Krafft-Ebing meinte, daß offener Masochismus eine angeborene und regelmäßig selbst eingestandene sexuelle Vorliebe russischer und slawischer Frauen sei. Ähnlich waren etliche der Patienten, die Albert von Schrenck-Notzing, ein Schüler Krafft-Ebings und Pionier beim Einsatz von Hypnose als Heilmittel bei »krankhaften Erscheinungen des Geschlechtssinnes«, als nahezu unbehandelbar schilderte, russischer Herkunft.[17] Und selbst Jung führte gegenüber seinem Kollegen Sigmund Freud entschuldigend Sabina Spielreins russische Abstammung an, nachdem Freud sich über ihre eigenartige Ausdrucksweise gewundert hatte: »Frl. Spielrein ist eine Russin, das klärt ihre Ungelenkigkeit auf.«[18]

Viele Aspekte des Falles Spielrein waren somit nicht sehr spektakulär, doch einige ungewöhnliche Züge hatte er. Zunächst einmal war es selten, daß eine Hysterikerin aus einer reichen Familie in eine Heilanstalt gebracht wurde. Hysterikerinnen aus guten Familien gingen normalerweise in eine Privatklinik, während das Burghölzli trotz der Verbindung zur Universität Zürich eine große kantonale Einrichtung war, ähnlich unseren Psychiatrischen Landeskrankenhäusern. Die meisten Hysterikerinnen im Burghölzli waren ungebildet und entstammten den untersten sozialen Schichten. Verglichen mit den Gruppen von Patienten, die an Schwachsinn, Syphilis im Endstadium oder Schizophrenie litten und damals üblicherweise in einer staatlichen Nervenheilanstalt den Hauptteil der Fälle stellten, war die Zahl der Hysterikerinnen relativ klein. Im Jahr 1904 waren von 276 Neuzugängen im Burghölzli nur zwölf Patientinnen mit einer Diagnose, die in irgendeiner Weise auf Hysterie hindeutete. Von diesen zwölf kamen nur Sabina Spielrein und eine oder zwei andere aus Familien, die es sich leisten konnten, eine Unterbringung »erster Klasse« zu bezahlen.

Auch die Tatsache, daß Sabina Spielrein Russin war, machte sie im Burghölzli zu einer Ausnahme. Von den besagten 276 Neuzugängen im Jahr 1904 waren nur fünf Russen. Ebenso fiel aus dem Rahmen, daß sie Jüdin war. Nur neun der insgesamt 332 alten und neuen Patienten, die 1904 in der Anstalt lebten, waren Juden.[19]

Dank ihrer russischen Abstammung zeichnete sich Sabina noch durch etwas anderes in ihrer neuen Umgebung aus: Sie hatte einen Gymnasialabschluß. Sie war in den Genuß der liberalen zaristischen Bildungspolitik gekommen, die sich stark von der damals in der Schweiz praktizierten unterschied. In Rußland durften Frauen ein Gymnasium und dann auch eine Universität besuchen. In der Schweiz konnte eine Tochter reicher Eltern dank Privatunterricht so weit kommen, daß sie mit Genuß und Gewinn einem gelehrten Gespräch zu lauschen vermochte – eine Vorbereitung für die Universität war es nicht. Nur wer einen Gymnasialabschluß oder einen gleichwertigen Abschluß besaß, durfte sich an einer Schweizer Universität für einen Studiengang zur Erlangung eines akademischen Grades einschreiben. Als die medizinische Fakultät von Zürich ab Anfang der neunziger Jahre des 19. Jahrhunderts auch Frauen aufnahm, legte als erste Frau eine Russin dort das Examen ab. Kein Schweizer Mädchen konnte eine Sabina Spielrein vergleichbare Bildung vorweisen, und keines hatte wie sie die Aussicht auf ein Universitätsstudium.

Für die behandelnden Ärzte war der Fall Spielrein wahrscheinlich weniger bizarr als ungewöhnlich. Abgesehen von ihren Wahnvorstellungen war sie gebildet, kam aus einer reichen Familie, hatte beruflichen Ehrgeiz und war als russische Jüdin eine Außenseiterin. Wir wüßten gerne mehr über ihre Familie und ihre Herkunft, aber praktisch die einzige Informationsquelle sind beiläufige Bemerkungen in einem Tagebuch, das sie in den Jahren 1909–1911 führte.[20] Außerdem ist es nicht möglich, diese Informationen der Anamnese gegenüberzustellen, die der behandelnde Arzt erhob. Dasselbe gilt für die frühen Kindheitserinnerungen, die Sabina Spielrein später, in einem Aufsatz aus dem Jahr 1912, selbst veröffentlichte.[21] Aus dem Tagebuch und dem Aufsatz geht hervor, daß Sabina als kleines Mädchen sehr phantasievoll war und sich mit allerhand Vorstellungen und aufregenden Spielen vergnügte, in denen ein junger Onkel sie übermütig mit der Behauptung zu erschrecken versuchte, er sei Gott und er werde sie mitnehmen. Sie selbst spielte dann das gleiche Spiel mit ihrem kleinen Bruder Jean, freilich mit vertauschten Rollen. Wie viele Altersgenossen beschäftigte sie sich mit der Frage, woher die Kinder kommen, und dachte sich tausend Verfahren aus bis hin zu einer Art eigenwilliger Alchemie, um das Wunder zu vollbringen, einen lebendigen Menschen zu schaffen. In der Adoleszenz entwickelte sich Sabina Spielrein zu einer sehr ernsten jungen Frau. Sie hielt sich für eher unattraktiv und zog sich aus diesem Grund oft zurück, doch sie war eine ausgezeichnete Schülerin, eine der Besten ihrer Klasse. In ihrer Freizeit beschäftigte sie sich mit Musik und schwärmte heimlich für verschiedene junge Männer. Sollten die von ihrem Arzt beschriebenen progredienten Symptome ihr gesellschaftliches Leben beeinträchtigt haben, so geht das aus ihrem Tagebuch zumindest nicht hervor. Und ihre Störung beeinträchtigte auch nicht ihre aufkeimende Intellektualität. Im Gymnasium schrieb sie gelehrte Referate über Religionsgeschichte, und sie verfolgte wach und interessiert die politischen Entwicklungen in Rußland.

Sabina Spielreins Eltern waren Kosmopoliten. Ihre Ferien verbrachten sie nicht nur in St. Petersburg, sondern auch in Paris, in Kolberg an der Ostsee und am Bodensee in der Schweiz. Ihren Wohnsitz hatten sie in Rostow am Don, das nach Odessa die führende Hafenstadt am Schwarzen Meer war, um die Kinder kümmerte sich eine Kinderfrau oder *Babuschka.* Der Vater war Geschäftsmann, die Mutter besaß einen Universitätsabschluß und hatte sich auf den üblichen Lebensstil der Oberschicht mit vielen Reisen und Intrigen eingerichtet. Die Eltern waren eindeutig nicht ineinander verliebt, Sabina Spielreins Mutter rivalisierte mit der heranwachsenden Tochter um die Aufmerksamkeit mehrerer Männer, unter anderem eines Gymnasiallehrers, der Sabina Spielrein sehr verlegen machte. Offensichtlich schlug die

Mutter aus dem Namen ihres Mannes Kapital, um sich auf eigenartige Weise an ihm zu rächen. Der Name »Spiel-rein« läßt allerlei sexuelle Assoziationen zu. Nachdem Frau Spielrein den Heiratsantrag von Herrn Spielrein nur widerstrebend angenommen hatte, entschied sie sich, Sabina, das erste ihrer fünf Kinder, in völliger Unkenntnis sexueller Dinge aufwachsen zu lassen. Dahinter stand der Gedanke, daß das Kind mit der schmutzigen Welt eines wenig beglückenden Ehebettes nichts zu tun haben sollte. Der Einfluß der Familie Spielrein in der florierenden Stadt Rostow war so groß, daß es Frau Spielrein sogar gelang, den Lehrplan des Gymnasiums zu verändern, damit es ihrer Tochter erspart blieb, im Biologieunterricht etwas über die Fortpflanzung zu erfahren. Die Tatsache, daß es Herrn Spielrein Spaß machte, seinem erstgeborenen Kind gelegentlich einen Klaps auf den Po zu geben, war vielleicht auf einen verständlichen Wunsch zurückzuführen, in den allzu reinen magischen Kreis von Mutter und Tochter einzudringen. Daß die Klapse bei der Tochter erotische Gefühle auslösten, mag zumindest teilweise eine Reaktion auf entsprechende Phantasien bei ihm gewesen sein.

Sex und Trauma

Sabina Spielreins Wahnvorstellungen waren noch aus einem anderen Grund, der mit ihr persönlich nichts zu tun hatte, für Jung und die anderen Ärzte des Burghölzli so interessant. Anfang 1904, einige Monate vor ihrer Aufnahme, war Leopold Löwenfelds jüngstes Buch mit dem Titel *Die psychischen Zwangserscheinungen* erschienen, und es enthielt zwei wichtige Beiträge von Sigmund Freud. Eugen Bleuler, damals Direktor des Burghölzli, schrieb im April 1904 umgehend eine positive Rezension für die *Münchener Medizinische Wochenschrift.* Besonders lobend äußerte sich Bleuler über Freud.

Sigmund Freud hatte erstmals Mitte der achtziger Jahre des 19. Jahrhunderts Aufmerksamkeit erregt, weil er ein neues Mittel, Kokain, zur Behandlung von Erschöpfung, Impotenz und anderen Symptomen empfahl, die für eine damals klar anerkannte Neurose, die Neurasthenie, charakteristisch waren. Bald darauf hatte er zwei Werke von Charcot kongenial ins Deutsche übersetzt und eines von Bernheim, 1891 hatte er eine eigene hervorragende theoretische Studie über Aphasie veröffentlicht; sie wird bis heute in der neurologischen Literatur zitiert. Außerdem hatte er eine Reihe von weniger bekannten Arbeiten über halbseitige Cerebrallähmung bei Kindern veröffentlicht.

Aber der wirkliche Durchbruch in der medizinischen Wissenschaft gelang Freud mit den *Studien über Hysterie,* die er 1895 zusammen mit dem berühmten Wiener Internisten und Physiologen Josef Breuer herausbrachte. Man erkannte sofort, daß Breuers und Freuds einfühlsame psychologische Porträts ihrer Patienten den veröffentlichten Fällen von Pierre Janet mindestens ebenbürtig waren und denen aller anderen Autoren auf diesem Gebiet weit überlegen. Dabei war ihre Theorie sowohl verständlich als auch vernünftig: Hysterie entstand nach Breuer und Freud aus unterdrückten emotionalen Erfahrungen, die sich mangels der normalen Möglichkeiten der Abfuhr in Symptomen neu manifestierten. Breuers und Freuds Methode der Behandlung stand in einer einzigartig rationalen Beziehung zu ihrer Auffassung von der Störung: Wenn die Patientin, meist unter leichter Hypnose, aber manchmal ganz ohne deren Anwendung, dazu gebracht werden konnte, den Affekt noch einmal zu erleben, der bei seinem ersten Auftreten unterdrückt worden war, dann verschwand das Symptom. Dieses Verfahren, das nach Aristoteles' Theorie von der reinigenden Wirkung der Tragödie auf den Theaterzuschauer etwas ungenau als »kathartische Methode« bezeichnet wurde, erprobten bald viele Ärzten in anderen Städten; die meisten wollten die neue Methode mit gebräuchlicheren Verfahren der Hypnosebehandlung vergleichen. Die Ergebnisse waren gemischt, aber durchaus vielversprechend. Breuer und Freud ließen offen, welcher Art das seelische Trauma war, das zu einem eingeklemmten Affekt führen konnte: In ihrem berühmtesten Fall, dem der »Anna O.«, scheint die Krankheitsursache die große Belastung der Fürsorge für einen sterbenden Vater gewesen zu sein, aber in vielen anderen Fällen von Hysterie zögerten die beiden Autoren nicht, als Ursache die von Breuer so benannten Geheimnisse des Alkovens anzuführen.

Im folgenden Jahr, 1896, machte Freud sich selbständig und setzte mit einer radikalen und sehr viel präziseren These seinen Ruf aufs Spiel: Die einzige und hinreichende Ursache der Hysterie sei ein traumatisches sexuelles Ereignis in der Kindheit. Freud zufolge wurden die Symptome der Hysterie von den verdrängten Erinnerungen an den Übergriff in der Kindheit hervorgerufen. Diese überraschende Neuentdeckung, so Freud, verdanke sich der Tatsache, daß er begonnen habe, mit einer neuen, besseren, nichthypnotischen Behandlungsmethode zu arbeiten. Er nannte sie »Psychoanalyse«.

Freuds Theorie aus dem Jahr 1896 ist uns heute als »Verführungstheorie« bekannt und hat in jüngster Zeit eine Renaissance erlebt. Fairerweise muß man sagen, daß Freud als einer der ersten die wahrhaft schreckliche, langanhaltende Wirkung erkannt und in psychologischen Begriffen beschrieben hat, die sexueller Mißbrauch in der Kindheit haben kann. Aber diese Betrachtungsweise verfehlt, was Freud damals eigentlich sagen wollte und was seine Zeitgenossen auch verstanden haben. Ihm ging es um die Hysterie, nicht um Kindesmißbrauch; Kindesmißbrauch war nur insofern von Interesse, als er die Hysterie erklärte. Freud behauptete, verdrängte Erinnerungen an sexuellen Mißbrauch in der Kindheit seien die einzige notwendige und hinreichende Erklärung für jeden Fall von Hysterie; alle anderen Theorien seien nunmehr veraltet.

Verständlicherweise löste diese Behauptung bei Ärzten Stirnrunzeln aus. Hysterie war enorm verbreitet, es schien undenkbar, daß in jedem Fall ein Kindesmißbrauch stattgefunden hatte. Krafft-Ebing, der die Realität der sexuellen Mißhandlung von Kindern kannte, führte den Vorsitz, als Freud bei der Zusammenkunft der Psychiatrischen und Neurologischen Gesellschaft in Wien seine neuen Erkenntnisse erstmals vortrug. Obwohl er Freud ansonsten aufgeschlossen gegenüberstand, meinte er in der Diskussion, das alles klinge »wie ein wissenschaftliches Märchen«. In der Literatur urteilten manche Kritiker noch härter und klagten Freud an, er habe seinen Patientinnen die verdrängten Erinnerungen an Mißbrauch suggeriert. Daß Freud hauptsächlich Hysterikerinnen behandelte, deren Zeugnis immer noch als suspekt galt, machte diesen Vorwurf um so plausibler. Es nützte nichts, daß Freud auch von einem ähnlichen ätiologischen Muster für die Zwangsneurose berichtet hatte.

Freud hatte inzwischen ein Buch über Traumdeutung und eine Reihe weiterer Schriften verfaßt, die sich alle durch hohe literarische Qualität und die Genialität ihrer psychologischen Analysen auszeichnen. In diese Phase gehören zwei medizinische Monographien aus dem Jahr 1901: *Über den Traum* und *Zur Psychopathologie des Alltagslebens.* Beide Werke hatten in medizinischen Kreisen eine relativ große Leserschaft und bei den Kritikern ein überwiegend positives Echo gefunden. Obwohl Freud seine bisherige Auffassung über die Ätiologie der Hysterie aufgegeben hatte, brachte man die »Verführungstheorie« immer noch mit ihm in Verbindung.

Mit der Veröffentlichung von Leopold Löwenfelds Buch *Die psychischen Zwangserscheinungen* Anfang 1904 änderte sich dies. Löwenfeld berichtete von einem persönlichen Brief Freuds, in dem Freud ihm erklärt habe, er habe seine ätiologischen Vorstellungen revidiert. Zwar sei er sich noch immer der schrecklichen Wirkung eines sexuellen Traumas in der Kindheit bewußt, doch neige er mittlerweile dazu, konstitutionellen Faktoren und Phantasien größere Aufmerksamkeit zu schenken, zumindest was die Zwangsneurosen betreffe. Damit war das Rätsel der Hysterie wieder ungelöst, aber die entscheidende Tür war aufgestoßen. Freud schickte diesen Brief möglicherweise an Löwenfeld, weil dieser 1899 das Geständnis eines früheren Patienten Freuds veröffentlicht hatte: »Der Patient erklärte mir mit Bestimmtheit, daß die kindliche sexuelle Szene, die die Analyse scheinbar aufgedeckt hatte, reine Phantasie sei und sich niemals wirklich zugetragen habe.«[22] Interessanterweise war der andere Beitrag Freuds in Löwenfelds Buch eine kurze Darstellung mit dem Titel »Die Freudsche psychoanalytische Methode«, abgefaßt in der dritten Person. Obwohl in wichtigen Punkten unzulänglich, war es die bis dahin umfangreichste Darstellung seiner Methode.

Löwenfelds Buch kursierte im Frühjahr 1904 bei den Ärzten des Burghölzli. Sabina Spielrein wurde im August aufgenommen. Sie war für diese Anstalt eine seltene Patientin: eine Hysterikerin, die gleichzeitig intelligent und gut gebildet war und die zudem mitten in einem klassischen Wahn steckte – alles in allem ein Fall, der sich in idealer Weise zur Erprobung von Freuds neuen Gedanken eignete.

Kapitel 2

Ein psychiatrisches Kloster

Wenn ich die Auffassung meines Vaters von der Schizophrenie [...] kurz zusammenfassen sollte, würde ich folgendes sagen: Er neigt sehr dazu, den schizophrenen Patienten Mitgefühl entgegenzubringen und an ihren Ängsten und Sorgen Anteil zu nehmen. Er ist glücklich, wenn er spürt, daß etwas im Geist eines schizophrenen Patienten auf seine Aufmerksamkeit reagiert. Ich glaube, daß alle seine Vorstellungen über Schizophrenie das direkte Ergebnis dieser Haltung sind. Die Grundlage und ebenso die Folge seiner Arbeit mit schizophrenen Patienten war die Überzeugung, daß es sich lohnt, ihnen individuelles Interesse und persönliche Sympathie entgegenzubringen.

Manfred Bleuler, »Die Auffassung meines Vaters von der Schizophrenie«, *Bulletin of the New York State Asylums,* 7, 1931.

Die junge Russin kam dank ihrer Wahnvorstellungen in eine höchst interessante Umgebung. Das Burghölzli entwickelte sich damals unter der Leitung von Eugen Bleuler rasch zum führenden psychiatrischen Lehrkrankenhaus der Welt, bald schon stellte es sogar Emil Kraepelins angesehene Münchner Universitätsklinik in den Schatten. Ärzte aus aller Welt, auch aus Amerika, pilgerten zur Ausbildung nach Zürich.

Für jemanden, der die Vergangenheit des Burghölzli kannte, dürfte das sehr verwunderlich gewesen sein. Es war mehr als vierzig Jahre zuvor zur Versorgung der Geisteskranken im Kanton Zürich errichtet worden. Die Gründung hatte die Züricher mit großem Bürgerstolz erfüllt. Der berühmte Dichter Gottfried Keller, damals Staatsschreiber des Kantons, war beim Richtfest des Hauptgebäudes auf den Dachfirst geklettert und hatte ein Gedicht über das Heraufdämmern eines neuen Zeitalters vorgetragen. Unglücklicherweise wurde auf Beschluß des Kantonalrates die Leitung der Anstalt von Anfang an mit dem neueingerichteten Lehrstuhl für Psychiatrie an der Universität Zürich verknüpft. Das war schon deshalb bedauerlich, weil damals ein Psychiater akademisches Prestige am leichtesten durch Untersuchungen der Gehirnanatomie gewinnen konnte. In der Regel hatte ein Professor für Psychiatrie an den meisten europäischen Hochschulen eine kleine Universitätsklinik zur Verfügung, in der er einige Kurzzeitfälle unterbringen und zu Demonstrationszwecken heranziehen konnte. Aber das Burghölzli war etwas ganz anderes. Jedem künftigen Professor für Psychiatrie an der Universität Zürich wurde damit automatisch die Verantwortung für die Betreuung von über hundert überwiegend unheilbaren Patienten übertragen, er war der zuständige Chefarzt. Zusätzlich erschwert wurde die Lage durch Sprachbarrieren. Alle Gebildeten konnten Hochdeutsch sprechen, aber die einfachen Leute sprachen Schweizerdeutsch, und die Patienten aus den ländlichen Gegenden um Zürich herum sprachen eigene, lokale Dialekte, die kein ausländischer Arzt verstand.

Es lag von Anfang an auf der Hand, daß diese Aufgabe nicht zu bewältigen war. Der große Wilhelm Griesinger, der Vater der modernen europäischen Psychiatrie, der damals an der medizinischen Fakultät von Zürich lehrte, kehrte lieber umgehend ins heimatliche Deutschland zurück, als die doppelte Berufung zum Professor der Psychiatrie und zum Direktor des Burghölzli anzunehmen. Danach hatten mehrere ausländische Spezialisten für Mikroskopie den Lehrstuhl inne. Keiner von ihnen sprach die Schweizer Mundart, und alle entflohen bei der ersten Gelegenheit auf Posten in anderen Städten, um die drückende Last der Verantwortung für die Leitung der Irrenanstalt loszuwerden. Die Wissenschaftler lösten sich in rascher Folge ab, denn das Ansehen des Züricher Lehrstuhls wuchs weiter, während gleichzeitig das Burghölzli so weit herunterkam, daß die Einheimischen mit seinem Namen bald nur noch das in einem abgelegenen Winkel der Anlage untergebrachte Bordell verbanden.

Die Lage besserte sich schließlich 1879 mit der Berufung von Auguste Forel, einem kämpferischen Universalgelehrten von internationalem Rang, der in der Heilanstalt wieder Ordnung schuf und gleichzeitig dem Züricher Lehrstuhl zu noch mehr Glanz verhalf.[1] Forel stammte aus dem Schweizer Kanton Waadt und war ein Mann mit Ecken und Kanten. Als Kind war er einsam, isoliert und sehr unglücklich gewesen und hatte sich über die Runden gerettet, indem er das Leben der Ameisen studierte. Dieses Hobby führte ihn zur Darwinschen Evolutionslehre und dann weiter zur Hirnforschung. Als er den Züricher Lehrstuhl für Psychiatrie erhielt, genoß er international einen hervorragenden Ruf als Psychiater, und er galt als der führende Ameisenspezialist der Welt. Die Aufzählung von Forels wissenschaftlichen Leistungen ist atemberaubend. Er war zum Beispiel an der Entwicklung der Neuronentheorie beteiligt, er führte das erste moderne Curriculum für Psychiatrie ein, und er propagierte erfolgreich die Hypnosebehandlung als therapeutische Methode in der deutschsprachigen medizinischen Welt.[2] Das waren nur seine Leistungen auf medizinischem Gebiet. In seiner schweizerischen Heimat setzte er sich außerdem leidenschaftlich für eine Vielzahl von sozialen Aufgaben ein, unter anderem führte er einen erbitterten Kampf gegen Prostitution und Alkoholismus.

Im Burghölzli griff Forel energisch durch. Er vertrieb Eindringlinge notfalls mit den Fäusten (manche Menschen fanden es unterhaltsam, ein Picknick auf dem Gelände der Anstalt zu veranstalten und dabei die Irren zu beobachten), und er hypnotisierte die Mitarbeiter, die Nachtdienst machten, so, daß sie die ganze Nacht durchschlafen konnten, aber bei einem Notfall sofort aufwachten. Doch selbst dem gewaltigen Forel wurde schließlich das Burghölzli zu belastend, und er ging 1898 vorzeitig in den Ruhestand. Als Nachfolger wollte er unbedingt einen Psychiater, der am absoluten Alkoholverbot in der Anstalt festhielt. Da er vermutete, sein erster Kandidat für die Nachfolge würde von den Mitgliedern des Kantonalrates blockiert werden, die in der Abstinenzfrage anders dachten als er (durch die Zulassung von Alkohol war Geld zu verdienen), stellte er einen zweiten Kandidaten vor, über dessen Ansichten zu dieser Frage man nicht so genau Bescheid wußte. Durch diesen Kunstgriff im Dienste einer guten Sache fiel der renommierte Züricher Lehrstuhl für Psychiatrie, der es inzwischen an Prestige mit den Lehrstühlen in Berlin und Wien aufnehmen konnte, einem praktisch Unbekannten zu, Eugen Bleuler.

Bleuler stammte aus dem Dorf Zollikon in der Nähe von Zürich und hatte als erster aus seinem Heimatort Medizin studiert. In Zollikon murrte man wie in anderen ländlichen Gegenden des Kantons viel über das Burghölzli, wo die Ärzte nicht einmal mit den Patienten sprechen konnten.[3] In Bleulers Elternhaus wurde dies besonders heftig beklagt, denn Bleulers Schwester war kataton. Bleuler wuchs mit dem Traum auf, eines Tages die Irrenanstalt zu leiten; er war vielleicht der einzige Mensch, der diese Aufgabe wirklich haben wollte. Am Burghölzli begann er als junger Assistenzarzt unter Forel und legte bald einen ähnlichen Eklektizismus an den Tag wie sein Chef. Er entwickelte eine Theorie der Farbwahrnehmung, forschte über Aphasie (was zu einem Briefwechsel mit Freud im Jahr 1892 führte) und experimentierte mit Hypnose. 1886 verließ Bleuler zusammen mit zwölf Langzeitpatienten das Burghölzli und übernahm die Leitung der kantonalen Anstalt für chronisch Kranke in Rheinau. Für die meisten wäre der Posten in Rheinau nur ein Sprungbrett gewesen, und zwar ein wenig attraktives. Bleuler verbrachte dort jedoch zwölf glückliche Jahre. Er war noch nicht verheiratet und betrachtete seine Schützlinge als seine Familie. Die Angestellten wie die Patienten nannten ihn sogar »Vater«. In der Zeit in Rheinau entwickelte Bleuler seine revolutionäre Auffassung, daß manchmal sogar die schwersten Erkrankungen aufgehalten werden konnten, wenn man eine persönliche Beziehung zu den Patienten herstellte.[4]

In Rheinau machte Bleuler auch lehrreiche Erfahrungen, wie wichtig es für die Patienten war, realitätsbezogene Aufgaben zu haben. Als einmal eine Typhusepidemie ausbrach, blieb ihm nichts anderes übrig, als einige seiner Patienten zur Pflege der Typhuskranken heranzuziehen. Zu seiner Überraschung leisteten sie gute, zum Teil sogar bewundernswerte Arbeit. Sobald jedoch die Krise vorüber war, fielen sie in ihren typischen wahnhaften und in sich gekehrten Zustand zurück. Dann kam der Tag, als das Brennholz knapp wurde, und Bleuler mußte einen Ausflug zum Bäumefällen organisieren. Er teilte die körperlich leistungsfähigen Männer sorgfältig in gefährliche und ungefährliche ein und ging dann voraus, um das Terrain zu erkunden. Aber die Mitarbeiter hatten seine Anweisungen mißverstanden, und nach kurzer Zeit gesellten sich die gefährlichsten Patienten der Anstalt zu Bleuler, jeder mit einer Axt bewaffnet. Der Tag verlief ohne Zwischenfall. Dieses und ähnliche Ereignisse überzeugten Bleuler, daß allein die Herausforderung, mit der Wirklichkeit fertig zu werden, therapeutisch wirken konnte. Er begann gezielter in dieser Richtung zu experimentieren und ging gelegentlich sogar so weit, daß er einem Patienten, der schon lange in einer Psychose vor sich hin dämmerte, die Entlassung ankündigte. Erstaunlicherweise erwies sich dies in einigen Fällen als erfolgreich.

Im Jahr 1899, ein Jahr nach Bleulers Ernennung zum Direktor des Burghölzli, geschah etwas, das Bleulers Namen für alle Zeit bekannt machen sollte. In diesem Jahr erschien die sechste Auflage von Emil Kraepelins Psychiatrielehrbuch. In dieser Auflage führte Kraepelin, gestützt auf mühsam gesammelte Verlaufsstatistiken, eine diagnostische Unterscheidung weiter, die er erstmals drei Jahre zuvor vorgeschlagen hatte. Genaugenommen gab er zwei gut bekannten Syndromen, dem manisch-depressiven Irresein und der Paranoia, einen neuen Status, indem er sie von einer dritten Krankheit, die er »Dementia praecox« (heute »Schizophrenie«) nannte, unterschied. Zur Kategorie der Dementia praecox zählte er die bekannten Syndrome Katatonie, Hebephrenie und Dementia paranoides, die im Laufe der Jahre aufgrund ihrer unterschiedlichen klinischen Bilder getrennt eingeführt worden waren. (So gehörten zum Beispiel zur Dementia paranoides gut systematisierte Verfolgungs- und Größenideen mit leichter Erregung ohne Orientierungsverlust.) Kraepelins Synthese war revolutionär. Jede seiner Grundkategorien – manisch-depressives Irresein, Paranoia und Dementia praecox – wies nicht nur deutlich unterscheidbare psychische Symptome auf, sondern hatte auch typischerweise einen spezifischen Verlauf mit je unterschiedlichem Ausgang. Das war klinische Medizin im besten Sinne. Zwar wußte niemand, welche Ursachen die einzelnen Syndrome hatten, aber immerhin hatte man nun eine vernünftige Einteilung, mit der man arbeiten konnte. Kraepelins Buch ersetzte fast auf der Stelle Krafft-Ebings *Lehrbuch für Psychiatrie* als führendes Werk der Psychiatrie, und Kraepelins Einteilung ist auch heute noch das Grundraster der modernen psychiatrischen Nosologie. Aber das neue Krankheitsbild der Dementia praecox war, wie Bleuler sofort erkannte, in einer wichtigen Hinsicht falsch dargestellt. Nach Kraepelin trat entweder früh eine spontane Remission ein, oder der Patient verfiel unweigerlich in kurzer Zeit. Doch Bleuler wußte von seiner langjährigen Tätigkeit in Rheinau, daß es möglich war, die Krankheit aufzuhalten und sie manchmal sogar zu bessern, wenn man eine persönliche Beziehung zu dem Patienten aufbauen konnte. Dadurch und durch die Konfrontation mit realitätsbezogenen Aufgaben konnte man große Fortschritte erzielen. Bleuler hatte sogar Patienten aus Rheinau wieder nach Hause entlassen können, was bis dahin noch nie vorgekommen war.

Nach der Übernahme des Burghölzli hatte Bleuler so viel mit der Leitung der Anstalt zu tun, daß er die Veröffentlichung seiner Entdeckung erst einmal zurückstellen mußte. Bleuler benützte den guten Ruf der Universität als Köder und verwandelte das Burghölzli allmählich in ein psychiatrisches Kloster. Er holte junge Ärzte aus der ganzen Schweiz zusammen und setzte seine Mitarbeiter optimal ein. Zum allerersten Mal gab es genügend betreuende Ärzte, und Bleulers Schüler lernten ein intensives, psychologisches Herangehen an schwere Geisteskrankheiten kennen, wie es damals beispiellos war.

Da wir keine regelrechte Biographie von Bleuler besitzen, ist es schwierig, ein klares Bild von seiner Persönlichkeit zu bekommen. Einige Ärzte, die bei ihm arbeiteten, vor allem Ludwig Binswanger, erinnerten sich später mit großer Bewunderung und persönlicher Zuneigung an ihn. Andere jedoch, besonders Carl Gustav Jung, lehnten sich gegen seine Leitung auf und fanden ihn unerträglich. In seinen Schriften legt Bleuler eine Mischung aus Originalität und Vorsicht an den Tag, und das scheint auch für seine Person gegolten zu haben: Er konnte sich über eine neue Idee begeistern, wurde aber bald von vielen Bedenken geplagt. Bleulers wissenschaftliche Haltung war gelassen, gewissenhaft und entsprach seinem Charakter. Fortschritte waren nur möglich, wenn man alles überprüfte, voreilige Schlüsse vermied und mit den Kollegen Kontakt hielt, um Ergebnisse zu vergleichen. Bleuler war einerseits für neue Entwicklungen aufgeschlossen, andererseits vermied er rasche Festlegungen. Er ließ sich zu nichts drängen. Vor allem aber widmete er sich hingebungsvoll seiner Arbeit, manchmal fast schon in übertriebener Weise. In einer Anekdote heißt es, er sei zu Beginn seiner Karriere als Anstaltsarzt zu der Überzeugung gelangt, Schlaf sei Zeitverschwendung, und habe prompt drei Tage lang auf Schlaf verzichtet – bis er erschöpft zusammenbrach. Er war autoritär, aber nicht so sehr, wie es ihm die patriarchalische Kultur seiner Zeit erlaubt hätte. So inspizierte er regelmäßig die Unterkünfte des gesamten Personals des Burghölzli, einschließlich der Räume der Assistenzärzte. Als der junge Franz Riklin jedoch beschloß, zwischen den Dielenbrettern seines Wohnzimmers Gras wachsen zu lassen, begriff Bleuler sogleich, daß Riklin ihn auf den Arm nehmen wollte. Kurzum, Bleuler war eine seltsame Mischung aus einem etwas tyrannischen Chefarzt und einem intellektuellen Gentleman. Männer wie er repräsentierten die angenehme Seite der patriarchalischen Lebensweise.

Unter seiner Leitung wurde das Burghölzli ein vorbildliches Lehrkrankenhaus.[5] Der Patient stand ganz und gar im Mittelpunkt. Der zuständige Assistenzarzt mußte alle seine Patienten zweimal täglich aufsuchen und alles niederschreiben, was sie sagten, gleichgültig ob er es verstand oder nicht. Dreimal in der Woche trafen sich alle Mitarbeiter zu einer morgendlichen Besprechung. Dabei wurden meist Behandlungsfragen erörtert, aber die Assistenten mußten auch über neue Entwicklungen in der Fachliteratur berichten. Außerdem mußten alle Assistenzärzte im Hause wohnen, die vollkommene Abstinenz von allen alkoholischen Getränken war unumstößliches Gebot, und wer abends länger als bis zehn Uhr ausbleiben wollte, mußte

Bleuler oder dessen ersten Assistenten um Erlaubnis fragen und um einen Schlüssel bitten.

Eine der neuen Entwicklungen, über die Bleuler unbedingt etwas erfahren wollte, war der Einsatz der experimentellen Psychologie zur Untersuchung von Geisteskranken. Im Jahr 1900 schickte er seinen jungen Assistenzarzt Franz Riklin zur Weiterbildung in Kraepelins psychologisches Labor, das erste, das an eine psychiatrische Klinik angeschlossen wurde. Die experimentelle Psychologie steckte noch in den Kinderschuhen. Bis dahin war die Psychologie ein Zweig der Philosophie gewesen, und der Gedanke, psychologische Theorien experimentell zu überprüfen, galt als gewagte Neuerung. William James von der Universität Harvard und Wilhelm Wundt aus Leipzig, beide Philosophen, hatten um die Ehre gewetteifert, als erste psychologische Labors an ihren Universitäten einzurichten. Kraepelin war zwar von der Ausbildung her Psychiater, aber er hatte bei Wundt studiert und war zu der Überzeugung gelangt, daß die neuen experimentellen Techniken auch für die Psychiatrie nützlich sein könnten. Auch Bleuler war zu diesem Schluß gekommen. Als er Riklin in Kraepelins Klinik schickte, kündigte er damit praktisch an, daß er ein eigenes Labor einrichten wollte.

In Kraepelins Klinik erlernte Riklin unter Anleitung von Gustav Aschaffenburg ein neues Verfahren, das sogenannte Assoziationsexperiment: Der Versuchsleiter las eine Liste von Wörtern vor, und der Proband mußte auf jedes Wort mit dem Wort oder der Wendung antworten, das oder die ihm spontan in den Sinn kam. Wichtig war dabei, daß die Versuchsperson nicht lange überlegte, sondern das sagte, was ihr als erstes einfiel. Im allgemeinen umfaßte die Liste der Reizwörter hundert Begriffe, und man maß mit einer Stoppuhr, wie lange die Versuchsperson brauchte, um auf die einzelnen Reizwörter zu reagieren. Anschließend wurde die Versuchsperson aufgefordert, die Liste noch einmal durchzugehen und sich an ihre Reaktionen zu erinnern. Dieses Verfahren war – ohne Stoppuhr – dreißig Jahre zuvor von dem eklektischen englischen Genie Sir Francis Galton entwickelt worden. Galton war seine eigene Versuchsperson und entdeckte drei grundlegende Dinge: Erstens waren einige der so hervorgerufenen Assoziationen recht erstaunlich und brachten Erinnerungen und Gefühle ins Spiel, an die er bis dahin nicht gedacht hatte. Zweitens stammten viele der überraschenden Assoziationen aus der Kindheit, und drittens tauchten bei wiederholter Durchführung des Versuchs viele Assoziationen immer wieder auf. In Berlin setzte Theodor Ziehen die Arbeit dort fort, wo Galton aufgehört hatte, und nahm den Versuch in sein Programm zur Erforschung der allgemeinen Gesetzmäßigkeiten gedanklicher Assoziationen auf. Daraus entstand ein neues System der Psychologie, in dem unter anderem die Annahme eines »Komplexes von gefühls-betonten Vorstellungen« eine Rolle spielte.[6] Aschaffenburg hatte unterdessen begonnen, die Antworten von normalen Versuchspersonen bei unterschiedlichen Graden von Müdigkeit oder Alkoholisierung in Gruppen einzuteilen und sie mit den dokumentierten Antworten von Dementia-praecox-Patienten zu vergleichen. Dahinter stand die damals weitverbreitete Auffassung, ein noch nicht identifiziertes endogenes Toxin sei die Ursache der Dementia praecox. Unter anderem konnte Aschaffenburg zeigen, daß die Antworten der Geisteskranken tatsächlich denen der betrunkenen Versuchspersonen ähnlich waren: Bei beiden gab es ein Übergewicht von »externen« Assoziationen, das heißt die auf Reim oder anderen phonetischen Merkmalen beruhten.

Als Riklin im Frühjahr 1901 nach Zürich zurückkehrte, holte ihn Bleuler am Bahnhof ab. Während der Wagenfahrt zum Burghölzli erzählte Bleuler aufgeregt von einem hervorragenden neuen Assistenten, einem intellektuellen Aristokraten und Mann von außergewöhnlicher körperlicher und geistiger Energie – Carl Gustav Jung. An diesem Abend saßen die drei – Riklin, Bleuler und Jung – bis spät in die Nacht zusammen und sprachen über das Assoziationsexperiment.

Der Basler Aristokrat

Bleuler kam vom Land und war erst der zweite in seinem Dorf, der einen akademischen Grad erworben hatte. Jung hingegen entstammte einer vornehmen Familie aus der Stadt Basel, die eine Universität mit einer alten und ehrwürdigen Tradition hatte. In Basel hatten unter anderem Jakob Burckhardt und Friedrich Nietzsche studiert. Jung war das erstgeborene Kind und der einzige Sohn des evangelisch-reformierten Pfarrers Paul Jung und seiner Frau Emilie Preiswerk. Paul Jung wiederum war der Sohn des berühmten Arztes und Freimaurers Carl Gustav Jung des Älteren, um den sich zahlreiche Legenden gebildet hatten. So hieß es zum Beispiel, er sei ein unehelicher Sohn Goethes gewesen. Carl Gustav der Ältere war eine eindrucksvolle Persönlichkeit. Eine Anekdote berichtet, er sei, nachdem die Frau seines Herzens seinen Heiratsantrag abgelehnt hatte, in die nächstgelegene Wirtschaft gestürmt und habe die Bedienung gefragt, ob sie ihn heiraten wolle – und sie wollte. Als diese Frau einige Jahre später starb, machte Carl Gustav seiner ursprünglich Auserkorenen erneut einen Antrag. Diesmal nahm sie sofort an, und Paul Jung war ein spätgeborener Sohn dieser aufgeschobenen Verbindung. Emilie Preiswerk war die Tochter eines beinahe ebenso angesehenen Mannes, Samuel Preiswerk, der als Theologe und Privatdozent für Hebräisch an der Universität Basel lehrte und früh für die Idee eintrat, daß die europäischen Juden einen eigenen Staat haben sollten.

Paul und Emilie gehörten zu einer Generation, die Henry Ellenberger als »die geopferte Generation«[7] bezeichnet hat. Sie wurden geboren, nachdem ihre Väter verarmt waren. Paul hatte ebenfalls Hebräisch lehren wollen, aber aus finanziellen Gründen wurde er Landpfarrer, nachdem er die jüngste Tochter seines Lieblingsprofessors geheiratet hatte. Freundlich, pedantisch, innerlich ein geschlagener Mann, scheint er nicht gewußt zu haben, wie er mit seiner überheblichen und zänkischen Frau oder mit seinem widerspenstigen Sohn fertig werden sollte. Von 1879 bis zu seiner tödlichen Erkrankung im Jahr 1896 wirkte Paul als Landpfarrer in Klein-Hüningen, einem Dorf in der Nähe von Basel, und als protestantischer Seelsorger in der nahegelegenen Irrenanstalt Friedmatt.

Seine Frau kam aus einer Familie, in der Geisterglaube eine große Rolle spielte. Ihre Mutter hatte regelrecht mit dem zurückgekehrten Geist der ersten Frau ihres Mannes gerungen. Emilie hatte als Kind hinter ihrem Vater sitzen müssen, wenn er seine Predigten verfaßte – um den Teufel daran zu hindern, daß er sich in den Text einschlich, den er am nächsten Tag den Gläubigen vortragen wollte. Die Ehe von Carl Gustavs Eltern war von schwerwiegenden Problemen belastet, und seine Mutter verbrachte einige Zeit fern von zu Hause in der Anstalt Friedmatt.

Jungs Kindheitserlebnisse sind den zahlreichen Lesern seiner außergewöhnlichen Erinnerungen vertraut, deren erste drei Kapitel er am Ende seines Lebens verfaßte. Seine Mutter mußte in die Anstalt, als er drei Jahre alt war, und seit jener Zeit war er, wie er später sagte, »immer mißtrauisch, sobald das Wort ›Liebe‹ fiel«.[8] Mit vier Jahren hatte Jung einen Traum von einem riesigen Phallus, der in einer unterirdischen Höhle auf einem Thron stand und ihm Angst und Schrecken einjagte. Seine Mutter rief in dem Traum: »Das ist der Menschenfresser!«, was Jung mit »Jesuiten« assoziierte.[9] Mit sechs Jahren wurde Jung erstmals bewußt, daß seine Mutter »aus zwei Personen bestand«.[10] Nach Einbruch der Dunkelheit sprach sie mit veränderter Stimme und verstieß gegen ihre eigenen üblichen konformistischen Ermahnungen an ihren Sohn. Jung erinnerte sich später, daß die Äußerungen der zweiten Persönlichkeit seiner Mutter ihn »gewöhnlich im Innersten« trafen.[11]

Als Kind verstand er sich nicht gut auf höflichen Umgang, nicht einmal auf den Umgang mit Kindern. Sein lebenslanger Freund Albert Oeri schrieb, ihm sei ein dermaßen ungeselliges asoziales Monstrum überhaupt noch nie untergekommen.[12] Im Alter von ungefähr acht Jahren bekam Jung Erstickungsanfälle – »die geistige Atmosphäre [im Haus] hatte angefangen, irrespirabel zu werden«.[13] Seine Erstickungsangst wurde durch gleichzeitige Visionen von einem blauen Mond mit goldenen Engeln beschwichtigt. Ebenfalls um diese Zeit begann Jung folgendes Spiel zu spielen: Er setzte sich auf einen Stein und fragte sich, ob er Carl Gustav sei oder der Stein. »Das blieb unklar, und meine Unsicherheit war begleitet vom Gefühl einer merkwürdigen und faszinierenden Dunkelheit.«[14] Er entzündete und unterhielt kleine Feuer in den höhlenartigen Zwischenräumen einer Steinmauer im Garten, dabei durften ihm andere Kinder aus der Nachbarschaft helfen.[15] Als er zehn Jahre alt war, schnitzte er ein kleines Männchen aus einem Lineal und versteckte es zusammen mit einem Stein, den er so bemalt hatte, daß er in einen oberen und einen unteren Teil getrennt war, auf einem Stützbalken des Dachstuhls. Danach brachte er ungefähr ein Jahr lang dem Männchen feierlich kleine Papierröllchen, die mit einer selbst ersonnenen Geheimschrift beschrieben waren. »Dieser Besitz an Geheimnis hat mich damals stark geprägt. Ich sehe es als das Wesentliche meiner frühen Jugendjahre an.«[16]

Im Alter von elf Jahren kam Jung nach Basel auf das Gymnasium. Das war sein erster wirklicher Schritt aus dem Elternhaus heraus und vom Land in die Stadt. Seine neuen Klassenkameraden erkannten bald, daß Jung gern Unfug trieb und sich nicht gut verteidigen konnnte, daher schoben sie ihm bald ihre eigenen Missetaten in die Schuhe. Jung wußte nicht, wie er sich aus dieser Rolle befreien sollte. Er stellte sich darauf ein, indem er sich Alibis für jede nur denkbare Gelegenheit ausdachte und sie einstudierte. Seine ersten Jahre auf dem Gymnasium waren recht unglücklich. Einmal gab ihm ein Mitschüler einen so heftigen Stoß, daß er hinfiel, mit dem Kopf aufschlug und das Bewußtsein verlor. Daraufhin wurde er für diesen Tag nach Hause geschickt. Begierig, den Quälereien seiner Kameraden zu entgehen, fiel Jung nun bei jeder Gelegenheit in Ohnmacht. Als er dabei einmal zu Hause ausruhte, hörte er, wie sein Vater bedrückt sagte: »Was soll mit ihm geschehen, wenn er sein Leben nicht verdienen kann?« Jung nahm sich zusammen, zwang sich, die Ohnmachtsanfälle zu unterdrücken, die sich inzwischen verselbständigt hatten, und ging wieder zur Schule.

Verständlicherweise begann er sich Gedanken zu machen, wer er eigentlich war. Auf dem Schulweg hatte er folgendes Erlebnis: »Da gab es einmal einen Augenblick, in dem ich plötzlich das überwältigende Gefühl hatte, soeben aus einem dichten Nebel herausgetreten zu sein, mit dem Bewußtsein, jetzt bin *ich.«*[17] Um dieselbe Zeit wurde Jung von einem Mann ausgeschimpft, weil er unvorsichtig mit dessen Ruderboot umgegangen war, und dabei hatte er erstmals das Gefühl, er sei eigentlich ein ganz anderer, ein Mann, der Ende des 18. Jahrhunderts gelebt hatte. Dieses Erlebnis wurde zur Grundlage für das, was Jung von da an stets als seine Persönlichkeit »Nr. 2« bezeichnete. Ellenberger schreibt, der Prototyp dafür sei Goethe gewesen.[18]

Das zentrale Ereignis von Jungs erstem Jahr auf dem Gymnasium war ein Tagtraum. Darin stellte er sich Gott auf einem goldenen Thron hoch über dem Basler Münster vor, und unter dem Thron fiel ein ungeheures Exkrement auf die Kirche und zerschmetterte sie. Der Tagtraum, den Jung zwei Tage lang vergebens zu unterdrücken versucht hatte, war begleitet von einem Gefühl der »Erleichterung«, sogar der Seligkeit. Das Gefühl von »Gnade« steht in scharfem Kontrast zu der Leere und Enttäuschung, die Jung später bei der Konfirmation erlebte. Die Konfirmation war für die Mitgliedschaft in der schweizerischen reformierten Kirche unumgänglich und bedeutete für die deutsch-schweizerische Jugend eine Art Initiationsritus beim Übergang ins Erwachsenenalter.

Hier sollten wir einen Augenblick innehalten, den gewinnenden Stil von Jungs Erinnerungen beiseite lassen und uns mit seiner Vision beschäftigen. Das Basler Münster ist kein dunkles, imposantes gotisches Gebäude, sondern ein anmutiges, beinahe verspieltes Bauwerk – eher im Zuckerbäckerstil als in der üblichen Art des Kirchenbaues. Das Dach ist mit bunten Ziegeln geschmückt, an einer Wand steht eine Statue des heiligen Georg zu Pferd, wie er gerade einen Drachen erschlägt, der auf einem eigenen Sims ein paar Meter weiter entfernt sitzt. Der Gedanke, daß überhaupt jemand, geschweige denn Gott, dieses Gebäude mit einem ungeheuren Exkrement zerstören könnte, verdient genauere Betrachtung. Das geht weiter als der jugendliche Protest in den Bildern Sabina Spielreins, die am Eßtisch der Familie an die

Defäkation denkt. Es zeugt von Jungs guter Erziehung, daß er zwei Tage lang versuchte, die Phantasie zu unterdrücken. Aber als er ihr einmal nachgegeben hatte, war er entschlossen, das Geschenk der daraus folgenden Seligkeit nicht zu verschleudern. Von da an war er überzeugt, seine private, blasphemisch getönte Offenbarung einer natürlichen, amoralischen Gottheit sei den Tröstungen des orthodoxen Christentums überlegen.[19]

Jung behielt seine Offenbarung für sich. Als sein Vater den für den Empfang des Abendmahls erforderlichen Konfirmationsunterricht mit ihm fortsetzte, empfand Carl Gustav Mitleid und Herablassung: »Ich konnte ihn, meinen lieben und generösen Vater, [...] nicht in jene Verzweiflung und in jenen Frevel stürzen, die nötig waren zum Erlebnis der göttlichen Gnade. Nur ein Gott kann das. Ich darf es nicht tun. Es wäre unmenschlich.«[20] Paul Jung seinerseits verlor seinen Glauben, nachdem er Hippolyte Bernheims Buch über Suggestion, übersetzt von Sigmund Freud, gelesen hatte.[21] Es war damals durchaus nicht ungewöhnlich, daß ein frommer Mann sich gegen die Übergriffe des Materialismus durch den Hinweis zu wappnen versuchte, es könne doch jederzeit ein Wunder geschehen, wie man es aus vergangenen Jahrhunderten berichtet hatte und wie es sogar in der Gegenwart noch vorkam. Als Teil seiner Aufklärungskampagne zeigte Bernheim jedoch, daß es möglich war, viele Phänomene, die dem Anschein nach Wunder waren, wie etwa die Heilungen in Lourdes oder die Stigmatisierung verschiedener Heiliger, als Folge von Autosuggestion zu deuten. Nicht nur Paul Jung war verzweifelt angesichts dieser Erkenntnis; viele Menschen fanden, daß die neuen psychologischen Perspektiven, die fest in materialistischen Weltbildern verankert waren, eine große Herausforderung für den Glauben bedeuteten.

Der Sohn dachte eher, daß es im Materialismus eine Nische für seinen mehr mystisch gefärbten Glauben geben könnte. Mit dem stillschweigenden Einverständnis seiner Mutter begann Carl Gustav die theologischen Diskussionen mit seinem Vater durch geheime Lektüre der Bücher in dessen Bibliothek zu untermauern. Von Biedermann, der Theologe an der Basler Universität war und Nietzsche inspiriert hatte, erfuhr Jung, daß Gott historisch als Analogie des menschlichen Ich aufzufassen sei. Von Goethe, nach der Legende Jungs Urgroßvater, lernte Jung das Böse im Teufel personifiziert zu sehen und zu vermuten, daß man durch die Macht des Teufels Zugang zum »Muttermysterium« gewinnen könnte. Durch Krugs Werk *Allgemeines Handwörterbuch der philosophischen Wissenschaften* erkannte er, wie die

Etymologie die theologische Debatte beeinflussen konnte und in welcher Weise willkürliche Definitionen den Ausgang vorherbestimmen konnten.[22] Über die Sekundärliteratur entdeckte er, daß er eine besondere Affinität zu Nietzsche hatte, besonders zu *Also sprach Zarathustra.* Da aber Nietzsche bekanntermaßen wahnsinnig geworden war und der jugendliche Carl Gustav guten Grund hatte, um seine eigene psychische Stabilität zu fürchten, beschloß er, daß es zu gefährlich sei, sich jetzt schon mit Nietzsches Schriften zu befassen. Doch auch ohne Nietzsche schlug sich Jungs heimliche Lektüre offensichtlich in seinem Verhalten nieder. Seine Klassenkameraden erfanden für den inzwischen körperlich schon recht stattlichen Jung einen neuen Spitznamen: »Erzvater Abraham«.

Jung hatte gehofft, Naturwissenschaften studieren zu können, aber aufgrund der finanziellen Verhältnisse mußte er wie viele ähnlich geneigte junge Männer nach einem Brotberuf Ausschau halten. Im April 1895 begann er an der Universität Basel mit einem Stipendium das Studium der Medizin. Kurz darauf trat er in die Studentenverbindung Zofingia ein, die sich dem Trinken und der Literatur widmete. An den Zusammenkünften nahm er allerdings erst teil, nachdem er ungefähr achtzehn Monate später seinen Antrittsvortrag mit dem Titel »Über die Grenzen der Naturwissenschaft« gehalten hatte.[23] Danach tat er sich durch Intelligenz, Originalität und jugendlichen Überschwang hervor. Albert Oeri sah im hohen Alter die Aufzeichnungen der Verbindung noch einmal durch, er berichtet:

> Das Protokoll sagt: »Jung, vulgo Walze, dem ›das Geistige‹ in den Kopf gestiegen war, regte an, man solle über unerledigte philosophische Fragen debattieren. Das war verständig, verständiger als man unter ›obwaltenden Umständen‹ erwarten konnte. Doch Walze schwadronierte bis ins Unendliche, und das war dumm. Oeri, vulgo Es, ebenfalls geistig angeduselt, verzerrte, soweit noch möglich, die Walzesche Anregung«, usw. In der nächsten Sitzung setzte Jung dann durch, daß im Protokoll das Wort »schwadronierte«, weil allzu subjektiv, durch »redete« ersetzt wurde.[24]

Jungs Vorträge vor der Verbindung hatten eine Mischung aus Naturwissenschaft, Philosophie und Okkultismus zum Gegenstand; sie zeigen, daß er die theologischen Auseinandersetzungen mit seinem Vater in neue Gefilde getragen hatte. Besonders vehement widersetzte sich Jung dem reduktionistischen Materialismus seines Zeitalters – der »Judaisierung der Naturwissenschaft«.[25] Gleichzeitig berief er sich auf verschiedene Autoritäten, die augenscheinlich bestätigten, daß es Spiritismus, Telepathie und Hellsehen gebe. An der Realität solcher Phänomene hatte Jung keinen Zweifel:

> Im Jahr 1875 wurden erstmals Paraffinabdrücke von Händen gemacht, die sich spontan im Raum materialisierten. [...] Ich selbst besitze Photographien von solchen Phänomenen, und jeder, der sie gerne sehen möchte, kann das jederzeit tun.[26]

Um die Zeit seiner Vorträge bei der Zofingia veranstaltete er auch spiritistische Sitzungen. Anwesend waren seine Mutter, zwei Cousinen, Luise und Helene Preiswerk, und eine vierte Frau, Emmy Zinstag. Die Séancen hatten mit einem merkwürdigen Ereignis begonnen, von dessen Realität Jung sein ganzes Leben lang überzeugt war: Als er eines Tages nach Hause kam, rätselte seine Mutter über ein Brotmesser, dessen Klinge auf geheimnisvolle Weise mehrfach gebrochen war. Mutter und Sohn deuteten dies übereinstimmend als Vorzeichen für etwas Kommendes. Bald stellte sich heraus, daß die Cousine Helene mit den Geistern der Toten Kontakt aufnehmen konnte. In seinen Erinnerungen berichtet Jung zahllose derartige Vorkommnisse, merkwürdige Zufälle und Vorankündigungen künftiger Ereignisse. Viele Jahre nach diesen ersten spiritistischen Sitzungen prägte er einen Begriff für solche Phänomene: »Synchronizität«. Offenbar glaubte er seit jener Zeit an solche Koinzidenzen. Die Séancen begannen 1895 und wurden mit Unterbrechungen mindestens vier Jahre lang fortgesetzt. Die jugendliche Helene Preiswerk, die in Jung verliebt war, diente dabei als Medium. Von den Vätern der Anwesenden wußte keiner, was nach Einbruch der Dunkelheit im Pfarrhaus von Klein-Hünigen vor sich ging. Die Krankheit von Jungs Vater und sein Tod im Jahr 1896 unterbrachen die Zusammenkünfte für mehr als ein Jahr.[27]

Im Laufe der Zeit änderten sich die spiritistischen Phänomene.[28] Anfangs, in den drei Sitzungen im Jahr 1895, sprach Helene mit den Großvätern beider Seiten, mit Samuel Preiswerk und Carl Gustav Jung dem Älteren. Als die Séancen 1897 wieder aufgenommen wurden, erschien Samuel Preiswerk erneut und betraute Helene mit der Mission, die Juden nach Palästina zu bringen und sie zum Christentum zu bekehren. (Zu seinen Lebzeiten war Samuel Preiswerk nur dafür eingetreten, daß die Juden eine eigene Heimat haben sollten. 1897 fand in Basel der Erste Internationale Zionistische Kongreß statt.)

Später entdeckte Helene mit Hilfe hypnotischer Trancen, die Jung induzierte, in ihr selbst eine zweite Persönlichkeit namens »Ivenes«.[29] Ivenes besaß eine damenhafte Gemessenheit und Ernsthaftigkeit, die zu Helenes Persönlichkeit im Wachzustand in starkem Kontrast standen. »Ivenes« war Jüdin und hatte zahlreiche vergangene Leben. Einmal war sie Goethes Mutter gewesen und in einer anderen Inkarnation auch seine Geliebte. Wenn man die zentrale Rolle bedenkt, die Goethe in Jungs heimlicher Selbstromantisierung spielt, dann darf man wohl guten Gewissens mit George Hogenson und William Goodheart sagen, daß in diesen Séancen mehr geschah, als auf den ersten Blick erkennbar wird.[30]

Allmählich geriet die Sache jedoch außer Kontrolle. Helene fiel immer häufiger außerhalb der Séancen in Trance, und wie Sabina Spielrein später berichtete, erschien sie schließlich eines Abends ungebeten in einem weißen Gewand in Jungs Schlafzimmer.[31] Ihre Kontakte zur Geisterwelt waren immer weniger ergiebig, weil sich immer mehr zweifelhafte unbewußte Persönlichkeiten mit allerlei kosmologischem Mischmasch hereindrängten; alles erinnerte sehr stark an Justinus Kerners damals vielgelesenes Buch *Die Seherin von Prevorst.* Dann lud Jung unklugerweise auch noch einige Kommilitonen von der Universität nach Hause ein, damit sie das Phänomen der Materialisation mit eigenen Augen verfolgen sollten. Da ihnen nicht die Verliebtheit den Blick trübte, ertappten sie Helene rasch beim Schwindeln. Gedemütigt erschien Jung nicht mehr zu den Séancen.

Wenn wir die romantische »Ivenes« aus dem 17. Jahrhundert einmal beiseite lassen, sei angemerkt, daß Jungs Interesse an Séancen und Medien weniger exzentrisch war, als es uns heute vorkommt. Zu allen Zeiten haben Menschen versucht, mit den Geistern verstorbener Angehöriger und Vertrauter Kontakt aufzunehmen. Doch erst seit dem Jahr 1850 beschwor man die Geister in regelmäßigen Zusammenkünften ohne die Anwesenheit einer Frau, die sich selbst als Hexe bezeichnete. Dieses bald als »Spiritismus« und »spiritistische Sitzungen« bezeichnete Verfahren hatten die beiden Schwestern Fox eingeführt. Sie stammten aus einem nördlichen Bezirk des Staates New York, in dem Fälle von religiöser Erweckung so häufig waren, daß die Gegend im ganzen Land der »flammende Distrikt« genannt wurde in Anspielung auf die vielen Male, die der feurige Geist Gottes dort herabgekommen war. Die eine Schwester, Isabelle Fox, konnte mit ihrem große Zeh ein lautes Klopfen oder Pochen erzeugen. Diese Fertigkeit, eine gehörige Portion Phantasie und eine gewisse einfühlsame Sensibilität ermöglichten es den Schwestern, sich ihren Lebensunterhalt durch überzeugende Demonstrationen der Kontaktaufnahme mit Toten zu verdienen. Die Toten beantworteten entgegenkommenderweise die Fragen der Lebenden, indem sie als Antwort unsichtbar auf den Tisch klopften, einmal für »nein« und zweimal für »ja«. Im Gegensatz zu der jungen Helene Preiswerk wurden die Fox-Schwestern niemals beim Schwindeln erwischt. Der Spiritismus kam bald in Mode, sowohl in Amerika als auch in Europa. Immer mehr Medien tauchten auf, fast immer Frauen, die einander in der Überzeugungskraft ihrer Darbietungen und im Reichtum ihrer Kenntnisse über das Jenseits zu übertreffen suchten.

Doch in dem Maße, wie sich der Spiritismus ausbreitete, wuchs auch die wissenschaftliche Neugier. Während einige Forscher ihre Kräfte bei dem Versuch erschöpften, die Echtheit der Phänomene zu beweisen, verlegten sich andere, die gründlich über die Sache nachdachten, auf die psychologische Untersuchung der Medien. Pierre Janet hatte seine Karriere mit einer solchen Untersuchung begonnen, aber die ersten Ehrungen auf diesem Gebiet wurden einem Engländer namens Frederic Myers zuteil, der 1892 die berühmte London Society for Psychological Research gründete. (Wenig später gründete William James eine entsprechende Einrichtung in Amerika.) Myers war vom Wesen her Romantiker und vom Glauben her Mystiker, andererseits aber ein außerordentlich intelligenter Mann mit scharfer Beobachtungsgabe, ein geborener Psychologe von hoher Begabung. Myers bezog die folgende minimalistische Position: Selbst wenn man nicht an die Echtheit der Phänomene glaubte, so zeigten die Geschichten, die die Medien spontan in tranceähnlichen Zuständen erzählten, oft große Kreativität und Originalität. Sie waren es wert, daß man sich damit beschäftigte, weil man Aufschlüsse über die verborgene Tätigkeit der unbewußten Phantasie gewinnen konnte. Da die Medien häufig mit beinahe hellseherischer Intuition erraten mußten, welche Antworten die Lebenden von den kürzlich Verstorbenen hören wollten, konnte man wohl auch einiges über unbewußte Wahrnehmung durch sie erfahren.

Dementsprechend hatte es Jung, als er für die Vorträge vor seinen Kommilitonen die Literatur über Okkultismus zu studieren begann, mit einigen höchst angesehenen Autoren zu tun. Mit der Zeit kam auch er davon ab, die Echtheit der spiritistischen Phänomene nachweisen zu wollen, und verlegte sich darauf, sie psychologisch zu untersuchen. Ausschlaggebend für diesen Gesinnungswandel war die berühmte Untersuchung von Théodore Flournoy über das Medium »Hélène Smith«, die 1900 unter dem Titel *Von Indien zum Planeten Mars* erschien. Flournoy war wie sein enger Freund William James ein mit Pioniergeist und Scharfblick begabter Philosoph, der sich zum Psychologen gewandelt hatte. In »Hélène Smith« hatte er ein hervorragendes Forschungsobjekt – und ein sehr lebenstüchtiges, wie sich herausstellte. Als Flournoys Buch ein zugkräftiger Bestseller wurde, klagte das Medium auf einen Anteil an den Tantiemen, da es sich schließlich um ihr Material handle. (Flournoy einigte sich ritterlich mit ihr.) Flournoy war durchaus geneigt, einige ihrer Offenbarungen als echt anzusehen, obwohl er auch sagte, wenn er tot wäre, hätte er vermutlich Besseres zu tun, als sich in Genf herumzutreiben und dem leisesten Wink eines Mediums zu gehorchen, das ihn herbeirufe. Wichtiger ist jedoch Flournoys Nachweis, daß viele Szenen aus dem Jenseits, die »Hélène Smith« in den Séancen schilderte, in ihr zugänglichen irdischen Quellen zu finden waren, auch wenn ihre Einbildungskraft sie umgestaltet hatte. Für die Beoachtung, daß sie sich nicht bewußt daran erinnern konnte, jemals Zugang zu den Quellen gehabt zu haben, prägte Flournoy den Begriff »Kryptomnesie«. Jung war von Flournoys Buch so beeindruckt, daß er, obwohl er noch Medizinstudent war, nach Genf schrieb und sich erbot, eine Übersetzung ins Deutsche anzufertigen. Das brachte ihm seine erste bedeutende Niederlage im Erwachsenenalter ein. Flournoy war ein vielbeschäftigter Mann und ließ Jungs Brief über ein halbes Jahr auf dem Schreibtisch liegen, ehe er ihn beantwortete. Bis dahin hatte er bereits einen Vertrag mit einem deutschen Verlag abgeschlossen.

Jung hatte zwar an der Universität Basel zwei verschiedene Kurse in Psychiatrie absolviert, doch wie er selbst berichtete, entschied er sich erst gegen Ende des Studiums endgültig für dieses Fach.[32] Die Entscheidung sei gefallen, als er im Vorwort zu Krafft-Ebings *Lehrbuch der Psychiatrie* gelesen habe, diese sei ein »subjektives« Gebiet. Ein Stück weit kann man nachvollziehen, was Jung so in den Bann schlug, wenn man Krafft-Ebings Formulierung betrachtet: »Es ist wohl in der Eigenartigkeit des Wissensgebietes und der Unvollkommenheit seines Ausbaus begründet, daß psychiatrische Lehrbücher ein mehr oder weniger subjektives Gepräge an sich tragen.«[33] Jung glaubte, damit habe er ein Gebiet gefunden, das ihm auf den Leib geschnitten sei.

Dabei muß man sich die geradezu Rabelaissche Dimension seiner Begabung vor Augen halten: Jung hatte eine enorme Konzentrationsfähigkeit, ungeheure Körperkräfte und ein ausgeprägtes Gefühl, daß er etwas ganz

Besonderes leisten werde. Er war eine kraftvolle Erscheinung, ein starker Mann mit einer volltönenden Stimme, spielte anderen gern Streiche und war entzückt, wenn er die Schwachstellen von selbstgerechten Leuten und Autoritätsfiguren ausfindig machte. Aber er hatte auch noch eine andere Seite – oder vielmehr mehrere andere Seiten. Er besaß eine außerordentliche Sensibilität, die nicht seiner bewußten Kontrolle unterstand und die ihm erlaubte, auf intuitivem Wege durch Empathie eine Verbindung zum Innersten anderer Menschen herzustellen. Seine Sensibilität reichte so weit, daß er manchmal das Gefühl hatte, er müsse sich dagegen schützen. In seinen persönlichen Beziehungen konnte Jung unvermittelt zwischen übermäßiger Nähe und überraschenden Anwandlungen von Feindseligkeit wechseln. Außerdem litt er an einer Art innerem Unbehagen, an dem Gefühl, sich nie ganz unbeschwert in seiner Haut wohl fühlen zu können. Zeitweise verbarg er seine Gefühle ganz, dann wieder bemäntelte er sein Unbehagen mit Arroganz. Schließlich sollten wir noch erwähnen, daß Jung stets eine große Anziehungskraft auf Frauen ausübte. Trotz seiner imponierenden Größe und seiner überschäumenden Kraft konnte er in Gegenwart von Frauen offenbar angenehm umgänglich und verehrungsvoll aufblickend wirken. Im Laufe seines langen Lebens fehlte es ihm denn auch nie an weiblicher Gesellschaft.

Als Jung im Dezember 1900 in das medizinische Noviziat im Burghölzli eintrat, erwies er sich rasch als unermüdlich in der Arbeit und unersättlich beim Studium der Fachliteratur. Seine erste Aufgabe bei den dreimal wöchentlich stattfindenden gemeinsamen Sitzungen war es, über Freuds jüngst erschienene Schrift *Über den Traum* zu referieren. (Er fand sie psychologisch gut, neurologisch schwach.) Im Laufe der folgenden sechs Monate brachte es Jung fertig, über fünfzig Bände der »Allgemeinen Zeitschrift für Psychiatrie« zu lesen – »um die psychiatrische Mentalität kennenzulernen«.[34] Daneben sammelte er heimlich Daten über den familiären Hintergrund und die erblichen Anlagen seiner Kollegen, die »sehr instruktiv« waren.[35]

Unter Bleulers Obhut schrieb Jung als medizinische Doktorarbeit eine wissenschaftliche Darstellung der Séancen mit Helene Preiswerk. (Damals war eine Dissertation Voraussetzung für einen gültigen Abschluß in Medizin.) Die Untersuchung wurde 1902 veröffentlicht und war ein wichtiger Beitrag zur wachsenden psychopathologischen Literatur über Okkultismus. Jung wies in der Arbeit nach, daß er sich hervorragend in der französischen Fachliteratur auskannte, unter anderem in den Werken von Janet, Binet,

Charcot, Richet, Azam und Ribot, die über Hysterie, Hypnotismus und Dissoziation geschrieben hatten. Jungs eigener Beitrag zur Analyse der okkulten Phänomene erinnerte an frühere Fallgeschichten von Weir Mitchell und Azam. Im wesentlichen ging es ihm darum darzulegen, daß die zweite Persönlichkeit »Ivenes« der Persönlichkeit Helenes vorzuziehen sei:

> Wenn man mit ihr spricht [als »Ivenes; J.K.], so hat man das Gefühl, als spreche man mit einer um viele Jahre älteren Person, die durch zahlreiche Lebenserfahrungen zu einem sicheren, komponierten Benehmen gelangt ist. [...] Neben der offenbaren Erweiterung ihrer ganzen Persönlichkeit war das Weiterbestehen ihrer früheren, gewöhnlichen Natur [als Helene; J.K.] umso auffallender.[36]

Anders ausgedrückt: In der jüdischen »Ivenes« hatte das Medium einen unbewußten Blick auf die Erwachsenenpersönlichkeit erhascht, die sie einmal werden würde. Auffallend daran ist, daß Jung ansonsten die erbliche Belastung des Mädchens betonte. Damit deutete er sehr vorsichtig an, daß eine solche »psychopathische Minderwertigkeit«,[37] die eine angeborene Übersensibilität und die Neigung zur Dissoziation mit sich brachte, nicht immer etwas Schlechtes, sondern manchmal auch etwas Gutes bedeuten konnte. Da Jung zur Hälfte aus der gleichen Familie stammte wie Helene, galten die hoffnungsvollen Mutmaßungen über die Möglichkeiten einer unbewußten Begabung infolge erblicher Belastung insoweit auch für ihn. Um dem stets rasch erhobenen Vorwurf zu entgehen, der Einsatz von Hypnose habe seine Daten verfälscht, unterließ es Jung diskret, überhaupt von Hypnose zu reden, und erweckte statt dessen den Eindruck, Helenes Trancen seien vollkommen spontan gewesen.

Die reale Helene ging als Schneiderin nach Paris. Es wurde gesagt, Jung habe mit der Behauptung in seiner Dissertation, sie sei erblich belastet, ihre Heiratsaussichten zunichte gemacht.[38] Nicht nur war ihre Identität in der kleinen Welt von Basel leicht aufzudecken, sondern der Deckname, den Jung für sie benützte, »S. W.«, war ein letzter Akt der Gehässigkeit. Jung hatte den Namen aus dem *Lehrbuch für Psychiatrie* entlehnt, speziell vom Fall einer anderen »S. W.«, einer Schneiderin mit einem »erhöhten Selbstgefühl, das in gezierter Sprache, noblen Attitüden und Vornehmtuerei seinen Ausdruck findet, hie und da sich auch mit Spuren von Erotismus und Koketterie verbunden zeigt«.[39]

Nebenbei sei bemerkt, daß Freuds Name zwar gelegentlich im Zusammenhang mit bestimmten psychischen Mechanismen in Jungs Doktorarbeit vorkommt, jedoch nicht im Zusammenhang mit Sexualität. So gelangte Jung zum Beispiel allein aufgrund seiner eigenen Beobachtungen zu der folgenden Feststellung:

> Wir werden nicht fehlgehen, wenn wir in der aufkeimenden Sexualität den zureichenden Grund für das seltsame Krankheitsbild suchen. Von diesem Standpunkt aus betrachtet, ist das *ganze Wesen* der Ivenes samt ihrer ungeheuren Familie [in den Geschichten; J.K.] *nichts anderes als ein erfüllter Wunschtraum,* welcher sich vom Traum einer Nacht dadurch unterscheidet, daß er sich über Monate und Jahre erstreckt.[40]

Am Burghölzli beschäftigte sich Jung weiter mit Hypnose. Aus seinem einzigen Aufsatz aus dem Jahr 1902, »Ein Fall von hysterischem Stupor bei einer Untersuchungsgefangenen«, geht hervor, daß er als Hypnotiseur recht geschickt war. In diesem Artikel befaßt er sich auch erstmals mit dem neuen Thema des Ganserschen Symptomenkomplexes. Seine Doktorarbeit wurde inzwischen überwiegend positiv kommentiert, sogar Flournoy schrieb eine anerkennende Rezension.

Das Jahr 1902 war ein Wendepunkt in Jungs Leben. Er war nun endlich promovierter Arzt, zudem verlobte er sich im Laufe des Jahres mit seiner zukünftigen Frau. Emma Rauschenbach, die zwanzigjährige Tochter eines außerordentlich wohlhabenden Fabrikanten aus Schaffhausen, hatte Jungs ersten Heiratsantrag abgelehnt. Sie wollte keinen »hergelaufenen Ideologen«[41] heiraten. Aber beim zweiten Mal nahm sie an. Sie war hübsch, sensibel und aufrichtig. Da Fräulein Rauschenbach außerdem viel Geld hatte und das schweizerische Eherecht trotz der Bemühungen von Forel und anderen noch nicht reformiert war, konnte sich Jung auch darauf freuen, endlich seine Schulden loszuwerden.

Im Winter 1902/1903 wurde Jung im Rahmen seiner Weiterbildung am Burghölzli für ein Forschungssemester freigestellt. Bleuler schickte ihn nach Paris, wo er die Vorlesungen von Janet besuchen und den großen französischen Psychologen Alfred Binet kennenlernen sollte. Wie gut nachzuvollziehen ist, hoffte Bleuler, zwischen Zürich und Paris eine Verbindung zum Zwecke der Zusammenarbeit herstellen zu können. Es gibt unterschiedliche Darstellungen dessen, was bei Jungs Auslandsaufenthalt geschah. Nach einer Version soll Jung die Wege für eine spätere Rezeption seiner Arbeiten zum Assoziationsexperiment in Frankreich geebnet haben. Da Pierre Janet und seine Kollegen mit Mitgliedern der Boston Psychopathological Society korrespondierten, gelangte die Meinung der Franzosen unmittelbar nach Boston. Dies trug zweifellos dazu bei, daß Jung schon relativ früh in Amerika bekannt war.

Eine andere Interpretation besagt, Jung habe die Sache mit den Franzosen schlichtweg verpfuscht. Er traf tatsächlich mit Binet zusammen, und Binet war durchaus zur Zusammenarbeit beim Assoziationsexperiment bereit. Aber Binet bestand darauf, daß die Protokolle in französisch abgefaßt würden, was für Jung einen erheblichen Nachteil bedeutete. Die geplante Zusammenarbeit kam nicht zustande. Das war Jungs zweite bedeutende Niederlage. Jung hörte sich Janets Vorlesungen an und sprach auch privat mit ihm. Aber damals hatte er den Großteil von Janets Arbeit bereits in sich aufgenommen, und was immer sich zwischen den beiden Männern persönlich abgespielt haben mag – Jung behauptete später, die Begegnung sei wichtig für seine Entwicklung gewesen –, weitere Zusammenarbeit ergab sich nicht daraus.

Es ist nicht bekannt, was in dem Bericht stand, den Jung nach seiner Rückkehr nach Zürich ablieferte, aber die Bilanz war höchstwahrscheinlich negativ. Von da an unterließ Bleuler in seinen Schriften jeden Hinweis auf die Arbeiten Janets, obwohl seine eigenen Gedanken denen Janets in wichtigen Punkten durchaus ähnlich waren. Das war vollkommen untypisch für ihn. Abgesehen von seinen Pflichten als Sendbote, nutzte Jung seine freie Zeit in Paris, um sich zu vergnügen und um seine Cousine Helene zu besuchen. Die beiden gingen mehrmals zusammen ins Theater.

Der Jüdinnen-Komplex

Nach seiner Rückkehr ans Burghölzli im Jahr 1903 heiratete Jung Emma Rauschenbach. Sie zog in seine Wohnung in der Anstalt ein. Jung nahm seine Forschungsarbeiten wieder auf und veröffentlichte 1903 einen interessanten Aufsatz, »Über manische Verstimmung«. Darin hob er die Bedeutung von Gefühlen als Ursache für Verschiebungen in Assoziationsketten hervor. Noch interessanter war sein Aufsatz »Über Simulation von Geistesstörung« aus demselben Jahr, in dem er seine Position in der inzwischen heftig geführten Diskussion über den Ganserschen Symptomenkomplex darlegte. Dabei handelt es sich um einen psychischen Zustand bei Gefangenen, die auf ihren Prozeß warten, der den Anschein der Simulation erweckt: Die betreffenden Probanden geben offensichtlich falsche Antworten auf die harmlosesten Fragen. Jung vertritt in seinem Aufsatz eloquent die Auffassung, daß man es tatsächlich mit einem quasi hysterischen Dissoziationszustand zu tun habe. Die unmittelbare Wirkung des Aufsatzes war, daß Jung fast über Nacht einen Namen in der neuen Wissenschaft der Kriminologie hatte. Aber die wirkliche Bedeutung war eine andere.

Bis dahin hatten Jung, Riklin und Bleuler das Assoziationsexperiment als einc Methode verstanden, die es erlaubte, normale und klinisch auffällige Menschen zu vergleichen. Bleuler vertrat die Theorie, bei Dementia praecox sei die normale assoziative Verbindung zwischen verwandten Gedanken in irgendeiner Weise geschwächt. Infolgedessen sei es dem Patienten unmöglich, sein normales Gefühl für sein »Ich« zu erhalten, und er werde das Opfer von ungewöhnlichen Gedankenkombinationen – ausgedrückt in Halluzinationen und Täuschungen –, die seinem pathologischen Geist entstiegen. Im Grunde ging diese Konzeption auf Griesinger zurück, aber der explizite Hinweis auf Mikrospaltungen in der Assoziationskette, sogenannte lose oder unzusammenhängende Assoziationen, brachte eine neue Genauigkeit. Diese Erkenntnisse führten Bleuler einige Jahre später dazu, der Dementia praecox den neuen Namen »Schizophrenie« zu geben, der auch heute noch gebräuchlich ist. Man wußte indes noch nicht, wie Bleulers Idee getestet werden konnte. Die methodischen Schwierigkeiten waren immens, tatsächlich vergingen noch mehr als fünfzig Jahre, bis ein wirklicher experimenteller Test gefunden wurde.

Offensichtlich bestand der erste Schritt zur Lösung der Aufgabe darin, daß man Mustersammlungen von normalen assoziativen Reaktionen anlegte, die man als Kontrolldaten heranziehen konnte. Jung war durch seine umfassende Lektüre der französischen Literatur über experimentelle Psychopathologie auf eine Versuchsvariable gestoßen, die sowohl Aschaffenburgs als auch Ziehens Aufmerksamkeit entgangen war: Ablenkung. Aus diesem Grund führten Jung und Riklin das Assoziationsexperiment bei der Erstellung ihrer Mustersammlungen von normalen Antworten routinemäßig nicht nur unter normalen Bedingungen durch, sondern auch bei starker Ermüdung und unter Einsatz verschiedener Formen von Ablenkung. Das langfristige Ziel war, normale Assoziationen unter unterschiedlichen Bedingungen mit den Assoziationen von Dementia-praecox-Patienten zu vergleichen.

In seinem Aufsatz »Über Simulation von Geistesstörung« beschrieb Jung nebenbei, wie im Burghölzli mit dem Assoziationsexperiment gearbeitet wurde, und wies auf die Verbindung zu »den schönen Experimenten Binets und Janets über Automatisierung im Zustand der Zerstreutheit«[42] hin. Als Jung jedoch anschließend den Ganserschen Symptomenkomplex als hysterischen Verwirrtheitszustand analysierte und ihn als Resultat einer Mischung von Ablenkungsbereitschaft, unterdrückten Schuldgefühlen und einer psychopathischen Disposition erklärte, kam er auf den Gedanken, er hätte eigentlich das Assoziationsexperiment mit einem der fraglichen Patienten durchführen müssen, um die innerliche, selbsterzeugte Ablenkbarkeit zu dokumentieren.[43]

Es war ein vollkommen neuer Gedanke, das Experiment zu benützen, um das Vorhandensein eines bestimmten geistigen Prozesses mit einem bestimmten Vorstellungsinhalt bei einem bestimmten Patienten nachzuweisen. In seinem nächsten Aufsatz, den er mit Riklin zusammen schrieb, führte Jung diesen Gedanken zu Ende und zog einige revolutionäre Schlüsse daraus. Die Arbeit »Experimentelle Untersuchungen über die Assoziationen Gesunder«, die im Laufe des Jahres 1904 in vier Abschnitten in Forels und Vogts *Archiv für Neurologie und Psychologie* veröffentlicht wurde, ist ein faszinierendes Dokument. Ihr vordergründiges Ziel ist, wie zu Beginn erklärt wird, lediglich eine statistische Darstellung normaler Reaktionen auf den Test – das war die von Bleuler gestellte Aufgabe. Aber die Lehrlinge hatten ihren Meister übertroffen, und bereits bei ihrer zweiten Personengruppe, »gebildete Männer«, weisen Jung und Riklin auf das Vorhandensein innerer Ablenkungen hin, verursacht von widerstreitenden Gedanken, die gelegentlich die normalen Antworten stören. Schon bald ist die psychologische Diskussion wichtiger als die Darstellung der Ergebnisse. Manche ablenkenden Gedanken hätten eine große emotionale Bedeutung, so Jung und Riklin, würden jedoch »verdrängt«.[44] Das Vorhandensein der verdrängten, gefühlsbetonten Vorstellungskomplexe – kurz »Komplexe« – kann man an verschiedenen verräterischen Hinweisen ablesen, etwa an einer verlängerten Reaktionszeit, an plötzlichen Verschiebungen zu ungewöhnlichen Inhalten, an der Unfähigkeit des Probanden, sich später an die gegebene Antwort zu erinnern, und an der Neigung, die Antworten jedesmal zu wiederholen (Beharrungsphänomen), wenn der Komplex stimuliert wird. Überdies erklären

Jung und Riklin: »... die Mehrzahl der Komplexe, die sich bis jetzt in den Assoziationsversuchen geltend machten, beziehen sich auf die direkte oder transponierte Sexualität.«[45]

Als die Autoren im Abschnitt über »gebildete Männer« bei der Versuchsperson Nr. 19 angekommen sind, können sie nicht länger der Versuchung widerstehen, dem Leser eine detaillierte Analyse eines Beispiels für einen Komplex zu geben, der sich bei wiederholter Anwendung des Experiments im Laufe der Jahre 1902 und 1903 herausgestellt hatte. Die Versuchsperson wird als fünfundzwanzigjähriger Arzt vorgestellt, der »noch nicht ganz über die Zeit innerer Kämpfe hinausgelangt war und dem, da er streng christlich erzogen war, die Neigung zu einer Israelitin viel zu schaffen machte«.[46] Die Versuchsperson war mit großer Wahrscheinlichkeit Jung selbst, aber es ist nicht möglich, die Identität seiner heimlichen Liebe festzustellen. Er gab ihr das Pseudonym »Alice Stern«; vielleicht dachte er auch immer noch an »Ivenes«. Jedenfalls war damit Jungs »Jüdinnen-Komplex« für jedermann dokumentiert, der den dünnen Schleier der Verhüllung über seiner Darstellung lüften konnte. In dieser Weise über sich selbst zu schreiben war gewiß nicht neu – William James hatte es erst zwei Jahre zuvor in seinem Buch *Die Vielfalt religiöser Erfahrung* getan. Allerdings berührte Jung dabei, wenn auch nur kurz, sehr delikate persönliche Angelegenheiten.

Nach der Versuchsperson 19 geht es in dem Aufsatz merkwürdig weiter. Jung und Riklin rücken nirgendwo von ihrem expliziten Vorhaben ab, typische Antworten verschiedener Gruppen von Versuchspersonen vorzuführen, aber tatsächlich räumen sie dem aufregenden neuen Unternehmen, verdrängte Komplexe aufzudecken, immer mehr Platz ein. So stellt sich am Ende des Aufsatzes heraus, daß das eigentliche Thema die Diskussion der Komplexe ist, die sich verselbständigt und die erklärten Absichten der Autoren verdrängt hat. Vielleicht wollten Jung und Riklin durch das Herunterspielen ihrer eigenen neuen Ideen den Eindruck erwecken, sie folgten noch immer Bleulers Spuren. An dieser pflichtschuldigen Heuchelei mußten sie jedenfalls nicht lange festhalten. Bleuler begriff die Bedeutung ihrer Entdeckung auf Anhieb und erlaubte ihnen bald, ihren Ideen nachzugehen, wann immer sie Gelegenheit dazu hatten.

Die Entdeckung der beiden war vollkommen neu und ganz außergewöhnlich. Jung und Riklin hatten eine experimentelle Demonstration der dynamischen Wirksamkeit unbewußter Gedanken geliefert. Die Antworten ihrer Versuchspersonen wurden ohne jeden Zweifel von gefühlsbetonten Vorstellungskomplexen beeinflußt, die ihnen zumindest teilweise nicht bewußt waren. Gleichzeitig hatten Jung und Riklin damit den ersten Projektionstest erfunden, der leicht so zu gestalten war, daß man mit seiner Hilfe sowohl bei ambulanten wie auch bei stationären Patienten verdrängte Komplexe aufspüren konnte. Bis dahin war die Untersuchung von Emotionen das Sorgenkind der experimentellen Psychologen gewesen. Manche waren sogar schon zu der Überzeugung gekommen, daß durch Laborversuche niemals viel über die menschlichen Leidenschaften zu erfahren sein würde. Und nun erforschten Jung und Riklin nicht nur Gefühle, sondern sogar unbewußte Gefühle. Obendrein hatten sie eine Methode gefunden, die unmittelbar auf die klinische Untersuchung einzelner Fälle zugeschnitten werden konnte. Die Entdeckung war so bedeutend, daß Jung und Riklin eine glanzvolle akademische Karriere sicher schien.

Es könnte so aussehen, als hätten sich Jung und Riklin mit dem Konzept der verdrängten erotischen Komplexe weitgehend in den Fußstapfen von Sigmund Freud bewegt. Aber zu den Eigentümlichkeiten der Schrift »Experimentelle Untersuchungen über Assoziationen Gesunder« gehört unter anderem, daß Freuds Name nur an zwei Textstellen auftaucht, beide Male in einem nebensächlichen Zusammenhang.[47] Jung schrieb später über diesen Lebensabschnitt:

> Einmal war ich in meinem Laboratorium mit diesen Fragen beschäftigt, als mir der Teufel einflüsterte, ich sei berechtigt, die Ergebnisse meiner Experimente und meine Schlußfolgerungen zu publizieren, ohne Freud zu erwähnen. Ich hatte ja meine Versuche ausgearbeitet, lange ehe ich etwas von ihm verstand. Aber da hörte ich die Stimme meiner zweiten Persönlichkeit: »Wenn du dergleichen tust, als ob du Freud nicht kenntest, so ist das ein Betrug. Man kann sein Leben nicht auf eine Lüge stellen.« – Damit war der Fall erledigt. Von da an nahm ich offen für Freud Partei und kämpfte für ihn.[48]

Tatsächlich war der Fall jedoch keineswegs erledigt. Erst nachdem schon über zweihundert Seiten der »Experimentellen Untersuchungen« erschienen waren, fand sich im vierten Abschnitt der Veröffentlichung in einer Fußnote der Hinweis, daß Freud den Begriff »Verdrängung« geprägt habe.[49] Der Teufel flüsterte Jung nicht nur etwas ins Ohr, er führte auch seine Feder. Anscheinend hatte Jung jedoch vergessen, seinen Mitautor in seine Pläne einzuweihen. Bei einem Vortrag vor der Schweizer Ärzte-Gesellschaft im Herbst 1904, der in der *Psychiatrisch-neurologischen Wochenschrift* zusammengefaßt wurde, sagte Riklin ausdrücklich, das kennzeichnende Merkmal des hysterischen Reaktionstyps bei den Versuchen sei, daß der starke, gefühlsbetonte Vorstellungskomplex (»der Komplex«) im Sinne von Breuer und Freud verdrängt sei.[50] Riklins Vortrag, dem bald ein im Februar in derselben Zeitschrift veröffentlichter Aufsatz[51] folgte, stellte klar, woher er und Jung ihr Wissen um verdrängte erotische Komplexe bezogen hatten.

»Sabina S.«

Jungs Aufsatz »Über Simulation von Geistesstörung« enthält ein Detail, das der Erwähnung wert ist. Gegen Ende der Arbeit kommt Jung auf einen Fall zu sprechen, von dem Carl Fürstner 1888 berichtet hatte. Es ging dabei um ein siebzehnjähriges Mädchen, das Clemens Brentanos Lebensbericht der »heiligen« Katharina Emmerich gelesen hatte und anschließend deren Erlebnisse hysterisch neuinszenierte. Brentano hatte dem kataleptischen Fräulein Emmerich fünf Jahre seines Lebens gewidmet, und seine zwei Bücher über ihre mystischen Visionen erregten viel Aufsehen, vor allem bei Theologen.[52] Fürstners Patientin übertraf das Original deutlich. Jung schreibt: »[Sie] inszenierte einen großen Heiligenschwindel [...] und produzierte alle möglichen Wunder, führte Ärzte und Beamte hinters Licht und erregte großes Aufsehen.«[53] Jung erklärt: »Der Zweck ihres ganzen Unternehmens war angeblich bloß die Aufnahme bei einem Verwandten, der als Geistlicher fungierte.«[54] Jung berichtet, Fürstner habe dem Mädchen den Namen »Sabina S.« gegeben.[55]

Diese Geschichte ist merkwürdig und gehört eigentlich nicht in Jungs Aufsatz. Einige Monate nach der Veröffentlichung des Aufsatzes trat durch Zufall eine andere »Sabina S.« in Jungs Leben – Sabina Spielrein. Da Jung an Vorzeichen glaubte, entging ihm die Koinzidenz gewiß nicht. Dadurch waren die Weichen so gestellt, daß Jung in Sabina Spielrein gewissermaßen eine Wiedergängerin seiner Cousine Helene Preiswerk sah und ihre Aufnahme als ein für seine Karriere bedeutsames Zeichen deutete. Helene hatte in ihrer Rolle als »S. W.« am Anfang seiner Laufbahn gestanden, Sabina Spielrein hatte wesentlichen Anteil daran, daß seine Laufbahn eine neue Richtung nahm.

Kapitel 3

Jungs Schulfall

Es war mein psychoanalytischer Schulfall sozusagen, weshalb ich ihr eine besondere Dankbarkeit und Affektion bewahrte. Da ich aus Erfahrung wußte, daß sie sofort rückfällig wurde, wenn ich ihr meinen Beistand versagte, zog sich die Beziehung über Jahre hin, und ich hielt mich schließlich quasi für moralisch verpflichtet, ihr meine Freundschaft weitgehend zu vertrauen.

C. G. Jung, *Brief an Freud,* 4. Juni 1909.

Im Burghölzli war Anfang 1904 der ärztliche Experte für Hysterie nicht Jung, sondern Riklin. Riklin untersuchte die Antworten einer Gruppe von Hysterikerinnen beim Assoziationsexperiment, und Riklin interessierte sich als erster für die neuen Methoden zur Besserung hysterischer Symptome. Bereits Ende 1901 hatte Riklin versucht, die Erkenntnisse von Breuer und Freud durch Anwendung ihrer »kathartischen Methode« – das Abreagieren des Traumas unter leichter Hypnose – zu wiederholen, und zwar anhand einer Patientin namens »Lina H.«.[1]

»Lina H.« litt an heftiger Übelkeit und immer wiederkehrendem Erbrechen, ohne daß man eine körperliche Ursache für ihre Symptome feststellen konnte. Riklin befragte sie unter leichter Hypnose und entdeckte im Verlauf von sechs Sitzungen vielfältige sexuelle Traumatisierungen in ihrer Jugendzeit, so eine Vergewaltigung durch ihren Onkel mit sechzehn Jahren und eine noch frühere Vergewaltigung mit zwölf Jahren durch ihren trunksüchtigen Vater. Auf den ersten Blick schienen die Ergebnisse die Annahmen über die Bedeutung sexueller Traumatisierungen im Kindes- und Jugendalter für die Ätiologie der Hysterie zu bestätigen. Aber Riklin mußte feststellen, daß das Abreagieren dieser Szenen *nicht* dazu führte, daß die Symptome verschwanden. Im Verlaufe seiner Untersuchungen entdeckte er, daß »Lina H.« nachts heimlich masturbierte. Beim Masturbieren stellte sie sich ihren Vater vor, so wie er in der Nacht gewesen war, in der er sie vergewaltigt hatte. Am nächsten Tag wurde sie von Gewissensbissen und Abscheu vor sich selbst gequält, und diese Gefühle verursachten ihre Symptome. Riklins Schluß war weitsichtig: Phantasien, nicht reale Traumatisierungen steckten hinter den Symptomen.[2] Das alles wußte Riklin seit 1902, aber bisher hatte er sich geweigert, sein Wissen zu veröffentlichen.

Für die Ärzte am Burghölzli war es offenkundig, daß Freud zur Erklärung grundlegender psychischer Prozesse eine wichtige Spur verfolgte, auch wenn er im Hinblick auf die Ätiologie der Hysterie seine Behauptungen überzogen hatte. Dann erschien Anfang 1904 Löwenfelds Buch, das nicht nur Freuds revidierte Überlegungen über die ätiologische Bedeutung des Traumas enthielt, sondern auch eine aktualisierte Darstellung seiner Behandlungsmethode. Bleuler rezensierte das Buch in der *Münchener Medizinischen Wochenschrift* und kam zu einem positiven Urteil:

> Freud hat uns in seinen Hysterie- und Traumstudien ein Stück – lange nicht alles – einer neuen Welt gezeigt. Unser Bewußtsein sieht nur die Puppen auf seinem Theater; in der Freudschen Welt werden viele der Schnüre gezogen, die die Figuren bewegen.[3]

Mit Rücksicht auf die Chronologie der Ereignisse muß es an dieser Stelle mit dem Zitat sein Bewenden haben. Aber wir sollten Bleulers Kommentar in Erinnerung behalten. Wie wir noch sehen werden, hatte er in den weit entfernten Städten Wien und Berlin bedeutsame Auswirkungen. Für die Geschichte der Institutionalisierung der Psychoanalyse sind Löwenfelds Buch und Bleulers Rezension in mehr als einer Hinsicht wichtig.

Freuds psychoanalytische Methode

Der Beitrag in Löwenfelds Buch war die bis dahin umfassendste Darstellung von Freuds Methode, und sie war längst überfällig. Doch es blieben immer noch viele Fragen offen. Hier stoßen wir auf einen merkwürdigen Punkt, der zwar zu jener Zeit häufig kommentiert wurde, später aber die Wissenschaftler kaum noch beschäftigt hat. Zu den auffallenden Eigenheiten von

Freuds Arbeiten aus der Zeit von 1896 bis 1904 gehörte, wie Löwenfeld und andere bemerkten, daß Freud zwar wiederholt seine Behauptungen mit dem Hinweis auf seine neue Methode, die »Psychoanalyse«, stützte, jedoch die Methode nicht genau erklärte. Man wußte natürlich, daß Freud es für erforderlich hielt, detailliert die persönliche Geschichte des Patienten zu erforschen, und glaubte, daß nach der Aufdeckung und dem Abreagieren des ursprünglichen Traumas die Symptome verschwinden würden. Ebenso war klar, daß er bei der Erforschung auch Träume, Versprecher und scheinbar zufällig auftauchende Gedanken mit einbezog. Aber darüber hinaus wußte man über Freuds Vorgehen nichts, zumindest nichts über seine Technik.[4]

In den *Studien über Hysterie,* die Freud zusammen mit Josef Breuer verfaßt hatte, sah die Erforschung so aus, daß die Patienten unter Hypnose gründlich über die Vorgeschichte eines bestimmten Symptoms befragt wurden. Aber Freud hatte auch eine Alternative beschrieben, die »Drucktechnik«: Statt Hypnose einzusetzen, drückte er eine Hand auf die Stirn des liegenden Patienten, ließ dann wieder los und fragte, welcher Gedanke oder welches Bild dem Patienten zuerst in den Sinn gekommen sei. Das geschah im Rahmen einer längeren Befragung über die Geschichte und den Ursprung eines Symptoms. Angeblich war der erste Gedanke oder das erste Bild nach dem Drücken stets sehr bedeutsam für das Verständnis der psychologischen Struktur des Falles. Aber wie unmittelbar einleuchtet, erklärte sich die Erinnerung oder das Bild des Patienten in der Regel nicht von selbst. Wo und wie dieses einzelne Teil in das Puzzle einer komplizierten Neurose paßte, war eine Frage der Interpretation. Freud bewies, daß er ein eindrucksvolles Deutungsinstrumentarium besaß und vielfältige Möglichkeiten hatte, eine Einzelheit in ein Verhältnis zum Gesamtbild des Symptoms zu setzen. Er hatte auch ein feines Ohr dafür, wann er in die Irre geführt wurde. Aber weil er sich auf sein Deutungstalent verließ, das heißt letztlich auf den geschickten Umgang mit dem »Widerstand«, war fraglich, wo der Nutzen der »Druckmethode« lag.

Im Jahr 1896 bezog sich Freud in seiner Schrift »Weitere Bemerkungen über die Abwehr-Neuropsychosen« wieder auf die *Studien,* prägte darin aber einen neuen Begriff für seine Methode: »Ebendaselbst finden sich auch Angaben über die mühselige, aber vollkommen verläßliche Methode der Psychoanalyse, deren ich mich bei diesen Untersuchungen, die gleichzeitig eine Therapie darstellen, bediene.«[5] Zu dem Vorwurf, er dränge seinen Patienten die Idee eines präpubertären sexuellen Traumas womöglich selbst auf, meint er: »Dem […] ist die Bitte entgegenzuhalten, daß doch niemand allzu sicher auf diesem dunkeln Gebiete urteilen möge, der sich noch nicht der einzigen Methode bedient hat, welche es zu erhellen vermag (der Psychoanalyse zur Bewußtmachung des bisher Unbewußten).«[6] Aber weder hier noch in einem weiteren Artikel, der im selben Jahr veröffentlicht wurde, »Zur Ätiologie der Hysterie«, beschreibt er seine Methode genauer – man kann dem Text nicht einmal entnehmen, ob Freud noch immer seinen Patienten die Hand auf die Stirn legte –, er sagt lediglich, daß sie zur Aufdeckung des ursprünglichen Traumas führe, welches die Ursache der Symptome sei. Freud behauptet, daß seine Methode einzigartig wirksam sei, stützt sich aber einzig auf seine eigenen Erkenntnisse.

Auch in den nächsten Arbeiten blieb Freud detaillierte Auskünfte schuldig. In Schriften wie »Zum psychischen Mechanismus der Vergeßlichkeit«, »Über Deckerinnerungen« und *Zur Psychopathologie des Alltagslebens* rekonstruiert er detailliert die Assoziationsketten, die verschiedenen Symptomhandlungen zugrunde liegen, und führt aus, daß seine Deutungstechniken von einer therapeutischen Methode abgeleitet sind, die er ansonsten bei nervösen Patienten anwendete. Die Darstellung der Methode fehlte nach wie vor. In der *Traumdeutung* räumt Freud dieses Defizit offen ein:

> Hat man eine solche pathologische Vorstellung auf die Elemente zurückführen können, aus denen sie im Seelenleben der Kranken hervorgegangen ist, so ist diese auch zerfallen, der Kranke von ihr befreit. Bei der Ohnmacht unserer sonstigen therapeutischen Bestrebungen und angesichts der Rätselhaftigkeit dieser Zustände erschien es mir verlockend, auf dem von Breuer eingeschlagenen Wege trotz aller Schwierigkeiten bis zur vollen Aufklärung vorzudringen. Wie sich die Technik des Verfahrens schließlich gestaltet hat und welches die Ergebnisse der Bemühungen gewesen sind, darüber werde ich ein anderes Mal ausführlich Bericht zu erstatten haben.[7]

Auf diesem Hintergrund ist es nicht verwunderlich, daß Löwenfeld, ein erfahrener Hypnosetherapeut, der sich stets über die neuesten Entwicklungen auf dem laufenden hielt, schließlich Freud um eine Beschreibung seiner therapeutischen Methode bat. Der Aufsatz »Die Freudsche psychoanalytische Methode« in Löwenfelds Buch schildert den äußeren Rahmen ziemlich ausführlich: Der Patient liegt auf einer Couch, der Analytiker berührt den Patienten nicht und tut auch sonst nichts, was einen hypnotischen Zustand hervorrufen könnte. Der Patient wird angewiesen, zufällige Gedanken nicht zu unterdrücken, und so weiter. Aber gleichzeitig betont Freud, der über sich in der dritten Person schreibt, daß es besonders im Hinblick auf die Deutungsregeln noch erheblich mehr zu erfahren gebe:

> Die Details dieser Deutungs- oder Übersetzungstechnik sind von Freud noch nicht veröffentlicht worden. Es sind nach seinen Andeutungen eine Reihe von empirisch gewonnenen Regeln, wie aus den Einfällen das unbewußte Material zu konstruieren ist, Anweisungen, wie man es zu verstehen habe, wenn die Einfälle des Patienten versagen, und Erfahrungen über die wichtigsten typischen Widerstände, die sich im Laufe einer solchen Behandlung einstellen.[8]

Hier müssen wir innehalten und uns bewußtmachen, was eigentlich vorgeht. Wenn Freud nicht einfach unaufrichtig war, dann glaubte er offensichtlich, daß sein Verfahren einschließlich der Deutungsregeln systematisch dargestellt werden konnte. Die meisten früheren Veröffentlichungen hatten sich auf Selbstbeobachtung gestützt, ein bekanntermaßen methodisch unsicherer Boden, und selbst angesichts kritischer Einwände dagegen hatte Freud bisher davon abgesehen, eine umfassende, objektive Darstellung seiner Methode zu veröffentlichen. Aber weiterhin bestand er darauf, er habe eine solche spezifische Methode.

Statt dessen berichtete Freud von zahlreichen Beispielen, bei denen die Bildung von Assoziationsketten offenbar tatsächlich die unbewußte Motivation unterschiedlicher psychischer Phänomene aufgeklärt hatte, wie etwa bei nervösen Störungen, Traumbildern und Versprechern. Er behauptete außerdem, besonders nachdrücklich in der *Psychopathologie des Alltagslebens,* es sei einfach eine logische Notwendigkeit, daß die unbewußten Motive hinter den psychischen Phänomenen sich in den Assoziationen verrieten, die durch die Befragung des Arztes hervorgerufen würden. Tatsächlich war Freuds Selbstsicherheit in diesem letzten Punkt fehl am Platze. Assoziationen werden von der Gemütsverfassung und den aktuellen Beziehungen einer Person bestimmt; sie spiegeln, so aufschlußreich sie sein mögen, nicht unbedingt wider, was in ihrer Seele bei irgendeiner früheren Gegelegenheit wirksam war. Aber selbst wenn man diese Überlegung beiseite läßt, erforderte Freuds Methode, die Befragung durch die Deutung der Assoziationsketten zu ergänzen, so daß der Arzt die wichtigsten Assoziationen identifizieren konnte und zudem fähig war, sie in die Sprache der Motivation zurückzuübersetzen. Man brauchte, anders ausgedrückt, einen Leitfaden für die Deutung. Solange es einen solchen Leitfaden nicht gab, mußte sich jeder, der Freuds Technik benützen wollte, notgedrungen auf reine Empathie oder Intuition verlassen.

Noch einen weiteren Aspekt von Freuds Zurückhaltung müssen wir ansprechen. Aus nicht nachvollziehbaren Gründen verschwieg Freud, daß sich seine Methode bereits einige Jahre zuvor in einem wichtigen Punkt wesentlich verändert hatte. Bisher hatte Freud in jeder Veröffentlichung, auch in dem Artikel in Löwenfelds Buch, dem Arzt die aktive Rolle zugeschrieben: Der Arzt lockte gewissermaßen den zufälligen Gedanken oder »freien« Einfall hervor, der zur Deutung eines bestimmten Symptoms, eines Versprechers, Traumsymbols oder einer zufälligen Erinnerung führte. Freud hatte noch nichts von der neuen Methode verlauten lassen, die er seit mindestens vier Jahren praktizierte: Der Patient und nicht der Arzt entschied, worüber gesprochen wurde.

Sabina Spielreins Analyse

Das Jahr 1904 ist ein wichtiges Datum für die neue Behandlungsmethode. In Amerika versuchte James Jackson Putnam, Neurologe in Harvard, auf der neuen Station für nervöse Patienten im Massachusetts General Hospital sein Glück mit der Psychoanalyse. Putnams Vorgehen war relativ simpel. Hinsichtlich der Technik dachte er offenbar, der Sinn der Frage nach Assoziationen sei, den Patienten von den Symptomen abzulenken (diese Art »Ablenkung« gehörte zu den Techniken von Dubois). Putnams Verständnis von Psychologie läßt sich am besten an einer Notiz auf dem Krankenblatt einer Patientin ablesen: »Alle nervösen Symptome begannen sieben Jahre nach einer *affaire de cœur.*«[9] Im Burghölzli hingegen praktizierte man von Anfang an ein ausgefeiltes Verfahren. Jung und Riklin wurden rasch Meister des Assoziationsexperiments. Riklin hatte begonnen, eine Gruppe von Hysterikerinnen mit der neuen Methode zu untersuchen, während Jung die spontanen Assoziationen eines Dementia-praecox-Patienten sammelte, um zu sehen, welche Komplexe dabei zutage traten. Und Bleuler bereitete ein wichtiges Buch vor, *Affektivität, Suggestibilität, Paranoia,* dessen Argumentation sich in wichtigen Teilen auf die Freudschen Theorien der Symptombildung stützte.

Sabina Spielrein kam gegen Ende August ins Burghölzli. Um diese Jahreszeit war die personelle Besetzung der Anstalt regelmäßig geringer als sonst, da die Ärzte nacheinander ihren alljährlichen Militärdienst absolvierten. Erst Mitte Oktober dürften wieder so viele Ärzte dagewesen sein, daß Jung sich den Luxus erlauben konnte, dieser einen Patientin jeden zweiten Tag eine Sitzung von ein bis zwei Stunden zu widmen. Karl Abraham trat im Dezember 1904 eine Stelle als Assistenzarzt im Burghölzli an. Nach seiner späteren Darstellung hatte Jung zu diesem Zeitpunkt Sabina Spielreins Analyse definitiv beendet. Ihre Analyse dauerte also höchstens zwei Monate, möglicherweise war sie sogar beträchtlich kürzer.[10]

Die Analyse war so kurz, weil sie der Erforschung der persönlichen Geschichte diente, das heißt, sie war so etwas wie ein unstrukturiertes Assoziationsexperiment. Die therapeutische Strategie von Freud und Breuer, das Trauma kathartisch abzureagieren, betrachtete man mit Mißtrauen. Im Juni 1905 führte Jung die nächste Psychoanalyse durch – der erste Fall nach Sabina Spielrein, von dem man weiß –, und als er anschließend seine Ergebnisse niederschrieb, spielte er die Wirkung des Abreagierens bewußt herunter:

> Die Beichte ihrer Gedankensünden dürfte Pat. erheblich erleichtert haben. Aber es erscheint unwahrscheinlich, daß es das Aussprechen oder »Abreagieren« allein ist, worauf man die Heilung zurückführen kann. Ein dauerndes Niederhalten der krankhaften Vorstellungen gelingt nur einer starken Energie. Zwangsmenschen sind schwach, sie sind unfähig, ihre Vorstellungen im Zaume zu halten. Energiekuren wirken darum bei ihnen am besten. Die beste Energiekur aber ist, wenn man die Patienten mit einer gewissen Schonungslosigkeit zwingt, die ihrem Bewußtsein unerträglichen Vorstellungen hervorzuholen und bereit zu legen. Dadurch wird nicht nur die Energie auf eine harte Probe gestellt, sondern das Bewußtsein wird auch an die Existenz der ehemals verdrängten Vorstellungen gewöhnt.[11]

Das Energieniveau des Patienten anzuheben war das Grundprinzip Janets,[12] die Konfrontation mit der Wirklichkeit das Prinzip Bleulers, und daß Jung in seiner Schrift von 1906 beide Strategien kombinierte, um das Vorgehen der Wiener zu rechtfertigen, war ein kluger diplomatischer Schachzug.

Jungs Technik wich noch in einem weiteren Punkt von Freud ab: Er benützte keine Couch. Vielmehr ließ er Sabina Spielrein auf einem Stuhl Platz nehmen und setzte sich hinter sie. Zumindest ist das die Methode, die er bei seiner bekannten zweiten Analysepatientin im Juni 1905 schildert. Über die Abweichung scheint sich Jung nie viele Gedanken gemacht zu haben. Freud hatte aus dem einfachen Grund eine Couch zur Verfügung, daß sie zur Standardausrüstung eines niedergelassenen Neurologen gehörte, denn sie war für die Anwendung bestimmter häufiger Behandlungstechniken, wie etwa elektrogalvanische Massage, notwendig. Aber Jung war kein Neurologe und hatte keine Erfahrung mit liegenden Patienten. Was die Sitzordnung betraf, so hatte Janet berichtet, daß er außerhalb des Gesichtskreises eines berühmten Patienten, »Achilles«, gesessen habe, der von einem Teufel besessen gewesen sei. Er habe den Platz außerhalb gewählt, um den Dissoziationszustand des Mannes nicht zu unterbrechen.[13] Janets Beispiel hat Jung bestimmt beeindruckt, weil seine Mutter in ganz ähnlicher Weise hinter ihrem Vater sitzen mußte – um den Teufel fernzuhalten –, während er seine Predigten schrieb. Aber vielleicht hatte auch Sabina Spielrein etwas damit zu tun; sie hielt sich für unansehnlich, ließ sich nicht gerne anschauen und war möglicherweise kooperativer, wenn ihr Psychoanalytiker außerhalb ihres Gesichtskreises saß.

Irgendwann Ende Oktober oder Anfang November 1904 ging es Sabina Spielrein wieder so gut, daß sie sich freiwillig einem experimentellen Verfahren unterzog, das die pathologische Vorgeschichte ihrer hysterischen Wahnvorstellungen aufklären sollte. Sie saß auf einem Stuhl, Jung saß hinter ihr. Er forderte sie auf, die Geschichte ihrer nervösen Beschwerden zu erzählen und sorgfältig alle abschweifenden Gedanken mit zu berichten, die ihr in den Sinn kamen. An bestimmten Stellen, so etwa wenn ein Bild in der Assoziationsreihe erschien, forderte Jung sie auf, assoziativ den nächsten Gedanken auszusprechen, der ihr zu dem Bild einfiel. Daneben hielt er wohl Ausschau nach bestimmten verräterischen »Komplexindikatoren«. Wenn sie zögerte, den Faden verlor, ein Zitat aus der Literatur einstreute, eine Geste machte oder Symptome zeigte, drängte er sie wohl, den Gedanken preiszugeben, der die Veränderung hervorgerufen hatte. Eine Sitzung dauerte vermutlich ein bis zwei Stunden und fand jeden zweiten Tag statt. Die ganze Analyse erstreckte sich, wie schon erwähnt, über nicht mehr als zwei Monate, möglicherweise war sie kürzer.

Was fand Jung heraus? Es ist leichter zu sagen, was er nicht fand – sexuellen Mißbrauch in der Kindheit. Wäre so etwas aus Sabinas Reaktionen hervorgegangen, hätte Jung gewiß davon berichtet, denn dieses Thema stand damals im Brennpunkt des Interesses. Es gibt jedoch in allen uns zugänglichen Aufzeichnungen über Sabina Spielrein keinen Hinweis auf etwas Derartiges, und auch in Jungs Notizen über ihren Fall wird nirgendwo eine entsprechende Entdeckung erwähnt. Aber wenn kein sexueller Mißbrauch vorlag, was dann?

Das Rätsel wird noch größer, wenn wir bedenken, daß Jung ein wichtiger Punkt vollständig entging: die Tatsache, daß Sabina von ihrer Mutter über sexuelle Vorgänge gänzlich im unklaren gelassen worden war.[14] Sabina Spielreins eigene spätere Darstellung ist in dieser Hinsicht eindeutig: Sie machte sich erst daran, diese Lücke in ihrem bewußten Wissen zu schließen, nachdem sie sich schon an der Universität eingeschrieben hatte. Nach ihrer Aussage quälte sie als Kind der Gedanke an die Pest, die sie sich personifiziert als eine große, dunkle, männliche Gestalt vorstellte, die sie mitnehmen würde. Nach ihrer eigenen späteren Analyse verbarg sich hinter dieser Phantasie die Furcht vor sexuellen Vorgängen und das Wissen darum. Als Sabina Spielrein ins Burghölzli kam, hatte sie diese Phantasie längst vergessen, aber als sie sich neun Monate später immatrikulierte und ernsthaft Krankheiten zu studieren begann, hatte sie eine Ahnung, daß die Sache ihr irgendwie vertraut war. Erst da kehrte ihr ganz und gar verdrängtes Wissen um die sexuellen Vorgänge wieder in ihr Gedächtnis zurück. Es ist wichtig, die Chronologie im Auge zu behalten: Sabina Spielrein schrieb sich im April 1905 an der Universität ein und durfte erst nach ihrer Entlassung aus dem Burghölzli im Juni an den Lehrveranstaltungen teilnehmen. Aber Jungs »Analyse« war bereits im Dezember des Vorjahres abgeschlossen.

Das ist außerordentlich überraschend. Jung war ein sehr sensibler Kliniker und bei seinen Befragungen ziemlich energisch. Außerdem hätten die endlosen Protokolle des Assoziationsexperiments seine Aufmerksamkeit so weit schärfen sollen, daß ihm die neue Methode in Fleisch und Blut übergegangen sein sollte. Und doch entging ihm eine wichtige Erkenntnis über Sabina Spielreins geistigen Horizont: daß sie nicht über den Zeugungsakt Bescheid wußte.

Die Lösung des Rätsels, warum Jung das übersah, ist vielleicht einfacher, als wir meinen. Es ist durchaus denkbar, daß Jung nie darüber hinausgelangte, den unmittelbaren Inhalt von Sabina Spielreins wahnhaften Vorstellungen zu analysieren – die züchtigende Hand ihres Vaters. In der damaligen Literatur über abweichendes Sexualverhalten war es eine gängige Beobachtung, daß manche Männer sexuelle Lust dabei empfanden, wenn sie jemandem Schläge auf die »Nates« gaben, und daß außerdem manche Männer – und auch Frauen – Lust empfanden, wenn sie geschlagen wurden.[15] Als der sexuelle Aspekt der Erregung festgestellt war, ließen sich die übrigen Symptome des Falles – die Abscheugebärden und die schlecht verhehlte Masturbation – leicht auf dieselbe Linie bringen wie Riklins »Lina H.«. Der einzige wirkliche Unterschied lag in der (angeblich) angeborenen masochistischen Neigung – auch Freud hatte in der letzten Zeit konstitutionelle Faktoren betont –, die das Bindeglied zwischen dem auslösenden Ereignis und der sexuellen Phantasie war. Möglicherweise hat Jung Sabina Spielrein sogar gerade deshalb zu seinem Schulfall erkoren, weil die Dynamik ihres Falles Riklins früherem Fall so sehr glich. Hatte man das masochistische Element erst einmal erfaßt, so erklärten sich Sabinas Wahnvorstellungen beinahe von selbst: Sie phantasierte, von ihrem Vater geschlagen zu werden, und empfand als Folge davon sowohl sexuelle Lust als auch Abscheu vor sich selbst. Die Aufgabe der Psychoanalyse bestand nun darin festzustellen, welche Ereignisse in Sabina Spielreins Alltag solche zwanghaften Vorstellungen auslösten. In der Begrifflichkeit des Assoziationsexperiments ausgedrückt: Man mußte herausfinden, welche Stimuli den vorhandenen erotischen Komplex aktivierten. Bezogen auf ihre Krankengeschichte wollte Jung wohl außerdem wissen, welche Szenen, die vielleicht stark mit anderen Bedeutungen aufgeladen waren, die Verschlimmerung ihrer Hysterie herbeigeführt hatten.

Diese Sachlage (und die Kürze der Behandlung) könnte Jungs erstaunlichen Mangel an Scharfblick erklären. Womöglich deckte er eine ganze Reihe von aufschlußreichen Szenen auf, von Gelegenheiten, die masochistische Phantasien auslösten, ohne daß ihm jemals aufging, daß das Mädchen gar nicht wußte, wie sie ihre sexuellen Gefühle hätte ausdrücken *sollen.* Sodann mag Jung auch ein Opfer seiner eigenen Methode geworden sein. Solange er die Tagesordnung für jede Sitzung bestimmte und die Befragung steuerte, stand es Sabina Spielrein frei, über ihr sexuelles Unwissen zu schweigen, denn offensichtlich hielt es ihr Arzt nicht für nötig, sich um dieses Thema zu kümmern. Und nach ihrer eigenen späteren Schilderung »gefiel sich« Sabina Spielrein auch »in ihrer Unschuld«.[16]

Arbeitstherapie

Über die »Energiekur« einer kurzen Psychoanalyse hinaus scheinen Jungs therapeutische Bemühungen um Sabina Spielrein hauptsächlich pädagogischer Natur gewesen zu sein. Das heißt, er versuchte, sie im Hinblick auf die Mechanismen der Dissoziation zu erziehen, indem er sie ermutigte, ihr Niveau an Konzentration und an Selbstbeherrschung zu erhöhen. Da seine Doktorarbeit eine ausgezeichnete Zusammenfassung dieser Fragen enthielt, sollte sie sie zu ihrem eigenen Nutzen und Frommen lesen. Sie wiederum erfaßte, daß es eine Parallele zwischen ihr und Helene Preiswerk gab:

> Dieses Mädchen steckte tief in ihm, und sie war mein Prototyp. Bezeichnend ist auch, daß noch ganz am Anfang der Behandlung Dr. Jung mir seine Doktorarbeit zum Lesen gab, in welcher er eben diese S. W. beschrieb. In späterer Zeit, wenn ich ihm etwas sagte, kam es manchmal so vor, daß er plötzlich nachdenklich wurde, die und die hätte auch so gesprochen etc. Und das war immer dieses Mädchen![17]

Jung gab Sabina Spielrein offensichtlich noch ein anderes Buch aus seiner Bibliothek zu lesen, das 1902 erschienene Werk *Le Spiritisme devant la Science* (Der Spiritismus im Urteil der Wissenschaft) von Joseph Grasset. Grasset popularisierte die Erkenntnisse der französischen Psychopathologie in seiner eigenen Begrifflichkeit. Seine »polygonale« Psychologie postulierte ein Vieleck mit dem »persönlichen, bewußten, freien und verantwortlichen Ich« in der Mitte.[18] Entweder auf Jungs Geheiß oder aus eigenem Antrieb stellte sich Sabina abends im Bett regelmäßig ein Vieleck vor, während sie an die Dinge dachte, die sie am folgenden Tag zu erledigen hatte.[19]

Über die Umerziehung hinaus erwartete man von Sabina Spielrein auch die Teilnahme an irgendeiner Form von Arbeitstherapie, und da sie Medizin studieren wollte, teilte man sie dazu ein, Jung und Riklin im psychologischen Labor zu helfen. Damals bereitete Jung gerade einen neuen Artikel vor, »Über das Verhalten der Reaktionszeit beim Assoziationsexperiment«, der einen streng empirischen Nachweis für seine Behauptung liefern sollte, verlängerte Reaktionszeiten hingen regelmäßig mit gefühlsbetonten Komplexen zusammen. Diese Arbeit sollte Jungs Habilitationsschrift werden, die ihm erlauben würde, an der Universität zu lehren. Auf der Suche nach Versuchspersonen wandte sich Jung offenbar zuerst einmal an seine Frau. Sie ist mit großer Wahrscheinlichkeit die »Versuchsperson Nr. 1«. Er schildert sie als »eine verheiratete Dame, die sich meinem Experiment in entgegenkommendster Weise zur Verfügung gestellt und mir dabei alle nur wünschenswerte Auskunft erteilt hat«.[20] Nach Jungs Analyse drehte sich der zentrale Komplex dieser Versuchsperson um ihre Schwangerschaft und um die Angst, ihr Ehemann könnte das Interesse an ihr verlieren.[21] Auf jeden Fall wirkte auch Sabina Spielrein mit:

> Er gab mir an seiner ersten Arbeit »Über das Verhalten der Reaktionszeit bei Assoziationen« zu arbeiten. Da gab es manches Gespräch, und er sagte mir: »Solche Köpfe bewegen die Wissenschaft vorwärts. Sie müssen Psychiater werden.« Diese Dinge betone ich immer und immer wieder, damit Sie sehen, daß nicht etwa bloß das Verhältnis von Pat. und Arzt uns so nahe zusammenführte. Die Arbeit schrieb er, als ich noch in der Anstalt war. Zu der Zeit erzählte ich ihm einst, ich träumte von seiner Frau, die sich [bei] mir über ihn beklagte, er sei furchtbar despotisch und das Leben mit ihm sei schwer. Das faßte er schon damals nicht als Arzt auf, sondern seufzte und meinte, er habe es schon früher gewußt, daß das Zusammenleben schwer ist etc. Ich sprach von der Gleichheit resp. geistigen Selbständigkeit der Frau, worauf er meinte, ich sei eine Ausnahme, seine Frau hingegen ist eine gewöhnliche Frau und interessiert sich dementsprechend nur für das, was ihren Mann interessiert.[22]

Jung und Sabina Spielrein schlossen Freundschaft. Er zeigte ihr verschiedene archäologische Bücher aus seiner Bibliothek,[23] und gelegentlich gingen sie zusammen spazieren. Jung schrieb beiläufig über einen dieser Spaziergänge in einem kurzen Aufsatz, »Kryptomnesie«, den er 1905 in der populären Berliner Wochenschrift *Die Zukunft* veröffentlichte. Das Thema, unbewußtes Plagiat, war kurz zuvor in der Zeitschrift behandelt worden, und Jung sah eine Chance, über seine eigenen Forschungen zu berichten, nicht nur über die »Kryptomnesie«, sondern auch über anderes. Die Stelle, die sich auf Sabina Spielrein bezieht, findet sich mitten in einer Diskussion über Hysterie und Genie:

> Ich behandelte jüngst eine hysterische Patientin, deren hauptsächliches Trauma war, daß ihr Vater sie in brutaler Weise geprügelt hatte. Bei einem Spaziergang fiel ihr einmal der Mantel in den Staub. Ich hob ihn auf und

> versuchte, ihn dadurch zu reinigen, daß ich ihn mit meinem Stock ausklopfte. Kaum hatte diese Prozedur begonnen, als die Dame mit den heftigsten Abwehrgebärden sich auf mich stürzte und mir den Mantel entriß. Sie könne nicht zusehen. Das sei ihr ganz unerträglich. Ich ahnte den Zusammenhang und fragte sie nach den Motiven. Sie war erstaunt und konnte nur die Auskunft geben, daß es ihr eben äußerst unangenehm sei, ihren Mantel so behandelt zu sehen.[24]

Übrigens hatte Jung inzwischen Freuds Buch über Träume noch einmal gelesen und begonnen, seine eigenen Träume zu deuten. In dem Aufsatz über »Kryptomnesie« erwähnt er auch dies kurz: »Wer je Freuds Traumanalysen gelesen oder, noch besser, selbst welche ausgeführt hat, weiß davon zu erzählen, wie bei den harmlosesten und anständigsten Leuten das Unbewußte mit Symbolen spielt, deren Ruchlosigkeit geradezu Entsetzen erregt.«[25]

Was immer man über die Behandlung sagen mag, die Jung Sabina Spielrein angedeihen ließ, so hat sie doch auf alle Fälle geholfen – allen beiden. Sie immatrikulierte sich im April 1905 an der Universität Zürich, dabei gab sie ganz naiv als Adresse das Burghölzli an.[26] Das hatte zur Folge, daß ihre Arbeiten abgelehnt wurden, bis sie einen Brief von Bleuler vorlegte, der ihr geistige Gesundheit attestierte. Am 1. Juni 1905 verließ sie die Anstalt. Im April war Jung zum Oberarzt ernannt worden, das heißt, er kam in der Hierarchie gleich nach Bleuler, und im Juni wurde er zudem Leiter einer neuen, ambulanten Abteilung, in der nicht stationär aufgenommene Patienten, auch Patienten mit nervösen Störungen, behandelt werden konnten. Und er wurde Chef des psychologischen Labors, da Riklin wegging und Bleulers einstigen Posten als Direktor der Anstalt Rheinau übernahm. Riklins neue Stelle bedeutete einen beträchtlichen Aufstieg, aber im Hinblick auf seine Karriere war es ein Fehler, sich vom psychologischen Labor zu entfernen. Von nun an stand es Jung frei, die Forschungen in der Richtung voranzutreiben, die ihm gefiel – und nur mit seinem Namen zu unterzeichnen. So kam es, daß Riklins Rolle in der Pionierzeit des Assoziationsexperiments in Vergessenheit geriet.

Mitte 1905 hatte Jung die Versuchung besiegt, seine Theorie der Komplexe als eigenständige Entdeckung auszugeben. In seinen Veröffentlichungen hob er immer deutlicher und positiver die Pionierleistung Freuds bei der Erforschung der Verdrängung und in anderen Bereichen hervor. Freud indes hatte kurz zuvor eine Arbeit veröffentlicht (die im nächsten Kapitel eingehender behandelt wird), in der Jung indirekt auf überraschende Weise angegriffen wurde. Alles in allem meinte Freud, es sei undenkbar, daß ein »junger« Assistenzarzt in einer Anstalt vernünftige psychoanalytische Arbeit leisten könne einzig auf der Grundlage dessen, was bisher über die Psychoanalyse veröffentlicht sei. Jung wußte zwar zweifellos von Freuds Behauptung, aber er reagierte lediglich damit, daß er im Juni 1905 eine weitere Patientin in Analyse nahm. Um es noch einmal deutlich zu sagen: Erstens wurden Freud und Jung durch ihre Veröffentlichungen aufeinander aufmerksam, und zweitens waren in Anbetracht dieser Sachlage ihre Publikationen auch ihr erstes Kommunikationsmittel. Sie signalisierten einander, daß sie beide ein ausgeprägtes Gefühl für ihre Urheberrechte hatten, wenn es sich um Fragen von Theorie und Praxis handelte.

In diesem Kontext sollten wir ein merkwürdiges Dokument betrachten, von dem Sabina später behauptete, es befinde sich in ihrem Besitz: ein Brief vom 25. September 1905 von Jung an Freud, in dem er sie beschreibt. Sabina Spielrein sagt, es handle sich um einen Brief,

> ... in welchem mich Dr. Jung als »eine höchst intelligente und begabte Person von größter Sensibilität« bezeichnet. Da war ich noch ganz Baby von 19 Jahren, ging ganz einfach gekleidet mit einem hängenden Zopfe herum, da ich die Seele über den Leib erhöhen wollte. Daher auch die Fortsetzung: »Ihr Charakter hat entschieden etwas Rücksichtsloses und Unbilliges, auch fehlt jegliches Gefühl für Opportunität und äußeren Anstand, wovon natürlich viel auf russische Eigentümlichkeit muß geschoben werden.«[27]

Bemerkenswert ist der Brief wegen des Datums, das Sabina Spielrein nennt: 25. September 1905. Das würde bedeuten, daß er ungefähr neun Monate vor dem Zeitpunkt geschrieben wurde, zu dem Jung und Freud ihre Korrespondenz tatsächlich aufnahmen – geschrieben, aber offenbar nie abgeschickt. Vielleicht hatte Jung begonnen, über Sabina Spielreins Fall an Freud zu schreiben, und es sich dann wieder anders überlegt. Aber das erklärt nicht, wie der Brief in Sabinas Besitz gelangte. Wahrscheinlicher ist, daß sie kurz vor Beginn des Wintersemesters einen Konsultationstermin bei Freud bekommen sollte und daß Jung ihr den Brief als Einführung mitgeben wollte. Auch die gegenseitige Überweisung von Patienten war ein Weg, auf dem die beiden Männer indirekt miteinander kommunizieren konnten. Jung wollte seine gelungene Arbeit vorführen, und zweifellos hoffte er, etwas zu lernen. Da Sabina Spielrein nun nicht mehr nur seine frühere Patientin, sondern auch seine Freundin war, konnte er damit rechnen, von ihr in allen Einzelheiten zu erfahren, was für ein Mensch Freud war. Dann fiel der Plan aus Gründen, über die man nur Mutmaßungen anstellen kann, unter den Tisch. Auf alle Fälle rückt Sabina Spielrein durch den Brief in ihrer Doppelrolle als frühere Patientin und als frischgebackene Medizinstudentin ins Zentrum der Beziehung zwischen Jung und Freud – noch bevor die Beziehung überhaupt richtig begonnen hatte.

»Katharina H.«

Zu den interessanten Fällen im Burghölzli in der zweiten Hälfte des Jahres 1905 gehörte eine zweite russische Studentin, ebenfalls hysterisch, die von Riklin mit Hilfe des Assoziationsexperiments untersucht wurde. Nach Riklins Darstellung glich diese zweiundzwanzigjährige Frau auch noch in einer anderen Hinsicht Sabina Spielrein, denn sie war imstande, alle sexuellen Erfahrungen und Kenntnisse, die jeder im Laufe der Entwicklung notwendig erwirbt, so zu verdrängen, daß sie über 20 Jahre alt wurde, ohne eine richtige Idee davon zu bekommen, obwohl sie studierte. Ja, sie nahm sogar einmal an einer Diskussion über Prostitution teil, ohne eigentlich zu wissen, was Prostitution ist.[28]

»Katharina H.« entwickelte erstmals hysterische Symptome nach dem Tod eines Freundes (»R.«), der sich das Leben nahm, nachdem sie seine Liebeswerbung zurückgewiesen hatte. Zu diesem Trauma kam bald ein weiteres hinzu:

> Ein weiteres Ereignis verschlimmerte ihren Zustand. Pat. wurde von einer befreundeten Hebammenschülerin über die menschliche Sexualität und die sexuellen Vorgänge unterrichtet. Damit traten die vorher verdrängten Kenntnisse über dieses Gebiet vollständig in ihr Bewußtsein. Pat. fühlte sich unglücklich; für sie wurde der ideal gedachte Mensch zum Tier; die Vorstellung, daß auch R. sie sinnlich geliebt habe [...], quält sie furchtbar. Oft sagte sie in leichten Dämmerzuständen: »Ich muß auf sein Grab gehen und fragen, ob er es wußte.« Sie haßte die Menschen um ihrer Sexualfunktion willen, haßte auch den Arzt, wenn sie sich vorstellte, er sei auch

wie diese Menschen, und schätzte ihn nur, wenn sie ihn als Arzt im Dienste der Kranken sah und dachte und die sexuelle Vorstellung ausschaltete.«[29]

Im Gegensatz zu dieser Schilderung wissen wir aus keinem Dokument, wie Sabina Spielrein reagierte, als die Verdrängung ihres Wissens um die Sexualität aufgehoben wurde. Man kann sich vorstellen, daß die Reaktion wie bei »Katharina H.« heftig ausfiel und daß dies die Grundlage für Jungs spätere Aussage war, sie neige zu Rückfällen, wenn er ihr seinen Beistand versage. Jedenfalls kam Sabina irgendwann in dem Jahr nach ihrer Entlassung und ihrer Immatrikulation an der medizinischen Fakultät der Universität Zürich wieder regelmäßig mit Jung zusammen – zu vereinbarten Terminen –, und zwar eher als ambulante Patientin denn als Freundin und angehende Kollegin, aber diese beiden Aspekte spielten auch mit hinein.

Sabina Spielreins bisher besonderer Status als Jungs »Schulfall« mußte inzwischen zumindest ein wenig von seinem Glanz eingebüßt haben – für beide Seiten –, nachdem sie begriffen hatten, was ihnen entgangen war. Vermutlich ist dies der Hintergrund, daß Sabina den niemals abgesandten Brief an Freud, in dem von ihren »russischen Eigenschaften« die Rede ist, so kommentierte:

> Wie könnte der gute Mensch anders reden, wenn ich ihn lieber arm sehen wünschte, da Reichtum die Seele verdirbt, wenn ich alle Leute hochstehend haben wollte und daher natürlich bald einsehen mußte: »Alles Schwindel, alles Komödie, alle Leute sind dumm und falsch« etc. Die künstlerische Weltbetrachtung kommt erst mit dem Alter, mit dem Erwachen der sexuellen Komponente. Dann macht auch das Unbillige dem »Mädchenhaften« Platz. Zu der Zeit [September 1905] hat aber Dr. Jung auch manches nicht verstehen können; er ist unter meinen Augen geistig so groß gewachsen. Ich konnte Schritt für Schritt seine Entwicklung verfolgen und habe nicht nur von ihm, sondern auch an ihm wirklich viel gelernt.[30]

Kapitel 4

Die organische Verlogenheit des Weibes

So erklärt sich die Empfindung des von der Person, wie sie glaubt, verabscheuten, tatsächlich aber doch von etwas in ihr, von der ursprünglichen Natur, gewollten Sexualaktes als eines »Fremdkörpers im Bewußtsein«. Die kolossale Intensität des durch jeden Versuch zu seiner Unterdrückung nur gesteigerten Wunsches, die um so heftigere, beleidigtere Zurückweisung des Gedankens – dies ist das Wechselspiel, das sich in der Hysterika vollzieht.

Otto Weininger, *Geschlecht und Charakter,*
Wien und Leipzig, 1903.

In den Jahren 1904 und 1905 beschäftigte sich Jung in Zürich mit dem Problem der Verdrängung; nach den Erfahrungen mit dem Assoziationsexperiment galt als gesichert, daß es dieses psychische Phänomen gab. Auch Sigmund Freud in Wien befaßte sich zur selben Zeit damit. Er war dabei, einer gewagten neuen theoretischen Synthese, in der die Verdrängung sexuellen Materials eine Schlüsselrolle spielte, den letzten Schliff zu verleihen, doch aus einer ganzen Reihe persönlicher und beruflicher Gründe konnte er nicht die für ihn überzeugendste, biologische Erklärung der Verdrängung heranziehen. Ein weiterer Umstand machte seine Situation zusätzlich schwierig: Er hatte inzwischen von dem großen Forschungsvorhaben im Burghölzli gehört, und nun kam es darauf an, daß er seine noch unveröffentlichte Theorie so bald wie möglich drucken ließ.

Damit wir verstehen, wie Freud in diese verzwickte Lage geraten konnte, müssen wir uns die Ereignisse des Jahres 1897 ins Gedächtnis zurückrufen:

Damals hatte er einsehen müssen, daß seine erst ein Jahr zuvor als erstes Ergebnis seiner neuen Methode der »Psychoanalyse« verkündete These von der Ätiologie der Hysterie als Folge eines sexuellen Traumas in der Kindheit, die sogenannte Verführungstheorie, schlichtweg falsch war. Die ebenso peinliche wie erleichternde Erkenntnis führte Freud zwar in eine berufliche Isolation, spornte ihn aber gleichzeitig zu neuen theoretischen Höchstleistungen an. Er zog sich aus allen öffentlichen Funktionen zurück, brach seine Vorlesungen an der Universität ab, wo er einen Lehrauftrag hatte, und hielt auch keine Vorträge vor Ärzten mehr. Vermutlich zu Recht hegte er den Verdacht, daß seine Bewerbung um eine Professur blockiert wurde, weil er Jude war. Freud besann sich auf seine Wurzeln und schloß sich dem Wiener Zweig der jüdischen Loge B'nai B'rith (hebräisch »Söhne des Bundes«) an, in der er dann aktiv mitarbeitete.

Abgesehen von den Mitgliedern der B'nai B'rith, bei denen »Bruder Freud« gelegentlich Vorträge hielt, wußte nur sein enger Freund und Vertrauter Wilhelm Fließ über seine damaligen Forschungsarbeiten Bescheid. Fließ war Internist in Berlin und bekannt für seinen enormen therapeutischen Eifer. Ein gemeinsames Interesse an Funktionsstörungen des Nervensystems hatte die beiden Männer einige Jahre zuvor zusammengeführt. Fließ arbeitete an eigenen, bedeutenden biomedizinischen Theorien, als er von der brillanten klinisch-psychologischen Synthese Freuds hörte. Bereits 1896 hatte Freud erkannt, daß seine klinische Methode zur Erforschung neurotischer Symptome – er ließ seine Patienten assoziieren und versuchte, verdrängten Wünschen oder Erinnerungen auf die Spur zu kommen – sich auch auf Träume anwenden ließ. Den Klinikern war damals längst bekannt, daß Träume unter Umständen verborgene Wünsche, insbesondere sexuelle Wünsche, enthüllen können; darauf hatten unter anderem Charcot, Janet, Krafft-Ebing und Schrenck-Notzing hingewiesen.[1] Doch galt das bis dahin nur für Träume mit eindeutigem Inhalt, zum Beispiel wenn im Traum statt der Ehefrau ein verflossener homosexueller Liebhaber im Bett des Patienten lag. Mit bruchstückhaften oder absurden Träumen (wie viele Menschen sie oft haben) konnte hingegen niemand etwas anfangen. Man mutmaßte, sie seien neurologische Zufallserscheinungen oder Folgen einer schlechten Verdauung. Zu seiner eigenen, freudigen Überraschung hatte Freud anscheinend eine Methode gefunden, mit deren Hilfe sich auch hinter solchen mysteriösen Träumen ein gewisser Sinn erkennen ließ.

Im Verlaufe der nächsten drei Jahre, ungefähr in der Zeit von 1897 bis 1900, wandte Freud seine Deutungsmethode auch auf andere Phänomene als Träume an: auf »Fehlleistungen« wie Versprecher, Ungeschicklichkeiten, das Vergessen von Namen und sogenannte Deckerinnerungen (das waren lebhafte, aber entstellte Erinnerungen aus der Kindheit). All diese Erscheinungen waren, grob gesprochen, Ausdruck jener unbewußten geistigen Prozesse, die bei Nervösen zur Symptombildung führten; sie ergaben sich aus einem dynamischen Zusammenspiel zwischen Wünschen und Widerständen gegen diese Wünsche und führten schließlich zu einem nur halb bewußten und auch nur halb beabsichtigten Ergebnis. Bald verbanden Zeitgenossen mit dem Namen Freuds genau dieses Zusammenfügen widersprüchlicher Phänomene mit Hilfe einer bestimmten Deutungsmethode. So schrieb zum Beispiel Bleuler im Jahre 1904, »in der Freudschen Welt«[2] seien einige Fäden entdeckt worden, die die Puppen des Bewußtseins bewegten.

Freud hatte es zu einem wesentlichen Teil seiner stilistischen Begabung zu verdanken, daß seine psychologischen Ideen Gehör fanden. Während er an seiner neuen Synthese arbeitete, machte er sich selbst zu seinem wichtigsten Beobachtungsobjekt. Er wurde buchstäblich sein eigener Patient. Diese ansonsten methodologisch eher zweifelhafte Vorgehensweise erlaubte es Freud, bei der Darlegung seiner Ergebnisse einen entwaffnend bekenntnishaften Ton anzuschlagen. Da es bei seiner Theorie um Wünsche geht, die man am liebsten verdrängt, mußte er Aspekte seines Charakters offenbaren, die andere lieber im Verborgenen gelassen hätten. Es war schon eine paradoxe Methode, aus eigenen Schwächen wissenschaftlich objektive Aussagen abzuleiten; sie verlangte so große stilistische Fähigkeiten, daß in den neunzig Jahren danach kein anderer Autor sie zu wiederholen wagte. Natürlich gab es auch damals scharfsichtige Kritiker, die Freuds Vorgehen bemängelten und darauf hinwiesen, daß er die mit der Selbstbeobachtung verbundenen methodologischen Probleme nicht gelöst habe. Die überwiegende Mehrheit der Leser hatte jedoch gegen diese Art der Darstellung nichts einzuwenden oder fand sie sogar faszinierend. In den folgenden Jahren vertieften sich viele Menschen gespannt in Freuds Texte, da er sie durch sein Beispiel ermunterte, ihre eigenen seelischen Prozesse zu erforschen.

Während Freud seine allgemeine psychologische Synthese ausfeilte, überarbeitete er gleichzeitig erneut sein Konzept von Sexualität, das er zur Erklärung der Ätiologie und der Formen von Neurosen nach wie vor für unerläßlich hielt. Vor 1897 hatte Freud die Sexualität in der Terminologie der

Toxikologie behandelt, als einen Stoff wie Kokain oder Alkohol. Er hatte vermutet, daß es einen »Sexualstoff« gebe, der erst in der Pubertät wirksam würde. Unter dem Einfluß der Ideen von Wilhelm Fließ und Albert Moll, einem anderen Berliner Arzt, der sich als Sexualforscher betätigte, betrachtete Freud Sexualität nun als einen Entwicklungs- und Evolutionsprozeß. So wie sich im Verlaufe der Evolution die Fortpflanzungsfunktion herausgebildet habe, so könne auch die Sexualität im Verlaufe der Entwicklung eines Menschen vom Kind zum Erwachsenen unterschiedliche, von der Evolution vorgegebene Formen annehmen.

Diese Neudefinition von Sexualität als Entwicklungsprozeß warf ein Problem auf: Sie ließ sich kaum mit Freuds damaliger Theorie der Verdrängung vereinbaren. In seinen zusammen mit Breuer verfaßten *Studien über Hysterie* hatte Freud eine vorläufige und im Grunde recht einfache Erklärung für die Verdrängung vorgeschlagen: Der Patient unterdrückt und vergißt Dinge, die er als schmerzvoll, beschämend, ekelerregend oder unmoralisch empfindet. Diese unmittelbar einleuchtende These führte Freud und Breuer zu radikalen Schlußfolgerungen. So behaupteten sie, ein psychischer Konflikt reiche aus, um die für die Hysterie charakteristischen »Bewußtseinsspaltungen« hervorzurufen; bislang hatte man geglaubt, sie würden ein neurologisches Substrat widerspiegeln. Im darauffolgenden Jahr wandte sich Freud in jenen Schriften, in denen er die »Verführungstheorie« entwickelte, erneut diesem Thema zu und präsentierte eine Verdrängungstheorie, die organische und psychologische Faktoren einbezog. Er formulierte die These von der »nachträglichen Wirkung«: Demnach reicht allein die Tatsache, daß während der Kindheit ein sexueller Mißbrauch stattgefunden hat, nicht aus, um eine Neurose zu erzeugen, so schmerzhaft der Vorfall auch gewesen sein mag. Es müssen in der Pubertät Erinnerungen an einen solchen Mißbrauch wach werden. Der zweistufige Ablauf wird in Freuds Darstellung der Zwangsneurose besonders deutlich: Die Erlebnisse in der Kindheit – die in der Regel mit einem Spielgefährten zusammenhängen – wirken allein noch nicht traumatisch, erst durch die spätere Vermischung mit den sexuellen Energien der Adoleszenz werden sie zu einer mächtigen unbewußten Quelle jener unaufhörlichen und oft unsinnigen Selbstvorwürfe, die Erwachsene mit psychischen Störungen quälen. Die These von der nachträglichen Wirkung hatte den Vorzug, daß sie eine plausible Erklärung dafür lieferte, warum Freud das Spektrum potentiell pathogener Erinnerungen stark einschränkte. Nach Freuds Logik können nur sexuelle oder quasi-sexuelle

Erinnerungen die neuen sexuellen Energien der Heranwachsenden auf sich ziehen und so eine kontinuierliche, hartnäckige Verdrängung verlangen. Vielleicht sind auch andere traumatische Erinnerungen verdrängt worden, doch sie werden nicht aktiviert, sondern bleiben latent. Neurologisch gesprochen, fehlt ihnen der Energiestatus, um Schäden anzurichten, die zu einer Nervenkrankheit führen können.

Doch dann erkannte Freud, daß auch Kinder schon sexuelle Triebregungen haben, und damit war diese Erklärung hinfällig. Wenn bereits Kinder in erster Linie sexuelle Wesen sind, wie es das neue Konzept von der Sexualität als Entwicklungsprozeß forderte, dann gibt es keinen biologischen Grund, warum Erinnerungen an sexuelle Szenen der Kindheit gerade in der Pubertät wieder zum Problem werden. Ebensowenig besteht dann noch Veranlassung, den sexuellen Erinnerungen mehr Aufmerksamkeit zu schenken als irgendwelchen anderen traumatischen Vorfällen. Einem weniger brillanten Kopf wäre dieses Problem vielleicht gar nicht aufgefallen, doch Freud ging so systematisch mit neuen Erkenntnissen um, daß er die logischen Konsequenzen sofort erkannte. So schrieb er an Fließ: »Nun weiß ich überhaupt nicht, woran ich bin, denn das theoretische Verständnis der Verdrängung und ihres Kräftespieles ist mir nicht gelungen. [...] Damit gewinnt der Faktor einer hereditären Disposition einen Machtbereich zurück, aus dem ihn zu verdrängen ich mir zur Aufgabe gestellt hatte – im Interesse der Durchleuchtung der Neurose.«[3]

Auf diesem Hintergrund schlug Fließ Freud im Dezember 1897 bei einer ihrer regelmäßigen Zusammenkünfte, die sie »Kongresse« nannten, eine neue Erklärung des Verdrängungsvorgangs vor, die sich auf seine eigenen Studien der männlichen und weiblichen Zyklen stützte. Nach Fließ' vorläufigen Erkenntnissen unterlagen der männliche und der weibliche Körper unterschiedlichen Biorhythmen: Der weibliche Zyklus war offensichtlich achtundzwanzig Tage lang, der männliche hingegen nur dreiundzwanzig. Fließ interessierten in erster Linie die physiologischen Auswirkungen der Zyklen; er hoffte, ihre Kenntnis würde ihn in die Lage versetzen, den zeitlichen Verlauf mancher Krankheiten, unter anderem auch diverser Nervenkrankheiten, abzuschätzen. Doch dann war ihm der Gedanke gekommen, seine Forschungsergebnisse könnten auch psychologisch sehr aufschlußreich sein.

Fließ' Theorie der Verdrängung war recht simpel: Seine Studien schienen zu belegen, daß alle Organismen im Grunde bisexuell waren. Folglich mußte während der Geschlechtsreife die eine Hälfte der bisexuellen Disposition von der anderen unterdrückt werden, bevor die sexuelle Disposition des Erwachsenen erreicht werden konnte. Ein männliches Tier mußte seine weibliche Seite unterdrücken und ein weibliches seine männliche. Wenn das stimmte, mußte irgendwann im Laufe der Evolution ein natürlicher Mechanismus eingesetzt haben, der bewirkte, daß die Adoleszenz nicht nur eine Zeit des sexuellen Erwachens, sondern gleichzeitig auch eine Zeit der sexuellen Verdrängung war, in der die eine Hälfte der ursprünglich bisexuellen Disposition unterdrückt wurde. Außerdem folgte aus dieser Theorie, daß zwischen den sexuellen Erfahrungen eines Kindes und denen eines Erwachsenen ein wesentlicher Unterschied bestand, denn bei sexuellen Kindheitserlebnissen war die angeborene bisexuelle Disposition noch voll vorhanden, und es kamen weibliche wie männliche sexuelle Energien gleichzeitig zum Tragen. Aus genau diesem Grund wurden die Erlebnisse erst ab der Pubertät problematisch. Die Theorie der Bisexualität rettete somit Freuds These von der nachträglichen Wirkung und integrierte die Erkenntnis, daß auch Kinder schon sexuelle Wesen sind.

Zunächst war Freud von Fließ' Ideen wenig beeindruckt, doch je mehr er über sie nachdachte, desto vernünftiger erschienen sie ihm. Schließlich wurde er regelrecht neidisch. Ungefähr ein Jahr nach diesem »Kongreß« teilte Freud Fließ bei einem weiteren Treffen aufgeregt seine neuesten Erkenntnisse zu diesem Thema mit. Fließ wies ihn darauf hin, daß er ihm genau dasselbe schon vor einem Jahr gesagt habe. Freud bestritt das energisch, doch wenig später mußte er einräumen, daß ihm sein Gedächtnis einen üblen Streich gespielt hatte. Über diese Erinnerungslücke berichtete er in Form einer Anekdote in seiner Schrift *Zur Psychopathologie des Alltagslebens;* das Manuskript gab er Fließ zu lesen. Kurz darauf hatte Freud einen Traum, in dem er seinem Freund »eine schwierige und lange gesuchte Theorie der Bisexualität vortrug«.[4] Danach hatte er einen zweiten Traum, der als »Non-vixit-Traum« bekannt ist. Die Deutung ergab, daß es unter anderem um einen Streit zwischen zwei nicht näher identifizierten Freunden ging; der eine wünschte, der andere möge sterben und er als alleiniger Besitzer einer bestimmten Sache zurückbleiben. In Freuds *Traumdeutung,* die Fließ ebenfalls im Manuskript las, sind diese beiden Träume aufgezeichnet.

Fließ wurde es zunehmend wichtiger, daß nicht Freud, sondern er der geistige Urheber der fraglichen Theorie war. Der Konflikt führte zusammen mit weiteren Spannungen, die sich im Laufe der Jahre zwischen ihnen aufgestaut hatten, zu einer äußerst heftigen Auseinandersetzung bei einem Treffen in Achensee im August 1900. Aus einem nach dem Treffen geschriebenen Brief von Freud an Fließ wird deutlich, daß Gegenstand des Streits die Bisexualität als Erklärung für die Verdrängung gewesen war. Eine Zeitlang setzten sie ihre Korrespondenz noch fort – da Freuds Schwägerin Minna Bernays seit kurzem an einer geheimnisvollen und möglicherweise besorgniserregenden Krankheit litt, war Fließ als Internist ein wertvoller Gesprächspartner –, doch ihr Verhältnis wurde nie mehr so wie früher.

Herr Professor Freud

Als Folge des Streits mit Fließ gabelte sich Freuds Weg in den ersten Jahren dieses Jahrhunderts auf seltsame Weise. Nachdem er Anfang 1901 seine wichtigsten psychologischen Werke – *Die Traumdeutung, Über den Traum* und *Zur Psychopathologie des Alltagslebens* – veröffentlicht hatte, widmete er sich wieder ernsthaft seiner beruflichen Karriere. Ein wohlhabender ehemaliger Patient setzte sich beim Erziehungsminister für Freud ein, und im März 1902 wurde Freud schließlich doch zum außerordentlichen Professor der Universität Wien ernannt. Das war eine große, längst überfällige Ehrung. Zu den mit dem Amt verbundenen sozialen Privilegien gehörte unter anderem, daß Freud von nun an mit »Herr Professor« angesprochen wurde und seine Gattin mit »Frau Professor«. Mit dem neuen Titel in der Tasche nahm Freud im Oktober 1902 seine Vorlesungen an der medizinischen Fakultät der Universität wieder auf, die er 1898 aufgegeben hatte. Im Oktober 1902 fand auch die erste jener Diskussionsrunden statt, die von da an jeden Mittwochabend in Freuds Wartezimmer abgehalten wurden. Außer Freud nahmen an der ersten Sitzung zwei Internisten teil, die sich nebenbei journalistisch betätigten (Wilhelm Stekel und Alfred Adler), und ein Nervenspezialist aus einem nahegelegenen Privatsanatorium (Max Kahane). Am ersten Abend beschäftigte man sich mit der Psychologie des Zigarrerauchens. Freuds Bemühungen, Kollegen für seine Ideen zu interessieren, blieben nicht auf Wien beschränkt. So nahm er sich zum Beispiel ein Jahr später die Freiheit, dem unbekannten Autor einer Buchbesprechung der *Traumdeutung* nach Berlin zu schreiben. Zu seinem Leidwesen mußte er feststellen, daß er mit dem Psychologen Willy Hellpach korrespondierte, der für seine medizinischen Kommentare berühmt war und zu jener Zeit gerade eine eigene Abhandlung über Hysterie vorbereitete.[5]

Während es mit Freuds akademischer Karriere nach der langen, selbstauferlegten Pause steil bergauf ging, ließen weitere Veröffentlichungen auf sich warten. Er schrieb zwar so viel wie eh und je, hielt seine neuen Manuskripte aber neuerdings zurück. Im Februar 1901 beendete er einen detaillierten Behandlungsbericht (über den Fall »Dora«). Die Arbeit sollte in der Schriftenreihe von Ziehen veröffentlicht werden, doch Freud zögerte die Ablieferung des Manuskripts immer wieder hinaus und zog es am Ende ganz zurück. Anschließend begann er zwei weitere Werke, »Die menschliche Bisexualität« sowie »Vergessen und Verdrängen«, beide wurden nie gedruckt.[6] Im April 1903 stellte er eine Abhandlung über die Psychologie des Witzes fertig, die ebenfalls nie zur Veröffentlichung gelangte. Abgesehen von einer Darstellung seiner Methode, die Anfang 1904 in einem Buch von Löwenfeld abgedruckt wurde, brachte Freud in diesen drei Jahren keine einzige neue Schrift heraus.

Freud grübelte darüber nach, wie er die Verdrängung mit Hilfe der Theorie von der Bisexualität erklären konnte. Er war inzwischen zu der Überzeugung gelangt, daß letztere im Hinblick auf die Neurosen unverzichtbar war.[7] Spätestens ab 1900 war sie fester Bestandteil all seiner Abhandlungen, auch in den gerade genannten unveröffentlichten Manuskripten griff er regelmäßig darauf zurück. Kurzum, die Bisexualität war aus seiner Neurosentheorie nicht mehr wegzudenken, sie bildete ihr »sexuell-organisches Fundament«.[8] Es war keineswegs so, daß Freud seinen einstigen Freund nicht zitieren wollte, ganz im Gegenteil. Doch genau da lag das Problem: Fließ wollte nicht nur nicht zitiert werden, sondern seine Theorie überhaupt nicht an die Öffentlichkeit gelangen lassen, zumindest nicht, bevor er sie selbst zusammen mit seinen übrigen Thesen über Bisexualität und Biorhythmen veröffentlichen konnte. Zum Leidwesen Freuds erforderte der empirische Beweis der Fließschen Theorie eine äußerst aufwendige Dokumentation der physiologischen Auswirkungen der dreiundzwanzigtägigen (männlichen) und der achtundzwanzigtägigen (weiblichen) Zyklen bei Männern und bei Frauen; es konnte Jahre dauern, die notwendigen Daten zusammenzutragen. In der Zwischenzeit blieb Freud nichts anderes übrig als zu warten.

Freud befand sich von 1901 bis 1904 in einer frustrierenden Situation: Er wußte, wohin er mit seiner Theorie steuerte – in eine radikale Richtung –, doch außerhalb des engen Kreises von Freunden und Patienten konnte er mit niemandem darüber sprechen.

Offensichtlich nutzte Freud die Wartezeit, um sich selbst zu stabilisieren. Unterdessen hatte er sich einen regelmäßigen Tagesablauf angewöhnt, an dem sich in den folgenden Jahrzehnten wenig änderte. Tagsüber empfing er in dem an seine Wohnung im zweiten Stock angrenzenden Arbeitszimmer seine Patienten, oft über acht Stunden einen nach dem anderen. Eine Pause machte er nur für das Mittagessen und für einen kleinen Spaziergang vor dem Abendessen. Die Abende der Wochentage waren für das Schreiben reserviert mit Ausnahme des Mittwochabends, an dem in seinem Wartezimmer die Mittwoch-Gesellschaft tagte, und des Freitagabends, an dem er seine Vorlesung hielt. Samstags traf er sich mit drei langjährigen Freunden zu einer Partie Tarock in der B'nai B'rith, und sonntags widmete er sich seiner Korrespondenz. Freuds Ehefrau Martha Bernays und ihre Schwester Minna führten den Haushalt. Alles wurde so eingerichtet, daß er ungestört arbeiten konnte. Bei den Mahlzeiten mußten die Kinder dabeisein, und es wurde weder über Geschäftliches noch über Psychoanalyse gesprochen, sondern ausschließlich über Familienangelegenheiten.

Fast alle, die Freud in dieser Zeit kennenlernten, waren beeindruckt von seiner Erscheinung. Physisch war er allenfalls von durchschnittlicher Größe, sein Verhalten hatte etwas sanft Zurückhaltendes, fast Weibliches. Er war nicht der Typ, der Massen kommandierte; nicht einmal in den für das gesellschaftliche Leben in Wien so charakteristischen Cafés schien er sich wirklich zu Hause zu fühlen. Doch wenn er sich irgendwo wohl fühlte, dann hinterließ er einen außergewöhnlichen und nachhaltigen Eindruck. Seine Gesprächspartner erlebten ihn als genialen, vernünftigen, belesenen und toleranten Gentleman von faszinierender Redegewandtheit. Doch ebenso gut konnte er zuhören, und er hatte zudem die bemerkenswerte Fähigkeit, daß er auf jede Frage sofort eine systematisch durchdachte Antwort geben konnte. Da er in der Literatur, in der Kulturgeschichte, buchstäblich in jedem Gebiet, auf das man zu sprechen kam, sehr bewandert war, konnte er von nahezu jedem Thema eine Brücke zu seinen Theorien schlagen – und umgekehrt. Bei seinen Patienten konnte er hartnäckig auf Fragen insistieren; allerdings litt er inzwischen nicht mehr so sehr wie früher, wenn die Genesung keine Fortschritte machte. Im Umgang mit neuen Kollegen hatte er eine Vorliebe, ihnen persönliche Enthüllungen so zu servieren, als lade er sie zu einer vergnüglichen intellektuellen Übung ein – etwa nach dem Motto: Ist es nicht interessant, wie sich die Gesetze der Psyche immer wieder aufs neue manifestieren, sogar bei so kultivierten Herren – und Damen – wie uns?

Die folgende kleine Anekdote ist ein Beispiel dafür: Bruno Goetz, ein junger Dichter, der damals an der Wiener Universität studierte, konsultierte Freud im Herbst 1904 wegen quälender Kopfschmerzen. Freud hörte sich an, was Goetz berichtete – er gab das wenige Geld, das ihm zur Verfügung stand, immer für Bücher aus –, und verwickelte ihn dann in eine lange Diskussion über zeitgenössische Literatur. Als die Sitzung nach einer Stunde zu Ende war, erklärte Freud, er werde ihm nun ein Rezept gegen die Kopfschmerzen aufschreiben. Er überreichte Goetz einen verschlossenen Umschlag und entließ ihn mit der Warnung, daß die Psychoanalyse der Poesie möglicherweise abträglich sei. Auf der Straße öffnete Goetz dann den Umschlag. Er enthielt Freuds Diagnose und das entsprechende Heilmittel. Nicht eine Neurose sei die Ursache seiner Kopfschmerzen, sondern der Hunger; Freud hatte Geld beigefügt, damit Goetz sich ein paar gute Mahlzeiten leisten konnte.

Bald schon war Freud eine Institution – und auch dieser schwierigen Aufgabe zeigte sich der Herr Professor aus der Berggasse 19 gewachsen.

Geschlecht und Charakter

Anfang 1904 hatte sich die Situation zwischen Freud und Fließ weiter zugespitzt, obwohl Fließ sich der Natur ihrer Schwierigkeiten noch gar nicht bewußt war. Zu Ostern 1903 hatte in Wien ein förmliches Treffen beider Männer stattgefunden. Seit dieser Zusammenkunft waren zwei neue Bücher erschienen: eines von Hermann Swoboda und eines von Otto Weininger. Beide Autoren waren in Wien zu Hause, beide hatten über Bisexualität geschrieben, und beide waren mit Freud persönlich bekannt. Das weitaus wichtigere der beiden Bücher war das von Weininger. Es war Mitte 1903 unter dem Titel *Geschlecht und Charakter* erschienen und hatte zunächst kein besonderes Aufsehen erregt. Doch im Oktober beging Weininger – ein Philosoph, der sich mit den neuen neurologischen Fragen beschäftigte – Selbstmord, und die Wiener Zeitungen griffen begierig die Geschichte auf: Junges Genie stirbt durch eigene Hand … Nach so viel Aufsehen in der Presse fand das Buch reißenden Absatz.

Geschlecht und Charakter las sich zwar sehr gut, war aber ein empörendes Buch. Ausgehend von der biologischen Prämisse einer allen Organismen inhärenten Bisexualität, versucht Weininger, den menschlichen Charakter aus dem relativen Verhältnis männlicher und weiblicher Anteile zu erklären. Seiner Hypothese nach lassen sich alle Individuen systematisch in eine fortlaufende Reihe von x Anteilen Weiblichkeit und y Anteilen Männlichkeit einordnen – je größer der männliche Anteil, desto kleiner der weibliche. Alle erdenklichen, noch so verblüffenden psychologischen Phänomene können mit dieser simplen Gleichung erschöpfend erklärt werden. Selbst der bis dahin so geheimnisvolle Vorgang der sexuellen Anziehung ist auf sich gegenseitig ergänzende Anteile zurückzuführen: Ein weiblicher Mann, bei dem das Verhältnis zwischen männlich und weiblich 3:4 beträgt, fühlt sich von einer männlichen Frau mit dem Verhältnis 4:3 angezogen und so weiter.[9] Ganz ähnlich läßt sich auch die Hysterie erklären: Ihre Ursache ist eine unglückliche Mischung männlicher und weiblicher Elemente, als Folge versucht das betreffende Individuum vergeblich, sein sexuelles Verlangen zu unterdrücken.

Um seine Charakterhypothese zu veranschaulichen, entwirft Weininger ganz neue männliche und weibliche Idealtypen, denn seine Definition von Männlichkeit und Weiblichkeit weicht von allen herkömmlichen Vorstellungen ab.[10] Und da artet seine Argumentation rasch ins Ungeheuerliche aus: Männlichkeit setzt er gleich mit intellektuellem Scharfblick und Erinnerungsvermögen, mit Moral, Willenskraft, Religion, Genialität und wahrer Liebe, all diese Vorzüge ordnet er sodann der arischen Rasse zu. Weiblichkeit hingegen ist gleichbedeutend mit Leichtgläubigkeit, Vergeßlichkeit, Impulsivität, Hysterie, sexueller Begierde, Amoralität und Irreligiosität – Charakterzüge, die angeblich für die Juden charakteristisch sind. Obwohl Weininger mit einem Bild der Erlösung schließt, wonach sogar die Juden und die Frauen sich zu Höherem aufschwingen können und Arier und Männer sich mit ihrer bisexuellen Natur aussöhnen, beschäftigt er sich auf den 472 Seiten seines Buchs fast ausschließlich mit dem Gegensatz zwischen männlich und weiblich, arisch und jüdisch und konzentriert seine Behauptungen in einer Fülle einprägsamer Aphorismen.

Problematisch an diesem auf perverse Weise faszinierenden Buch war insbesondere ein Aspekt: Die darin verbreitete Theorie der Bisexualität einschließlich der daraus abgeleiteten Gesetzmäßigkeiten der sexuellen Anziehung und der Erklärung der Hysterie durch Verdrängung war im Grunde nicht Weiningers geistiges Eigentum. All diese Ideen stammten von Fließ, doch dessen Name taucht in Weiningers Buch nicht ein einziges Mal auf.

Freud war über Weiningers Schilderung des Verdrängungprozesses – der »organischen Verlogenheit des Weibes« – nicht sonderlich begeistert, obwohl

Weiningers Gedanken seinen eigenen Vorstellungen sehr nahe kamen. Immerhin zitierte Weininger ihn zusammen mit Breuer, Janet und Forels wichtigstem Mitarbeiter, Oskar Vogt, in seinem Kapitel über Hysterie, und so war Freud höflich genug, sein Urteil über Weiningers Buch – »die literarische Bombe eines intellektuellen Anarchisten« – nur in Form eines diskret getarnten Kommentars innerhalb einer Rezension von Wilhelm Stekel abzugeben.[11]

Ein offizieller Psychiater

Ein Ereignis im April 1904 löste nicht nur schlagartig den Papierstau aus unveröffentlichten Manuskripten auf Freuds Schreibtisch, sondern beendete auch ein für allemal Freuds Beziehung zu Wilhelm Fließ. In der *Münchener Medizinischen Wochenschrift* erschien Eugen Bleulers Rezension des Buches von Löwenfeld, Bleuler hob darin Freuds psychologische Ausführungen besonders lobend hervor. Positive Kritiken waren zu diesem Zeitpunkt für Freud zwar nichts Neues mehr, doch diesmal kam das Lob von einem ordentlichen Professor der Psychiatrie an der hochangesehenen Züricher Universität. Freud beschloß, die Gunst der Stunde zu nutzen. Er und die Mitglieder jener kleinen Gruppe, die sich jeden Mittwochabend in seinem Wartezimmer traf, beschlossen, eine eigene Zeitschrift herauszubringen und Fließ um seine Mitarbeit zu bitten; mit dem Lob des Züricher Professors als Köder würde Fließ sicher anbeißen. Am 26. April 1904 schrieb Freud an seinen Freund aus früheren Tagen, daß eine Gruppe seiner »Schüler« eine eigene Zeitschrift plane:

> Sie werden Dich um Mitarbeiterschaft angehen, und ich will, ihnen zuvorkommend, Dich bitten, ihnen Deinen Namen und Deine Beiträge nicht zu versagen. Sie halten den Zeitpunkt für günstig, denn allerorten mehren sich die Zeichen der Zustimmung zu meinen Ansichten. Eine geradezu verblüffende Anerkennung meines Standpunktes fand ich unlängst in einer Buchkritik der Münchener Medizinischen Wochenschrift von seiten eines offiziellen Psychiaters, Bleuler in Zürich. Denke Dir: ein o.ö. Professor der Psychiatrie und meine bisher mit Abscheu genannten +++ Studien über Hysterie und Traum. [Die »+++« sind eine belustigte Anspielung auf den Brauch, Bauernhäuser mit drei Kreuzen zu bezeichnen, um den Teufel fernzuhalten.][12]

Doch gleich nachdem Freud seinen Trumpf ausgespielt hatte, gab er das Spiel wieder aus der Hand. Im nächsten Absatz seines Briefes fragte er Fließ, ob er ein Exemplar von Swobodas neuer Schrift über Biorhythmen bekommen habe: »Du wirst eine Schrift von Dr. Swoboda erhalten haben, deren intellektueller Urheber ich in mehrfacher Hinsicht bin, obwohl ich ihr Autor nicht sein möchte.«[13]

Fließ wußte bereits, daß Swobodas neues Werk, in dem es ebenfalls um Sexualzyklen ging, aus seinen, Fließ', Theorien zusammengeschustert war. Postwendend ließ er Freud wissen: »Daß Du als intellektueller Urheber von Swobodas Buch gelten mußt, tut mir eigentlich leid.«[14] Doch es kam noch viel schlimmer. Zwei Monate später geriet Fließ der neue Bestseller *Geschlecht und Charakter* in die Hände. Verwundert las er eine Passage, aus der hervorging, daß Weininger und Swoboda eng befreundet gewesen waren. Noch größer war sein Erstaunen, als er feststellte, daß das Buch seine Theorie von der Bisexualität einschließlich der Erklärung des Verdrängungsvorgangs enthielt. Und als er schließlich begriff, daß Swoboda und Weininger die wesentlichen Kernpunkte seiner eigenen, noch unveröffentlichten Theorie abgekupfert hatten, schlug sein tiefes Befremden in Wut um.

Mitte Juli 1904 machte sich Fließ auf den Weg nach Wien. Freud war in diesem Jahr zwei Wochen früher in Urlaub gefahren als sonst, so konnte Fließ ihn nicht sprechen. Am 20. Juli schrieb er Freud einen Brief: »Ich habe keinen Zweifel, daß Weininger über Dich zur Kenntnis meiner Ideen gekommen ist und daß von seiner Seite ein Mißbrauch mit fremdem Gut getrieben wurde. Was weißt Du darüber? Ich bitte Dich herzlich um ein offenes Wort.«[15] In seinem Antwortschreiben vom 23. Juli berichtete Freud Fließ dann angeblich alles, was er über die Angelegenheit wußte: Swoboda sei kein Schüler gewesen, sondern ein Patient; während seiner Behandlung sei unvermeidlicherweise auch das Thema Bisexualität zur Sprache gekommen; Swoboda habe ihm erzählt, er habe seinem Freund Weininger »das Wort Bisexualität hingeworfen, als er ihn mit sexuellen Problemen beschäftigt fand. Weininger schlug sich darauf auf die Stirne und lief nach Hause, sein Buch niederzuschreiben.«[16] Es stimme, daß er Swoboda geholfen habe, einen Verleger zu finden, doch sei das lediglich aus Gutmütigkeit geschehen und habe nichts mit Weininger zu tun gehabt. Freud äußerte sich nicht dazu, ob er Weininger kannte. Damit glaubte er das bedauerliche Mißverständnis aus der Welt geschafft zu haben, und berichtete Fließ im weiteren, daß er dabei sei, eine neue Arbeit abzuschließen, *Drei Abhandlungen zur Sexual-*

theorie. Darin werde er dem Thema Bisexualität soweit wie möglich ausweichen, an einigen wenigen Stellen sei die Erwähnung indes unumgänglich. Fließ möge ihm doch bitte mitteilen, wie er zitiert zu werden wünsche.

Fließ suchte zunächst ihren gemeinsamen Freund Oskar Rie auf, von dem er zumindest einen Teil der Wahrheit erfuhr: Wie die Dinge auch liegen mochten, Freud hatte jedenfalls Weininger nicht nur getroffen, sondern auch eine frühe Fassung seines Buches gelesen. Es stellte sich sogar heraus, daß die beiden Männer besonders ausführlich das Kapitel über Hysterie durchgesprochen hatten, mit dem Weininger anscheinend um Freuds Gunst werben wollte. Freud hatte Weiningers Ausführungen zu diesem Thema offensichtlich mißverständlich und unbefriedigend gefunden und später behauptet, er habe Weininger bedrängt, sie nicht zu veröffentlichen. Von diesem Detail einmal abgesehen, war Freuds Verhalten absolut unentschuldbar. Fließ schrieb daraufhin erneut an Freud, und Freud mußte schließlich zugeben, welche Rolle er in dieser Anlegenheit gespielt hatte. Gleichzeitig belehrte er Fließ in diesem Brief, daß Ideen sich nicht »patentieren« ließen,[17] und verteidigte sich mit den Worten: »Ich darf nur annehmen, daß die Schädigung, die Du von Weiningers Seite erfahren hast, sehr gering ist, denn sein Machwerk wird niemand ernst nehmen.«[18] (Das »Machwerk« entwikkelte sich jedoch sehr schnell zu einem internationalen Bestseller und wurde in nicht weniger als sechzehn Sprachen übersetzt.) Am Schluß des Briefes kommt Freud ganz unvermittelt auf sein dringliches Anliegen zu sprechen:

> Du sollst also noch die Freundlichkeit haben, mir aus der jetzigen Verlegenheit zu helfen, indem Du die Bemerkungen über Bisexualität in meiner eben ausgefertigten Abhandlung zur Sexualtheorie in der Korrektur liest und sie bis zu Deiner Zufriedenheit änderst. Ich könnte einfacher die Publikation aufschieben, bis Du Deine Biologie der Öffentlichkeit übergeben hast. Aber ich weiß nicht, wann das sein wird. Meinetwegen wirst Du Dich kaum beeilen. Ich kann unterdes gar nichts tun, auch nicht einmal den Witz fertigmachen, der sich in einem entscheidenden Punkt auf etwas in der Sexualtheorie beruft. […]
>
> Um diese Antwort bitte ich Dich also.[19]

Das Anliegen hatte ihm schon die ganze Zeit auf den Nägeln gebrannt, nun war noch eine sehr ernst zu nehmende Komplikation hinzugekommen. Würde Fließ mit seinen Vorwürfen an die Öffentlichkeit gehen? Seit dem Erscheinen von Freuds letzter Abhandlung über Hysterie waren über sechs Jahre vergangen; in der Zwischenzeit hatte Freud sein Libidokonzept radikal überarbeitet, aber nach wie vor sah er in der Libido und ihrer Verdrängung den Schlüssel zum Verständnis aller nervösen Beschwerden.[20] In den *Drei Abhandlungen zur Sexualtheorie* ergänzte Freud seine überarbeitete Neurosentheorie dann allerdings nur durch das Konzept von der Sexualität als Entwicklungsprozeß. Viele unmißverständliche Äußerungen aus Freuds Briefen an Fließ belegen indes eindeutig, daß er ursprünglich die Absicht hatte, zur Erklärung der Verdrängung die Theorie von der Bisexualität heranzuziehen und letztere zu einem wesentlichen Bestandteil seiner neuen Synthese zu machen. Doch da der aufgebrachte Fließ nichts von sich hören ließ, wäre es sicher ein Fehler gewesen, sich ohne seine ausdrückliche Genehmigung im Juli 1904 auf die Theorie von der Bisexualität zu berufen. Wenn Fließ Freud öffentlich des geistigen Diebstahls bezichtigt hätte, dann hätte jeder informierte Leser sofort erkannt, wie sehr Freud sowohl Swoboda als auch Weininger geholfen hatte. Die Veröffentlichung von Freuds Theorie zu diesem Zeitpunkt hätte zweifellos einen Skandal ausgelöst, der eine sachliche Würdigung seiner Leistung zumindest sehr erschwert hätte.

Ein weitverbreiteter Irrtum

Im August 1904, als Freud gerade in Italien und Griechenland Urlaub machte und überlegte, wie er seine Manuskripte am besten umschrieb, wurde Sabina Spielrein im hysterischen Delirium ins Burghölzli aufgenommen. Freud korrespondierte bereits seit einiger Zeit mit Eugen Bleuler, dem Leiter der Anstalt, und als er Ende September nach Wien zurückkehrte, hatte Bleuler C. G. Jung die Genehmigung erteilt, die junge russische Patientin versuchsweise einer »Psychoanalyse« zu unterziehen. Zweifellos hatte Bleuler Freud zuvor über das Vorhaben unterrichtet. Sowohl Bleuler wie Jung gingen davon aus, daß die von Freud in Löwenfelds Buch veröffentlichte Falldarstellung praktisch alle für die Behandlung erforderlichen Informationen enthielt. Freud jedoch betrachtete diesen Bericht als unzureichend, da er darin nicht auf die Deutungsregeln eingegangen war. Sabina Spielrein war keineswegs der erste Fall, den man außerhalb Wiens durch eine Psychoanalyse zu heilen versuchte; schon seit einigen Jahren versuchte man auch andernorts mit unterschiedlichem Erfolg, Breuers und Freuds Erkenntnisse klinisch anzuwenden. Doch Sabina Spielrein war deshalb so ungemein wichtig, weil sie in Zürich unter der Obhut des Freud wohlgesonnenen ordentlichen Professors für Psychiatrie behandelt wurde.

Freud beschloß, sich zu schützen. Für den 12. Dezember 1904 kündigte er einen Vortrag vor der Wiener Ärzte-Gesellschaft mit dem Titel »Über Psychotherapie« an. Es war das erste Mal seit acht Jahren, daß Freud vor einer Ärzteversammlung sprach. Er befaßte sich geradezu poetisch mit dem Thema, ließ allerdings viele Fragen offen. Voran schickte er die Bemerkung, er habe seine Technik bisher noch nicht präzise genug darlegen können, um »dem ärztlichen Leser des Buches jene Anweisungen zu geben, welche ihn befähigt hätten, eine derartige Behandlung vollständig durchzuführen«.[21] Auch hinsichtlich seiner Methode müsse er sich mit einer »Andeutung«[22] begnügen; er umschrieb sie als eine »Nacherziehung zur Überwindung innerer Widerstände« gegen die Sexualität.[23] Es gelang ihm aber, diesen Mangel an präziser Information in ein positives Licht zu rücken:

> Es scheint mir der Irrtum unter den Kollegen weit verbreitet zu sein, daß die Technik der Forschung nach den Krankheitsanlässen und die Beseitigung der Erscheinungen durch diese Erforschung leicht und selbstverständlich sei. Ich schließe dies daraus, daß noch keiner von den vielen, die sich für meine Therapie interessieren und sichere Urteile über dieselbe von sich geben, mich je gefragt hat, wie ich es eigentlich mache. Das kann doch nur den einzigen Grund haben, daß sie meinen, es sei nichts zu fragen, es verstehe sich ganz von selbst. Auch höre ich mitunter mit Erstaunen, daß auf dieser oder jener Abteilung eines Spitals ein junger Arzt von seinem Chef den Auftrag erhalten hat, bei einer Hysterischen eine »Psychoanalyse« zu unternehmen. Ich bin überzeugt, man würde ihm nicht einen exstirpierten Tumor zur Untersuchung überlassen, ohne sich vorher versichert zu haben, daß er mit der histologischen Technik vertraut ist.[24]

Diese Sätze waren im Grunde Freuds Kommentar zu Jungs ersten Behandlungsversuchen im Fall Spielrein. Da nicht bekannt ist, was Bleuler Freud über Jungs »Testfall« mitteilte, ist schwer zu sagen, warum Freud die Möglichkeit ausschloß, Bleulers junger Assistent könnte gute Arbeit leisten.

Erwägenswert ist in diesem Zusammenhang nicht nur, was Freud zu dieser Haltung veranlaßte, sondern auch, was ein solcher Standpunkt implizierte. Freud hatte das neue Verfahren selbst entwickelt und in den knapp zehn Jahren, die er nun schon damit arbeitete, zumindest ausreichend Gelegenheit gehabt, aus seinen Fehlern zu lernen. Es war daher durchaus verständlich, daß er niemand anderem zutraute, all die Feinheiten, auf die es ankam, in vollem Umfang zu begreifen. Das hieß natürlich, daß niemand außer ihm selbst in der Lage war, durch entsprechende Versuche herauszufinden, wie gut seine Methode funktionierte. Genau dieser Umstand machte sie vom wissenschaftlichen Standpunkt aus höchst fragwürdig, denn nach den Prinzipien der Wissenschaft muß jede neue Methode allgemeingültig formuliert werden können. Natürlich gibt es Methoden, die wie die von Freud zitierte »histologische Technik« schwer zu erlernen sind, deren Anwendung darum eine gründliche Ausbildung voraussetzt. Manche wissenschaftliche Verfahren sind so überaus kompliziert, daß nur sehr wenige Menschen sie wirklich perfekt beherrschen. Trotzdem muß sich eine wissenschaftliche Methode zumindest vom Prinzip her formalisieren lassen. Oder anders ausgedrückt: Sie muß in einem Handbuch systematisch dargelegt werden können, auch wenn sich alle Benutzer des Handbuchs bald darüber einig sind, daß es unzulänglich ist. Ein Verfahren, das nicht formalisiert werden kann, ist wie ein Forschungsergebnis, das sich nicht wiederholen läßt: Es mag höchst interessant sein, bleibt jedoch unwissenschaftlich.

Freud kannte diesen Grundsatz ebenso gut wie seine Zeitgenossen. Willy Hellpach, mit dem er weiterhin korrespondierte, rückte diesen Punkt zwei Jahre später in den Mittelpunkt eines aufschlußreichen Kommentars: »Man mag also auch anerkennen, daß die Psychoanalysis in den Händen ihres Schöpfers uns manche problematischen Zusammenhänge geistreich und fruchtbar beleuchtet zeigen wird, so fehlt diesem Verfahren, um ›Methode‹ zu werden und als solche über oder auch nur neben die einfühlende Beobachtung älteren Stils sich zu setzen, noch das Wichtigste: [...] die logische Überlegenheit, die erst mit der Ausschaltung der höchst persönlichen Divinatorik aus der Ausübung der Analysis erreichbar wäre.«[25] Kurz gesagt: Wenn Freud der einzige war, der die Psychoanalyse anwenden konnte, dann würde sie nie mehr sein als eine interessante Kuriosität. Der beste Weg, solcher Kritik den Wind aus den Segeln zu nehmen, war die Veröffentlichung eines Handbuchs, das auch die Deutungsregeln enthielt. Und genau dies hatte Freud auch vor. Bis er soweit war, begnügte er sich damit, die bereits vor der Wiener Ärzte-Gesellschaft eingenommene Haltung zu vertreten, daß im Augenblick der einzige Weg, die Methode zu erlernen, darin bestehe, sich von ihm persönlich einweisen zu lassen.

Die neue Lehre von den nervösen Krankheiten

Zwar geht es in meiner Geschichte um die intellektuelle Achse Zürich–Wien, aber es sollte keineswegs der Eindruck entstehen, daß nur in diesen beiden Städten wichtige Forschungsarbeiten zum besseren Verständnis und zur Behandlung nervöser Störungen im Gange waren. Ganz im Gegenteil, weltweit war das Interesse an diesem Thema gewachsen. Allein in der Schweiz entwickelten Ludwig Frank, Dumeng Bezzola, Roger Vittoz, Arthur Muthmann und Paul Dubois unabhängig voneinander eigene Behandlungsmethoden. Und in Amerika experimentierten unter anderem Boris Sidis, Morton Prince und James Jackson Putnam mit unterschiedlichen Therapien zur Linderung nervöser Beschwerden. Das allgemeine Interesse war so groß, daß der Psychopathologie auf der Weltausstellung in St. Louis im September 1904 der Status eines eigenständigen Wissenschaftszweigs eingeräumt wurde. Der aus der Schweiz stammende Adolf Meyer, ein Schüler von Forel, war »Schirmherr« dieses Ereignisses, Morton Prince und Pierre Janet waren als Gastredner geladen.

Seit jenen Zeiten, als Charcot einen Zusammenhang zwischen Hysterie und Arthritis vermutet hatte, weil beide Erkrankungen erblich waren und mit schmerzhaften Krämpfen einhergingen, und als der wichtige Forschungsbeitrag eines Berliner Professors für Elektrotherapie namens Paul Möbius darin bestanden hatte zu behaupten, daß ein hysterischer Anfall eine »Vorstellung« voraussetze,[26] hatte die Medizin große Fortschritte gemacht. Vielen ernsthaften Wissenschaftlern war inzwischen klar, daß man nur auf dem Wege über die Psychologie zu einem besseren Verständnis der Hysterie und anderer nervöser Störungen gelangen konnte. Es galt darum, die Zusammenhänge zwischen den psychischen Faktoren und dem organischen Substrat des Nervensystems zu klären.

Zu dieser Zeit erschien eine Fülle neuer Arbeiten, jeder Autor hatte eine ganz neue Synthese vorzuschlagen. Otto Groß, der Sohn des Begründers der modernen Kriminologie Hanns Groß und damals Assistent an Kraepelins Klinik, veröffentlichte 1902 ein wichtiges Werk mit dem Titel *Die zerebrale Sekundärfunktion.* Darin verband er die Erkenntnisse des bedeutenden Gehirnanatomen Carl Wernicke mit Erkenntnissen von Kraepelin, Freud und Janet und entwickelte eine Konzeption psychologischer Typen.[27] 1904 erschien in Bern das wichtige Werk *Les Psychonévroses et Leur Traitement Morale* (Die Psychoneurosen und ihre seelische Behandlung) von Paul Dubois. In den ersten neunzehn Kapiteln legt Dubois ausführlich dar, wie sich das moderne Verständnis nervöser Beschwerden im Laufe der Zeit gewandelt hatte, in den nachfolgenden sechzehn Kapiteln geht er auf die Behandlung einzelner nervöser Erscheinungen wie Schlafstörungen, Darmstörungen, traumatischer Ereignisse und anderes ein. (Dubois' Meinung zur Erforschung der Sexualität war gespalten. Einerseits räumt er ein, »daß es nur wenige ›Nervöse‹ gibt, bei welchen jegliche sexuelle Störung ausgeschlossen ist«,[28] und daß es in manchen Fällen entscheidend sei, die Kranken »zu einem offenen Geständnis zu bringen«,[29] andererseits verurteilt er all jene Ärzte, »die sich ein laszives Vergnügen daraus machen, [...] an ihre Klienten höchst indiskrete Fragen zu stellen«.[30]) Anfang 1905 brachte Auguste Forel sein wichtiges, umfassendes Werk *Die sexuelle Frage* heraus. Die darin behandelten Themen reichen von mit Farbtafeln veranschaulichten Ausführungen zur Reproduktion einzelliger Organismen über die Rolle der erotischen Anziehung in der Hypnose bis hin zu einem dringenden Appell für eine Reform des gegenwärtigen Sexuallebens, da sonst die gelbe Rasse die weiße überholen werde.

Kurzum, es war eine Epoche, in der weltweit der Ruf nach großen Synthesen laut wurde – und nach Genies, die das leisten konnten. Im April 1905 fragte ein junger Mann namens Otto Rank seinen Internisten Alfred Adler, ob er sich noch einmal dieses interessante Buch über die Traumdeutung ausleihen dürfe. Im August kannte Rank den Autor bereits persönlich, und Ende 1905 hatte er Freud bereits nicht weniger als drei Manuskripte zur Begutachtung vorgelegt. Im ersten, recht kurzen und sehr persönlich gefärbten Manuskript analysierte Rank einen der Träume Freuds auf seine eigene Weise. Anders als Freud geschrieben habe, gehe aus dem Traum hervor, daß er nicht von seinen Söhnen übertroffen werden wolle. Das zweite Manuskript trug den Titel *Der Künstler* und wurde zwei Jahre später veröffentlicht, allerdings ohne den Abschnitt über Bisexualität. In seinem dritten, nie abgedruckten Manuskript mit dem Titel *Das Wesen des Judentums,* einer Mischung aus Weininger, Freud und Nietzsche, vertrat Rank die These, im Judentum spiele die primitive Sexualität eine zentrale Rolle; darum seien die Juden in einem Zeitalter der sexuellen Verdrängung als »Ärzte« der Menschheit prädestiniert.[31]

Freuds drei Publikationen aus dem Jahre 1905 sind in diesem Zusammenhang zu sehen. In der ersten, Anfang des Jahres erschienenen Schrift mit dem Titel *Der Witz und seine Beziehung zum Unbewußten* führt Freud seine Leser unter Rückgriff auf die Psychologie und die Terminologie seines Traumbuchs (zum Beispiel spricht er von »Witzarbeit« analog zu »Traumarbeit«) in den Humor des Fin de siècle ein. Zur Veranschaulichung zitiert er zahlreiche, im Grunde unübersetzbare Beispiele, darunter der Ausgewogenheit halber auch einige jüdische Witze.[32]

Fast zur gleichen Zeit wie das Buch über den Witz erschienen Freuds *Drei Abhandlungen zur Sexualtheorie.* Im ersten Aufsatz gibt Freud einen Überblick über die Literatur zum Thema abweichendes Sexualverhalten und argumentiert, wegen der Vielfalt der Erscheinungsformen sei davon auszugehen, daß »die meisten dieser Überschreitungen [...] einen selten fehlenden Bestandteil des Sexuallebens der Gesunden bilden«.[33] Zum Schluß stellt er die radikale Behauptung auf, die neurotischen Symptome ließen auf ähnlich perverse, aber verdrängte Komponenten des Sexualtriebs schließen. Im zweiten Aufsatz untersucht Freud, wie sich die verschiedenen Komponenten in der Kindheit auswirken. Durch die vielfältige Wechselwirkung zwischen angeborener sexueller Konstitution und kindlicher Erfahrung könnten sich einige Komponenten so weit verstärken, daß sie unter Umständen zur rudimentären organischen Grundlage für perverse Handlungen und neurotische Symptome des Erwachsenen werden könnten. Der dritte Aufsatz hat die »Umgestaltungen der Pubertät« zum Thema. Bei einer gesunden Entwicklung würden in dieser Zeit alle infantilen Partialtriebe um ein einziges (genitales) Sexualziel herum zentriert, außerdem wende sich das libidinöse Interesse nun einem einzigen (heterosexuellen) Sexualobjekt zu. Wo die Entwicklung zum erwachsenen Sexualverhalten aus irgendeinem Grund blockiert sei, fließe der in diesem Alter hervorbrechende Libidostrom in die alten, kindlichen Kanäle zurück, und dies führe entweder zur Perversion oder zur Neurose.

Für sich genommen, waren fast alle Elemente von Freuds Theorie bereits auf die eine oder andere Weise in der einschlägigen Literatur erwähnt worden, auch die infantile Sexualität.[34] Wirklich neu war die Idee von der verdrängten sexuellen »Perversion« als potentieller Ursache neurotischer Symptome. Allerdings konnte Freud diese Behauptung mit keinerlei Daten belegen. In der damaligen Literatur über die menschliche Sexualität war es eine selbstverständliche Gepflogenheit, daß der Autor seine Argumente mit umfangreichen Fallbeispielen untermauerte, wie das zum Beispiel Krafft-Ebing, Moll, Havelock Ellis und Schrenck-Notzing taten. Krafft-Ebing trug gar Hunderte von Fallbeispielen zusammen. Freud hingegen verwies zur Begründung seiner Behauptung lediglich auf seine mehr als fünfundzwanzigjährige Erfahrung mit der Psychoanalyse.[35] Das hieß, kurz gesagt, daß sich der Leser seines Buches bei der Hauptthese auf Freuds Wort verlassen mußte.

Doch auch wenn Freud seinen Lesern die psychoanalytischen Daten vorenthielt, die seiner Theorie Gewicht verliehen hätten, war doch vollkommen klar, worauf er hinauswollte. Im zweiten Aufsatz über infantile Sexualität legt er sorgfältig das Fundament zu einer neuen Deutung aller möglicher neurotischer Symptome. Amnesien, Darmstörungen, Enuresis, hysterische Erstickungsangst, Prüfungsangst, Zwangsvorstellungen, ja sogar geistige Erschöpfung – all diese Symptome haben demnach eine Entsprechung im infantilen Sexualleben.[36] Man könnte zugespitzt sagen, die einzige, recht häufige Neurose, die Freud nicht mit der infantilen Sexualität erklärt, ist die »Eisenbahnangst«.[37] Allerdings kommt er auch auf dieses Phänomen zu sprechen und bringt es mit der »sexuellen Erregung« in Verbindung, die gewisse mechanische Körpererschütterungen, zum Beispiel das Schaukeln, beim Kind wecken. Da solche eingegrenzten Beschwerden bei Neurotikern inzwischen eher selten sind, ist dieser Aspekt von Freuds Darstellung für den heutigen Leser nicht sehr interessant; er wird den Inhalt dieser Passage zwar zur Kenntnis nehmen, aber höchstwahrscheinlich sehr schnell wieder vergessen. Zu Freuds Zeiten hingegen klagten Nervenkranke häufig über ein ganz bestimmtes Symptom, daraus erklärt sich unter anderem auch der Aufbau der Schriften von Dubois. Freuds Behauptung, jedes Symptom habe eine ganz bestimmte Entsprechung in der infantilen Sexualität, mußte einen fachkundigen Leser der damaligen Zeit aufhorchen lassen.

Obwohl Freuds Gedankengänge sich auf sehr spezielle Einzelphänomene bezogen, stellten sie einen wichtigen, sogar einen entscheidenden theoretischen Fortschritt dar. Die *Drei Abhandlungen zur Sexualtheorie* waren alles andere als nur ein weiterer populärwissenschaftlicher Beitrag zum immer beliebter werdenden Thema Sexualität; sie waren der Vorentwurf zu einer umfassenden Theorie der emotionalen Entwicklung, auf die später bei der ambulanten Psychotherapie häufig zurückgegriffen wurde. Freuds Sicht war damals etwas vollkommen Neues. Die existierenden Theorien über die Entwicklung des Kindes halfen den Klinikern nicht sehr viel weiter, denn sobald sich die Frage nach einer eventuellen Geisteskrankheit stellte – wie immer man diesen Begriff auch definierte –, fehlte es an eindeutigen Kriterien, um Phänomene, die noch im Bereich des Normalen lagen, von solchen abzugrenzen, die bereits Ausdruck eines krankhaften Prozesses waren.

Aufschlußreich ist der Vergleich zwischen Freud und Krafft-Ebing. Krafft-Ebing hatte ein erstaunlich feines Gespür für psychologische Zusammenhänge. So beschrieb er zum Beispiel, wie mittels einer Übertragung durch »Ideenassoziation« die sexuelle Anziehungskraft eines Körperteils auf einen Fetisch verschoben werden kann.[38] Er wußte, daß der Geschlechtsakt von einem »Phantasiebild« abhängen kann, zum Beispiel kann der anwesende heterosexuelle Partner im Geiste durch einen homosexuellen Partner ersetzt werden.[39] Er war sich auch darüber im klaren, daß bei »unterdrückter sexueller Aktivität«[40] unter Umständen nur noch eine scheinbar unerklärliche, perverse Idee zurückbliebt. Ebenso wußte er, daß gewisse »Phantasiebilder« aus der »frühen Jugend« stammen und, in die Tat umgesetzt, keine wirkliche Befriedigung verschaffen, weil sie in erster Linie ins Reich der Phantasie gehören.[41] Er wußte auch, daß eine »latent« vorhandene masochistische Phantasie »das unbewußte Motiv« für die Fixierung auf einen bestimmmten Fetisch sein kann. Und über Masturbation im Kindesalter wußte er ebensogut Bescheid wie über »erogene Zonen« (einschließlich des Anus), über die sexuelle Bedeutung des Saugens an der Brust und die libidohemmende Rolle von Scham, Ekel und sittlicher Erziehung.[42]

Doch Krafft-Ebing wußte nicht, wo die Trennungslinie zwischen Gesundheit und Krankheit zu ziehen war. In seinen Fallgeschichten verfolgt er zwar des öfteren eine perverse Neigung bis in die Kindheit zurück und beschreibt teilweise sogar, wie sie sich im Umgang mit anderen Familienmitgliedern zum ersten Mal geäußert hatte – doch dann läßt er es mit der Vermutung bewenden, in der Kindheitserfahrung manifestiere sich eine erblich bedingte Degeneration, die erst beim Erwachsenen voll zum Tragen komme. All seine überaus scharfsichtigen psychologischen Erkenntnisse mündeten somit nicht in eine schlüssige Theorie, auf die ein behandelnder Arzt sich bei seiner Arbeit hätte stützen können. Sie erleichterten allenfalls die Diagnose, da Krafft-Ebing die einzelnen Phänomene sehr präzise beobachtet und beschrieben hatte. Die Ursachen blieben indes weiterhin im dunkeln.

Freud löste dieses Problem im Grunde dadurch, daß er die Grenze zwischen dem Normalen und dem Krankhaften ganz neu definierte. In der Kindheit seien Perversionen das Normale, daher von Natur aus weder gut noch schlecht. Erst wenn zu den kindlichen Impulsen andere Faktoren hinzukämen, zum Beispiel eine bestimmte Konstitution, bestimmte Kindheitserfahrungen oder dem Erwachsenen sich bietende Gelegenheiten, werde der kindliche Trieb zur Grundlage für das abweichende Sexualverhalten des Erwachsenen. Diese Theorie war zwar nicht besonders erbaulich, denn sie machte aus allen Menschen potentielle Perverse und/oder Neurotiker. Doch für die Kliniker war sie eine unschätzbare Hilfe, denn nun wußten sie endlich, wonach sie zu suchen hatten: nicht nach einer rätselhaften, erblich bedingten und oft schon in der Kindheit zu beobachtenden Degeneration, sondern nach einer ansonsten völlig normalen Kindheitserfahrung, die eine gewisse Ähnlichkeit mit dem Verhalten des Erwachsenen aufwies (oder, im Fall einer Neurose, nach den verdrängten Phantasien des Erwachsenen). Außerdem ließ sich ein Symptom jetzt nicht mehr länger mit dem Hinweis auf eine unheilbare erbliche Belastung abtun; statt dessen konnte man den Patienten, der die ganze Bürde des Symptoms wieder alleine tragen mußte, endlich darüber aufklären, daß er als Kind diesen oder jenen (sexuellen) Wunsch gehabt hatte und als Erwachsener danach trachtete, sich dorthin zurückzuflüchten.

Der Komplex der Frau

Eine weitere große Leistung Freuds ist die Art der Darstellung. Sein Buch enthält keinerlei Bemerkungen zu Stichworten wie Degeneration oder minderwertige Rassen, es hat etwas angenehm Kosmopolitisches und ist im Grunde sehr modern. Freud bewies damit, daß es durchaus möglich war, Fragen wie die sexuelle Konstitution wissenschaftlich abzuhandeln, ohne im Morast der damals üblichen Unterscheidungen in Schwarze und Weiße, Juden und Arier oder Europäer und Asiaten steckenzubleiben. Freuds Verzicht auf diese weitverbreitete Unsitte war nicht nur ein Beitrag zu mehr Höflichkeit, sondern in erster Linie auch ein theoretischer Fortschritt. Die Rassenfrage gab damals zu vielen wissenschaftlichen Mystifikationen Anlaß. Solange Rassenunterschiede in wissenschaftlichen Abhandlungen über neurologische oder psychiatrische Probleme als ein wichtiger biologischer Faktor Berücksichtigung fanden, stand einem besseren Verständnis nervöser Erkrankungen noch viel im Wege. Zudem verzichtete Freud gänzlich auf den moralisierenden Ton, die Angstmacherei und die Sentimentalität, die andere Autoren für eine stilistische Notwendigkeit hielten, sobald sie sich zu sexuellen Fragen äußerten. Obwohl die Sexualität damals schon seit mehr als zwanzig Jahren ein anerkanntes wissenschaftliches Thema war, gelang es Freud, frischen Wind in die Diskussion zu bringen.

Trotz des hervorragenden Stils konnte Freuds Buch zumindest die Ärzte im Burghölzli nicht so recht überzeugen. Strittig waren nicht die sexuellen Komplexe, an deren Existenz zweifelte man auch in Zürich längst nicht mehr. Anstoß nahm man vielmehr an Freuds wesentlicher Behauptung, hinter jedem Symptom verberge sich eine verdrängte infantile Triebregung. Der neue Assistent Karl Abraham war von Freuds Werk so wenig beeindruckt, daß er es schlicht ignorierte und gar nicht daran dachte, bei seinen Patienten mit Dementia praecox oder Hysterie nach sexuellen Traumata zu forschen. Riklin verhielt sich genauso. Eugen Bleuler beobachtete nach der Lektüre des Buches seinen kleinen Sohn Manfred zwar etwas genauer, fand es aber insgesamt auch nicht sehr überzeugend.

C. G. Jung war inzwischen auf dem Weg zum Erfolg. Im April 1905 erschien in einer medizinischen Fachzeitschrift seine recht kritische Besprechung von Hellpachs neuem Buch. Er zweifelte insbesondere an Hellpachs zentraler These, daß sich an den hysterischen Reaktionen der Einfluß der Klassenzugehörigkeit und anderer kultureller Faktoren ablesen lasse; positiv äußerte sich Jung darüber, daß Hellpach Freud unterstützt hatte. Im Juni wurde Jung zum Leiter der neugegründeten Ambulanz ernannt, in diese Zeit fiel auch sein zweiter bekannter Versuch mit der Psychoanalyse. Bei seinem zweiten Testfall handelte es sich um eine Frau, die unter Schlaflosigkeit litt und ständig zwanghaft über den Tod nachgrübelte. Sein Bericht über die Behandlung verdient, zur Pflichtlektüre für alle Ausbildungskandidaten an psychoanalytischen Instituten erklärt zu werden.[43] Die Frau fühlt sich sichtlich unbehaglich, sie dreht und windet sich auf dem Stuhl. Die Situation ist ihr peinlich. Sie behauptet, durch die Behandlung werde alles nur noch schlimmer; endlich springt sie auf und will fortgehen. »Mit sanftem Zwang« bringt Jung sie dazu, daß sie sich wieder hinsetzt.[44] »Nach langem Parlamentieren über den Sinn und Zweck meiner Methode«[45] schießt ihr ein Gedanke durch den Kopf, der ihr jedoch zu »dumm« vorkommt, um ihn zu erzählen.[46] Es folgt eine weitere Debatte, und während sie noch schwört, daß dies ihre erste und letzte Sitzung sei, beginnt sie auf einmal eine Geschichte zu erzählen, die ihr gerade in den Sinn kommt und in der es ganz zufällig darum geht, wie sie die Sexualität kennenlernte.

Interessanter als der Fall selbst ist jedoch Jungs Methode des »zwanglosen Assoziierens«.[47] Er forderte die Patientin auf, ihm ruhig alles zu erzählen, was ihr gerade einfalle, gleichgültig um was es sich dabei handle.[48] Hervorzuheben ist, daß er sich schon *vor* dem Wort-Assoziationsexperiment über die Symptome und deren Entwicklung informiert hatte. Mit anderen Worten: Das zwanglose Assoziieren war nicht Teil eines gezielten Versuchs, der Patientin Informationen über Symptome zu entlocken, ganz im Gegenteil. Jung verzichtete bewußt darauf, die Therapiesituation zu strukturieren, und ließ die Patientin reden, worüber sie wollte. Außerhalb Wiens hatte bisher noch niemand einen derartigen Versuch unternommen. Wahrscheinlich hatte Jung von Bleuler von der Methode gehört, den Verlauf der Sitzung bewußt nicht festzulegen oder zu steuern, und Bleulers diesbezügliche Informationen stammten vermutlich direkt von Freud.

Im September 1905 veröffentlichte Jung eine neue Abhandlung über das Wort-Assoziationsexperiment mit dem Titel »Experimentelle Beobachtungen über das Erinnerungsvermögen«. Darin beschäftigte er sich mit einer weiteren Reaktion seiner Versuchspersonen: Bei einer nachträglichen Befragung waren sie nicht in der Lage, sich daran zu erinnern, welche Antworten sie gegeben hatten. Jung zeigte, daß auch dieses Phänomen regelmäßig auf Komplexe zurückgeführt werden konnte. Wenn durch ein bestimmtes Reizwort ein Komplex berührt wurde, vergaß die Versuchsperson in der Regel die Antwort. Im Grunde hatte Jung damit das psychologische Phänomen der Verdrängung experimentell bewiesen; so folgten dann im Anschluß auch ein ausführlicher Abgleich seiner Erkenntnisse mit denen Freuds und ein Hinweis auf den eigenständigen Beitrag Riklins zu diesem Thema. Ebenfalls im September schrieb Jung jenen nie abgesandten Brief an Freud, in dem er Sabina Spielrein vorstellte.

Ab Oktober 1905 hielt Jung Vorlesungen an der Züricher Universität. Als Thema seiner Antrittsvorlesung wählte er den typischen Komplex der Frauen:

> Der Komplex der Frau ist in letzter Linie meist ein erotischer (ich gebrauche das Wort »erotisch« nicht im Sinne der Mediziner, sondern im edleren, literarischen). Es handelt sich immer um die Liebe, auch bei scheinbar sehr abstrakten Damen, bei letzteren sogar oft besonders intensiv, nach außen bloß negativ ausgedrückt. Keine wissenschaftlich denkende Dame wird mir das Bekenntnis dieser Tatsache verübeln.[49]

In den Vorlesungen mit Demonstrationen führte Jung die Studenten in erster Linie in das Assoziationsexperiment und die Hypnose ein, was jedoch nicht hieß, daß sein Interesse an der Psychoanalyse nachgelassen hatte. Eine ganz neue Richtung schlug er dann allerdings im November mit seiner knappen Abhandlung »Zur psychologischen Tatbestandsdiagnostik« ein. Darin nahm er für sich in Anspruch, als erster entdeckt zu haben, daß die »gefühlsbetonten Komplexe« auch Möglichkeiten zur Überführung von Delinquenten eröffneten. Die Veröffentlichung war Jungs Reaktion auf den Vorschlag der beiden deutschen Autoren Max Wertheimer und Julius Klein in dem von Hanns Groß herausgegebenen *Archiv für Kriminalanthropologie und Kriminalistik* (dem sogenannten Groß-Archiv), das Assoziationsexperiment bei kriminalpolizeilichen Verhören anzuwenden. Jung ließ diesem sehr kurzen Aufsatz einen längeren mit dem Titel »Die psychologische Diagnose des Tatbestandes« folgen. Darin beschrieb er, wie es ihm mit Hilfe des Wort-Assoziationsexperiments gelungen war, einen Einbrecher zu fassen. Er verteidigte gleichzeitig seine Methode – und die von Freud:

> Ich wiederhole, was ich anderenorts schon gesagt habe: Die Wahrheit dieses Experimentes liegt nicht auf der Hand, es muß erprobt werden; nur wer es selber vielfach angewendet hat, darf darüber urteilen. Die moderne Wissenschaft sollte das Urteil ex cathedra nicht mehr kennen. Über die Freudsche Psychoanalyse (Hysterie- und Traumanalyse) haben alle die Leute gelacht und abgesprochen, welche die Methode weder angewandt noch überhaupt begriffen haben, und doch gehört sie zum Größten, was die Psychologie unserer Zeit überhaupt geleistet hat.[50]

Jung dachte dabei sowohl an die in Freuds psychologischen Werken beschriebenen neuen Formen der Selbstbeobachtung wie auch an die unstrukturierte Form der Patientenbefragung, mit der er in der Ambulanz experimentierte. Es entbehrte allerdings nicht einer gewissen Ironie, daß Jungs entschiedenes und von seiner Leidenschaftlichkeit her in der deutschsprachigen psychiatrischen Literatur bisher einmaliges Plädoyer für »die Methode« ausgerechnet zu einem Zeitpunkt erschien, da Freuds Verfahren so umstritten war wie nie zuvor. Denn unterdessen hatte er endlich den Bericht über den »Fall Dora« veröffentlicht.

Das Schmuckkästchen

Freuds *Drei Abhandlungen zur Sexualtheorie* enthalten keinerlei Fallbeispiele. Dieses Versäumnis wollte er mit seiner neuen Schrift, *Bruchstück einer Hysterie-Analyse,* der Beschreibung des Falles Dora, nachholen. Die Veröffentlichung löste einen Sturm der Entrüstung aus. Zum Teil lag das wohl am Stil. Die *Drei Abhandlungen* waren in einem trockenen, gepflegten, fast schon etwas zu abstrakten Stil abgefaßt. Den Fallbericht hatte Freud schon vier Jahre zuvor geschrieben und später nur noch einmal überarbeitet. Er stammte aus einer früheren Phase, und damals hatte Freud einen eher reißerischen, respektlosen, fast schon provozierenden Stil bevorzugt. (In einem Brief an Fließ hatte er die Arbeit mit den Worten kommentiert: »Es ist immerhin das Subtilste, was ich bis jetzt geschrieben, und wird noch abschreckender als gewöhnlich wirken.«[51]) Schlimmer als der Stil war jedoch der Inhalt; wegen der entsetzlichen Verhältnisse in Doras Familie wirkt die Schilderung wie ein Schauerroman. Doras Vater litt an Syphilis. Ihre zweifellos ebenfalls infizierte Mutter war unablässig damit beschäftigt, das Haus peinlich sauber zu halten. Dann gab es noch eine Gouvernante, die dem Kind sehr zugetan schien, mit ihrem freundlichen Verhalten tatsächlich aber nur ihr Interesse an Doras Vater verschleierte. Eine Nachbarsfamilie, die »K.'s«, nahm sich ebenfalls des Kindes an. Zwischen Doras Vater und Frau K. entwickelte sich eine Liebesaffäre. K. machte der vierzehnjährigen Dora einen unsittlichen Antrag – sie sollte gewissermaßen der Preis dafür sein, daß er das Verhältnis seiner Frau stillschweigend duldete. Das Mädchen wehrte ihn ab und entwickelte Symptome. Nachdem Dora mehrere Jahre lang von allen möglichen Nervenspezialisten ohne Erfolg behandelt worden war, brachte ihr Vater sie schließlich zu Freud, der ihm einige Jahre zuvor hilfreiche ärztliche Ratschläge gegeben hatte.

Die Veröffentlichung dieser Geschichte zu Anfang des 20. Jahrhunderts war höchst brisant, denn es wurden alle typischen Quellen familiärer Konflikte der damaligen Zeit angeschnitten: die Furcht vor Ansteckung; die Überzeugung, daß die Kinder für die Missetaten ihrer Eltern büßen müssen; das klaustrophobische Festhalten an patriarchalischen Strukturen; die stark hysterischen Reaktionen der Familienmitglieder, deren Gefühlsleben durch sittliche Vergehen und Feindseligkeiten zwischen den Generationen gänzlich verkrüppelt war; Hausherren, die sich ganz nach Belieben mit weiblichen Hausangestellten vergnügten; die völlige emotionale Vernachlässigung der

Kinder, während man sich geradezu besessen um ihre körperliche Gesundheit kümmerte.[52] Kurz gesagt: Das erste längere Fallbeispiel, das Freud seinen Lesern zehn Jahre nach der Veröffentlichung der *Studien über Hysterie* präsentierte, war ein ungewöhnlich drastischer Bericht über häuslichen Terror.

Wie gerne würden wir nun ein therapeutisches Märchen hören: Das Mädchen wird vom freundlichen Doktor geheilt und begegnet bald einem jungen Retter. Tatsächlich deutet Freud am Ende des Fallberichts an, Dora habe nach ihrem Weggang einen passenden jungen Kavalier gefunden, was jedoch, wie sich später herausstellte, gar nicht stimmte. Und einen freundlichen Doktor gibt es in dieser Geschichte auch nicht. Nach eigenen Aussagen erforschte Freud Doras Träume mit einer fast schon inquisitorischen Hartnäckigkeit, um ihren sexuellen Geheimnissen auf die Spur zu kommen. Seine Patientin wehrte sich dagegen angeblich mit allen Tricks und Frechheiten, zu denen eine junge Nervenkranke fähig sein kann, und brach die Behandlung schließlich ab. Freud legte ihr das als einen letzten Racheakt aus, da er zu diesem Zeitpunkt bereits im Begriff gewesen sei, die Therapie erfolgreich abzuschließen. Freuds Fall Dora löst auch heute noch manches Stirnrunzeln aus. Nicht wenige haben sich seit der Veröffentlichung auf Doras Seite geschlagen und betont, wie positiv sich ihr wachsendes Mitgefühl von Freuds kühler Haltung ärztlicher Distanz abhebe. Doch, wie Hannah Decker bereits richtig bemerkte, hat Freud Dora alles in allem doch eher geholfen, jedenfalls weit mehr als sämtliche anderen Nervenspezialisten, die sie vor ihm behandelt hatten. Immerhin erhielt sie durch Freud Gelegenheit, sich über einige sehr wichtige Dinge auszusprechen und einige sehr belastende Geheimnisse loszuwerden.

Der Fallbericht ist an vielen Stellen verblüffend. So verrät ein einziger Satz aus einem Traum von Dora Freud, daß sie früher regelmäßig eingenäßt hatte, und zu Recht vermutet er, dies sei eine Begleiterscheinung der Onanie gewesen. Freud folgert, die Furcht, irgend jemand könne ihr Geheimnis entdecken, erkläre ihre als Kind gehegte Abneigung gegen Ärzte und ihre Versteckspiele ihm gegenüber. Die Analyse ihrer Träume auf der Grundlage seiner Theorien führt Freud schließlich zu der Erkenntnis, daß das immer wieder auftauchende »Schmuckkästchen« ein Traumsymbol für verschiedene mit ihren Genitalien in Zusammenhang stehende Wünsche und Befürchtungen sein müsse.

Für die Ärzte am Burghölzli wäre die Schrift insofern aufschlußreich gewesen, als sie ihnen Einblicke in Freuds Deutungstechnik erlaubt hätte, auch wenn Freud immer wieder und ausdrücklich betont, es sei ihm nicht möglich gewesen, auf die angewendeten Deutungsregeln einzugehen. Im Nachwort hebt er dies noch einmal hervor: »Die keineswegs selbstverständliche Technik [...] ist von mir hier durchwegs übergangen worden«.[53] Sie erfordere »durchaus eine abgesonderte Darstellung«.[54] Das heißt, Freud vertröstet die Leser, die etwas über seine Methode erfahren wollen, erneut auf später. Tatsächlich enthält der Fallbericht eine ganze Reihe neuer, noch nicht veröffentlichter Informationen über seine Deutungstechnik.

Zunächst einmal erklärt Freud in dieser Arbeit zum ersten Mal öffentlich: »Ich lasse nun den Kranken selbst das Thema der täglichen Arbeit bestimmmen.«[55] Das ist die Methode der freien Assoziation; der Patient entscheidet selbst, worüber er sprechen möchte. Allerdings bedeutet das nicht, daß der Analytiker passiv bleibt. Freud nimmt sich in seinem Fallbericht wiederholt die Freiheit, bestimmte Aussagen der Patientin und insbesondere Traumsymbole so zu deuten, wie er es für richtig hält: »Für Dora mußte das heißen [...].«[56] »Anstatt dessen war es ein – Bahnhof, für den wir allerdings [...] eine Schachtel einsetzen dürfen.«[57] »Ich mußte annehmen [...].«[58] »[...] was ich nicht versäumte, gegen sie zu verwerten.«[59] Dora darf ihn nicht korrigieren:

> Wenn man dieses Nein nicht als den Ausdruck eines unparteiischen Urteils, dessen der Kranke ja nicht fähig ist, auffaßt, sondern darüber hinweggeht und die Arbeit fortsetzt, so stellen sich bald die ersten Beweise ein, daß Nein in solchem Falle das gewünschte Ja bedeutet.[60]

Freud spielt hier auf den von Dubois beschriebenen »Widerspruchsgeist« an.[61] Dubois ging in der Weise damit um, daß er seinen Patienten mitteilte: »Sie gehören offenbar zu jenen Menschen, welche ›nein‹ sagen und ›ja‹ tun.« Gewissermaßen um die bittere Pille etwas zu versüßen, fügte er noch hinzu: »Freilich besser so als umgekehrt!«[62] Freud geht sogar noch weiter und behauptet manchmal einfach, ein scheinbar eindeutiges Traumsymbol stehe in Wirklichkeit für das genaue Gegenteil; von dieser Meinung läßt er sich dann nicht mehr abbringen. Nicht genug damit, daß er ein Nein nicht als Antwort duldet, er akzeptiert nicht einmal, daß Dora Herrn K. ablehnt:

> Sie sehen, daß Ihre Liebe zu Herrn K. mit jener Szene nicht beendet war, daß sie sich, wie ich behauptet habe, bis auf den heutigen Tag – allerdings Ihnen unbewußt – fortsetzt. – Sie widersprach dem auch nicht mehr.[63]

Einige Jahre zuvor hatte Adolf Strümpell, der wie Möbius an der Leipziger Universität lehrte, an den *Studien über Hysterie* die »oft bis in die kleinsten Einzelheiten eindringende Erforschung der privaten Verhältnisse und Erlebnisse der Kranken« beanstandet. Wie bedenklich er das fand, zeigte sich darin, daß er gleich in drei aufeinanderfolgenden Sätzen das Wort »eindringen« gebrauchte.[64] Nun sah es so aus, als sei »eindringen« zur technischen Regel geworden.

Vom methodologischen Standpunkt aus ist der wichtigste neue Aspekt in Freuds Fallbericht jedoch nicht das hartnäckige Eindringen in die Privatsphäre des Patienten, auch nicht die Technik des zwanglosen Assoziierens, sondern die im Nachwort zur Dora-Analyse gelieferte Erklärung der »Übertragung«. Es war damals längst hinlänglich bekannt, daß hysterische Frauen oft quasi-erotische Gefühle für ihre Ärzte entwickelten. Gleichfalls war bekannt – allerdings wurde es auch bestritten –, daß die Hypnose die Gefahr in sich barg, eine erotische Fixierung zu fördern.[65] Das hielt die Ärzte zwar nicht davon ab, weiterhin ambulante hypnotische Behandlungen durchzuführen, doch es war ein Gesetz, daß man über die Hypnose nur in einem hochmoralischen Ton schrieb, als wäre die Integrität des Arztes die einzige Gewähr dafür, daß die Behandlung keinen unerwünschten Verlauf nahm. Erschwerend kamen noch zwei weitere, ebenfalls längst bekannte Phänomene hinzu: Erstens sträubten sich manche Patienten beharrlich gegen die Hypnose, dafür prägte man den technischen Begriff »Widerstand«.[66] Zweitens beinhaltete der hysterische Anfall, der während der Hypnose durchlebt werden mußte, oft eine erotische Szene, in der die Patientin unter Umständen viele verschiedene Rollen spielte. Janet hatte in einem berühmt gewordenen Fall bei einer solchen Wiederholung unter Hypnose eine Rolle selbst übernommen, um einen engeren Kontakt zur Patientin herzustellen.

All diese Erkenntnisse verarbeitete Freud in seinem Nachwort auf ganz neue Weise. Er schreibt, der Patient trachte danach, in der Beziehung zum behandelnden Arzt in der Vergangenheit erlebte erotische Szenen zu wiederholen. Handle es sich um positive Erlebnisse, würden sich die Patienten kooperativ verhalten und seien leicht beeinflußbar. Hätten die Patienten hauptsächlich negative oder in irgendeiner Weise problematische Erfahrungen gemacht, sei mit Ablehnung und Widerstand zu rechnen. Der Arzt müsse sich dieser aus der Vergangenheit stammenden komplizierten, oft widersprüchlichen Gefühle des Patienten stets bewußt bleiben. Gleichzeitig lieferten die Übertragungsreaktionen unter Umständen wichtige Informationen über ansonsten längst in Vergessenheit geratene Ereignisse. Anders ausgedrückt: Ähnlich, wie die wahnhaften Szenen mancher Hysteriker mit einem traumatischen Erlebnis in der Vergangenheit in Verbindung gebracht werden können, hängt das während der Therapie ablaufende erotische Drama mit vergangenen erotischen Erfahrungen des Patienten zusammen. Einerseits spiegelten Doras Reaktionen auf Freud ihre früheren Erfahrungen mit Herrn K. wider, andererseits erlebte Dora Freud manchmal auch wie Frau K., die sie im Stich gelassen und durch die Unterstellung sexueller Neugier noch zusätzlich verletzt hatte. Freud legt Wert auf die Feststellung, daß die früheren Erfahrungen in der Behandlung nicht nur besprochen, sondern auf verdeckte Weise, manchmal mit veränderten Rollen, neu inszeniert werden.[67]

Dieser Gedankengang war genial und kam genau zur richtigen Zeit. Um das Jahr 1905 wandten sich in ganz Europa immer mehr Ärzte von der Hypnose ab und gingen zur Suggestion (oder »Überredung«) im Wachzustand über. Gleichzeitig waren die bis dahin so häufigen schweren hysterischen Anfälle mit Wiederholungen traumatischer Szenen aus bis heute ungeklärten Gründen auf einmal immer seltener zu beobachten. Mit der Hypnose und den hysterischen Anfällen verlor die Psychotherapie ihre dramatische Seite und wichtige Informationsquellen. Die neue Lehre von der Übertragung offenbarte nun, daß die Wiederholungen vergangener erotischer Erfahrungen nach wie vor stattfanden und für den aufmerksamen Arzt auch weiterhin erkennbar waren.

Die »Dora-Analyse« markierte die Trennungslinie zwischen zwei Sichtweisen. Für die Leser, denen die Idee der Übertragung einleuchtete, eröffnete sie ganz neue Perspektiven. Allen anderen hingegen erschien die Methode fast schon pornographisch. Bei Hannah Decker heißt es: »Die Veröffentlichung der ›Dora-Analyse‹ trug Freuds Methode mehr Feinde ein als alle zuvor publizierten Schriften.«[68] Auch Freud schien zu merken, daß er einen Fehler begangen hatte. Es vergingen fast fünfzehn Jahre, bis er einen weiteren detaillierten Bericht über die Behandlung einer Frau schrieb.

Welche Haltung Jung in dieser Zeit einnahm, zeigen seine Schriften aus der ersten Hälfte des Jahres 1906: Er tat so, als gäbe es die »Dora-Analyse« gar nicht. Obwohl er das Konzept der Übertragung sofort begriff und bald selbst damit arbeitete, vermied er es stets geflissentlich, das Wort zu benutzen. Auch um die alles in allem weniger anstößigen *Drei Abhandlungen zur Sexualtheorie* machte er noch einen großen Bogen.

Mit einem von Freud geschilderten Phänomen mußte sich Jung dann allerdings doch auseinandersetzen. Seine Patientin Sabina Spielrein hatte gerade etliche verdrängte Erinnerungen über ihre eigene Sexualität zutage gefördert und daraufhin einen schweren Rückschlag erlitten. Da Riklins Patientin »Katharina H.« zur gleichen Zeit genau dasselbe durchmachte, sah es tatsächlich so aus, als sei unter den russischen Patientinnen in Zürich eine kleine Epidemie der Wiederkehr des Verdrängten ausgebrochen. Auf jeden Fall war es eine lehrreiche Epidemie. Genau dieses Phänomen – die Neigung hysterischer Frauen, ihr Wissen über sexuelle Vorgänge zu verdrängen – hatte Freud in den *Drei Abhandlungen* und in der »Dora-Analyse« beschrieben.

Die Weininger-Affäre schlägt Wellen

Ende 1905 gingen in Berlin zwei Bücher in Druck. Das erste war das schon lange überfällige Werk *Der Rhythmus des Lebens* von Wilhelm Fließ. Darin legte er seine Theorie von den dreiundzwanzigtägigen und achtundzwanzigtägigen männlichen und weiblichen Zyklen dar und untermauerte sie unter anderem mit Informationen, die ihm sein früherer Freund Freud einst hatte zukommen lassen. Der Verfasser des zweiten Buches war ein neuer Freund von Fließ, ein Bibliothekar namens Richard Pfennig, der schon einmal ein Buch über Urheberrechtsstreitigkeiten veröffentlicht hatte. In seinem neuen Werk mit dem Titel *Wilhelm Fließ und seine Nachentdecker: O. Weininger und H. Swoboda* schilderte er, wie man Wilhelm Fließ mit dem stillschweigenden Einverständnis Sigmund Freuds seine Ideen gestohlen hatte, und zitierte zum Beweis aus Freuds Briefen an Fließ. Auf diese Weise erfuhr die breite Öffentlichkeit von dem Plagiat.

Freud reagierte zunächst überhaupt nicht. Dann unternahm er einen kleinen Schritt vor Ort und versuchte brieflich, den prominenten Wiener Journalisten Karl Kraus auf seine Seite zu bekommen; doch Kraus spielte nicht mit. Weininger war tot, doch Hermann Swoboda, der dritte Beschuldigte, war quicklebendig und traf sogleich alle notwendigen Vorkehrungen für eine Verleumdungsklage gegen Pfennig. Das bedeutete unglücklicherweise, daß die Angelegenheit ein ganzes Jahr lang vor aller Öffentlichkeit ausgebreitet werden würde.

Die Weininger-Affäre hat bisher in der Sekundärliteratur über Freud viel zuwenig Beachtung gefunden. Das liegt teilweise daran, daß es heutigen

Lesern schwerfällt zu verstehen, um was der Streit damals tobte. Wahrscheinlich hätte die umstrittene Theorie mehr Aufmerksamkeit erregt, wenn Freud damals seine eigene, differenziertere und brillant formulierte Version veröffentlicht hätte. Doch leider sind uns Freuds Gedanken zu dem Thema bis heute unbekannt, da er, wohl um einen Skandal zu verhindern, entgegen seiner ursprünglichen Absicht darauf verzichtete, sie in sein Werk zu integrieren.

Freud war zwar ein systematischer Denker ersten Ranges, doch weist seine Theorie eine logische Lücke auf. Sowohl in der Dora-Analyse wie auch in den *Drei Abhandlungen* behauptet er, bei Nervenleiden seien »die Krankheitserscheinungen [...] die Sexualbetätigung der Kranken«.[69] Da sich in seinem Denkmodell aber nur verdrängte Wünsche in Symptome verwandeln können, setzt die Behauptung zwangsläufig voraus, daß ausschließlich sexuelle Wünsche der Verdrängung anheimfallen. Doch weder in der Dora-Analyse noch in den *Drei Abhandlungen* findet sich eine überzeugende Begründung, warum ausgerechnet sexuelle Wünsche, insbesondere sexuelle Wünsche der Kindheit, verdrängt werden und andere nicht. Freud verzichtet nicht nur darauf, dies mit der Theorie der Bisexualität zu erklären – die die logische Lücke im Aufbau beider Arbeiten hätte schließen können –, er liefert auch sonst keine schlüssige Begründung. Und ohne eine solche Begründung läßt sich an der sexuellen Ätiologie nervöser Störungen kaum festhalten. Seine ganze Theorie baute bis dahin auf unbewußten Wünschen auf, die mit Hilfe einer noch nicht vollständig dargelegten Methode erforscht wurden; den empirischen Beweis blieb er schuldig, und das war ein Schwachpunkt. Freuds Theorie war logisch zwar gerade noch haltbar, hing jedoch, was die Beweise betraf, an einem hauchdünnen Faden. Der Vorwurf der Spekulation schwebte über ihr wie ein Damoklesschwert.

Das war die Ausgangssituation, als sich die Zusammenarbeit zwischen Zürich und Wien anbahnte. Ein psychologisches Phänomen – das Vorhandensein verdrängter erotischer Komplexe – war experimentell bewiesen worden. Nun galt es, die theoretische Bedeutung zu erschließen und darzulegen.

Teil II

Die neue Lehre von der geistigen Gesundheit

Sollte da nicht vielleicht die ein wenig an die Rokokokultur gemahnende galante Atmosphäre Wiens, zu der sich dann noch die außerordentliche erotische Feinfühligkeit der österreichischen Frauen gesellt, den Autoren der *Studien über Hysterie* und namentlich Freud, den Blick zu stark in eine Richtung gelenkt haben? Die starken nationalen Differenzen in der Hysterie sind bekannt. [...] Mich konsultierte vor wenigen Monaten ein Wiener Ehepaar – übrigens nicht wegen Hysterie; die Anamnese, die namentlich auch unter Hereinziehung sexueller Erlebnisse für beide Teile erhoben werden mußte, zeigte mir wieder einmal, was ich aus hundert Erfahrungen freilich schon wußte, was man aber immer wieder gelegentlich vergißt: welche Rolle das Erotische in allen seinen Ausstrahlungen selbst für diese gut bürgerlichen Leute gespielt hatte – eine Rolle, von der das durchschnittliche Norddeutschland keinen leisen Begriff hat.

Willy Hellpach, *Grundlinien einer Psychologie der Hysterie,*
Leipzig 1904.

Kapitel 5

Der Aufstieg der Züricher Schule

Man soll auch nicht vergessen, daß es zunächst ganz gleichgültig ist, ob Freuds therapeutische Resultate auf anderem Wege auch erreicht werden können; ob es gut oder böse ist, mit jungen und alten Frauen über ihre Sexualität zu reden; ob es eine Konversion im Sinne Freuds, eine Verdrängung, ein Abreagieren, gibt; ob alle oder nur ein Teil des enormen Komplexes von Krankheiten, den wir Neurosen nennen, von der Sexualität abhängen usw. Fallen die definitiven Antworten in diesen Spezialfragen aus, wie sie wollen, die Bedeutung der neuen Entdeckungen wird deshalb in keiner Weise herabgesetzt.

Eugen Bleuler, Rezension von Freuds »Sammlung kleiner Schriften zur Neurosenlehre«, in: *Münchener Medizinische Wochenschrift,* 12. März 1907.

Durch Jungs Ausflug in die Kriminologie war eine breitere Öffentlichkeit darauf aufmerksam geworden, daß im Burghölzli wichtige Forschungsarbeiten im Gange waren; bald sprach man von der »Züricher Schule«. Wenige Jahre später verstand man unter »Züricher Schule« nicht mehr ein auf das Assoziationsexperiment aufgebautes eigenständiges Denkmodell, sondern eine bestimmte Auffassung von Freuds Lehre.[1] Zürich entwickelte sich allmählich zu einem internationalen Zentrum für Psychoanalyse. Das hing zumindest teilweise damit zusammen, daß Jung mit eigenen methodologischen Problemen fertig werden mußte.

Methodologische Fragen

Beim Assoziationsexperiment waren die Antworten des Probanden die einzige Arbeitsgrundlage des Therapeuten. Zwar konnte er ohne weiteres sagen, welche Reaktionen auf eine Störung hinwiesen, doch Rückschlüsse auf die Art der Störung waren in der Regel nicht möglich. Daher befragte Jung von Anfang an seine Testpersonen im Anschluß an das Experiment zu allen ihren Antworten. Anfang 1905 ging er dazu über, nur noch nach den Antworten zu fragen, die für eine Störung symptomatisch waren.

Genau dieser Aspekt seiner Methode, die Befragung des Probanden unmittelbar nach dem Experiment, brachte ihm Kritik ein. Die experimentelle Psychologie in Deutschland arbeitete zu jener Zeit vorzugsweise mit der Technik der kontrollierten Selbstbeobachtung, die mit speziell ausgebildeten Personen durchgeführt wurde. Je nach Experiment konnte die Vorbereitung recht zeitraubend und mühsam sein, doch war man der Meinung, nur eine gut geschulte Versuchsperson, die in der Lage sei, innere Vorgänge zu verstehen und zu beschreiben, könne den Wissenschaftlern präzise und wertvolle Erkenntnisse vermitteln. An Jungs Methode beanstandete man, seine vollkommen ungeschulten Versuchspersonen seien gar nicht fähig, sich präzise an alles zu erinnern, was ihnen durch den Kopf gegangen war. William Stern, ein Pionier der Psychologie, der früher schon Freuds Methode der Traumdeutung als unwissenschaftlich verurteilt hatte, weil Freud seine Theorien ausschließlich auf die Aussagen hysterischer Patienten stützte, übte nun scharfe Kritik an Jungs Schrift »Über das Verhalten der Reaktionszeit beim Assoziationsexperiment«.[2]

In der 1905 veröffentlichten Studie »Die psychologische Diagnose des Tatbestandes« nimmt Jung zu den Bedenken dieses angesehenen Kritikers Stellung und gibt unumwunden zu, daß seine Methode »schwierig und gefährlich« sei.[3] Aus ebendiesem Grund habe er diesmal nur Versuchspersonen herangezogen, »deren Leben und Psychologie [...] mir bekannt ist«.[4] Da solche Versuchsbedingungen die Ausnahme waren, hatte dieses Argument natürlich nur begrenzten Wert, und so fügt er noch hinzu, im allgemeinen setze »die Analyse bei Nichtgeübten beim Experimentator nicht nur eine gewisse spezielle Erfahrung, sondern auch eine Reihe von psychopathologischen Kenntnissen voraus«,[5] die ihn davor schützten, sich von irgendwelchen falschen Selbsterkenntnissen der Versuchspersonen in die Irre führen zu lassen. Mit »Kenntnissen« meint er »die Prinzipien der genialen

Psychoanalyse Sigmund Freuds«.[6] Um sich nicht dem Vorwurf auszusetzen, er gebe die spekulative Theorie eines anderen als seine eigene aus, fährt er fort: »Freud ist gewiß ein genial begabter Mensch, aber seine Psychoanalyse ist, in ihren Prinzipien wenigstens, keine unnachahmbare Kunst, sondern eine übertragbare und lehrbare Methode.«[7]

Anfang 1906 veröffentlichte Jung seine nächste bedeutende Schrift, »Psychoanalyse und Assoziationsexperiment«. Darin behauptet er genau das Gegenteil: »Die Freudsche Psychoanalyse ist trotz den vielen wertvollen Erfahrungen, die uns ihr Autor vermittelt hat, noch eine recht schwierige Kunst, da jeder Anfänger gegenüber zahllosen Hindernissen rasch Mut und Orientierung verliert.«[8] Jung stellt deshalb lieber das Assoziationsexperiment an den Anfang und schreitet erst dann zur Analyse. »Die Assoziationen haben mir eigentlich als feste Wegweiser gedient durch das Gewirre beweglicher Phantasmen, welche von Schritt zu Schritt die Analyse auf Irrwege zu lenken versuchten.«[9] Diese neue Vorgehensweise könne »zur Erleichterung und Abkürzung der Freudschen Psychoanalyse dienen«.[10] Jung hatte sich den Deutungsstil der »Dora-Analyse« angeeignet, beschreibt die Freudsche Methode jedoch auf eine ganz neue Weise:

> Sodann gehört zur Psychoanalyse eine eigentümliche Richtung des Denkens, die auf die Reproduktion von Symbolismen abzielt. [...] Das Denken in Symbolismen erfordert von uns eine neue Einstellung genauso, wie wenn wir anfangen müßten, ideenflüchtig zu denken. Aus diesen Gründen, scheint es, ist bisher die Freudsche Methode nur ausnahmsweise begriffen und noch weit seltener geübt worden, so daß es eigentlich nur wenige Autoren sind, die Freud theoretisch oder praktisch würdigen.[11]

In seiner nächsten wichtigen Schrift mit dem Titel »Assoziation, Traum und hysterisches Symptom«, die Anfang 1906 fertiggestellt und im Herbst desselben Jahres veröffentlicht wurde, übt Jung sich in der schwierigen Kunst, ganz unterschiedliche Informationen miteinander zu verknüpfen. Es geht um eine in den letzten Monaten des Jahres 1905 behandelte Patientin, die unter ständig wiederkehrenden Fieberanfällen und Hitzegefühlen litt. Körperliche Beschwerden waren zu jener Zeit ein bei Nervenkranken sehr häufig zu beobachtendes Phänomen, Jung führt dafür die neue Bezeichnung »Krankheitskomplex« ein. In seiner Analyse des »Krankheitskomplexes« legt er drei Arten von Daten vor: Erstens listet er die in sechs verschiedenen

Wortassoziationstests erhaltenen Antworten auf, beim letzten Test beschreibt er auch noch den Verlauf der anschließenden Befragung. Zweitens schildert er neun Träume aus einer kurzen Psychoanalyse, und zwar jeweils mit den dazugehörigen Assoziationen und Deutungen. Drittens erforscht er die Vorgeschichte der Patientin. Da er sich dabei auf die aus den Assoziationsexperimenten und den Traumanalysen gewonnenen Erkenntnisse stützt, erscheinen die Symptome in einem ganz anderen Licht. Bemerkenswert ist unter anderem Jungs Umgang mit den Traumsymbolen seiner Patientin:

> Die Blut- und Feuerträume schienen mir stereotype Ausdrücke für den Traum, wie die Hitzegefühle für das Wachleben, zu sein […]. In der therapeutischen Absicht, ihr diese Träume, die oft mit Angst verbunden waren, zu verleiden, und in der theoretischen Absicht, zu sehen, ob sie die Traumstereotypien aufgebe und etwas anderes dafür einsetze, sagte ich der Patientin aufs Geratewohl: »Blut ist rot, rot bedeutet Liebe; Feuer ist rot und heiß, Sie kennen ja das Lied ›Kein Feuer, keine Kohle kann brennen so heiß …‹ Auch das Feuer bedeutet Liebe.«[12]

Wie zu erwarten, veränderten sich die Träume mit der Zeit, und Jung zeigt auf, wie die Analyse und die Träume miteinander Schritt halten. Er hält sozusagen Zwiesprache mit den Träumen der Patientin. Der Schlüsseltraum in der Serie von Träumen ist der fünfte, den die Patientin folgendermaßen schildert:

> »Ich war draußen und stand neben Fräulein L. Wir sahen beide, wie ein Haus lichterloh brannte. Plötzlich kam hinter einem Haus eine weiße Gestalt hervor; wir bekamen beide Angst und riefen wie aus einem Halse: ›Herr Jesus!‹«[13]

Anhand einer Deutung der unbekannten Traumgestalt »Fräulein L.« versucht Jung aufzuzeigen, daß die Figur des Herrn Jesu für ihn selbst steht.

> Fräulein L. ist eine Patientin, welche für den Referenten schwärmt. Sie ist infolge eines erotischen Komplexes krank geworden, wie die Patientin. Die Patientin drückt daher durch diese Person aus, daß sie sich in den Referenten verliebt hat. Damit ersetzt die Patientin das ihrer Energie schädliche Zärtlichkeitsverhältnis zur Mutter durch die erotische Beziehung zum Arzt.[14]

Doch diese »Transposition« dauert nicht lange, da Jung »ihre Illusionen schonungslos zerstörte«[15], indem er darauf hinweist, daß er bereits verheiratet sei. Danach taucht in den Träumen der Patientin ihr Bruder auf. Jung kann sich keinen Reim darauf machen, mit was für einem Geheimnis der Bruder in Zusammenhang zu bringen ist. Die Patientin bricht die Behandlung schließlich ab. Einen Monat später teilt ihr Hausarzt Jung brieflich mit, »daß es ihr so schlecht gehe wie zuvor und daß sie nun über Anstalt und Arzt schimpfe mit Andeutungen, als habe der Arzt nur Gelegenheiten gesucht, um sittlich gefährdende Gespräche mit ihr zu führen«.[16]

Jung zieht aus dem Fall zweierlei Schlußfolgerungen. Die einen beziehen sich auf die Träume und ihren methodologischen Wert:

> Vor allem sehen wir, daß die Träume den Komplex der Assoziationsversuche vollauf bestätigen. [...] Durch die Analyse der Traumbilder wurden der Sexualkomplex, seine Transposition auf den Referenten, die Enttäuschung und das Zurückweichen der Patientin auf die Mutter und damit die Wiederaufnahme einer mysteriösen Jugendbeziehung zum Bruder klargelegt.[17]

Die anderen betreffen die Behandlung:

> Der Komplex hat bei der Hysterie eine abnorme Selbständigkeit und neigt zu einer aktiven Sonderexistenz, welche die konstellierende Kraft des Ich-Komplexes progressiv herabsetzt und vertritt. [...]
>
> Eine zweckmäßige Behandlung der Hysterie muß also bestrebt sein, den normalen Ichrest zu stärken, was am besten dadurch geschieht, daß irgendein neuer Komplex eingeführt wird, der das Ich von der Herrschaft des Krankheitskomplexes loslöst.[18]

Der Gedanke, daß das »Ego«, das »Ich« des normalen Bewußtseins, sich aus einem Komplex subjektiver Vorstellungen zusammensetzt, wurde bereits fünfzig Jahre zuvor von Wilhelm Griesinger in seiner wichtigen Schrift »Die Pathologie und die Therapie der psychischen Krankheiten« entwickelt. Dort findet sich auch die Annahme, eine Geisteskrankheit beruhe auf einem Komplex ichfremder Vorstellungen. (Laut Griesinger wird der Beginn einer Neurose vom Patienten als das Eindringen eines »Du« empfunden.) Den meisten Wissenschaftlern fiel beim Namen Griesinger zuerst seine Theorie ein, daß psychische Krankheiten Erkrankungen des Gehirns seien, doch Jung machte sich wie zuvor schon Bleuler vor allem Griesingers Einsichten in die Psychologie des Ich zunutze, die sich auch zur Erklärung neurotischer Zustände heranziehen ließen. Das Konzept und den Begriff der »Selbständigkeit« des Komplexes bei der Hysterie übernahm Jung dagegen von Janet. Er hatte geschrieben, daß in Zuständen von Dissoziation die abgespaltenen Ideen nicht den Korrekturmechanismen des bewußten Denkens unterworfen seien, daher unverändert blieben und schließlich als »fixe Ideen« ein Eigenleben führten. Janets Konzept, das wiederum von Charcots Theorien abgeleitet war, hatte nicht nur bei der Erforschung von hysterischen Zuständen und Zwangsvorstellungen gute Dienste geleistet, sondern sich auch im Hinblick auf Personen mit medialer Begabung als hilfreich erwiesen. Jung prägte den Begriff »Krankheitskomplex«, die zugrundeliegende Idee war keineswegs neu. Es war längst bekannt, daß nervöse Patienten sich oft einbildeten, unter einer unheilbaren Krankheit zu leiden, und von dieser Idee auch durch viel gutes Zureden von seiten des Arztes nicht abzubringen waren. In manchen Kreisen glaubte man dieses Symptom bei osteuropäischen Juden besonders häufig beobachten zu können, doch Jung verzichtete auf derartige Zuschreibungen. Er hatte wie Freud, wenn auch aus anderen Gründen, die Theorie von der vererbbaren Degeneration im Grunde längst verworfen, und sah nun, da sein Blick nicht mehr von solchen Mystifikationen getrübt wurde, keine Veranlassung mehr, Rassenunterschiede in seiner Theorie zu berücksichtigen.

Jung hatte eine Reihe von Vorstellungen ganz unterschiedlichen Ursprungs kombiniert und das, was er für Freuds Standpunkt hielt, auf ansprechende und einleuchtende Weise neu formuliert, nämlich den psychologischen Ursprung der Neurosen. Sein ureigenster Beitrag war die Einführung eines neuen Behandlungsziels: Er wollte das seelische Gleichgewicht und damit die Gesundheit der Patientin dadurch wiederherstellen, daß er ihr zu einem »neuen Komplex« verhalf. Aus dem Textzusammenhang wird deutlich, daß in diesem Prozeß Jungs Einflußnahme auf die Träume der Patientin und die anschließende »Transposition« auf den Therapeuten die entscheidende Rolle spielten.

Jungs Konzept warf ein Problem auf, das an dieser Stelle nicht unerwähnt bleiben soll: Wenn die beschriebene schonungslose Desillusionierung in der Regel in jenem Behandlungsstadium erfolgen soll, in dem die Transposition auf den Arzt bewußt gefördert wird – selbst auf die Gefahr hin, daß sie in der ersten Phase einen sexuellen Charakter annimmt –, dann sind unerfreuliche Szenen zwischen Arzt und Patientin geradezu vorprogrammiert. Ein schlichter Geist hätte Jungs Methode so auslegen können, daß der Arzt die Patientin in eine bestimmte Richtung zu lenken versuche, indem er ihr zuerst Hoffnungen auf einen Flirt mache und sie dann enttäusche. Fast zaghaft führt Jung aus, daß die therapeutische Beziehung nicht mit sexueller Anziehung verwechselt werden dürfe:

> Die Patientin konnte ihr innerstes Geheimnis nicht preisgeben, der sexuelle Kompromiß mit meiner Person war mißglückt (sie konnte offenbar an meiner Person außer dem Sexuellen nichts finden, was ihr so wertvoll gewesen wäre, daß sie sich hätte von der Krankheitsrolle trennen können).[19]

Aufmerksamkeit verdient, welch hohen Stellenwert Jung Symbolen einräumte. Wie für Bleuler waren auch für Jung die Symbole Träger von Affekten. Nach Ansicht von Bleuler und Jung hatte Freud entdeckt, daß es im menschlichen Kopf noch eine andere Sphäre gab, in der ganz eigene Gesetze herrschten und in der Erfahrungen mit Hilfe von Symbolen verarbeitet wurden. Während das Bewußtsein sich innerhalb der Kantschen Kategorien von Zeit, Raum, Kausalität und so weiter bewegte, arbeitete das Unbewußte mit Symbolen und nach einer ganz eigenen Logik. Von dieser Warte aus betrachtet, bestand die Bedeutung von Freuds Werk darin, daß es einen Weg eröffnete, selbst schwere psychotische Symptome aus psychologischer Perspektive zu untersuchen. Bleuler zeigte in seiner Monographie *Affektivität, Suggestibilität, Paranoia,* wie die von Freud beschriebenen Mechanismen der Symptombildung bei den symbolischen Hervorbringungen neurotischer Patienten und den Wahnideen paranoider Patienten nachgewiesen werden können.

Jung spricht in der zitierten Arbeit durchgehend von »Transposition« anstatt von »Übertragung«. Der Begriff »Transposition« stammte aus der akademischen Psychologie seiner Zeit. In der von Ziehen und William James initiierten Revolte gegen den Wundtschen Elementarismus, aus der später die Gestaltpsychologie hervorging, wurde argumentiert, es gebe bestimmte äußerliche Eigenschaften, die sofort wahrgenommen und erkannt würden und die sich nicht auf ihre einzelnen Elemente reduzieren ließen. Diese Eigenschaften könnten vollständig auf ein anderes Medium »transponiert« werden und würden doch nach wie vor sofort erkannt. Ein Quadrat aus

Kieselsteinen am Strand werde als das gleiche identifiziert wie ein mit Stift und Lineal auf Papier gezeichnetes Quadrat. Ebenso werde auch eine Melodie in einer anderen Tonart und auf einem anderen Instrument wiedererkannt. Und, um wieder auf Jung zurückzukommen, ein erotischer Komplex war auch dann noch als solcher erkennbar, wenn er sich als Objekt den Bruder der Patientin, den Arzt oder Jesus Christus aussuchte. Die Transponierbarkeit ermöglichte es, den symbolischen Schleier zu lüften. So schrieb Jung später in einem Brief an Freud über »das Denken in Analogien, das durch ihre Analysen so geübt wird«.[20] Den Begriff »Analogie« hatte man wiederum aus zwei ganz anderen Disziplinen entlehnt: aus der Philologie und dem Studium der Mythologie. In diesen beiden linguistischen Disziplinen beschrieb man mit der Methode der Analogie, wie in der Vorgeschichte konkrete Wörter allmählich eine neue, mehr abstrakte Bedeutung angenommen hatten; für die Beurteilung von Mythen und für die jüngsten, ganz neuen Deutungsversuche war diese Entwicklung höchst aufschlußreich.[21] Für Jung entsprach die Methode der Analogie der Funktionsweise des mit Symbolen arbeitenden Teils des menschlichen Geistes. Das hatte er im Sinn, als er sagte, die Psychoanalyse erfordere die Fähigkeiten eines Poeten.

Ein Traum

Jung brachte sich Anfang 1906 in eine verzwickte Lage, indem er vehement ein Verfahren verteidigte, gegen das sowohl er wie sein Chef nach wie vor Vorbehalte hatten. Vielleicht hatte er gehofft, die neue Sexualtheorie würde früher oder später ebenso ad acta gelegt wie jene ältere aus Freuds frühen Schriften. (Wenn es sich so verhielt, dürfte Freuds Arbeit »Meine Ansichten über die Rolle der Sexualität in der Ätiologie der Neurosen«, die 1906 in einem weiteren Band des sehr produktiven Autors Löwenfeld erschien, eine unerfreuliche Überraschung gewesen sein. Wie der Zufall es wollte, erwies Löwenfeld Freud einen großen Dienst damit, daß er anstelle eines eigenen Kapitels über Freuds Ideen diese neue Arbeit in sein Buch aufnahm, denn Löwenfelds Kapitel, das nun in der Versenkung verschwand, enthielt das Geständnis einer früheren Patientin Freuds, ihr sexuelles Jugendtrauma sei reine Erfindung gewesen.)

Warum Jung Freuds Methode so vehement befürwortete, bedarf einer näheren Erklärung. Übereinstimmungen zwischen seinen eigenen Forschungsergebnissen und Freuds Erkenntnissen waren unübersehbar; doch er hätte Bleulers Beispiel folgen und sagen können, daß er sich zu manchen Thesen noch kein Urteil erlauben wolle. Statt dessen rühmte Jung ausgerechnet jenen Aspekt von Freuds Werk, der nach Freuds eigener unmißverständlicher Einschätzung noch einer gründlichen Darlegung harrte: die Methode. Dies war ein kühner Schritt, vor allem angesichts der kritischen Reaktionen auf die »Dora-Analyse«.

An dieser Stelle soll noch einmal daran erinnert werden, daß Jung sich seit seiner Kindheit innerlich gespalten fühlte. Es kam ihm so vor, als rege sich hinter der Person, die er nach außen hin verkörperte, eine völlig andere Seele. Ursprünglich hatte Jung durch das Studium okkulter Phänomene versucht, sein tieferes Selbst zu finden, das er im Geiste mit Goethe in Verbindung brachte. Nun glaubte er in Freuds Methode, insbesondere in der Traumdeutung, einen neuen Weg gefunden zu haben, um mit dieser anderen Innenwelt Kontakt aufzunehmen.

Das Unterfangen barg freilich ein großes Risiko: Jung suchte in seinem Unbewußten ein zweites Selbst oder, um es in seiner eigenen Terminologie auszudrücken, einen verschütteten »Egokomplex«. Daß es so etwas wie ein »unterbewußtes Selbst« geben könne, hatten schon vor längerer Zeit sowohl die Altmeister der französischen Psychopathologie als auch Frederic Myers und seine Anhänger von der London Society for Psychical Research vermutet, doch in Freuds Theorie fehlte dieses Element gänzlich. Statt von primärem und sekundärem Ich sprach Freud nur von Primär- und Sekundärvorgängen; bei ihm gab es kein »unterbewußtes Selbst«, sondern nur unbewußte sexuelle Wünsche.

Jungs persönliche Suche beschleunigte seine Hinwendung zur Psychoanalyse und komplizierte sie zugleich. Einen Eindruck von Jungs damaliger Situation vermittelt ein Traum aus dem Frühjahr 1906:

> Ich sah, wie Pferde an dicken Tauen in eine unbestimmte Höhe gehißt wurden. Eines derselben, ein braunes, kräftiges Pferd, das in Riemen eingeschnürt war und wie ein Paket nach oben befördert wurde, fiel mir besonders auf, als plötzlich das Seil riß und das Pferd auf die Straße hinunterstürzte. Es mußte tot sein. Sogleich sprang es aber wieder auf und galoppierte davon. Dabei bemerkte ich, daß das Pferd einen schweren Baumstamm hinter sich her schleifte und wunderte mich, daß es dennoch so schnell vorwärts kam. Offenbar war es scheu und konnte leicht ein

> Unglück anrichten. Da kam ein Reiter auf einem kleinen Pferd und ritt langsam vor dem scheuen Pferd her, das dann auch seine Gangart etwas mäßigte. Ich fürchtete aber dennoch, das Pferd werde den Reiter überrennen, als eine Droschke daherkam und im Schritt vor dem Reiter herfuhr und so das scheue Pferd in ein noch ruhigeres Tempo brachte. Ich dachte dabei, jetzt ist es gut, jetzt ist die Gefahr vorbei.[22]

Jung nahm diesen Traum in sein Buch *Über die Psychologie der Dementia praecox* auf und deutete ihn folgendermaßen: Der nicht näher bezeichnete Träumer hegt hochfahrende berufliche Ambitionen und plant eine seiner Karriere möglicherweise sehr förderliche Amerikareise, doch er wird von dem Vorhaben durch die Schwangerschaft seiner Frau abgehalten. Das Pferd steht für den Träumer, der zum Gipfel seiner beruflichen Laufbahn hinaufbefördert werden soll, es aber vorzieht, auf eigene Faust davonzugaloppieren. Der Baumstamm erklärt sich angeblich aus der Verwandtschaft des Wortes mit einem einstigen Spitznamen des Träumers: Man hatte ihn früher wegen seiner kräftigen, stämmigen Gestalt »Baum« genannt. Das Pferd mit dem kleinen Reiter ist ein Bild für seine schwangere Frau, und die Droschke voller Kinder steht für zahlreichen künftigen Familienzuwachs. Auf einer tieferen Ebene gedeutet, hieß der Traum für Jung, daß die »Frage der zu vielen Kinder« das sexuelle Ungestüm des Träumers zügelt.[23]

In zwei Briefen an Freud erwähnte Jung später einige in seinem Buch weggelassene Bruchstücke des Traumes.[24] Der Baumstamm ist, wie zu vermuten, ein Penissymbol; und der Wunsch nach sexueller Zurückhaltung ist »bloß eine zunächstliegende Vorschiebung; im Hintergrund ruht ein illegitimer Sexualwunsch, der besser das Tageslicht nicht erblickt«.[25] Jung teilte Freud allerdings nicht mit, wer das unbekannte Objekt dieses illegitimen Sexualwunsches war. Im selben Buch findet sich überdies eine Geschichte über Sabina Spielrein; sie stammt vermutlich ebenfalls aus der ersten Hälfte des Jahres 1906:

> Eine junge Dame kann es nicht ertragen, daß ihr Mantel ausgeklopft wird. Diese auffallende Reaktion ist darauf zurückzuführen, daß sie masochistische Veranlagung hat, die dadurch entstanden ist, daß ihr Vater sie in der Kindheit häufig a posteriori gezüchtigt hat, wodurch sexuelle Reizzustände ausgelöst wurden. Sie muß darum auf alles, was nur ganz entfernt wie Züchtigung aussieht, mit einer förmlichen Wut reagieren, die rasch in se-

> xuelle Erregung und Masturbation übergeht. Als ich ihr einmal bei einem ziemlich indifferenten Anlaß sagte »Sie müssen eben gehorchen«, geriet sie in eine starke sexuelle Erregung.[26]

Man ist versucht anzunehmen, daß Sabina Spielrein das Objekt von Jungs »illegitimem Wunsch« war; dafür spricht, daß die Sexualität offenbar für beide eine Kraft war, die, einmal entfesselt, kaum noch kontrolliert werden konnte. Für Sabina Spielrein war Sexualität mit Wut und masochistischer Erregung verknüpft, für Jung wurde sie von einem außer Kontrolle geratenen Pferd symbolisiert.

Der letzte Punkt verdient möglicherweise besondere Beachtung. Jungs Traum offenbart weniger einen Sexualwunsch als einen panikähnlichen Zustand: Das Pferd wird von dem Baumstamm-Penis gejagt und braucht Beruhigung von allen Seiten. Wovor hatte Jung Angst? Vor einem Ehebruch, vielleicht mit Sabina Spielrein? Sicherlich nicht. Zürich war zwar nicht Paris, aber doch eine europäische Großstadt, und man wußte, wie man eine Affäre diskret handhabte. (Forels Buch *Die sexuelle Frage* ergäbe überhaupt keinen Sinn, sähe man im Calvinismus der Schweizer die einzige Erklärung für ihre sexuellen Gepflogenheiten.) Hätte Jung lediglich eine Affäre haben wollen, dann hätte sich das sicher bewerkstelligen lassen, auch wenn eine solche Beziehung in der klösterlichen Atmosphäre des Burghölzli möglicherweise Verdacht erregt hätte.

Kommen wir also auf Jungs persönliche Suche zurück. Um die Zeit dieses Traums bemühte er sich herauszufinden, was Freuds Sexualtheorie für seine eigene Identität bedeutete. Die Traumanalyse war daher mehr als nur ein gedankliches Experiment zum Zwecke theoretischer Erkenntnis, ihr lag auch eine ganz persönliche Neugier zugrunde. Die Sexualität war die einzige Sphäre, in der Jung nicht nach seiner »Persönlichkeit Nr. 2« suchen konnte; sie war ein euphorischer Rausch, und das individuelle Ich spielte dabei keine Rolle. Jungs Umgang mit dem Traum läßt erkennen, wie sehr ihn Freud und dessen Theorien damals beschäftigten. Zunächst wandte er sich mit einer explizit sexuellen Deutung des Traumes an Bleuler, und Bleuler ersuchte ihn, von einer Veröffentlichung abzusehen. Doch Jung war nicht bereit, Bleulers Wunsch zu befolgen. Anschließend diktierte er den Traum und eine neue Deutung seiner Frau, so kam die gemäßigte, später veröffentlichte Version zustande. Sein Verhalten entsprach gewissermaßen einer Neuinszenierung des ersten und des dritten Traumsegments: Zuerst befreit er sich von der Einschränkung, zum Schluß kehrt er dorthin zurück. Nun harrte noch das mittlere Segment einer Neuinszenierung. Diesen Schritt vollzog er im April 1906 mit seinem Brief an Freud. Die Gefahr, in Panik zu geraten, wurde vorübergehend zur Seite geschoben, das Pferd galoppierte los.

Die Kontaktaufnahme

Zusammen mit seinem Brief, der leider nicht mehr erhalten ist, schickte Jung Freud ein Exemplar seines soeben veröffentlichten Buches über das Assoziationsexperiment. Freud antwortete am 11. April 1906:

> Wärmsten Dank für die Zusendung Ihrer »Diagnostischen Assoziationsstudien«, die ich aus Ungeduld bereits in meinen Besitz gebracht hatte. Ihre letzte Arbeit, »Psychoanalyse und Assoziationsexperiment«, hat mich natürlich am meisten erfreut, da Sie, auf Erfahrung sich stützend, dafür eingetreten sind, daß ich nichts anderes als Wahres aus den bisher nicht betretenen Gebieten unserer Disziplin berichtet habe. Ich rechne mit Zuversicht darauf, daß Sie noch oftmals in die Lage kommen werden, mich zu bestätigen, und werde mich auch gerne korrigiert finden.[27]

Freuds Formulierung, Jungs Arbeit bestätige, daß er »nichts anderes als Wahres« geschrieben habe, läßt sich zum Teil damit entschuldigen, daß Jung kritische Punkte aus Höflichkeit vermieden hatte. Tatsächlich ist diese Arbeit die einzige der ganzen Sammlung, in der Freuds Verdrängungskonzept nicht nur in einer Fußnote erwähnt, sondern im Text ausführlich als eine Pionierleistung gewürdigt wird.

Bezeichnenderweise geht Freud nicht näher darauf ein, warum er es so eilig gehabt hat, das Buch in die Hand zu bekommen. Man hatte ihn aufgefordert, vor einem Kriminologieseminar für Jurastudenten ein Referat über das Assoziationsexperiment zu halten, und er wollte die Gelegenheit nutzen, um seine eigene Methode zu verteidigen und aufzuzeigen, daß sie dem Assoziationsexperiment überlegen war. Da er sein Referat jedoch erst im Juni vortrug, hatte er genügend Zeit, die Bedeutung von Jungs unerwartetem Geschenk abzuwägen, so daß der Ton der später veröffentlichten Version vielleicht etwas milder ausfiel als ursprünglich beabsichtigt. Freud begann seinen Vortrag mit der Mitteilung, daß »ein ganz analoges Aufdekkungsverfahren«[28] bereits seit langer Zeit praktiziert werde, nämlich die Psychoanalyse. Dann ging er auf Jungs Schrift »Die psychologische Diagnose des Tatbestandes« ein und erklärte, daß drei der vier von der Züricher Schule aufgestellten Kriterien zur »Komplexnachweisung« in seiner Technik ebenfalls enthalten seien. Der vierte Nachweis, die »Perseveration«, sei für ihn hingegen irrelevant, da er die Patienten lange genug bei einem problematischen Thema verweilen lasse, anstatt ihnen sogleich das nächste Reizwort aufzudrängen. Während Freud behauptete, seine Methode sei dem Wort-Assoziationsexperiment überlegen, argumentierte Jung, es könne »zur Erleichterung und Abkürzung der Freudschen Psychoanalyse dienen«; jeder gab den eigenen Ideen den Vorrang. Trotz Jungs Begeisterung war die Beziehung zu Freud von Anfang an von einer gewissen Rivalität geprägt – umgekehrt galt das gleiche.

Jung wußte nichts von Freuds Vortrag, und mit der Antwort auf Freuds Dankesschreiben ließ er sich erst einmal Zeit. Vorrang hatte die schwierige Aufgabe, sein Buch *Über die Psychologie der Dementia praecox* endlich fertigzustellen. A. A. Brill sagte später darüber, es enthalte alles Wichtige, was bisher zu diesem Syndrom geschrieben worden sei. Im ersten Teil gibt Jung einen umfassenden Überblick über alle bislang aufgestellten psychologischen Theorien. Der zweite Teil besteht aus einer Falldarstellung, er analysiert die durch Assoziationstests ermittelten Komplexe einer Patientin mit chronischer Dementia praecox. Jung zeigt auf, daß selbst sehr bruchstückhafte Wahnideen auf bestimmte affektive Konstellationen zurückzuführen sind. Vor der Wirklichkeit kann der psychotische Patient sich unter Umständen verstecken, nicht aber vor seinen Komplexen, die am starken Gefühlston der Wahnideen weiterhin erkennbar bleiben.

Der Name Freud taucht immer wieder im Text auf. Unter den von Jung in seinem Literaturüberblick genannten wichtigen Forschungsbeiträgen zum Thema Dementia praecox findet sich unter anderem Freuds Fallstudie aus dem Jahr 1896 über eine paranoide Patientin. Besonders gelobt wird die »Aliquis«-Episode aus Freuds Schrift *Zur Psychopathologie des Alltagslebens*, in der es darum geht, daß eine Gedächtnislücke eine verbotene Affäre verrät. Jung zitiert zahlreiche Autoritäten – viel Beachtung schenkt er zum Beispiel Otto Groß –, doch seine ganz besondere Verehrung gilt eindeutig Freud. Ihm räumt er in seinem im Juli 1906 verfaßten Vorwort den wichtigsten Platz ein:

> Ich kann versichern, daß ich mir von Anfang an natürlich alle diejenigen Einwände gemacht habe, welche in der Literatur gegen Freud vorgebracht werden. Ich sagte mir aber, daß Freud nur widerlegen könne, wer selber die psychoanalytische Methode vielfach angewendet hat und wirklich so forscht, wie Freud forscht, das heißt das tägliche Leben, die Hysterie und den Traum von *seinem* Standpunkt aus lange und geduldig betrachtet. [...] Die Gerechtigkeit gegenüber Freud bedeutet nicht, wie viele fürchten, eine bedingungslose Unterwerfung unter ein Dogma; man kann dabei sehr wohl ein unabhängiges Urteil sich bewahren. Wenn ich zum Beispiel Komplexmechanismen des Traumes und der Hysterie anerkenne, so will das noch lange nicht heißen, daß ich dem sexuellen Jugendtrauma die ausschließliche Bedeutung zuerkenne, wie Freud es anscheinend tut; ebensowenig, daß ich die Sexualität so überwiegend in den Vordergrund stelle oder ihr gar die psychologische Universalität zubillige, welche Freud postuliert – wie es scheint, unter dem Eindruck der allerdings gewaltigen Rolle, welche die Sexualität in der Psyche spielt. Was die Freudsche Therapie anbelangt, so ist sie im besten Falle eine unter den möglichen und bietet vielleicht nicht immer, was man theoretisch davon voraussetzt. Doch all dies sind Nebensachen, welche völlig verschwinden neben den psychologischen Prinzipien, deren Entdeckung Freuds größtes Verdienst ist und denen die Kritik viel zu wenig Aufmerksamkeit schenkt.[29]

Jungs Haltung ist klar: Freuds Psychologie erkennt er an, doch der Sexualtheorie steht er nach wie vor skeptisch gegenüber. Außerdem nimmt er für sich das Recht in Anspruch, beide Auffassungen zu vertreten – mit der wissenschaftlich durchaus zu rechtfertigenden Begründung, daß er diese neue Methode ungeachtet mancher Vorbehalte selbst schon praktiziert habe.

Im Juli 1906, als Jung sein Vorwort schrieb, kam Swobodas Beleidigungsklage gegen Pfennig zur Verhandlung. Der Streit zwischen Freud und Fließ beschäftigte doch noch die Richter, und was noch viel schlimmer war, die Zeitungen. Zufällig sollte Jungs Buch im Dezember 1906 erscheinen, genau in dem Monat, in dem ein Berliner Gericht in einem scharf formulierten Urteil gegen Swoboda und für Pfennig entschied. Kaum jemand zweifelte noch, daß Freud mit der Plagiatsaffäre zu tun hatte. Jung ergriff genau zur rechten Zeit Partei für Freud.

Zwei miteinander kämpfende Welten

Als nächstes beschloß Jung, gegen den lautesten Kritiker der Psychoanalyse aus den Reihen der akademischen Psychiatrie zu Felde zu ziehen: gegen Gustav Aschaffenburg, den Mann, der Riklin einst das Assoziationsexperiment beigebracht hatte und nun als Professor für Kriminologie an der Kölner Universität lehrte. Aschaffenburg hatte als erster Freud und seine Lehre in einem Vortrag vor einem offiziellen psychiatrischen Kongreß in Bausch und Bogen verurteilt und seine vernichtende Kritik anschließend auch veröffentlicht. Umgekehrt antwortete Jung als erster auf den Versuch, Freud zu demontieren, mit einer längeren Schrift zur Verteidigung der Freudschen Lehre.

Aschaffenburg war nicht nur kampflustig, sondern auch sehr scharfsichtig, seine Argumente waren durchaus stichhaltig: Freuds Art und Weise, sein Fallmaterial zu präsentieren, sei unwissenschaftlich, das gelte sowohl für die Zahl der vorgestellten Fälle als für die Behandlungsergebnisse. Indem Freud seine Patienten über einen langen Zeitraum hinweg ausgiebig zu sexuellen Dingen befrage, manipuliere er sehr wirkungsvoll ihre Assoziationen. Die intensive Beschäftigung mit den Patienten und deren unablässige Konfrontation mit einer ganz spezifischen, voller Überzeugung vertretenen ätiologischen Hypothese habe eine sehr nachhaltige und eindeutig suggestive Wirkung. Die traumatische Hysterie sei bereits erschöpfend erforscht und bedürfe keiner sexuellen Erklärung. Die negativen Auswirkungen der Masturbation, welcher Art sie im einzelnen auch sein mochten, seien nicht auf eine toxische Wirkung zurückzuführen – das war damals Freuds offizielle Auffassung –, sondern auf die begleitenden Phantasien. Wenn man für einen Traum eine plausible Erklärung gefunden habe, schließe das weitere und möglicherweise angemessenere Deutungen keineswegs aus. In einer Sprache, die an Schärfe und Deutlichkeit nichts zu wünschen übrigließ, vertrat Aschaffenburg die Auffassung, die Psychoanalyse sei nichts anderes als ein unkontrolliertes Assoziationsexperiment, ein Irrweg, der im Grund keine Beachtung verdiene; nur weil Männer wie Hellpach und Löwenfeld Freuds Theorien teilweise ernst nähmen, sei es wichtig, deren Gefahren deutlich herauszustellen.[30]

Jungs Stellungnahme, in der er Aschaffenburgs Kritik als »im allgemeinen sehr maßvoll und vorsichtig« bezeichnete,[31] wirkte nicht nur etwas halbherzig, sondern war auch von der Argumentation her nicht sehr überzeugend. Jung versuchte, Schwächen von Freuds Sexualtheorie mit dem Hinweis zu entschuldigen, daß sie rein empirischer Natur sei, und deutete sogar die Möglichkeit an, daß Freuds Fallmaterial »unter der Konstellation seiner Schriften in gewisser Hinsicht etwas einseitig geworden ist«.[32] Daher fühlte er sich berechtigt, Freuds These vom sexuellen Ursprung *jeder* Hysterie »gewiß mit dem Einverständnis des Autors« etwas abzuschwächen und statt dessen zu sagen: »Eine vorderhand unbeschränkt große Zahl von Hysteriefällen stammt aus sexueller Wurzel.«[33] Die psychoanalytische Methode verteidigte Jung erneut mit dem Argument, nur wer sie praktiziert habe, dürfe ihre Ergebnisse kritisieren.

Natürlich hatte Jung keinerlei Gewähr, daß Freud sich hinter ihn stellen und der neuen Version seiner Theorie zustimmen würde. Besonders gewagt war Jungs Behauptung, auch die von ihm vorgeschlagene Abschwächung von Freuds Kernaussage werde gewiß die »Zustimmung des Autors« finden. Es war höchste Zeit für einen weiteren Brief nach Wien. Passenden Anlaß bot ein Werk, das Freud Jung gegen Ende des Sommers seinerseits unaufgefordert zugesandt hatte: eine Sammlung seiner kurzen Schriften zur Neurosenlehre. Erstaunlicherweise waren diese überwiegend aus den späten neunziger Jahren des vorigen Jahrhunderts stammenden Aufsätze fast unüberarbeitet in Druck gegangen, dabei hatte sich seit ihrer Abfassung das Fundament von Freuds Sexualtheorie entscheidend geändert. Freud hatte die Texte einfach nur chronologisch geordnet und mit einem Vorwort versehen; darin beschrieb er die Veränderungen seines Standpunkts als Fortschritte eines aufrichtigen Wissenschaftlers, der sich einem schwierigen Thema verschrieben hatte. Nur ein früher Text fehlte in der Sammlung, die Abhandlung »Über Deckerinnerungen«. (Vermutlich hatte Freud sie vor allem deshalb nicht aufgenommen, weil der angebliche Patient niemand anderer als er selbst war. Er war inzwischen recht bekannt und fürchtete wohl, einige Leser könnten diesen Kunstgriff durchschauen. Zudem hatte er in dieser Schrift nicht ausgeschlossen, daß manche Kindheitserinnerungen in späteren Entwicklungsphasen – insbesondere während der Adoleszenz – verfälscht oder sogar erfunden werden könnten. In zweifacher Hinsicht warf die Schrift somit ernsthafte methodologische Probleme auf, und einem Stern, einem Aschaffenburg oder einem Hellpach wären sie mit Sicherheit nicht entgangen.)

Für Jung war es ein wichtiges Signal, daß Freud ihm eine Sammlung seiner früheren Schriften zukommen ließ, offenbar war Freud aufgeschlossener als Flournoy, Binet und Janet in den vergangenen Jahren. Doch das Problem seiner Erwiderung auf Aschaffenburgs Kritik war immer noch nicht bereinigt. Jungs Dankesbrief vom 5. Oktober 1906 beleuchtet sein Dilemma:

> Ich habe vor kurzem über ihre Lehre mit Aschaffenburg eine lebhafte Korrespondenz geführt und dabei obigen Standpunkt vertreten, mit dem Sie, hochverehrter Herr Professor, vielleicht nicht ganz einverstanden sind. Was ich abschätzen kann und was uns hier psychopathologisch gefördert hat, das sind Ihre psychologischen Anschauungen, während die Therapie und die Hysteriegenese bei unserm etwas spärlichen Hysteriematerial meinem Verständnis noch ziemlich fern steht; d.h., Ihre Therapie scheint mir nicht bloß auf den Affekten des Abreagierens, sondern auch auf gewissen persönlichen Rapporten zu beruhen, und die Hysteriegenese scheint mir zwar eine überwiegend, aber nicht ausschließlich sexuelle zu sein. Den gleichen Standpunkt nehme ich auch Ihrer Sexualtheorie gegenüber ein. Während Aschaffenburg ausschließlich auf diesen delikaten theoretischen Fragen herumreitet, vergißt er die Hauptsache, Ihre Psychologie, aus welcher die Psychiatrie einmal gewiß unerschöpflichen Gewinn ziehen wird. Ich hoffe, Ihnen bald ein kleines Buch zusenden zu können, in dem ich die Dementia praecox und Ihre Psychologie von Ihrem Standpunkt aus betrachte. Ich veröffentliche darin auch den ersten Fall, in dem ich Bleuler auf das Vorhandensein Ihrer Prinzipien aufmerksam machte, damals noch unter lebhaftem Widerstand seinerseits. Wie Sie wissen, ist aber Bleuler jetzt völlig bekehrt.[34]

Es dürfte Freud nicht entgangen sein, daß Jung mit Aschaffenburg in mehr Punkten übereinstimmte, als er zugab, und daß er sich darüber hinaus bereits eines Erfolges rühmte, der in Wirklichkeit noch auf sich warten ließ: Bleulers völlige Bekehrung. Offenbar pflegten die beiden leitenden Ärzte des Burghölzli keinen sehr regen Meinungsaustausch, obwohl sie im selben Gebäude lebten und arbeiteten. In seinem Antwortschreiben vom 7. Oktober 1906 ermuntert Freud seinen jungen Kollegen, den bereits eingeschlagenen Weg weiterzugehen: »Ich habe mich mit Ihrem Schreiben sehr gefreut, und die Mitteilung, daß Sie Bleuler bekehrt haben, läßt mich Ihnen besonderen Dank sagen.«[35] Dann kommt er kurz auf Jungs Vorbehalte hinsichtlich »der Sexualitätsfrage« zu sprechen und fügt hoffnungsvoll hinzu: »[Ich] verzichte aber nicht auf die Erwartung, Sie würden mir im Laufe der Jahre viel näher kommen, als Sie es jetzt für möglich halten.«[36] Der Rest des Briefes ist ein Aufruf zum Kampf: Er sehe keinen Sinn darin, sich mit den Kritikern vernünftig auseinanderzusetzen, denn »da kämpfen zwei Welten miteinander«.[37] Dann läßt Freud eine höhnische Bemerkung über Aschaffenburg einfließen, die Jung schmeicheln und ihn gleichzeitig aufstacheln sollte: »[Er] zeigt kein Verständnis für die simpelste Symbolik, von deren Bedeutung ihn Sprachforscher und Folkloristen aufklären könnten, wenn er von mir die Belehrung nicht annehmen will.«[38] Der Brief endet mit einem Postskriptum: »Meine ›Übertragung‹ dürfte die Lücke im Mechanismus der Heilung (Ihr persönlicher Rapport) ganz ausfüllen.«[39]

Die beiden Männer hatten gerade fünf Briefe ausgetauscht (drei davon sind erhalten), und schon waren einige heikle Themen aufgetaucht, denen besonders Jung möglichst auszuweichen versuchte. So vermied er in seinem nächsten Brief vom 23. Oktober 1906 eine offene Auseinandersetzung über die Themen Sexualität und Übertragung, machte allerdings folgendes Eingeständnis: »Man fühlt sich aber erschreckt durch den Positivismus Ihrer Darstellung.«[40] Jung hatte damals noch ganz andere Dinge im Kopf:

> Ein Erlebnis aus jüngster Zeit muß ich bei Ihnen abreagieren, auf die Gefahr hin, Sie zu langweilen. Ich behandle gegenwärtig eine Hysterie nach ihrer Methode. Schwerer Fall, 20-jährige russische Studentin, krank seit sechs Jahren.
>
> 1. Trauma: 3.-4. Lebensjahr. Sieht, wie der Vater ihren älteren Bruder auf den nackten Hintern schlägt. Starker Eindruck. Muß nachher denken, sie hätte dem Vater auf die Hand defäkiert. Vom 4.-7. Jahr angestrengte Versuche, sich auf die eigenen Füße zu defäkieren, folgendermaßen: Sie setzte sich mit einem untergeschlagenen Fuß auf den Boden, preßte die Ferse gegen den Anus und versuchte, zu defäkieren und zugleich die Defäkation zu hindern. Hält so mehrfach den Stuhl bis zwei Wochen lang zurück! Weiß nicht, wieso sie zu dieser sonderbaren Geschichte gekommen ist; es sei völlig triebartig gewesen, dabei ein wonniges Schauergefühl. Später wurde dieses Phänomen durch heftige Onanie abgelöst.
>
> Ich wäre Ihnen äußerst dankbar, wenn Sie mir Ihre Ansicht über diese Geschichte in wenigen Worten mitteilen würden.[41]

Jung hatte der Versuchung widerstanden, Sabina Spielrein zum Anlaß zu nehmen und schon ein Jahr früher den Kontakt zu Freud zu suchen. Doch nun, da sich ein regelmäßiger Briefwechsel anbahnte, war sie die erste Patientin, von der er Freud berichtete.

Analerotik

Das Bild, das Sabina Spielrein in Jungs Behandlungszimmer bot, unterschied sich sehr stark von dem, das ihre Tagebücher aus jener Zeit vermitteln. In ihren Tagebucheinträgen tritt sie uns als eine ernste, nüchterne junge Frau entgegen, der gesellschaftliche Veränderungen – insbesondere in ihrem heimatlichen Rußland – sehr am Herzen liegen. Das soziale Engagement schlägt sich auch in ihren Ansichten über die Psychoanalyse nieder: Die Psychoanalyse soll gesellschaftliche Fragen stärker mit einbeziehen, als größtes zukünftiges Verdienst sieht sie eine Bereicherung der Pädagogik. In Jungs Behandlungszimmer zeigte Sabina sich von einer ganz anderen Seite: als kleines Mädchen, das Hiebe mit Defäkation und beides zusammen mit sexueller Erregung verknüpft. Hier konnte sich nun das kreative Potential der neuen Methode erweisen. Die unstrukturierte Form der Sitzungen und die Bereitschaft des Therapeuten, unterschiedlichste Arten von Kindheitserinnerungen zur Sprache kommen zu lassen, machten es möglich, daß die Patienten sich auf eine ganz neue Weise mit den Wurzeln ihrer Persönlichkeit auseinandersetzen konnten.

Mit Hilfe der neuen Methode konnte man zum Kern der eigenen Persönlichkeit vordringen, doch dies setzte voraus, daß der Therapeut mit all dem neuen Material auch etwas anzufangen wußte. Aus Jungs Brief an Freud wird hingegen deutlich, daß er dem auf seiner Ferse hockenden Kleinkind Sabina Spielrein ziemlich ratlos gegenüberstand. Tatsächlich schien die Patientin Freuds Theorie besser zu begreifen als ihr Arzt. Im Juli hatte Jung in seinem Vorwort dem »sexuellen Jugendtrauma« noch ausdrücklich jene »ausschließliche Bedeutung« abgesprochen, die Freud ihm offensichtlich beimaß, doch knapp drei Monate später schilderte er Freud genau ein solches Trauma. Zudem war das zutage geförderte Fallmaterial so eindeutig analerotisch, daß der Fall Spielrein augenscheinlich die in den *Drei Abhandlungen zur Sexualtheorie* formulierte Behauptung bestätigte, die erotische Besetzung des Afterschließmuskels sei ein regulärer Bestandteil des frühkindlichen Sexualtriebs. Offenbar waren bei Sabina Spielrein im Zuge der Rückkehr ihres verdrängten Wissens über die Sexualität auch verdrängte sexuelle Erinnerungen aus der frühesten Kindheit aufgetaucht und hatten erneut eine Art Schock ausgelöst. Vielleicht hatten die Tagebücher, die sie seit ihrer frühen Jugend führte und möglicherweise erst kurz zuvor aus Rostow beschafft hatte, den Erinnerungsprozeß erheblich beschleunigt. Innerhalb von zwei Jahren arbeitete sie sich zusammen mit Jung von den Wahnvorstellungen ihrer Masturbationsphantasien zu den Wahnvorstellungen ihrer verdrängten Kindheitserinnerungen vor.

Der Ton von Jungs Brief läßt vermuten, daß ihn das Fallmaterial weit mehr beunruhigte als die Patientin selbst. Wahrscheinlich ahnte Sabina Spielrein gar nicht, was für eine empfindliche Stelle sie bei Jung berührt hatte. Es sei nur daran erinnert, daß ein zentrales Ereignis in Jungs Kindheit die folgende Vision war: Vor seinem geistigen Auge sah er, wie das Basler Münster von einem ungeheuren Exkrement zerschmettert wurde; es war von einem Thron gefallen, auf dem, hoch über der Welt, Gott saß. Diese Vision, die mit einem Gefühl des Frevels, der Gnade und der »unbeschreiblichen Erlösung« einherging,[42] verlieh Jung damals den Mut, der Religiosität seines Vaters die Stirn zu bieten. Nun hatte es allerdings den Anschein, als hätte er einen Aspekt der Vision übersehen: Wenn es so etwas wie eine infantile Analerotik gab – dafür sprach der Fall Spielrein –, dann mußte er seine Vision unter diesem Aspekt noch einmal völlig neu überdenken.

Möglicherweise lagen die Dinge in Wirklichkeit sogar noch schlimmer, als Jung sie Freud darstellte. Denn die Tagebücher von Sabina Spielrein offenbaren nicht nur ihre Masturbation durch Zurückhalten des Stuhls, sondern auch ihren ausdrücklichen Wunsch, selbst der Schöpfer zu sein und als solcher die Welt oder zumindest ihre einzelnen Bestandteile auf alchimistischem Wege neu zu schaffen. Weiterhin berichtet sie darin von einem seltsamen Spiel, das sie zuerst mit ihrem Onkel und dann mit ihrem Bruder gespielt habe: Ihrem Onkel gegenüber nahm sie die Rolle der furchtsamen Gläubigen ein, ihrem Bruder gegenüber die Rolle Gottes. Kurzum, in ihren Symptomen manifestierte sich nicht nur die infantile Sexualität, sondern auch eine gotteslästerliche Erotik. Die Deutungsmöglichkeiten mußten Jung zutiefst erschrecken: Vielleicht bestand zwischen ihren und seinen wahnhaften Vorstellungen ein direkter Zusammenhang. Aus Selbstschutz schrieb er Freud nur das, was dessen knappe Äußerungen zur Analerotik in den *Drei Abhandlungen zur Sexualtheorie* zu bestätigen schien.

Freud war über das Material wahrscheinlich nicht so bestürzt wie Jung, aber sicherlich sehr überrascht. Den ungezwungenen Briefwechsel mit dem jungen Löwen vom Burghölzli hatte er bislang unterhaltsam gefunden. Jung war offensichtlich ein talentierter, wenn auch vielleicht nicht ganz ehrlicher Bursche und verfolgte anscheinend eine bestimmte Ansicht, über die Freud sich allerdings noch nicht so recht im klaren war. Ganz gewiß hatte Freud nicht erwartet, daß Jung plötzlich mit dieser Art von Fallmaterial aufwarten würde. Freuds Theorie der Analerotik beschränkte sich bislang auf die kurzen Passagen in den *Drei Abhandlungen zur Sexualtheorie.* Er hatte zwar die Behauptung aufgestellt, verdrängte analerotische Impulse hätten Einfluß auf die Charakterentwicklung im Erwachsenenalter, doch er hatte noch keinerlei Fallmaterial zu dem Thema veröffentlicht. Tatsächlich gibt es keinen Anhaltspunkt, daß er zu jener Zeit überhaupt schon über entsprechendes Fallmaterial verfügte.

Freuds nächster Brief vom 27. Oktober 1906 ist herzlicher als alle früheren. Zunächst dankt er Jung für den Sonderdruck seiner Schrift »Assoziation, Traum und hysterisches Symptom«: »Sie waren wirklich nicht sehr zurückhaltend, auch scheint Ihnen die ›Übertragung‹, der Hauptbeweis für die sexuelle Natur der Triebkraft des Ganzen, deutlich genug entgegengetreten zu sein.«[43] In seinem anschließenden Kommentar zu Jungs Fallgeschichte verwendet er bewußt einige Jungsche Begriffe:

> An Ihrer Russin ist erfreulich, daß es eine Studentin ist; ungebildete Personen sind für uns derzeit allzu undurchsichtig. Die berichtete Defäkationsgeschichte ist hübsch, nicht ohne zahlreiche Analogien. Sie erinnern sich vielleicht aus meiner *Sexualtheorie* an die Behauptung, daß Zurückhaltung der faeces schon vom Säugling als Lusterwerbsquelle ausgenützt wird. Das 3.-4. Jahr ist die bedeutsamste Periode für die später pathogenen Sexualbetätigungen (ebendaselbst). Der Anblick des geschlagenen Bruders weckt eine Erinnerungsspur aus dem 1.-2. Jahr oder eine dahin versetzte Phantasie. Es ist nichts Seltenes, daß kleine Kinder die Hand dessen, der sie trägt, beschmutzen. Warum soll ihr das nicht so passiert sein? Damit wacht also ihre Erinnerung an die Zärtlichkeiten des Vaters in ihrer frühen Kindheit auf. Infantile Fixierung der Libido auf den Vater, der typische Fall, als Objektwahl; analer Autoerotismus. Die dann von ihr gewählte Stellung muß sich ins Einzelne auflösen lassen, scheint noch aus anderen Momenten zusammengesetzt. Welchen? Die Analerregung muß sich dann in den Symptomen als Triebkraft erkennen lassen; selbst im Charakter. Solche Leute zeigen häufig typische Kombinationen gewisser Charakterzüge. Sie sind sehr ordentlich, geizig und trotzig, was sozusagen die Sublimierungen der Analerotik sind. Fälle wie dieser, auf verdrängter Perversion beruhend, sind besonders schön zu durchschauen.[44]

Dieser Brief ist das erste bekannte Dokument, in dem Freud auf einen Zusammenhang zwischen der infantilen Analerotik und dem Analcharakter hinweist – allerdings so lakonisch, als sei das bereits ein alter Hut. Seine Beschreibung des Analcharakters paßt indes ganz und gar nicht auf Sabina Spielrein; nicht einmal, wenn man berücksichtigt, daß Jung ihm die Sache mit Gott und der Alchimie verschwiegen hatte. Sabina Spielrein war auf eine konflikthafte Art masochistisch. Die Zärtlichkeiten, die sie von ihrem Vater ersehnte und zugleich nicht wollte, waren Schläge. Auffällig ist ihr ausgeprägter Idealismus, den sie nun ganz auf Jung richtete, den Menschen, der ihr aus dem anal-sexuellen Sumpf heraushelfen würde. Sie war sehr aufgeweckt und kreativ, aber mit den Anforderungen des Lebens hatte sie Schwierigkeiten. Mit anderen Worten: Sie war nicht zwanghaft, sondern hysterisch; nicht zurückhaltend oder beherrscht, sondern unruhig und sprunghaft; nicht praktisch, sondern eher mystisch veranlagt; außerdem war sie weder Deutsche noch Österreicherin, noch Schweizerin, sondern Russin. Es war zwar eine großzügige Geste Freuds, daß er Jung seine unveröffentlichten Gedanken über den Analcharakter mitteilte, doch auf Jungs schwierige, aber liebenswerte junge Patientin traf seine Analyse nicht zu. Jung ließ das Thema fallen und erwähnte Sabina Spielrein in den folgenden acht Monaten nicht mehr.

Der Briefwechsel zwischen Freud und Jung ging freilich weiter. Jung fragte Freud brieflich um Rat; er war wohl der erste Therapeut, der gewissermaßen um eine analytische Supervision bat. Freuds Antwortbriefe zeigen, daß eine solche briefliche Zusammenarbeit durchaus möglich war. Freuds Autorität blieb unangefochten, auch wenn er den Fall, der Jung am meisten interessierte, vollkommen falsch beurteilt hatte. In den Briefen der nächsten zweieinhalb Monate führten die beiden Männer eine intensive und angeregte Debatte über gewisse Ähnlichkeiten der Dementia praecox mit der Hysterie und den Zusammenhang beider Erkrankungen mit einem Phänomen, das Jung den »Arterhaltungstrieb« nannte. Neben seinen Briefen schickte Jung Freud auch seine Schrift »Die Hysterielehre Freuds: Eine Erwiderung auf die Aschaffenburgsche Kritik« und sein Buch *Über die Psychologie der Dementia praecox*. Er wollte eventuelle Unstimmigkeiten endlich aus dem Weg räumen und brauchte Freuds schriftliche Zustimmung zu seiner Darstellung der Freudschen Lehre, die trotz ihres leidenschaftlichen Tons in entscheidenden Punkten nicht eindeutig war. Aus Jungs Interpretation des Pferdetraums, den er in seinem Buch über die Dementia praecox erwähnt, spricht Verlegenheit.

Freud merkte sofort, daß Jung einen eigenen Traum geschildert und die sexuelle Symbolik kaum erläutert hatte, und Jung mußte sich immer wieder aufs neue erklären. In diesen frühen Briefen beharrte Freud stets geduldig auf der Schlüssigkeit seiner Ideen und seiner Terminologie.

In dem angestrengten Bemühen, Freuds Interesse und wenn möglich Freundschaft zu gewinnen, war Jung sogar zu großen Abstrichen bei seiner eigenen Terminologie bereit. Zwar gelang es ihm, Freud so sehr für sich einzunehmen, daß Freud ihn im kommenden Frühjahr nach Wien einlud, doch der Preis dafür war, daß er weitgehend auf seinen eigenen Standpunkt verzichtet und Freuds »Positivismus« allzuschnell nachgegeben hatte. Vor allem bestand Jung nicht länger auf der Unterscheidung von »Rapport« und »Übertragung«, so daß Freud sich die Freiheit herausnehmen konnte, die beiden Begriffe gleichzusetzen:

> Ihnen wird es nicht entgangen sein, daß unsere Heilungen durch die Fixierung einer im Unbewußten regierenden Libido zustande kommen (Übertragung), die einem nun bei der Hysterie am sichersten entgegenkommt. Diese gibt die Triebkraft zur Auffassung und Übersetzung des Unbewußten her; wo diese sich weigert, nimmt sich der Patient nicht diese Mühe oder hört nicht zu, wenn wir ihm die von uns gefundene Übersetzung vorlegen. Es ist eigentlich eine Heilung durch Liebe. In der Übertragung liegt dann auch der stärkste, der einzig unangreifbare Beweis für die Abhängigkeit der Neurosen vom Liebesleben.[45]

Bis dahin hatte Jung die Frage beschäftigt, wie er mit Hilfe des »Rapports« die krankmachenden Komplexe seiner ambulanten Patienten durch »neue Komplexe« ersetzen konnte. Wenn er Freuds im Dezember 1906 ausgesprochene Einladung zu einem Besuch in Wien annehmen wollte, dann mußte er sich eine sexuelle Neudefinition des »Rapports« überlegen, die sowohl auf seine Patienten wie auch auf ihn selbst zutraf.

Der Stern-Komplex

Im Januar versprach Jung Ludwig Binswanger, sich als Versuchsperson für eine Reihe von Experimenten zur Verfügung zu stellen, auf die der junge Kollege seine medizinische Dissertation aufbauen wollte. Es handelte sich um Wortassoziationstests unter Einsatz eines Elektrogalvanometers. Dabei wurde offenkundig, daß Sabina Spielrein Jung nach wie vor sehr beschäftigte.

Doch zunächst ein paar Worte zu Ludwig Binswanger, dem wohl brillantesten Kopf jener Gruppe hochtalentierter Assistenzärzte, die damals am Burghölzli arbeiteten. In Binswangers Familie gab es etliche hochangesehene und recht fortschrittliche Psychiater; dieser Beruf war bei den Binswangers regelrecht Familientradition. Der Vater leitete das bekannte Kreuzlinger Familiensanatorium Bellevue, wo sich einst »Anna O.« nach ihrer ersten kathartischen »Kur« zur Erholung aufgehalten hatte. Ludwigs Onkel Otto Binswanger hatte als Professor für Psychiatrie in Jena Nietzsche in dessen letzten Lebensjahren behandelt und war eine anerkannte Kapazität auf vielen Gebieten, unter anderem auch auf dem Gebiet der Hysterie. Daß der Sproß dieser angesehenen Familie seine Ausbildung nicht in der näher gelegenen Klinik von Kraepelin in München beendete, sondern im Burghölzli, zeigt, welch großes Ansehen die Züricher Klinik inzwischen genoß. Und daß Jung sich einem Mann mit einer so illustren Verwandtschaft freiwillig als Versuchsperson für Experimente zur Verfügung stellte und ihm damit Einblick in sein eigenes Privatleben gewährte, läßt auf ein gutes Verhältnis zwischen ihnen schließen.

In seinem später veröffentlichten Bericht über Jungs Assoziationen diagnostizierte Binswanger nicht weniger als elf verschiedene Komplexe. Der wichtigste davon, der die meisten gestörten Reaktionen hervorgerufen hatte, war der sogenannte »Goethe-Komplex« – zu dem sich Binswanger allerdings nicht weiter äußerte –, gefolgt von einem »philosophischen Komplex«, einem »Reisekomplex«, dem Wunsch nach einem Sohn, Erinnerungen an den Tod seines Vaters, gewissen hypochondrischen Ideen hinsichtlich des eigenen Todes, Unzufriedenheit mit dem Klinikleben und einem »Reue-Komplex«. Dieser »Reue-Komplex« hatte nach Sabina Spielreins Aussagen etwas mit ihrer Person zu tun, obwohl er auch noch mit einer Reihe anderer Komplexe verknüpft war, insbesondere mit dem Wunsch nach einem Sohn sowie mit dem Wunsch, das Burghölzli zu verlassen.

Binswangers Bericht über Jungs Reaktionen ist für den Historiker eine Art psychologisches Labyrinth. Natürlich wird der Name der Versuchsperson nirgendwo genannt, doch weist Binswanger mehrfach auf Jungs Autorität in bezug auf das Assoziationsexperiment hin. So ist in dieser Schrift gewissermaßen von zwei verschiedenen Personen die Rede. Die Doppelung, bei der eine Person über die andere reflektiert, offenbart sich auch in Jungs Antworten. So reagiert er zum Beispiel auf fünf verschiedene Reizwörter (»Anstand«, »Geld«, »Kind«, »Ruhm«, »Familie«) mit der Antwort »haben«. Auf den ersten Blick wirken Jungs Antworten wie eine fast schon gelangweilte Selbstbeschreibung, denn er hatte bereits Geld, Kinder (zwei Töchter), Ruhm, eine Familie und Anstand (im Gegensatz zu Sabina Spielrein, die zu jener Zeit immer noch wie eine Bäuerin herumlief). Doch wie Binswanger in seiner Abhandlung völlig richtig feststellt, war die fünffache Wiederholung derselben Antwort eine Perseveration, die auf einen Komplex hindeutete. Tatsächlich hatte sich Jung, der mit dem Assoziationsexperiment bestens vertraut war, einen sehr aufschlußreichen, bitteren Witz geleistet. Alles, was die fünf Reizwörter benannten, besaß er bereits, doch ihn beschäftigte darüber hinaus etwas ganz anderes.

Über die genaue Bedeutung jener Antworten, die direkt mit Sabina Spielrein zusammenhängen, schweigt Binswanger sich aus. In einigen geht es offensichtlich um ihren Hang zum Masochismus, zum Beispiel in der Assoziation »drohen – schlagen«; wieder andere beziehen sich vermutlich auf ihre dickköpfige Art und auf Jungs Schwierigkeiten, ihr gegenüber freundlich zu sein und gleichzeitig die nötige Distanz zu wahren. Die einzige vollkommen unmißverständliche Reaktion ist die Assoziation »Reue – Treue«: Jung bedauerte seine Treue zu seiner Ehefrau.[46] Als Sabina Spielrein Binswangers Bericht neun oder zehn Monate später zu lesen bekam, sprang ihr noch eine andere Assoziation ins Auge, die Binswanger nicht weiter aufgefallen war: Auf »Kind – haben« folgt »Hut – aufsetzen«[47]– offenbar eine Anspielung auf empfängnisverhütende Maßnahmen. Abgesehen von diesen Deutungen, erfährt der Leser des Berichts lediglich, daß Jung zu jener Zeit von Sabina Spielrein träumte und die Befürchtung hegte, sie könnte ihn auf eine nicht näher beschriebene Weise verleumdet haben.

Ausführlich geht Binswanger auf Jungs Wunsch nach einem Sohn ein. Die Assoziation »Geschlecht – Bestimmung« war direkt mit diesem Komplex in Zusammenhang zu bringen, während die Assoziation »Kasten – Bett« sich auf die gegenwärtige Schwangerschaft seiner Frau bezog. (Das letztere Assoziationspaar taucht auch in ihrem Protokoll in der Schrift über die »Reaktionszeit« auf.) Zwei weitere auffällige Assoziationspaare sind »Wand – Stern« und »Stern – Haus«. Die Aufklärung des zweiten ist Binswangers Spürsinn zu verdanken. Die erste Antwort hatte ihn so überrascht, daß er das Wort »Stern« anschließend noch einmal als spontanes Reizwort einschob, um zu sehen, wie Jung darauf reagieren würde; hier wird die Kombination des Assoziationsexperiments mit der Psychoanalyse besonders deutlich. In der Befragung nach den Tests äußerte Jung am Ende einer Reihe von Klangassoziationen zum »S-Laut« den Begriff »Stern von Bethlehem« und den Gedanken »Uns ist ein Sohn geboren«.

An dieser Stelle ließ Binswanger etwas aus. Er erwähnt zwar, daß er das Wort »Stern« in einem vorangegangenen Assoziationsexperiment als Antwort erhalten hat (angeblich von der Schwägerin des Probanden im Verlaufe eines Tests während ihrer Verlobungszeit), verschweigt aber, daß es sich dabei um eine Assoziation Jungs handelt, die zuvor schon als Reaktion der Versuchsperson Nr. 19 in der Abhandlung über »die Assoziationen Gesunder« aufgelistet wurde. Damals hatte Jungs Komplex, der sich in auffallend gestörten Reaktionen auf das Reizwort »Stern« äußerte, etwas mit einem jüdischen Mädchen zu tun gehabt, das in der Schrift mit dem Pseudonym »Alice Stern« bezeichnet wurde. Nun war das Wort wieder aufgetaucht, und Jung wie Binswanger wußten, daß die Geschichte sich wiederholte.

An späterer Stelle in seiner Abhandlung kommt Binswanger noch einmal auf Jungs Assoziationen zum »S-Laut« zurück und fügt zur Veranschaulichung der hier wirksamen Assoziationsmechanismen noch fünf Antworten einer weiteren Versuchsperson an, bei der es sich ganz zufällig um eine nicht näher beschriebene »weibliche Studentin« handelt. Von ihr stammen die folgenden Assoziationspaare:

11.	jung	alt
12.	fragen	Antwort
13.	Staat	Rußland
14.	trotzig	Kopf
15.	Stengel	Engel[48]

Beim Assoziationspaar »jung (Jung) – alt« war die Reaktionszeit ungewöhnlich lang (vierundzwanzig Sekunden) und der Ausschlag auf dem Galvanometer besonders stark. Doch Binswanger sagt dazu nur: »In Reaktion 11 waren zwei starke Komplexe angeregt, deren Inhalt für die Versuchsperson von großer Wichtigkeit war und noch ist.«[49] Auch beim nächsten Paar »fragen – Antwort« waren eine lange Reaktionszeit und ein hoher Meßwert zu verzeichnen, was Binswanger jedoch mit den Ängsten der Studentin vor einer bevorstehenden Prüfung erklärt. Am Schluß seiner sehr kurzen und allgemein gehaltenen Ausführungen zu ihren weiteren Reaktionen verweist Binswanger den Leser dann abrupt auf eine der zuvor zitierten Antworten Jungs, und zwar auf seine Assoziation »scheiden – meiden«.

Über das Wort-Assoziationsexperiment ist viel geschrieben worden. Dies ist die einzige Passage, von der die Historiker mit einiger Sicherheit wissen, daß sie von Sabina Spielrein handelt. Doch verrät sie weniger, als man sich wünschen würde, denn abgesehen von der aufschlußreichen Gegenüberstellung von Jungs und Spielreins Assoziationen übt sich Binswanger in Diskretion.

Freud taucht in Binswangers Bericht ebenfalls auf. In der ersten Januarwoche nahm Jung Freuds Einladung an, ihn im Frühjahr in Wien zu besuchen. (Ende Februar legten die beiden Männer den Termin fest.) Binswangers erstes Assoziationsexperiment ergab, daß sich bei Jung gerade ein neuer Komplex herausbildete – der »Wien-Komplex«:

98.	Wien	Paris
100.	bald	ja

> [Die Versuchsperson] hat eine Reise nach Wien im Sinne, sobald die Ferien begonnen haben. Er kann sie kaum erwarten. [...] Hat überhaupt das Gefühl: »Es wird jetzt bald etwas geschehen.« Der starke Ausschlag deutet darauf hin, wie groß das Bedürfnis der Versuchsperson nach neuen »Sensationen« ist.[50]

Der Abgesandte

Freud hatte sich seine Einladung offensichtlich sorgfältig überlegt. Am 31. Oktober 1906 berichtete er vor der »Psychologischen Mittwoch-Gesellschaft« (jener Diskussionsrunde, die sich jeden Mittwochabend in seinem Wartezimmer traf) über Jungs Schrift »Assoziation, Traum und hysterisches Symptom«. Am selben Abend stellte ein Mitglied der Runde, Eduard Hitschmann, Bleulers neues Werk *Affektivität, Suggestibilität, Paranoia* vor, in dem wiederholt Freuds Theorien zitiert wurden. An der anschließenden Diskussion beteiligte Freud sich kaum. Er hob nur »die Halbheit in Bleulers Anhängerschaft hervor (so stehe er dem Sexuellen verständnislos gegenüber)«.[51] Am 28. November 1906 las Freud im selben Kreis Jungs Brief vom 26. November vor und teilte seinen Kollegen mit, daß Jung öffentlich zu Aschaffenburgs Vorwürfen Stellung genommen habe. Ab dem 12. Dezember fielen einige Treffen der Mittwoch-Gesellschaft aus. So fand Freud genug Zeit, neben anderen Schriften (zum Beispiel dem Urteil des Berliner Gerichts gegen Swoboda) auch Jungs Buch über die Dementia praecox zu lesen und Jung nach Wien einzuladen.

Am 23. Januar 1907, zwei Wochen nachdem Jung sein Einverständnis signalisiert hatte, setzte die Mittwoch-Gesellschaft ihre regelmäßigen Treffen fort. Der erste Kollege vom Burghölzli, der nach Wien fuhr, war allerdings nicht Jung, sondern Max Eitingon, ein wohlhabender, unabhängiger und als Frauenheld bekannter Jude. Warum Bleuler gerade ihn nach Wien entsandte, ist nicht bekannt. Vielleicht hatte Eitingon angeboten, die Kosten der Reise selbst zu übernehmen. Jedenfalls geht aus den Protokollen der Mittwoch-Gesellschaft hervor, daß Max Eitingon am 23. und am 30. Januar im Auftrag Bleulers als offizieller Gast an ihren abendlichen Versammlungen teilnahm. Bleuler hatte ihn mit einem Katalog von Fragen losgeschickt, die er zur Diskussion stellen sollte. Die Runde behandelte den Gast jedoch ziemlich unhöflich. Ranks Protokollen zufolge scheute Freud sich nicht, sein Befremden über eine Frage zu den nichtsexuellen Aspekten der Neurosen offen zum Ausdruck zu bringen:

> Die sexuelle Komponente des psychischen Lebens hat auf die Verursachung der Neurosen mehr Einfluß als alle anderen Momente; beweisen läßt sich diese Behauptung nur so weit, als sich überhaupt Psychologisches beweisen läßt. Aus Herrn Eitingons Frage spreche die, wie es scheine, noch immer von den Zürichern aufrechterhaltene theoretische Leugnung der sexuellen Ätiologie der Neurosen.[52]

Doch man erörterte auch noch andere Themen. So fragte Eitingon zum Beispiel, »ob es bei den Juden mehr Neurosen gebe«. (Darauf antworten die meisten Herren mit: »Ja.«[53]) Eitingon brachte auch Jungs Idee zur Sprache, einen schädigenden Komplex durch einen neuen zu ersetzen. Freud ging auf diese Frage überhaupt nicht ein, sondern hielt statt dessen einen ausführlichen Vortrag über die Übertragung, in dem er ein weiteres Mal sein Bonmot wiederholte: »Unsere Heilungen sind Liebesheilungen.«[54] Jungs Theorie, daß die Komplexe der Dementia praecox mit einem ganz spezifischen Toxin in Verbindung zu bringen seien, fand in Freuds Augen ebenfalls keine Gnade.[55] Adler hingegen konnte sich den Ersatz eines Komplexes durch einen anderen zwar vorstellen, allerdings nur in der Form, »daß man der neurotischen Ausgestaltung des Trieblebens einen anderen Ausweg schafft (etwa zur Malerei, Musik, Psychologie)«.[56] Hellpachs Behauptung, die soziale Herkunft des Patienten spiele eine wichtige Rolle, wurde auch an diesen beiden Abenden diskutiert. Wien und Zürich waren zwar nicht gerade »zwei miteinander kämpfende Welten«, doch die Wiener waren sehr mit sich selbst beschäftigt und kamen überhaupt nicht auf den Gedanken, daß sie von ihrem Besucher vielleicht etwas lernen könnten. Es scheint eher, als hätten sie von ihm den Eindruck gewonnen, er sei unbelehrbar. Eitingon ließ sich nicht einschüchtern; ein Redner mußte sich anhören, er ergehe sich in Allgemeinplätzen, einem anderen warf Eitingon vor, er benutze die Sexualtheorie als Allzweckerklärung. Zu Adler sagte er, vieles an seinen Ausführungen sei ihm »unverständlich und unklar« geblieben.[57]

Das Ganze war ein wohldurchdachter Seitenhieb auf Bleuler. An beiden Abenden war man nicht ein einziges Mal auf seine Ideen eingegangen, und die Fragen, die Eitingon in Bleulers Auftrag gestellt hatte, wurden von den Wienern nur zum Anlaß genommen, sich auf unterschiedliche Weise mit ihren eigenen Theorien hervorzutun. Man kann nur spekulieren, was Eitingon Bleuler nach seiner Rückkehr berichtete. Bedeutsam sind nicht so sehr die Auswirkungen der beiden Abende auf das Verhältnis zwischen Bleuler und Freud. Bleuler war ein pragmatischer und intellektuell redlicher Mann, den auch die größten persönlichen Antipathien nicht davon abhalten konnten, eine von ihm als richtig empfundene Theorie anzuerkennen. Entscheidend ist vielmehr, daß der Seitenhieb auf Bleuler deutlich macht, wie Freud offensichtlich Jung einschätzte. So unbeholfen Jung sich in seinen Briefen auch angestellt hatte, es war ihm immerhin gelungen, Freud davon zu überzeugen, daß er sein Vorkämpfer in Zürich sein könnte. Aus diesem Grund erachtete dieser es Anfang 1907 bereits nicht mehr für nötig, Bleuler zu hofieren. Seine Hoffnungen ruhten auf Jung, den er freilich noch nie zu Gesicht bekommen hatte.

Kapitel 6

Jung und Freud

[Zu verurteilen ist] die Herzlosigkeit [...] der heutigen europäischen Gesellschaft, die sich *gleichzeitig* über die »alte Jungfer« lustig macht und die uneheliche Mutter infamiert. Diese doppelzüngige, verrottete »Moral« ist *tief unsittlich,* ist das *radikal Böse.* Sie mit aller Energie zu bekämpfen, für das Recht der freien Liebe, der »unehelichen« Mutterschaft eintreten, ist sittlich und gut. [...] Zwei Millionen Frauen [in Deutschland] in *erzwungener* Ehelosigkeit und – Zwangsehenmoral! Man braucht nur diese beiden Tatsachen sich zu vergegenwärtigen, um den völligen ethischen Bankerott unserer Zeit auf dem Gebiete der sexuellen Moral vor Augen zu haben.

Iwan Bloch, *Das Sexualleben unserer Zeit in seinen Beziehungen zur modernen Kultur,* Berlin 1907.

Im Jahr 1903 hatte Weininger das »Emanzipationsbedürfnis« von Frauen als eine Form der sexuellen Abartigkeit bezeichnet,[1] die hinter der Homosexualität den zweiten Rang einnehme. 1907 hatte sich das Klima entscheidend verändert. Zwei Jahre zuvor war in Berlin der Bund für Mutterschutz gegründet worden, dem eine Reihe prominenter Akademiker angehörten, darunter Iwan Bloch, Willy Hellpach, Werner Sombart, Max Weber sowie der bekannte Sexualforscher und führende Kopf der Berliner Homosexuellen, Magnus Hirschfeld. Es gab Statistiken über uneheliche Geburten, Prostitution, Geschlechtskrankheiten, und die Zahlen waren schockierend. So hörte die deutschsprachige Welt auf eine neue, wissenschaftliche Weise von Dingen, über die schon lange im privaten Gespräch gemunkelt wurde: Für das Beharren auf Monogamie und einer allein auf wirtschaftliche Vorrechte des Mannes gegründeten Ehe zahlte die Gesellschaft einen schrecklichen Preis.

Im Jahr 1906, jedoch vordatiert auf 1907, erschien Iwan Blochs umfassendes – 829 Seiten dickes – Werk über das Sexualleben seiner Zeit. Bloch beabsichtigte, sich dem Thema aus anthropologischer Perspektive zuzuwenden. Dennoch enthält sein Buch viel überzogene Polemik, in Formulierungen gekleidet, die dem damaligen Feingefühl entsprachen. Es genügte nicht, daß ein Wandel der sexuellen Gepflogenheiten praktische Vorzüge hatte, er mußte zugleich moralisch sein, wissenschaftlich begründet und einem hohen kulturellen Niveau entsprechen. Bloch befand, es sei »eine einfache Entwicklungsnotwendigkeit, daß die freie Liebe [...] ihre sittliche Rechtfertigung [...] finden wird«.[2] Und im Hinblick auf die Kultur schrieb er:

> Es wäre eine interessante Aufgabe, einmal eine *Statistik solcher freien Ehen und »unehelicher« Nachkommenschaft* bedeutender Männer und Frauen zusammenzustellen! Die Ehefanatiker würden erschrecken! [...] Ich habe die Absicht, demnächst einmal in einer kleinen Schrift die Rolle der freien Liebe in der Kulturgeschichte darzustellen und den Beweis zu erbringen, daß diese sehr wohl mit sittlichem Leben verträglich ist. Wer könnte auch einen *Bürger, Jean Paul, Gutzkow,* eine *Karoline Schlegel,* eine *George Sand* oder gar einen *Goethe* der »Unsittlichkeit« beschuldigen?[3]

In Wien scharte sich unterdessen in der Psychologischen Mittwoch-Gesellschaft eine kleine Gruppe von Internisten und Intellektuellen um Sigmund Freud. Sie beobachteten den Sturm der Gefühle in Deutschland mit Unbehagen. Die Mitglieder der Mittwoch-Gesellschaft waren zwar Juden, aber keineswegs Außenseiter; die meisten stammten aus alteingesessenen Familien, alle mit Ausnahme von Rank hatten eine akademische Ausbildung genossen, und einige wenige hatten sich in Wien bereits den Ruf erworben, überdurchschnittlich fähige Ärzte zu sein. Beide Gruppen arbeiteten ärztlich und wissenschaftlich seriös, und so stand einer Zusammenarbeit der Wiener mit der neuen Bewegung im Norden Deutschlands nichts im Wege. In den folgenden Jahren erarbeiteten die Wiener tatsächlich zusammen mit Magnus Hirschfeld einen Fragebogen für eine Umfrage zur sexuellen Entwicklung.

Das Problem lag vielmehr darin, daß die Atmosphäre in Wien eine vollkommen andere war als in Berlin. Zur Wiener Tradition gehörte ausgesuchte Höflichkeit im Umgang, gepaart mit selbstgefälliger Heuchelei in öffentlichen wie privaten Dingen. Auguste Forel war entsetzt über den Verfall der

Moral, als er ein Semester in Wien studierte,[4] und Bloch nahm in sein Buch eigens einen ganzen Abschnitt (mit 100 Fallbeispielen in Stichworten) über den beklagenswerten Zustand des Ehelebens in Wien auf.[5] Es wäre ungerecht zu behaupten, Freuds Ideen hätten in keinem anderen Nährboden als der Unmoral der Wiener Gesellschaft wurzeln können, aber man kann, wie Hanns Sachs angemerkt hat, mit Fug und Recht eine Beziehung zwischen Freuds Ideen und der verbreiteten Doppelmoral herstellen, die Teil und Bürde des Lebens in Wien war.[6] Wenn sich die Sexualmoral in der deutschsprachigen Welt veränderte, dann würde der Wandel Wien zuletzt erfassen, und in gewisser Weise wäre er in Wien am wenigsten am Platze.

Jungs Besuch

Jung und seine Frau, im Schlepptau den jungen Ludwig Binswanger, trafen am ersten Wochenende im März 1907 in Wien ein. Viele Jahre später, im hohen Alter, erinnerte sich Jung immer noch gern an seine erste Begegnung mit Freud – »der erste wirklich bedeutende Mann, dem ich begegnete«[7] – als eine Gelegenheit, dazusitzen, zuzuhören und von einem Größeren zu lernen. So führt die Nachsicht des Alters das Gedächtnis in die Irre. Tatsächlich redete Jung sehr viel mehr als Freud, zumindest am Anfang. Ernest Jones sprach im Juli 1907 mit Jung, als er den Besuch noch frisch im Gedächtnis hatte:

> … [Jung] gab mir einen lebendigen Bericht von seiner ersten Unterhaltung mit Freud. Er hatte Freud sehr viel zu sagen und sehr viel zu fragen, und so währte sein Redefluß volle drei Stunden. Dann unterbrach ihn sein geduldiger, sehr aufmerksamer Zuhörer mit dem Vorschlag, die Unterredung systematischer zu führen. Zu Jungs großem Staunen ging nun Freud daran, den Inhalt von Jungs langer Rede unter verschiedene präzise Überschriften zu gruppieren, um so die weiteren Stunden in ergiebigerem Gedankenaustausch zu verbringen.[8]

Die beiden Männer diskutierten bis zwei Uhr morgens am Sonntag, dem 3. März, alles in allem dreizehn Stunden lang. Freud sagte später zu Jones, er kenne niemanden, der soviel von den Neurosen verstehe wie Jung.[9] Jung war gleichermaßen beeindruckt von Freud:

> Kein anderer Mensch in meiner damaligen Erfahrung konnte sich mit ihm messen. In seiner Einstellung gab es nichts Triviales. Ich fand ihn außerordentlich intelligent, scharfsinnig und in jeder Beziehung bemerkenswert. Und doch blieben meine ersten Eindrücke von ihm unklar, zum Teil auch unverstanden.
>
> Was er mir über seine Sexualtheorie sagte, machte mir Eindruck. Trotzdem konnten seine Worte meine Bedenken und Zweifel nicht beheben. Ich brachte sie mehr als einmal vor, aber jedesmal hielt er mir meinen Mangel an Erfahrung entgegen. Freud hatte recht: damals besaß ich noch nicht genügend Erfahrung, um meine Einwände zu begründen. Ich sah, daß seine Sexualtheorie ungeheuer bedeutsam für ihn war, im persönlichen wie im philosophischen Sinne.[10]

Am Montag kam Jung zu einem weiteren Gespräch, diesmal war auch Binswanger mit dabei. Freud fragte beide nach ihren Träumen in der letzten Nacht. Jungs Traum deutete er als Ausdruck des Wunsches, »daß Jung ihn entthronen und an seine Stelle treten wolle«.[11] Zu Binswanger sagte er, sein Traum offenbare den Wunsch, seine, Freuds, älteste Tochter zu heiraten. Die Stimmung war freundlich, und mit seiner ruhigen Würde erschien der Herr Professor Freud im besten Licht. Binswanger schreibt:

> Aus diesen Deutungen läßt sich leicht die ungezwungene, freundschaftliche Atmosphäre erkennen, die unsern Besuch vom ersten Tage an umgab. Freuds Abneigung gegen jede Förmlichkeit und Etikette, sein persönlicher Charme, seine Einfachheit, selbstverständliche Offenheit und Güte und nicht zuletzt sein Humor ließen keinerlei Befangenheit aufkommen. Und doch konnte man sich keinen Augenblick dem Eindruck der Größe und Würde seiner Persönlichkeit entziehen. Für mich war es eine, wenn auch mit einiger Skepsis gemischte Freude, zu sehen, mit welchem Enthusiasmus und welchem Zutrauen Freud meinem Lehrer Jung entgegenkam und in ihm sofort seinen wissenschaftlichen »Stammhalter« sah.[12]

Am 6. März nahm Freud seine beiden Besucher zu einer Sitzung der Psychologischen Mittwoch-Gesellschaft mit. Alfred Adler trug vor. Es war wohl kaum Zufall, daß Adler den Fall eines russischen Studenten mit, wie sich zeigte, zwangsneurotischen Symptomen vorstellte.[13] Adler und Freud hatten die Fallgeschichte offensichtlich einige Zeit zuvor vorbereitet. Adler berichtete über Kindheitserinnerungen, in denen der Junge mit der Größe seines Penis beschäftigt war. Das gab Adler die Gelegenheit, seine Theorie, daß Organminderwertigkeit eine wichtige Ursache der Neurose sei, ins Gespräch zu bringen. Als nächstes führte Adler aus, daß die Zwangshandlungen des Patienten mit drei Zahlen in Beziehung standen: 3, 7 und 49. Zuletzt ging er auf den »jüdischen Komplex« des Patienten ein. Im Anschluß an die Diskussion legte Freud seine Deutung der Zwangshandlungen vor: »3 sei vielleicht der christliche Penis, 7 der kleine jüdische und 49 der große jüdische.«[14] Ohne irgendeinen Anhaltspunkt in der Fallgeschichte sprach er als nächstes vom Geiz des Patienten. Adler bestätigte Freuds Mutmaßungen über Geiz und Sparsamkeit und berichtete dann, der Patient sei Bettnässer gewesen. Freud konnte daraufhin seine Gedanken zur Analerotik darlegen. In Ranks Protokoll heißt es:

> Professor Freud hebt den Zusammenhang von Geiz und Verschwendung mit der Betonung der analen Zone hervor; diese Menschen zeichnen sich später durch besondere Charaktereigenschaften aus; sie sind ordentlich, reinlich und gewissenhaft, eigensinnig und sonderbar in Geldangelegenheiten.
>
> Schließlich sei noch auf die Kompromißnatur im Inhalt der Symptome hinzuweisen; er drücke aus: ich will mich taufen – aber der jüdische Penis ist doch größer (also bleib ich Jude).[15]

Die Fallgeschichte hatte für jeden etwas zu bieten. Zwischen Adler und Freud ging es auf einem Nebenschauplatz darum, daß Adler wie viele Juden im katholischen Wien den politisch ratsamen Weg eingeschlagen und sich hatte taufen lassen, während Freud Jude geblieben war. Jung hörte von einem russischen Studenten mit einer Zwangsneurose, und die anderen in der Gruppe bekamen den größeren jüdischen Penis als Geschenk. (Es dürfte niemandem entgangen sein, daß Jung und Binswanger die ersten Nicht-Juden waren, die an einem Treffen der Mittwoch-Gesellschaft teilnahmen.)

Jung und Binswanger hielten sich an diesem Abend im Hintergrund; vielleicht dachten sie daran, wie es Eitingon ergangen war. Binswanger stellte nur eine Frage, und Jung erzählte ein bißchen über Zahlen im Assoziationsexperiment. Schließlich stimmte er in Freuds Lob auf Adlers Theorie der Organminderwertigkeit mit ein, sagte jedoch entschuldigend, er versuche immer noch, Freuds Theorie zu folgen. Max Graf erinnerte sich später, jeder habe bemerken können, wie sehr Freud von den Besuchern aus der Schweiz, insbesondere von Jung, angetan gewesen sei.[16] Dieses Gefühl war wechselseitig. Noch im Alter sprach Jung gern davon, wie »nett« Freud gewesen sei.[17]

Die freundlichen Gefühle erstreckten sich indes nicht auf die Männer um Freud. Angeblich sagte Jung einige Monate später zu Jones, es sei »schade«, daß Freud keine Anhänger von Gewicht habe und von einem »degenerierten böhmischen Haufen« umgeben sei.[18] Völlig zu Unrecht lastete man – hauptsächlich auf Jones' Betreiben – Jungs Abneigung gegen die Wiener Gruppe einem nicht genauer bezeichneten antisemitischen Zug bei Jung an. Doch genau darum ging es nicht. Bei seinem ersten Besuch in Wien stand Jung noch ganz im Bann einer gewissen schwärmerischen Verklärung des Judentums. Die jüdische Prägung der Psychoanalyse zog ihn an, genau wie in seinem Privatleben jüdische Frauen große Anziehungskraft für ihn besaßen. Wenn jüdische Intellektuelle die traditionellen Werte des 19. Jahrhunderts hinter sich ließen und neue Ufer ansteuerten, dann wollte Jung sich ihnen anschließen, auch wenn er aus einer anderen Richtung kam. Früh hatte er sich vom schweizerischen Calvinismus abgewandt, dem Glauben, mit dem er aufgewachsen war, und er fühlte sich nun keiner Kirche zugehörig. Der jüdische Glaube war für ihn wie der Okkultismus eine verlockende Kirche gleich nebenan. Es war nur logisch, daß er freundschaftliche Bande zu der Vereinigung knüpfen und dabei zugleich seine Loslösung von der Religion vollenden wollte, die sein Vater offensichtlich nicht geschafft hatte. Tatsächlich bezeichnete Sabina Spielrein kaum zwei Jahre später Jungs Einstellung zum Judentum als »Drang nach Erfrischung durch eine neue Rasse« und »Drang nach Befreiung vom väterlichen Zwang«.[19]

Um keinen Zweifel aufkommen zu lassen: Später änderte Jung seine Ansichten und befürwortete Positionen, die nur antisemitisch genannt werden können. Aber bis dieser unheilvolle Wandel erfolgte, vergingen noch einige Jahre, und die Ereignisse, die dazu führten, lagen noch in der Zukunft. Antisemitismus spielte bei Jungs Ablehnung gegenüber Freuds Kreis in Wien noch keine Rolle. Der Vollständigkeit halber sei darauf hingewiesen, daß Jung die jüdische Abstammung von Freuds Anhängern nicht erwähnte, während er aus seiner Abneigung gegen sie kein Hehl machte. Aber damals mochte Jones sie auch nicht, und er sprach *sehr wohl* darüber, daß sie Juden waren.[20] Über Adler schrieb er, er sei »empfindlich und leidenschaftlich begierig nach Anerkennung«.[21] Isidor Sadger sei eine »übellaunige, tragische

Gestalt, sehr ähnlich einem groben Bären«.[22] Hitschmann kam mit dem Urteil »trocken, witzig und ein wenig zynisch«[23] vergleichsweise glimpflich davon. Über den »schrecklichen Stekel« ließ Jones sich besonders ausführlich aus.[24] Und über die Gruppe insgesamt schrieb er:

> Der Leser wird sich vielleicht denken, daß ich von der Versammlung nicht sehr beeindruckt war. Sie erschienen mir als unwürdige Gesellschaft für Freuds Genie, doch im Wien der damaligen Tage, wo sich so viele Vorurteile gegen ihn richteten, schloß sich ihm kaum ein Schüler an, der einen Ruf zu verlieren hatte, und so mußte er nehmen, wen er bekommen konnte.[25]

Nebenbei bemerkt, hielt auch Freud keine großen Stücke auf seinen Kreis. Binswanger berichtete, daß Freud ihn nach dem Abend am 6. März »noch bei sich zurückhielt mit der Frage: ›So, haben Sie jetzt diese Bande gesehen?‹«[26] Binswanger notierte als Kommentar, trotz der Einsamkeit habe Freud in seinem Urteil scharf sein können.[27]

Über die besondere Beziehung, die sich zwischen Freud und Jung entwickelte, ist viel geschrieben worden. Es war so etwas wie Liebe. Man könnte sagen, Freud habe einen idealen Sohn gebraucht und Jung einen idealen Vater, und gewiß spielten sie füreinander diese Rollen. Das implizierte, daß sie in vieler Hinsicht ein ungleiches Paar waren, verschieden nach Alter, Herkunft, Temperament und Ehrgeiz. Zudem konnte man nicht einmal sagen, wer von beiden zum damaligen Zeitpunkt bedeutender war. Freud war zwar der Ältere, aber Jungs kometenhafter Aufstieg zu internationaler Bekanntheit innerhalb der zurückliegenden zwei Jahre war eindrucksvoll und einmalig. Zudem stieß Jungs Werk auf viel weniger Kritik. Beide Männer arbeiteten auf dem gleichen Gebiet – der Erforschung unbewußter seelischer Vorgänge –, doch aus sehr unterschiedlichen Blickwinkeln, und wenn man einen zeitgenössischen Beobachter gefragt hätte, welcher Blickwinkel sich wohl durchsetzen würde, so hätte er gewiß den von Jung favorisiert. Jungs Theorie der Komplexe umfaßte auch die Affekte und war sehr viel weniger problematisch als Freuds polymorph-perverse Libido. Darüber hinaus hatte Jungs Theorie bereits den Anstoß zu einer eindrucksvollen Reihe empirischer Forschungen gegeben. Freuds Leistungen waren nicht zu unterschätzen: eine einzigartige Gabe, mit der deutschen Sprache umzugehen, eine Fülle origineller Beobachtungen, eine geradezu einschüchternde Fähigkeit zur Systematisierung und ein unerschütterlicher Glaube an die Richtigkeit seiner Gedanken, um nur vier Punkte zu nennen. Doch dem begeisterten Besucher, dem angehenden Inhaber eines Lehrstuhls in Zürich, erschien Freud in erster Linie als Privatdozent, dessen sehr reiche Verwandte zu Besuch hereingeschneit sind – in einer solchen Situation kommt es darauf an, die Fassung zu bewahren, die Fäden des Gesprächs in der Hand zu behalten und den Anschein zu vermeiden, daß an irgend etwas Mangel herrscht. Es war nicht klar, welche Absichten Jung verfolgte. Freuds Deutung, Jung habe in seinem Traum den Wunsch ausgedrückt, an seine, Freuds, Stelle zu treten, traf die Situation verblüffend genau: Jung hatte bereits den Anspruch geltend gemacht, ein Pionier der Tiefenpsychologie zu sein, und in beruflicher Hinsicht war er frei genug, in Zukunft zu tun, was ihm beliebte.

Kurzum, es gab reichlich Grund zu Argwohn, Skepsis und latentem Mißtrauen – auf beiden Seiten. Im persönlichen Umgang verschwand dies unter Freuds fast sichtbarer Zuneigung und Jungs Gefühl, die Anerkennung eines großen Mannes gewonnen zu haben. Beide hatten sich im Privaten sorgfältig auf die Begegnung vorbereitet, es sollte auf keinen Fall eine Enttäuschung werden. Die Zeit war reif, den jeweils anderen zu entdecken, und die Begegnung wurde erleichtert durch die Freude, daß es endlich einen anderen gab, der es wert war, entdeckt zu werden.

Billinskys Bericht

Vermutlich entdeckte Jung bei seinem Besuch noch etwas anderes, etwas schrecklich Beunruhigendes, etwas, das sein Leben veränderte. Aber das ist eine eigene Geschichte. Es geht dabei um ein großes Geheimnis, das über sehr viele Jahre verborgen blieb, und das dann, nachdem darüber geschrieben worden war, ein offenes Geheimnis wurde, über das niemand sprechen wollte.

Im Jahr 1957 besuchte John Billinsky, Inhaber der Guiles-Professur für Psychologie und Klinische Forschung an der Andover Newton Theological School, Jung in seinem Haus in Küsnacht bei Zürich. Billinsky hatte Jungs Arbeit verfolgt, seit er rund zwanzig Jahre zuvor dessen Terry-Vorlesungen in Yale gehört hatte, und er war mit Carl Meier befreundet, Jungs engstem Mitarbeiter zur damaligen Zeit. Kurz vor Billinskys Besuch war Jung mit etlichen Theologen in Streit geraten, der Streit dauerte noch an. Möglicherweise war ihm darum besonders viel daran gelegen, die Bekanntschaft mit dem Psychologen der Andover Newton Theological School aufzufrischen. Man kann nur Mutmaßungen anstellen, warum Jung Billinsky folgendes erzählte:

> Im Jahr 1907 reiste ich mit meiner jungen, glücklichen Frau nach Wien. Freud kam zu uns ins Hotel und brachte meiner Frau Blumen mit. Er war sehr aufmerksam, und irgendwann sagte er zu mir: »Es tut mir leid, daß ich Ihnen keine richtige Gastfreundschaft bieten kann. Ich habe zu Hause nur eine ältliche Ehefrau.« Meine Frau wirkte nach seinen Worten verwirrt und peinlich berührt. Am Abend waren wir bei Freud zu Gast, und beim Abendessen versuchte ich mit ihm und seiner Frau über die Psychoanalyse und Ähnliches zu sprechen. Aber ich merkte bald, daß Frau Freud keine Ahnung von der Arbeit ihres Mannes hatte. Die Beziehung zwischen Freud und seiner Frau war sehr oberflächlich. Kurz darauf lernte ich Freuds Schwägerin kennen – sie sah sehr gut aus, sie wußte viel über Psychoanalyse, und sie war genau über Freuds Arbeit auf dem laufenden. Ich hörte, daß Freud in sie verliebt war und eine sexuelle Beziehung mit ihr unterhielt.[28]

Jung sagte weiter, er habe von der Affäre nicht durch Freud erfahren, sondern direkt durch Minna Bernays:

> Als ich ein paar Tage danach [nach der Ankunft in Wien, J. K.] Freud in seinem Laboratorium besuchte, fragte mich seine Schwägerin, ob sie mit mir sprechen könne. Ihre Beziehung zu Freud beschäftigte sie sehr, und sie hatte deswegen Schuldgefühle. Von ihr erfuhr ich, daß Freud in sie verliebt war und daß ihre Beziehung tatsächlich sehr intim war. Die Mitteilung schockierte mich, und noch heute erinnere ich mich daran, welche Qual ich damals empfand.[29]

Auch Billinsky empfand offensichtlich so etwas wie Qual, als er dies hörte. Das Gespräch mit Jung dauerte noch drei Stunden, und unmittelbar danach machte sich Billinsky Notizen. Aber die Notizen blieben die nächsten zwölf Jahre in seinem Schreibtisch. Jung starb 1961. Acht Jahre später zitierte das *Time*-Magazin in einem Artikel unfreundliche Worte von Freud über Jung, die Freud gegenüber dem amerikanischen Psychologen Stanley Hall gesagt hatte. Da beschloß Billinsky, Auszüge aus seinem Gespräch mit Jung zu veröffentlichen.

Daraufhin geschah überhaupt nichts. Ein Jahr später erschien Ellenbergers umfangreiches Werk über die Geschichte der Psychologie des Unbewußten, ohne daß Billinsky darin erwähnt wurde; möglicherweise war das Buch bereits im Druck gewesen. Fünf Jahre später kam der Briefwechsel zwischen Jung und Freud heraus; auch darin findet sich kein Hinweis mit Ausnahme der Bemerkung, daß Billinsky den Herausgebern angeboten habe, seine Notizen einzusehen. Seit der Veröffentlichung des Briefwechsels ist eine riesige Fülle von Sekundärliteratur erschienen. In höchstens einem Dutzend Büchern wird Billinskys Bericht überhaupt nur erwähnt, kaum ein Autor schenkt ihm Glauben.

Der Bericht war leicht als unwahrscheinliches Gerücht abzutun. Gegen die Vorstellung, daß Freud eine Affäre mit seiner Schwägerin hatte, konnte man einwenden, so etwas wäre nicht geheimzuhalten gewesen, gewiß hätte es Gerede in Wien gegeben. Zu Jung konnte man sagen, daß ihm wahrscheinlich sein Gedächtnis einen Streich gespielt hatte (immerhin war er zum Zeitpunkt des Interviews einundsiebzig), und zu Billinsky, daß die Behauptung wenig überzeugend war, ihm als einzigem Menschen der gesamten westlichen Welt sei privat ein so schreckliches Geheimnis entdeckt worden. Billinsky ließ die Sache auf sich beruhen, nahm jedoch seine Worte nie zurück. Er starb 1983.

Billinskys Bericht wirft in der Tat Probleme auf, aber die Gegenpositionen sind noch viel problematischer. Um mit dem ersten Einwand zu beginnen: Es *gab* in Wien Gerüchte über Freud und seine Schwägerin. Viele Jahre später schalt Freud sogar eine Patientin, die allzu schnell solche Gerüchte als nicht glaubwürdig beiseite wischen wollte.[30] Ohne Zweifel hatten Freud und Minna reichlich Gelegenheit, in die Realität umzusetzen, was ihnen in den Gerüchten unterstellt wurde, denn im Sommer verreisten sie oft gemeinsam, während Martha mit den Kindern zu Hause blieb. Oskar Rie, ein Freund der Familie und Hausarzt von Freuds Kindern, sprach aus, was für alle, die im Hause Freud verkehrten, offensichtlich war: »Wegen der Kinder ging Freud zu Martha, für das Vergnügen nahm er Minna.«[31] Natürlich dürfte Jungs Gedächtnis in seinem achten Lebensjahrzehnt nachgelassen haben. Aber ob die Geschichte nun wahr war oder rundherum erlogen – auf jeden Fall vergißt man so etwas im allgemeinen nicht. Zu alledem war Billinsky *nicht* der einzige, dem Jung davon erzählte. Er erzählte es auch mehreren

Leuten, die häufig Interviews durchführten, darunter Henry Murray, dem großen Psychologen von Harvard,[32] einem italienischen Journalisten namens Hugo Charteris und John Phillips, einem psychoanalytischen Ausbildungskandidaten.

Carl Meier kritisierte Billinsky, als der Bericht erschien, und drängte ihn offenbar, das Thema fallenzulassen. Doch als Gene Nameche ihn ein Jahr später interviewte, sagte er folgendes:

> Jung kannte ihn kaum. Er [Jung] machte einen seiner typischen Fehler, denn er war ein sehr schlechter Menschenkenner. Er vertraute Billinsky auf Anhieb hundertprozentig. Nachher berichtete mir Billinsky eine Geschichte von der Art, wie sie jetzt im Umlauf ist. Bis zu dem Zeitpunkt war ich überzeugt, daß nur Toni Wolff und ich davon wußten – niemand sonst. [...] Ich wäre nie auf die Idee gekommen, so etwas öffentlich zu machen. Wozu soll das gut sein? Billinsky dachte offenbar anders.[33]

Toni Wolff war Jungs Mitarbeiterin und rund dreißig Jahre lang mehr oder weniger offen seine Geliebte, sie starb 1953. Die Position von Carl Meier in Jungs Reich ist unumstritten. Man sollte vielleicht hinzufügen, daß seine offensichtliche Mißbilligung von Billinskys Bericht – »Wozu soll das gut sein?« – die Haltung der meisten Jungianer widerspiegelt. Die Zeit der Auseinandersetzungen ist lange vorbei, kein Jungianer will wieder damit anfangen. Allerdings bleibt das Faktum, daß Jung spät in seinem Leben die Geschichte ausplauderte, zunächst nur gegenüber engen Vertrauten, auf deren absolute Verschwiegenheit er zählen konnte, aber dann, im schwatzhaften Greisenalter, auch gegenüber vielen anderen Leuten.

Die Vermutung, daß Freud und Minna Bernays eine sexuelle Beziehung hatten, wurde in jüngster Zeit mit Material aus einer ganz anderen Ecke untermauert. Peter Swales erforschte sehr sorgfältig alles, was Freud tat, und studierte gründlich seine Briefe und Schriften. Aufgrund dieser Untersuchungen gelangte er zu dem Schluß, daß Freud sich Ende der neunziger Jahre tatsächlich leidenschaftlich zu seiner Schwägerin hingezogen fühlte und daß die Liebe schließlich im August und September 1900 vollzogen wurde.[34] Swales' Thesen sind umstritten. Selbstverständlich stand immer außer Frage, daß Minna Bernays eine höchst wichtige Person in Freuds Leben war und etliche Rollen spielte, von der Briefpartnerin bis zur Sekretärin, von der Reisebegleiterin bis zur geistigen Weggefährtin. Nach dem

Tod ihres Verlobten im Jahr 1886 hatte Minna keine Aussichten mehr, jemals zu heiraten. 1895 kam sie nach Wien, um ihrer Schwester bei der sechsten, unerwünschten und letzten, Schwangerschaft beizustehen. Im Jahr darauf kehrte sie wieder und blieb ihr ganzes Leben bei den Freuds. Sie war gewissermaßen eine der zwei Millionen zwangsweise unverheirateter Frauen, über die Iwan Bloch schrieb. Deutlicher als frühere Forscher hat Swales herausgearbeitet, daß die enge Gemeinschaft von Freud und Minna – sie reisten zum ersten Mal gemeinsam im Juli 1898 – sehr aufschlußreich zu einer Reihe von autobiographischen Bemerkungen über den desolaten Zustand seines Liebeslebens in Beziehung gesetzt werden kann, die sich zahlreich in seinen Schriften aus den Jahren 1897 bis 1901 finden. In diesem Zeitraum verfaßte Freud seine großen Werke zur Individualpsychologie und war sich selbst dabei sein bestes Studienobjekt.

Swales baut seine Argumentation auf zwei Werken auf, die Freud im Herbst 1900 schrieb, unmittelbar nachdem er zum zweiten Mal mit Minna allein in die Ferien gefahren war. Im ersten dieser beiden Werke, *Über den Traum,* nimmt Freud einen seiner eigenen Träume als Beispiel; in dem Traum geht es darum, daß er Liebe »ohne Kosten«[35] genießen möchte. »Ohne Kosten« ist in diesem Zusammenhang wörtlich und im übertragenen Sinn zu verstehen, das heißt, die »Kosten« sind Geld und Schuldgefühle. Anlaß für den Traum, so berichtet Freud dem Leser, war die Tatsache, daß er kurz zuvor eine größere Geldausgabe für ein Mitglied seiner Familie gemacht hatte. Derselbe Traum wird noch einmal ausführlich in der *Psychopathologie des Alltagslebens* behandelt. Dort erfährt der Leser, daß das Geld für eine Verwandte ausgegeben wurde, die zur Kur weilte.[36] Zweifellos handelte es sich um die Kosten von Minnas sechswöchiger Kur in Meran, die sie unmittelbar nach ihren mehrmonatigen Sommerferien mit Freud angetreten hatte und wo sie sich noch aufhielt, als Freud die Deutung jenes Traumes niederschrieb. Zu dieser Interpretation paßt sehr gut Freuds Bemerkung, er habe nicht die gesamte Analyse des Traumbeispiels mitgeteilt, weil dies »ohne schwere Verletzung wichtiger Rücksichten«[37] nicht möglich gewesen sei.

Zur gleichen Zeit wie *Über den Traum* schrieb Freud die »Aliquis«-Episode nieder, die das zweite Kapitel der *Psychopathologie des Alltagslebens* bildet. Darin geht es um das Vergessen eines Vergil-Zitates; das Wort »aliquis« war dem Betreffenden, einer Reisebekanntschaft von Freud, entfallen. Bei der Deutung stellt sich heraus, daß der Mann fürchtete, seine Geliebte könnte schwanger sein. Es ist eine hübsche Geschichte, ziemlich kurz, und der geniale Freud findet geradezu wundersam die Lösung – eine der schönsten Episoden in Freuds unterhaltsamstem Werk. Swales und ein weiterer Forscher namens Anthony Stadlen haben den Code von Freuds Gedankengang entschlüsselt: Wie die frühere Abhandlung über die sogenannten Deckerinnerungen enthält die »Aliquis«-Episode in verhüllter Form autobiographisches Material. Das Verhalten und die Situation des fiktiven Gesprächspartners spiegeln genau Freuds Verhalten und Situation wider, doch nicht genug damit: *Jeder Einfall,* den der zitierte junge Mann angeblich in der Unterhaltung mit Freud sagt, kann mit einem Ereignis, einer Person oder einem Buch aus dem Umkreis von Freud in Verbindung gebracht werden bis zu einem Grad an Übereinstimmung, der unmöglich Zufall ist.[38]

Ich will an dieser Stelle nicht versuchen, die Argumentation von Swales und Stadlen nachzuzeichnen. (Swales' Arbeiten sind nur teilweise veröffentlicht, Stadlens Arbeiten überhaupt nicht.) Um ihre Beweisführung nachzuvollziehen, muß man akribisch in die kleinsten Details von Freuds Schriften, seiner Korrespondenz, seiner Lesegewohnheiten, seiner Reisen und seiner Lebensumstände in den Jahren 1897–1900 eindringen. Doch meiner Ansicht nach wird es sich eines Tages, wenn das Material von Swales und Stadlen veröffentlicht ist und zur Kenntnis genommen wurde, unbestreitbar herausstellen, daß Freud nicht nur von einer sexuellen Begegnung mit Minna Bernays phantasierte, sondern daß seine Phantasien – einen Monat nach ihrer Abreise im Herbst 1900 – sehr viel weiter gingen, daß er insbesondere damit beschäftigt war, sie könnte von ihm schwanger sein. Selbstverständlich kann sich ein Mensch in der Phantasie Ereignisse ausmalen, die niemals stattgefunden haben. Dementsprechend ist es durchaus vorstellbar, daß Freud in Gedanken die möglichen Folgen einer phantasierten Affäre abwog und nicht die einer tatsächlichen Liebesbeziehung. Doch gerade in dem Fall würden Jungs späte Äußerungen den Ausschlag geben. Letztlich ist natürlich niemand in der Lage, einen unwiderlegbaren Beweis für die These zu erbringen. Wie Rosemary Dinnage in anderem Zusammenhang angemerkt hat: »Spätere Generationen, die herauszufinden versuchen, wer mit wem eine sexuelle Beziehung hatte, haben immer schlechte Karten.«[39]

Das Widerstreben, die Möglichkeit einer Affäre zwischen Freud und Minna Bernays ernsthaft in Betracht zu ziehen, rührt zum Teil daher, daß dies scheinbar unser Bild von Freuds Charakter in ein ganz neues Licht rücken würde. Ich bin indes nicht sicher, daß es wirklich so wäre. Minna Bernays hatte nach dem Tod ihres Verlobten keine Aussichten mehr, jemals zu heiraten, und nachdem sie sich endgültig dem Freudschen Haushalt angeschlossen hatte, konnte man sie, ohne sie zu verletzen, nicht mehr bitten, wieder zu gehen. Die Sitten jener Zeit verlangten, daß sie bleiben durfte. Freuds Situation war vermutlich unerträglich, wenn wir annehmen, daß er sich zu dem neuen Familienmitglied auf verhängnisvolle Weise hingezogen fühlte, zu der Frau, mit der er viel Zeit verbracht hatte und die ihm von ihren Interessen her näher stand als seine Ehefrau. In diesem Zusammenhang hat man bisher der Tatsache zu wenig Beachtung geschenkt, daß die Theorie, die Freud zu der Zeit von Jungs Besuch in Wien vertrat, sehr viel mit seinem persönlichen Dilemma zu tun hatte. Damals vertrat Freud die Auffassung, daß die von ihm als Psychoneurose bezeichnete Störung nur durch einen aktuellen erotischen Konflikt ausgelöst werden könne. Das heißt, daß die Prädisposition zu einer neurotischen Erkrankung zwar durch eine bestimmte Verbindung von sexueller Veranlagung und frühkindlichen Erfahrungen geschaffen worden sein kann, daß aber die Störung beim erwachsenen Menschen nur dann manifest wird, wenn ein innerer, durch eine akute sexuelle Frustration verursachter Konflikt besteht. Diese Theorie beschreibt zugegebenermaßen treffend Freuds Situation in der Zeit nach 1896. Diese Feststellung führt dann allerdings zu der Frage, ob die Theorie den Weg von der Versuchung zur Tat geebnet hat.

Aufruhr der Komplexe

Angenommen, Jung erhielt tatsächlich die von Billinsky zitierte Mitteilung, so ließ er sie jedenfalls zunächst auf sich beruhen. Er erzählte niemandem davon, und er sprach auch Freud nicht darauf an. Er blieb eine Woche in Wien und reiste dann mit seiner Frau nach Budapest zu einem Besuch bei Leopold Stein und seiner Familie. Von dort fuhren sie weiter ins Seebad Abbazia, wo sein »jüdischer Komplex« wieder auftauchte in Form einer »Zwangsverliebung«[40] in eine ungenannte Frau. Von Abbazia aus kehrte Jung ans Burghölzli zurück.

Vielleicht wußte Jung nicht, was er tun sollte, vielleicht wollte er Zeit haben, um über all das nachzudenken. Für Jung gab es keinen Zweifel, daß Freud ein Genie war. Als Genie standen ihm die gleichen Freiheiten zu wie Goethe, Jean Paul, George Sand und all den anderen, über die Iwan Bloch ein neues Buch zu schreiben beabsichtigte. Hätte Freud eine Affäre mit irgendeiner anderen Frau gehabt, dann hätte Jung vermutlich keinen weiteren Gedanken daran verschwendet. Der springende Punkt war, daß es um Freuds Schwägerin ging. Das war Inzest, und Inzest gehörte nicht zu den neuen Freiheiten, die im Namen von Wissenschaft, Ethik und hoher Kultur beschworen wurden. Über die Freiheiten hinaus, die man traditionell dem Genie zubilligte, strebte Freud anscheinend in dunkle Bereiche. Hatte das irgend etwas mit den besonderen Einsichten in die menschliche Seele zu tun, die er eröffnete?

An dieser Stelle müssen wir sehr genau unterscheiden zwischen der Situation im Hause Freud, wie sie sich Freud darstellte, und dem Bild, das sich Jung möglicherweise davon machte. Jung wußte wahrscheinlich nichts von der Vorgeschichte der Beziehungen Freuds zu Minna und Martha Bernays, und von dem Milieu, in dem Freud sich bewegte, dürfte er bestenfalls eine ungefähre Vorstellung gehabt haben. Die Tatsache, daß Freud Jude war, könnte bei Jungs Versuchen, eine Erklärung zu finden, eine Rolle gespielt haben, denn einer der Glaubenssätze der obskuren »Rassenlehre« besagte, daß Juden mehr Inzucht betrieben als Arier. Die Frage damals lautete, ob die größere Häufigkeit, mit der Juden nahe Verwandte heirateten, dazu führte, daß Juden häufiger an Neurosen erkrankten, oder ob sie im Gegenteil die positive Folge hatte, das jüdische Erbgut von der Vermischung mit anderen Rassen reinzuhalten. Solche Diskussionen klingen für uns heute schockierend, aber damals debattierten jüdische wie nichtjüdische Wissenschaftler darüber und bezogen Stellung für das eine oder das andere Argument. Das Sexualverhalten der Juden wurde angeblich von den gleichen Faktoren bestimmt. Forel schreibt in seinem Buch *Die sexuelle Frage* dazu:

> Die Juden, die ihre Rasse in allen Lebenslagen und Gegenden relativ rein erhalten haben, dürften ein besonders günstiges Objekt bieten. Ihre Charakterzüge zeigen sich auch in ihrem Geschlechtsleben. Sie haben im allgemeinen einen sehr starken Geschlechtstrieb und zeigen anderseits eine große Familienanhänglichkeit.[41]

Eine Liebesbeziehung innerhalb der Familie wurde jedoch keineswegs als eine allein jüdische Angelegenheit angesehen, vielmehr war dies ein immer wiederkehrendes Thema in der deutschen Literatur jener Zeit. In Wagners Opern spielte es eine Rolle, und der junge Otto Rank sammelte eine Fülle von Beispielen für ein umfangreiches Werk mit dem Titel *Das Inzestmotiv in Dichtung und Sage*. Die Beschäftigung mit einem solchen Thema galt keineswegs als anrüchig, ganz im Gegenteil: Wenn ein Autor sich mit Themen wie Inzest befaßte, stellte er damit philosophische und psychologische Tiefgründigkeit unter Beweis. Hatte nicht Schopenhauer an Goethe geschrieben:

> Der Mut, keine Frage auf dem Herzen zu behalten, ist es, der den Philosophen macht. Dieser muß dem Ödipus des Sophokles gleichen, der, Aufklärung über sein eignes schreckliches Schicksal suchend, rastlos weiter forscht, selbst wenn er schon ahndet, daß sich aus den Antworten das Entsetzlichste für ihn ergeben wird. Aber da tragen die meisten die Jokaste in sich, welche den Ödipus um aller Götter willen bittet, nicht weiter zu forschen: und sie gaben ihr nach, und darum steht es auch mit der Philosophie noch immer, wie es steht.[42]

Und hatte nicht Nietzsche in der *Geburt der Tragödie* verkündet:

> Ödipus, der Mörder seines Vater, der Gatte seiner Mutter, Ödipus der Rätsellöser der Sphinx! Was sagt uns die geheimnisvolle Dreiheit dieser Schicksalstaten? Es gibt einen uralten, besonders persischen Volksglauben, daß ein weiser Magier nur aus Inzest geboren werden könne: was wir uns, im Hinblick auf […] Ödipus, sofort so zu interpretieren haben, daß dort, wo durch weissagende und magische Kräfte […] der eigentliche Zauber der Natur gebrochen ist, eine ungeheure Naturwidrigkeit – wie dort der Inzest – als Ursache vorausgegangen sein muß; denn wie könnte man die Natur zum Preisgeben ihrer Geheimnisse zwingen, wenn nicht dadurch, daß man ihr siegreich widerstrebt, d. h. durch das Unnatürliche?[43]

Jungs langfristiges Problem dürfte darin bestanden haben, daß er nicht wußte, wie er das Thema Freud gegenüber zur Sprache bringen sollte. Für eine solche Situation gab es keine verbindlichen Verhaltensregeln. Vielleicht konnte man das Thema mit »psychoanalytischer Offenheit« behandeln, um eine von Freud verwendete Formulierung aufzugreifen.[44] Jungs unmittelbares Problem war es, daß er den Monat März nicht verstreichen lassen durfte, ohne Freud zu schreiben. Freud, der Gastgeber, ließ nichts von sich hören. Am letzten Tag im März, volle drei Wochen nach der Begegnung in Wien, griff Jung endlich zu Papier und Stift:

Aus der Länge meiner diesmaligen Reaktionszeit werden Sie jedenfalls schon Ihre Schlüsse gezogen haben. Ich hatte bis jetzt einen starken Widerstand gegen das Schreiben, da bis vor kurzem die in Wien erregten Komplexe noch im Aufruhr begriffen waren. Erst jetzt hat sich die Sache ein bißchen abgeklärt, so daß ich imstande zu sein hoffe, Ihnen einen einigermaßen vernünftigen Brief zu schreiben.

Das schwierigste Stück, Ihr erweiterter Sexualitätsbegriff, ist jetzt etwas assimiliert und an verschiedenen konkreten Fällen erprobt worden. Was das allgemeine anlangt, so sehe ich ein, daß Sie recht haben.[45]

Jung fährt damit fort, daß er Freuds Gedanken über Autoerotismus als Grundlage der Dementia praecox erörtert und teilweise Einwände erhebt. Anstatt Freud geradeheraus nach seiner privaten Lebenssituation zu fragen, flüchtete sich Jung in die Theorie. Vielleicht hoffte er dort Klarheit zu finden.

Falls Jung beabsichtigt haben sollte, mit den ersten Zeilen seines Briefes eine Einladung an Freud auszusprechen, sich über private Dinge auszulassen, so faßte Freud sie jedenfalls nicht in dieser Weise auf. Sein Antwortschreiben vom 7. April 1907 beginnt folgendermaßen:

Ich wähle ein anderes Papier, weil ich mich ohne Einengung mit Ihnen aussprechen will. Ihre Reise war eine sehr liebenswürdige und dankenswerte Handlung; ich hätte Lust, Ihnen mehreres in der Schrift zu wiederholen, was ich Ihnen mündlich gestanden habe, vor allem, daß ihre Person mich mit Vertrauen in die Zukunft erfüllt hat, daß ich nun weiß, ich sei entbehrlich wie jeder andere, und daß ich keinen anderen und besseren Fortsetzer und Vollender meiner Arbeit wünsche als Sie, wie ich Sie kennengelernt habe. Ich bin sicher, Sie werden die Arbeit nicht im Stiche lassen, denn Sie haben zu tief hineingeschaut und selbst gefunden, wie packend, wie weittragend, ja wie schön unsere Dinge sind.[46]

Weiter schreibt er, sie würden nichts gewinnen, wenn sie die Libidotheorie um allgemeiner Zustimmung willen abmilderten: »Wir können uns die Widerstände nicht ersparen, warum sie nicht lieber gleich herausfordern?« Alles in allem ist es ein sehr schmeichlerischer Brief, und Jung antwortet entsprechend:

> Besten Dank für Ihren so überaus freundlichen langen Brief! Ich fürchte nur, Sie überschätzen mich und meine Kräfte. Mit Ihrer Hilfe habe ich ja allerdings schon ziemlich tief hineingeschaut, aber ich bin noch weit entfernt davon, *klar* zu sehen. Immerhin habe ich doch das Gefühl, einen ganz wesentlichen innern Fortschritt gemacht zu haben, seitdem ich Sie persönlich kennengelernt habe, denn es ist mir, als könne man Ihre Wissenschaft niemals ganz verstehen, wenn man Ihre Person nicht kennt. Wo uns Fernerstehenden noch so vieles dunkel ist, kann einem nur der Glaube helfen; der beste und wirksamste Glaube erscheint mir aber das Wissen um Ihre Persönlichkeit. Mein Besuch in Wien war mir darum eine eigentliche Konfirmation.[47]

Nach dieser neuerlichen Einladung an Freud, über sich selbst zu sprechen, geht Jung wieder zur theoretischen Erörterung der Dementia praecox über, es folgt Klatsch über Bleuler und andere. Ein wichtiges Thema taucht in dem Brief am Rande auf: Man hatte Jung gebeten, auf dem bevorstehenden Ersten Internationalen Kongreß über Neurologie in Amsterdam über »Moderne Hysterietheorien« zu sprechen, Korreferent – und Gegner – würde Aschaffenburg sein. Jungs Aufgabe sollte es im wesentlichen sein, Freuds Theorien zu verteidigen.

Postwendend teilte Freud Jung mit, wie die Einladung zustande gekommen war, und ging sogleich wieder zu seinem Thema über:

> Sehen Sie, die Welt im allgemeinen denkt ebenso wie ich über unser Verhältnis. Das Referat in Amsterdam war mir kurz vor Ihrer Ankunft hier angetragen worden, und ich lehnte es eiligst ab in der Angst, ich würde es mit Ihnen besprechen und mich dann von Ihnen zur Annahme bestimmmen lassen. Dann trat das Ding gegen Wichtigeres in unseren Gesprächen zurück. Nun freut es mich sehr, daß man Sie erwählt hat.[48]

Von da an erwähnte Jung seinen Besuch in Wien und Freuds Persönlichkeit nicht mehr. In den nächsten eineinhalb Monaten handeln die Briefe ausschließlich von der Arbeit. Theorien, Beobachtungen und Bemerkungen über die Situation in der Psychiatrie schwirren hin und her, beiden ist die Begeisterung über die Vertiefung des kollegialen Austausches anzumerken. Jung weist immer wieder auf die Schriften anderer Männer hin, die ebenfalls auf dem Gebiet der Tiefenpsychologie tätig waren, und kommentiert sie oft positiv. Freud hingegen äußert sich stets negativ; in der Regel argumentiert er, daß die anderen seine Libidotheorie nicht akzeptieren wollten oder könnten.

Ende Mai gibt es einen abrupten Themenwechsel. Bis dahin hatte Freud Jung immer wieder theoretische Ausführungen geschickt, nun übersandte er ihm ein neues Werk, die Analyse einer vielgelesenen Erzählung, Jensens *Gradiva,* die als erste einer geplanten Reihe von Monographien soeben erschienen war. Jung dankt überschwenglich:

> Ihre *Gradiva* ist herrlich. Ich habe sie kürzlich in einem Zuge durchgelesen. Die Klarheit Ihrer Ausführungen ist berückend, und man muß, sollte ich meinen, von den Göttern mit siebenfacher Blindheit geschlagen sein, wenn man jetzt nicht endlich einmal sieht. Aber die richtigen Psychiater und Psychologen bringen ja alles fertig! [...] Ich muß es oft versuchen, mich zurückzuversetzen in jene Zeit vor der Reformation meines psychologischen Denkens, um die Gründe, die gegen Sie vorgebracht werden, nachzufühlen. Verstehen kann ich sie schon längst nicht mehr. Mein ehemaliges Denken erscheint mir nicht nur verstandesmäßig unrichtig und unvollkommen, sondern recht eigentlich auch moralisch minderwertig, indem es mir jetzt vorkommt wie eine große Unehrlichkeit gegen mich selber.[49]

Der Wahn und die Träume in W. Jensens »Gradiva« wurde für Jung so wichtig, daß in die Geschichte des Werks fälschlicherweise die Behauptung einging, es sei speziell für Jung geschrieben worden. Das war nicht der Fall. Freud hatte es im Sommer 1906 verfaßt, kurz nach der Lektüre von Jungs *Assoziationsstudien,* aber noch bevor die beiden Männer ihren regelmäßigen Briefwechsel aufnahmen. In dieser Arbeit analysiert Freud das gleiche Material wie Jung – erotische Komplexe und Träume –, aber auf seine eigene großartige Weise.

Die Erzählung *Gradiva* handelt von einem jungen Archäologen, der von dem Gedanken besessen ist, eine Frau zu finden, die in der gleichen Weise schreitet wie ein junges Mädchen auf einem Reliefbild, das er in einer Antikensammlung entdeckt hat. Ein Traum, in dem er »Gradiva«, »die Vorschreitende«, vor sich sieht, steigert seine Besessenheit noch. Eine junge Frau namens Zoë Bertgang heilt ihn durch Einsicht in die Zusammenhänge und Entschlossenheit von seiner Obsession. Die Pointe der Geschichte ist, daß zwischen Zoë und dem Archäologen einst eine Kinderfreundschaft bestand und daß sie die Quelle seiner Wahnvorstellung ist; in Wahrheit liebt er sie. Im Verlauf der Erzählung verhilft sie ihm zur Selbsterkenntnis. Bei der Analyse der Geschichte zeigt Freud dem Leser die Übereinstimmung zwischen der dichterischen Darstellung und seiner Methode der Traumdeutung. Er schreibt, Zoë wende zur Heilung des Wahns bei ihrem Jugendfreund das gleiche Verfahren an wie die Psychoanalyse. (An dieser Stelle sollte angemerkt werden, daß die dichterische Gestalt Zoë Bertgang damit zur ersten Psychoanalytikerin wird und daß die Methode der Verführung, wenngleich einer Verführung mit besten Absichten, der psychoanalytischen Methode gleichgesetzt wird.)

Freuds Monographie, die am Anfang einer ganzen Reihe steht, ist eine Fortsetzung seines Werkes und zugleich ein Neubeginn. Die psychologische Betrachtung von Literatur und Kultur pflegte er als willkommene Abwechslung zu seiner sonstigen Arbeit. Insofern unterschied er sich nicht von Jung und Bleuler oder anderen gebildeten Männern seiner Zeit, allerdings ging er von seiner ganz besonderen Perspektive aus. Aber nicht genug damit: Wenn Mythen und Dichtung tatsächlich wie Träume waren, das heißt schöpferische Produkte, die aus dem Unbewußten hervorgebracht wurden, dann boten sie sich förmlich der psychoanalytischen Interpretation an. Allerdings bewegte man sich methodisch auf höchst unsicherem Boden. Von wenigen Ausnahmen abgesehen, stand und fiel die von Freud in seinem Buch geschilderte Methode der Traumdeutung damit, daß der Träumer seine Einfälle zum Traum berichtete. Bei Mythen und Literatur war dieses Verfahren nicht anwendbar, in diesem Fall mußte man auf die Überzeugungskraft der Interpretation setzen. Für einen so begabten Schriftsteller wie Freud stellte das kein Problem dar, doch seine Nachfolger, angefangen mit Franz Riklin, waren überfordert. Die Reihe der Monographien wurde finanziell von Hugo Heller unterstützt, einem bekannten Wiener Verleger, der gelegentlich an den Treffen der Psychologischen Mittwoch-Gesellschaft teilnahm. Es war wichtig für Freud, daß Heller ihm bei der Veröffentlichung freie Hand ließ, denn das enthob ihn der Notwendigkeit, um Entgegenkommen bei Ziehen in Berlin oder Löwenfeld in München zu werben, den Verlegern der beiden medizinischen Reihen mit der größten Verbreitung.

In *Gradiva* waren die methodologischen Risiken dieser neuen Form der Kulturkritik nicht auf den ersten Blick erkennbar. Allerdings meinte Jung, es wäre vielleicht nützlich gewesen, den Autor der Erzählung zu fragen, ob er einige biographische Informationen beisteuern könne. Abgesehen von diesem Vorschlag, pries Jung die Arbeit überschwenglich, und er fügte sogar einen eigenen Gedanken hinzu: Der Protagonist der Erzählung wird durch den Gesang eines Kanarienvogels im Käfig dazu angeregt, eine Reise nach Italien zu unternehmen. Dort jagt er seiner Wahnvorstellung weiter nach, findet aber auch die Lösung. Jung schlägt vom Gesang des Vogels die Brükke zur Mythologie:

> Eine Frage, die Sie offenlassen und die die Kritik vielleicht aufgreifen wird, ist: Warum ist der Komplex bei Hanold [dem Helden der Erzählung; A. d. Ü.] verdrängt? Warum läßt er sich durch den Gesang des Kanarienvogels und sonstige Wahrnehmungen nicht einfach auf die richtige Spur führen?
>
> Die Rolle des Vogels ist ebenfalls belustigend. Sie sind jedenfalls aus Verständlichkeitsgründen in Richtung dieses Symbols nicht weitergegangen. Kennen Sie die Arbeiten von Steinthal über die Mythologie des Vogels?[50]

Heymann Steinthal hatte wichtige Arbeiten zur Psychologie von Folklore und Mythologie verfaßt. Der Vogel in der Erzählung weist auf den mythischen Phoenix, auf Licht und Feuer hin, auf den Stock, der zum Feuermachen gerieben wird, und auf den Penis. Jung deutet an, daß der Vogel in der Erzählung ein verhülltes phallisches Symbol sei. Jungs Bemerkung ist deshalb bemerkenswert, weil er seine Interpretation nicht auf die Erzählung stützte, sondern auf das, was er über die Psychologie der Mythen gelesen hatte. Er nahm an, daß bei der primitiven Mythenbildung die gleichen Kräfte am Werke waren wie im Unbewußten.

Freud bedankte sich für das Lob: »Ein Bekenntnis wie das Ihrige ist mir [...] wertvoller als die Zustimmung eines ganzen Kongresses, auch weil es mir nebstbei verbürgt, daß künftige Kongresse zustimmen werden.«[51] Was Jungs Hinweis anbetraf, so war Freud offensichtlich froh, daß Jung in die richtige Richtung gegangen war: »Sie haben recht, vom ›Vogel‹ habe ich aus Ihnen bekannten Gründen geschwiegen, Rücksicht auf Verleger und Publikum oder Ihr sänftigender Einfluß, wie Sie wollen.«[52] Freud bietet an, Jung könne ebenfalls ein Werk für die neue Reihe beisteuern, und überrascht ihn mit einer Ankündigung: In die zweite Auflage der *Psychopathologie des Alltagslebens* habe er mehrere von Jung berichtete Beispiele aufgenommen.[53] Die Erwähnung dieses Werks gibt Freud Gelegenheit, auf die Auseinandersetzung mit seinen Kritikern einzugehen und in diesem Zusammenhang ein heikles Thema anzusprechen:

> Zuerst schreiben sie so, als ob wir nie eine Traumanalyse, eine Krankengeschichte oder die Aufklärung einer Fehlleistung mitgeteilt hätten; werden sie dann auf dieses Beweismaterial mit der Nase hingestoßen, so sagen sie: Ja, das ist kein Beweis, das ist Willkür. Versuchen Sie's noch einmal, dem einen Beweis zu bringen, der keinen haben will! Mit der Logik ist eben nichts zu machen, man kann von ihr sagen, was Gottfried von Straßburg vom Gottesurteil, meine ich, despektierlich geäußert:
>
> daß der heilige Christ
> windschaffen als ein Ärmel ist.
>
> Lassen Sie aber fünf bis zehn Jahre vergehen, so wird die Analyse »aliquis«, die jetzt kein Beweis ist, ein Beweis geworden sein, ohne daß sich etwas an ihr geändert hat. Da hilft nichts als weitergehen und arbeiten, nicht zu viel Energie an die Widerlegung verschwenden, die Fruchtbarkeit unserer Anschauungen gegen die Sterilität der von uns bekämpften wirken lassen. […]
>
> Und doch, seien Sie ruhig, es wird alles werden. Sie werden es erleben, wenn auch nicht ich. […] Bei jeder neuerlichen Erfahrung, daß man uns auslacht, wächst mir die Sicherheit, daß wir etwas Großes in Händen haben. Im Nachruf, den Sie mir einmal schreiben, vergessen Sie nicht, mir das Zeugnis auszustellen, daß all der Widerspruch mich nicht einmal irregemacht hat.[54]

Jung und vor ihm Bleuler hatten die »Aliquis«-Episode öffentlich als ganz besonders eindrucksvolles Beispiel hervorgehoben; so war es naheliegend, daß Freud darauf verwies. Die Anspielung klingt nur dann kühn, wenn man den Schleier über Freuds Dichtung gelüftet hat, und dazu bedarf es einer genauen Kenntnis von Freuds Lebensgewohnheiten sieben Jahre zuvor. Jung besaß diese Kenntnis nicht. Immerhin lieferte Freud Jung einen letzten Anhaltspunkt: Wie Stadlen herausgefunden hat, stammt das Zitat in Freuds Brief aus einer Szene in *Tristan und Isolde,* wo unter Eid etwas Falsches gesagt wird, ohne daß Gott strafend eingreift (darum heißt es, Christus sei »windschaffen«.) Die Analogie zur »Aliquis«-Episode besteht darin, daß es sich dabei ebenfalls um eine falsche Behauptung handelt, falsch nicht dem Inhalt nach, sondern insofern, als der autobiographische Charakter verhüllt wird:

Tristan hat sich als ein anderer ausgegeben, die Aussage unter Eid wird über einen Mann gemacht, der in Wahrheit ein anderer ist. Falls Jung Freuds Verkleidung in der »Aliquis«-Episode durchschaute und diese Erkenntnis mit seinem Gespräch mit Minna Bernays zweieinhalb Monate zuvor in Verbindung brachte, so ließ er sich jedenfalls nichts anmerken. In seinem Brief vom 30. Mai 1907 wendet er sich vielmehr wieder der *Gradiva* zu und berichtet dann von seinen eigenen überraschenden Plänen:

> In meinem Bekanntenkreis wird »Gradiva« mit Wonne gelesen. Die Frauen verstehen Ihre Sache entschieden weitaus am besten und in der Regel sofort. Nur »psychologisch« Gebildete haben Bretter vor dem Kopf.
>
> [...] Mein Plan, der von Prof. Bleuler lebhaft unterstützt wird, ist der, ein Laboratorium für Psychologie als mehr oder weniger selbständiges Institut der Klinik anzugliedern, zu dessen Leiter ich dann ernannt würde. Auf diese Weise wäre ich unabhängig, von den Fesseln des Anstaltsdienstes befreit und könnte ausschließlich arbeiten, was ich wollte. Ich würde von dieser Stellung aus später dahin tendieren, daß die Professur für Psychiatrie von der Direktion der Anstalt getrennt wird. [...] Wie ich aus den Träumen meiner letzten Zeit ersehe, hat diese »Veränderung« ihren für Sie durchsichtigen »metapsychologischen = sexuellen« Untergrund, wovon ich mir auch eine Reihe von Lustgefühlen verspreche. Wer Ihre Wissenschaft kennt, hat eben vom Baume des Paradieses gegessen und ist sehend geworden.[55]

Wohlgemerkt: Für den zweiten Teil des Planes – den Lehrstuhl für Psychiatrie umzuwidmen – hatte Jung höchstwahrscheinlich *nicht* Bleulers Unterstützung. Dieser Plan war nichts anderes als Verrat an Bleuler. Darüber hinaus war er im höchsten Maße unrealistisch, denn die Kantonalbehörden würden einer solchen Trennung der Funktionen niemals zustimmen. Doch das Vorhaben lag in ferner Zukunft; es hatte einen ganz anderen Grund, daß Jung die Aussicht, den Mauern des Burghölzli endlich zu entkommen, so begeisterte.

Freuds Antwort ist nicht erhalten. Jung fand sie offensichtlich ermutigend: »Den Satz in Ihrem letzten Briefe, daß man sich ›des Reichtums erfreuen‹ könne, finde ich ausgezeichnet. Ich erfreue mich jede Woche *Ihres* Reichtums und lebe von den Brocken, die von des Reichen Tische fallen.«[56] Diesmal erstreckte sich Jungs Begeisterung auf seine Arbeit, und er schildert

Freud zwei Fälle, zwei Geschichten mit sexuellem Inhalt. Mitten in der Schilderung hält er inne und schiebt die Bemerkung ein: »In diesem Stile möchte ich wohl ein ergötzliches Bilderbuch anfertigen, an welchem sich nur der erfreuen kann, der vom Baume der Erkenntnis gegessen. Die andern sollten dabei leer ausgehen.«[57]

Das ist nur eine Bemerkung am Rande. Doch Freud greift den Gedanken auf:

> Ein Bilderbuch, wie Sie es entwerfen, wäre höchst instruktiv. Es ließe sich vor allem die Architektonik der Fälle übersehen. [...] Trauen Sie sich schon, den Kampf um die Anerkennung unserer Neuheiten ernsthaft aufzunehmen? Dann wäre das Nächstliegende, eine Zeitschrift zu begründen, etwa »für Psychopathologie und Psychoanalyse« oder, frecher, nur »Psychoanalyse«. Der Verleger dürfte sich finden, Redakteur könnten nur Sie sein, Bleuler wird es hoffentlich nicht abschlagen, neben mir als Herausgeber zu fungieren. Andere Mitarbeiter haben wir ja noch nicht. [...] Lockt es Sie nicht? Überlegen Sie doch![58]

Es verging fast ein Jahr, bis Freud und Jung den Vorschlag endlich in die Tat umsetzten. Dies war der Anfang der allerersten psychoanalytischen Zeitschrift – Jungs »Bilderbuch«. Eine ausschließlich der Psychoanalyse gewidmete Zeitschrift war ein sehr viel anspruchsvolleres Unterfangen als die Schriftenreihe, die Freud soeben mit *Gradiva* begonnen hatte. Eine solche Zeitschrift mußte nicht nur regelmäßig erscheinen, sie mußte sich auch positiv von den bestehenden Zeitschriften für Neurologie, Psychopathologie, Hypnose, Sexualstudien und ähnlichen abheben. Von da an drängte Freud Jung bei jeder Gelegenheit, endlich die Zeitschrift zu begründen.

Die Art und Weise, wie Freud Jung geradezu auf Anhieb zu seinem wissenschaftlichen »Stammhalter« ernannte, um Binswangers Formulierung aufzugreifen, hat eine ironische Seite: Es gab noch gar nichts zu erben. Jung machte die gleiche Erfahrung, die viele Lieblingssöhne zu ihrem großem Leidwesen machen müssen: Wenn der Sohn eines Tages den Familienbetrieb erben will, muß er ihn zunächst einmal aufbauen. Die enge Beziehung zu Freud war nicht die einzige Regel, die in diesem Unternehmen galt. Freud hatte zudem sehr genaue Pläne für die Organisation – die Zeitschrift war nur der erste Schritt –, und die Pläne waren überaus anspruchsvoll. Augenblicklich dachte Freud darüber nach, wie er die Psychologische Mittwoch-

Gesellschaft in eine offizielle, auch formal stärker von ihm kontrollierte Organisation umwandeln konnte. Um es einfach auszudrücken: Freud sah in Jung mehr als einen Freund.

Den ganzen Juni hindurch hielt Jung Freud über seine Fälle auf dem laufenden. Er schreibt: »Lustig zu sehen ist, wie die Weiber in der Poliklinik sich gegenseitig ihre erotischen Komplexe diagnostizieren, obschon sie selber keine Einsicht dafür haben.«[59] Außerdem reiste Jung in andere Städte. Claparède in Genf sei bereits dabei, berichtete er, Freuds Gedanken aufzunehmen. Janet in Paris wußte enttäuschend wenig davon, und die von Déjérine an der Salpêtrière praktizierte Behandlung durch Isolierung war nach Jungs Ansicht »eine ganz schlimme ›blague‹«.[60] Jungs Begeisterung darüber, daß er »vom Baum des Paradieses gegessen« hatte, nahm allmählich manische Ausmaße an. In Paris kam er bei einer Gesellschaft mit einer jungen, anziehenden Deutschamerikanerin ins Gespräch. Aus heiterem Himmel kommentierte er ihre Abneigung gegen schwarzen Kaffee, daß sie ihn besser ertragen werde, wenn sie »in andere Umstände komme«, das heißt, er brachte ihre Abneigung damit in Verbindung, daß sie schwanger werden wolle. Jungs Frau schien über soviel Direktheit alarmiert zu sein: »Ich werde einen psychotherapeutischen Kurs für Herren ausschreiben.«[61]

Freud fand nach wie vor Gefallen an Jungs Berichten. Er habe sich bereits Sorgen gemacht, daß »der Wiener Komplex sich mit einem Pariser hätte in die verfügbare Besetzung teilen müssen«.[62] In dieser Hinsicht hatte Freud die Zeichen falsch gedeutet: Nicht um Jungs theoretische Gefolgschaft hätte er sich Sorgen machen sollen, sondern um Jungs seelische Stabilität.

Gedankenflüge

Jungs Brief vom 6. Juli 1907 beginnt mit dem Satz: »Haben Sie etwas dagegen, wenn ich Sie mit persönlichen Erlebnissen langweile?« Es folgt die Geschichte von der Deutschamerikanerin, deren Abneigung gegen schwarzen Kaffee mit dem Wunsch, schwanger zu werden, zu tun haben sollte. Zwei Seiten weiter leitet er einen wirren, überdrehten Absatz wie eine Varieté-Vorstellung ein: »Nun noch etwas historische Mystik!«[63] Es geht um Analogien zwischen Freud, Mesmer und Gall (dem Begründer der Phrenologie) und ihre Anerkennung in verschiedenen Städten. Zwischen der Dame mit dem schwarzen Kaffee und der historischen Mystik berichtet Jung Episoden aus zwei laufenden Behandlungen. Bei der einen handelt es sich um eine Patientin, die vielfältige Probleme mit ihrem Anus hat – »es war aber eine entsetzliche Quälerei, bis das alles heraus war«[64] –, die andere Episode hatte überraschenderweise mit Sabina Spielrein zu tun:

> Eine hysterische Patientin erzählte mir, ein Vers aus einem Lermontowschen Gedicht gehe ihr beständig im Kopfe herum. Das Lied handelt von einem Gefangenen, dessen einziger Kamerad ein Vogel in einem Käfig ist. Den Gefangenen beseelt nur *ein* Wunsch: er möchte in seinem Leben, als höchste Tat, irgendeinem Wesen die Freiheit schenken. Er öffnet den Käfig und läßt seinen geliebten Vogel fliegen. Was ist der höchste Wunsch der Patientin? Sie sagt: »Ich möchte in meinem Leben einmal einem Wesen durch psychoanalytische Behandlung zur völligen Freiheit verhelfen.« In ihren Träumen verdichtet sie sich nachgewiesenermaßen mit mir. Wie sie zugibt, wäre eigentlich ihr höchster Wunsch, von mir ein Kind zu haben, das alle ihre unvollendbaren Wünsche zur Vollendung brächte. Dazu müßte ich natürlicherweise vorher den »Vogel fliegen« lassen. (Im Schweizerdeutschen sagt man z. B.: Hat Dein »Vögeli« auch schon gepfiffen?)
>
> Nicht wahr, eine schöne Kette? Kennen sie Kaulbachs pornographisches Bild »Wer kauft Liebesgötter«? (Geflügelte Phalli, die wie Hähne aussehen und allerhand Allotria mit Mädchen treiben.)[65]

Jung gibt Freud keinen Hinweis, daß es sich bei dieser Patientin um dieselbe handelt, von deren analer Masturbation in der Kindheit er Freud im letzten Oktober geschrieben hatte. (Obwohl Adlers Fallvortrag bei Jungs Besuch in Wien geradezu eine Aufforderung gewesen war, den Fall der »russischen Studentin« vorzustellen, erwähnte Jung in seinen stundenlangen Gesprächen mit Freud Spielrein mit keinem Wort.) Genausowenig erwähnte Jung, daß es dieselbe Patientin war, die in seinem »Reue-Treue-Komplex« in Binswangers Arbeit über den galvanischen Reflex erwähnt wurde. Binswangers Arbeit sollte demnächst im angesehenen *Journal für Psychologie und Neurologie* veröffentlicht werden. In demselben Brief an Freud kündigt Jung die Veröffentlichung mit einem Scherz an: »Sie werden dort sehen, daß Sie auch die Geheimnisse des Galvanometers assimiliert haben. Ihre Assoziationen sind allerdings ausgezeichnet.«[66]

Jungs begeisterte Erregung sprengte alle vernünftigen Grenzen. Freud antwortete umgehend:

> Ich schreibe Ihnen – rasch und kurz –, um Sie noch vor Ihrer Abreise zu treffen und Ihnen einen Gruß zur Zeit der geistigen Ausspannung zu bestellen. Sie wird Ihnen wohltun.[67]

Freud teilt Jung außerdem seine Ferienadresse mit und bittet ihn, den brieflichen Austausch auch in der Ferienzeit fortzusetzen. Dann erkundigt er sich nach Dr. Abraham, der ihm geschrieben habe. Jung wußte nicht, daß der erste Assistent am Burghölzli einen eigenen Briefwechsel mit Freud aufgenommen hatte. Die Erwähnung Abrahams und Freuds offensichtliche Sorge über Jungs seelische Verfassung wirkten so ernüchternd, daß Jung über einen Monat nicht antwortete. Auf überschäumendes Mitteilungsbedürfnis folgte Schweigen. Und es folgten, glückliche Fügung, drei Wochen Militärdienst. In seinem ersten Brief nach der Pause war Jung ganz mit dem bevorstehenden Vortrag in Amsterdam beschäftigt, dem Gladiatorenkampf mit Aschaffenburg über »Moderne Hysterietheorien«. Der Kongreß sollte in der ersten Septemberwoche stattfinden.

Freud beschloß, seinen unsicher gewordenen neuen Freund zu ermutigen. Am 18. August schrieb er ihm:

> Verzweifeln Sie nicht. [...] Man arbeitet doch wesentlich für die Geschichte, und in dieser wird Ihr Vortrag in Amsterdam als ein Markstein ausgezeichnet sein. Das, was Sie das Hysterische in Ihrer Person heißen, das Bedürfnis, den Menschen Eindruck zu machen und auf sie Einfluß zu nehmen, was Sie so sehr zum Lehrer und Wegweiser befähigt, wird auf seine Rechnung kommen, auch wenn Sie dem herrschenden Modeurteil keine Konzession gemacht haben. Wenn es Ihnen dann in noch ausgiebigerem Maß gelungen sein wird, in die gärende Masse meiner Ideen Ihre persönlichen Fermente einzutragen, wird zwischen Ihrer und meiner Sache kein Unterschied mehr bestehen.[68]

In der schriftlichen Fassung seiner Antwort auf Aschaffenburg war Jung keineswegs kühn gewesen. Nun hatte er, wie er Freud in seinem nächsten Brief wissen ließ, die zusätzliche Last zu tragen, nämlich die Sexualtheorie zu vertreten: »Immerhin habe ich unangenehme Pressentiments, denn ich muß es für kein Kleines halten, eine *solche* Position vor einem *solchen* Publikum zu verteidigen.«[69] Er will von Freud wissen, welche Bedeutung er der Sexualität im Hinblick auf Gefühle allgemein und im Hinblick auf hysterische Symptome beimaß. Freud antwortet unverblümt, daß er Begriffe wie Bleulers »Ich« und »Affektivität« für reine »Oberflächenpsychologie«[70] halte. Dieses Thema durchzieht die nächsten Briefe. Zwei Tage bevor Jung seinen Vortrag halten sollte, schickte ihm Freud noch einmal ein ermutigendes Schreiben:

> Ob Sie Glück oder Unglück gehabt haben oder haben werden, weiß ich nicht; aber ich möchte gerade um diese Zeit bei Ihnen sein, mich freuen, daß ich nicht mehr einsam bin, und Ihnen, wenn Sie etwa Aufmunterung brauchen, von meinen langen Jahren ehrenvoller, aber schmerzlicher Einsamkeit erzählen, die für mich begannen, nachdem ich den ersten Blick in die neue Welt getan, von der Teilnahmslosigkeit und Verständnislosigkeit der nächsten Freunde, von den bangen Episoden, in denen ich selbst meinte, geirrt zu haben, und erwog, wie man ein verfahrenes Leben zugunsten der Seinigen noch nützlich machen könne, von der allmählich sich befestigenden Überzeugung, die sich immer wieder an die Traumdeutung wie an einen Fels in der Brandung klammern konnte, und von der ruhigen Sicherheit, die mich endlich in Besitz nahm und warten hieß, bis eine Stimme aus dem unbekannten Haufen der meinigen antworten würde. Es war die Ihrige; ich weiß ja jetzt, daß auch Bleuler auf Sie zurückgeht. Haben Sie Dank dafür, und lassen Sie sich in der Zuversicht, den Sieg zu erleben und zu genießen, nicht irremachen.[71]

Der den »Modernen Hysterietheorien« gewidmete Teil des Amsterdamer Kongresses am 4. und 5. September war keine glanzvolle Veranstaltung. Jung vermasselte seinen Auftritt gründlich. Er hatte sich bei der Länge seines Vortrags verschätzt, wurde nervös und geriet gänzlich aus der Fassung, als der Vorsitzende darauf bestand, er müsse sich an die festgesetzte Redezeit halten. Am zweiten Tag stand die Diskussion auf dem Programm, und Jung sagte kein Wort. Aschaffenburg seinerseits verdarb seinen Beitrag durch allerlei Versprecher, die offenbarten, daß er im Konflikt war, auf welche Seite er sich stellen sollte. Darüber hinaus berichtete er höchst selbstgerecht, wie er einer von ihm behandelten Patientin verboten hatte, von ihren sexuellen Komplexen zu sprechen. Die anderen Kongreßteilnehmer schlugen sich gleichfalls wenig ruhmreich. Janet, ohne Zweifel der Prominenteste unter den Anwesenden, hatte über die Freudsche Theorie nur die wenig erbauliche Bemerkung zu machen, sie klinge wie eine »mauvaise plaisanterie«.[72] In den brieflichen Berichten an Freud[73] verbarg Jung seine Verlegenheit über den mißlungenen Auftritt beim Kongreß hinter sarkastisch-bissigen Bemerkungen. Er sandte Freud noch keine Kopie des Vortragstextes, denn »ich muß ihn noch etwas ausschleifen«.[74] In der endgültigen Fassung mit dem Titel »Die Freudsche Hysterietheorie« argumentiert Jung schließlich wohlüberlegt und gewiß eindeutiger als in seinem mündlichen Vortrag. Aus dem Text spricht Jungs frühere, indes nicht recht überzeugende Gewandtheit. Er schreibt, Freuds Erkenntnisse seien auf »eine unbestimmt große Zahl von Hysteriefällen«[75] angewendet worden. Freuds Methode beschreibt er im wesentlichen als eine Form von Erziehung, explizit weist er zum Vergleich auf Dubois' Methode der »Erziehung durch Belehrung« hin. Auch als Jung auf die sexuelle Symbolik zu sprechen kommt, sichert er sich ab:

> Am wenigsten kann man Freud die *Sexualsymbolik* verzeihen. Ich finde, hier könnte man am leichtesten folgen, denn hier hat die Mythologie als der Ausdruck des phantastischen Denkens ganzer Völker in lehrreichster Weise vorgearbeitet. Ich erinnere an die ausgezeichneten Arbeiten Steinthals in den sechziger Jahren, welche eine in mythologischen und sprachgeschichtlichen Relikten allgemein verbreitete Sexualsymbolik nachweisen. Ich erinnere überhaupt an die Erotik mit ihrem allegorischen oder symbolischen Ausdruck bei unseren Dichtern. Niemand, der diese Hinweise berücksichtigt, wird sich der Einsicht verschließen können, daß es sich zwischen den Freudschen Symbolismen und den Symbolen der poetischen Phantasie des einzelnen und ganzer Völker um ungemein weitgehende und bedeutsame Analogien handelt.[76]

Den größten Teil des Vortrags widmet Jung der Darstellung von Freuds Entwicklung seit seiner Zusammenarbeit mit Breuer. In sehr hellsichtiger Weise stellt er die Theorie des Falles »Dora« und der *Drei Abhandlungen zur Sexualtheorie* dar, beide behandelt er ausführlich. Sicherheitshalber berichtet Jung dann einen Fall und analysiert ihn nach Freuds Prinzipien. Dabei kommen alle zentralen Elemente der Theorie vor, beginnend mit einer kindlichen Perversion. In der Zusammenfassung schreibt Jung, die kindlichen Phantasien seien machtvoll in der Adoleszenz wiederaufgetaucht, was verheerende Konsequenzen für die Wirkung der Patientin auf junge Männer gehabt habe:

> Tritt die reale Sexualforderung an die Persönlichkiet heran und verlangt die Übertragung der Libido auf die geliebte Person, dann werden auch alle perversen Phantasien auf sie übertragen [...]. Die Libido erschöpft sich im Kampfe gegen die mit ihr wachsenden Abwehrgefühle, aus denen dann die Symptome hervorgehen. So kann Freud sagen, daß die Symptome nichts anderes als die *Sexualbetätigung* der Kranken darstellen.[77]

Es war wohl keine gute Taktik gewesen, daß Jung für die Falldarstellung eine Patientin mit ausgesprochen primitiven Symptomen (anale Masturbation, auffallende Defäkationsrituale und Schlagephantasien) ausgewählt hatte. Vor allem aber gehörte es sich nicht, diesen Fall zu berichten, denn die Patientin war niemand anderer als Sabina Spielrein. Sie stand kurz vor dem Beginn ihres dritten Jahres an der medizinischen Hochschule. Man kann sich vorstellen, was sie fühlte, als sie den Bericht in die Hände bekam. (Sie schrieb später darüber eine ausführliche, wohldurchdachte Kritik.)

Sabina Spielrein war nach wie vor die Patientin, die Jung am besten kannte, und dies allein könnte ausreichen als Erklärung, warum er ihren Fall für seinen Vortrag verwendete. Darüber hinaus hatten die beiden, wie wir im nächsten Kapitel sehen werden, nicht lange zuvor heftig über Jungs letzte Deutungen gestritten; insofern könnte auch Gehässigkeit mit im Spiel gewesen sein. Welche Motive Jung auch gehabt haben mag, auffallend ist im Rückblick, wie vorsichtig er zu Werke ging. Er berichtete weder von der Anfangsphase der Behandlung noch von seinen jüngsten Deutungen. Privat wie beruflich geriet Jung immer mehr in Schwierigkeiten: Bei einer wichtigen, um nicht zu sagen historischen Konferenz hielt er einen Vortrag, aber nicht über eigene Erkenntnisse, sondern über die Theorien von Freud. Und für den Vortrag verwendete er die erotische Geschichte einer jungen Frau, die ihm inzwischen persönlich sehr viel bedeutete. Jungs Orientierung an Freud zerfiel in eine private und eine öffentliche Seite. Psychologisch gesehen, war Jung ungefähr wieder da, wo er begonnen hatte: bei einem äußeren und einem inneren Selbst, die sich nicht ohne weiteres zusammenbringen ließen.

Ein Jude in Deutschland

Trotz Jungs ungeschickten Auftretens und trotz der Reaktion des Publikums war die Konferenz in Amsterdam ein historisches Ereignis. Mit seinem Blick für Organisatorisches erkannte Freud sofort, wie wertvoll Jung sein konnte. Während Jung seinen Vortrag hielt, war Freud damit beschäftigt, die Psychologische Mittwoch-Gesellschaft aufzulösen und neu zu organisieren. Vorgeblich war es nur eine Formalität, die einigen Mitgliedern einen ehrenvollen Rückzug ermöglichen sollte. Tatsächlich machte Freud damit deutlich, daß er die Gesellschaft nach Belieben auflösen konnte. Es war der erste Vorstoß, als Vorbereitung auf intensivere Verhandlungen mit der Züricher Schule die Fäden fester in die Hand zu nehmen.

Nach Eitingon und Jung knüpfte Karl Abraham als drittes Mitglied der Züricher Schule einen eigenen Kontakt zu Freud. Abraham erweckte nicht den Anschein, als wäre er zu psychoanalytischem Ruhm berufen. Im Juni hatte er Freud seine erste psychoanalytische Arbeit geschickt. Darin bemühte er sich, Freuds Theorien auf Patientien mit Dementia praecox anzuwenden, doch unglücklicherweise beging er den Fehler, sich zu sehr auf die Verführungstheorie zu stützen.[78] Zu Beginn ihrer Korrespondenz hatte Freud versucht, Abrahams Irrtümer zu korrigieren, doch er drückte sich so vorsichtig aus, daß nicht klar wurde, was er meinte. Die Folge war, daß Abraham in seiner zweiten Arbeit, die nun in Druck gehen sollte, den Fehler wiederholte. Die Zeichen für eine weitere Zusammenarbeit standen somit schlecht, doch drei Dinge sprachen für Abraham: Er war ein in Zürich ausgebildeter Psychiater, er betrieb gern Hochschulpolitik, und er wollte eine Praxis in Berlin eröffnen. Anfang Oktober berichtete Abraham Freud in einem Brief von diesem Plan:

> Ich habe vor, in circa einem Monat Zürich zu verlassen. [...] Die Gründe liegen nahe: Ich bin in Deutschland als Jude, in der Schweiz als Nichtschweizer, während sieben Jahren nicht über eine Assistentenstelle hinausgekommen. Ich will es nun in Berlin mit der Praxis versuchen, als Spezialist für nervöse und psychische Krankheiten. [...] Sie werden bereits erraten, warum ich Ihnen schreibe. Ich möchte Sie um Ihre Empfehlung bitten, falls Sie in die Lage kommen, in Berlin einen Arzt für psychische Behandlungen empfehlen zu müssen. [...] Ich [...] möchte Sie [...] ferner um Erlaubnis fragen, ob ich mich gegebenen Falles um Rat an Sie wenden

dürfte. Für Ihre gütige Unterstützung in beiden Hinsichten wäre ich Ihnen zu größtem Dank verbunden.[79]

Freuds Antwort vom 8. Oktober 1907 zeigt, daß er die Botschaft verstanden hatte:

> Meine erste Regung des Bedauerns, als ich Ihren Brief las, habe ich bald unterdrückt. Einem jugendlichen Manne wie Ihnen geschieht nichts Übles, wenn er gewaltsam ins freie Leben »au grand air« gedrängt wird, und daß Sie es als Jude schwerer haben, wird wie bei uns allen die Wirkung haben, all Ihre Leistungsfähigkeit zum Vorschein zu bringen. Daß meine Sympathien und Wünsche Sie auf dem neuen Wege begleiten, ist selbstverständlich, wenn irgend möglich soll es mehr sein. Bestände meine intime Freundschaft mit Dr. W. Fließ in Berlin noch, so wäre der Weg für Sie geebnet, leider ist dieser Weg jetzt ganz verschlossen. Im abgelaufenen Jahre kam ich wiederholt in die Lage, gegen Patienten aus Deutschland zu bedauern, daß ich keinen Vertrauensmann im Reich hätte, an den ich sie empfehlen könnte. Wenn solche Fälle sich heuer wiederholen, so weiß ich also, was ich zu tun habe. Steigt mein Ansehen in Deutschland, so wird es gewiß für Sie fruchtbar sein, und wenn ich Sie direkt als meinen Schüler und Anhänger bezeichnen darf – Sie scheinen mir nicht der Mann zu sein, der sich dessen schämt –, so kann ich energisch für Sie eintreten.[80]

Der Handel war geschlossen. Im Dezember 1907 trafen sich Abraham und Freud zum ersten Mal. Für sich allein rang Abraham weiterhin mit Freuds Ideen und seinen eigenen »Widerständen«.[81] Doch – wie er in einem Brief an Eitingon schrieb – als Freud zu ihm sagte, er habe drei Kategorien von Anhängern, und er, Abraham, zähle zur höchsten Kategorie, weil er die Libidotheorie akzeptiert habe, fand er dieses Lob »sehr erfreulich«.[82] Möglicherweise war es in den Monaten nach ihrer ersten Begegnung auch wichtig, daß Abraham mit einstimmte, wenn Freud ihre »Rassenverwandtschaft« ins Spiel brachte.[83]

Über Freuds Identität als Jude ist viel geschrieben worden. Dies ist ein schwieriges, vielschichtiges Thema. Gestützt hauptsächlich auf die Untersuchungen von Dennis Klein, möchte ich an dieser Stelle nur sagen, daß Freuds Judentum zwei Seiten hatte: In seiner Jugend waren die Minister des Habsburgerreichs die Helden der jüdischen Schuljungen. Politisch sympathisierte man mit der schrittweisen, ruhigen Liberalisierung, wie sie die Sozialdemokraten anstrebten, kulturell schaute man nach Deutschland, und das gesellschaftliche Ziel war Assimilierung. In der Zeit des wachsenden Antisemitismus, die Ende der achtziger Jahre begann, entwickelte Freud nur zögerlich so etwas wie Zusammengehörigkeitsgefühl gegenüber den neuen, nicht kosmopolitisch orientierten und nicht auf Assimilation bedachten Juden, die aus den östlichen Teilen des Reichs herbeiströmten. Er strebte immer noch nach einer internationalen Karriere, bei der seine jüdische Herkunft keine Rolle spielen würde. Erst im Jahr 1897, als er glaubte, daß ihm die Professur vorenthalten werde, weil er Jude sei, schloß er sich der B'nai B'rith an und wandte sich seinen Wurzeln zu. Als dann zuerst Bleuler und später Jung die Bühne betraten, lockerte Freud seine Beziehungen zur B'nai B'rith wieder. Ein Grund war, daß er keine Zeit mehr für ein intensives Engagement hatte, der andere Grund war, daß er sich erneut mit dem Gedanken einer internationalen Karriere beschäftigte.

Für Freud war Jung ein neuer nichtjüdischer Freund, und er belebte zugleich wieder die alten, auf Assimilation und internationales Wirken gerichteten Hoffnungen. Als Karl Abraham auftauchte und sich als Bundesgenosse anbot, brach die in Freuds doppelter Identität unterschwellig vorhandene Ambivalenz hervor. Daß Abraham Jude war, unterschied ihn von den Mitgliedern der »Bande« in Wien. Er war ein gut ausgebildeter Nervenarzt aus der »Züricher Schule« und würde in Berlin, dem Zentrum der Medizin in Norddeutschland, gewiß Erfolg haben. Persönlich fand ihn Freud nicht uneingeschränkt sympathisch, und in seinen Briefen umwarb er ihn nie so wie Jung, aber das war anscheinend auch nicht nötig. Das Auftauchen von Abraham komplizierte in zweifacher Hinsicht die Beziehung von Freud und Jung: Als Jude war Abraham eher geneigt, seine ehemaligen Züricher Kollegen wegen ihres »Mystizismus« zu kritisieren; er brachte das Thema der religiösen Differenzen in die Debatte. Wenn er in Berlin Erfolg hatte, würde das überdies die organisatorischen Pläne durcheinanderbringen: Jung mochte zwar der »Stammhalter« sein, aber Abraham konnte eigene Ansprüche in der Erbfolge geltend machen – welcher organisatorische Rahmen bis dahin auch bestehen mochte.

Darüber hinaus drohte noch eine dritte, ihrer Natur nach eher persönliche Komplikation: Karl Abraham mochte Carl Gustav Jung nicht besonders.

Kapitel 7

Die Wissenschaft von den Märchen

In der Psychiatrie und in den verwandten Wissenschaften ist neuerdings ein Kampf gegen und für die Freudschen Theorien und Untersuchungen entbrannt. Ich schätze mich glücklich, auf ein so hübsches, einladendes Material wie die Märchen gestoßen zu sein, um an Hand derselben eine Waffe in diesem Kampf tragen zu können.

Franz Riklin, *Wunscherfüllung und Symbolik im Märchen,* Wien und Leipzig 1908.

Franz Riklins *Wunscherfüllung und Symbolik im Märchen* erschien Anfang 1908 als zweiter Band von Freuds Reihe *Schriften zur angewandten Seelenkunde.* Riklin korrespondierte mit Freud, er war als Mitarbeiter von Jung und Direktor der Irrenanstalt Rheinau bekannt. Die Veröffentlichung von Riklins Buch war für Freud ein kleiner, aber wichtiger Schritt nach vorn. Riklins Schrift war dünn, zweifelhaft in der Argumentation und verschwieg die Unzulänglichkeiten nicht. Riklin hatte zwar gründlich die wissenschaftliche Literatur über Sagen und Märchen studiert – er stand in persönlichem Kontakt mit Otto Stoll, dem Züricher Volkskundler –, die Schwierigkeit lag vielmehr darin, daß die Interpretation mit der Erkenntnis endete, »die menschliche Psyche« sei »immer […] Märchendichterin«.[1] Dieses Stichwort hatte Riklin aus Freuds Buch über die Träume entnommen, und nun konzentrierte er sich darauf, Sexualsymbole aufzuspüren. Allerdings bleibt es bei der Behauptung, daß etwas ein Sexualsymbol sei; Riklin beruft sich darauf, die Bedeutung sei »dem Eingeweihten«[2] selbstverständlich klar. Die methodologischen Probleme der Anwendung psychoanalytischer Formulierungen auf die Literatur, denen Freud in seiner *Gradiva* so geschickt ausgewichen war, treten bei Riklin deutlich zutage.

Riklin hat durchaus Interessantes zu sagen. Im Mittelpunkt seines Buches steht die populäre Figur des Froschkönigs. Riklin interpretiert ihn als Symbol der Ambivalenz des jungfräulichen Mädchens gegenüber der männlichen Sexualität: Die animalische Seite der Sexualität, die Abscheu und Ekel einflößt, werde in solchen Geschichten als Liebe zu einem Prinzen idealisiert. Verdrängung und Aufspaltung in ein positives und ein negatives Bild seien am Werk. Von dieser Grundposition ausgehend, untersucht Riklin unterschiedliche Verkleidungen der Motive Zeugung und Geburt und Darstellungen des kindlichen Egoismus, der sich typischerweise als Feindseligkeit gegenüber dem Vater manifestiert. Riklin liefert auch eine Deutung des in Märchen häufig anzutreffenden Motivs vom Schlaftrunk: Der Schlaftrunk symbolisiere die Gleichgültigkeit des Verliebten gegen alles andere in der Welt, durch die Liebe versinke die äußere Welt ins Vergessen. Riklins Interpretation klingt durchaus plausibel, und die Studie über den Froschkönig ist eine Arbeit von bleibendem Wert.

Doch nach und nach kommt Riklin immer mehr vom Wege ab, und seine Ausführungen entwickeln sich zu einer Phantasmagorie immer abenteuerlicherer Geschichten aus den verschiedenen Kulturen der Welt mit immer vageren Deutungen. In einer Geschichte geht es um eine Prinzessin, der ein Riese die Beine abgeschlagen hat, und Riklin fragte in Klammern: »abasisches Traummotiv?«[3] In einer anderen Geschichte wird ein böser Minister, der Vater der weiblichen Hauptfigur, der inzestuöse Absichten hegt, mit Eisenklammern um die Brust an einen Stuhl gefesselt. Riklins Kommentar in Klammern fällt noch unbestimmter aus: »Angst? Böses Gewissen?«[4] Ein magischer Hecht wird in drei Netzen gefangen und zerreißt sie zweimal; und Riklin überlegt, ob die Netze wohl »Symbol für das Hymen« seien.[5] Ohne daß Riklin es bemerkt, unterläuft er die Methode von Freuds Traumdeutung, indem er immer mehr Geschichten zitiert, in denen das Inzestmotiv vollkommen offen und unverhüllt vorliegt. Freud hatte in seinem Buch über den Traum angenommen, daß bestimmte Symbole wirklich universell seien. Im weitaus größten Teil seiner Traumdeutungen geht es darum, auf welche Weise Symbole der Verhüllung dienen und es damit dem im Traum ausgedrückten Wunsch ermöglichen, die Schranke der Zensur zu durchbrechen. Doch was kann in einem Märchen noch verhüllt werden, wenn die Prinzessin ihren Vater heiratet und beide glücklich miteinander leben?

Riklins Forschungsgegenstand war überaus wichtig. Sagen, Märchen und Volkserzählungen spielen in der deutschen Kultur eine ungleich größere

Rolle als beispielsweise in der englischen. Nachdem sich die Gebildeten in Deutschland vom Christentum befreit hatten, wandten sie sich auf der Suche nach ethischen Maßstäben der Philosophie zu und auf der Suche nach ästhetischen Maßstäben den Griechen, die sie allerdings zutiefst mißverstanden. In einer Gegenbewegung dazu entwickelte sich das Interesse für die genuinen Produkte der deutschen Volksseele. Schon bald wurden sie gefeiert, und Männer wie Herder oder die Brüder Grimm gelangten zu den Höhen literarischen Ruhms. Die deutschen Sagen und Märchen wurden wegen ihres Wertes geschätzt, aber auch weil sie die nationalistischen Hoffnungen eines bis 1870 politisch zersplitterten Volkes transportierten. Auf diese Weise kann ein mythologisches Motiv die individuelle Phantasie beflügeln, nationalistische Hoffnungen verkörpern, der rassistischen Theorie von der Überlegenheit des arischen Menschen als Staffage dienen oder als Rohmaterial benutzt werden für wissenschaftliche Untersuchungen auf den neuen, in der Entstehung begriffenen Gebieten der Philologie, der Mythologie im engeren Sinn oder der sogenannten Völkerpsychologie, des Studiums der Volkscharaktere, wie sie sich über die Jahrhunderte hinweg entwickelt haben. Bei der Beschäftigung mit Mythologie konnten intellektueller Scharfsinn und tiefempfundene Gefühle bequem nebeneinander kultiviert werden. Erkenntnisse auf diesem Gebiet hatten eine unmittelbare und weitreichende Wirkung in der gebildeten Öffentlichkeit.

Riklins Buch löste eine wahre Flut ähnlicher Arbeiten aus. Karl Abraham meinte, er habe eine bessere Herangehensweise gefunden, und erreichte es, daß sein Buch *Traum und Mythus* im nächsten Jahr als vierter Band in Freuds Schriftenreihe veröffentlicht wurde. (Jungs Vorlesung für Laien über neue Richtungen in der Psychiatrie, *Der Inhalt der Psychose,* war der dritte Band.) Als fünfter Band erschien Ranks *Der Mythus von der Geburt des Helden.* Es tobte ein regelrechter Wettstreit, wer die erste umfassende psychoanalytische Abhandlung über Mythen und Märchen vorlegen konnte. Die methodologische Vorsicht wurde über Bord geworfen – der Gegenstand war zu wichtig und duldete keinen Aufschub.

Der Siegfried-Komplex

Sabina Spielrein kannte Riklin natürlich seit der Zeit, als sie Patientin in der Arbeitstherapie im psychologischen Laboratorium gewesen war. Es ist möglich und sogar wahrscheinlich, daß sie von seiner Studie hörte, während er noch daran arbeitete. Ihr eigenes Interesse für Mythen galt allerdings nicht der psychoanalytischen Deutung. Wie viele junge Menschen ihrer Zeit und ihrer Herkunft fand sie in Mythen und Märchen vielmehr einen Ausdruck eigener innerer Kämpfe.

Wie wir in den beiden vorausgehenden Kapiteln gesehen haben, hatte Sabina Spielrein im Januar 1907 und dann wieder im Juli Jung zum Nachgrübeln über eigene Komplexe bewegt und seine Phantasie beschäftigt. Bis jetzt haben wir im Grunde nur Jungs Version der Geschichte gehört. Tatsächlich können wir weder den Bekenntnissen, die Jung Binswanger gegenüber im Januar ablegte, noch seinem verworrenen Brief an Freud im Juli entnehmen, in welcher gefühlsmäßigen Verfassung sich Sabina Spielrein befand und was sie ihm in dieser Zeit anvertraute. Darum gehen wir an diesem Punkt noch einmal zurück und betrachten die Ereignisse aus Sabinas Sicht, soweit sie sich aus ihren späteren Aufzeichnungen rekonstruieren läßt.

Eine entscheidende Veränderung in Sabina Spielreins seelischer Verfassung trat ein, nachdem sie im Oktober 1906 mit Jung die Erinnerungen an ihren Bruder und ihren Vater und ihr Ritual, sich auf die Ferse zu setzen, besprochen hatte. Die Schlagephantasien traten eine Zeitlang in den Hintergrund, und Sabina Spielrein malte sich eine Laufbahn als Nervenärztin aus; sie wollte für andere das tun, was Jung für sie getan hatte. Jung war ihr Vorbild und ihr Held geworden. Die therapeutische Beziehung hatte ihren »Ich-Komplex« verstärkt, und parallel zum Anwachsen ihres Selbstbewußtseins veränderten sich ihre Träume. Siegfried tauchte auf.

Siegfried ist die zentrale Gestalt der teutonischen Mythologie, Kind des Helden Siegmund und seiner Schwester Sieglinde, er tötet den Drachen Fafner und rettet die gefallene Walküre Brünnhilde. Um Siegfried ranken sich so unendlich viele Geschichten, daß man fragen muß, welchen »Siegfried« Sabina Spielrein vor Augen hatte. Glücklicherweise beantwortet sie diese Frage im Entwurf zu einem Brief an Freud, der im späten Frühjahr 1909 geschrieben wurde:

> Der mir den Dämon mit so einer schauderhaften Deutlichkeit in die Seele führte, war Wagner. Ich will die Gleichnisse unterlassen, da Sie möglicherweise über die Überschwänglichkeit des Gefühles lachen. Die ganze Welt wurde für mich zu einer Melodie: es sang die Erde, es sang der See, es sangen die Bäume und jeder einzelne Zweig am Baume.[6]

Sabina Spielrein interessierte sich von früh an für Musik, eine besondere Vorliebe hatte sie für Wagner-Opern. In seinem berühmten, vier Opern umfassenden Zyklus *Der Ring des Nibelungen,* dessen erster Teil 1869 in München uraufgeführt wurde, gestaltete Wagner den Siegfriedmythos entsprechend seinen künstlerischen Absichten. In seiner Version der Geschichte steht am Anfang die inzestuöse Vereinigung der Zwillinge Siegmund und Sieglinde, die Kinder Wotans sind. Widerstrebend gibt Wotan dem Drängen seiner Frau Fricka nach und duldet, daß Siegmund getötet wird. Dank Brünnhildes Hilfe gelingt es Sieglinde zu fliehen. Sie gebiert Siegfried, das Kind ihrer Liebe zu Siegmund. Brünnhilde verliert zur Strafe ihre göttliche Kraft und wird in einen tiefen Schlaf versetzt. Ein Ring von Flammen umgibt sie. Als ihr Schicksal wird bestimmt, daß sie dem Mann gehören soll, der als erster den Flammenring durchdringt. Sieglinde stirbt bei Siegfrieds Geburt, Siegfried wird von dem bösen Schmied Mime großgezogen. Er wächst heran, ohne zu wissen, was Furcht ist. Zu gegebener Zeit tötet Siegfried den Drachen Fafner und den verräterischen Mime, danach erlöst er die Walküre Brünnhilde; die beiden verlieben sich. In der letzten Oper des Zyklus wird Siegfried durch einen Zaubertrank dazu gebracht, daß er Brünnhilde vergißt. Er hilft Gunther, Brünnhilde als seine Frau zu gewinnen, und wird von dem bösen Hagen ermordet. Die Handlung spielt vor einem reichen kosmologischen und symbolischen Hintergrund, wo Götter, Zwerge und Riesen, unter einem Fluch stehend, um den Besitz des Ringes kämpfen, der unbeschränkte Macht gewährt. Die Geschicke der verschiedenen menschlichen Helden sind von Anfang an in diesen kosmologischen Kampf verwoben. So wird am Schluß, in der *Götterdämmerung,* der letzten Oper des Zyklus, durch Siegfrieds Tod und Brünnhildes Raserei, die sich opfert, um wenigstens im Tod mit Siegfried vereint zu sein, die alte verdorbene Ordnung endlich zerstört, und ein neues Zeitalter bricht an. Wagners Opernzyklus ist ein reicher, psychologisch vielschichtiger Bilderteppich. Die Themen Inzest und Verrat stehen neben Unschuld und Heldentum und verlieren auf diese Weise ihre abstoßende Ungeheuerlichkeit. Alle drei

Werke durchziehen in immer komplexeren Ausgestaltungen die Motive Pflicht versus wahrer Leidenschaft und Liebe versus Macht.

Die Anziehungskraft des Siegfriedmythos lag für Sabina Spielrein wohl darin, daß Siegfried zwar ein Held ist, aber vor allem ein Waisenkind, unschuldig, das ganz zu Anfang den aufopferungsvollen Schutz einer Frau (Brünnhildes) braucht, die er später rettet und liebt. Dies alles steht in dem größeren Zusammenhang der Aussage, daß die junge Generation, die zu wahrer Liebe fähig ist, von den Göttern geopfert wird, die heuchlerisch durch die Pflicht gebunden sind. Abgesehen von der gelegentlichen Erwähnung in dem Tagebuch, das Sabina Spielrein im Herbst 1910 führte, gibt es für ihren »Siegfried-Komplex« zwei hauptsächliche Informationsquellen: Briefe an Jung aus den Jahren 1917–1919 und Entwürfe zu Briefen, die sie im Mai und Juni 1909 an eine dritte Person schrieb. (Damals wurden Briefe regelmäßig abgeschrieben, bevor man sie abschickte.) Die letztgenannte Quelle vermittelt wegen der Nähe zu den Ereignissen einen unmittelbaren Eindruck, doch leider liegen nur Bruchstücke vor. Die folgende Passage ist typisch:

> So war der Siegfried entstanden, der den größten Genie geben sollte, weil Dr. Jung als Götterabkömmling mir vorschwebte und ich von Kindheit an so eine Ahnung hatte, daß ich nicht für das alltägliche Leben bestimmt bin. Ich fühlte mich von Energie überflutet, die ganze Natur sprach direkt zu mir, sang zu mir, es kam ein Liedchen nach dem anderen, es entstanden immer neue Märchen in mir.[7]

Das Gefühl, daß ihr ein großes Geschick bestimmt sei, verband sich in Sabinas Phantasie mit der Überzeugung, daß sie ein ebenso großes »Opfer« bringen müsse.[8] Sie war damals einundzwanzig.

Es bedurfte nicht der neuen Methoden der Psychoanalyse, um diese plötzliche Verwandlung zu verstehen. In der medizinischen Literatur jener Zeit war immer wieder zu lesen, daß mit dem Erwachen der Sexualität in der Pubertät vor allem bei hysterischen Frauen oft eine Trias aus überspanntem Selbstbewußtsein, religiösem Eifer und der Sehnsucht, sich selbst aufzuopfern, zu beobachten sei.[9] Man wußte auch, daß diese mysteriösen »Symptome« gewöhnlich rasch verschwanden, wenn die Frauen sich in einen passenden jungen Mann verliebten. Es war Opfer genug, ihm Kinder zu gebären, er nahm den Platz der Götter ein, und der zeitweilige Überschuß an Selbstgefühl wandelte sich im Laufe der Zeit in die ihrer selbst bewußte Selbstsicherheit und den Charme einer reifen Dame, die ihren Wert kennt.

Wir wissen nicht, wie viele naive Phantasien sich Sabina Spielrein gestattete, als Wagners Siegfried-Thema zum ersten Mal aus ihrem Unbewußten aufstieg, aber offensichtlich war sie hellsichtig genug zu erkennen, daß das Thema in erster Linie mit Jung zu tun hatte. Zu jener Zeit war sie in einer zwiespältigen Mischung sowohl seine Freundin wie seine Patientin. Jedenfalls zögerte sie nicht, ihm von ihrem neuen Komplex zu berichten. Während Jung nach außen hin bestrebt war, den Eindruck zu vermitteln, er habe schonungslos ihre Illusionen zerstört, ging er tatsächlich behutsamer mit ihr um:

> Als ich zum ersten Male diesen Komplex Dr. Jung gestanden habe, behandelte er mich als zärtlichster Freund, als Vater, wenn Sie wollen. Er gestand mir, daß er über solche Dinge mir gegenüber auch von Zeit zu Zeit nachdenken muß (d. h. über seine Affinität zu mir und die möglichen Konsequenzen), diese Wünsche sind ihm nicht fremd, aber die Welt ist halt so eingerichtet etc. etc. Diese Rede hat mich vollkommen beruhigt, da meine Ambitia nicht verletzt wurde, und der Gedanke an seine große Liebe wollte ihn in mir ganz »rein« festhalten.[10]

Wir können nicht sagen, wann genau Sabina Spielreins »Siegfried-Komplex« auftauchte, aber es spricht sehr viel dafür, daß die hier geschilderte Szene Ende 1906 oder Anfang 1907 stattfand. Das heißt, diese Szene, in der Jung die junge Frau beruhigte, indem er ihr gestand, daß er selbst ab und zu ähnliche Gedanken habe, und sie zugleich vor den »möglichen Konsequenzen« warnte, war vermutlich der Grund dafür, daß Jung sich zur Zeit von Binswangers erstem Experiment im Januar 1907 »bedroht« fühlte. Bei ruhigem Nachdenken dürfte Jung klargeworden sein, daß er mehr gesagt hatte, als wahrscheinlich klug war. Auf jeden Fall scheint es, daß er anfangs die Linie verfolgte, Sabina Spielrein zu ermutigen, sie solle die Liebe zu ihrem Siegfried vollkommen rein erhalten. Jung ging immer noch von dem Grundsatz aus, daß die therapeutische Beziehung mehr als nur sexuelle Anziehung beinhalten sollte.

Zu Sabina Spielreins »Siegfried-Komplex« gehörte noch etwas anderes: Sie hatte »prophetische Träume«. Die Vorstellung, daß Träume die Zukunft voraussagen, ist alter Volksglaube und läßt sich bis in die Antike zurückverfolgen. Freud hätte über eine solche Behauptung vermutlich nur gelächelt – in *Gradiva* bestritt er ausdrücklich den prophetischen Charakter von Träumen –, aber in Sabina Spielreins Situation war psychologischer Scharfblick kein Schutz gegen ihre mystischen Neigungen. Sie konnte nicht nur zukünftige Ereignisse voraussagen, sondern auch die verborgenen Komplexe anderer Menschen erkennen, insbesondere die von Jung. In einem ihrer »prophetischen« Träume enthüllte sie Jungs geheimen Wunsch nach einem Sohn.[11] Davon hatte er ihr nichts erzählt, nur Binswanger hatte er den Wunsch anvertraut.

Der heutige Leser dürfte zweifeln, daß Sabina Spielrein tatsächlich hellseherische Fähigkeiten besaß, aber sie glaubte erkennbar daran. Einmal ärgerte sich Jung über ihre Ansprüche und forderte sie auf, sein Tagebuch zu öffnen; sie schlug die Seite auf, wo er schildert, wie ihm nachts seine medial veranlagte Cousine Helene in einem weißen Gewand erschien.[12] Von da an war offensichtlich auch Jung geneigt, Sabina Glauben zu schenken. In einem anderen Brieffragment aus dem 1909 heißt es: »Ich konnte bei Dr. Jung in der Nähe und à distance Gedanken lesen, und er bei mir auch.«[13] Während seiner Studienzeit hatte sich Jung für okkulte Dinge interessiert, dabei auch für Gedankenübertragung. Kurzum: In seiner ursprünglichen Form war Sabina Spielreins »Siegfried«-Komplex offensichtlich eine harmlose Mischung aus romantischer Schwärmerei und Idealisierung, und sie schneiderte ihn so zurecht, daß sie Jungs Aufmerksamkeit wecken konnte. Dabei blieb es allerdings nicht.

Die sexuelle Basis der Therapie

Nach dem Besuch in Wien im März 1907 erforschte Jung mit neuer Ernsthaftigkeit die sexuellen Komplexe seiner Patienten. Dementsprechend änderte sich die Art, wie er mit Sabina Spielreins »Siegfried-Komplex« umging. Vor allem deutete er hartnäckig, Siegfried sei das Kind, das sie ihm schenken wolle; genauso hartnäckig wies sie diese Deutung zurück. Sehr viel später schrieb sie:

> Ohne Ihre Belehrung hätte ich wie alle Laien geglaubt, ich träume von Siegfried, da ich mich mit heldenhaften Phantasien, sei's in bewußten Ausdrücken, sei's in Form einer »heldenhaften psychischen Einstellung«, her-

umtrage. Ich bin und namentlich ich war stets etwas mystisch veranlagt, ich habe mich ganz heftig gegen die Auffassung des Siegfrieds als realen Kindes gesträubt, und *auf Grund meiner mystischen Veranlagung* würde ich bloß denken, daß mir im Leben ein großes und heroisches Los beschieden ist, daß ich mich für eine große Schöpfung aufopfern muß. Ich konnte meine Träume, wo der Großvater oder Vater mich segnete und meinte »Ein großes Los ist dir beschieden, mein Kind«, nicht anders auffassen.[14]

Die Diskussionen über die wirkliche Bedeutung von Siegfried gingen das ganze späte Frühjahr 1907 weiter. Zu dieser Zeit reichte Jung Freuds *Gradiva* herum – »die Frauen verstehen Ihre Sache entschieden weitaus am besten« – und plante insgeheim, das Burghölzli zu verlassen, um gründlicher die Früchte vom »Baum des Paradieses« zu kosten. Jung und Sabina Spielrein entfernten sich immer mehr von der Realität. Sie beharrte auf ihrer mystischen Bestimmung, er sonnte sich in der neuen Erkenntnis ihrer wahren, sexuellen Wünsche. Jungs Phantasterei gipfelte in der Szene, die er Freud in seinem manischen Brief vom 6. Juli 1907 berichtete, in dem er von Sabina Spielreins heimlicher Identifikation mit ihm schrieb, von ihrem Wunsch, jemandem durch psychoanalytische Behandlung zur Freiheit zu verhelfen, und ihrem Wunsch, ein Kind von ihm zu haben. All das wird in seiner Phantasie verwoben mit Bildern von pfeifenden »Vögeli« und pornographischen »Liebesgöttern«.

Sabinas Notizen zu dieser Szene sind verloren, aber aus anderen Aufzeichnungen wissen wir, daß »Siegfried« meist in Symbolen in ihren Träumen auftauchte, zum Beispiel als Kerze, die Jung ihr gab, oder als Buch, »das sich mit kolossaler Geschwindigkeit vermehrte«, Symbole, »die bei der Analyse erst ›Siegfried‹ als reales Kind sich entpuppten«. Manchmal erschien sie selbst als Siegfried – »in ihren Träumen verdichtet sie sich nachgewiesenermaßen mit mir« –, dann wieder erschien anstelle von Siegfried »Aoles«, ein wandernder »arysch-semitischer Sänger«.[15]

Die Ironie liegt darin, daß Jung Anfang Juli 1907 eine Situation sexualisierte, die nach Sabina Spielreins Einschätzung bereits gut sublimiert war. Jungs Ehefrau dürfte nicht als einzige den Wunsch verspürt haben, einen »psychotherapeutischen Kurs für Herren« zu schreiben.

Das Transformations-Tagebuch

Nach der von Carotenuto herausgegebenen Veröffentlichung 1982 wurden im Familienarchiv von Édouard Claparède in Genf weitere berufliche und persönliche Papiere von Sabina Spielrein entdeckt,[16] darunter ein etwa zwanzig Seiten dickes Heft mit Aufzeichnungen in deutscher Sprache in Sabina Spielreins Handschrift. Es wirkt wie ein Tagebuch, allerdings mit zwei Besonderheiten: Zum einen ist es durchgehend an eine andere Person – Jung – gerichtet. Zum zweiten ist an einer Stelle davon die Rede, daß es sich um einen »Brief« handle, und Jung wird gebeten, ihn zurückzusenden, damit sie sich weiter darauf beziehen könne. Möglicherweise haben wir hier den gesamten Text oder einen Teil des Briefes vor uns, der in der folgenden Passage der von Carotenuto gesammelten Dokumente erwähnt wird:

> Mir das zu sagen, da ich doch immer so stolz war, da ich mich in Briefen (einmal sogar von 40 Seiten) gegen jeden Angriff wehrte, da ich schließlich einfach gezwungen war, als Pat. meine Liebe zu gestehen, damit das Ungeheuer nicht zugelassen wird, weil meine bewußten Wünsche viel zu dämonisch sind und durchgeführt werden müssen.[17]

Der Folioband ist in drei Teile gegliedert. Aus dem Inhalt geht hervor, daß der dritte Teil frühestens im Frühjahr 1908 entstanden sein kann, die ersten beiden Teile dürften während Sabina Spielreins Sommerferien 1907 geschrieben worden sein. Das bedeutet, daß die ersten beide Teile unmittelbar Sabinas Gedanken aus jener Zeit im Sommer 1907 wiedergeben, als Jung seinen Vortrag für den Kongreß in Amsterdam vorbereitete.[18] Die Aufzeichnungen sind somit von allerhöchster Wichtigkeit.

Das Tagebuch beginnt wie ein Drama. In einer fast epigrammatischen Einleitung, überschrieben »Zwei Sprecher«, teilt Sabina in sorgfältiger als im übrigen Text geschliffener Prosa mit, daß das Tagebuch einen innerpsychischen Dialog enthalte, der die innere Fortsetzung ihrer jüngsten Gespräche mit Jung darstelle. Der eigentliche erste Teil trägt die eindrucksvolle Überschrift »Die Theorie der Transformation und ihre Folgen«. Darin setzt sie sich mit dem Standpunkt auseinander, den Jung in jüngster Zeit in ihrer Behandlung in den Vordergrund gerückt hat. In ihrer an Herbart angelehnten Sicht wird das ganze Seelenleben von zwei grundlegenden Strömungen beherrscht: der Macht des Beharrungsvermögens der Komplexe und dem Trieb zur Transformation. Letzterer umfaßt den Sexualtrieb, ist aber damit nicht identisch und strebt danach, den Komplex zu transformieren, indem er ihm neue Bedeutungen verleiht. In den schwierigsten Passagen des Tagebuchs versucht Sabina Spielrein den Transformationstrieb mit dem »Drang nach Arterhaltung« zu verbinden.[19] Ihre Gedanken sind eine Mixtur aus Janet, Bleuler und medizinischem Allgemeinwissen. Jeder Komplex strebt danach, sich selbst zu verwirklichen, oder, wie sie es ausdrückt, strebt danach, autonom zu werden. Naturgemäß sucht der einzelne nach ähnlichen Komplexen bei anderen Menschen, denn das vermittelt ein Gefühl, als habe er den Komplex objektiviert und dadurch Herrschaft über ihn erlangt. Zwei Menschen mit den gleichen Komplexen fühlen sich überdies zueinander hingezogen und einander ähnlich, und das kann sexuelle Anziehung bewirken. Explizit schreibt sie, daß eine solche Form der unbeabsichtigten Anziehung zwischen Arzt und Patientin vorkommen kann.[20]

Zur Sexualität hat sie noch einen anderen Gedanken, der von Schopenhauer stammen könnte: Da die Sexualität der Arterhaltung dient und auf rassischer Ähnlichkeit oder Identifikation beruht, steht sie, anders als die Liebe, der differenzierten Individualität im Wege. Aus diesem Grund wird sie als etwas »Dämonisches« oder »Destruktives« erfahren.[21] Dementsprechend gehören zur Sexualität auch Widerstände, denn das Individuum versucht zu bewahren, was es im Laufe der Differenzierung erreicht. Die Widerstände kann man bereits bei Kindern beobachten, die noch nicht wissen, wohin sexuelle Gefühle führen. Das Bewußtsein des Dämonischen und Zerstörerischen ist zu unterscheiden von dem Wunsch, um einer Sache willen ein »Opfer« zu bringen, der bei jungen Leuten häufig besteht – hier knüpft Sabina Spielrein an medizinisches Allgemeinwissen an –, denn dieser Wunsch enthält auch den Transformationstrieb. Selbst im Akt der Vereinigung ist immer noch ein Teil des Sexualtriebes notwendigerweise unterdrückt. Er wird in Schach gehalten durch jene Fragmente von Komplexen, die in der intimen Beziehung verwandelt wurden; andernfalls würde der sexuelle Akt in Mord und Qual enden. Hier steht unzweifelhaft ein persönliches Thema im Hintergrund – Schlagephantasien und masochistische Erregung –, aber Sabina Spielreins Prosa deutet nichts dergleichen an.

Im zweiten Teil führt sie die Diskussion fort, und ihr kraftvolles Deutsch wird noch sprachgewaltiger. Die Auflösung eines Komplexes durch empathische Begleitung (mit entsprechender sexueller Anziehung) ist nur einer der möglichen Wege der Transformation. Andere sind »Kunst« und »Wissenschaft«, durch die ebenfalls Komplexe objektiviert werden können. Insbesondere die Kunst ermöglicht es Komplexen, »sich im höchsten Maße auszudrücken«.[22] Sabina Spielrein besteht allerdings darauf, daß der gemeinsame Nenner von Kunst und Intimität der Drang nach Transformation sei, nach Umgestaltung der Komplexe, und nicht die Sexualität *per se.* So sagt sie zum Beispiel, daß sie Jung nicht mehr »in idealer Weise« liebe und daß dieser Zustand »schlimmer als der Tod« sei.[23] Verzweifelt ringt sie um sein Verständnis: »Ich muß im Hinblick auf Sie eine extreme Position einnehmen, denn in Ihrer Begeisterung für Ihre neuen Theorien lassen Sie die Möglichkeit einer nichtsexuellen Transformation nicht zu.«[24]

Die folgende Passage bildet den Schluß des zweiten Teils. Darin ist explizit von dem Kampf die Rede, der in den letzten Sitzungen zwischen ihnen getobt hat:

> Sie müssen mich nur recht verstehen. Bei der Behandlung einer Hysterie werden Sie zwei verschiedene Dinge berücksichtigen müssen.
>
> Nr.1 der meist (oder immer?) psychosexuellen Komponente des Ichs eine Transformation zu verschaffen (sei es mittelst der Kunst oder einfachen [Ab]Reagierung – wie Sie wollen), so wird die Komponente immer geschwächt à la spielende Phonographenplatte. Ferner: das Gefühl führt entsprechende Innervationen durch, und die Psyche erschöpft sich nicht in Widerständen.
>
> Nr. 2 wäre es vielleicht öfter als es scheint notwendig, die Erregung der psychosexuellen Komponente möglichst zu verhindern […]. Es ist gefährlich, dem Komplexe zu große Aufmerksamkeit zu schenken, ihn mit neuen Vorstellungen zu bereichern; so kann nur ein Künstler leben, und auch für ihn gibt es bestimmte Grenzen, die über seine Kräfte gehen […].
>
> Bei mir hat es jetzt die Familie besorgt, daß ich dem Studium entrinnen und wieder im Komplexe stecken muß. Das Jammern ist wieder grenzenlos. Ob ich da wieder heil herauskomme?[25]

Um diese Zeit rieten Sabina Spielreins Eltern ihr, sie solle die Ausbildung eine Zeitlang unterbrechen. Sie dachte über ihre Krankheit jedoch genauso, wie Janet und Charcot über die Hysterie dachten, und wußte, daß sie aus der Familie herauskommen mußte, wenn sie sich wieder erholen wollte.

Religiöse Schwärmerei

Jungs Unsicherheit auf dem Amsterdamer Kongreß erscheint auf dem Hintergrund von Sabina Spielreins »Transformations-Tagebuch« in neuem Licht. Die Patientin, die er in seinem Vortrag erwähnte, rebellierte zu der Zeit offen gegen die Behandlung. Und nicht genug damit: Sie untermauerte ihren Widerstand scharfsinnig mit den besten Argumenten, die die psychologische Theorie damals zu bieten hatte. Tatsächlich stimmte ihre Haltung weitgehend mit der Theorie überein, die Jung selbst kaum ein Jahr zuvor vertreten hatte. Sabina Spielrein kehrte schließlich zum Wintersemester nach Zürich zurück und ging wieder zu Jung. Jung setzte seinen Briefwechsel mit Freud fort, während er insgeheim verschiedene organisatorische Pläne wälzte.

Rückblickend kann man sagen, daß Sabina Spielreins Behandlung zu dieser Zeit für Jung eine Gelegenheit war – und wohl kaum die einzige –, seinen neuen Deutungsstil auszuprobieren. Sie war nicht die Ursache, warum er einen neuen Deutungsstil entwickelte. Von anderen ambulanten Patientinnen unterschied sie sich durch ihre besondere Fähigkeit zu erfassen, was in Jung vorging, und durch ihre intellektuelle Gewandtheit, die ihr erlaubte, ihre »Widerstände« in theoretische Formulierungen zu kleiden. Insofern war sie die ideale Patientin für Jung, als er versuchte, die Möglichkeiten des neuen Deutungsstils zu erkunden. Doch daß Jung ihren Fall in neuem Licht betrachtete und Gefallen daran fand, hatte ebensoviel mit der sich entwickelnden Freundschaft zu Freud und deren Bedeutung für seine fortgesetzte Selbsterforschung zu tun wie mit den besonderen Eigenschaften der jungen Frau. Tatsächlich trat Jungs psychoanalytisch verwandeltes zweites Selbst vor allem in seinen Briefen nach Wien immer deutlicher in Erscheinung.

In seinem zweiten Brief nach dem Kongreß in Amsterdam, geschrieben am 11. September 1907, sprach Jung einen »längst gehegten und immer wieder verdrängten Wunsch«[26] aus: Er bat um ein Foto von Freud. Im nächsten Brief vom 25. September drückte er seine ambivalenten Gefühle gegenüber Eitingon aus, der nach seinem unglücklichen Besuch in Wien neun Monate zuvor mit Freud eine Reise nach Florenz und Rom unternommen hatte. Jung schrieb, er halte Eitingon für einen »kraftlosen Schwätzer«, räumte aber sogleich ein, bei einigem Nachdenken müsse er zugeben, daß er den im Exil lebenden Russen »um die rückhaltlose Abreagierung der polygamen Instinkte« beneide.[27] Im selben Brief erwähnt Jung auch Otto Groß, Sohn des Kriminologen Hanns Groß und Assistent an der Klinik von Kraepelin. Groß war auf dem Kongreß in Amsterdam wohl der einzige Anhänger Freuds gewesen, der sich gut geschlagen hatte. Groß hatte profilierte eigene Ansichten. Wie Sabina Spielrein glaubte er offensichtlich, daß sexuelle Wünsche, waren sie erst einmal bewußtgemacht, nach Ausdruck verlangten; anders als Sabina Spielrein fand er daran nichts Schlechtes. Jung teilte diese Ansicht nicht:

> Dr. Groß hat mir gesagt, er habe die Übertragung auf den Arzt gleich wieder weg, da er die Leute zu Sexualimmoralisten mache. Die Übertragung auf den Arzt und ihre anhaltende Fixation sei nur Monogamiesymbol und mache darum als Verdrängungssymbol Symptom. Der wahrhaft gesunde Zustand für den Neurotiker sei die sexuelle Immoralität. Damit assoziiert er Sie an Nietzsche. Mir scheint, daß Sexualverdrängung als Kulturfaktor sehr wichtig und unentbehrlich ist, wenn schon pathogen für viel Minderwertige. [...] Mir scheint, Groß gerate mit den Modernen zu weit in die Lehre des sexuellen Kurzschlusses, der weder geistreich noch geschmackvoll, sondern nur bequem und darum alles andere, nur kein Kultur erzeugendes Moment ist.[28]

Jung berichtete Freud außerdem von den Zusammenkünften einer kurz zuvor in Zürich gegründeten »Freudschen Gesellschaft von Ärzten«.[29] Zu einer Zusammenkunft kam auch Ernest Jones, ein junger britischer Neurologe, den Jung von Amsterdam ins Burghölzli mitgenommen hatte. Bleuler eröffnete die Versammlung »mit ein paar kostbaren Knittelversen«,[30] die auf Freuds Kritiker gemünzt waren, allen voran Constantin von Monakow, der Professor für Neurologie an der Universität Zürich war; Monakow machte sich ganz klein in seinem Sessel. Anschließend neckte Jones Monakow: »Wenn seine ehrwürdigen Kollegen davon [von seiner Anwesenheit in diesem Kreis] erfahren sollten, werden sie vermutlich sagen, er könne genausogut in der Walpurgisnacht auf den Brocken steigen.«[31]

Auch von seinen Fällen schrieb Jung nach Wien. In seinem Brief vom 10. Oktober 1907 bittet er Freud in einem Fall um Supervision:

> In einer andern Sache möchte ich Sie um Ihren erfahrenen Rat fragen. Eine Dame, von Zwangsneurose geheilt, nimmt mich zum Gegenstand

> ihrer eingestandenen übermäßigen Sexualphantasien, von denen sie ernstlich belästigt ist. Sie erkennt meine Rolle in ihren Phantasien als krankhaft an, möchte sich deshalb von mir lossagen und die Phantasien verdrängen. Was ist da zu tun? Soll man die Behandlung fortsetzen, die der Patientin eingestandenermaßen eine wollüstige Freude bereitet, oder soll man sie abstoßen? Der Fall ist Ihnen jedenfalls bis zum Überdruß geläufig; was tun Sie in solchen Fällen?[32]

Freuds Antwortschreiben ist leider nicht erhalten. Bei dem Fall könnte es sich um Sabina Spielrein handeln, aber genausogut um eine andere Patientin. Sabina hatte ihr Medizinstudium wiederaufgenommen, doch das einzige, was wir über ihre Beziehung zu Jung im Herbst 1907 mit Sicherheit sagen können, ist, daß sie weiter zu ihm ging – und kostenlos behandelt wurde. Die folgende Geschichte aus einem der Brieffragmente mit der verräterischen Erwähnung von Freuds Gesicht könnte somit in diese Zeit gehören:

> Unsere Seelen waren lange Zeit tief verwandt, so haben wir z.B. *nie* mit Dr. Jung über Wagner gesprochen; ich komme eines Tages zu ihm und sage, was Wagner von den bisherigen Musikern unterscheidet, ist, daß seine Musik tief psychologisch ist: Sobald der gleiche Gefühlston kommt, kommt auch die gleiche Melodie, und wie sich der Gefühlston bei Andeutung der gleichen Situation zuerst undeutlich in der Tiefe wühlt, so erscheint auch bei Wagner die Melodie zuerst kaum erkennbar unter den anderen, erscheint dann in ihrer vollen Deutlichkeit, um schließlich wieder unter den anderen umgestaltet zu werden etc. Die Musik von Wagner ist »plastische Musik«. Am besten hat mir Rheingold gefallen. Bei Dr. Jung werden die Augen tränenerfüllt. »Ich werde Ihnen zeigen, ich schreibe gerade jetzt das gleiche.« Nun erzählt er mir von Freud, der ihn manchmal bis zu den Tränen rührte, wenn sie so ganz das gleiche dachten und fühlten. Ihr [Freuds] Gesicht kam ihm so ungemein sympathisch vor, besonders eine Partie am Ohre usw. [...] Rheingold war auch für ihn immer das Liebste.[33]

Ende Oktober enthüllte Jung Freud in seinen Briefen noch mehr. Freud hatte sich beklagt, daß Jung nicht umgehend auf seine Briefe antworte. Jung verteidigt sich mit dem Hinweis auf Arbeitsüberlastung, aber er erwähnt auch seinen »Selbsterhaltungskomplex«:

> Eigentlich – was ich Ihnen mit Widerstreben gestehen muß – bewundere ich Sie als Menschen und Forscher schrankenlos, beneide Sie bewußt nicht; daher also kommt der Selbsterhaltungskomplex nicht, sondern er kommt daher, daß meine Verehrung für Sie einen »religiös«-schwärmerischen Charakter hat, der mir zwar weiter keine Molesten verursacht, mir aber wegen seines unverkennbar erotischen Untertones ekelhaft und lächerlich ist. Dieses abscheuliche Gefühl stammt daher, daß ich als Knabe einem homosexuellen Attentat eines von mir früher verehrten Menschen unterlegen bin.[34]

Nebenbei sei bemerkt, daß das »Attentat« erfolgte, als Jung ein Heranwachsender von bereits eindrucksvoller Körpergröße war; es war darum mehr Verführung als Angriff im Spiel. In dem Brief schreibt Jung weiter, daß Übertragungen von Kollegen ihm wegen dieses Vorfalls »direkt ekelhaft«[35] seien, ausdrücklich erwähnt er Bleuler. Den nächsten Brief vom 2. November leitet Jung ein mit der Bemerkung, er »falle in alle Besorgnisse des analytisch behandelten Kranken«,[36] und dann berichtet er Freud, daß er bei seinem Besuch in Wien geträumt habe, Freud gehe neben ihm als uralter, gebrechlicher Greis. Inzwischen habe er erkannt, daß es in dem Traum um »Ihre +++ Gefährlichkeit«[37] gehe. Die Kreuze sollen den Teufel bannen, Jung hat sie aus einem früheren Brief von Freud übernommen. Dann fährt er mit Jensen fort (dem Autor der Erzählung *Gradiva)* und schreibt, besonders hervorgehoben, *»das Problem ist die Geschwisterliebe«.* Im nächsten Satz teilt er mit, daß man ihn zum »Honorary Fellow of the American Society for Psychical Research« gewählt habe, und gesteht, daß er sich in letzter Zeit wieder mehr mit »Spuk« beschäftigt habe. »Ihre Entdeckungen bewähren sich auch hier aufs glänzendste.«[38] Kurzum: Zeitweise begeisterte sich Jung über die neue sexuelle Sichtweise, dann wieder rang er damit, und in Freud hatte er einen Vertrauten gefunden, zu dem er so offen sein konnte, wie es ihm nur möglich war.

Paranoiaformeln

A. A. Brill war der Glückliche, der nach dem Weggang von Karl Abraham im November 1907 neuer Assistent am Burghölzli wurde. Bei der ersten Visite verblüffte es ihn, wie rasch die Ärzte bei einer älteren Frau, die regelmäßig ihr Bettuch mit Rotwein bespritzte, das Symptom abstellten durch die Deutung, sie drücke auf diese Weise den Wunsch aus, daß ihre Periode wiedereintreten möge. Brill war beeindruckt davon, daß der Psychologie so große Bedeutung beigemessen und daß so offen über Sexualität gesprochen wurde. Das Klima am Burghölzli war für ihn etwas vollkommen Neues, und er schrieb einen sehr lebendigen Bericht über das Leben in der Anstalt:

> In der Klinik schwebte über allem der Geist Freuds. In unseren Gesprächen bei Tisch tauchte häufig das Wort »Komplex« auf in der besonderen Bedeutung, die damals geprägt wurde. Wenn jemandem ein Versprecher herausrutschte, wurde er sofort aufgefordert, ihn durch freies Assoziieren aufzuklären. Die Anwesenheit von Frauen – Ehefrauen und Krankenschwestern – spielte keine Rolle, während man doch sonst in Gegenwart von Frauen den Assoziationen nicht ungehindert ihren Lauf gelassen hätte. Sie freuten sich genauso über die Aufdeckung verborgener Mechanismen wie ihre Ehemänner. Es gab auch einen psychoanalytischen Kreis, der sich einmal im Monat traf. Einige derjenigen, die zu den Versammlungen kamen, teilten unsere Sicht ganz und gar nicht; aber abgesehen davon, daß gelegentlich die Ungeduld aus Jung herausbrach, waren die Zusammenkünfte sehr fruchtbar und trugen sehr viel zur Verbreitung von Freuds Theorien bei.[39]

Wie alle anderen war Brill beeindruckt von Jungs »Begeisterung und Brillanz«.[40] Für seine Lehre kämpfte Jung wie ein Löwe:

> Zu jener Zeit war Jung der glühendste Freudianer. […] Er duldete kein Abweichen von Freuds Ansichten; leidenschaftlich und brillant weigerte er sich, die andere Seite zu sehen. Wer es wagte, Zweifel an dem anzumelden, was damals gewiß neu und revolutionär war, zog unverzüglich seinen Ärger auf sich.[41]

Das beunruhigende Paradox war, daß Jung um so weniger Ermutigung von Freud bekam, je vehementer er am Burghölzli für Freuds Ideen kämpfte. In den erhalten gebliebenen Briefen aus den letzten beiden Monaten des Jahres 1907 ändert sich der Tonfall merklich. In dem Brief vom 8. November, der auf jenen folgte, in dem Jung Freud seine »religiöse Schwärmerei« gestanden hatte, lud er Freud ein, über Weihnachten nach Zürich zu kommen. Im gleichen Atemzug versicherte er, daß er seine Selbstbeherrschung wiedergewonnen habe: »Meine früher sehr lebhafte Religiosität hat sich bei Ihnen unter der Hand eine Kompensation geschaffen, der ich einmal beikommen mußte, was mir nicht anders möglich war als auf dem Wege der Mitteilung.«[42] Darauf erwiderte Freud am 15. November: »Die Nachrichten über Ihre inneren Vorgänge lauten ja beruhigend; die Übertragung von der Religiosität her erschiene mir besonders fatal; sie könnte ja auch nur mit dem Abfall enden.«[43] Kurz darauf schrieb Jung, als wolle er seinen Wert unter Beweis stellen, er hege »den Gedanken eines Kongresses der Freudschen Anhänger«[44] mit Sándor Ferenczi, Leopold Stein und Jones, der sich gerade zu Besuch in Zürich aufhielt. Es wird nicht ganz klar, von wem der Gedanke stammte; jedenfalls fiel Jung die Aufgabe zu, den Kongreß zu organisieren und Vortragsredner zu gewinnen. Darüber hinaus führte Jung insgeheim Verhandlungen mit Claparède und Morton Prince über die Gründung einer psychoanalytischen Zeitschrift, die entweder parallel zu Princes seit langem bestehendem *Journal of Abnormal Psychology* erscheinen oder damit fusionieren sollte. Freud würdigte Jungs »interessante Nachrichten«[45] gebührend, aber schließlich fuhr er doch nicht über Weihnachten nach Zürich. Schlimmer noch: Er verband seine Weihnachtswünsche mit der Mitteilung, daß Karl Abraham ihn kurz zuvor in Wien besucht habe. Die Abkühlung hielt indes nicht lange an. In seinem Brief vom 25. Januar 1908 schwärmt Jung schon wieder:

> Ich habe eine Schuld auf mir, die ich Ihnen noch gestehen muß. Ich habe nämlich Ihre Photographie vergrößern lassen. Die Sache ist vorzüglich geraten. Einige aus unserm Kreise haben ein Bild erworben, und so sind Sie nun in manche stille Kammer eingetreten![46]

Jung konnte genausowenig eine exklusive Beziehung zu Freud bewahren, wie es nicht in seiner Macht lag, den Lauf der Geschichte zu bestimmen. Am 2. Februar erwähnt Freud zwei weitere Besucher: Sándor Ferenczi und Leopold Stein, die ungarische Gruppe am Burghölzli.

Jung ließ die ersten beiden Wochen des Februars nichts von sich hören. In seinem Brief vom 15. Februar entschuldigt er sich mit Grippe, spricht aber auch geheimnisvoll von einem »Komplex mit meiner weiteren Familie«, der ihn »schwer hergenommen« habe.[47] Der weitere Brief handelt ausschließlich von beruflichen Angelegenheiten, unter anderem ging es mit der

Zeitschrift nicht so voran wie geplant. Nun wurde Freud hellhörig. In seinem Brief vom 17. Februar gebraucht er die Anrede »lieber Freund« ohne den Zusatz »und Kollege« wie bisher. Anrede- und Grußformeln spielten damals eine höchst wichtige Rolle und waren durch eine penible Etikette geregelt. Der Wechsel der Anrede – Freud erläutert ihn in seinem Brief – war unmißverständlich der Auftakt zu einem vertraulicheren Umgang. Aber Freud schlug zugleich einen ganz besonderen Ton an. Nach einleitenden Bemerkungen über die Vorbereitung von Jungs bevorstehendem Kongreß über Freudsche Psychologie, der in Salzburg stattfinden sollte, wechselt Freud zur Theorie über:

> Endlich komme ich zur Wissenschaft. Ich habe einige Paranoiafälle in der Praxis gestreift und kann Ihnen ein Geheimnis mitteilen. [...] Also regelmäßig handelte es sich um Ablösung der Libido von der bisher mäßig-normal besetzten homosexuellen Komponente. [...] Mein einstiger Freund Fließ hat eine schöne Paranoia entwickelt, nachdem er sich der gewiß nicht geringen Neigung zu mir entledigt. Ihm, das heißt seinem Benehmen, verdanke ich ja diese Idee. Man muß aus allem etwas zu lernen suchen. [...] Ich hätte Ihnen überhaupt viel Unfertiges und Keimendes zu erzählen. Schade, daß wir in Salzburg nicht ganz ungestört sein werden![48]

Der Brief war doppelbödig. Zunächst einmal kündigte Freud Jung an, daß er etwas Theoretisches über Paranoia zu schreiben beabsichtigte; damit wechselte er auf das Gebiet der Psychosen über, die bis dahin Bleulers und Jungs Domäne gewesen waren. Mit Berufung auf eine Politik des »intellektuellen Kommunismus« hatte Freud Jung bereits mehr als ein Jahr zuvor seine Gedanken dazu mitgeteilt, das Thema aber dann fallengelassen, nachdem Jung vorsichtig Bedenken gegen ein Vorgehen angemeldet hatte, bei dem offensichtlich alles vermischt wurde. Nun ergriff Freud wieder die Initiative. Weiterhin wird in dem Brief Paranoia mit einer abgespaltenen homosexuellen Komponente gleichgesetzt. Ob beabsichtigt oder nicht, auf jeden Fall war das ein Kommentar zu Jungs »religiöser Schwärmerei«. Dies ausgerechnet in dem Brief zu lesen, der mit »lieber Freund« begann, dürfte für Jung alarmierend gewesen sein, zumal er tatsächlich paranoide Züge hatte. Drittens ist die Erwähnung von Fließ bemerkenswert und die Tatsache, daß Freud vor einem gegenwärtigen Freund theoretische Gedanken über einen ehemaligen Freund ausbreitet. Freud bezog sich an dieser Stelle auf

Fließ' Behauptung, er, Freud, habe ihn bei einer ihrer letzten Begegnungen in Achensee im Jahr 1900 töten wollen.[49] Tatsächlich spricht Freud in seinem Traumbuch, das Fließ im Manuskript einige Monate vor dieser Begegnung gelesen hatte, ausdrücklich von einem Todeswunsch gegenüber Fließ (dann wäre er, Freud, als einziger im Besitz der Theorie der Bisexualität gewesen). In der drückenden Atmosphäre des Treffens in Achensee hatte Fließ, körperlich von eher schmächtiger Gestalt, hinter Freuds Aufforderung zu einer gefährlichen Bergtour offensichtlich finstere Absichten vermutet. Es ist unklar, wieviel Jung von dieser Geschichte wußte, aber ihm war ohne Zweifel bewußt, daß er versuchte, Fließ' Stelle als Freuds ganz besonderer Freund einzunehmen.

Jung fand einen eleganten Weg, auf die zwiespältige Mitteilung zu reagieren:

> Ich danke Ihnen von Herzen für den Beweis Ihres Zutrauens [d.h. die Anrede; J. K.]. Das unverdiente Geschenk Ihrer Freundschaft bedeutet für mich einen gewissen Höhepunkt meines Lebens, den ich nicht mit lauten Worten feiern kann. Die gewiß nicht zufällige Erwähnung Ihres Verhältnisses zu Fließ drängt mich dazu, Sie zu bitten, mich Ihre Freundschaft nicht als die Gleichberechtigter, sondern als die von Vater und Sohn genießen zu lassen. Solche Distanz erscheint mir angemessen und natürlich. Diese Form allein auch scheint mir den Ton zu geben, der alle Mißverständnisse vermeidet und zwei harten Köpfen das Nebeneinanderexistieren in leichtem und ungezwungenem Verkehr ermöglicht.[50]

Nun war Freud verwirrt. Soweit er wußte, hatte Jung eine schlechte Beziehung zu seinem Vater gehabt. Bei der Erläuterung seiner Assoziationen im Rahmen von Binswangers Experiment hatte Jung nur über den Tod seines Vaters gesprochen und keine besondere Verbundenheit von Vater und Sohn erwähnt. (In der Tat bestand eine solche nicht.) Wie auch immer, das Malheur war passiert. In den Briefen der nächsten sechs Monate tauchen keine Bekundungen von Zuneigung mehr auf, weder solcher zwischen Vater und Sohn noch einer anderen.

Statt dessen wurden »Paranoiaformeln« ausgetauscht. Sie versuchten, Stellung auf dem Gebiet zu beziehen, das einst die Domäne der Züricher Schule gewesen war. Die Bemühungen wirken fast komisch, denn jeder versucht seinen Standpunkt durchzusetzen, während er scheinbar dem anderen zustimmt und dessen Worte wiederholt. Jung macht den ersten Schritt. In dem Brief schreibt er zunächst, er habe Freuds Ansichten »vielfach bestätigen können«, und breitet dann eine andere psychologische Erklärung zur Unterscheidung von Hysterie und Paranoia aus, bei der die »Libido« nur eine zweitrangige Rolle spielt. Jung mochte mit beiden Seiten seiner Reaktion auf den Brief mit der Anrede »lieber Freund« zufrieden sein, aber er hatte danach auch Grund, sich einsamer zu fühlen als zuvor. So reiste er, nachdem er den Brief abgeschickt hatte, nach Jena zu einem Besuch bei Binswanger und seinem einflußreichen Onkel Otto. Als wolle er Freud vor Augen führen, was für Beziehungen er hatte, schickte er ihm aus Jena eine Postkarte, die von ihm und dem jungen Binswanger unterschrieben war mit »Jung und Jünger«.[51]

Freud antwortete liebenswürdig und zugleich vorsichtig: »Sie sind doch der einzige, der auch etwas vom Seinen geben kann; vielleicht noch Otto Groß, der leider nicht gesund genug ist.«[52] Freud wußte indes, daß Karl Abraham auf dem Salzburger Kongreß in zwei Monaten über die psychosexuellen Unterschiede zwischen Hysterie und Dementia praecox sprechen wollte. Abraham, der »Anhänger« der dritten und höchsten Kategorie, hatte sich bereits Freuds Auffassung angeschlossen, daß die Dementia praecox durch »Autoerotismus« erklärt werden könne. Freud sparte die Mitteilung, daß Abraham einen Vortrag halten werde, bis zu seinem nächsten Brief auf. Jung ging am 11. März 1908 darauf ein: »Natürlich hat mir der Teufel noch ein Bein stellen müssen mit dem Vortrag des Kollegen Abraham, worüber Sie wohl gelacht haben werden.«[53] Im Zusammenhang mit dem Kongreß gab es noch anderes zu besprechen. Jung bat, daß Freud einen seiner Fälle vorstellte und sich um die Hotelreservierungen kümmerte. Freud wollte, daß Jung Bleuler dafür gewann, den Vorsitz zu führen – Jung fragte Bleuler nicht einmal –, und er wollte vor der Zusammenkunft Jungs Amsterdamer Vortrag lesen sowie eine Arbeit über die Ätiologie der Dementia praecox, die Jung kurz zuvor gemeinsam mit Bleuler verfaßt hatte. Jung schickte ihm die Arbeiten, Freud war enttäuscht und teilte Jung das auch mit. Jung verzweifelte allmählich. Am 18. April, eine Woche vor dem Kongreß, schrieb er nach Wien:

> Ihr letzter Brief hat mich betrübt. Ich habe mancherlei zwischen den Zeilen gelesen. Ich zweifle nicht daran, daß wir uns auseinandersetzen könnten, und zwar restlos, wenn ich mit Ihnen *sprechen* könnte. Schreiben ist ein ganz schlechtes Surrogat der Rede.[54]

Jung hatte im Laufe der Zeit festgestellt, daß eine Freundschaft auf Distanz nicht unbedingt immer nur freundlich war. Seine Hoffnungen, er könnte eine exklusive Beziehung zu Freud unterhalten, waren von Anfang an zum Scheitern verurteilt. Es konnte nicht ausbleiben, daß andere Ärzte, auch Ärzte vom Burghölzli, ebenfalls nach Wien pilgerten, und genauso unausbleiblich war es, daß manche Pilger ebenfalls Freunde Freuds wurden. Ferenczi zum Beispiel hatte Freuds Ideen zu Anfang schlichtweg abstoßend gefunden und nach und nach festgestellt, daß sie hilfreich sein konnten. Als er Freud dann im Februar 1908 persönlich traf, war er fasziniert von ihm und entwickelte seine eigene Form religiöser Schwärmerei; es war der Beginn einer lebenslangen Freundschaft. Jung mußte sich damit abfinden. Doch Jung machte noch eine andere, nicht weniger beunruhigende Erfahrung: Wie hoch man bei Freud im Kurs stand, hing davon ab, wie weit man theoretisch mit ihm übereinstimmte. Jung hatte Freuds Druck ausgehalten, solange er im Rahmen eines privaten Dialogs blieb. Nun aber weitete sich der Kreis der Gesprächspartner aus.

Jungs Situation wurde unbequemer, weil die Psychoanalyse allmählich auch eine politische Dimension bekommen hatte. Der bevorstehende Kongreß über Freudsche Psychologie, der am 27. April in Salzburg beginnen sollte, war für ihn eine Gelegenheit, wieder in die vorderste Reihe zu treten.

Endliche Analyse

Während Jungs Freundschaft mit Freud schwieriger wurde, zerfiel seine Beziehung zu Sabina Spielrein vollkommen. Jung sah sie weiterhin einmal pro Woche und legte eine geradezu sadistische therapeutische Strenge an den Tag. Er deutete ihre »Siegfried«-Träume und weigerte sich beharrlich, auch nur den geringsten Teil seiner Gefühle preiszugeben. Entsprechend wuchs ihr Gefühl der Demütigung. Die zunehmend unerträgliche Situation spitzte sich bis zum logischen Krisenpunkt zu: Sie beschlossen, die »Psychoanalyse« nicht weiter fortzusetzen. Doch ihre Gefühle änderten sich damit nicht. Auf der Suche nach einer Möglichkeit auszudrücken, was sie bewegte, wandte Sabina sich zum ersten Mal seit dem Sommer im Jahr zuvor wieder ihrem »Transformations-Tagebuch« zu und schrieb den dritten und letzten Teil. Der dritte Teil, entstanden in den ersten Wochen des Frühjahrs 1908, ist ein Ausbruch wütender Anschuldigungen, vermischt mit leidenschaftlichen Geständnissen. Er beginnt mit den Worten:

> Handle nicht nach dem ersten Impuls – mein Grundsatz ist vernünftig. Ich bin gewiß müde zu dieser Stunde, aber ruhig, glaube ich. Die Unterredung gestern erscheint mir wie ein böser Traum, der nicht aufhört, mich zu bedrücken. Ja! Das ist der Augenblick zu reagieren! Muß ich nach meinem Stolz handeln? Die Frau spielen, selbstgerecht und verletzt? Das würde mir vorkommen, als belüge ich Sie und mich. Ach, wenn nur mein Leben einem Gedanken folgte! Aber statt alledem ist es schrecklich für mich, wenn Sie so zu mir sprechen. Und zugleich müssen Sie daran denken, daß mein »Unbewußtes« nichts will, was Ihr Unbewußtes ablehnt. So wie die Dinge liegen, kann ich (oder vielmehr muß ich) offen zu Ihnen sein, und Sie können es nicht. Und daß ich die Offenheit mißbrauche, ist eine Quelle beständiger Vorwürfe für mich, aber was könnte ich anderes tun? Die Verworrenheit der Situation führt dazu, daß ich die unnatürliche Rolle des Mannes übernehme und Sie die weibliche Rolle. Was gesagt wurde, fasse ich ganz und gar nicht endgültig auf; ich verstehe, daß Sie widerstreben müssen, aber ich verstehe auch, daß ihr Widerstreben mich reizt. Ich bin mir auch ganz bewußt, daß ich, hinge alles von mir ab, verzweifelt widerstreben würde. [...] Oh, wenn Sie wüßten, wie lieb Sie mir sind ohne den geringsten Gedanken an das Kind. Es ist doch der Wunsch, ein Söhnchen von Ihnen zu bekommen, nur der Wunsch, Sie wenigstens in einer kleinen Gestalt zu besitzen. [...] Ja, wenn da doch ein Gefühlsband wäre, das Sie und mich verknüpfte! Aber Sie versuchen jedes starke Gefühl für mich zu unterdrücken. Die Folge ist, daß Sie nur aus Höflichkeit und Lügen bestehen.[55]

Es folgen weitere Anschuldigungen. Sabina hält Jung vor, wegen seiner Haltung habe sein eigenes Unbewußtes Umwege machen müssen. Indem er ihr Binswangers Manuskript zu lesen gab – vermutlich gedacht als Gegengift gegen den kurz zuvor veröffentlichten Amsterdamer Vortrag –, gestand er tatsächlich eigene Wünsche ein, vor allem den Wunsch, einen Sohn mit ihr zu haben. Und in der Unterredung am Tag zuvor konnte er ihr Schweigen nur brechen, indem er seine Cousine, das Medium, ins Spiel brachte, als wollte er ihr damit eine Lektion erteilen. Erwartete er, daß sie glaubte, was er anderen einzureden versuchte? Er wagte es, ihr gegenüber zu sagen, wie empfindsam »S. W.s« Unbewußtes sei; in Wahrheit sprach er von *seinem* Unbewußten – das Mädchen stand für ihn, nicht für sie. Sabina verspottet ihn und zitiert noch einmal das Geständnis aus Binswangers Experiment: Wollte er so seine Brünnhilde aus den Flammen retten?

Sie sagt offen, daß ihr die alte Vertraulichkeit fehlt:

> Bevor Sie mit mir über die allerabstraktesten Themen sprechen konnten, wollten Sie mir verschiedene Dinge im Laboratorium zeigen, wollten Sie mich an Ihrer Seite haben und mir Bilder oder alte Bücher zeigen; jetzt nennen Sie alles, was nicht eng mit dem Sexualkomplex zusammenhängt, »Gespräche führen« [...].[56]

Sie pflichtet ihm bei, daß eine Fortsetzung der Therapie nicht in Frage kommt:

> Ich fühle mich nicht sehr behaglich, wenn ich so mit Ihnen spreche, und warum ist das so? Es ist mir unmöglich zu ertragen, daß Sie sich verteidigen und mich dabei erniedrigen. Das ist für mich unendlich viel schrecklicher, als wenn ich sterben müßte, damit Sie Frieden haben. Was soll ich tun? Ich pflichte Ihnen ganz und gar bei, daß wir uns nie wieder über das Unbewußte unterhalten dürfen.[57]

Dann spricht sie über ihr eigenes schlechtes Gewissen, und im nächsten Satz beklagt sie sich darüber, daß Jungs Frau ihr genausoviel von Jung wegnehme wie umgekehrt. Das Tagebuch endet mit Gedanken über das Kind:

> Entweder beschließen wir, solche Themen nicht anzurühren, oder wenn wir beschließen, sie anzurühren, dann werde ich so reagieren müssen, wie es nach Ihren Bemerkungen gefordert ist. Meine Wünsche können sich natürlicherweise nicht nach einer Unterredung ändern, denn das Nachdenken über das Bewußtsein hat nach so langer Zeit notwendig Folgen. Aber mein Wunsch hat nie so gelautet: »Ich will ein Söhnchen von Ihnen.« Denn das würde vor allem heißen: »Ich bin einverstanden, daß ich Ihnen für immer entsage.« Und das erscheint mir nur in einzelnen Augenblicken möglich, wenn ich mich zutiefst durch Sie verletzt fühle; dann beherrscht der Wunsch, ihr Kind zu bekommen, alles. Aber dennoch kann ich es nicht tun, und darum widersetze ich mich dem Komplex so sehr. Ich bekomme immer wieder Angst, daß unser Verhältnis nicht so nett wäre, wenn es nur eine ganz gleichgültige Freundschaft wäre. Aber zugleich gibt es wieder Augenblicke, da erscheint mir der Gedanke un-

erträglich, daß ich niemals ein Kind von Ihnen haben werde. Wenn die Zeit kommt, daß ich sie endgültig verlassen muß … ich weiß nicht …[58]

Aus den Briefentwürfen vom Juni 1909 wissen wir, daß sich Sabina Spielreins seelische Verfassung Ende April 1908 deutlich gebessert hatte. Aus welchem Grund auch immer schwebte sie wieder auf den Höhen ihres »Siegfried-Komplexes« und freute sich verständlicherweise darüber, daß sie nicht nur die Daten ihrer Examina, sondern auch die Themen der Prüfungen vorhersagen konnte.[59]

Jung war zu der Zeit in Salzburg bei dem lange erwarteten Kongreß über Freudsche Psychologie. Von Salzburg aus fuhr er weiter nach München zu einem Besuch bei dem Architekten, der sein neues Haus in Küsnacht am Zürichsee baute. Das Geld für den großzügigen Wohnsitz stammte aus der Mitgift seiner Frau, denn entsprechend den Gesetzen, gegen die Forel Sturm gelaufen war, hatte Jung darüber weitgehend die Verfügungsgewalt.

Ende April entschied sich noch etwas anderes: Emma Jung war wieder schwanger – mit Franz Jung, dem ersten Sohn der Familie.

Der Kongreß über Freudsche Psychologie

In die Geschichte ist die Zusammenkunft im Hotel Bristol in Salzburg, die am 27. April 1908 begann, als der Erste Internationale Psychoanalytische Kongreß eingegangen. 42 Teilnehmer wurden gezählt: Aus Zürich waren Jung, Bleuler, Riklin und Eitingon gekommen. Édouard Claparède aus Genf war der einzige Teilnehmer aus der französischsprachigen Schweiz, A. A. Brill der einzige Vertreter Amerikas. Aus England war Ernest Jones gekommen und hatte seinen Freund Wilfred Trotter mitgebracht, einen bekannten Chirurgen. Karl Abraham war der einzige Teilnehmer aus Berlin. Wien stellte mit 21 Teilnehmern das größte Kontingent. Stein und Ferenczi vertraten Ungarn. Aus München waren Löwenfeld und Otto Groß angereist. Auch zwei Frauen nahmen an dem Kongreß teil: Dr. Sophie Erismann aus Zürich, Ehefrau eines bekannten Internisten und selbst Ärztin, sowie Frieda Groß, die ein wachsames Auge auf ihren Ehemann hatte.

Für Carl Gustav Jung war der Kongreß keine Sternstunde. Als erstes ergriff er bei der Sitzung am Nachmittag die Gelegenheit, seine reichlich haarsträubende Version der Toxintheorie der Dementia praecox vorzutragen. Der Gedanke, daß ein endogenes Toxin, vermutlich Produkt einer Stoffwechselstörung, die Ursache jener Krankheit sei, war weit verbreitet. Kraepelin vermutete sogar, das noch nicht identifizierte Toxin könne in einem Zusammenhang mit sexuellen Vorgängen stehen. Jung gründete seine Abweichung von der herrschenden psychiatrischen Meinung auf seine Forschungen über Komplexe. Vor allem meinte er, das mutmaßliche Toxin sei Folge des Wirkens eines besonders schlimmen Komplexes. Das kam in etwa der Behauptung gleich, bestimmte Gedanken oder zumindest bestimmte Gefühle seien für den Stoffwechsel schädlich. Der Gerechtigkeit halber muß man hervorheben, daß jede psychosomatische Theorie der Psychose früher oder später den großen Sprung von seelischen zu körperlichen Vorgängen unternehmen muß. In Salzburg indes war das Publikum dazu nicht bereit.

Unterdessen vertrat Karl Abraham in seinem Vortrag »Die psychosexuellen Unterschiede zwischen Hysterie und Dementia praecox« genau die Theorie, die Freud beiden Männern hatte nahebringen wollen: die Theorie des Autoerotismus. Jung und Bleuler hatten in allgemeiner Weise bereits das gezeigt, was Brill kurz zuvor bei der Visite im Burghölzli am Beispiel der älteren Frau erfahren hatte, die Wein auf ihrem Bettuch vergoß, daß nämlich sexuelle Komplexe bestimmte Symptome verursachen können. Die Theorie des Autoerotismus ging insofern weiter, als sie behauptete, daß eine spezifische funktionale Störung der Libido, eine Zurückwendung auf sich selbst, die notwendige und hinreichende Bedingung der Dementia praecox und der damit einhergehenden auffallenden Bewußtseinsstörungen und des unausweichlichen geistigen Verfalls sei. Das war in der Tat eine kühne Behauptung, und es gab noch keine Möglichkeit, sie zu überprüfen. Wie bei der Interpretation der Mythen konnte man nur die Überzeugungskraft des Gedankens ins Feld führen.

In gewisser Weise war dies eine in der Wissenschaftsgeschichte durchaus vertraute Situation: Bestimmte Hypothesen erweisen sich auf einem Gebiet konzeptionell fruchtbar und werden rasch auf andere Gebiete übertragen, weil man sehen will, was sie dort hervorbringen. Aus einem anderen Blickwinkel betrachtet, entwickelten sich die Dinge allmählich in eine problematische Richtung. Logisch wie wissenschaftlich stand und fiel Freuds Unterfangen mit dem Beweis, daß das Aufdecken sexueller Traumata oder unterdrückter sexueller Wünsche zum Verschwinden der Symptome und letzten Endes der Neurose führte. Doch auf dem Kongreß in Salzburg behauptete niemand, daß man in absehbarer Zeit den entsprechenden Beweis für die Dementia praecox (oder Schizophrenie, wie wir heute sagen) würde antreten können. Die unbehandelbaren, therapieresistenten Erscheinungen waren bekannt. Abrahams spekulative Neuinterpretation ihrer Bedeutung in den Begriffen der Libidotheorie war nicht mehr als das – eine Interpretation. Die Überlegenheit dieser Theorie im Vergleich zu Jungs gleichfalls spekulativer Toxintheorie rührte allein daher, daß Abrahams Theorie begrifflich und konzeptionell Freuds Neurosentheorie glich. Schrittweise löste sich die Theorie von der empirischen Überprüfung, kaum merklich entwickelte sich die Psychoanalyse zu einer Weltanschauung.

Zu allem Überfluß hatte Abraham von der Theorie des Autoerotismus zum ersten Mal aus dem Munde Jungs gehört während seiner Assistentenzeit am Burghölzli. Nachdem Abraham reichlich Material für einen Streit zwischen Zürich und Wien gesammelt hatte, lieferte er auch noch den auslösenden Funken: In seinem gesamten Vortrag erwähnte er weder Bleulers noch Jungs Arbeiten.

Abrahams Taktik in dieser Angelegenheit hat man bislang noch nicht genügend Aufmerksamkeit geschenkt. Wie Jones berichtet, beklagte sich Abraham in privaten Gesprächen bereits über die Neigung der Schweizer zu »Okkultismus [...] und Mystizismus«[60] und verbreitete die Auffassung, daß sie einer explizit materialistischen Theorie wie der von Freud nicht lange treu bleiben würden. In der Sache hatte Abraham damit mindestens zur Hälfte recht, aber er würzte seine Bemerkungen beständig mit persönlichen Ressentiments. Er wußte genau, daß Riklin an einer Arbeit über Märchen schrieb, verfaßte eine eigene Studie über *Traum und Mythus* und schaffte es noch vor dem Salzburger Kongreß – der ersten Gelegenheit, wo Freud und Riklin sich begegnen konnten –, sie an Freud zu schicken. Dabei wies er gleich darauf hin, daß Riklins Studie nicht so gut sei wie seine eigene. (Riklin war in letzter Minute für Morton Prince nachgerückt und sprach über das Thema »Einige Probleme der Mythendeutung«.) Im privaten Gespräch mit Jones flüsterte Abraham: »Glauben Sie, daß Jung den Antisemitismus eines bestimmten Typs von Deutschen vermeiden kann?« (Jones antwortete, was ihm zur Ehre gereicht, mit einem Wort von Edmund Burke: »Ich vermag nicht eine ganze Nation anzuklagen.«[61]) Über Bleuler sagte Abraham in seiner ersten Begegnung mit Freud, er stelle ein psychologisches Problem dar. Kein Züricher blieb verschont.

Freud bekam durchaus mit, was hinter den Kulissen vor sich ging. Zum Beispiel wurde Abraham Mitte Februar 1908 gesagt, er solle im März auf die Veröffentlichung der Studie *Charakter und Analerotik* achten. Das bot Abraham die Gelegenheit, Freud in seinem Brief vom 4. April 1908 mitzuteilen, die darin entfaltete Theorie treffe »hervorragend zu […] auf einen von Jung analysierten Fall von Hysterie, den Sie gewiß aus seiner Beschreibung kennen«.[62] Abraham kannte Sabina Spielrein vermutlich aus seiner Zeit an der Klinik und wußte wohl auch, daß sie die Patientin in der Fallgeschichte war, die Jung in der veröffentlichten Fassung seines Amsterdamer Vortrags berichtet hatte. Auf diese Weise fragte Abraham Freud, was er Jung nicht fragen wollte.

In den Monaten unmittelbar nach dem Salzburger Kongreß mußte Freud Abraham gegenüber Jung zweimal in die Schranken verweisen, damit der Frieden gewahrt blieb. Rücksicht auf den Frieden hinderte Freud dann allerdings nicht, Abraham zu ermutigen, er solle sich mit dem »Soma«-Mythos beschäftigen und darin die Lösung des Toxinproblems sehen: Der Zaubertrank der alten Perser und das furchteinflößende Toxin der Dementia praecox seien als zwei Varianten einer vermuteten Sexualchemikalie im Gehirn betrachtet. Der im Burghölzli ausgebildete, in Berlin ansässige Abraham befand sich strategisch an der richtigen Stelle, der Züricher Schule die Linien zum konzeptionellen Rückzug abzuschneiden. Abraham gefiel die Aufgabe; bei dem Kongreß in Salzburg zeigte er zum ersten Mal Flagge.

In Salzburg bekam Jung Freud nicht so oft zu sehen, wie er wahrscheinlich gehofft hatte, denn vollkommen überraschend tauchte Freuds vierundsiebzigjähriger Halbbruder Emanuel beim abendlichen Bankett auf und belegte Freud für den Rest den Abends und den nächsten Morgen mit Beschlag. Jung hatte dadurch mehr Zeit, sich mit den übrigen Wienern zu unterhalten, die indes, wie Jones berichtet, untereinander schon zu diesem frühen Zeitpunkt sagten, Jung werde nicht lange im psychoanalytischen Lager bleiben.[63] Alles in allem war es eine nicht gerade erbauliche Veranstaltung. Wilfred Trotter, der zum ersten Mal die Wiener in der Diskussion erlebte, tröstete sich mit der brummigen Bemerkung zu Jones, er sei in diesem Kreis der einzige, der wisse, wie man ein Bein amputiert.

Natürlich hörte sich Jung den Vortrag von Freud an – viereinhalb Stunden lang. Vor dem Kongreß hatte Freud ihm anvertraut, daß er über »Wandlungen in der (Auffassung und) Technik der Psychoanalyse«[64] sprechen wolle, aber Jung überredete ihn, statt dessen einen Fall vorzutragen. Wenn man Freuds Ausführungen vor der Psychologischen Mittwoch-Gesellschaft im Jahr zuvor durchsieht, wird begreiflich, daß das, was er über »Technik« zu sagen hatte, keineswegs geeignet war, die Herzen der Züricher höher schlagen zu lassen.[65] Erstens befand er, das Assoziationsexperiment sei der Psychoanalyse weit unterlegen und nur als Lehrmittel geeignet. Zweitens sei es nicht möglich, das Assoziationsexperiment und die Psychoanalyse im strengen Sinne zu vermischen, wie Jung und später Stekel es getan hatten. Drittens gehe es in der Psychoanalyse nicht primär darum, Komplexe aufzuspüren; das eigentliche Anliegen sei es, Widerstände zu beseitigen. Viertens könne man bei Patienten mit Dementia praecox keine Psychoanalyse durchführen; man könne lediglich das bei Neurotikern erworbene Wissen als Wegweiser zu den Symptomen anwenden und dann den psychotischen Patienten direkt damit konfrontieren. Zu einer prägnanten Darstellung zusammengefügt, ließ sich aus diesen einzelnen Schlaglichtern nur ein Fazit ziehen: Was immer Jung bislang zu dem Thema geschrieben haben mochte, Psychoanalyse war es jedenfalls nicht.

Freud bemühte sich augenscheinlich, seine in unterschiedliche Richtungen strebenden Anhänger zusammenzuhalten. Doch an diesem Punkt kam er ebenfalls mit der Technik in Schwierigkeiten. In der Sitzung der Mittwoch-Gesellschaft am 27. November 1907 hatte er selbst eingeräumt: »Bei den Assoziationen bekommt man, ebenso wie bei den freien Einfällen, sehr viel Spreu.«[66] Wie unterschied nun der Psychoanalytiker, welche Assoziationen oder freien Einfälle wichtig waren? War nicht die analytische »Technik« davon bestimmt, was der Analytiker aufgreifen wollte? Wenn es keinerlei Regeln gab, um den analytischen Weizen von der Spreu zu trennen, führte dann nicht die Willkür des Analytikers zu genau der Situation, die Aschaffenburg kritisiert hatte und nach ihm auch der einflußreiche Moll, daß nämlich der Analytiker das Material formte, bis es zu den Theorien paßte, die die Analyse beweisen sollte? In diesem Zusammenhang war die Arbeit der Züricher besonders wichtig, denn sie konnten den Anspruch erheben, daß sie spezifische empirische Indikatoren dafür gefunden hatten, wann eine Assoziation oder ein freier Einfall gestört wurde.

Zweifellos schreckte Freud bei dem Gedanken zurück, ein Elektrogalvanometer neben die Couch zu stellen oder eine Stoppuhr in die Hand zu nehmen, in der er sonst die Zigarre hielt. Ebenso zweifellos hatte er recht, wenn er sagte, bei der Behandlung müsse man freier und ungezwungener verfahren, als es die Regeln der unmittelbaren empirischen Überprüfbarkeit zulassen würden. Dennoch bleibt das Faktum, daß die in Zürich durchgeführten Experimente beträchtliche Auswirkungen auf den wissenschaftlichen Status der Psychoanalyse als Forschungsmethode hatten.

Im Konferenzraum des Salzburger Hotels saß Freud am Kopfende des langen Tisches und eröffnete den Kongreß nicht mit allgemeinen Ausführungen zur Technik, sondern mit einer ausführlichen Falldarstellung – dem Fall des »Rattenmannes«. Das Symptom dieses Patienten hätte Stoff für einen Roman von Dostojewskij abgeben können. Er fürchtete, eine besonders grausame Form von Folter, bei der Ratten sich in den After des Opfers fraßen, würde sowohl einer von ihm verehrten Dame zugefügt wie seinem lange verstorbenen Vater, wenn er nicht einem Offizierskollegen eine kleine Summe Geld zurückzahlte, die jener im Manöver bei der Poststation eines Dorfes für ihn ausgelegt habe. Als sich herausstellte, daß der Offizier in Wahrheit gar kein Geld für ihn ausgelegt hatte, die Rückgabe, die ihn zwanghaft beschäftigte, somit nicht möglich war, steigerte sich seine Angst ins Unerträgliche und war augenscheinlich durch kein Mittel zu beseitigen.

Der »Rattenmann« war sozusagen mit einer Krankheit gesegnet, für die die Zeit reif war. Man interessierte sich allenthalben für solche Symptome wie Zwangsgedanken, zwanghafte Grübeleien, absurde Rituale und ähnliches. Unter verschiedenen Bezeichnungen – Zwangsneurose, Psychasthenie, *folie du doute,* Obsessionsneurose – hatten sich bereits Löwenfeld, Janet und andere damit befaßt und Theorien aufgestellt. Der Psychoanalyse würde wahrhaftig ein Coup gelingen, wenn sie neue Erkenntnisse über diese in ihrem Erscheinungsbild von der Hysterie und den gängigen Angstzuständen so deutlich unterschiedene Krankheit vorlegen könnte. Glücklicherweise war der »Rattenmann« auch mit einer außergewöhnlichen Fähigkeit gesegnet, die psychoanalytische Methode dazu zu nutzen, seine Zwangsvorstellungen zu entwirren. Henry Ellenberger hat geschrieben, große Psychotherapeuten bräuchten große Patienten. Breuers »Anna O.«, die in den *Studien über Hysterie* vorgestellt wird, war eine solche Patientin. Auch Sabina Spielrein war auf ihre Weise eine große Patientin. Und in der Person des »Rattenmannes« hatte Freud einen weiteren großen Patienten. Das Spiel mit Worten bei der freien Assoziation war für ihn die ideale Methode; er ging damit um, als wäre sie für ihn geschaffen, und dank seiner Intelligenz sowie der wachsenden Gewißheit, daß man ihm tatsächlich helfen konnte, erwies er sich als ein ungeheuer produktiver Patient. Seine Produktivität ermöglichte es wiederum Freud, der immer dann am besten war, wenn es galt, die heimliche Sprache der Symptome zu entschlüsseln, die Zwangsvorstellungen zu zergliedern und zu zeigen, wie sie Stück für Stück, geradezu Satz für Satz auf dem Hintergrund der ungelösten kindlichen Ambivalenz gegenüber einem geliebten, aber strengen und strafenden Vater entstanden waren. (In der veröffentlichten Fassung der Fallgeschichte und vielleicht auch in seinem Salzburger Vortrag glättete Freud den Bericht ein wenig, so daß seine Interventionen besonders klar hervortreten und als nichtsuggestive Deutungen neben den spontanen Selbsterkenntnissen des Patienten stehen.) Alles in allem war die Fallgeschichte eine verblüffende Demonstration der psychoanalytischen Methode und eine beispielhafte psychologische Studie von ganz eigener Art, sie verdiente viereinhalb Stunden Aufmerksamkeit. In der reichen Literatur über Zwangsneurosen gab es nicht Vergleichbares.

Mit solchem Fallmaterial in der Hand konnte Freud großmütig sein, und es scheint, daß er die Gelegenheit nutzte, die Schweizer zu umwerben. Wenn man die veröffentlichte Fassung genau liest, fällt auf, daß Freud die Begrifflichkeit der Züricher Schule in einem Maße verwendet wie nirgendwo sonst. Er spricht von »Spaltung der Persönlichkeit«,[67] von »verdrängten Komplexen«,[68] »Abwendung der Aufmerksamkeit«[69] und sogar von »Komplexempfindlichkeit«.[70] Es ist von »Symbolik«[71] die Rede und davon, daß zwischen einer Übertragungsphantasie und der einstigen Realität eine »volle Analogie«[72] bestehe. An einem Punkt scheint es ihm besonderes Vergnügen zu bereiten, die Züricher zu hofieren. Freud beschreibt die Szene, als der Patient zum ersten Mal davon hörte, daß in bestimmten Ländern Ratten verwendet würden, um Menschen zu foltern:

> Das Schicksal hatte ihm in der Erzählung des Hauptmannes [von der Folter mit Ratten; A. d. Ü.] sozusagen ein Komplexreizwort zugerufen, und er versäumte nicht, mit seiner Zwangsidee darauf zu reagieren.[73]

Freud war rührig in seinen diplomatischen Bemühungen. Nach der Sitzung am Nachmittag zog er sich mit mehreren Mitgliedern der Züricher Schule zurück. Neben den Schweizern waren Abraham, Ferenczi, Brill und Jones anwesend, aus seinem Kreis brachte Freud nur den jungen Otto Rank mit. Die rund zwanzig übrigen Wiener spazierten unterdessen in der Hotellobby auf und ab und fragten sich, was da wohl hinter verschlossener Tür verhandelt wurde. Am Ende des Kongresses erfolgte eine wichtige Ankündigung: Man hatte beschlossen, eine Zeitschrift herauszugeben, ein in zweijährigem Rhythmus erscheinendes Jahrbuch für psychoanalytische und verwandte

Forschungen. Jung sollte die Redaktion übernehmen, Freud und Bleuler würden gemeinsam als Herausgeber firmieren.

Unabhängig von solchen Eifersüchteleien und Heimlichtuereien war bei diesem Kongreß etwas Wichtiges geschehen: Freud hatte die Schweizer davon überzeugt, daß die Psychoanalyse eine offene Wissenschaft war, daß sie weiterhin bedeutende neue Erkenntnisse produzierte und daß es unter den Anwesenden in ausreichender Zahl qualifizierte Autoren für eine eigene Zeitschrift gab. Sie mußten nicht warten, bis Morton Prince oder irgendein anderer den ersten Schritt tat. Bei der Besprechung mit den Schweizern machte Freud darüber hinaus klar, daß er über der Engstirnigkeit der Wiener stehe. Bleulers Position als Patriarch der Züricher Schule wurde dadurch dokumentiert, daß er als einer der beiden Herausgeber auftrat. Jung war nicht nur logischerweise als Redakteuer die erste Wahl, vielmehr stand und fiel der Plan mit seiner Mitarbeit. Jung kam in Salzburg nicht zu dem erhofften Vieraugengespräch mit Freud, aber er erlebte die offizielle Anerkennung seiner Vorrangstellung, und das war Grund genug für ihn, das Amt des Redakteurs zu übernehmen.

Und die Wiener draußen vor der Tür? Ihnen blieb nur die Hoffnung, daß Jung ihre Beiträge für würdig befinden würde, in dem neuen Jahrbuch zu erscheinen. Konsterniert tauschten sie beim abendlichen Bankett Bemerkungen über den »blonden Siegfried« aus, wie sie Jung inzwischen mit unverhohlener Verachtung nannten.

Otto Groß im Burghölzli

Das zentrale Thema von Freuds Fallvortrag, die Ambivalenz gegenüber dem Vater, hatte für mindestens einen Zuhörer besonderes Gewicht – für Otto Groß. Zur Zeit des Kongresses stand Otto Groß in einem heftigen Konflikt mit seinem Vater Hanns Groß, der Professor in Graz und einer der bedeutendsten Soziologen in Europa war. Alarmiert über das Verhalten seines Sohnes, das nicht mehr exzentrisch zu nennen war, sondern bereits in sein eigenes wissenschaftliches Spezialgebiet, die Kriminologie, fiel, bemühte sich Hanns Groß seit Monaten, seinen Sohn zum Schutz aller Beteiligten in einer Klinik unterzubringen. In dieser Angelegenheit hatte er sowohl an Jung wie an Freud geschrieben, und sie hatten das Problem in ihren unmittelbar vor dem Kongreß gewechselten Briefen erörtert. Der ursprüngliche

Plan hatte so ausgesehen, daß Jung Otto Groß von Salzburg ins Burghölzli mitnehmen sollte, aber Jung war der undankbaren Aufgabe ausgewichen.

Doch Jung entkam Otto Groß nicht für lange. Kaum eine Woche nach seiner Rückkehr nach Zürich erhielt er von Freud die offizielle Einweisung von Otto Groß ins Burghölzli. Generös bot Freud an, Groß im Oktober zu übernehmen – volle fünf Monate später. Unterdessen erwartete Freud zwei neue Besucher, Ernest Jones und A. A. Brill, zwei weitere Ärzte, die in Zürich ausgebildet worden waren und nun dem Begründer der Psychoanalyse in Wien ihren Antrittsbesuch abstatten wollten.

Ernest Jones war mit Otto Groß auf dem Amsterdamer Kongreß zusammengetroffen und dann noch einmal bei seinem Aufenthalt in München. Jones schrieb später über Groß, er sei »der romantischen Vorstellung vom Genie nahe gekommen wie kein anderer«.[74] Groß war überaus brillant, und in seinem kurzen Leben fehlte es ihm nie an Anhängern. Die führenden Köpfe seiner Zeit diskutierten über seine neuartigen psychiatrischen und psychologischen Theorien.[75] Schriftsteller faszinierte er besonders, und so tauchte er in einem halben Dutzend unterschiedlicher Werke als Romanfigur auf. In München teilte er seine Zeit auf zwischen Kraepelins Klinik, wo er eine der raren und hoch geschätzten Assistentenstellen innehatte, und den Cafés von Schwabing, dem Gegenstück zu Greenwich Village, wo er bis weit in die Nacht Psychoanalysen aus dem Stegreif durchführte.

Groß wurde Anhänger der Freudschen Theorie, weil er überzeugt war, daß sie ein wirksames Werkzeug für eine Kulturrevolution bot. Groß träumte von einer Welt ohne Monogamie, ohne patriarchale Strukturen, wo gemeinschaftliches Leben und Selbsterforschung es jedem Menschen ermöglichen würden, künstlerische Höhen zu erklimmen. Auf dem Salzburger Kongreß hatte Groß über »kulturelle Perspektiven« der Psychoanalyse sprechen wollen und von Freud die Antwort erhalten: »Wir sind Ärzte, und wir bleiben Ärzte.«[76]

Doch nicht seine Ansichten brachten Otto Groß in Schwierigkeiten, sondern das Beharren darauf, die Träume auszuleben. Zunächst einmal gebärdete er sich als Angehöriger des Pöbels. Im Jahr 1906 gab er einer Patientin, die möglicherweise auch seine Geliebte war, Gift, und sie brachte sich damit um. 1907 gebar seine Frau Frieda einen Sohn, und auch Else Jaffé bekam einen Sohn von Groß; verheiratet war sie mit einem anderen Mann. Nicht lange vor seiner Einweisung ins Burghölzli hatte es in München einen Konflikt über seine Behandlung einer jungen Frau gegeben, deren Familie schließlich ihre Hospitalisierung erwirkte, um sie von Otto Groß wegzubringen. Dann war da noch Groß' Plan, seinen Chef Kraepelin wegen Verstoßes gegen das ärztliche Berufsethos zu verklagen, weil er in seiner Klinik keine psychoanalytische Behandlung anbot; Ernest Jones redete ihm das aus. Und neben all dem berichtete man von Marathondiskussionen, bei denen neben der Abwehr auch die textilen Hüllen fielen. Zudem war Groß bei der Zwangseinweisung ins Burghölzli in der zweiten Maiwoche 1908 von Kokain und Morphium abhängig. Der Zerfall seiner Persönlichkeit hatte freilich erst begonnen, sein Intellekt und sein Charme waren noch nicht beeinträchtigt. Man hätte über ihn dasselbe sagen können, was einst über Lord Byron gesagt wurde: Er war verrückt, schlecht, und es war gefährlich, ihn zu kennen.

Groß und Jung verstanden sich vom ersten Augenblick an hervorragend. Jung hungerte regelrecht nach geistiger Gesellschaft, und Otto Groß hätte sich keinen aufmerksameren, besorgteren Arzt wünschen können. Abgesehen von ihrem sehr ähnlichen beruflichen Hintergrund, paßten die beiden Männer auch nach Temperament und Intellekt gut zusammen, so gut, daß Jung Otto Groß schon bald als seinen geistigen »Zwillingsbruder« bezeichnete. Während es in Jungs Briefwechsel mit Freud nach dem Kongreß vor allem um organisatorische Fragen im Zusammenhang mit der geplanten Zeitschrift und um das Verhalten des Kollegen Abraham ging, war er gefühlsmäßig ganz absorbiert von dem Plan, seinen wichtigsten neuen stationären Patienten zu analysieren und zu heilen.

Zunächst entwickelte es sich glänzend. Groß verminderte freiwillig seinen Drogenkonsum, und Jung widmete jede freie und noch manche zusätzliche Stunde der Behandlung dieses faszinierenden Patienten. Einmal analysierten sie zwölf Stunden ununterbrochen; danach saßen sie, wie Jung Jones anvertraute, beide erschöpft da »wie nickende Automaten«.[77] Es blieb nicht bei der Analyse von Otto Groß. Mit Charme, Scharfblick und geschickt eingesetzter professioneller Höflichkeit gelang es Otto Groß, die Rollen zu vertauschen, so daß bei ihrem gemeinsamen Unterfangen auch eine Analyse von Jung herauskam. Ende Mai schilderte Jung in einem Brief an Freud das neue Verfahren:

> Ich habe alles liegenlassen und alle verfügbare Zeit, tags und nachts, an Groß gewendet, um seine Analyse möglichst zu fördern. [...] Wo ich nicht mehr weiterkam, hat er mich analysiert. Auf diese Weise habe ich auch an meiner eigenen Gesundheit profitiert. [...] Er ist ein Mensch von seltener

Anständigkeit, mit dem man sofort ausgezeichnet leben kann, sobald man die eigenen Komplexe insofern fahren läßt. Heute habe ich den ersten Ruhetag, denn gestern habe ich die Analyse beendigt. [...] Die Analyse hat allerhand wissenschaftlich schöne Resultate ergeben, die wir bald zu formulieren trachten.[78]

In seinen Antworten auf Jungs Berichte während der nächsten Wochen schrieb Freud, daß es eine schöne Sache wäre, wenn sich ein freundschaftliches und kollegiales Verhältnis zwischen den beiden Männern entwickelte. Doch immerhin hatte Freud eine wesentliche Rolle bei der Einführung des Kokains in Europa gespielt, er hatte reichlich eigene Erfahrungen mit der Droge, und so wußte er, in was für einer ernsten Situation sich Groß befand. Er versuchte, Jung vorsichtig auf einige problematische Punkte der Behandlung hinzuweisen – die Analyse war zu kurz, die gleichzeitige Einnahme von Drogen verschleierte die Widerstände –, aber angesichts von Jungs unerschütterlichem Optimismus lenkte er schließlich ein und stimmte zu, daß sich die Dinge vielleicht tatsächlich so entwickeln könnten, wie Jung behauptete: »Einen Mann wie Groß habe ich allerdings nie gehabt; der müßte das Wesen der Sache klar zeigen.«[79] Drei Wochen später klang Jungs Bericht allerdings ganz anders: Alle therapeutischen Einsichten waren wieder verlorengegangen, man hatte keine bleibenden Fortschritte erzielt, und am Tag zuvor war Groß in einem unbewachten Augenblick im Klinikgarten über die Mauer gesprungen und verschwunden. Jung versuchte den demütigenden Fehlschlag vor sich selbst zu entschuldigen mit der Behauptung, Groß leide in Wahrheit an Dementia praecox; das Scheitern der Behandlung war demnach unausweichlich gewesen. Für Freud bot sich damit ein weiteres Mal Gelegenheit, seine Auffassung zur Theorie von Paranoia und Dementia praecox darzulegen. Jung lud Freud schließlich für September zu einem Besuch im Burghölzli ein. Hinter der Einladung stand der Gedanke, daß sie dann Gelegenheit hätten, einige Patienten zu besprechen – und ihre Beobachtungen zu vergleichen. Im Hinblick auf Groß schrieb Freud: »Er ist verfallen und wird unsere Sache nur schwer schädigen.«[80]

Nach Groß' Flucht hörte Jung durch Dritte, was weiter aus ihm wurde. Eine Zeitlang war Groß sehr paranoid, aber dann bekam er sich wieder in die Gewalt, und im Herbst schrieb er eine Arbeit, die Jung gar nicht schlecht fand. So ging es mit Groß fünf Jahre auf und ab, bis es seinem Vater gelang, ihn wieder in einer Heilanstalt unterzubringen, diesmal in Wien.

Im Briefwechsel von Jung und Freud stand bald ein anderes Thema im Vordergrund. Jungs Beschäftigung mit der Affäre Groß trat hinter Freuds Ärger über ein neues Buch von Stekel zurück. Eine beiläufige Bemerkung von Freud aufgreifend, verwischte Stekel den Unterschied zwischen Hysterie und Angstneurose und stellte es so dar, als könnten alle Neurosen durch sexuelle Betätigung geheilt werden. Jung wies sogleich darauf hin, daß dies die Wiener Fassung der Theorien von Otto Groß sei, und in den letzten Briefen vor der sommerlichen Flaute stimmte Freud Jungs Sicht zu. Während der Augustferien schrieb Freud, daß seine theoretischen Gedanken eine neue Richtung eingeschlagen hätten: »Zusammenhänge haben mich auf die Mythologie gewiesen, und so dämmert mir, daß der Kern des Mythus derselbe ist wie der [der] Neurose.«[81] Die »Zusammenhänge« waren Abrahams Arbeit über Traum und Mythos, Ranks Studie *Der Mythus von der Geburt des Helden* und zwei Arbeiten von Freud über die Entwicklung der kindlichen Sexualität; alle diese Arbeiten standen zur Veröffentlichung an.

Die Bedeutung des Vaters

Groß' Aufenthalt in Zürich hatte zwei unmittelbare Folgen. Die erste war theoretischer Natur. Nachdem Jung seine Fassung wiedererlangt hatte, begann er mit der Niederschrift des Aufsatzes *Die Bedeutung des Vaters für das Schicksal des Einzelnen* und beendete ihn so rechtzeitig, daß er im ersten Band der neuen Zeitschrift erscheinen konnte. Jung schreibt darin diskret, daß eine »gemeinsam mit Dr. Otto Groß durchgeführte Analyse«[82] den Anstoß für die Arbeit gegeben habe. Die Arbeit enthielt nicht nur einige der zentralen Gedanken von Otto Groß, für alle »Eingeweihten« war offensichtlich, daß Jung darin Groß' Charakter analysierte – und dies bedeutet, daß die Analyse auch, wenngleich weniger offensichtlich, mit Jung selbst zu tun hatte. Die Arbeit beginnt mit einer einleitenden Verbeugung vor Freuds Theorie der Regression:

> Wem das Glück der Liebe zum Weibe in entmutigender Weise fehlschlägt, der geht zurück auf das Surrogat der schwärmerischen Freundschaft, auf Onanie, auf Religiosität, und ist der Enttäuschte ein Neurotiker, so greift er noch weiter zurück auf die von ihm bis dahin nie ganz verlassenen

> Kindheitsbeziehungen, an die auch der Normale mit mehr als einer Kette geschlossen ist, auf das Verhältnis zu Vater und Mutter.[83]

Jung zitiert eine 1907 veröffentlichte Untersuchung seiner Schülerin Dr. Emma Fürst und weist auf die familiäre Übereinstimmung der »Reaktionstypen« im Assoziationsexperiment hin. Dieses psychische Erbe präge die spätere neurotische Regression. Mit anderen Worten: Der Neurotiker scheitert an seinen Lebensaufgaben, besonders an den erotischen, weil er an die Aufgaben mit der emotionalen Einstellung herangeht, die er von den Eltern übernommen hat. Gestützt durch die experimentellen Befunde und seine eigenen klinischen Beobachtungen, arbeitet Jung schrittweise heraus, daß der Vater von ausschlaggebender Bedeutung dafür ist, welchen Reaktionstypus seine Kinder herausbilden. Es folgen vier anschauliche Fallbeispiele zur Illustration; aus jedem Beispiel wird deutlich, daß der oder die Betreffende es niemals geschafft hat, sich von der Bindung an den Vater zu befreien, und darum stets dem Leben mit der durch den Vater geprägten Einstellung entgegentreten mußte. In der abschließenden Erörterung der Beispiele schreibt Jung, diese Bindung sei im wesentlichen, wenn auch uneingestanden, sexueller Natur:

> Die infantile Einstellung ist, wie man sieht, nichts anderes als infantile Sexualität. Wenn wir jetzt noch einmal zurückblicken auf alles das, was die infantile Konstellation vermag, so müssen wir sagen, *daß unsere Lebensschicksale mit den Schicksalen unserer Sexualität im Wesentlichen identisch sind.*[84]

Jung fährt mit einem an Nietzsche erinnernden Exkurs über die Geschichte der Religionen fort, »die Geschichte der Phantasiesysteme ganzer Völker und Epochen«.[85] In der Religionsgeschichte wechselten sich Jung zufolge Epochen, die von Vatergestalten beherrscht waren – das Modell ist »Jehova« –, ab mit Epochen, in denen sich »die sublimationsfähigen Gehirne vieler Heiligen und Reformatoren« von der Übermacht der Vater-Gottheit befreien konnten.[86] Dann kommt er noch einmal auf das Schicksal zu sprechen:

> Wie alles, was ins Unbewußte geraten ist, schickt auch die infantile Konstellation noch dunkle, ahnungsreiche Gefühle ins Bewußtsein, die Wurzeln der ersten religiösen Sublimierungen. An Stelle des Vaters mit seinen

> konstellierenden Tugenden und Fehlern tritt einerseits eine absolut erhabene Gottheit, anderseits der Teufel, letzterer in moderner Zeit meist gemildert durch die Anschauung der eigenen moralischen Verantwortlichkeit. Ersterem wird die sublime Liebe zur Verfügung gestellt, letzterem die niedere Sexualität. Sobald wir das Gebiet der Neurose betreten, so spannt sich dieser Gegensatz aufs höchste. Gott wird zum Symbol der höchsten Sexualverdrängung, der Teufel zum Symbol der sexualen Lust.[87]

Die fertige Arbeit war kurz, überzeugend, prägnant und brillant geschrieben. Zugleich kündigte sie eine neue Herangehensweise an die Frage an, mit der man im Burghölzli seit Riklins Studie über die Märchen beschäftigt war: Wie konnte man Mythen aus psychoanalytischer Sicht untersuchen? Das Geheimnis bestand darin, nicht einzelne Mythen zu betrachten, sondern eine Abfolge von Mythen. Die Abfolge der Mythen würde das gleiche Muster zunehmender Distanzierung von der väterlichen Autorität zeigen, wie es auch individualpsychologisch bei Vätern und Kindern zu beobachten war.

Verblüffenderweise war auch der umgekehrte Weg gangbar. Das Modell bot eine Lösung, wie in den seltenen Fällen zu verfahren war, zu denen Sabina Spielrein und vielleicht auch Jung selbst zählten, wo ein Mensch offensichtlich eine natürlich Begabung besaß, zu den tieferen, von Mythen durchdrungenen Schichten des Unbewußten vorzustoßen. Wenn man erst einmal der archetypischen Vaterimago gegenüberstand, sei der Vater Jehova oder Wotan, war es die nächste Aufgabe, zum eigenen mythischen (und implizit libidinösen) Heldentum zu finden – zu Jesus oder Siegfried oder wem auch immer. Für Jung war diese theoretische Erkenntnis nicht nur von zwingender Logik, sie ermöglichte es darüber hinaus auch, bestimmte klinische Daten so zusammenzufügen, daß sie einen Sinn ergaben. Sein zentrales Problem war es auf einmal nicht mehr, wie er weitermachen sollte, sondern mit wem er weitermachen konnte. Denn nach der Flucht von Otto Groß hatte Jung, wie er Freud Anfang September in einem Brief klagte, keinen ebenbürtigen geistigen Wegbegleiter mehr.[88]

Der Teufel hat geflüstert

Die zweite unmittelbare Folge der Affäre Otto Groß war eher persönlicher Natur. Sabina Spielrein schreibt dazu in einem Briefentwurf aus dem späten Frühjahr 1909:

> Ich erzählte ihm [Jung], wie es mir bei den Examina gegangen ist, war aber tief deprimiert, daß er gar keine Freude zeigte, daß ich doch was leisten konnte, daß ich nun cand. med. bin. Ich schämte mich, daß ich an irgend welche Prophezeiungen glaubte und dachte mir: nicht nur hat er mich nicht lieb, sondern ich bin nicht einmal seine gute Bekannte, die ihn interessiert. Er wollte mir zeigen, daß wir ganz fremde Leute sind, und es ist eine Erniedrigung für mich, wenn ich zu ihm gehe. Ich beschloß jedoch, nächsten Freitag zu ihm zu gehen und mich aber ganz offiziell zu halten. Der Teufel sagte mir andere Dinge, doch glaubte ich nicht mehr. Tief deprimiert wartete ich auf ihn. Nun kommt er ganz freudestrahlend und erzählt in tiefster Rührung von Groß, von der großen Erkenntnis, die ihm nun aufgegangen ist (d.h. wegen der Polygamie), er will nun nicht mehr sein Gefühl zu mir unterdrücken; er gestand mir, daß ich (seine Frau natürlich ausgenommen) seine erste tiefste Freundin bin etc. etc., er will mir nun alles von sich erzählen. Wiederum also dieser eigentümlichste Zufall, daß der Teufel so unerwartet für mich Recht behielt.[89]

Kapitel 8

Sexualpsychologische Forschungen

So lernte ich damals eine Menge: vieles, was von wissenschaftlichem Wert war, aber auch etwas von praktischer Bedeutung – nämlich daß es für einen »Allgemeinpraktiker« unmöglich war, einen solchen Fall zu behandeln, ohne seine Tätigkeit und seine Lebensweise vollkommen zu ruinieren. Ich gelobte damals, daß ich *nicht* noch einmal durch eine solche Hölle gehen würde.

Josef Breuer über die Behandlung von »Anna O.«
mit der kathartischen Methode, *Brief an Auguste Forel,*
21. November 1907.

Jung verstrickte sich immer mehr in das Netz der Komplexe, zudem tauchten immer neue Komplikationen auf. Das nächste Hindernis auf Jungs Weg zur freudianischen Psychoanalyse stand in Gestalt von Auguste Forel vor ihm, dem emeritierten Professor der Universität Zürich, der früher das Burghölzli geleitet hatte und nach wie vor als Kapazität auf dem Gebiet der Psychiatrie internationales Ansehen genoß. Voller Sorge über die neuesten Tendenzen am Burghölzli schrieb Forel im Herbst 1907 an Josef Breuer, den Nestor der Wiener Internisten, den Forel aus seiner Studentenzeit kannte, und erkundigte sich nach den Anfängen der Psychoanalyse. 25 Jahre zuvor hatte Breuer Freud von der Patientin »Anna O.« erzählt und damit Freuds Interesse für die Hysterien geweckt. Ihre folgende gemeinsame Veröffentlichung, die *Studien über Hysterie,* war nur möglich geworden, weil Breuer schließlich eingewilligt hatte, die Krankengeschichte dieser bemerkenswerten – und bemerkenswert kranken – Patientin niederzuschreiben. Breuer antwortete Forel zurückhaltend. Anders als die veröffentlichte Fallgeschichte vermuten ließ, wurde »Anna O.«, die neben der Hysterie aller Wahrscheinlichkeit nach auch an einer neurologischen Krankheit litt, nicht vollständig geheilt. Möglicherweise wußte Forel dies bereits durch die Binswangers, denn nach der Behandlung in Wien war »Anna O.« in die Klinik der Binswangers nach Kreuzlingen gekommen. Darüber hinaus hatte »Anna O.« während der Behandlung durch Breuer eine Scheinschwangerschaft entwickelt und in einer wahnhaften Geburtsszene phantasiert, das Kind von Herrn Doktor komme nun. Selbst da hatte Breuer die Behandlung noch fortgesetzt. Er gab die täglichen Sitzungen erst auf, als seine Ehefrau aus Verzweiflung darüber, daß er der jungen Frau soviel Zeit widmete, einen Selbstmordversuch unternahm.

Diese Einzelheiten teilte Breuer Forel nicht mit, aber er schrieb, daß die Behandlung äußerst schwierig gewesen sei und er darum künftig seine nervösen Fälle an seinen jungen Kollegen Freud überwiesen habe. Breuer und Freud hatten sich inzwischen so weit entfremdet, daß Freud grußlos an seinem einstigen Mentor vorüberging, wenn er ihn auf der Straße traf. Doch in dem Brief an Forel räumte Breuer nur ein, daß Freud sich möglicherweise von ihm entfernt habe, »um das Bürgertum zu schockieren«.[1] Andererseits verteidigte Breuer vehement die neuen Erkenntnisse über die Rolle der Sexualität: »Ich gebe zu, daß es nicht nach meinem Geschmack ist, wenn man sich so sehr in Theorie und Praxis der Sexualität vertieft. Doch was haben mein Geschmack und meine Ansichten darüber, was sich schickt und was nicht, mit der Frage zu tun, was wahr ist?«[2]

Forel wandte sich nicht nur an Breuer; er befragte etliche Schweizer Ärzte, die er kannte und von denen er wußte, daß sie mit irgendeiner Form der »kathartischen« Methode experimentierten. Forels Ablehnung steigerte sich so sehr, daß der Schweizer Psychotherapeut Bezzola, der freie Assoziationen zur *Einleitung* einer hypnotischen Trance nutzte, in seinem Antwortschreiben nachdrücklich betonte, daß Jung und Bleuler ernsthafte Männer seien und daß »Schweine« wohl nicht die richtige Bezeichnung für sie sei.

Die beste Antwort für einen grundsätzlichen Zweifler wie Forel wäre es gewesen, ihn mit Fallgeschichten und Schilderungen von Behandlungen zu überhäufen, aber dazu brauchte man eine Zeitschrift, in der diese ganz besonderen, für die neue Wissenschaft zentralen Fallgeschichten veröffentlicht werden konnten. Natürlich konnte Freud ohne weiteres seine Schriften in Periodika wie Hirschfelds *Zeitschrift für Sexualwissenschaft* und Marcuses *Sexual-Probleme* unterbringen, aber nur dann, wenn es sich um einen allgemeinen Beitrag handelte wie etwa seinen älteren Aufsatz »Zur sexuellen Aufklärung der Kinder« oder die jüngere Arbeit »Die ›kulturelle‹ Sexualmoral und die moderne Nervosität«. Solche Zeitschriften waren aber wohl kaum der richtige Ort, um neue Behandlungsmethoden darzulegen. Die psychologischen Zeitschriften waren für Freud und seine Kollegen inzwischen auch zugänglich, aber die Betonung der Sexualität in ihren Arbeiten würde unweigerlich Kritik und Widerspruch von seiten der anderen Autoren zur Folge haben.

Das *Jahrbuch für Psychoanalytische und psychopathologische Forschungen* war in doppelter Hinsicht Jungs Projekt: Er hatte die Idee dazu gehabt, und er trug in letzter Instanz die Verantwortung. Doch Freud hatte den Verleger ausgesucht, Freud bekam als erster die Druckfahnen, und Freud hatte in allem das letzte Wort. Freud änderte den Titel – damit er besser klang. Freud änderte das Titelblatt – damit er als »Prof. Dr. S. Freud« erscheinen konnte. Er formulierte die editorische Vorbemerkung um, mit der die Herausgeber im ersten Band die neue Zeitschrift vorstellten – und verwischte dabei die Unterschiede zwischen der Züricher Schule und seiner Wiener Gruppe bis zur Unkenntlichkeit.

Der erste Halbband des *Jahrbuchs* konnte dann doch erst Ende Februar 1909 erscheinen. Es war ein glanzvoller Auftakt mit fünf bedeutenden Arbeiten: Freuds Fallbericht vom »Kleinen Hans«, Jungs Studie über die Bedeutung des Vaters, Abrahams Arbeit über Ehen zwischen nahen Verwandten, einer Fallgeschichte des jungen Binswanger und einem Beitrag über Beziehungen zwischen Epilepsie und Hysterie von Alphonse Maeder, einem französischsprachigen Schweizer, der in der Anstalt von Binswanger arbeitete. Sexualität spielte in allen Arbeiten eine Rolle, aber von der ersten bis zur letzten Seite war es eine seriöse wissenschaftliche Zeitschrift. Freud schrieb, nachdem er die erste Lieferung des Verlags erhalten hatte, an Jung: »Sie haben eine glänzende Revanche für Amsterdam genommen!«[3]

Freud hatte mit dem *Jahrbuch* ein spezielles Problem. Da es die wissenschaftliche Visitenkarte der Psychoanalyse sein sollte, war es wichtig, daß die Autoren der Beiträge die Empfindlichkeiten einer breiten akademischen Leserschaft berücksichtigten und die gängigen Insignien wissenschaftlicher Publikationen – von Fußnoten bis zu Literaturüberblicken – zu handhaben wußten. Freud selbst bereitete dies keine Schwierigkeiten, ebensowenig den Zürichern, die bei Bleuler gelernt hatten, daß man auf dem neuesten Stand der Literatur sein mußte. Aber die meisten Wiener hatten damit große Mühe. Der Ausbildung nach waren sie vorwiegend Internisten, und sie hatten sich inzwischen allzu sehr an den Gedanken gewöhnt, daß ihre Ansichten selbstverständlich wahr waren. In weiser Voraussicht hatte Freud bereits vor dem Salzburger Kongreß begonnen, mit seiner Gruppe Literaturberichte und kurze Falldarstellungen auszuarbeiten. Trotzdem würde es eine Weile dauern, bis sie mit den Schweizern mithalten konnten. In den ersten Nummern des *Jahrbuchs* waren denn auch Beiträge der Schweizer in der Überzahl. (Karl Abraham beschwerte sich sogar offen darüber, daß er stets zur Züricher Schule gezählt werde.)

Briefe an einen Freund

Jung hatte ein anderes Problem mit dem *Jahrbuch,* das ihm zunächst gar nicht recht bewußt war. Er sollte als Redakteur firmieren, und der Redakteur mußte sich sehr genau über seine eigene Position in den großen Fragen seiner Wissenschaft im klaren sein. Vor allem galt das für jenes Thema, das Forel so erboste, nämlich ob die eingehende Beschäftigung mit der Sexualität richtig und schicklich war. Heimliche Treffen mit einer ehemaligen Patientin waren darum denkbar unangebracht. Jung und Sabina Spielrein sahen sich seit Juni 1908 wieder, und zwar an unterschiedlichen Orten: in seinem Büro, in ihrer Wohnung, beim Spazierengehen außerhalb der Stadt. Die Begegnungen waren ein Risiko, das der künftige Redakteur des *Jahrbuchs* einfach nicht eingehen durfte.

Aus dem Jahr 1908 sind keine Briefe von Sabina Spielrein erhalten, aber mehrere Briefe von Jung aus dem Sommer und dem frühen Herbst. Sie sind überaus aufschlußreich für die Atmosphäre zwischen Jung und ihr. Natürlich gibt es bestimmte Dinge, die ein vernünftiger Mensch auch bei ansonsten allergrößter Offenheit niemals in einem Brief schreiben würde. Ihre Beziehung veränderte sich, nachdem Jung beschlossen hatte, nun doch seine Gefühle mit ihr zu teilen, und beide fühlten sich frei genug, die Erörterung ihres Seelenlebens brieflich fortzusetzen. Tatsächlich nehmen in ihren Briefen – und so war es vermutlich auch in ihren Gesprächen – psychologische Fragen ebensoviel Raum ein wie andere Themen. Bekenntnisse zu psychologischen Themen können genauso aufschlußreich sein wie andere Bekenntnisse. Obgleich Jung sich offensichtlich um Zurückhaltung bemühte, sind seine Briefe durch und durch entlarvend.

Jungs Briefe an Spielrein sind in dem von Carotenuto herausgegebenen *Tagebuch einer heimlichen Symmetrie* mit abgedruckt. Bei der Beschreibung des Materials[4] merkt Carotenuto an, daß neben 34 Briefen von Jung an Sabina Spielrein auch vier nichtdatierte Visitenkarten vorliegen, eine davon mit dem Aufdruck »Dr. Med. C. G. Jung – Küsnacht-Zürich«. Diese Karte dürfte frühestens Mitte 1909, wahrscheinlicher im Herbst 1910 geschrieben worden sein. Die anderen drei Karten tragen keinen Aufdruck, auf jeder sind Uhrzeit und Ort für ein Treffen notiert. Sie wurden eindeutig nicht mit der Post geschickt, sondern Jung war zu ihr gekommen, um ein Treffen zu vereinbaren, und hatte die Karten selbst in ihren Briefkasten gesteckt.

Der erste datierte Brief von Jung ist eine kurze Mitteilung vom 20. Juni 1908, drei Tage nach Otto Groß' Flucht über die Mauer des Burghölzli. Darin schreibt er: »Sie haben mein Unbewußtes mit Ihrem gepfefferten Briefe tüchtig in die Finger genommen.«[5] Und er schlägt eine Bootsfahrt vor, damit sie ungestört auf dem See »die klare Richtung aus den Gefühlswirrnissen finden«[6] könnten. Jungs nächster Brief trägt das Datum 30. Juni und beginnt mit der Anrede »Meine liebe Freundin« anstelle von »Mein liebes Fräulein«. In den weiteren Briefen wechselt »Meine liebe Freundin« mit »Meine Liebe«. In dem Brief vom 30. Juni schreibt Jung, wie glücklich er wäre, in ihr »den Menschen zu finden, den ›esprit fort‹, der nie in Sentimentalität versandet, sondern dessen eigentliche und innerste Lebensbedingung die eigene Freiheit und Unabhängigkeit ist«.[7] Weiter heißt es: »Sie glauben nicht, wie viel mir die Hoffnung bedeutet, einen Menschen lieben zu dürfen, den ich nicht verdammen muß und der sich nicht verdammt dazu, an der Alltäglichkeit der Gewöhnung zu ersticken.«[8] Der Brief endet mit dem Hinweis auf das Wiedersehen am Freitag, das heißt zu Sabinas regulärer Sitzung bei Jung. Der nächste erhaltene Brief stammt vom 4. Juli und ist im gleichen Tonfall gehalten: Ihr Gespräch am Tag zuvor habe eine erlösende Wirkung gehabt, der Glaube an sie wiege »viele Enttäuschungen auf«.[9] Er fühle sich »ruhiger und freier«.[10] Am Schluß schlägt er ein Treffen in Rapperswil vor.

Ein Mann, der eine Affäre hat, ist immer vielbeschäftigt. Man kann ihn nicht erreichen, er meldet sich nicht, er beantwortet Briefe nicht pünktlich, und er muß unbedingt immer irgendwo anders sein. Unendlich viel zu tun zu haben ist eine nützliche Ausrede, um Abwesenheit zu erklären; auch die Ansprüche der Geliebten lassen sich damit sehr gut in Schranken halten. Die nächsten beiden Schreiben von Jung, datiert vom 6. Juli und vom 22. Juli, sind solche eiligen Mitteilungen eines vielbeschäftigten Mannes. Beide sind sehr kurz, in beiden heißt es, daß er gerade keine Zeit habe, beide geben eine knappe Anweisung, wann sie ihn wo treffen kann. Der Tonfall läßt vermuten, daß Jung mittlerweile bewußt geworden war, wie weit er bereits gegangen war, doch allem Anschein nach hatte er nicht die Absicht, den Kontakt gänzlich abzubrechen. Darüber hinaus wußte er inzwischen, daß Freud in zwei Monaten auf Besuch kommen würde. Allerdings ist unmöglich zu sagen, ob ihn diese Aussicht zu mehr Zurückhaltung veranlaßte.

Im August reiste Sabina Spielrein in die Ferien nach Rußland. Jung hörte über eine Woche nichts von ihr und machte sich Sorgen. Schließlich traf ein Brief ein. Er schrieb am 12. August 1908 umgehend zurück und berichtete von seiner Beunruhigung. Die zurückliegende Woche sei er »etwas hysterisch« gewesen und sogar wegen einer Erkältung einen Tag im Bett geblieben. Seine Stimmung schwanke »vulkanisch, bald alles golden, bald alles grau«.[11] Ihr Brief sei ein »Sonnenstrahl« gewesen und habe ihn beruhigt.[12] Angesichts ihres Schweigens habe er befürchtet, wie er es ausdrückte, »der Teufel habe [...] die Hand im Spiele gehabt«.[13] Offensichtlich hatte Sabina Spielrein ihm in ihrem letzten Brief mitgeteilt, daß sie mit ihren Eltern über die Freundschaft zu ihm gesprochen habe, denn Jung schreibt, er bewundere die »wahrhaft große Gesinnung«[14] ihrer Eltern, insbesondere ihrer Mutter, weil Frauen doch im allgemeinen konservativer seien. Weiterhin hatte Sabina wohl angekündigt, daß sie sich nicht mehr so achtlos kleiden und in jeder Hinsicht eleganter werden wolle; Jung begrüßt diesen Entschluß vorbehaltlos.

Offensichtlich machte sich Jung um diese Zeit ernsthaft Gedanken über ihre Situation. Im selben Brief warnt er Sabina, daß eine andere Patientin von ihm, eine Polin, in Zürich in ihre Nachbarschaft gezogen sei. Er schreibt von seiner wachsenden Besorgnis und drückt sich dabei in einer Weise aus, daß Sabina verstehen mußte, es sei ihre Pflicht, einen Skandal zu vermeiden. In dem Brief vom 12. August 1908 schreibt er:

> Ich merke, daß doch sehr viel mehr von mir an Ihnen hängt, als ich jemals dachte. Ich bin nur immer furchtbar mißtrauisch und glaube immer, die andern Menschen wollten mich bloß ausnützen und tyrannisieren. Den Glauben an die natürliche Güte des Menschen, den ich so oft verkünde, kann ich selber nur mit Mühe haben. Was aber ja nicht für Sie gelten soll![15]

Der nächste erhaltene Brief von Jung an Sabina Spielrein, datiert vom 2. September 1908, ist nur wenige Zeilen lang.[16] Offensichtlich vermißte er sie und wartete auf ihre Rückkehr nach Zürich. Der darauf folgende Brief vom 28. September ist unvollständig. Jung berichtet enthusiastisch über Freuds Besuch kurz zuvor. Früher habe er Freud nur bewundert, nun aber habe er ihn liebgewonnen. Jung betont Freuds Menschenkenntnis und Lebenserfahrung, anscheinend hatte er Rat bei Freud gesucht. Das Lob auf Freud kommentiert er mit der seltsamen Bemerkung, sie habe in diesem Punkt recht gehabt. Offensichtlich hatten Jung und Sabina Spielrein über Freud gesprochen. Jung kündigt weiter seinen bevorstehenden Militärdienst an und fragt Sabina, ob sie ruhig sei und was sie über ihr Schicksal denke. Er sei oft in Sorge »wegen der« – an dieser Stelle bricht der Brief ab.[17]

Freud im Burghölzli

Aus Freuds Sicht betrachtet, war der schlimmste Aspekt der Mesalliance zwischen Jung und Groß vermutlich ihr Entschluß, sich gegenseitig zu analysieren. Da Jung und Groß damals außerhalb von Wien die beiden Analytiker mit der größten Erfahrung waren, mußte sich Freud mit ihrem Experiment abfinden; die Ergebnisse des Experiments wollte Jung in seinem Beitrag für das *Jahrbuch* veröffentlichen. Freud kam dann auf den Gedanken, daß es nützlich sein könnte, den Faden aufzugreifen und, um weitere Experimente dieser Art zu verhindern, selbst für Konsultationen zur Verfügung zu stehen. Im Sommer 1908, während Jung in Zürich war, Abraham in Berlin und Ernest Jones kreuz und quer durch die Welt reiste, verbrachte Sándor Ferenczi die Sommerfrische bei Freud in Berchtesgaden. Unter Freuds wachsamen Augen stellte er dort eine wichtige Arbeit mit dem Titel *Introjektion und Übertragung* fertig und erörtete mit Freud seine persönlichen Eigenheiten – die erste Lehranalyse in der Geschichte der Psychoanalyse. Es zeigte sich, daß jeder, der Ferenczis Beispiel folgen wollte, am besten die Sommermonate dazu nutzte. Bald waren die Sommerferien für die sich entwickelnde Psychoanalyse genauso wichtig wie die Kongresse. Ferenczi unterzog in seinem Aufsatz das Konzept der therapeutischen Beziehung, das in der Arbeit der Züricher Schule eine zentrale Stelle einnahm, in den Begriffen der Libidotheorie einer kritischen Analyse. Freud überredete Ferenczi, zu warten und den Aufsatz noch nicht Jung vorzulegen, Freud wollte erst in einer eigenen Arbeit eine Darstellung seiner psychoanalytischen Methode geben. Eine solche Darstellung war lange überfällig. Doch sie ließ noch weiter auf sich warten, denn dringlicher waren die Manuskripte für die *Schriften zur angewandten Seelenkunde.*

Als nächstes stand der Besuch bei Jung auf Freuds Programm für den Sommer. Jung hatte die Einladung im Juni mitten in einer neuerlichen heiklen Diskussion über Paranoia und Dementia praecox ausgesprochen. Freud nahm bereitwillig an: »Aber natürlich! Wir leben doch nicht in verschiedenen Jahrhunderten, nicht einmal in anderen Weltteilen. Was ist berechtigter, als daß wir zueinander kommen, um etwas zu besprechen, was für Sie und für mich solche Bedeutung hat.«[18] Abraham gegenüber stellte Freud den Besuch in Zürich als Inspektionsreise dar, Jung schrieb er am 13. August 1908, dies werde eine Gelegenheit sein, »den Groll zu zerstören, der sich zwischen zwei Personen, die voneinander viel verlangen, im Laufe eines Jahres notwendigerweise niederschlägt«.[19] Weiter kündigt Freud an, er wolle von Jung »einige persönliche Konzessionen«[20] in Theorie und Politik der Psychoanalyse erreichen:

> Die egoistische Absicht, die ich verfolge und natürlich offen eingestehe, ist, Sie zum Fortsetzer und Vollender meiner Arbeit einzusetzen, indem Sie auf die Psychosen anwenden, was ich bei den Neurosen begonnen habe, wozu Sie als starke, unabhängige Persönlichkeit, als Germane, der leichter die Sympathien der Mitwelt kommandiert, mir besser zu taugen scheinen als irgendein anderer, den ich kenne. Nebenbei habe ich Sie ja auch lieb; aber dieses Moment habe ich unterzuordnen gelernt.[21]

Jung freute sich, daß Freud nach Zürich kam – und zwar ausdrücklich zu ihm, nicht zu Bleuler. (Über seinen Chef schrieb Jung: »Prof. Bleuler hat ja nichts dagegen, wieviel er dafür hat, das weiß offenbar niemand, er selbst am wenigsten.«[22]) Jung wollte einige Fälle mit Freud besprechen und hoffte, daß sie in ihrer Auseinandersetzung über die Psychosen vielleicht eine Einigung finden könnten. Darüber hinaus freute er sich auf den persönlichen Austausch, der in Salzburg gefehlt hatte. Er hatte Freud viel zu erzählen: »Ich freue mich sehr, wieder einmal ungestört mit Ihnen sprechen zu können, denn seitdem ich bei Ihnen in Wien gewesen bin, hat sich sehr, sehr vieles geändert, und vieles ist neu und weiter geworden.«[23]

Im September reiste Freud nach England, von dort nach Berlin (ohne Abraham zu besuchen) und war dann vom 17. bis zum 21. im Burghölzli. Bei den meisten Autoren, die sich bislang mit der Beziehung von Jung und Freud beschäftigt haben, wird Freuds fünftägiger Aufenthalt in Zürich nur am Rande erwähnt. Ein Grund dafür mag sein, daß es darüber keine Berichte aus erster Hand gibt, ein anderer, daß der Besuch in der Beziehung der beiden, die schließlich einen so stürmischen Verlauf nahm, ein ruhiges, sogar friedliches Zwischenspiel war. Für Jung war Freuds Besuch ungeheuer wichtig. Aus seinem Brief an Sabina Spielrein vom 28. September 1908 erfahren wir, daß er sich nach den fünf Tagen in einer ganz neuen Weise zu Freud hingezogen fühlte. Überdies verband Freud zu Jungs Vergnügen und mit seinem Einverständnis die Freundlichkeit mit Spitzen gegen Bleuler: Er rief Bleuler nicht an, was ein Affront war, zumal er in Jungs Wohnung im Krankenhaus genau ein Stockwerk über Bleuler wohnte. (Der Affront hatte Wirkung: Bleuler verhielt sich wie immer als Gentleman und gab Jung frei, damit er sich ganz seinem Besucher widmen konnte. Im folgenden Monat unternahm er mit seiner Frau eine eigene Pilgerreise nach Wien, um wieder ein freundliches Klima herzustellen. Der Besuch der Bleulers verlief gut, und Freud registrierte, daß sie sich sehr bemühten, liebenswürdig zu sein – »soweit seine Unzugänglichkeit und ihre Affektation es zuließen«,[24] wie er Abraham berichtete.)

Bei dem Aufenthalt in Zürich verbrachte Freud sehr viel Zeit mit Jung, einmal gingen sie acht Stunden spazieren und unterhielten sich. Über den Inhalt ihrer Gespräche erfahren wir so gut wie nichts. Jung führte Freud durch die Klinik und stellte ihm die Patientin vor, deren Fall er in seinem Buch über Dementia praecox geschildert hatte. Jung verfocht noch immer die Toxintheorie und hob hervor, daß die Fragmentierung der Sprache bei solchen Patienten vollkommen anders sei als bei Neurosen. (Zurück in Wien, holte Freud sogleich ein Gegenbeispiel bei einer Zwangsneurose hervor.[25]) Weiterhin wies Jung auf das interessante Paradox hin, daß Patienten mit Dementia praecox sich selbst zu heilen versuchten, indem sie hysterisch würden, während »wir durch die Analyse die Hysterischen auf den Weg der Dementia praecox führen«.[26] Mit dieser Bemerkung bezog er sich wohl darauf, daß bei der Erforschung der Phantasien in der Analyse die Patienten aufgefordert werden, sie ernst zu nehmen und den sexuellen Gehalt zu erkennen, und daß die Phantasien sich auf diese Weise bis zu wahnhafter Intensität steigern können, bevor sie aufgelöst werden. Wahrscheinlich entwickelten sich Sabina Spielreins mythologische Vorstellungen in ihrer Neurose bis zu diesem Punkt, aber Jung und sie lösten ihre Phantasien wohl nicht dem Modell entsprechend auf. Jung besprach die Beziehung zu Sabina Spielrein mit seiner Frau, die nun im siebten Monat schwanger war und mit den Kindern aus den Ferien zurückkehrte, während Freud in Zürich war. Freud und Jung diskutierten auch über Jungs »Stern-Komplex«,[27] das heißt seinen Wunsch nach einem Sohn, der bei Binswangers Experiment offenbar geworden war. Nach Freuds Rückkehr bedankte sich Jung brieflich für den Besuch, der ihm »so wohl getan«[28] habe, daß er wenn irgend möglich im Frühling zu einem Gegenbesuch nach Wien kommen wolle. Offensichtlich war Emma Jung der gleichen Ansicht wie ihr Mann, denn sie schrieb nicht nur einen, sondern sogar zwei Dankesbriefe.

Freud fand bei dem Besuch die gemeinsame Basis bestätigt. Im Juli hatte Abraham ihn gewarnt, in Zürich sei man dabei, sich von seinen Ideen abzuwenden, er habe bereits sagen gehört: »Im Burghölzli scheint Freud so etwas wie ein überwundener Standpunkt zu sein.«[29] Abraham hatte den Eindruck, Jung sei dabei, »sich seinen alten spiritistischen Neigungen wieder zuzuwenden«.[30] Freud erwiderte, mit Jung verbinde ihn »persönliche Sympathie« und Jung hänge bereits zu stark an der gemeinsamen Sache: »Überdies kann er ja kaum zurück, er kann seine Vergangenheit nicht ungeschehen machen, selbst wenn er wollte, und das Jahrbuch, dessen Redakteur er ist, bleibt ein nicht zu zerreißendes Band.«[31] Zwei Tage nach der Rückkehr aus Zürich zog Freud in einem Brief an Abraham ein positives Fazit:

> Ich freue mich, daß Sie nur teilweise recht gesehen haben, nämlich nur betreffs Bleuler. Was Jung anbelangt, so hat er seine Schwankung überwunden, gehört der Sache rückhaltlos an und wird auch an der Dementia Praecox-Frage energisch in unserem Sinne weiter arbeiten. Das ist mir höchst erwünscht, und ich hoffe, daß es auch Sie erfreuen wird. Mit Bleuler wird es nichts werden, sein Abfall steht nahe bevor, das Verhältnis zwischen Bleuler und Jung ist bis zum Zerreißen gespannt. Jung gibt die Assistentenstelle auf, bleibt aber Leiter des Laboratoriums und wird ganz unabhängig von Bleuler arbeiten.[32]

Freud fährt fort, er habe die Aussöhnung Abrahams mit Jung vorbereitet, und hebt hervor, daß Jung »große Achtung«[33] für Abrahams wissenschaftliche Leistung geäußert habe. Jung sei der Meinung, daß bestimmte ungenannte Dritte Abraham einen falschen Eindruck von ihm, Jung, vermittelt hätten. Der Frieden hielt zwei Monate.

»Siegfrieds« Geburt

Anfang Oktober, kurz vor dem Beginn des Wintersemesters, kehrte Sabina Spielrein nach Zürich zurück. Wir wissen nicht, ob sie Jung noch einmal sah, bevor er Mitte Oktober für zwei Wochen zum Militärdienst ging. Im November trafen sie sich wahrscheinlich wieder, und sei es nur unter dem Deckmantel ihrer regulären Sitzungen am Freitag. Jung hatte sehr viel Arbeit mit den Manuskripten für das *Jahrbuch*, außerdem schrieb er an einer Arbeit über Träume, um die Binet ihn gebeten hatte; das war eine besondere Auszeichnung. Neben alldem mußte er sich um das Laboratorium und die ambulanten Patienten der Klinik kümmern.

Der November war in anderer Hinsicht ein schicksalhafter Monat. Auguste Forel rührte seit über einem Jahr in privaten Zirkeln die Trommel gegen die neuen freudianischen Neigungen am Burghölzli. Nun trat er mit seinen Einwänden an die Öffentlichkeit. In einem kurzen, aber wohldurchdachten Überblick über den aktuellen Stand der Psychotherapie klagte er darüber, daß die Praktiker unterschiedlicher Richtungen ihre eigenen Wege beschritten, und plädierte für die Gründung einer neuen internationalen Organisation aller Psychotherapeuten und mit Hypnose arbeitenden Ärzte. In einer ironischen Verdrehung setzte er scheinbar zum Lob Freuds und Breuers an, bedauerte jedoch dann, daß Freud wie Dubois in Bern in der Zwischenzeit die Hypnose aufgegeben habe. Forel wandte sich gegen die beständige Suche nach sexuellen Komplexen; damit fördere man lediglich die Entstehung neuer Komplexe und leiste einer krankhaften Entwicklung Vorschub.[34] Zwar nannte er Jung nicht explizit, doch es stand außer Frage, daß seine Kritik auf Jung zielte – ein typisches Beispiel, daß der Sohn für die Sünden des Vaters zur Verantwortung gezogen wird. Forels Aufsatz erschien Anfang November und zeigte an, daß sich in der Schweiz die gegnerischen Linien formierten. Freud machte Jung unverzüglich darauf aufmerksam: »Forel geht ja wesentlich auf Sie los, wahrscheinlich aus Ignoranz.«[35]

Karl Abraham wollte nicht tatenlos zusehen, wie andere zu Märtyrern wurden, und suchte seinerseits den Konflikt mit den etablierten Autoritäten. Anfang November sprach er vor der Berliner Gesellschaft für Psychiatrie und Nervenkrankheiten über »Verwandten-Ehe und Neurose«. Kern seines Vortrags war die Widerlegung der althergebrachten Auffassung, daß Ehen zwischen Verwandten die Ursache für Neurosen bei den Nachkommen seien. Abraham zufolge war es ein Kennzeichen der neurotischen Entwicklung, daß der Patient quasi-inzestuöse Beziehungen suchte, da dadurch Bande der Kindheit am wenigsten beeinträchtigt wurden. Dies bedeutete, daß Ehen zwischen Verwandten eine Folge von Neurosen waren und nicht umgekehrt. Die Beweisführung war gut und hatte einen doppelten Bezug zu Abraham: Der Onkel seiner Frau, der angesehene Professor für Neurologie Hermann Oppenheim, der an diesem Abend unter den Zuhörern war, hatte eine Arbeit in Druck gegeben, in der er entsprechend der vorherrschenden Meinung die Auffassung vertrat, die Juden litten darum häufiger an Neurosen, weil Eheschließungen zwischen nahen Verwandten bei ihnen besonders verbreitet seien. Insofern bekundete Abraham mit seiner Argumentation seine wissenschaftliche Unabhängigkeit. In gewisser Weise löste er sich auch aus den Banden seiner eigenen familiären Vergangenheit, denn der Stammbaum, an dem er seine Beweisführung vorführte, war sein eigener. Die dem Vortrag folgende Diskussion schilderte Abraham Freud in einem Brief überaus anschaulich – »Ich stand der sehr besuchten Versammlung allein gegenüber«[36] –, und Freud berichtete Jung ebenso farbig: »Von Abraham höre ich [...], daß er seinen ersten Kampf in Berlin bestanden hat. Er steht dort auf heißem Boden, als vorgeschobener Posten.«[37]

Anscheinend war die Versammlung weniger feindselig, als Abraham es darstellte. Henry Ellenberger hat das offizielle Sitzungsprotokoll studiert, und demnach äußerte sich nur Ziehen, Professor für Psychiatrie an der Universität Berlin, entschieden kritisch.[38] (Es *war* in der Tat nicht leicht zu verdauen, daß der berühmte Dichter C. F. Meyer sich zu seiner Schwester hingezogen gefühlt haben sollte. Aber dies spielte in Abrahams Vortrag nur am Rande eine Rolle; allerdings strich er die Passage für die Veröffentlichung im *Jahrbuch.*) Ganz und gar negativ kann Abrahams Eindruck von diesem Abend nicht gewesen sein, denn innerhalb eines Jahres hielt er im gleichen Rahmen einen weiteren Vortrag. Doch auch wenn wir Abraham zugute halten, daß eine gewisse Lust an der Dramatisierung die Objektivität seiner Schilderung trübte, darf nicht übersehen werden, daß Theodor Ziehen eine wichtige Gestalt in der deutschen Psychiatrie war – seine Beschäftigung mit Assoziationsexperimenten hatte Jung zu seinen Studien angeregt – und darum ein ernst zu nehmender neuer Feind.

Ein anderer Feind war von Monakow, der Züricher Professor für Neurologie. Von Monakow hatte die Zusammenkünfte der Züricher Freudschen Gesellschaft besucht, und dort hatte man ihn so unfreundlich behandelt, wie die Schweizer Umgangsformen es nur zuließen. Er übte Vergeltung und gründete gemeinsam mit Dubois eine schweizerische Neurologische Gesellschaft. Jung zufolge wurde »der letzte Hinterwäldler unseres guten Landes«[39] zu dem neuen Verein eingeladen, darunter auch Otto Veraguth, der experimentelle Psychologe der Universität Zürich, der die Verwendung des Galvanometers in Verbindung mit dem Assoziationsexperiment eingeführt hatte und laut Jung »vom ganzen Programm nur das Festessen verstand«.[40]

Jung legte angesichts dieser Entwicklungen demonstrative Unbekümmertheit an den Tag. Charakteristisch ist eine Passage aus einem Brief an Freud vom November:

> Magna est vis veritatis tuae et praevalebit! [Groß ist die Gewalt deiner Wahrheit, und sie wird siegen – leicht abgewandelter Satz aus der Vulgata, 3 Esdras 4,41.] [...] Nichts ist greulicher, als in das Tutehorn der allgemeinen bouillonwarmen Anerkennung zu stoßen und sich auf dichtbevölkerter Erde anzusiedeln; darum freue ich mich, wenn man tüchtig Opposition macht. Offenbar sind noch lange nicht alle heran, die sich blamieren können. Auch Forel hat noch Gelegenheit dazu vor Toresschluß. Von Amerika merke ich schon seit einiger Zeit das leise Wehen der Prüderie, welches Organ bei Morton Prince offenbar eine große Rolle spielt. Denn alle haben sie furchtbar Angst für ihre Praxis, denn jeder lauert darauf, dem andern irgendeinen Tort anzutun.[41]

Einem anderen bevorstehenden Ereignis stand Jung nicht gleichgültig gegenüber: Am 27. November setzten bei Emma Jung erste Wehen ein, vier Tage später wurde Franz Jung geboren, der erste Sohn. Vorausschauend hatte Freud Jung kurz zuvor geschrieben, er hoffe, das Schicksal habe ihm nun den »Stern«[42] aufgehen lassen. Jung antwortete am 3. Dezember:

> Sie können sich unsere Freude denken. Die Geburt verlief normal, und Mutter und Kind sind gesund. Schade, daß wir keine Bauern mehr sind, denn sonst könnte ich sagen, ich könnte nun beruhigt von hinnen fahren, da ich einen Sohn habe. Über dieses Komplexthema ließe sich noch vieles sagen.[43]

Freud griff die literarische Anspielung auf, die »komplexe« nicht, und erwiderte am 11. Dezember:

> Übrigens fand ich Ihr Bedauern, daß Sie nicht den gewünschten Heldenvater spielen können (»Mein Vater zeugte mich und starb«), sehr verfrüht. Wie lange wird Sie der Säugling noch als Vater mit positiven und dann mit negativen Vorzeichen unentbehrlich finden![44]

Der Satz »Mein Vater zeugte mich und starb« stammt aus Wagners »Siegfried«, zweiter Akt, dritte Szene; Siegfried sagt ihn zu Brünnhilde.[45] Mit dem Wissen der gemeinsamen Gespräche im September oder dank seiner Literaturkenntnis brachte Freud Jungs Bemerkung, er könne nun in Frieden sterben, in den richtigen Zusammenhang – »Siegfried« war geboren, der vaterlose Held. Jung wollte natürlich nicht sterben. Allerdings wollte er auch nicht tun, was er tun mußte. Emma Jung wußte um diese Zeit, daß ihr Mann sich für die Patientin Spielrein ganz besonders interessierte.

Das Ende der Affäre

Der letzte erhaltene Brief von Jung an Sabina Spielrein aus dem Jahr 1908 trägt das Datum 4. Dezember. Er bricht unvermittelt ab, tiefste Verzweiflung spricht daraus. Er habe ihr gegenüber seine Pflichten als Arzt vergessen, schreibt er und bittet sie, sich nicht dafür zu rächen. Er müsse unbedingt mit ihr sprechen – in ihrer Wohnung, dort werde sie ungehemmter sein –, sie müsse ihm helfen, denn seine Arbeit sei in Gefahr.[46] In dem ganzen Brief stellt sich Jung als der Verletzliche und Gefährdete dar, er erwähnt Unfälle in der Kindheit, einmal sei er nur knapp vor dem Tode gerettet worden.[47] Folgende Passage ist typisch für den Tonfall des gesamten Briefes:

> Ich suche den Menschen, der zu lieben versteht, ohne damit den andern zu strafen, einzusperren und auszusaugen; ich suche diesen zukünftigen Menschen, der es verwirklicht, daß Liebe unabhängig von sozialen Vor- oder Nachteilen sein kann, damit die Liebe immer Selbstzweck und nicht immer nur Mittel zum Zweck sei. Mein Unglück ist, daß ich des Glückes der Liebe, der stürmischen, ewig wechselnden Liebe, für mein Leben nicht entraten kann. [...] Geben Sie mir in diesem Augenblicke etwas zurück von der Liebe und Geduld und Uneigennützigkeit, die ich Ihnen zur Zeit Ihrer Krankheit geben konnte. Jetzt bin ich krank.[48]

Es ist kein Liebesbrief. An einer Stelle schreibt Jung, wenn die Liebe zu einer Frau in ihm erwache, empfinde er »Mitleid« mit ihr, denn Treue sei eine Unmöglichkeit: »Darum, wenn man schon [ver]heiratet ist, lieber nur einmal die Lüge begehen und auch zugleich dafür büßen, als nochmals und nochmals das Experiment wiederholen, immer und immer wieder lügen und wieder enttäuschen zu müssen.«[49] Offensichtlich hatten sie sich getroffen, kurz bevor Jung den Brief schrieb, gerade zwei Tage nach der Geburt des kleinen Franz, und es war zu einem heftigen Zusammenstoß gekommen. Da es keine anderen Quellen gibt, können wir nicht mit Sicherheit sagen, was vorgefallen ist, aber wahrscheinlich versuchte Jung vergeblich, die Beziehung zu lösen. Paradoxerweise mußte Jung sie aus dem gleichen Grund, aus dem er sie loswerden wollte, um jeden Preis beschwichtigen. Denn auf keinen Fall durfte er einen öffentlichen Skandal riskieren.

In Jungs Briefen an Freud findet sich von all dem kein Wort. Der Brief von 15. Dezember ist in aller Eile geschrieben, von privaten Angelegenheiten ist nicht die Rede. Jungs nächster Brief vom 21. Dezember ist entspannt und vertraulich, danach geht es in den Briefen weiter mit Organisatorischem und, wie Freud es ausdrückt, dem bevorstehenden »Eintritt ins Leben des ›Jungschen Jahrbuchs‹, wie es allgemein heißen wird«.[50] Die Briefe sprühen von Ideen. So schreibt Freud einmal: »[...] Sie werden als Joshua, wenn ich der Moses bin, das gelobte Land der Psychiatrie, das ich nur aus der Ferne erschauen darf, in Besitz nehmen.«[51] Jung berichtet aus der Klinik und erzählt entzückende Geschichten, wie seine kleine Tochter Agathli auf die Geburt ihres Brüderchens reagiere. Scheinbar war im Hause Jung alles in bester Ordnung.

Tatsächlich traf sich Jung weiterhin mit Sabina Spielrein. Schließlich mußte seine Frau den entscheidenden Schritt unternehmen: Mitte Januar 1909 erhielt Sabina Spielreins Mutter einen anonymen Brief, in dem es hieß, sie solle ihre Tochter retten. Wie wohl jede Mutter es tun würde, schrieb Frau Spielrein unverzüglich an Jung; er habe ihre Tochter einmal gerettet, nun dürfe er sie nicht zugrunde richten. Jung antwortete:

> Ich bin ihr also vom Arzte zum Freunde geworden, indem ich aufhörte, mein eigenes Gefühl in den Hintergrund zu drängen. Meine Rolle als Arzt konnte ich um so leichter aufgeben, da ich mich ärztlich nicht verpflichtet fühlte, denn ich habe nie ein Honorar verlangt. Dieses letztere ist es, welches die Grenzen, die dem Arzte gezogen sind, deutlich markiert. Sie wer-

> den nun verstehen, daß ein Mann und ein Mädchen unmöglich auf die Dauer unbegrenzt freundschaftlich verkehren können, ohne daß möglicherweise auch einmal weitere Konsequenzen dazutreten. Denn was könnte schließlich die beiden abhalten, die Konsequenzen ihrer Liebe zu ziehen? Ein *Arzt* und *seine Patientin* dagegen können unbeschränkt lange von jeglicher Intimität sprechen, die Pat. kann und darf alle Liebe und Sorgfalt vom Arzte erwarten, deren sie bedarf. Der Arzt aber kennt seine Grenzen und wird sie nie überschreiten, denn er ist für seine Mühe *bezahlt.* Das legt ihm die nötige Beschränkung auf.[52]

Der Brief schließt mit der Feststellung »mein Honorar beträgt Fr. 10 pro Konsultation« und dem Rat an Frau Spielrein, »auf die prosaische Lösung einzugehen«.[53]

Seit Aldo Carotenuto die Dokumente veröffentlicht hat, gilt Jungs Brief an Sabina Spielreins Mutter als Musterbeispiel für Herzlosigkeit und blanken Opportunismus. Doch wir dürfen nicht vergessen, in welcher Situation sich Jung befand: In einem Monat sollte das *Jahrbuch* herauskommen, und die Frage, wieweit man sich mit sexuellen Fragen beschäftigen durfte, spaltete die Ärzteschaft der Schweiz. Die Spielreins waren einflußreiche Leute, und ihre Tochter ließ sich nicht davon abbringen, ihren »Siegfried« weiterhin heimlich zu treffen. Nach einer gelungenen Eröffnung war der mittlere Teil der Partie gründlich schiefgegangen, nun sah sich Jung außerstande, ein Ende zu finden. Was er auch versuchte, es gelang ihm nicht, Sabina Spielrein auf friedlichem Wege loszuwerden; er mußte sich weiter mit ihr treffen. Wenn die heimlichen Treffen bekannt würden, hätte es unabsehbare Folgen für alle Freud-Anhänger. »Fr. 10 pro Konsultation« muß man verstehen als den Versuch eines schwachen Mannes, seine Kollegen und wenn möglich auch sich selbst zu retten.

Noch zweimal gingen Briefe zwischen Jung und Sabinas Mutter hin und her; dann eröffnete Jung Sabina ohne weitere Erklärung, er werde sie nicht mehr besuchen, statt dessen solle sie zu den vereinbarten Stunden zu ihm kommen. Jungs zweiter Brief an Frau Spielrein ist es wert, zitiert zu werden, denn hinter der Ableugnung verbirgt sich ein Eingeständnis:

> Ich habe Ihrer Tochter immer gesagt, daß das Sexuelle ausgeschlossen sei und daß ich bloß mit meiner Handlungsweise meinem Gefühle der Freundschaft Ausdruck verleihen wollte. Als dies geschah, befand ich mich in

> einer sehr weichen und mitleidigen Stimmung, und ich wollte Ihrer Tochter einen starken Beweis meines Vertrauens, meiner Freundschaft geben, um sie dadurch innerlich zu befreien. Das war nun allerdings ein großer Irrtum, den ich sehr bereue.[54]

Die seltsame Wandlung in Jungs Verhalten verletzte Sabina Spielrein. Sie schrieb es inneren Kämpfen zu und erschien dreimal nacheinander nicht zur vereinbarten Sitzung. Vielleicht dachte sie daran, welch heilsame Wirkung die Begegnung Anfang Dezember gehabt hatte, und wollte noch einmal den Weg versuchen, ihn in Sorge zu versetzen. Nach drei Wochen lenkte sie ein. Als sie zum ersten Mal wieder in seinem Arbeitszimmer stand, wußte sie immer noch nichts von seinem Briefwechsel mit ihrer Mutter. Aber kurz zuvor hatte sie von einer anderen Patientin gehört, die behauptete, Jung habe ihr erst Avancen gemacht und sie dann fallengelassen. Zu ihrer Verwunderung setzte Jung auf Angriff und wiederholte zwischen den Zeilen die Argumente, mit denen er sich gegenüber ihren Eltern verteidigt hatte: Er sei zu gut zu ihr gewesen, sie wolle zuviel, ihre Symptome rührten von unerfüllten Wünschen her und so weiter. Er schlug ihr vor, all dies zu analysieren. Sie erinnerte sich später: »Ich weiß nur, daß er mir eine lange Predigt darüber hielt, was er für mich einst getan und jetzt tut, daß ... ja nun, es kam so heraus, daß er wieder Arzt ist.«[55]

Das Gespräch fand am Freitag, dem 26. Februar 1909 statt. Sabina reagierte auf Jungs »Predigt« so, wie wohl jede Frau in einer vergleichbaren Situation reagieren würde: Sie schlug nach ihm. Dabei verletzte sie sich selbst und stürmte blutend hinaus.

Spukgeschichten

Jung blieb, nachdem Sabina ihn attackiert hatte und anschließend verschwunden war, starr vor Angst zurück, was als nächstes geschehen würde. Er wagte nicht, Freud von dem Vorfall zu berichten. Möglicherweise würde er dann wie Otto Groß als jemand gelten, der »unsere Sache [...] schwer schädigen« könnte.[56] Zu allem Überfluß war soeben der erste Band des *Jahrbuchs* herausgekommen, und auf dem Titelblatt erschien Jung als offizieller Vertreter der Freudschen Theorie. Sabina Spielrein konnte nicht nur Jung unermeßlichen Schaden zufügen – immerhin besaß sie Briefe von seiner Hand –, sondern der Psychoanalyse insgesamt, vor allem in der Schweiz, aber darüber hinaus im gesamten deutschsprachigen Raum.

Jung unternahm Schritte, um sich abzusichern. Im Januar und Februar 1909 versuchte er, neue Anhänger für die Sache zu gewinnen, in erster Linie den Züricher Pastor Oskar Pfister und den Baseler Philosophen und Lehrer Paul Häberlin. Parallel dazu spielte er die Beschäftigung mit dem Sexualleben im Rahmen der psychoanalytischen Technik herunter und setzte sich von Freuds Begrifflichkeit ab. In einem bemerkenswerten Brief schrieb er am 25. Februar, einen Tag vor der Auseinandersetzung mit Sabina Spielrein, an Ernest Jones, Freuds grundlegende psychologische Konzepte – »Verdrängung«, um nur ein Beispiel zu nennen – könnten im Einklang mit biologischen Beobachtungen neu interpretiert und anders benannt werden. Hinsichtlich der Sexualtheorie warnte er Jones, der kurz zuvor eine neue Stelle in Toronto angetreten hatte: »Wir täten gut, nicht gleich mit der Sexualtheorie herauszuplatzen. [...] Ich komme mit den Studenten, ebenso wie mit den Patienten, weiter, wenn ich das Thema der Sexualität nicht in den Vordergrund stelle.«[57] Zehn Tage nach Erscheinen des *Jahrbuchs* hatte Freud noch immer nichts von Jung gehört und schickte ihm schließlich ein Telegramm. Jung antwortete kurz ebenfalls telegraphisch und ausführlich in einem Brief vom 7. März 1909. In dem Brief bringt er zuerst eine Entschuldigung nach der anderen für sein Schweigen vor, dann kündigt er Freud an, daß Ärger bevorstehen könnte. Die Wahrheit wagt er noch immer nicht zu sagen:

> Zu guter Letzt oder vielmehr zu schlimmer Letzt nimmt mich gegenwärtig ein Komplex furchtbar bei den Ohren; nämlich eine Patientin, die ich vor Jahren mit größter Hingabe aus schwerster Neurose herausgerissen habe, hat mein Vertrauen und meine Freundschaft in denkbarst verletzender Weise enttäuscht. Sie machte mir einen wüsten Skandal ausschließlich deshalb, weil ich auf das Vergnügen verzichtete, ihr ein Kind zu zeugen. Ich bin immer in den Grenzen des Gentleman ihr gegenüber geblieben, aber vor meinem etwas zu empfindsamen Gewissen fühle ich mich doch nicht sauber, und das schmerzt am meisten, denn meine Absichten waren immer rein gewesen. Aber Sie wissen es ja, daß der Teufel auch das Beste zur Schmutzfabrikation verwenden kann. Ich habe dabei unsäglich viel gelernt in der Weisheit der Eheführung, denn bislang hatte ich von meinen polygamen Komponenten trotz aller Selbstanalyse eine ganz unzulängliche Vorstellung. Jetzt weiß ich, wo und wie der Teufel zu fassen ist.[58]

Jung läßt sich außer in bildhaften Andeutungen nicht weiter über die Angelegenheit aus. Er spricht vom »Schicksal«, das »tolle Spiele«[59] mit ihm getrieben habe, und schreibt, daß er sich auf die am 18. März geplante Abreise nach Wien und die »Erholung von allen meinen Strapazen«[60] freue.

Im Antwortschreiben hat Freud interessante Neuigkeiten mitzuteilen: Stanley Hall hatte ihn eingeladen, im kommenden Herbst an der Clark University in Massachusetts Vorträge zu halten, und das zu akzeptablen finanziellen Bedingungen. Hall hatte bereits im Dezember zuvor eine Einladung ausgesprochen, doch gegen Jungs Protest hatte Freud aus finanziellen Gründen abgelehnt. Jung sah richtig voraus, welche Bedeutung Amerika für die Psychoanalyse haben würde. Er begriff, daß eine solche Einladung einen erheblichen Gewinn an Prestige bedeutete und darum nahezu jeden finanziellen Aufwand lohnte. Janet bot ein Beispiel dafür, und erst vor kurzem hatte Kraepelin in Kalifornien die sagenhafte Summe von 50000 Mark für eine einzige Konsultation erhalten. Ende März 1909 war Freud überzeugt und nahm Stanley Halls Einladung an.

Nachdem Freud ausführlich von der Einladung berichtet hat, geht er auf Jungs Schwierigkeiten ein. Durch Zufall hatte Freud wenige Tage zuvor durch einen Besucher, den Arzt Arthur Muthmann aus München, von einer anderen Patientin gehört, die behauptete, sie sei Jungs Geliebte gewesen. Naheliegenderweise nahm Freud an, diese wenig wahrscheinliche Beschuldigung bereite Jung so große Sorgen. Hysterische Anschuldigungen gegen Ärzte waren nichts Neues, und Freud fürchtete keine besondere Bedrohung für die Psychoanalyse: »Verleumdet und von der Liebe, mit der wir operieren, versengt zu werden, das sind unsere Berufsgefahren, derentwegen wir den Beruf wirklich nicht aufgeben werden.«[61] Jungs zweiwöchiges Schweigen hatte Freud beunruhigt. Ihm war das allmähliche Versiegen der Korrespondenz mit Fließ einige Jahre zuvor noch zu gut in Erinnerung, und in seinem Brief erwähnt er, wie empfindlich er in diesem Punkt sei; er nennt es »traumatische Hyperästhesie«.[62] Der alte Komplex Fließ – Tagebuch – Zusammenarbeit – Bruch wirkte nach wie vor. Aber noch alarmierender dürften in Freuds Ohren die Worte »Schmutz« und »Teufel« geklungen haben. Freud wurde hellhörig. Im Januar hatte Jung seinen neuen Freund Pfarrer Pfister eingeführt: »Merkwürdig genug mutet einen das medizinisch-theologische Gemisch an.«[63] Unterdessen hatte Pfister selbst an Freud geschrieben. Seine durch und durch christliche Betrachtungsweise der Psychoanalyse war zwar ermüdend, aber nicht gänzlich unverdaulich. Freud mutmaßte nun, Pfister habe Jung wieder auf die Spur der Religion gebracht, und diesen Anfängen galt es unverzüglich zu wehren. Darum geht Freud in seinem Antwortschreiben auf Jungs Brief, in dem von einem möglichen Skandal die Rede war, nicht auf eine tatsächliche oder vermutete Indiskretion ein, sondern greift Jungs alarmierende Formulierungen auf:

> Übrigens: »Bist mit dem Teufel du und du und willst dich vor der Flamme scheuen?« So ähnlich sprach doch der Herr Großvater [Goethe; J. K.]. Ich komme auf dieses Zitat, weil Sie in der Darstellung dieses Erlebnisses entschieden in den theologischen Stil verfallen. Ähnlich ging es mir in einem Brief an Pfister, in dem ich alle Gleichnisse aus dem Komplex: Flamme, Brand, Scheiterhaufen etc. entlehnte. Ich konnte nichts dafür, der Respekt vor der Theologie hatte mich auf das Zitat festgebannt (!): Macht nichts, der Jude wird verbrannt. Es war mir noch so ungewohnt, mit protestantischen Theologen gut zu stehen.[64]

Es war beinahe komisch: Während Jung fürchtete, Sabina Spielrein könnte ihn vernichten, erörterte Freud seinen »theologischen Stil«. Freud verfolgte durchaus die richtige Spur – der Brandgeruch des Scheiterhaufens war schwach, doch wahrnehmbar –, aber er konnte nicht ahnen, wohin sie führen würde.

Jungs Antwort vom 11. März konnte ihn nur teilweise beruhigen:

> Es drängt mich, Ihnen sofort zu antworten. Ihre gütigen und befreienden Worte haben mir sehr wohl getan. Übrigens dürfen Sie nicht nur jetzt, sondern auch für alle Zukunft gänzlich beruhigt sein, daß nichts Fließ-Ähnliches passiert. [...] Meine Zuneigung ist, solange sie keine Verliebtheit ist, von Dauerhaftigkeit und Verläßlichkeit. In den letzten 14 Tagen hat mich bloß der Teufel geplagt in Gestalt des Neurosenundankes. Deshalb werde ich doch aber der Ψ* nicht untreu. Im Gegenteil lerne ich daraus, wie man's in Zukunft besser machen soll. Über das »Theologische« meines Stiles dürfen Sie sich nicht verwundern, mir war's so zumute. Denn mei-

* Freud benutzte die Abkürzungen ψa oder ψα für »psychoanalytisch« und Ψ oder ΨA für »Psychoanalyse«. Jung übernahm diese Schreibung im Briefwechsel mit Freud.

nem in ganzen unbescholtenen Gemüt graust's doch bisweilen vor dem Teufel.[65]

Weiß Gott, wie Freud diese Bemerkung auffaßte; was wirklich dahintersteckte, wußte er immer noch nicht. Jung hörte offenbar gern, daß Freud sich Sorgen machte, er könne ihn verlieren, aber sein Brief deutet auch auf unergründliche Zweifel – »Neurosenundank« – an der Psychoanalyse hin. Und der »Teufel« ist wieder mit dabei. In dem Brief erwähnt Jung, er habe in E. T. A. Hoffmanns Roman *Die Elixiere des Teufels* eine hübsche Entdeckung gemacht. Hoffmanns Werk handelt von den faustischen Abenteuern des Bruders Medardus, eines abtrünnigen Kapuzinermönchs, der, nachdem er von einem geheimnisvollen Elixir getrunken hat, sein Kloster verläßt und als Edelmann verkleidet in die Welt hinauszieht. Medardus' Abenteuer sind ein Alptraum aus geheimer Schuld und Erniedrigung durch die schrittweise Aufdeckung der Schuld. Verfolgt von einem bösen Doppelgänger, verstrickt in ein Netz unheimlicher Zufälle, erliegt Medardus einer Versuchung nach der anderen – Lust, Inzest, Mord und Wahnsinn –, bis er schließlich bereut und gerettet wird. *Die Elixiere des Teufels* beeinflußten später Jungs Denken nachhaltig, doch augenblicklich stand der Bezug zu seiner aktuellen Situation – auch er mußte damit rechnen, daß seine Sünden enthüllt würden – unverkennbar im Vordergrund. In dem Brief an Freud spricht Jung nur davon, daß er daran denke, über Hoffmanns Roman etwas für Freuds Schriftenreihe zu schreiben. Gegenstand des Romans sei »ein ganzer Knäuel neurotischer Probleme, aber alles zu greifbarem Ergebnis geworden«. Im übrigen stamme »dorther [...] ein großer Teil meiner ›Theologie‹«.[66]

Irgend etwas stimmte nicht, immer mehr Zeichen deuteten darauf hin. Als nächstes verschob Jung seinen für den 19. März geplanten Besuch in Wien um eine Woche, angeblich aus beruflichen Gründen. Ungeachtet der Arbeit fand Jung indes Zeit, zu Häberlin nach Basel zu fahren. Wenig feinfühlig berichtet er Freud am 21. März davon:

> Ich habe jüngst Häberlin besucht. Er ist ein weitausschauender Kopf, der vorderhand nicht abzusehen ist. [...] Er ist im gleichen Dorf wie ich geboren, er als Sohn des Schulmeisters, ich als der des Pfarrers. Auf diesem Feld nun begegneten wir uns wieder. Er überragt Pfister um ein Beträchtliches an psychologischer Klugheit und biologischem Wissen, er hat sowohl Theologie wie Philosophie und Naturwissenschaften studiert. Auch

> fehlt ihm nicht ein gewisser mystischer Einschlag, um dessentwillen ich ihn besonders schätze, denn er verbürgt über das Gewöhnliche hinausgehende Vertiefung des Denkens und die Erfassung weiterer Zusammenhänge.[67]

Die Ereignisse überstürzten sich. Jung hatte Bleuler seine Kündigung im Januar unterbreitet, aber seinen Abschied vom Burghölzli bis Ende März hinausgeschoben; dann wurde die Arbeitsbelastung zu drückend. Nun war der Weggang überfällig, und eine Ferienreise in der neugewonnenen Freiheit, die auch nach Wien führen sollte, hatte er bereits geplant. Das neue Haus der Familie vor den Toren von Zürich, in Küsnacht, war nach fünfjähriger Planungs- und Bauzeit fast fertig. Beruflich würde Jung von nun an auf eigenen Füßen stehen. Die Affäre mit Sabina Spielrein war für die weitere Entwicklung von Jungs beruflichem und privatem Leben gerade zur richtigen Zeit zu Ende gegangen, doch solange er nicht wußte, wie sie sich zu rächen gedachte, falls sie überhaupt auf Rache sann, mußte er sich im Hinblick auf seine Karriere absichern.

Während er noch auf so unsicherem Grund stand, beschloß Jung, Freud zu besuchen. Die Chronisten wissen im allgemeinen nur zu vermelden, daß Carl und Emma Jung sich zu einem zweiten Besuch von Donnerstag, dem 25. März, bis Dienstag, dem 30. März 1909, in Wien aufhielten. Über den Verlauf des Besuchs berichten lediglich die unmittelbar danach geschriebenen Briefe und die folgende Passage in Jungs Erinnerungen. Jung schildert das Gespräch am letzten gemeinsamen Abend:

> Es interessierte mich, Freuds Ansichten über Präkognition und über Parapsychologie im allgemeinen zu hören. Als ich ihn im Jahre 1909 in Wien besuchte, fragte ich ihn, wie er darüber dächte. Aus seinem materialistischen Vorurteil heraus lehnte er diesen ganzen Fragenkomplex als Unsinn ab und berief sich dabei auf einen dermaßen oberflächlichen Positivismus, daß ich Mühe hatte, ihm nicht allzu scharf zu entgegnen. [...]
>
> Während Freud seine Argumente vorbrachte, hatte ich eine merkwürdige Empfindung. Es schien mir, als ob mein Zwerchfell aus Eisen bestünde und glühend würde – ein glühendes Zwerchfellgewölbe. Und in diesem Augenblick ertönte ein solcher Krach im Bücherschrank, der unmittelbar neben uns stand, daß wir beide furchtbar erschraken. Wir dachten, der Schrank fiele über uns zusammen. Genauso hatte es getönt. Ich sagte zu

Freud: »Das ist jetzt ein sogenanntes katalytisches Exteriorisationsphänomen.«

»Ach«, sagte er, »das ist ja ein leibhaftiger Unsinn!«

»Aber nein«, erwiderte ich, »Sie irren, Herr Professor. Und zum Beweis, daß ich recht habe, sage ich nun voraus, daß es gleich nochmals so einen Krach geben wird!« – Und tatsächlich: kaum hatte ich die Worte ausgesprochen, begann der gleiche Krach im Schrank!

Ich weiß heute noch nicht, woher ich diese Sicherheit nahm. Aber ich wußte mit Bestimmtheit, daß das Krachen sich wiederholen würde. Freud hat mich nur entsetzt angeschaut.[68]

»Katalytisches Exteriorisationsphänomen« – solche Formulierungen erinnerten an Jungs Studentenzeit, als er sich für okkulte Phänomene interessierte. Abraham hatte den Hang der Schweizer zum Okkultismus richtig eingeschätzt; erstaunlicherweise schien sich der Bücherschrank mit Jung verbündet zu haben. Und Jungs Gefühl, sein Zwerchfell beginne zu glühen – Freud deutete es später als Schwangerschaftsphantasie –, zeigt, daß seine Wut auf Freud sich immer deutlicher bemerkbar machte.

In theoretischer Hinsicht stand genauso viel auf dem Spiel wie in emotionaler Hinsicht. Jung orientierte sich in seinem Denken zunehmend stärker an dem großen Genfer Psychologen Théodore Flournoy, den er seit langem bewunderte. Jung wußte, daß Flournoy, ein durch und durch ernsthafter Wissenschaftler, in seiner Konzeption des Unbewußten durchaus Raum ließ für latent vorhandene spirituelle und okkulte Neigungen. In einer kurz zuvor verfaßten Arbeit zu dem Thema stützte Flournoy seine Argumentation mit einem Zitat aus Jungs Buch über Dementia praecox.

In emotionaler Hinsicht hatte die immer noch ungelöste und Freud gegenüber unerwähnte Krise mit Spielrein Jung offenkundig an eine Grenze menschlicher Erfahrung geführt. Verzweifelt suchte er einen Zugang zur allgegenwärtigen dunklen Seite der Vorahnungen und seltsamen Zufälle. In gewisser Hinsicht hatte sich Jung immer gewünscht, dorthin vorzudringen, wenngleich nicht in einer solchen Situation, wie er sie nun erlebte. Daß er Freud gegenüber aus seiner geistigen Umorientierung kein Hehl machte, spricht für seine Integrität. Doch in der Angelegenheit, die ihn am meisten beschäftigte, kam er auch auf diesem Weg nicht weiter: Weder durch Wissen noch durch Präkognition hatte er eine Vorstellung davon, was Sabina Spielrein unternehmen würde.

Im Anschluß an den Besuch bei Freud machte Jung Ferien in Italien. Dort hatte er einen »großen Traum« in zwei Teilen, den er in seinem Seminar von 1925 berichtete[69] und später in einer geschönten Version in seinen Erinnerungen wiedergab.[70] Im ersten Teil des Traumes traf er Freud in Gestalt eines ältlichen, griesgrämigen k. u. k. Zollbeamten. Im zweiten Teil begegnete ihm in einer modernen italienischen Stadt zur mittäglichen Hauptverkehrszeit ein Kreuzritter aus dem 12. Jahrhundert. In Jungs Erinnerungen heißt es, die beiden Traumgestalten hätten ihn auf den sich abzeichnenden Bruch mit Freud wegen ihrer unterschiedlichen Auffassungen vom Unbewußten hingewiesen. Während Freud, der Zollbeamte, sich damit zufriedengab, nach menschlicher Schmuggelware zu suchen, nach den allgemeinen, allzu menschlichen Grenzen und Widerständen, forschte er, Jung, in den Tiefen der Seele nach dem Numinosen, das dem Leben des Menschen die besondere Bedeutung verleihen würde. Von diesem Gegensatz abgesehen, hatten die Gestalten eine große Gemeinsamkeit: Sie waren, wie Jung in seinem Seminar 1925 sagte, beide tot, aber sie wußten nicht, daß sie tot waren.

Die dunklere Version des Traumes, die Jung in dem Seminar 1925 schilderte, entsprach seiner Verfassung zu der Zeit, als er den Traum geträumt hatte, eher als die Version in den Erinnerungen. Die Bedeutung des Traumes wird noch deutlicher, wenn wir uns vor Augen führen, daß die Traumbilder höchstwahrscheinlich von zwei Reden in Hoffmanns Roman *Die Elixiere des Teufels* angeregt wurden.[71] Beide Reden dienen im Roman der Ermahnung – sie sind Teil der durchweg schmerzhaften, oft unheimlichen Erziehung, die Bruder Medardus infolge seiner Sünden über sich ergehen lassen muß. In der ersten Rede hört er von den Grenzen des Bewußtseins: Die »besondere Geistesfunktion, die man Bewußtsein nennt«, sei »nichts anders als die verfluchte Tätigkeit eines verdammten Toreinnehmers – […] Oberkontrollassistenten, der sein heilloses Comptoir im Oberstübchen aufgeschlagen hat und zu aller Ware, die hinaus will, sagt: ›Hei … hei … die Ausfuhr ist verboten … im Lande, im Lande bleibt's.‹«[72] Weiter heißt es, auf diese Weise werde der »Handelsverkehr […] mit der herrlichen Gottesstadt« der geistigen Welt verhindert. Das ist ziemlich genau eine Beschreibung von Freuds Position, wie Jung sie sah. Die zweite Rede ist eine lange Schmährede gegen neuzeitliche Adlige, die sich um so mehr an ihre Abkunft von den alten Rittern klammern, je weniger sie in der modernen Gesellschaft eine Rolle spielen: »Daher denn auch wohl jenes taktlose […] Benehmen

[…] das Erzeugnis eines dunkeln, verzagten Gefühls sein mag, indem sie ahnen, daß vor den Augen der Weisen der veraltete Tand längst verjährter Zeit abfällt und die lächerliche Blöße sich ihnen frei darstellt.«[73] Dies war mehr oder weniger Jungs Situation. Sein Traum teilte ihm darüber hinaus mit, daß die Differenzen zwischen ihm und Freud womöglich gar nicht so sehr ins Gewicht fielen: Sie waren beide »tot«, auch wenn sie es nicht wußten.

Jung war höchst besorgt und darum auch höchst vorsichtig. In seinem ersten Brief nach dem Besuch in Wien, den er am 2. April 1909 begann, aber erst am Ostermontag, dem 12. April, zu Ende schrieb, entschuldigt er sich für seine »Spiritisterei«:[74] Womöglich habe er Freud zu sehr an Fließ erinnert (Fließ hatte sich durch verblüffende medizinische Voraussagen einen beachtlichen Ruf erworben). Er erwähnt den »großen Traum«, zieht es jedoch vor, keine Einzelheiten zu berichten. Offensichtlich stand Jung noch ganz im Bann der neuen Richtung seines Denkens, und er bemühte sich, seine Ideen über Unbewußtes und Okkultes durch klinische Beobachtungen zu stützen. In diesem Zusammenhang holte er einen Lieblingsbegriff von Morton Prince hervor, »Psychosynthese«:

> Ich hatte das Gefühl, daß da noch irgendein ganz besonderer Komplex liegen müsse, der allgemein ist und mit prospektiven Tendenzen des Menschen zu tun hat. Wenn es eine Psychanalyse gibt, so muß es auch eine »Psychosynthese« geben, die nach gleichen Gesetzen Zukünftiges schafft. (Ich merke, daß ich etwas ideenflüchtig schreibe.) […]
>
> Der letzte Abend bei Ihnen hat mich innerlich glücklichst befreit vom drückenden Gefühl Ihrer Vaterautorität. Mein Unbewußtes hat diesen Eindruck durch einen großen Traum gefeiert, der mich seit einigen Tagen beschäftigte und dessen Analyse eben gerade jetzt zu Ende gediehen ist. Ich hoffe, nun aller unnötigen Beschwernisse ledig zu sein. Ihre Sache soll und wird blühen […].[75]

Jungs Sprunghaftigkeit – vor, während und unmittelbar nach seinem Besuch in Wien – ergibt einen Sinn, wenn man sich vor Augen hält, in was für einer schrecklichen Zwickmühle er sich befand. Aus Freuds Sicht verhielt sich Jung höchst merkwürdig, und die Gründe dafür blieben im dunkeln. Freud zeigte sich der Situation gewachsen. Seine Antwort auf Jungs seltsame Botschaften vom 2. bzw. 12. April ist eine meisterliche Mischung aus Wärme und skeptischer Toleranz, um so bemerkenswerter in ihrer Großherzigkeit, als er zunächst seine verletzten Gefühle bekennt:

> Es ist bemerkenswert, daß an demselben Abend, an dem ich Sie förmlich als ältesten Sohn adoptierte, Sie zum Nachfolger und Kronprinzen – in partibus infidelium – salbte, daß gleichzeitig Sie mich der Vaterwürde entkleideten, welche Entkleidung Ihnen ebenso gefallen zu haben scheint wie mir im Gegenteil die Einkleidung Ihrer Person. Nun fürchte ich, bei Ihnen wieder in den Vater zurückzufallen, wenn ich von meiner Relation zu dem Klopfgeisterspuk spreche [...].[76]

Die Wendung »in partibus infidelium«, wörtlich »in den Gegenden der Ungläubigen«, ist die kirchliche Bezeichnung für einen Titularbischof ohne Diözese, das heißt einen Missionar. Freud fährt fort, zwar sei das Krachen im Bücherschrank seit Jungs Abreise wiederholt aufgetreten, doch sei sein Glauben »mit dem Zauber Ihres persönlichen Hierseins« dahingeschwunden«:

> [...] das entgeisterte Mobiliar steht vor mir wie vor dem Dichter nach dem Scheiden der Götter Griechenlands die entgötterte Natur. Ich setze also wieder die hörnerne Vater-Brille auf und warne den lieben Sohn, kühlen Kopf zu behalten und lieber etwas nicht verstehen zu wollen, als dem Verständnis so große Opfer zu bringen, schüttle auch über die Psychosynthese das weise Haupt und denke: Ja so sind sie, die Jungen, eine rechte Freude macht ihnen doch nur das, wo sie uns nicht mitzunehmen brauchen, wohin wir mit unserem kurzen Atem und müden Beinen nicht nachkommen können.[77]

Dann schlüpft Freud in die Rolle des reuigen Sünders und erzählt Jung, wie ihn während seiner Griechenlandreise im Jahr 1904 die Zahlen 61 und 62 verfolgten und er abergläubisch davon überzeugt war, daß er im Alter zwischen 61 und 62 sterben würde. In genialer Weise analysiert er den Hintergrund seines Aberglaubens, bringt ihn mit den Zahlenspielen seines einstigen Freundes Fließ in Verbindung und weist auf die »spezifisch jüdische Natur meiner Mystik«[78] hin. Der Brief ist ein Meisterwerk, und er verfehlte seine Wirkung nicht. In seinem Antwortbrief lenkte Jung ein: »Ich bin immerhin noch nicht zu einem System übergegangen und werde mich auch hüten, jenen Geistern zu vertrauen.«[79]

Freud war auf Jung angewiesen. Kurz bevor das *Jahrbuch* erscheinen sollte, konnte er nicht riskieren, seinen Einfluß auf den Redakteur zu verlieren, zumal auch die gemeinsame Amerikareise unmittelbar bevorstand; in Amerika war Jung durch das Assoziationsexperiment bekannt und angesehen. Freud war bereit, den Preis zu zahlen und Jungs seltsame Anwandlungen zu ertragen. Um Jung Gerechtigkeit widerfahren zu lassen, müssen wir daran erinnern, daß ein solcher Gesinnungwandel sich nicht zum ersten Mal ereignete, sondern daß es aus der Vergangenheit viele ähnliche Beispiele gab. Im Jahr 1906 hatte er die Ansicht vertreten, man müsse die Patienten mit einem neuen Komplex ausstatten, um ihre Energien in eine Richtung zu lenken, die es ihnen ermöglichen würde, die gegenwärtigen und zukünftigen Lebensaufgaben zu bewältigen. 1902 hatte er gemeint, die Phantastereien seiner medial veranlagten Cousine seien zugleich Versuche, ihr psychopathisches Ich zu umgehen und sich auf das erwachsene Leben vorzubereiten. Allerdings muß auch betont werden, daß seine neue These – ein Komplex sei nicht nur die Wiederholung einer sexuellen, möglicherweise inzestuösen Konstellation aus der vergangenen Kinderzeit, sondern er könne sich auch verwandeln und die Zukunft gestalten – genau das enthielt, was Spielrein in ihrem Transformations-Tagebuch rund zehn Monate vor Beginn ihrer Affäre niedergeschrieben hatte.

Festzuhalten bleibt: Im März und April 1909 mußte sich Jung eingestehen, daß der Großteil seiner jüngsten Theorien durch die Affäre mit Sabina Spielrein widerlegt war und daß er auf die Folgen der Affäre keinen Einfluß mehr hatte. Angesichts dieser Erkenntnis erwog Jung insgeheim eine neue Konzeption des Unbewußten, bei der das »prospektive« Potential eine größere Rolle spielte und die auf biologischen Funktionsprinzipien gründete. Einerseits kehrte Jung damit zu früheren Auffassungen zurück, andererseits hielt er sich mit dieser Konzeption in politischer Hinsicht ein Schlupfloch offen. Falls sich die Dinge ungünstig entwickelten und er gezwungen sein sollte, sein Bekenntnis zur Freudschen Lehre zu widerrufen, konnte er unter anderer Flagge Anhänger in der internationalen Gemeinschaft der Psychopathologen und Psychotherapeuten sammeln. Abgesehen von solchen Überlegungen war die neue Sichtweise auch ein Raster, das ihm erlaubte, seine Erfahrungen mit Sabina Spielrein einzuordnen, beispielsweise die Tatsache, daß sie beide in der Lage gewesen waren, auf Distanz wechselseitig ihre Gedanken zu lesen. Nicht zuletzt dürfte die neue Orientierung dazu gedient haben, den Druck seines »etwas zu empfindsamen Gewissens« zumindest ein wenig zu lindern.

Sehr geehrter Herr Professor

Menschen, die eine Enttäuschung in der Liebe erlebt haben, sind schrekkenerregend für andere und für sich selbst. Möglicherweise wiegt kein anderer Verlust so schwer wie der Verlust einer wahren Liebe, kommt noch Betrug hinzu, trifft der Verlust den Lebensnerv. Dabei hilft es nicht, daß wahre Liebe vielleicht immer, ganz gewiß aber immer dann, wenn sie ehebrecherische Liebe ist, etwas Dämonisches hat. Die Verstrickung könnte nur durch eine neue Liebe gelöst werden, und doch gerade dies – sich neu zu verlieben – ist bis auf kurze trügerische Momente nicht möglich. Bis es wieder so weit ist, ist der oder die Enttäuschte zu allem fähig.

Aus den im Juni 1909 entstandenen Brieffragmenten geht hervor, daß Sabina Spielrein wie von Sinnen war. Unmittelbar nach ihrer unerfreulichen letzten Begegnung mit Jung verließ sie Zürich und suchte Beruhigung auf dem Land. Ihre Mutter und dann auch ihr Vater reisten an, um ein Auge auf sie zu haben. Ihre Mutter suchte eine private Unterredung mit Jung, aber er erklärte kategorisch, daß er nur zu den offiziellen Zeiten in seinem Arbeitszimmer im Burghölzli zu sprechen sei. Es war fraglich, ob Sabina ihr Studium würde fortsetzen können. Sie schaffte es, nur einen einzigen Kurs zu belegen, Histologie, arbeitete aber weiter in der Universitätsklinik. Im Mai beschloß sie schließlich, Jung wieder gegenüberzutreten. Sie ging in seine Vorlesung, blieb aber wie eine geisterhafte Erscheinung reglos hinten im Hörsaal stehen. Alle Augen richteten sich auf sie, und sie floh. Ende Mai griff sie nach dem letzten Strohhalm und schrieb an einen Mann, den sie nicht persönlich kannte:

> Sehr geehrter Herr Professor!
>
> Ich wäre Ihnen sehr dankbar, wenn Sie mir eine kleine Audienz erteilen könnten! Es handelt sich da um eine für mich äußerst wichtige Angelegenheit, welche zu vernehmen Sie wahrscheinlich interessieren wird.
>
> Wenn dies ginge, möchte ich Sie höflichst bitte, mir die Ihnen passende Stunde etwas vorher angeben zu wollen, da ich Unterärztin an der hiesigen Klinik bin und somit mir für die Zeit meiner Abwesenheit eine Stellvertreterin besorgen müßte.
>
> Sie haben vielleicht an eine kühne Sucherin des Ruhmes gedacht, die Ihnen eine krüppelhafte »weltberühmte Arbeit« bringen wird oder was in der Art.

Nein, das ist es nicht, was mich zu Ihnen führt.
Sie haben mich auch in Verlegenheit gebracht.[80]

Freud reagierte sofort. Er erhielt den Brief am 3. Juni und schickte ihn noch am selben Tag mit der folgenden Anfrage an Jung:

> Sonderbar! Was ist das? Wichtigtuerei, Tratschsucht oder Paranoia? Ich bitte Sie, mir in einigen Worten telegraphisch Bescheid zu geben, wenn Sie etwas über die Schreiberin wissen oder sonst ein Urteil über die Sache haben, andernfalls sich aber gewiß *nicht* zu plagen. Ihr Schweigen werde ich in dem Sinne auslegen, Sie wüßten nichts.[81]

Jungs telegraphische Antwort ist verlorengegangen. Wie immer sie auch ausgefallen sein mag, Freud bat Sabina Spielrein jedenfalls am 4. Juni 1909 höflich, sie möge ihm erst genauer mitteilen, um was es sich handle, bevor sie nach Wien komme. Am selben Tag schickte Jung seinem Telegramm einen ausführlichen Brief hinterher und versuchte, seine Rolle in der Angelegenheit zu erklären. Er macht dabei keine gute Figur:

> Mehr wußte ich im Moment nicht zu sagen. Die Spielrein ist dieselbe Person, von der ich Ihnen geschrieben. Sie ist abgekürzt publiziert in meinem Amsterdamer Vortrag seligen Angedenkens. Es war mein psychanalytischer Schulfall sozusagen, weshalb ich ihr eine besondere Dankbarkeit und Affektion bewahrte. Da ich aus Erfahrung wußte, daß sie sofort rückfällig wurde, wenn ich ihr meinen Beistand versagte, zog sich die Beziehung über Jahre hin, und ich hielt mich schließlich quasi für moralisch verpflichtet, ihr meine Freundschaft weitgehend zu vertrauen, solange bis ich sah, daß dadurch ein unbeabsichtigtes Rad ins Rollen geriet, weshalb ich schließlich abbrach. Sie hatte es natürlich planmäßig auf meine Verführung abgesehen, was ich für inopportun hielt. Nun sorgte sie für Rache. Jüngst hat sie über mich das Gerücht ausgestreut, ich werde binnen kurzem mich von meiner Frau scheiden lassen und eine bestimmte Studentin heiraten, was einige meiner Kollegen in gewisse Aufregung versetzte. [...] Sie ist, wie Groß, ein Fall von Vaterbekämpfung, den ich gratissime (!) mit soundsoviel Zentnern Geduld in Dreiteufelsnamen heilen wollte und dazu selbst die Freundschaft mißbrauchte. Dazu hat natürlich auch ein Komplex gütigst mir einen tüchtigen Knüppel zwischen die Füße gewor-

fen. Wie ich Ihnen schon einmal andeutete, hat mein erster Wiener Besuch ein *sehr* langes unbewußtes Nachspiel gehabt, zuerst die Zwangsverliebung in Abbazia [in eine unbekannte Frau; J. K.], dann tauchte die Jüdin in anderer Form auf, nämlich in Gestalt meiner Patientin. Jetzt liegt mir natürlich der ganze Zauber klar vor Augen. Bei der ganzen Sache haben auch die Ideen von Groß mir etwas zu viel im Kopfe gespukt.[82]

Freud entschied sich dafür, aus der Erwähnung von Jungs erstem Besuch in Wien keine Drohung herauszulesen; aus seinem Antwortbrief vom 7. Juni spricht Verwirrung. Er teilt Jung mit, daß er diese neue unerwünschte Korrespondenz unter Kontrolle habe: Er habe Sabina Spielrein unterdessen geschrieben, als betreffe ihr Ansinnen ihn und nicht Jung. Dann wendet er sich Jungs Verdruß zu und räumt ein, »ich war einige Male sehr nahe daran und hatte a narrow escape«.[83] Für Freud war klar, daß die Anwendung der Psychoanalyse Jung in diese schwierige Situation gebracht hatte, und darum war er zu Nachsicht bereit:

> Ich glaube, nur die grimmigen Notwendigkeiten, unter denen mein Arbeiten stand, und das Dezennium Verspätung gegen Sie, mit dem ich zur ΨA kam, haben mich vor den nämlichen Erlebnissen bewahrt. Es schadet aber nichts. Es wächst einem so die nötige harte Haut, man wird der »Gegenübertragung« Herr, in die man doch jedesmal versetzt wird [...].
>
> Das »großartigste« Naturschauspiel bietet die Fähigkeit dieser Frauen, alle erdenklichen psychischen Vollkommenheiten als Reize aufzubringen, bis sie ihren Zweck erreicht haben.[84]

Jung hatte Freud sein Herz ausgeschüttet, und er war nach Freuds Antwortschreiben sehr erleichtert. Er war so gerührt, daß er Reue bekannte: Er habe erwartet zu hören, »eigentlich sei es doch zu dumm, daß gerade ich, Ihr ›Sohn und Erbe‹, Ihr Erbteil so sorglos behandle und verschleudere und so handle, als ob man von alledem noch nichts gewußt hätte«.[85] Neben der dankbaren Erleichterung hatte ein inzwischen eingetretenes Ereignis dazu beigetragen, daß Jung sich auf einmal auf den Titel »Sohn und Erbe« berief, den er in den zurückliegenden zwei Monaten am liebsten abgeschüttelt hätte: In derselben Woche hatte Stanley Hall auch ihn eingeladen, in drei Monaten beim Kongreß an der Clark University einen Vortrag zu halten. Ironie des Schicksals: Zum selben Zeitpunkt, da Jung durch die Psychoanalyse in arge

Schwierigkeiten geriet, ging dank der Psychoanalyse sein langgehegter Wunsch, in Amerika zu sprechen, in Erfüllung. Er und Freud mußten notgedrungen Verbündete bleiben.

Freud war begeistert zu hören, daß Jung mit ihm und Ferenczi, der sich selbst eingeladen hatte, nach Amerika reisen würde. Erst im fünften Absatz seines Briefes vom 18. Juni kommt er dazu, die neuesten Nachrichten von Sabina Spielrein zu berichten:

> Frl. Spielrein hat mir in einem zweiten Brief bekannt, daß es sich um Ihre Person handle, ohne sonst eine Absicht zu verraten. Ich habe darauf außerordentlich weise und scharfsinnig geantwortet, indem ich aus leisen Anzeichen Sherlock Holmes-artig den Sachverhalt zu erraten schien (was mir natürlich nach Ihren Mitteilungen gelingen mußte), und habe ihr eine würdigere, sozusagen endopsychische Erledigung der Sache nahegelegt. Ob's wirken wird, weiß ich nicht. Sie aber bitte ich, jetzt nicht zu stark in die Zerknirschung und Reaktion zu gehen. Denken Sie an das schöne Gleichnis von Lassalle von der zersprungenen Eprouvette in der Hand des Chemikers: »Mit einem leisen Stirnrunzeln über den Widerstand der Materie setzt der Forscher seine Arbeit fort.« Kleine Laboratoriumsexplosionen werden bei der Natur des Stoffes, mit dem wir arbeiten, nie zu vermeiden sein. Vielleicht hat man die Eprouvette wirklich nicht schräg genug gehalten oder zu rasch erwärmt. Man lernt so, was von der Gefahr am Stoff und was an der Handhabung liegt.[86]

Freuds zweiter Brief an Sabina Spielrein ist erhalten geblieben. Er schreibt freundlich, aber unverbindlich. Dr. Jung sei sein Freund und Mitarbeiter, und wenn er, Freud, dazu bestellt würde, ein Urteil zu fällen, »könnte ich den alten Rechtsspruch nicht von mir weisen. Audiatur et altera pars.«[87] Die Empfehlung zur »endopsychischen Erledigung« lautet folgendermaßen:

> Aus der Beilage zu Ihrem Schreiben kann ich etwa entnehmen, daß ein nahes Freundschaftsverhältnis zwischen Ihnen bestanden hat, und aus der gegenwärtigen Situation ist leicht zu erraten, daß es nicht mehr besteht. Ob es sich aus einer ärztlichen Hilfeleistung ergab und ob das Bedürfnis, einer seelisch Bedrängten zu helfen, die Sympathie angefacht hat? Ich möchte es vermuten, denn ich kenne vieles Ähnliche. Auf welche Weise und durch wessen Schuld es zu Grunde ging, darüber weiß ich nichts, und

> darüber möchte ich nicht richten. Aber wenn ich mir auf Grund der obigen Voraussetzungen erlauben darf, ein Wort an Sie zu richten, so möchte ich Sie zur Selbstprüfung auffordern, ob die Gefühle, welche diese Beziehung überdauert haben, nicht etwa verdienen, unterdrückt und erledigt zu werden, in der eigenen Seele meine ich und ohne äußere Aktion und Heranziehung dritter Personen.[88]

Zusammen mit seinem Brief schickte Freud Sabina Spielrein die erwähnten Beilagen zurück, vermutlich handelte es sich um Jungs Briefe an ihre Mutter. Ihren Brief indes behielt er, und er bot Jung an, er könne ihn bekommen, »wenn Sie wollen«.[89] Jung hatte Faust gespielt, so übernahm Freud die Rolle von Mephistopheles: Einerseits wollte er das unerwünschte Gretchen wegjagen, andererseits wollte er sehen, wieviel Neugierde auf ihre Enthüllungen Jung sich gestatten würde.

Beide Männer täuschten sich über den Charakter der jungen Frau. Freuds Brief rührte sie – »Der liebt ihn! Wenn er das verstehen könnte!«[90] –, er schreckte sie keineswegs ab, wie beabsichtigt war. Statt sich zurückzuziehen, begann sie am 10. Juni, die Geschichte ihrer Affäre mit Jung niederzuschreiben. Im Verlauf dieser Bewältigung mit Papier und Stift gewann sie ihre seelische Stabilität wieder, und am 19. Juni hatte sie sich soweit gefangen, daß sie Jung nach der Vorlesung ansprechen konnte. Jung hörte zu seiner Verwunderung, daß sie *nicht* die Quelle des Gerüchts war, er wolle sich von seiner Frau scheiden lassen. Sabina wiederum war verwundert, als er auf einmal behauptete, seine Zuneigung zu ihr sei ein verschobenes Interesse für Freuds Tochter. Beide Seiten wollten Frieden. Er wollte, daß sie jetzt und in Zukunft schwieg. Sie stellte Bedingungen. Die beiden versöhnten sich und gingen auseinander.

Gegenüber Freud und gegenüber Sabinas Eltern hatte Jung behauptet, ihre Probleme rührten von einem neuerlichen Aufblühen ihrer Neurose; ihr desolater seelischer Zustand schien die Diagnose zu bestätigen. Ihre erste Bedingung lautete daher, Jung müsse, wenn er Frieden wolle, seine Behauptungen widerrufen. Zweifellos kam er nicht umhin, ihren Eltern einen entsprechenden Brief zu schicken, aber es ist kein schriftlicher Beweis erhalten geblieben. Einen greifbaren Beweis gibt es indessen, daß sie ihn zwang, an Freud zu schreiben – sie hatte sehr genau verstanden, was die Formulierung »endopsychische Erledigung« bedeutete – und seine Schuld zu bekennen. Jungs nächster, vom 21. Juni 1909 datierter Brief an Freud ist das zerknirschte Eingeständnis aller erdenklichen Sünden mit Ausnahme von Geschlechtsverkehr. Vor allem bereut Jung seine Briefe an Sabinas Mutter: »eine durch Angst eingegebene Schufterei, die ich Ihnen als meinem Vater sehr ungern gestehe«.[91] Sabinas aktuelle seelische Verfassung schildert er so: Sie habe sich »in bester und schönster Weise von der Übertragung freigemacht und keinerlei Rückfall erlitten (außer eines Weinkrampfes unmittelbar nach der Trennung)«.[92] Das Bekenntnis schließt mit der – zweifellos ebenfalls von Sabina diktierten – Bitte an Freud, ihr zu schreiben und seine, Jungs, »perfect honesty«[93] zu bestätigen.

Jung hatte sich wie ein Schuft verhalten, und Sabina hatte wohl das Recht, auf diese Weise wenigstens ein bißchen Rache zu nehmen. Freud erfüllte Jungs Bitte und schrieb Sabina am 24. Juni 1909 einen liebenswürdigen Brief: »Meinem Bedürfnis nach Achtung vor den Frauen entspricht es aber sehr, daß ich mich geirrt habe und daß die Verfehlung dem Manne und nicht der Frau zur Last fällt, wie mein junger Freund selbst zugibt.«[94] Sabina handelte keineswegs aus spontaner Wut heraus. Der Bericht über ihre Affäre enthält auch Aufzeichnungen nach dem 19. Juni, dem Tag, an dem sie sich mit Jung wieder versöhnte. Die Niederschrift des Bekenntnisses war möglich in dem Bewußtsein, daß es einen Menschen gab, der all das vielleicht verstehen würde – Freud. Es war ihr deshalb so wichtig, daß Jung Freud die Wahrheit beichtete, damit sie Freud weiterhin schreiben konnte. Freud konnte sie alles anvertrauen: Er war Jungs Freund, er wußte, was in einer psychoanalytischen Behandlung vor sich ging, und er lebte weit weg von Zürich. Am 30. Juni antwortete Sabina auf Freuds Brief, der eigentlich keine Antwort erforderte.

Wir wissen nicht, was tatsächlich in Sabina Spielreins Brief an Freud stand, aber wir wissen, was sie ihm hatte schreiben wollen. In dem vorliegenden Buch wurden bereits mehrfach die so bezeichneten »Brieffragmente« aus dem Jahr 1909 als Informationsquelle herangezogen, wie sich ihre Beziehung zu Jung im Laufe der Jahre entwickelte. Aber es war noch wenig die Rede davon, welche Atmosphäre die Brieffragmente vermitteln, und noch gar nicht von ihrer weiteren Bedeutung. Sabina begann die Aufzeichnungen am 10. Juni und schrieb daran bis zum Ende des Monats. Sie sind lebhaft im Ton, leidenschaftlich und verworren: Spontane Gefühlsausbrüche wechseln mit ruhigen Passagen, und die durchgehende Linie – soweit eine solche überhaupt vorhanden ist – zerfällt immer wieder in Details, die nicht entschlüsselt werden können. Die Aufzeichnungen sind ein Plädoyer zur Verteidigung und eine Chronik aller Höhen und Tiefen ihrer Beziehung zu

Jung. Die gemeinsame Arbeit im psychologischen Laboratorium, Binswangers Experiment, Jungs medial veranlagte Cousine »S. W.«, »Siegfried«, prophetische Träume, Gedankenlesen über Entfernungen, Otto Groß, Sabinas und Jungs mythische und latent inzestuöse Träume – all dies und noch vieles mehr kommt vor, dazwischen finden sich immer wieder geheimnisvolle Anspielungen auf »Poesie«. Einmal abgesehen von dem leidenschaftlichen und verworrenen Eindruck der Aufzeichnungen, wollen wir die Aufmerksamkeit des Lesers auf einen ganz anderen Aspekt lenken: All dies war der Entwurf zu einem einzigen, langen Brief, der Ende Juni *an Freud geschrieben und abgeschickt* wurde.

Man kann sich Jungs Besorgnis leicht ausmalen. Sabina Spielrein wußte über sein heimliches Treiben als Zauberlehrling genau Bescheid, und sein neu erwachtes Interesse an »Spukerei« erscheint in einem anderen Licht, wenn man sich vor Augen hält, was sie über »Siegfried« und prophetische Träume schrieb. Gewiß durchschaute Freud zumindest teilweise die Hintergründe. Nur Sabinas Sprunghaftigkeit bewahrte Jung vor größerer Verlegenheit. In ihrer tiefen Erschütterung war sie nicht in der Lage, ihre Geschichte geordnet zu erzählen. Freud schrieb über ihren letzten langen, unerbetenen Brief an Jung:

> […] merkwürdig ungelenk – ist sie wohl keine Deutsche? – oder sehr gehemmt, schwer zu lesen und schwer zu verstehen. Nur soviel ist daraus zu entnehmen, daß es ihr sehr nahegeht und daß sie sehr im Ernst ist. Machen Sie sich keine Vorwürfe, daß ich in die Sache gekommen bin; das haben ja nicht Sie, sondern der andere Teil getan. Der Abschluß ist doch ein für alle Parteien befriedigender. Sie schwankten, wie ich sehe, zwischen Bleuler und Groß als extremen Ausschlägen.[95]

Und damit war, von einem letzten Dankeschön in einem Brief von Jung an Freud vom 10. bzw. 13. Juli abgesehen, das Thema Spielrein abgeschlossen. Zumindest hatte es den Anschein, als wäre es abgeschlossen. Dank ihrer Verwirrtheit, Freuds zivilisierter Moralvorstellungen und Jungs irriger Annahme, sie werde in Kürze Zürich verlassen und an die Universität Heidelberg gehen, war der Sturm vorübergezogen, ohne erkennbaren Schaden anzurichten. Freud und Jung waren nach wie vor Verbündete, die Arbeiten für den im November erscheinenden ersten Halbband des *Jahrbuchs* wurden zusammengestellt, und in Massachusetts wartete Stanley Hall auf seine bedeutenden Besucher.

Poesie

Nicht nur Freud las Sabina Spielreins langen Brief vom 30. Juni 1909 mit Verwunderung. Auch moderne Leser finden ihn schwer verständlich, zumindest in der einzigen uns zugänglichen Fassung, den von Carotenuto zusammengestellten »Brieffragmenten«. Zum ersten schweift sie immer wieder vom Thema ab zu Gedankengängen, die nur für sie selbst einen Sinn ergeben. Zum zweiten kommt, wenn sie beim Thema bleibt und ihre heimlichen Begegnungen mit Jung schildert, eine gewisse mädchenhafte Schüchternheit ins Spiel, als würde ihr beim Schreiben unablässig eine Anstandsdame über die Schulter blicken und versuchen, das Schlimmste zu verhindern. Nehmen wir die folgende Passage als Beispiel:

> Diesen Spott von einem Menschen zu ertragen, den man vier, fünf Jahre über alles in der Welt liebte, dem man den schönsten Teil der Seele schenkte, dem man den Mädchenstolz geopfert hat und sich zu küssen etc. gestattete das erste und vielleicht das letzte Mal in meinem Leben, weil er mich als ganz naives Kindchen in seine Behandlung bekam ...[96]

Rein aus Interesse würden wir zu gern erfahren, was wohl mit »etc.« gemeint war. In der folgenden Passage taucht neben »etc.« noch ein Codewort auf, »Poesie«, das die Brieffragmente wie ein roter Faden durchzieht:

> Dr. Jung war vor viereinhalb Jahren mein Arzt, dann wurde er Freund und zum Schlusse »Dichter«, d.h. Geliebter. Er kam zuletzt zu mir, und so ging's, wie's gewöhnlich bei der »Poesie« zugeht. Er predigte Polygamie, seine Frau sollte einverstanden sein etc. etc.[97]

In diesem Beispiel scheint sich hinter »Poesie« nichts Geheimnisvolles zu verbergen. Aber wie soll man die folgende Passage verstehen, in der offensichtlich die Rede davon ist, daß sie und Jung fürchteten, sie könnte schwanger werden?

> Ich bat ihn so viele Male, die »Ambitia« mit verschiedenen Vermutungen nicht zu verletzen, weil ich sonst gezwungen bin, bei ihm die gleichen Komplexe herauszufinden. Wenn schließlich das, was geschehen mußte, geschah, und wenn ich noch ganz am Anfang Angst und tiefe Depression

> an ihm sah, so habe ich auf alles verzichtet, das weiß er. Seine tief empfindsame Seele ging mir über alles; von da an habe ich immer die »Konsequenzen« abgelehnt. Meine Liebe zu ihm stand über der Affinität, bis er es nicht aushalten konnte und »Poesie« wollte. Ich konnte und wollte da nicht widerstehen aus sehr vielen Gründen. Als er mich aber fragte, wie ich mir denn das weitere denke (wegen der »Konsequenzen«), so meinte ich, daß die erste Liebe nichts will, daß ich nichts denke und es nicht über einen Kuß bringen will, auf welchen ich auch eventuell verzichten könnte. Und nun sollte das heißen, daß er zu mir zu gnädig war, daß ich deshalb sexuelle Geschichten von ihm verlange, die er natürlich nie wollte etc.[98]

Alle diese Passagen verlangen eine genaue Untersuchung. In den Brieffragmenten und in Sabinas Tagebuchaufzeichnungen aus dem Jahr 1910 finden sich ähnliche Formulierungen. Auf den ersten Blick könnte man zu dem Schluß kommen, daß hier schlichtweg eine ehebrecherische Beziehung beschrieben wird, doch niemals wird klar ausgesprochen, was tatsächlich geschehen war. Die Zweideutigkeit veranlaßte Rosemary Dinnage zu dem weiter oben zitierten Kommentar: »Spätere Generationen, die herauszufinden versuchen, wer mit wem eine sexuelle Beziehung hatte, haben immer schlechte Karten.«[99] Ich finde es zumindest plausibel, daß die beiden es nicht zum Geschlechtsverkehr kommen ließen. Allerdings muß ich einräumen, daß ihr Verhalten, nachdem man sie ertappt hatte, für die gegenteilige Vermutung spricht. Auf jeden Fall fühlten sie sich schuldig.

Der heutige Leser wird sich wie einst Freud denken, daß alles sehr viel klarer wäre, wenn wir wüßten, was »Poesie« bedeutete. In den beiden letzten zitierten Passagen hat es deutlich den Anschein, als wäre sexuelle Liebe damit gemeint. Doch in den Tagebucheinträgen vom Herbst 1910 spricht Sabina Spielrein wieder von »Poesie« mit Jung in einem Zusammenhang, der eine sexuelle Beziehung so gut wie sicher ausschließt. Der Herausgeber der von Carotenuto zusammengestellten Dokumente war sich der Ungewißheit durchaus bewußt; in einer Anmerkung heißt es: »›Poesie‹ hatte wohl eine metaphorische Bedeutung, die nur Jung und Sabina Spielrein kannten.«[100] Es folgt der Hinweis, Proust verwende eine ähnliche Formulierung, »um den Geschlechtsakt zu umschreiben«.

Wir suchen nach »Poesie« am besten nicht in der schöngeistigen Literatur – über Sabina Spielreins Lektüre wissen wir, soweit es nicht Fachliteratur betrifft, überraschend wenig –, sondern in medizinischen Fachschriften. Von Interesse sind an erster Stelle Sabinas eigene spätere Veröffentlichungen. Tatsächlich taucht der Begriff »Poesie« in ihrer medizinischen Dissertation mit dem Titel »Über den psychologischen Inhalt eines Falles von Schizophrenie (Dementia praecox)«[101] häufig auf, und wie die Begriffe »Kunst« und »Religion« verwendet sie ihn ausdrücklich als Synonym für Liebe und Sexualität, etwa in der Formulierung »Poesie = Liebe«.[102] Die Dinge sind indes sehr viel komplizierter, als es angesichts dieser Gleichsetzung scheinen mag. Die in der Dissertation vorgestellte Patientin, eine wegen chronischer Schizophrenie im Burghölzli untergebrachte Patientin, war in einer erschreckend zerfallenen Welt gefangen, in der die Sexualität offensichtlich alles durchdrang. Aber ihre Sexualität spielte sich nur in der Phantasie ab, sie war »autistisch«, wie Bleuler sagte, oder »autoerotisch«, wie Freud es nannte. Sabina Spielreins Erklärung für »Poesie« soll in diesem Zusammenhang bestimmte bizarre Behauptungen der Patientin erhellen, warum sie angeblich nicht in der Lage war zu verhindern, daß sie von sexuellen Phantasien überschwemmt wurde. Die Sprache der Frau war ein regelrechter »Wörter-Salat«, und so lag die Bedeutung von »Poesie« keineswegs auf der Hand. Sabina mußte die Bedeutung erst erschließen, und die Frage ist, woher sie den Schlüssel nahm.

Wiederum hilft die Fachliteratur über medizinische Psychologie weiter. Offensichtlich beginnt die entsprechende Verwendung von »Poesie« bei Krafft-Ebing. Im einleitenden Kapitel seines Werkes *Psychopathia sexualis* spricht er mehrfach davon, daß »Poesie« die für sexuelle Träumereien am besten geeignete literarische Form sei. In den späteren Kapiteln taucht »Poesie« nur gelegentlich als Metapher auf, so etwa wenn er von der »Poesie« des symbolischen Aktes der Unterwerfung spricht.[103]

Unabhängig davon hatten die Forscher der Züricher Schule herausgefunden, daß Zitate aus dichterischen Werken regelmäßig ein vielschichtiger Indikator waren. So war es naheliegend, daß sie den Begriff »Poesie« als Metapher für unbewußte Phantasien im allgemeinen verwendeten. Franz Riklin hatte geschrieben, die Psyche sei »immer noch Märchendichterin«,[104] Jung hatte gesagt, die Anwendung der Psychoanalyse erfordere eine Art des Denkens, »wie sie der Dichter angeboren *hat*«.[105]

Doch aller Wahrscheinlichkeit nach hatte Sabina Spielrein ihren Schlüssel weder bei Krafft-Ebing noch bei den Forschern der Züricher Schule gefunden, sondern eher in Forels 1905 veröffentlichtem Buch *Die sexuelle Frage*. Forel, der in der Tradition von Krafft-Ebing stand, widmete ein ganzes Kapitel seines Werkes den Einflüssen der Sexualität auf Dichtung, Musik und Malerei, und dabei unterschied er zwischen rechtmäßigen Einflüssen und pornographischen.[106] Eine junge Frau, die sich Sorgen über die »Konsequenzen« machte, dürfte mit besonderem Interesse den Abschnitt über die Ästhetik der Empfängnisverhütung gelesen haben, vor allem die Feststellung, die »Poesie der Liebe« werde durch empfängnisverhütende Maßnahmen »nicht allzuviel leiden«.[107] In ähnlich metaphorischer Weise verwendet Forel den Begriff »Poesie« auch im Kapitel über die Rolle der Suggestion bei der erotischen Anziehung; so schreibt er zum Beispiel von der »Poesie des Liebesrausches«.[108]

Die Frage, welchen Einfluß Forels Buch auf Sabina Spielrein hatte, ist relativ leicht zu beantworten: Forel und sein Buch spielten in den Wahnvorstellungen der zitierten Patientin eine herausragende Rolle, Forels Gedanken durchdringen überdies das Aufbegehren in Sabinas Transformations-Tagebuch. Wahrscheinlich können wir folgende Abfolge annehmen: Irgendwann nachdem Forel im Jahr 1905 das Burghölzli verlassen hatte, aber noch bevor Sabina Mitte 1907 mit ihrem Transformations-Tagebuch begann, kam ihr sein Buch in die Hände. Sie stieß auf die Gegenüberstellung legitimer und pornographischer erotischer Einflüsse in der Kunst, die ihre aufkeimenden Ideen über Sublimierung und »Transformation« abrundeten. Gestützt auf diese Gedankengänge, wies sie Jungs Deutung zurück, »Siegfried« stehe für ihren Wunsch, einen Sohn von ihm zu gebären. Bei Forel entdeckte sie den metaphorischen Gebrauch von »Poesie« zur Bezeichnung des »Liebesrausches«; ein Jahr später fand sie darin ihre Gefühle für Jung ausgedrückt, vielleicht auch seine Gefühle für sie, und ihre »Poesie« begann. Irgendwann nach dem Bruch mit Jung lernte sie im Burghölzli die Patientin mit der chronischen Schizophrenie kennen, die andauernd von »Poesie«, »Kunst« und »Forel« sprach. Für Sabina war es keine Frage, wie sie die Wahnvorstellungen dieser Patientin zu deuten hatte.

Bei den geheimen Treffen von Jung und Sabina Spielrein war es um »Poesie« gegangen, um das geheimnisvolle Spiel der Phantasie, das von sexueller Anziehung angeregt werden kann. Oder wie Sabina es ausdrückte: Sie konnten »stundenlang in sprachloser Seligkeit verweilen«.[109] Wir dürfen wohl mit Recht vermuten, daß das Spiel der Phantasie einen psychoanalytischen Einschlag bekam. In diesen Zusammenhang gehört Sabinas seltsames Bekenntnis in den Brieffragmenten, daß sie Jung regelmäßig mit ihrem Vater oder ihrem jüngeren Bruder identifizierte und daß er als ihr jüngerer

Bruder auch in ihren Träumen auftauchte,[110] während er sie regelmäßig mit seiner Mutter identifizierte.[111] Meiner Ansicht nach bot sich ihnen damit nicht nur eine Deutung ihrer gemeinsamen »Siegfried«-Phantasie[112] an, sondern in der »sprachlosen Seligkeit« dürften die Phantasien austauschbar geworden sein. Deutungen wurden Stoff für neue Phantasien, und schrittweise vermischte sich beides mit gelebten Erfahrungen.

Eine solche Entwicklung war keineswegs einmalig. Im Reich der agierten psychoanalytischen Phantasien lebte Otto Groß nach wie vor stolz seinen antipatriarchalischen Tagtraum aus, und sein Ruf nach »Polygamie« bedeutete nichts anderes, als daß er allen Vätern die Mütter und Töchter wegnehmen wollte, die kühn genug waren, seinem Ruf zu folgen. Wie Jung seine Stichworte von Otto Groß entlieh, entlieh Sabina Spielrein ihre Stichworte von Richard Wagner, der den Inzest zwischen Bruder und Schwester gefeiert und daraus einen emotionalen Höhepunkt im *Ring*-Zyklus gemacht hatte. Aber es ging nicht nur um die Liebe zwischen Bruder und Schwester, Sabina war nicht nur Brünnhilde, sondern auch Sieglinde, Siegfrieds Mutter. »Siegfried« stand damit gleichermaßen für den Sohn, den sie Jung schenken wollte, und für Jung selbst, Sabina war die schützende, sich opfernde Mutter. War sie Brünnhilde, so war Jung Siegfried, war sie Sieglinde, war er Siegmund – und zeugte sich selbst durch sie.

Kurzum: Mit »Poesie« bezeichnete Sabina, was geschieht, wenn zwei in mystisches Denken verliebte Menschen mystische Gedanken sexuell in die Tat umsetzen – und das Geschehen mit psychoanalytischen Blicken betrachten. Analyse und Phantasie, Inzest und Mythos vermischen sich. Rückblikkend muß man zu Freuds Entschuldigung einräumen, daß er nicht verstehen konnte, was die junge Frau ihm auf so vielen Seiten schrieb.

Die Traumanalyse

Wie wichtig war Sabina Spielrein letztlich für Jung, und was bedeutete es für ihn, daß er sie von einem Tag auf den anderen verlor? Solche Fragen vermag ein Mensch oft erst im nachhinein zu beantworten. Wenn wir voraussetzen, daß Jung wirklich in Sabina Spielrein verliebt gewesen war, dann müssen wir sagen, daß er feige handelte, selbst wenn wir in Rechnung stellen, daß ihm letzten Endes vielleicht kein anderer Ausweg blieb. Doch interessanter als der Verlust und die Selbstvorwürfe, die ihn möglicherweise plagten, ist ein anderer Aspekt der Affäre Spielrein: Sie brachte eine tiefe Veränderung in Jungs Beziehung zu Freud. Bis dahin hatte Jung sich ernsthaft bemüht, seinen theoretischen Horizont zu erweitern und immer mehr Zuhörer zu gewinnen. So plante er, am Sechsten Internationalen Kongreß für Psychologie teilzunehmen, den Claparède und Flournoy im August in Genf veranstalten wollten. Seine Ressentiments gegenüber Freud – »Neurosenundank« – waren gleichwohl unbestreitbar. Kein Zweifel: Freud hatte ihm in einer Krise beigestanden, und das zählte viel. Doch das Bewußtsein, einem anderen Dank zu schulden, konnte für einen Mann wie Jung nur ärgerlich sein, und Freuds zahlreiche väterliche Ratschläge in den zurückliegenden Monaten waren für ihn schwer zu verdauen. Beruflich standen Freud und Jung nach wie vor nebeneinander auf dem Titel des *Jahrbuchs* – »ein nicht zu zerreißendes Band« –, doch ihre persönliche Beziehung, die Jung anfänglich mit solcher Begeisterung erfüllt hatte, war schwer beeinträchtigt.

Als Jung nach dem Ende der Affäre Spielrein Bilanz über sein Verhältnis zu Freud zog, dürfte ihn vor allem eines beschäftigt haben: Freud hielt Sabina Spielreins letzten Brief in Händen. Diesmal hatte er Jung nicht angeboten, ihm den Brief zu schicken, und nachdem Jung auf den ersten Brief verzichtet hatte, wollte er nicht zugeben, daß er zu gern gewußt hätte, was sie in dem zweiten Brief geschrieben hatte. Er wagte auch nicht, Sabina direkt danach zu fragen. Somit hatte er keine genaue Vorstellung, was Freud abgesehen von der Erkenntnis, er habe geschwankt »zwischen Bleuler und Groß als extremen Ausschlägen«,[113] noch über ihn wußte. Jung hatte sich lange gespalten gefühlt in ein öffentliches und ein privates Selbst, und seine Annäherung an die Psychoanalyse hatte ebenfalls eine öffentliche und eine private Seite gehabt. Nun waren beide Seiten in der hintersten Schublade von Freuds Schreibtisch vereint – in der schlimmstmöglichen Weise. Jung befand sich einer höchst unangenehmen Situation.

Was Jung über die Verhältnisse im Hause Freud wußte, machte seine Verzweiflung nur noch größer. Seine Verfehlung wog ungleich weniger schwer als das, was Freud sich vermeintlich hatte zuschulden kommen lassen. Doch ein zu seiner, Jungs, Rechtfertigung unternommener Versuch, Freud zur Rede zu stellen, wäre unschicklich gewesen und ergebnislos verlaufen. Ohne Beweise konnte Jung nur den kürzeren ziehen. Gewiß hatte er auf dem Höhepunkt der Krise beziehungsvoll an Freud geschrieben, sein »erster Wiener Besuch [habe] ein *sehr* langes unbewußtes Nachspiel gehabt«.[114] Doch Freud las keine Bosheit aus der Anspielung; wahrscheinlich verstand er gar nicht, worauf Jung hinauswollte. Nun, nach dem endgültigen Ende der Affäre Spielrein, mußte sich Jung ärgerlicherweise mit dunklen Andeutungen zufriedengeben. Zwar ist die dokumentarische Beweislage denkbar dünn, aber es spricht einiges für die Annahme, daß Jung tatsächlich so verfuhr.

In Sabina Spielreins Brieffragment vom Juni 1909 findet sich eine sehr seltsame Passage über Freuds Tochter. Bei der Aussöhnung am 19. Juni hatte Jung behauptet, seine Gefühle für Sabina seien eine Übertragung von Gefühlen für Sophie Freud. Überraschenderweise sagte er – und es klingt sehr unwahrscheinlich –, er habe bei seinem ersten Besuch in Wien eine Zuneigung zu Freuds Tochter gefaßt. Außer dieser Stelle gibt es keinen anderen schriftlichen Hinweis auf eine solche Zuneigung, und Sabina glaubte ihm offensichtlich nicht. Dennoch erwähnt sie die Angelegenheit in ihrem an Freud gerichteten Erguß:

> Zu der Zeit, als Dr. Jung ihre Tochter kennenlernte, waren wir schon so weit befreundet, daß Dr. Jung mir ohne weiteres gestehen konnte, er habe Ihre Tochter kennengelernt, die ihm als ein sehr hübsches und sehr intelligentes Mädchen imponierte. Bei meinem feinen Gefühle erregte Frl. Freud nicht die geringste Eifersucht in mir. […] Wer mir im Wege stand, war Prof. Freud selbst. Es existieren bestimmte Charaktereigentümlichkeiten, welche ich in Ihnen sofort bemerkte, weil sie möglichst vollkommen unterdrückt in mir enthalten sind, und so dachte ich, Dr. Jung muß das von Ihnen abstoßen, und wenn Sie ihm ekelhaft werden, werde ich es auch. Ich habe ihm auch prophezeit […].[115]

An dieser Stelle bricht der Satz ab, und nach weiteren verwirrenden Gedanken über Freud und seine Tochter bricht der Brief ab; offensichtlich fehlt eine Seite. Die Zäsur lädt zu Spekulationen ein, die möglicherweise sehr viel Dramatischeres ausmalen, als die fehlende Seite in Wahrheit enthielt. Überdies sei noch einmal daran erinnert, daß wir keinen Anhaltspunkt haben, ob der Inhalt der Briefentwürfe sich mit dem deckt, was Sabina Spielrein tatsächlich an Freud schrieb. In dieser Frage kommen wir nicht weiter. Wir können allenfalls den Schluß ziehen, daß sie und Jung kurz zuvor über Freud gesprochen hatten und daß Jungs Einschätzung von Freuds Charakter Sabina im Hinblick auf sie selbst Sorgen bereitete.

Zu der Zeit hatte Jung am Burghölzli einen Schüler: Johann Jakob Honegger junior war Student und genauso alt wie Sabina Spielrein. Mitte Juni schrieb Honegger aus eigenem Antrieb einen Brief an Freud, in dem er voll jugendlichen Überschwangs versuchte, den Meister zu analysieren. (Jung berichtete in seinem Brief vom 21. Juni 1909, Honeggers Schreiben sei einige Tage zuvor abgeschickt worden; das war auf dem Höhepunkt der Spielrein-Krise.) Die Analyse muß harmlos ausgefallen sein, sonst hätte Freud sie wohl kaum im Juli in einem Brief an Pfister erwähnt: »Honegger hat mich gut durchschaut; nach der Probe hat der junge Mann Geschick zur Psychoanalyse.«[116] Da Honeggers Schreiben nicht erhalten ist, müssen wir die Sache auf sich beruhen lassen. Lange wurde vermutet, daß ein weiterer glühender Enthusiast eine auf die autobiographischen Passagen in Freuds Werk gestützte Analyse verfaßt hatte, wie es Otto Rank 1904 getan hatte. In jüngerer Zeit hat der französische Psychoanalytiker François Roustang auf einen Aspekt hingewiesen, der eigentlich auf der Hand lag:[117] Ohne Zweifel hatte Honegger jede Zeile seines Freud-Porträts mit Jung durchgesprochen – Jung hatte wohl aus seiner persönlichen Kenntnis Freuds genausoviel zu der Analyse beigesteuert, wie Honegger aus den autobiographischen Passagen des Buches über die Träume und der *Psychopathologie des Alltagslebens* erschlossen hatte.

So kam im Sommer 1909, wenn auch in verschleierter Form, aus Zürich Jungs »Analyse« von Freuds Charakter, zu Papier gebracht von Honegger, höchstwahrscheinlich mit Beteiligung von Sabina Spielrein. In seiner Post fand Freud überdies einen kurzen Aufsatz über Traumdeutung, den Jung im Herbst zuvor für Binets Zeitschrift *L'Année Psychologique* verfaßt hatte.

»Die Traumanalyse« ist eine knappe, fast lyrische Abhandlung, Jung zeigt sich als glänzender Schreiber. Als Ausgangspunkt nimmt er einen imaginären Traum von Fausts Gretchen, einen Traum von einem fernen König, der in alle Ewigkeit treu ist. Auf diese Weise, so führt Jung aus, werde ein gegenwärtiger Wunsch (Faust möge treu sein) in verhüllter Form erfüllt. In liebenswürdiger Weise schildert er, wie er Gretchen in Analyse behandeln würde, wie er ihre Liebe, ihre uneingestandene Schwangerschaft, ihre Enttäuschung und so weiter aufdecken würde. Dann skizziert er noch einen zweiten Traum, wieder geht es um enttäuschte Liebe. Die zentrale Figur in diesem Traum ist Papst Pius X. Der Träumer assoziiert dazu als erstes einen Moslemscheich (»eine Art Papst«); von seinen Reisen kennt er die Lebensgewohnheiten der Moslems. Als Deutung ergibt sich darum auf der ersten Ebene der Gedanke: »Ich Junggeselle wie der Papst, aber ich möchte gern viele Frauen haben wie der Moslem.«[118] Auf den ersten Blick ist es naheliegend, Jung in dem Träumer zu erkennen. Parodien auf die Religion, angereichert mit spöttischen und selbstironischen Anspielungen, »Papst« sein zu wollen, kommen im Briefwechsel mit Wien häufig vor.[119] Auf den zweiten Blick taucht der Verdacht auf, der Moslemscheich könnte Freud sein. Jung hatte den Aufsatz in der ersten Novemberwoche 1908 geschrieben. Freud bekam den Sonderdruck – »die überraschende Gabe des Aufsatzes über die ›Traumdeutung‹«[120] – Mitte Juli 1909.

Jung spielte immer wieder auf denselben Punkt an. Einen schweren Fehler hatte er bereits gemacht: Mit der Kündigung am Burghölzli gab er Bleulers Schutz auf und opferte seine eigene, unabhängige institutionelle Basis. (Jungs Traum, zum Leiter des Laboratoriums ernannt zu werden und von dort auf den Lehrstuhl für Psychiatrie aufzusteigen, war damit zerplatzt.) Nun stand er im Begriff, den nächsten Fehler zu begehen: Rollenvorbilder werden für ein schlechtes Gewissen leicht zur Zielscheibe, und so wandte sich Jung Freuds Charakter zu. (Es ist zumindest möglich, daß Jung die Liebelei mit Sabina Spielrein nach dem Modell gestaltete, das er in Freuds Situation zu erkennen glaubte: Überraschenderweise versuchte Jung einmal, Sabina in seine Familie einzuführen.[121]) Zweifellos versuchte Jung immer noch, die Affäre und das unerfreuliche Ende zu verstehen, und dazu gehörte, daß er die Dinge von Anfang an neu durchdenken mußte. Die Antwort, die er suchte, lag freilich – wenn man das schlechte Benehmen einmal beiseite läßt – letztlich in seinem Charakter und seiner Denkungsart und nicht in Freuds Charakter und Denkungsart. Offensichtlich war er dabei, die Brücken hinter sich an beiden Enden zugleich anzuzünden.

Vielleicht glaubte Jung, ihm stünden noch andere Wege offen. Er hatte sich als Mitglied der Schweizer Gastgeber für den Sechsten Internationalen Kongreß über Experimentelle Psychologie eintragen lassen, der Anfang August unter der Leitung von Flournoy in Genf stattfinden sollte. Flournoy verband die Einladung zu dem Kongreß mit der Aufforderung, der wissenschaftlichen Erforschung medialer Begabung und der Religionspsychologie wieder mehr Aufmerksamkeit zu widmen. Parallel zu diesem Kongreß fand der Erste Internationale Kongreß für Pädagogik statt. In jüngster Zeit hatte Jung begonnen, sich für Pädagogik zu interessieren; teilweise war sein Interesse angeregt worden durch die Beobachtungen, die er bei seiner kleinen Tochter nach der Geburt ihres Brüderchens gemacht hatte. Anscheinend nahm Jung dann doch an keinem der beiden Kongresse teil, immerhin fand er die Zeit für einen privaten Besuch bei Flournoy. Die ersten fünf Tage im August verbrachte er statt in Genf in München, wo er die Klinik von Kraepelin besuchte und unter den Assistenten Anhänger warb. Dann reiste er nach Basel zu seiner Mutter und schaute kurz bei Häberlin herein. Von Basel ging es weiter nach Bremen. Dort traf er mit Freud und Ferenczi zusammen, und gemeinsam schifften sie sich auf dem Dampfer *George Washington* des Norddeutschen Lloyd nach Amerika ein.

Und was tat Sabina Spielrein unterdessen? Die Monate August und September machte sie mit ihren Eltern Ferien in Berlin und Kolberg. Um diese Zeit begann sie ein Tagebuch, und aus den wenigen erhaltenen Seiten spricht eine noch sehr junge Frau, die sich verzweifelt bemüht, aus ihrer Situation herauszufinden. Sie reflektiert über die »Psychologie der sogen. ›bescheidenen Mädchen‹, zu denen auch ich rechne«, und schreibt von »schauderhafter Einsamkeit«, von »Sehnsucht nach Liebe« und »Furcht vor dem Erstarren«. Aber sie vertraut ihrem Tagebuch auch an, daß sie sich gern nackt bis zur Taille im Spiegel betrachtet und dabei den Vorhang ein kleines Stück offenläßt:

> […] es ist ganz schön, wenn mich jemand so bewundert; bis zur Taille geniere ich mich nicht, ich freute mich, daß ich die Formen einer erwachsenen Frau habe, ich freute mich, daß meine Haut zart, die Formen schön und kräftig ausgebildet sind. Habe ich auch ein ganz gewöhnliches Gesicht, so kann ich doch gefallen. Was kann es denn Schöneres geben wie ein gesundes junges Mädchen, wenn es »mädchenhaft« ist?[122]

Sie denkt an Jung und beschwört das Schicksal, daß sie Freunde bleiben – »Mache, daß ich ihm sein Schutzengel, sein inspirierender Geist bin« –, während sie sich zugleich praktische Ratschläge anhören muß:

> Mutter sagt, es sei unmöglich, daß ich und mein Freund Freunde bleiben, nachdem wir einander bereits Liebe schenkten. Die reine Freundschaft verträgt der Mann auf die Dauer nicht. Bin ich gut zu ihm – dann will er Liebe haben […].[123]

Moorleichen

Wie nicht anders zu erwarten, war Jung kein rundum angenehmer Reisegefährte. Er, Ferenczi und Freud trafen sich am 20. August in Bremen. Beim Abendessen ließ sich Jung zu einem Glas Wein überreden – symbolischer Akt der Emanzipation vom Gebot der Abstinenz, auf die Forel und Bleuler so großen Wert legten und zu der alle Assistenten am Burghölzli verpflichtet waren. Darauf schilderte Jung des langen und breiten, wie man kürzlich in der Stadt ein perfekt erhaltenes Gerippe ausgegraben habe; diese Geschichte vermischte er mit der Ausgrabung von Moorleichen in Belgien einige Zeit zuvor. (Moorleichen waren und sind von großem Interesse für die Archäologie, weil man aus ihrer Untersuchung sehr viel über die Lebensweise zur damaligen Zeit und über die Umstände ihres Todes erfährt.) Freud wollte Jung von dem Thema abbringen, aber Jung war hartnäckig. Darauf wurde Freud ohnmächtig.

Warum Freud in Ohnmacht fiel, bleibt ein Rätsel. Es wurde gesagt, Freud habe vermutet, Jung hege einen Todeswunsch gegen ihn. Mag sein. Auf jeden Fall ist es nach einer langen Eisenbahnfahrt schwer zu ertragen, wenn ein junger Kollege, auf den man normalerweise mehr Einfluß hat, sich in seinem Wortschwall nicht bremsen läßt. Vielleicht war Jungs Sermon darum so unerträglich, weil Freud sich über sein Benehmen in letzter Zeit geärgert hatte, aber das ist nicht mehr zu klären.

Unterdessen wartete Stanley Hall in Amerika gespannt darauf, die neuesten Theorien über Nervenkrankheiten zu hören.

Teil III

Die Bewegung

Schließlich ist, wenn ich nach meiner Erfahrung urteile, die strikte Anwendung der »psycho-analytischen« Methode in ihrer vollen Gründlichkeit sehr schwierig und setzt ein Maß an Fertigkeit voraus, welches nur wenige Ärzte erreichen können, wenn nicht gar ganz ungewöhnliche Charaktereigenschaften. Zu Freuds analytischer Methode gehört unglücklicherweise, wie er selbst hervorhebt, daß der Patient in Abhängigkeit vom Arzt gerät und sich möglicherweise am Schluß nur schwer daraus lösen kann. [...] Dies ist ein Übel, welches hingenommen werden muß, falls es nicht vermieden werden kann, doch wenn der Arzt vollkommen von dem Glauben durchdrungen ist, die Krankheit seines Patienten sei sexuellen Ursprungs, so wird er dank der Enge jener Beziehung in der Lage sein, seine Auffassung den Patienten unbewußt einzuprägen, und er wird von ihnen leicht Zustimmung und Unterstützung finden, welche in Wirklichkeit nicht so bereitwillig erbracht sein werden, wie es den Anschein haben mag.

James Jackson Putnam in einem Bericht über die erste Anwendung der Psychoanalyse am Massachusetts General Hospital, *Journal of the Abnormal Psychology,* 1906.

Kapitel 9

Amerika und der Kernkomplex

Unsere eigene Seele ist in allen ihren Teilen erfüllt von schwachen Hinweisen [...], leisem und kaum wahrnehmbarem Gemurmel von einem großen, langen Leben, heiß, intensiv, reich geschmückt mit vergangenen Ereignissen und Einzelheiten; ein geringfügiger Automatismus ist vielleicht das einzige Relikt der wichtigsten Erfahrungen vieler Generationen, eine flüchtige Phantasie ist alles, was von Zeitaltern voller Mühe und Blutvergießen übrigbleibt. [...] Doch was diese Psychophoren auch immer sein mögen, sie nehmen Eindrücke auf wie Wachs und bewahren sie wie Marmor. Und so ahnt die Seele telepathisch nur ihre eigene Vergangenheit [...], niemals einen künftigen Zustand.

G. Stanley Hall, *Adolescence,* New York 1904.

Von Europa aus gesehen, erschien Amerika als ein Land sagenhafter beruflicher Möglichkeiten. Doch die amerikanische Mentalität war in gewisser Weise schwer faßbar. Die Reaktionen auf Freuds Werk reichten von wohlüberlegter Zustimmung bis zu wütender Ablehnung. Ernest Jones hatte von seinem neuen Posten in Toronto an Freud geschrieben und ihn gewarnt, er solle die Sexualtheorien bei seinem Besuch in Amerika nicht zu sehr in den Vordergrund rücken. Freud hielt nichts von dem Ratschlag, für ihn wäre es ein Rückschritt gewesen. Er ging ohne vorbereitetes Vortragsmanuskript an Bord.

Die Vorzeichen während der Überfahrt waren gemischt. Freud sah mit Vergnügen, daß sein Kabinensteward die *Psychopathologie des Alltagslebens* las – ein positives Vorzeichen. Doch Freuds Beziehung zu Jung war gespannt wie nie zuvor. Dann stellten sich bei Freud schwere Verdauungsprobleme ein; das Urinieren bereitete ihm Schwierigkeiten, und er hatte Schmerzen im Unterleib. Die Symptome blieben auch nach der Rückkehr noch lange bestehen, und er sprach nur noch von seinem »amerikanischen Magenkatarrh«.[1] Jung betrachtete Freuds Symptome ganz einfach als Beweis, daß Freud ebenfalls eine »Neurose« hatte.[2] Auch für Jung waren die Vorzeichen auf der Reise gemischt. Er hatte damit gerechnet, daß der Erbe des McCormick-Vermögens, der ihn bereits einmal in Zürich aufgesucht hatte, an Bord sein würde. Statt dessen traf er den Psychologen William Stern, der ebenfalls an die Clark-Universität eingeladen war. Sterns Kritik am Assoziationsexperiment hatte Jung einige Jahre zuvor dazu gebracht, daß er sich der Psychoanalyse zuwandte.

Die Unsicherheit, was sie in Amerika erwartete, belastete das Verhältnis von Freud und Jung zusätzlich. Als ihr Schiff in den Hafen von New York einlief, meinte Freud zu Jung, wie überrascht die Amerikaner wohl davon sein würden, was sie ihnen zu erzählen hätten. Jung sagte darauf, daß Freud sehr ehrgeizig sei. Freud erwiderte, er sei der einzige Mensch, der keinen Ehrgeiz kenne. Worauf Jung brummte, das sei doch auch etwas – der einzige zu sein.

In New York nahm sie der geniale A. A. Brill in Empfang. Er kümmerte sich um sie und zeigte ihnen die Stadt – Chinatown und einige andere Orte –, die Zeit verflog. Jung und Freud unternahmen einen langen Spaziergang im Central Park und unterhielten sich. Jung hatte offensichtlich ein Thema auf dem Herzen, das mit Unterschieden zwischen Juden und Christen zusammenhing, und wollte sich darüber austauschen. Freud diskutierte mit, und der Ausflug verlief harmonisch.

Von New York aus fuhren die vier Männer – Jung, Freud, Ferenczi und Brill – mit dem Dampfer nach Fall River, von dort mit der Eisenbahn nach Boston und weiter nach Worcester, wo die Konferenz stattfand. Stanley Hall wurde seinem Ruf als großzügiger Gastgeber voll und ganz gerecht. Kurz nach ihrer Ankunft tauchte Ernest Jones mit einem wichtigen neuen Bekannten auf, James Jackson Putnam, einem Neurologen aus Harvard. Damit waren sechs Vertreter der Psychoanalyse versammelt; allerdings äußerte sich Jones immer noch vage, inwieweit er dazugehörte, und Putnam war eine unbekannte Größe. Freud und Ferenczi arbeiteten Freuds Vorträge durch, Jung bereitete sich allein vor.

Die Spannungen zwischen Freud und Jung verschwanden nicht mehr. Wenige Wochen später, auf der Rückreise nach Europa, gab es erneut einen

Zusammenstoß. Allerdings trat ihr Gegensatz vorübergehend hinter anderen Ereignissen zurück. Bei der Konferenz an der Clark-Universität stellten Freud und Jung überrascht fest – daß sie Freud und Jung waren.

Erste offizielle Anerkennung

Unbeabsichtigt verantwortlich dafür war G. Stanley Hall. Im heroischen Zeitalter des amerikanischen Intellektualismus war er eine herausragende Gestalt. Stanley Hall war 1844 in Massachusetts als Sohn eines Farmers zur Welt gekommen. Sein Vater wollte, daß er die Farm übernahm, seine Mutter, eine Kongregationalistin, wollte, daß er Geistlicher wurde. Statt dessen fand Stanley Hall seine Berufung in der physiologischen Psychologie bei William James in Harvard. Nach kurzer Zeit war er James' wichtigster Schüler und wenig später sein größter Rivale um die Vorherrschaft in dem neuen Fach. Im Jahr 1887 begründete Stanley Hall das *American Journal of Psychology,* die erste derartige Zeitschrift in der neuen Welt. 1889 wurde er der erste Präsident der Clark-Universität im Osten von Massachusetts. Er nahm seine Zeitschrift mit nach Worcester und träumte davon, ein erstklassiges Forschungsinstitut zu schaffen, das nach europäischem Vorbild die Ausbildung bis zum Examen und das Aufbaustudium nach dem Examen verbinden sollte. Es gelang ihm nicht, diesen Traum zu verwirklichen. Innerhalb weniger Jahre kopierte die Universität von Chicago, die erst kurz zuvor (1891) mit Geld der Rockefellers gegründet worden war, Stanley Halls Musterfakultät, und 1890 veröffentlichte William James seine *Principles of Psychology* (Grundzüge der Psychologie). Stanley Hall saß mit einem Berg nutzloser Notizen da, den Entwürfen für sein eigenes Buch. Die nicht enden wollende Jagd nach Geldgebern, Los eines jeden Universitätspräsidenten, zehrte seine Zeit und Kraft auf, und zunehmend beschäftigten ihn eigene psychische Probleme. Er begann an der männlichen, leistungsorientierten amerikanischen Mentalität zu zweifeln. Im Laufe der Arbeit an seinem Buch rückten »mütterliche Fürsorge, emotionale Spontaneität, ästhetische Empfänglichkeit und mythenschaffende Kreativität«[3] immer mehr in den Vordergrund, und er verband sie zu einem neuen Ethos.

Die Frucht seiner Reflexionen, ein voluminöses zweibändiges Werk mit dem Titel *Adolescence. Its Psychology and Its Relations to Physiology, Anthropology, Sociology, Sex, Crime, Religion, and Education* (Adoleszenz.

Psychische Erscheinungsformen und ihre Beziehung zu Physiologie, Anthropologie, Soziologie, Sexualität, Verbrechen, Religion und Erziehung) erschien 1904. Kein Thema der Welt wurde ausgelassen, und buchstäblich auch Sonne und Mond kamen darin vor. (Mittels eines Fragebogens hatte Stanley Hall herausgefunden, daß Mädchen in der Adoleszenz sich in Vollmondnächten gerne entkleiden und in Phantasien verlieren.) Ob es um die Frage ging, wie der naturwissenschaftliche Unterricht an höheren Schulen aussehen sollte – Hall empfahl eine Art Naturverehrung – oder um die Theorie von Breuer und Freud – die »ein trauriges neues Licht auf die besondere Verletzlichkeit junger Mädchen werfen«[4] –: Stanley Hall hatte zu allem eine Meinung. Er gründete seine weit ausgreifenden Erörterungen auf einen neuen methodologischen Zugang zum Problem der Entwicklung. Wie viele Denker seiner Zeit war er von der Gültigkeit des biogenetischen Grundgesetzes überzeugt, das der große deutsche Darwinist Ernst Haeckel formuliert hatte. Demnach ahmt die Ontogenese die Phylogenese nach (ein Individuum einer bestimmten Art durchläuft in seiner Entwicklung alle Stadien der Entwicklung der gesamten Art). Hall glaubte nun, durch das Studium der Kulturentwicklung könne man neue Erkenntnisse über die Gesetze der Persönlichkeitsentwicklung gewinnen, da der einzelne entsprechend dem biogenetischen Grundgesetz die Entwicklungsschritte der Rasse wiederhole. Er war insbesondere überzeugt, daß während der Adoleszenz psychische Relikte aus vergangenen Zeiten – »Psychophoren« – wieder wirksam würden. (Inzwischen ist die vermutete »phylogenetische« Übereinstimmung von Evolution und Individualentwicklung wissenschaftlich nicht mehr haltbar, man spricht lieber von »phyletisch«.)

Hall prägte für seinen Ansatz den Begriff »genetische Psychologie«; er nahm an, sowohl die Bezeichnung wie die Sichtweise seien seine Schöpfung. Kurz zuvor hatte der Deutsche Wilhelm Wundt begonnen, sich mit ähnlichen Fragen zu befassen – mit »Völkerpsychologie« –, und war unabhängig von Hall auf die Bezeichnung »genetische Psychologie« gestoßen. Wundt vertrat die Auffassung, daß die Psychologie des Volkes logisch der Individualpsychologie vorgeordnet sei. Darum müsse man sich, wenn man die Entwicklung des Bewußtseins studieren wolle, mit der Geschichte des Volkes und davon ausgehend mit der Kulturgeschichte der Menschheit befassen. Das Motiv des Helden beispielsweise, wie es in Mythen und Volkserzählungen vorkommt, spiegelt demnach die Herausbildung des individuellen Selbstbewußtseins im Lauf der Geschichte wider.

Dieser Fortschritt hat wiederum sein Abbild in der Entwicklung des Kindes, das im Laufe des Heranwachsens zum vollen Bewußtsein seiner selbst gelangt.

Im Einklang mit seinem phylogenetischen Ansatz führt Stanley Hall den Leser seines umfangreichen Werkes zu den alten Religionen und zeigt, wie sie sich von der Verehrung der Großen Mutter über phallische Kulte wandelten und schließlich im Christentum mit der altruistischen Neudefinition der Liebe ihre höchste Form fanden. Dieser Wandel wiederholt sich Hall zufolge im Heranwachsen: Am Anfang steht die Liebe zur Mutter, dann durchschreitet das Kind eine Phase phallischer Aggressivität, und schließlich erreicht es die Stufe der altruistischen Liebe mit der Bereitschaft, zum Wohle der nächsten Generation Opfer zu bringen.

Jung war von Stanley Halls phylogenetischen Spekulationen zutiefst beeindruckt. Halls Landsleute waren vor allem davon beeindruckt, daß das Thema Sexualität eine so herausragende Rolle spielte. Sexuelle Erörterungen durchziehen sein Buch wie ein roter Faden, denn nach Halls Sicht ist die Sexualität die treibende Kraft, daß ein Heranwachsender seine ererbten Möglichkeiten zu erforschen und zu erproben beginnt. Wohlgemerkt: Hall versteht Sexualität als eine geistige Kraft, sie steht im Einklang mit dem christlichen Ethos und ist Motor des geistigen Fortschritts und künstlerischen Schaffens. Der Psychologe Edward Thorndike äußerte sich öffentlich zustimmend, meinte aber in seiner Besprechung, bei der Lektüre von *Adolescence* stehe der Leser vor der Schwierigkeit, daß er »seine Erinnerungen an medizinische Lehrbücher, erotische Dichtung und begeisternde Predigten kombinieren«[5] müsse. Im privaten Gespräch sagte Thorndike, das Buch sei »zum Bersten voll von Irrtümern, Masturbation und Jesus«.[6]

Seine größten Verdienste erwarb sich G. Stanley Hall indes durch praktisches Handeln. Unablässig auf der Jagd nach Geld und Renommee für die Clark-Universität, hatte er beschlossen, den zwanzigsten Gründungstag genauso zu feiern wie den zehnten: mit einer internationalen Konferenz, bei der die jüngsten Entwicklungen in den Sozialwissenschaften vorgestellt wurden. Hall las ungeheuer viel – er besaß auch ein Exemplar des *Jahrbuchs* – und kannte jeden originellen Denker in allen wichtigen Fachgebieten, so konnte er ein außerordentlich interessantes Aufgebot an Vortragenden zusammenstellen. Franz Boas sollte sprechen, E. B. Titchener, William Stern und natürlich Freud und Jung. Hall gewann darüber hinaus ein Publikum, das des Ereignisses würdig war.

William James ist uns hauptsächlich als Philosoph bekannt, doch er war auch ein Pionier auf dem Gebiet der »physiologischen Psychologie«. Selbstverständlich sollte er am Clark-Kongreß teilnehmen und die Besucher aus Europa kennenlernen. James' bemerkenswerte Karriere hatte bei einem Besuch im Bicêtre-Hospital in Paris begonnen, wo er eine quasi-religiöse Offenbarung erlebt hatte, als er einen »grüngesichtigen Idioten« betrachtete. Zurück in Harvard wandte er sich dem neuen Zweig der Philosophie zu, der Psychologie, und richtete sogar ein eigenes Laboratorium für psychologische Experimente ein. Er und Wilhelm Wundt waren die beiden ersten, die sich mit experimenteller Psychologie beschäftigten. Im Jahr 1896 sprach James im Rahmen der Lowell-Vortragsreihe bei sechs Veranstaltungen über »Besondere geistige Zustände«, diese Vorträge verwertete er 1902 noch einmal bei den Gifford Lectures über »Varianten der religiösen Erfahrung«. Eugene Taylor ist es wunderbarerweise gelungen, die Lowell Lectures zu rekonstruieren. William James bewies, daß er auf dem Stand der neuesten europäischen Forschungen über die Psychologie der Neurosen war, er kannte auch die vier Jahre zuvor erschienenen *Studien über Hysterie* von Breuer und Freud.

James Jackson Putnam war ein enger Freund von William James und Inhaber des ersten amerikanischen Lehrstuhls für Neurologie in Harvard. Stanley Hall hatte auch ihn zur Begegnung mit den europäischen Besuchern nach Worcester eingeladen. Putnam experimentierte seit 1904 mit Freuds Behandlungsmethoden und nahm regelmäßig an den Diskussionsrunden im Hause des Bostoner Neurologen Morton Prince teil. Prince war ebenfalls eine wichtige Persönlichkeit. 1906 hatte er das *Journal of Abnormal Psychology* begründet, von der ersten Nummer an erschienen dort Ausschnitte aus Arbeiten von Janet und Jung. Ebenfalls im Jahr 1906 hatte Prince eine bedeutende Studie über einen Fall von multipler Persönlichkeitsstörung veröffentlicht, *The Dissociation of a Personality* (Zerfall einer Persönlichkeit). Einige Monate vor der Konferenz an der Clark-Universität hatte Morton Prince Putnam mit einem jungen Arzt aus Toronto bekannt gemacht, der gerade bei ihm zu Besuch war: Ernest Jones. Putnam, eine einmalige Mischung aus nordamerikanischer Geradlinigkeit und hegelianischer Metaphysik, sah in Freuds Werk eine umfassende Theorie der Charakterentwicklung, die man therapeutisch nutzen konnte, um sittliche Reformen durchzusetzen. Für Jones war Putnam eine außerordentlich wichtige Bekanntschaft, weil seine Reaktionen wie ein Seismograph zeigen würden, was die Amerikaner akzeptieren konnten und was nicht.

Worcester, westlich von Boston gelegen, Sitz der Clark University und der Staatlichen Irrenanstalt, der wichtigsten Einrichtung für Nervenkranke im Staat Massachusetts, war von Boston mit dem Zug in einer Stunde zu erreichen. Ein früherer Direktor der Irrenanstalt war Adolf Meyer gewesen, ein Schweizer, Schüler von Forel und J. J. Honegger senior, dem Vater von Jungs jüngstem Assistenten. Meyer hatte Studenten aus James' Seminaren in Harvard und von Stanley Halls junger Universität in die Anstalt geholt. Seinen wissenschaftlichen Ruf hatte er als Gehirnanatom begründet, in späteren Jahren beschäftigte er sich mit der Frage, inwieweit die Unterscheidung von »biologischen Reaktionstypen« zu Vorhersagen über Ausbruch und Verlauf von Psychosen im Erwachsenenalter herangezogen werden konnte. Über diese Forschungen stieß er auf Freuds Theorien und auf das Assoziationsexperiment. 1902 verließ Meyer Worcester und übernahm die Leitung der renommiertesten Nervenheilanstalt des Staates New York, das Psychiatrische Institut auf Ward's Island. Von dort schickte er nacheinander Frederick Peterson, A. A. Brill und August Hoch nach Zürich, damit sie bei Bleuler und Jung die neuen Behandlungsmethoden studierten.

Im Jahr 1909 kehrte Meyer als Teilnehmer und Redner des Kongresses an der Clark-Universität nach Worcester zurück. Die Einladung, einen Vortrag zu halten, war mit voller Berechtigung an ihn ergangen. Kraepelin hatte in seiner revolutionären psychiatrischen Nosologie den unvorhergesehenen und daher besonders tragischen Ausbruch der Schizophrenie und ihre allmähliche Verschlimmerung beschrieben. Eugen Bleuler hatte gezeigt, daß die Verschlechterung des Krankheitsbildes nicht zwangsläufig ist. Meyer hatte herausgefunden, daß der Ausbruch der Krankheit nicht gänzlich unvorhersehbar ist. Heute spricht man eher von »prämorbider Persönlichkeit« als von »biologischem Reaktionstypus«, aber über dem Wandel der Begrifflichkeit sollten wir nicht übersehen, daß 1909 durch die Arbeiten von Kraepelin, Bleuler, Meyer und Jung die moderne Theorie der Schizophrenie im wesentlichen vorlag.

Man könnte noch viel sagen über die vielfältigen Kontakte der amerikanischen Nervenärzte zu den europäischen Kapazitäten auf dem Gebiet von Neurologie und Psychiatrie. Wir lassen es hier mit der Feststellung bewenden, daß man sich nirgendwo so sehr für medizinische Psychologie und Psychotherapie interessierte und sich so intensiv damit befaßte wie in der kleinen Schweiz. Und in Amerika war die Achse Boston–Worcester das entsprechende Zentrum, nicht einmal New York hatte mehr zu bieten. Das Interesse galt vor allem der Psychoanalyse und dem empirischen Nachweis von »Komplexen«. Meyer drückte die allgemeine Stimmung aus, als er in seinem Vortrag innehielt und die beiden Besucher begrüßte:

> Wir verdanken unseren europäischen Gästen, Professor Freud und Doktor Jung, den Beweis, daß im Zentrum der Bühne ein Komplex oder eine Gruppe von Komplexen wirksam ist, bestehend aus ungenügend ausbalancierten Erfahrungen, die in vielfältiger Weise durch Symbolik verändert wurden. Ihre genialen Deutungen haben Licht in die ansonsten unverständlichen Erzeugnisse einer krankhaften Einbildungskraft gebracht. Die Erläuterung, wie sie das geschafft haben, überlasse ich besser ihren Ausführungen.[7]

Natürlich prägte die amerikanische Mentalität auch die Beschäftigung mit medizinischer Psychologie. So sahen die Amerikaner eine wichtige Ursache der »Neurasthenie« – George Beard, ein Amerikaner, hatte dem Syndrom 1856 diesen Namen gegeben – darin, daß die Schnellebigkeit der modernen Zeit das Nervensystem überforderte. Im Gegensatz dazu betonten die Europäer die erbliche Disposition und eine dekadente Lebensführung. In entsprechender Weise war die amerikanische Einstellung zur Psychotherapie von dem für den amerikanischen Nationalcharakter typischen Optimismus durchdrungen. Die führende therapeutische Schule in Boston war zu der Zeit die Emmanuel-Bewegung, eine lose Verbindung von Ärzten und Klerikern, die im wörtlichen Sinn auf kirchlichen Fundamenten arbeiteten. Schließlich ist noch anzumerken, daß man in Amerika wie in England sehr zurückhaltend mit sexuellen Dingen umging. Auch wenn ernsthafte Männer mit hohen Moralvorstellungen wie G. Stanley Hall sexuelle Fragen in Veröffentlichungen erwähnten, war Sexualität doch ein peinliches Thema. Ein Jahr nach dem Kongreß nahm beispielsweise Morton Prince ein Manuskript von A. A. Brill für das *Journal of Abnormal Psychology* an, bat ihn aber, ein Wort zu streichen – das Wort »sexuell«.

Ich habe hervorgehoben, daß das Publikum bei dem Kongreß an der Clark-Universität ein überdurchschnittlich hohes Niveau repräsentierte, weil dies meines Erachtens weitgehend erklärt, warum die Veranstaltung für die beiden Besucher aus Europa ein so großer Erfolg wurde. Anders als Freud angenommen hatte, waren die Amerikaner keineswegs überrascht von dem, was er und Jung ihnen zu sagen hatten. Im Gegenteil – die Amerikaner hatten bereits darauf gewartet, und sie waren fasziniert. Freud und Jung stahlen den anderen zahlreich anwesenden Koryphäen die Schau.

Freud und Jung hatten offensichtlich das Glück auf ihrer Seite. In einem freien Augenblick brachten Hall, Putnam und James ein Medium, das sie seit Monaten beschäftigte, ohne daß sie das Rätsel hatten lösen können. Die beiden Gelehrten aus Europa entlockten dem Mädchen in Windeseile das Geständnis, ihre angeblichen telepathischen Fähigkeiten seien Erfindung, sie habe damit die Aufmerksamkeit eines bestimmten jungen Mannes auf sich ziehen wollen. Bei einer anderen Gelegenheit wurden die Vorträge von der Anarchistin Emma Goldman unterbrochen; man führte sie aus dem Saal hinaus. Freud baute ihren Auftritt in seinen Vortrag ein: Während Janet glaube, daß dissoziierte Ideen sich still im Hintergrund hielten, betrachte er, Freud, sie als lärmende Eindringlinge, die beständig versuchten, sich beim Bewußtsein Gehör zu verschaffen; nur durch fortwährende Anstrengungen gelinge es, ihnen den Zugang zu verwehren. Auch Jung nutzte das Material, das sich ihm bot. Er sollte das Assoziationsexperiment vorstellen – die Amerikaner hatten es von Anfang an aufmerksam verfolgt –, und er ging auf das Interesse der Amerikaner an der Entwicklung von Kindern ein mit einer hübschen Erzählung über die Reaktion seiner kleinen Tochter auf die Geburt ihres Brüderchens; schrittweise entwickelte er eine Theorie, um ihr Verhalten zu erklären.

Sogar in den Zeitungen erregten sie Aufsehen. Der *Boston Evening Transcript* berichtete auf einer ganzen Seite unter der reißerischen Überschrift »Die Emmanuel-Bewegung wird sterben«. Die Zeitung gab vor, es handle sich um ein langes Interview mit Freud, doch bis auf ein oder zwei einleitende Bemerkungen, darunter die Voraussage über das Schicksal der Emmanuel-Bewegung, war das angebliche »Interview« lediglich eine nicht kenntlich gemachte Übersetzung einer Arbeit von Freud aus dem Jahr 1905, in der er seine Methode erläuterte. (Der Leser wird sich erinnern, daß Freud diese Arbeit zu seiner Selbstverteidigung geschrieben hatte, als er hörte, daß ein »junger« Arzt am Burghölzli an einer damals unbekannten Patientin einen Versuch mit der psychoanalytischen Behandlung machen wollte.) Es blieb im dunkeln, wer diese Fälschung verfaßt hatte, aber man kann mit einigem Grund vermuten, daß Stanley Hall dahintersteckte. Zum einen wollte er die Aufmerksamkeit der Öffentlichkeit auf die Psychoanalyse lenken, zum anderen wußte er um die Furcht der Bostoner Neurologen, sie könnten ihre nervösen Patienten an die geistlichen Herren von der Emmanuel-Bewegung verlieren.

Den größten Anteil am Erfolg von Freud und Jung in Amerika hatte ironischerweise der gar nicht anwesende Pierre Janet. Denn wer Janets Theorien aufgenommen hatte, wandte sich logischerweise Freud zu und suchte dort die Weiterführung. Janet hatte die multiple Persönlichkeitsstörung zum Prüfstein gemacht und versuchte, alle hysterischen Symptome in der Begrifflichkeit dissoziierter Teile der Persönlichkeit zu beschreiben. Doch sein Ansatz erwies sich als Sackgasse. Letztlich konnte er nur mit immer größerer Genauigkeit sagen, wie die Spaltungen aussahen, aber er konnte sie nicht erklären. Ererbte konstitutionelle Schwäche und sittliche Degeneration mußten weiterhin zur Erklärung der Ursachen herangezogen werden. Entsprechend Janets Theorie bestand seine therapeutische Strategie hauptsächlich darin, den Charakter zu stärken. Immerhin war seine Theorie ein Fortschritt, denn damit war anerkannt, daß es Wünsche (»Libido« in Freuds Terminologie) und Gegenwünsche (»Verdrängung«) gibt und daß die unterschiedlichsten seelischen Zustände verstehbar werden, wenn man ihr Wechselspiel erforscht. Die Symptome eines Patienten bekamen nun einen Sinn. Der Wunsch, der mühsam aus dem Bewußtsein hinausbefördert worden war, versuchte sich wieder Zutritt zu verschaffen und machte sich regelmäßig in veränderten Bewußtseinszuständen bemerkbar, in Träumen, Zwangshandlungen, hysterischer Verwirrtheit und so weiter. Bei einem Großteil von Janets eindrucksvollen Beobachtungen führte das neue Erklärungsmodell weiter. Ein Konflikt und nicht die Veranlagung war Ursache der Störung. Damit kam die Theorie auch der Neigung der Amerikaner entgegen, Faktoren wie Umwelt und Entwicklung zu berücksichtigen. Darüber hinaus waren nach dieser Theorie die Aussichten einer Behandlung und letztlich die Chancen für eine moralische Bildung des Menschen sehr viel besser, als wenn man von einer ererbten Veranlagung ausging.

Kurzum: Für die amerikanischen Zuhörer, die Janet bestens kannten, war Freud eine Offenbarung. Seine fünf Vorlesungen waren allgemeinverständlich, und er stellte die Psychoanalyse in erster Linie als eine Behandlungsmethode vor. Wie üblich vor einem neuen Publikum begann Freud seine Darstellung der »Anfänge der Psychoanalyse« mit Breuers Fall »Anna O.«. Dann schilderte er, mit dankbaren und auch kritischen Hinweisen auf Charcot und Janet, wie seine eigenen Erfahrungen mit Patienten ihn zu seiner gegenwärtigen Theorie geführt hatten – »Frucht voraussetzungsloser Erforschung des Tatsächlichen«.[8] Als Freud auf die infantile Sexualität zu sprechen kam, vergaß er nicht, Havelock Ellis und andere zu erwähnen. Er zitierte die von der Züricher Schule entwickelte Lehre von den Komplexen, und er hob – falls er diese Passagen nicht erst später einfügte – nachdrücklich den Aspekt der Moral und die Möglichkeit der »Sublimierung« hervor.[9]

Stanley Hall war sehr beeindruckt. Er konnte sich auf einmal vorstellen, daß die Psychoanalyse zu einem eigenständigen Gebiet innerhalb der Psychologie werden könnte, und er beschloß auf der Stelle, Freuds Vorlesungen in einer Sondernummer seiner Zeitschrift anläßlich der Gründungsfeier abzudrucken. James Jackson Putnam bestand darauf, daß die Besucher aus Europa einige Tage bei ihm in der Blockhütte der Familie in den Adirondacks verbrachten. Ernest Jones, der sehr bemüht war, sich nach allen Richtungen abzusichern, blieb mit der bitteren Erkenntnis zurück, daß er sich gründlich verrechnet hatte. (Beim Abschied waren Freuds letzte Worte zu Jones, er hoffe, daß Jones weiter zu ihm stehen werde: »Sie werden sehen, es wird sich lohnen.«[10])

Am meisten beeindruckt war aber wohl Freud selbst. Noch nie zuvor hatte er vor einem Publikum von vergleichbarem Niveau gesprochen. Er stellte sich als Therapeut und Wissenschaftler vor, der wichtige Entdeckungen gemacht hatte, und seine Zuhörer zeigten offen ihre Verehrung. Seine Vorträge und ebenso die von Jung kamen so gut an, daß ihnen beiden am Ende der Feierlichkeiten die Ehrendoktorwürde zuerkannt wurde. Jones schreibt, Freud sei »sichtlich bewegt«[11] gewesen durch die Zeremonie. Freud dankte mit einer kurzen Rede und sagte: »Dies ist die erste offizielle Anerkennung unserer Bemühungen.«[12] Jung schrieb an seine Frau: »Wir sind hier die Männer vom Tag.«[13]

Anscheinend hielt sich nach Freuds Abreise in der Umgebung von Stanley Hall hartnäckig das Gerücht, Freud habe in manchen Fällen den Vatermord befürwortet. Viele Jahre später klärte Freud in einem Brief an Hitschmann auf, wie es dazu gekommen war: Stanley Hall bat ihn, einen jungen Mann aus seinem Bekanntenkreis zu untersuchen, der an einer schweren Agoraphobie litt. Wie sich herausstellte, hatte der junge Mann einen außergewöhnlich strengen und fordernden Vater. Freud gelangte zu dem Schluß, das Symptom des jungen Mannes sei Ausdruck seines Wunsches, der Vater solle die Verantwortung für sein Leben übernehmen. Auf Stanley Halls Frage, was man für den jungen Mann tun könne, erwiderte Freud scherzhaft: »Seinen Vater umbringen!«[14] Angeblich dauerte es eine ganze Weile, bis Freud Stanley Hall überzeugt hatte, daß er diese Form der Therapie nicht im Ernst vorschlagen wolle.

Nach dem Kongreß fuhren Freud, Ferenczi und Jung mit Putnam in die Adirondacks. Auch dort wurden sie herzlich empfangen: Eine Nachbarin hatte die Blockhütten mit deutschen Fahnen geschmückt – ein Österreicher, ein Ungar und ein Schweizer sollten sich wie zu Hause fühlen.

Das Handbuch für Psychoanalyse

Freuds Theorie stellte zur damaligen Zeit im wesentlichen eine bestimmte Auffassung von seelischer Gesundheit und seelischer Krankheit dar, die sich in manchen Fällen bestätigt hatte, deren empirischer Nachweis indes immer noch ausstand. William James, um ein Beispiel zu nennen, war nach wie vor skeptisch. Er räumte ein, daß die medizinische Psychologie nur auf dem von Freud eingeschlagenen Weg vorankommen würde, wenigstens auf absehbare Zeit. Offensichtlich äußerte er sich in entsprechender Weise gegenüber Ernest Jones, denn Jones zitiert ihn mit den Worten: »Die Zukunft der Psychologie gehört eurer Arbeit.«[15] Aber James war es gewohnt, mit exakten Daten zu arbeiten, und mit seinem ausgeprägten wissenschaftstheoretischen Scharfblick sah er auch die Schwierigkeiten der Psychoanalyse. An seinen engen Freund, den Psychologen Théodore Flournoy in Genf, schrieb er:

> Ich hoffe, daß Freud und seine Schüler ihre Gedanken bis an die äußerste Grenze verfolgen werden, damit wir erfahren, von welcher Art sie sind. Ohne Zweifel werden sie einiges Licht in die menschliche Natur bringen, doch ich gestehe, daß ich von Freud den Eindruck habe, er sei von fixen Ideen besessen. Ich für mein Teil kann mit seinen Traumtheorien nichts anfangen, und »Symbolik« ist offenkundig eine höchst gefährliche Methode.[16]

William James' Kommentar zielt auf den Kern des Problems. Auch wenn man anerkannte, daß die Erhellung symbolischer Elemente bei psychischen Symptomen ein bedeutender Beitrag war – Meyer hatte in seiner Rede diese Leistung von Jung und Freud besonders hervorgehoben –, blieb die Frage offen, wo bei dieser Form der Deutung die Grenze zu ziehen war. Wie konnte man zwischen einer richtigen und einer verfälschenden Deutung unterscheiden? Manchmal war die Symbolik offensichtlich, so etwa bei einer Patientin, von der Bleuler in seinem 1906 erschienenen Buch *Affektivität, Suggestibi-*

lität, Paranoia berichtete: In einem tranceartigen Zustand rieb sie Rosenblätter gegen ihre Schläfen. Das Symptom hatte mit dem Selbstmord ihres Freundes zu tun, er hatte sich erschossen. Aber nicht alle Symptome gaben ihr Geheimnis so leicht preis, Sabina Spielrein und Jung diskutierten beispielsweise mehr als ein Jahr ausführlich und heftig über die Bedeutung von »Siegfried«. Zudem war es kein stichhaltiger wissenschaftlicher Beweis, wenn ein Patient schließlich einer symbolischen Deutung zustimmte. Es blieb immer die Möglichkeit, daß er sich suggestiv hatte beeinflussen lassen. Daß der Arzt von der Richtigkeit seiner Deutung überzeugt war, zählte selbstredend noch weniger als Beweis.

Die mit Suggestion und Autosuggestion des Arztes verbundenen methodologischen Probleme waren diesseits und jenseits des Atlantiks seit langem bekannt. Der angesehene Berliner Sexualforscher Albert Moll hatte in seinem wichtigen neuen Buch *Das Sexualleben des Kindes* gerade wieder darauf hingewiesen und insbesondere auf die Freudsche Deutungsmethode Bezug genommen:

> Zwar glauben Freud und seine Anhänger, beweisende Krankheitsgeschichten veröffentlicht zu haben. Ich habe mich von diesen Krankheitsgeschichten nach keiner Richtung überzeugen können. Ich habe vielmehr den Eindruck, daß vieles in die Kranken hineinexaminiert ist, oder daß doch deren Erinnerungstäuschungen nicht hinreichend berücksichtigt sind. Freud und seine Anhänger legen nach meinem Eindruck die Krankengeschichten der Theorie zugrunde. Freud sucht durch Psychoanalysen seine Theorie zu erweisen. Es finden aber hierbei so viele willkürliche Deutungen statt, daß von einem Beweise nicht die Rede sein kann. Träume werden symbolisch nach Belieben gedeutet und auch sonst bestimmte Objekte willkürlich als Ausdruck sexueller Organe hingenommen. In der willkürlichen Auffassung angeblicher Symbole sehe ich eine Hauptfehlerquelle.[17]

Es gab nur einen Weg, Kritikern wie Moll den Wind aus den Segeln zu nehmen: Die Deutungsregeln mußten offengelegt werden, damit der individuelle Deutungsstil eines jeden Therapeuten an einem objektiven Maßstab gemessen werden konnte. Freud war sich dieses Erfordernisses bewußt, und er hatte wiederholt versprochen, daß er die Deutungsregeln in einem Handbuch zusammenstellen würde. Die Briefe, die Freud und Jung in dem Jahr vor dem Kongreß an der Clark University wechselten, dokumentieren, wie

Freud allmählich zu der Einsicht gelangte, daß er mehr versprochen hatte, als er leisten konnte. Am 8. November 1908 hatte Freud mitgeteilt: »Eine begonnene Abhandlung: ›Allgemeine Methodik der Psychoanalyse‹, deren Name alles besagt, schreitet nur sehr langsam fort.«[18] Die Arbeit war für den zweiten Band einer Sammlung seiner Schriften vorgesehen. Zwei Monate später, in einem Brief vom 30. Dezember 1908, erwähnte Freud die in Arbeit befindliche »Allgemeine Methodik« erneut.[19] Im Januar 1909 vertraute er Jung an, daß es ihm schwerfalle, den »Aufsatz über ›Methodik‹« zu Ende zu schreiben.[20] Und im Juni berichtete er von seinem Entschluß, die Fertigstellung der Abhandlung auf das nächste Jahr zu verschieben.

Zu der Zeit, als der Kongreß an der Clark University stattfand, gab es somit noch kein Handbuch der Psychoanalyse. Bis zu einem gewissen Grad versuchte Freud die methodologische Lücke in seinen Vorträgen zu füllen, und er erklärte Neuerungen, die er erst kurz zuvor eingeführt hatte, wie die freie Assoziation und das Konzept der Übertragung. Aber seine Ausführungen vermittelten zuwenig Einblick in seine Deutungsweise. Ein Jahr später legte Morton Prince in seiner umfangreichen Monographie über Träume noch einmal den Finger auf das Problem: Wenn man nicht gezielt nach den Freudschen Symbolen Ausschau hielt, sah man sie nicht – selbst wenn sie vorhanden waren.

Der Kernkomplex

Paradoxerweise vergrößerte sich das Feld, das durch psychoanalytische Deutung erschlossen wurde, um die Zeit von Freuds Amerikareise beträchtlich. Denn in den zurückliegenden Monaten hatte Freud ein neues Konzept eingeführt, den sogenannten Kernkomplex. Der Kernkomplex war eine Art Allzweckerklärung. Er manifestierte sich nicht nur in jeder Neurose, man konnte ihn auch in den ursprünglichen Fassungen aller Mythen aufspüren (in späteren Versionen war er möglicherweise verschleiert oder bearbeitet). Beim Kernkomplex handelte es sich gewissermaßen um den großen gemeinsamen, in Vergessenheit geratenen Traum aller Menschen, die universelle Grundlage dessen, was William James 1896 in seinen Vorlesungen in Anlehnung an Frederic Myers das »subliminale Selbst« genannt hatte.

Auf dem Hintergrund von zwei Entwicklungen in der Psychoanalyse war die Zeit reif für den Kernkomplex: Zum einen gab es die Züricher Schule und ihre Lehre von den Komplexen, zum anderen blühte die psychoanalytische Erforschung von Mythen und Märchen. Freud war ein sehr systematischer Denker, und aus seiner Sicht bestand das Hauptproblem der Lehre von den Komplexen darin, daß sie durch und durch eklektizistisch war. Jung und seine Mitarbeiter hatten zwar gezeigt, daß »erotische Komplexe« statistisch gesehen bei normalen Individuen die häufigsten Komplexe waren und bei hysterischen Patienten die aus klinischer Sicht wichtigsten, aber bei ihnen gab es auch solche Dinge wie »Karrierekomplexe« und »Beleidigungskomplexe«. In der Neuauflage der *Psychopathologie des Alltagslebens* im Jahr 1907 folgte Freud ein Stück weit diesem Weg; dort ist von »persönlichem Komplex«, »professionellem Komplex« und »Familienkomplex« die Rede.[21] In seiner privaten Korrespondenz benutzte Freud den Begriff »Komplex« als Kürzel, so etwa, wenn er in einem Brief an Jung seinen Geld-Komplex erwähnt.[22] Offensichtlich wuchs die Zahl der Komplexe exponentiell. Wie wir uns erinnern, hatte Binswanger in Jungs Assoziations-Protokoll Hinweise auf nicht weniger als elf verschiedene Komplexe gefunden, darunter einen »Philosophie-Komplex« und einen Komplex, den man als »Tod-Vater-Komplex« bezeichnen könnte.

Einen ersten Versuch, Ordnung in das eklektische Durcheinander zu bringen, unternahm Freud 1908 in der Arbeit »Der Dichter und das Phantasieren«. Ohne ausdrücklich von Komplexen zu sprechen, legt er dar, wie unterschiedliche Beweggründe auf einen gemeinsamen sexuellen Kern zurückgeführt werden können. Beruflicher Ehrgeiz kann zum Beispiel dazu dienen, eine bestimmte Dame zu beeindrucken. Verwirrender als die weite Verbreitung von Komplexen war allerdings die Beobachtung, daß alle diese Komplexe augenscheinlich der Verdrängung anheimfallen konnten. In der Endphase seiner Zusammenarbeit mit Breuer war Freud im Gegensatz zu Breuer zu der Überzeugung gelangt, daß bevorzugt sexuelle Gefühle verdrängt wurden. Jung hingegen hatte Breuers gegenteilige Behauptung bewiesen, daß nämlich jedes schwierige Gefühl unterdrückt werden kann.

In dieser Frage stand viel auf dem Spiel. Freud hatte seine Theorie in den 1905 veröffentlichten *Drei Abhandlungen* niedergelegt. Demnach war Verdrängung nicht nur bei sexuellen Wünschen im Gegensatz zu Wünschen anderer Art am Werke und entfaltete ihre pathogene Wirkung, sondern jedem neurotischen Symptom lag im Kern ein verdrängter infantiler, im allgemeinen perverser Sexualwunsch zugrunde. Doch nach dem Bruch mit Fließ und in Zusammenhang damit dem Verlust der Theorie von der Bisexualität wies die Theorie der Verdrängung eine entscheidende Lücke auf. Im November 1909 drückte es Freud vor seinen Wiener Kollegen in der Mittwoch-Gesellschaft so aus: »Die ganze Lehre von den Neurosen ist unvollkommen, solange über den organischen Kern der Verdrängung nicht Licht verbreitet ist.«[23] Freud nahm zwar in Anspruch, daß seine psychoanalytische Methode dem Assoziationstest als Forschungstechnik überlegen sei – offiziell formulierte er das in der dritten Clark-Vorlesung –, aber es wurde nicht recht deutlich, worin sich seine Theorie von der Jungs unterschied. Da Erinnerungen, sogar verdrängte Erinnerungen, typischerweise mit Gefühlen zu tun haben, war es nicht schwierig gewesen, in der analytischen Praxis die von Jung beschriebenen verdrängten emotionalen Komplexe tatsächlich nachzuweisen. Sehr viel schwieriger war es indes, die Art infantiler Perversionen nachzuweisen, die Freuds Theorie voraussetzte. Freuds Behauptung war damit nicht widerlegt – möglicherweise wurden infantile perverse Regungen besonders tief verdrängt –, aber stützen ließ sie sich vorerst auch nicht.

Darüber hinaus eröffnete das Kürzel »Kernkomplex« Wege zur Erforschung alter Mythen aus psychoanalytischer Perspektive. Riklins Ausflug ins Reich der Märchen ließ viele Rätsel ungelöst. Von der Beschäftigung mit mythologischem Material versprach man sich tiefe Einblicke in die Seele. Ob es um alte Religionen ging, um Volkserzählungen oder einen beliebigen anderen Aspekt der Völkerpsychologie – ein psychologisches System, das mit dem Anspruch auf universelle Gültigkeit formuliert wurde, mußte auch auf diesen Gebieten überzeugende Einsichten liefern. In dieser Anforderung war man sich einig, und sie galt ebenso für alle Theorien des Unbewußten. Spätestens seit Flournoys bahnbrechender Studie über das Medium »Hélène Smith« aus dem Jahr 1900 war die »mythenschaffende« Funktion des subliminalen Selbst für die medizinischen Psychologen eine selbstverständliche Tatsache. Wenn es Freud gelang zu zeigen, daß die Psychoanalyse noch tiefer in die mythenschaffende Seele vordringen konnte, würde er damit großes Aufsehen erregen. Hatten hingegen seine Anhänger nichts Systematischeres vorzulegen als Riklin, dann sah es für die Psychoanalyse schlecht aus. Wenn man eine beliebige Zahl von Komplexen mit einer beliebigen Zahl von Märchenmotiven verglich, dann konnte nur ein Interpretationschaos dabei herauskommen. Die Gefahr, daß die Interpretation von Märchen in Beliebigkeit endete, bestand durchaus weiter: Außer Riklin interessierte sich um 1909, vielleicht schon länger, auch Wilhelm Stekel für »Symbolik«.

Einen Weg aus dem mythologischen Dickicht gab es bereits: In Anknüpfung an die von Adalbert Kuhn um die Mitte des 19. Jahrhunderts geleistete Pionierarbeit hatten die Volkskundler eine Reihe von Kernmotiven in Mythen und Volkserzählungen aufgedeckt und ihre Verbreitung in unzähligen, oft auf den ersten Blick vollkommen abweichenden Varianten in unterschiedlichen Kulturen verfolgt. Diesen Kernmotiven war man unter anderem durch philologische Vergleiche auf die Spur gekommen, das heißt durch die Erforschung gemeinsamer sprachlicher Wurzeln. Freud hatte in seinem Traumbuch ebenfalls sprachliche Wurzeln als eine zusätzliche Grundlage für die Deutung von Traumsymbolen mit einbezogen. Für die Psychoanalyse war das sicheres Terrain, denn die Philologie hatte auch gezeigt, daß sehr viele Wortstämme ursprünglich eine explizit sexuelle Bedeutung hatten. Nun war die Versuchung groß, noch einen Schritt weiter zu gehen. Vielleicht ließen sich analog zu den sexuellen Wurzeln der Wortstämme auch die Kernmotive der Volkskundler auf sexuelle Ursprünge zurückführen. Mit anderen Worten: Vielleicht konnte die Psychoanalyse hinter den Kernmotiven einen Kernkomplex aufspüren.

Der Rätsellöser

Im Rückblick kann man den Abschnitt in Freuds Traumbuch über Sophokles' *König Oidipus* so lesen, als hätte er damals bereits mit einem »Kernkomplex« geliebäugelt. Doch diese Auffassung vermischt Freuds eher allgemeine kulturelle Sicht im Jahr 1900 mit jener ganz bestimmten Theorie, die erst in den Jahren 1908–1910 bedeutungsvoll wurde. Die Figur des Ödipus, des »Rätsellösers«, hatte für Freud eine außerordentlich große persönliche Bedeutung als Bild des Helden. Im Jahr 1906 überreichte ihm die kleine Gruppe seiner Anhänger als Geschenk zu seinem fünfzigsten Geburtstag eine Medaille. Auf der einen Seite war Freud im Porträt dargestellt, auf der anderen Seite Ödipus vor der Sphinx stehend und darunter der Vers aus Sophokles' *König Oidipus:* »Der das berühmte Rätsel [der Sphinx] löste und ein gar mächtiger Mann war.« Es wird berichtet, Freud sei daraufhin ohnmächtig geworden, überwältigt davon, daß ihm eine Auszeichnung zuteil wurde, die er sich lange erträumt hatte. Peter Rudnytsky hat sehr detailliert nachgewiesen, daß Sophokles' dramatische Umsetzung des Mythos von Ödipus in der deutschen Literatur und Geistesgeschichte in der zweiten Hälfte des 19. Jahrhunderts eine sehr große Rolle spielte.[24] Aber Ödipus war zunächst keineswegs der »Kernkomplex«, auch wenn er Freuds persönliches Totem für die Universalität inzestuöser kindlicher Wünsche abgab.

Bisher war der Mythos von Ödipus nur am Rande in der analytischen Literatur aufgetaucht. Riklin erwähnte Ödipus in seinem Buch aus dem Jahr 1908 im Zusammenhang mit infantilem Egoismus mit einem Ausruf in Klammern: »(Oedipussage!)«[25] Im selben Jahr schrieb Ferenczi in einer Arbeit über Impotenz über einen Patienten, bei ihm könne man »eine typische Personifizierung des Ödipusmythus, deren allgemeinmenschliche Bedeutung entdeckt zu haben gleichfalls ein Verdienst Freuds ist«, feststellen.[26] Ödipus faßte nur langsam Fuß in der analytischen Literatur. Abraham erwähnte in seiner Arbeit über Ehen zwischen nahen Verwandten, die im ersten *Jahrbuch* erschien, Ödipus nicht ein einziges Mal. Jung diskutierte im selben Band ausführlich das Aufbegehren des Sohnes gegen den Vater, und auch er nahm nicht ein einziges Mal auf Sophokles' – und Freuds – Helden Bezug.

Bevor Ödipus – oder ein anderer Mythos – zum Kernkomplex werden konnte, mußte sich erst einmal der Gedanke durchsetzen, daß ein solches Phänomen wie der Kernkomplex tatsächlich existierte. Freud wälzte diese Idee im privaten Kreis seiner Wiener Kollegen schon seit geraumer Zeit, Jung erfuhr davon zum ersten Mal in einer beiläufigen Bemerkung in einem Brief vom 13. August 1908: »Zusammenhänge haben mich auf die Mythologie gewiesen, und so dämmert mir, daß der Kern des Mythus derselbe ist wie [der] der Neurose.«[27] Die »Zusammenhänge« waren vier Manuskripte, die Freud parallel durcharbeitete. Die erste Arbeit, *Traum und Mythus* von Karl Abraham, sollte in Freuds *Schriften zur angewandten Seelenkunde* erscheinen. Abraham war es in der Tat gelungen, wie er versprochen hatte, seinen Vorläufer Riklin zu übertreffen. Nach langen methodologischen Erörterungen, in denen Abraham ausdrücklich anerkannte, daß man bei mythologischen Symbolen auf keinerlei Assoziationen zurückgreifen kann, führt er teils in Anlehnung an Freuds Traumbuch aus, daß bestimmte Symbole typisch und daher ohne weiteres zu deuten sind. Damit ist die Grundlage gelegt. Im nächsten Schritt entwickelt Abraham eine psychoanalytische Interpretation des Prometheus-Mythos, den die Volkskundler bereits gründlich erforscht und auf sein Kernmotiv zurückgeführt hatten. (Nach Abrahams Deutung hat Prometheus den Göttern das Geheimnis der männlichen Potenz geraubt.)

Die zweite Arbeit, ebenfalls ein Manuskript für die *Schriften zur angewandten Seelenkunde,* war Otto Ranks *Der Mythus von der Geburt des Helden.* Rank hatte eine Vielzahl alter Mythen und Legenden gesammelt, in denen es um die wundersamen Umstände bei der Geburt verschiedener Helden ging. Exemplarisch sei hier auf die Geschichte verwiesen, wie der kleine Moses in einem Weidenkorb auf dem Nil ausgesetzt wird. Sie enthält alle typischen Motive: schwierige Umstände bei der Empfängnis, eine frühe Trennung von den leiblichen Eltern und spätere Adoption, dann, nach vielen Abenteuern, endlich die Begegnung und/oder Versöhnung mit dem leiblichen Vater. Außer Moses behandelt Abraham Sargon, Karna, Ödipus, Paris, Telephos, Perseus, Gilgamos, Kyros, Tristan, Romulus, Herkules, Jesus, Siegfried und Lohengrin. Das Verfahren, die unterschiedlichen Geschichten auf ein einziges Motiv zurückzuführen, war, das sei an dieser Stelle angemerkt, im wesentlichen von den Volkskundlern entliehen; Rank hatte lediglich einige psychoanalytische Federstriche hinzugefügt.

Der Mythus von der Geburt des Helden erschien im Frühjahr 1909 unter Ranks Namen. Am 25. November 1908 trug Rank seine Gedanken vor der Psychologischen Mittwoch-Gesellschaft vor. Allen Anwesenden war klar, wo Rank Anleihen gemacht hatte. Freud verteidigte ihn:

> Diese Mythen sind zusammengesetzt aus zwei entgegengesetzten Motiven, die sich beide dem Motiv der Rechtfertigung des einzelnen durch den Helden unterordnen. Das ist das Motiv der Dankbarkeit und Zärtlichkeit gegen die Eltern und 2. das der Auflehnung gegen den Vater. Dieser Konflikt mit dem Vater geht aber hier nicht auf die sexuelle Rivalität mit der Mutter, sondern auf die Verheimlichung der sexuellen Vorgänge bei der Geburt.[28]

Der letzte Satz verdient unsere besondere Aufmerksamkeit. Feindseligkeit gegenüber dem Vater hatte Freud zufolge ihre Wurzel darin, daß der Vater die mit der Geburt verbundenen sexuellen Vorgänge verheimlichte – zumindest verhielt es sich in den zitierten Mythen so. Typisch für diese Mythen ist, daß im Zusammenhang mit der Geburt des Helden wundersame Geschehnisse geschildert werden. Nach Freuds Auffassung waren diese Schilderungen Widerspiegelungen kindlicher Theorien, woher die Babys kommen.

Damit sind wir bei einem weiteren Thema angelangt, den kindlichen Sexualforschungen, und bei dem dritten der vier Manuskripte, die Freud zu der Zeit durcharbeitete, als er den zitierten Brief an Jung schrieb. Die Arbeit »Über infantile Sexualtheorien« erschien im Dezember 1908 in einer Berliner Zeitschrift für Sexualwissenschaft. Darin ist zum ersten Mal ausdrücklich von einem »Kernkomplex« die Rede. Augenscheinlich behandelte Freud in der Arbeit ein wichtiges gesellschaftliches Anliegen: die Sexualerziehung. Er blieb seiner aufgeklärten Haltung treu und kritisierte entschieden die allgemein verbreitete Gepflogenheit, Kindern keinerlei Erklärung zu geben, wenn ein kleiner Bruder oder eine kleine Schwester geboren wurde. Auguste Forel schildert das übliche Verhalten anschaulich in seinen Memoiren:

> Kurz darauf gebar meine Mutter meine jüngere Schwester. Man hatte mir die Sache sorgfältig verheimlicht. Als nun die Hebamme im Hause erschien und alles hastig in der Wohnung hin und wieder lief, verstand ich nicht, was da vorging, und warum man mich in ein kleines Zwischenzimmer verwies, durch welches alle kamen und gingen. Das beschämte mich sehr. Außerdem ärgerte mich die von dem üblichen Kichern und Lächeln begleitete Geheimnistuerei. Erst am andern Morgen erfuhr ich das Ereignis, ohne daß mir damit das Rätsel des wirklichen Vorgangs gelöst worden wäre. [...] Ich merkte bald an meiner jüngeren Schwester, daß Männer und Frauen verschieden gebaut sind, und suchte, trotz aller sorgsamen Verheimlichung von seiten der Eltern, mir etwas Belehrung zu holen. Es ist unglaublich verfehlt von den Eltern, den Kindern die sexuellen Verhältnisse zu verbergen, wie es dazumal üblich war, statt ihnen ernst und ruhig die Wahrheit zu sagen, natürlich ohne Beimischung von Erotik und Frivolität. Bekanntlich aber pflegt man genau das Gegenteil zu tun [...].[29]

Freud ging über die Einwände von Forel, Moll und anderen hinaus, die sich zu diesem Thema geäußert hatten, und wandte sich der Frage zu, welche Phantasien ein solches Verhalten der Erwachsenen in einem Kind weckte. Das Kind läßt sich, so Freud, durch ausweichende Antworten nicht von seinen Nachforschungen über Sexualität und Fortpflanzung abbringen. Manchmal entwickelt es geheime und höchst phantastische Theorien, die in manchen Fällen bis ins Erwachsenenleben Bestand haben können. Freud stellt einige Beispiele sehr detailliert vor. Beweisen lasse sich seine Argumentation unter anderem »aus den Schlüssen [und] Konstruktionen [...], die sich aus den Psychoanalysen mit Neurotikern ergeben«.[30] Zu seiner Forschungsmethode sagt er nur soviel: »Ich will nur versichern, daß derjenige, welcher die psychoanalytische Technik kennt und ausübt, ein weitgehendes Zutrauen zu ihren Ergebnissen gewinnt.«[31]

Die Zahl der Fragen, die Freud im Zusammenhang mit seiner Methode beantworten mußte, wuchs immer weiter. Aber auch das Anwendungsgebiet psychoanalytischer Deutungen wurde immer größer. Freud schlug nicht nur die Brücke von kindlichen Sexualtheorien zu bestimmten Motiven der Volksdichtung, er leitete daraus ganz entscheidende Folgerungen für die psychische Entwicklung insgesamt ab:

> Es scheint [...], daß die Kinder [...] von dieser ersten Täuschung und Abweisung an aber ein Mißtrauen gegen die Erwachsenen in sich nähren, die Ahnung von etwas Verbotenem gewinnen, das ihnen von den »Großen« vorenthalten wird, und darum ihre weiteren Forschungen mit Geheimnis verhüllen. Sie haben dabei aber auch den ersten Anlaß eines »psychischen Konflikts« erlebt [...]. Aus diesem psychischen Konflikte kann bald eine »psychische Spaltung« werden; die eine Meinung, mit der die Bravheit, aber auch die Sistierung des Nachdenkens verbunden ist, wird zur herrschenden bewußten; die andere, für die die Forscherarbeit unterdes neue Beweise erbracht hat, die nicht gelten sollen, zur unterdrückten »unbewußten«. Der Kernkomplex der Neurose findet sich auf diese Weise konstituiert.[32]

Vielleicht überrascht es den Leser zu erfahren, daß die kindlichen Sexualtheorien bei der ersten offiziellen Erwähnung des Kernkomplexes eine so wichtige Rolle spielten; tatsächlich kam Freud bei der weiteren Erörterung des Kernkomplexes in den Jahren 1909–1910 immer wieder darauf zurück. Das Problem war die Erklärung der Verdrängung. Nachdem Freud die Verdrängung nicht mehr aus der Bisexualität ableiten konnte, suchte er in sozialen Vorgängen eine Erklärung, insbesondere in den Konflikten zwischen Eltern und Kindern über die sexuelle Aufklärung. Möglicherweise wäre ihm eine organische Erklärung dafür, warum sexuelle Vorgänge bevorzugt verdrängt werden, lieber gewesen, aber fürs erste war er bereit, auch eine Erklärung zu akzeptieren, die auf die soziale Umwelt verwies.

Erstmals im Mittelpunkt stand der Kernkomplex im vierten der genannten Manuskripte, dem Fall des »kleinen Hans«, der im ersten *Jahrbuch* veröffentlicht wurde. »Hans« war Herbert Graf, der Sohn des Musikwissenschaftlers Max Graf, den Freud früh in seinen Kreis einbezogen hatte. Der kleine

Herbert hatte im dritten Lebenjahr begonnen, sich für sexuelle Vorgänge zu interessieren; er tauchte in einer Vignette in der Arbeit »Über infantile Sexualtheorien« auf. Im vierten Lebensjahr entwickelte er eine panische Angst vor Pferden, und sein Fall wurde die erste publizierte Kinderanalyse. Eigentlich führte Max Graf die »Analyse« durch. Die Analyse sah so aus, daß er das Kind intensiv nach seinen Phantasien befragte. Freud blieb im Hintergrund und gab dem Vater Ratschläge, nur einmal sprach er selbst mit dem Sohn. Die schriftliche Darstellung besteht dementsprechend aus dem Bericht des Vaters, der im wesentlichen wörtlich wiedergegeben wird, und Freuds Randbemerkungen dazu. Freud ist besonders daran gelegen, Herbert gegen die Behauptung in Schutz zu nehmen – die Moll später wiederholte –, es sei ein Zeichen erblich bedingter Degeneration, wenn ein Kind früh sexuelle Neugier zeige.

Wiederum stellt sich die Frage nach der Methode. Freud kommentiert das psychoanalytische Vorgehen ausführlich, aber er bleibt seinen Kritikern die Antwort schuldig. Offensichtlich war er sich Molls Vorwurf bewußt, er beeinflusse die Ergebnisse, denn er hebt hervor, daß er bestimmte Formulierungen des Vaters absichtlich nicht benutze, um das Kind selbst zu Wort kommen zu lassen. Freud betont allerdings auch, daß die Deutung dem Material vorangehe, da die Phantasien des Patienten nur auftauchen könnten, wenn der Therapeut sie durch seine Bemerkungen vorweggenommen habe. Damit kommt das Element der Suggestion durch die Hintertür wieder herein. Es hat den Anschein, als habe Freud mit diesem Einwand gerechnet, denn er argumentiert, die Psychoanalyse sei *nicht* in erster Linie eine Forschungsmethode, sondern eine Form der Therapie. Doch der Tenor von Freuds Anmerkungen straft diese Kennzeichnung Lügen. Er war eindeutig weniger an den therapeutischen Fortschritten des Jungen interessiert als daran, jedes Detail der Phobie ans Licht zu ziehen und in sein Deutungsschema einzupassen.

Freuds Umgang mit dem Problem der Methode bei der Analyse des »kleinen Hans« konnte nur dazu führen, daß die Kluft zwischen seinen Anhängern und seinen Kritikern noch tiefer wurde. Darüber hinaus geschah etwas, was bei einer solchen Art der Zusammenarbeit nicht selten vorkommt und allen didaktischen Absichten zuwiderlief: Das Kind stahl den Erwachsenen die Schau. Der kleine Herbert ist in seinen Gefühlen gegenüber den Frauen, die seine Phantasie beschäftigen, abwechselnd ritterlich und spröde; in ihm hat die Theorie der infantilen Sexualität wohl den denkbar anziehendsten

Fürsprecher gefunden. Ergebnis der »Analyse« war, daß Herberts Symptome verschwanden »und daß er mit seinem Vater, wie dieser belustigt mitteilt, eher familiär verkehrt«.[33] Herbert machte sich über das Unternehmen seine eigenen kritischen Gedanken. Bei dem einzigen Gespräch mit Freud hörte er, lange vor seiner Geburt habe Freud seinem Vater gesagt, daß ein kleiner Junge auf die Welt kommen werde, der, obgleich er seinen Vater liebe, Angst vor ihm haben werde. Auf dem Heimweg fragte Hans – als wäre es ein Einwand von William James – seinen Vater: »Spricht denn der Professor mit dem lieben Gott, daß er das alles vorher wissen kann?«[34]

Der Fall ist ein wissenschaftlicher Markstein. Die drei Beteiligten – der kleine Herbert, sein Vater und Freud – waren unversehens auf eine große Entdeckung gestoßen, eine Entdeckung, die eigentlich ins Gebiet der Entwicklungspsychologie fällt: Bei unauffälligen Kindern, die in der modernen Gesellschaft aufwachsen, gibt es eine normale Entwicklungsphase, die mit voller Berechtigung die Bezeichnung »ödipales Stadium« trägt. In diesem Stadium, grob gesprochen zwischen dem vierten und sechsten Lebensjahr, entwickeln die Kinder regelmäßig Phantasien und Tagträume, in denen sie unbewußte erotische Wünsche und Rivalitätsgefühle gegenüber ihren Eltern ausdrücken – wenn man weiß, daß es das gibt, ist es unübersehbar. Normalerweise treten diese Wünsche nur indirekt in Erscheinung, doch wenn die Phantasien durch die Atmosphäre in der Familie aufgeheizt werden – Herbert schlief oft bei seiner Mutter im Bett –, entsteht eine Phobie, und hinter den Symptomen verbergen sich die konflikthaften Wünsche. Der kleine Herbert war alles andere als ein »degeneriertes« Kind, er war ganz im Gegenteil typisch sowohl in seinen Wünschen wie in den Symptomen, die er ausbildete, als die Wünsche zuviel für ihn wurden. Wenn man in Ellenbergers Sinn die »großen Patienten« der Psychoanalyse zusammenstellt, dann gebührt dem kleinen Herbert mit seinem Charme und dem »Unsinn« mit den Pferden, wie er selbst sagte, ein herausragender Platz.

Freuds privates Interesse für Ödipus hatte wissenschaftliche Früchte getragen. Andere Autoren hatten gelegentlich von Liebes- und Eifersuchtsgefühlen bei diesem oder jenem Kind berichtet, aber noch keiner hatte bislang vermutet, daß solche Gefühle mehr oder weniger universell waren, noch, daß sie regelmäßig unbewußt oder symbolisch zutage traten – und dann anscheinend wieder verschwanden. Doch Freud war noch nicht rundum zufrieden mit seiner Entdeckung. Vorausgesetzt, daß man die bei einem einzigen Fall gemachten Beobachtungen verallgemeinern konnte, dann gab es nach dieser Entdeckung keine Möglichkeit mehr zur Unterscheidung von seelischer Gesundheit und Neurose. Darüber hinaus führte die Entdeckung in der Frage, wie die Kernmythen zustande gekommen waren, nicht weiter. Aus Freuds Brief an Jung vom 11. Dezember 1908 wird ersichtlich, daß er hoffte, am Fall des »kleinen Hans« werde er die neue Theorie exemplarisch darlegen können, aber viele Fragen waren offengeblieben: »Von der Idee des Kernkomplexes der Neurose, wie er sich beim kleinen Herbert verrät, bin ich so obsediert, daß ich nicht weiterkomme.«[35] In der Falldarstellung ging Freud deutlich weiter. Er spricht davon, »Hans« sei ein richtiger »kleiner Ödipus«,[36] der an die Stelle seines Vaters treten und seine Mutter für sich allein haben wolle. Die eigentliche Wurzel für Hans' Feindseligkeit gegenüber dem Vater liege in dem Wunsch zu erfahren, woher die Babys kommen, das »Rätsel der Sphinx« zu lösen, wie Freud formuliert:

> Er [der Vater] hinderte ihn nicht nur, bei der Mutter im Bette zu sein, sondern vorenthielt ihm auch das Wissen, nach dem er strebte. Er benachteiligte ihn nach beiden Richtungen, und dies offenbar zu seinem eigenen Vorteile.[37]

Der letzte Satz der Falldarstellung zeigt, daß Freud den Kernkomplex nun greifbar vor sich sah:

> [Als Fazit] bin ich versucht, für diese Kinderneurose eine typische und vorbildliche Bedeutung in Anspruch zu nehmen, als ob die Mannigfaltigkeit der neurotischen Verdrängungserscheinungen und die Reichhaltigkeit des pathogenen Materials einer Ableitung von sehr wenigen Prozessen an den nämlichen Vorstellungskomplexen nicht im Wege stünden.[38]

Die Heimkehr des Helden

Nach den kurzen Ferien mit Putnam in den Adirondacks fuhren Freud, Jung und Ferenczi mit dem Zug nach New York zurück und traten dort auf dem Dampfer *Kaiser Wilhelm der Große* die Heimreise an. Während der Überfahrt deuteten sie sich gegenseitig ihre Träume. Zwischen Jung und Freud kam es erneut zu einem Zusammenstoß, doch am Ende der Reise hatte Freud offensichtlich den Eindruck, daß alle Fragen, die mit seiner Person und seinem Leben zu tun hatten, erledigt waren. Er schrieb an Jung: »Ich [...] hoffe, bald wird alles schädliche Kleinzeug von unseren amerikanischen Eindrücken abgefallen sein, und nur das überraschend Schöne und Große daran wird bleiben.«[39]

Am 29. September trafen die drei in Bremen ein. Freud und Ferenczi verabschiedeten sich von Jung und reisten gemeinsam zuerst nach Hamburg und von dort weiter nach Berlin, wo sie unter anderem Nachforschungen über eine Hellseherin anstellten. Abraham ließ es sich nicht nehmen, Freud und Ferenczi zu begrüßen. Er hatte sich von der Amerikareise anscheinend sein eigenes Bild gemacht und war entschlossen, sich Freuds Gunst zu erhalten. In dem zitierten Brief berichtete Freud, Abraham sei »besonders nett und zärtlich« gewesen »und gar nicht paranoisch, so daß ich mich fast vor Ferenczi schämte, ihn zuletzt preisgegeben zu haben«.[40] Abraham begleitete Freud sogar eineinhalb Stunden auf der Bahnfahrt nach Wien. Die Wiener zeigten sich ebenfalls von ihrer besten Seite. Am 12. Oktober begrüßten sie den heimkehrenden Helden mit einem abendlichen Empfang. Höhepunkt des Abends war ein von Stekel improvisierter lustiger Fallbericht über einen »nicht zahlenden Patienten, der ein ekelhafter Kerl war«[41] – er selbst –, bei dem während der Abwesenheit des Meisters eine Phobie ausgebrochen war. Freud spürte nach der Reise neue Kraft. Er genoß den Umgang mit den beiden über zwanzig Jahre jüngeren Männern und bezeichnete diese Phase später als den »Altweibersommer meiner Erotik«. Er ließ sich sogar den Bart abnehmen und posierte ohne Bart für ein Foto. Doch bald kamen seine Patienten wieder zur Behandlung, begannen die Sitzungen der Mittwoch-Gesellschaft wieder, wuchs der Bart nach, und der Alltag ging seinen gewohnten Gang. Freuds Tagesplan war so ausgefüllt, daß ihm nur wenig kostbare Zeit für seine »vielen Arbeitsvorsätze oder vielmehr Notwendigkeiten«[42] blieb, wie er an Jung schrieb.

Am Schreibtisch war Freud Bewahrer und Neuerer zugleich. Im Oktober korrigierte er die längst überfälligen Fahnen des »Rattenmanns«. Diesen Fall, in dem ambivalente Gefühle gegenüber dem Vater im Mittelpunkt stehen, hatte Freud in einem fast fünfstündigen Vortrag beim Salzburger Kongreß vorgestellt. Er war so bekannt, daß Freud nichts mehr daran verändern konnte, aber wenigstens in einer Fußnote taucht der Kernkomplex dann doch noch auf: Der »Kernkomplex der Neurose« umfasse »die ersten zärtlichen wie feindseligen Regungen gegen Eltern und Geschwister [...], nachdem die Wißbegierde des Kleinen, meist durch die Ankunft eines neuen Geschwisterchens, geweckt worden ist«.[43] Im Dezember erschien die zweite Auflage der *Drei Abhandlungen zur Sexualtheorie.* Auch dort änderte Freud nur die eine oder andere Fußnote. Vom Kernkomplex ist auch in der neuen Auflage keine Rede, obgleich eine Fußnote von den Sexualforschungen der Kinder handelt und eine zweite von Isidor Sadgers Entdeckung, daß zwischen Narzißmus und Homosexualität eine Beziehung besteht. Neben der Arbeit an diesen beiden Veröffentlichungen brachte Freud die fünf Clark-Vorlesungen zu Papier, die in einer Gedenkausgabe des *American Journal of Psychology* erscheinen sollten. Ende November war er mit der vierten Vorlesung fertig und schickte sie an Stanley Hall. Am Schluß findet sich ein kurzer, unmißverständlicher Abriß des neuen Programms:

> Die Gefühle, die in diesen Beziehungen zwischen Eltern und Kindern und [...] zwischen den Geschwistern untereinander geweckt werden, sind nicht nur positiver, zärtlicher, sondern auch negativer, feindseliger Art. Der so gebildete Komplex ist zur baldigen Verdrängung bestimmt, aber er übt noch vom Unbewußten her eine großartige und nachhaltige Wirkung aus. Wir dürfen die Vermutung aussprechen, daß er mit seinen Ausläufern den *Kernkomplex* einer jeden Neurose darstellt, und wir sind darauf gefaßt, ihn auf anderen Gebieten des Seelenlebens nicht minder wirksam anzutreffen. Der Mythus vom König *Ödipus,* der seinen Vater tötet und seine Mutter zum Weib gewinnt, ist eine noch wenig abgeänderte Offenbarung des infantilen Wunsches, dem sich späterhin die *Inzest*schranke abweisend entgegenstellt. [...]
>
> Um die Zeit, da das Kind von dem noch unverdrängten Kernkomplex beherrscht wird, setzt ein bedeutungsvolles Stück seiner intellektuellen Betätigung im Dienste der Sexualinteressen ein. Es beginnt zu forschen, woher die Kinder kommen [...]. Die Tatsache dieser Kinderforschung selbst, sowie die einzelnen durch sie zutage geförderten infantilen Sexualtheorien bleiben von bestimmender Bedeutung für die Charakterbildung des Kindes und den Inhalt seiner späteren neurotischen Erkrankung.[44]

Nicht nur am Schreibtisch warb Freud für den Kernkomplex. Im Oktober eröffnete er den Wienern bei einer Falldiskussion: »Im allgemeinen sind die Neurosen viel zentralisierter, als wir dachten. Auch in diesem Falle handle es sich wieder um das Typische, um dieselbe Geschichte, die im Ödipus und beim ›kleinen Hans‹ aufgedeckt sei.«[45] Im nächsten Monat verwendete

Freud bei einer Diskussion mit Kinderärzten ein dreistufiges Entwicklungsmodell mit der Abfolge Kernkomplex – Kindheitsneurose – Neurose des Erwachsenen. Auch wenn er es nicht ausdrücklich sagte, war damit klar, daß zu einer regulären Analyse die Aufdeckung des Kernkomplexes gehört. (Im vorangehenden Mai hatte Freud genau dies in einem Brief an Binswanger geschrieben.[46])

Gleichzeitig trieb Freud seine archäologischen Forschungen weiter. Seit Oktober suchte er regelmäßig einen Gymnasiallehrer auf, der die alten Sprachen unterrichtete, einen gewissen David Ernst Oppenheim, offenkundig in der Absicht, mit dessen Hilfe sein lückenhaftes Wissen über Mythologie und Philologie zu vergrößern. So erfuhr er zum Beispiel, daß »Ödipus« übersetzt »Schwellfuß« heißt, was er für sich gleichsetzte mit »Erektion«. In den Briefen an Jung vom Oktober und November berichtet Freud wiederholt, daß ihn die Mythologie sehr beschäftige. Er begrüßt, daß Jung sich ebenfalls diesem Gebiet zuwendet – »ein Stück Einsamkeit weniger«[47] –, und formuliert versuchsweise seine eigene Synthese: »Sie werden, hoff' ich, bald meine Erwartung teilen, daß der Kernkomplex der Mythologie derselbe ist wie der der Neurosen.«[48] Es drängte Freud offensichtlich, seine neuen Erkenntnisse mitzuteilen und Jung von seiner Sicht zu überzeugen. So zitiert er zweimal seine Übersetzung Ödipus = Erektion,[49] und dreimal kurz hintereinander – im Oktober, November und noch einmal im Dezember – weist er Jung auf seine Ausführungen über kindliche Sexualtheorien aus dem Jahr 1908 hin.[50] Im November beschäftigte sich Freud mit Jungs Arbeit »Die Bedeutung des Vaters für das Schicksal des Einzelnen« und behandelte sie in seinem Seminar an der Universität.

Doch das mit Abstand wichtigste Thema im Oktober und November 1909 war Leonardo da Vinci. Mitte November hatte Freud den Entwurf einer Arbeit über Leonardo zu Papier gebracht, am 1. Dezember trug er seine Gedanken vor der Mittwoch-Gesellschaft vor. (Er gewann den Eindruck, daß die Wiener seine Leistung nicht richtig würdigten.) In den folgenden Monaten setzte er die Arbeit an der Leonardo-Studie fort und schob die immer noch ausstehende Niederschrift der »allgemeinen Methodik«[51] auf unbestimmte Zeit hinaus. Statt dessen sann er über einen »Aufsatz über fehlerhafte Technik der Deutung«[52] nach. Eine andere Arbeit, »Über einen besonderen Typus der Objektwahl beim Manne«, wurde ebenfalls zugunsten der Leonardo-Studie vertagt. Sogar die mythologischen Studien ruhten eine Weile mit Ausnahme einiger weniger Seiten »Über den Gegensinn der Urworte«, die im Februar erschienen. Die Leonardo-Studie war im März abgeschlossen, im April korrigierte Freud die Fahnen, und im Mai erhielt Jung ein Exemplar mit dem Titel *Eine Kindheitserinnerung des Leonardo da Vinci,* veröffentlicht als siebter Band der *Schriften zur angewandten Seelenkunde.*

Die Geschichte Leonardo da Vincis

Am Anfang seiner Studie entwirft Freud ein Charakterbild von Leonardo da Vinci: Er war ein rastloser Naturforscher; es fiel ihm schwer, seine Bilder zu vollenden; er war als Erwachsener offensichtlich sexuell inaktiv, obgleich er eine väterliche Zuneigung zu Knaben hegte; sein berühmtestes Bild, die *Mona Lisa,* deutet auf ein großes, unergründliches Geheimnis hin. Freud zog für das Porträt Leonardos eine Vielzahl von Quellen heran, aber hauptsächlich stützte er sich auf die Forschungen des russischen Dichters Dmitri Mereschkowski, der einen historischen Roman über Leonardo verfaßt hatte. (Bei der Anfrage eines Verlegers im Jahr 1907, welches seine zehn liebsten Bücher seien, hatte Freud unter anderem Mereschkowskis *Leonardo da Vinci* genannt.)

Nach der einleitenden Charakterisierung Leonardos wendet sich Freud der sonderbaren Kindheitserinnerung zu: Leonardo berichtet, ein »Geier« habe ihm die Schwanzfedern in den Mund geschoben. Was folgt, ist ein Meisterwerk psychoanalytischer Literatur. Ohne weitere Hintergründe zu kennen, erörtert Freud die Symbolik des Geiers und gelangt zur ägyptischen Mythologie. Bei den Ägyptern habe der Geier als Symbol der Mütterlichkeit gegolten. (Offensichtlich gab es für »Mutter« und »Geier« dasselbe Wort *mut.*) Schritt für Schritt entwickelt Freud seine Argumentation, Leonardos vermeintliche Kindheitserinnerung sei eine Deckerinnerung aus späteren Jahren und Leonardo habe einiges über ägyptische Symbolik gewußt. Von diesen beiden Voraussetzungen aus schlägt Freud den Bogen zu einer kühnen Deutung: Der »Geier« sei Leonardos leibliche Mutter gewesen. Sie habe ihn in der frühen Kindheit, bevor er irgendwann im Alter zwischen drei und fünf Jahren in den Haushalt seines Vaters und seiner Stiefmutter gekommen sei, sexuell überstimuliert. Die Kindheitserinnerung an den Geier war demnach eine Deckerinnerung, die die frühe Überstimulation zugleich enthüllte und verhüllte.

Die Überstimulation durch die Mutter und die spätere Trennung hatten vielfältige Folgen. Freud zeigt, wie sich das eingangs gezeichnete Charakterbild Leonardos auf diesem Hintergrund erklären läßt. Leonardos Liebesobjekt war gespalten – er hatte zwei Mütter, eine sexuell verführende, verlorene leibliche Mutter und eine Adoptivmutter. Nachdem durch das Lächeln der *Mona Lisa* die Erinnerung an die erste Mutter wiederaufgetaucht sei, habe Leonardo in dem Bild *Heilige Anna Selbdritt* – die heilige Anna mit Maria und dem Jesusknaben – seine beiden Mütter dargestellt. Daß Leonardo an der Aufgabe gescheitert sei, eine erwachsene sexuelle Identität auszubilden, zeige, daß er es nicht geschafft habe, sich von der überstimulierenden Mutter zu lösen und sich mit seinem Vater zu identifizieren. Entsprechend der neu eingefügten Fußnote in der zweiten Auflage der *Drei Abhandlungen* hebt Freud den narzißtischen Hintergrund der Homosexualität hervor: In der Liebe zu Knaben bleibt der erwachsene Mann zum einen seiner Mutter treu, zum anderen identifiziert er sich mit ihrer Liebe zu ihm. Leonardo da Vinci habe seine Homosexualität künstlerisch sublimiert, und auch seine kindliche Sexualneugier habe er sublimiert. Sie sei die Quelle seines rastlosen Forscherdrangs geworden – die Quelle seiner Genialität ganz allgemein. Anders als bei den meisten Menschen habe bei Leonardo die frühe Einschränkung der sexuellen Wißbegierde keine lähmenden Folgen gehabt, vielmehr sei es ihm gelungen, die sexuelle Neugier zu allgemeinem Wissensdrang zu sublimieren (und dabei sei die Natur wiederum ein Symbol der Mutter).

Freuds Leonardo-Studie ist eine Tour de force. Er hatte sich auf das noch recht neue und umstrittene medizinisch-literarische Gebiet der »Pathographie« begeben, herausgekommen war ein einfühlsames, faszinierendes Porträt eines großen Mannes. Natürlich brachten die Ausführungen über Leonardos Sexualität Freud erneut Kritik ein – auch sein alter Freund Löwenfeld gehörte zu den Kritikern –, aber die noch nicht sehr zahlreichen Psychoanalytiker verschlangen seine Arbeit. Jung schrieb: »Der Übergang zum Mythologischen wächst aus dieser Schrift mit innerer Notwendigkeit empor, eigentlich Ihre erste Schrift, deren inneren Richtlinien ich mich a priori gänzlich gleichgerichtet fühle.«[53] Pfister leistete noch einen eigenen Beitrag: Er entdeckte auf Leonardos Gemälde *Heilige Anna Selbdritt* den Umriß eines Geiers – unübersehbar, wenn man ihn nur einmal erkannt hatte. Pfister veröffentlichte seine Entdeckung 1913, und Freud wies in einer Fußnote zur zweiten Auflage seiner Studie darauf hin. (Auch Jung entdeckte einen Geier, aber an einer anderen Stelle und weniger deutlich gezeichnet.)

Freuds Deutung hat einen Haken. Hätte man schon davon gewußt, als er seine Studie veröffentlichte, hätte es wohl einige Aufregung und Diskussion über seine Methode gegeben: »Geier« ist eine falsche Übersetzung. In Leonardos Tagebüchern ist von einem Geier nicht die Rede, der Geier taucht nur in der deutschen Übersetzung von Mereschkowskis Roman auf. Im russischen Original steht nicht Geier, sondern »Milan«, und dieses Wort findet sich auch in Leonardos Aufzeichnungen. Mit anderen Worten: Der Vogel, der in Leonardos Kindheitserinnerung eine Rolle spielt, war ein Milan und kein Geier. Nebenbei sei noch bemerkt, daß der Milan weder in der ägyptischen noch in einer anderen Mythologie als Mutter-Symbol auftaucht. Kurzum: kein »Geier«, kein *mut,* keine Mutter.

Interessanterweise fehlt auch der Hinweis auf Ödipus. Im Hinblick auf sein Material hatte Freud beschlossen, dieses Thema ganz beiseite zu lassen. Um die Zeit, als die Leonardo-Studie entstand, lag die Formulierung »Ödipuskomplex« endlich auch gedruckt vor. Ernest Jones gebührt die Ehre, sie als erster in einer Veröffentlichung verwendet zu haben. Seine Arbeit »Das Problem des Hamlet und der Ödipuskomplex« erschien im Januar 1910 in Stanley Halls *American Journal of Psychology.* (Ferenczi gebrauchte dieselbe Wendung in der letzten Fassung seines mehrfach überarbeiteten Aufsatzes »Introjektion und Übertragung«, den Jung im Dezember als Beitrag für den nächsten Halbband des *Jahrbuchs* bekam.) Freud sprach zum ersten Mal von »Ödipuskomplex« in einer kurzen Abhandlung über die Psychologie des Liebeslebens mit dem Titel »Über einen besonderen Typus der Objektwahl beim Manne«. Das Manuskript dieser Arbeit traf im Juni 1910 in Zürich ein. Freud beschäftigt sich darin mit der besonderen Leidenschaft mancher Männer für gefallene Frauen, der »Dirnenliebe«. Üblicherweise ist dabei eine Bedingung für die Liebe des Mannes die Überzeugung, daß er die Frau aus ihren unsittlichen Lebensverhältnissen herausholen kann. Es steigert seine Leidenschaft noch, wenn ein anderer Mann im Spiel ist und dessen Rechte verletzt werden. Bei der Untersuchung dieses Syndroms erwähnt Freud kurz den Ödipuskomplex, doch erst nachdem er erneut das Thema der kindlichen Sexualforschung abgehandelt hat. (Der erwachsene Neurotiker rettet die Hure, indem er die desillusionierende Entdeckung des Kindes rückgängig macht, daß seine Mutter ebenfalls eine gefallene Frau ist, weil sie sich einem anderen Mann, dem Vater, hingegeben hat.)

Die Nachwirkungen von Amerika

Die Reise nach Amerika hatte wie die unmittelbar vorangehende Krise im Verhältnis Jung – Spielrein vielfältige Nachwirkungen, jede wichtig auf ihre Art, jede spürbar auf einem anderen Gebiet. Zum einen wurde Freud durch die Amerikareise deutlich, daß er eine wichtige Rolle als Theoretiker der Conditio humana spielen konnte. Als Entdecker der kindlichen Sexualität fühlte sich Freud geistesverwandt mit Ödipus, dem »Rätsellöser«. Die Abhandlung über Leonardo, den genialen Forscher und Künstler eines anderen Zeitalters, dessen Genialität aus der Sublimierung seiner Sexualneugier erwächst, spiegelt noch das warme Nachleuchten von Freuds Triumph an der Clark University wider. Aber noch wichtiger an dieser Schrift ist das Bemühen, endlich dem Kernkomplex eine Form zu geben und Jungs Hilfe dafür zu gewinnen. Es dauerte noch fast ein Jahr, bis Freud den Kernkomplex endgültig formulierte – er fügte noch eine phylogenetische Begründung an –, und es vergingen noch mehrere Jahre, bis er seine Formulierung veröffentlichte. So lange war die Konzeption vorläufig, und andere Forscher konnten ihren eigenen Beitrag zur Vervollständigung leisten.

Für die Behandlungstechnik folgte aus dem Kernkomplex, daß die aktuellen erotischen Konflikte eines Patienten als Indiz einer Neurose relativ an Bedeutung verloren und statt dessen die Konstellationen der Kindheit stärker ins Blickfeld rückten. Der eigentliche Stellenwert des Konzepts war jedoch ein anderer: Mit der Formulierung des Ödipuskomplexes hörte die Psychoanalyse auf, eine Lehre von den nervösen Erkrankungen zu sein, und wurde zu einer allgemeinen Theorie der menschlichen Seele und Kultur. Und der Ödipuskomplex war das Gebiet, auf dem Freud und Jung ihre Auseinandersetzungen austrugen.

Kapitel 10

Das Haus mit den zwei Totenschädeln

Die Zeit ist hier furchtbar ausgefüllt. Gestern bin ich Nachmittags mit Freud mehrere Stunden im Central Park spazierengegangen, und [wir] haben viel über die soziologischen Probleme der Psychoanalyse gesprochen. Er ist geistreich wie immer und äußerst empfindsam, auch läßt er andere Gedankenkreise nicht gerne aufkommen, übrigens hat er ja auch meistens recht. Er hat sicher die ausgefeilteste und schonungsloseste biologische Ansichtsweise, die derzeit überhaupt denkbar ist. Über Juden und Arier sprachen wir viel, und einer meiner Träume hat den Unterschied fein dargestellt. Zu irgendwelcher Vertiefung kommt man aber hier nicht, denn der Tumult ist überwältigend. Die wenigen ruhigen Stunden im Park haben aber gut getan.

C. G. Jung, *Brief an Emma Jung,*
31. August 1909.

Die triumphale Amerikareise hatte auch die Folge, daß Jung sich *seiner* Größe als Theoretiker der Conditio humana bewußt wurde. Sein Verhalten vor der Reise zeigt, daß er die Libidotheorie zwar noch nicht aufgegeben hatte, in seinen Ansichten jedoch immer sprunghafter wurde. Außerdem warb er um die Freundschaft von Männern wie Flournoy und William James. Flournoy hatte inzwischen scharfsichtig Freuds Rolle in der Ideengeschichte gewürdigt. Jung erinnerte sich später, Flournoy habe »Freud sehr klug eingeschätzt und auf dessen Vorliebe für das areligiöse Zeitalter der Aufklärung hingewiesen«.[1] Mit William James unterhielt sich Jung privat am Rande der Clark-Konferenz. Sie sprachen über Okkultismus, über Religionsphilosophie und darüber, wie die »persönliche Gleichung« eines Denkers möglicherweise seine Theorien beeinflußte.

Jungs Vorlesungen an der Clark University lassen seine Rastlosigkeit erkennen. In der ersten Vorlesung ging es um das Wort-Assoziationsexperiment. Er erörterte hauptsächlich methodologische Fragen, an einigen Stellen wies er auf Übereinstimmungen mit Freuds klinischen Konzepten hin. In der zweiten Vorlesung mit dem Titel »Die familiäre Konstellation« griff er Emma Fürsts Beobachtung auf, daß Komplexe und Reaktionstypen oftmals in Familien weitergegeben werden. Jung erklärte dies nicht mehr wie früher damit, daß die kindliche sexuelle Abhängigkeit bestehenblieb, sondern damit, daß das allgemeine emotionale Klima alle Familienmitglieder prägte. In einer Wendung, die Stanley Hall gewiß beifällig zur Kenntnis nahm, unterstrich Jung die Bedeutung der Adoleszenz als entscheidende Entwicklungsstufe, weil das Kind in der Adoleszenz die schwierige Aufgabe der Ablösung von der Familie bewältigen muß.

In der dritten Vorlesung mit dem Titel »Über Konflikte der kindlichen Seele« machte er die Sache dadurch kompliziert, daß er ein neues Element einführte: »Introversion«. Das Mädchen, um das es geht, ist Jungs Tochter; er hat ihr einen anderen Namen gegeben. Sie zieht sich in ihre innere Phantasiewelt zurück, als ihre äußere Situation kompliziert wird, vor allem durch die Geburt ihres kleinen Bruders. Auf den ersten Blick scheint ihre »Introversion« das gleiche zu sein wie der Rückzug nach innen bei der »Depression« in der Adoleszenz, von der Jung in der vorangehenden Vorlesung gesprochen hat. Tatsächlich ist beide Male ausdrücklich von der Neigung zur »Poesie« beziehungsweise Dichtung die Rede:

> Hier begegnen wir einer wichtigen Neuigkeit im Leben der Kleinen: Es kommen Träumereien, sogar Ansätze zur Dichtung, elegische Anwandlungen. Alles Dinge, denen wir sonst erst in einer späteren Lebensphase zu begegnen gewohnt sind, und zwar in jener Zeit, wo der jugendliche Mensch sich anschickt, die Bande der Familie zu zerschneiden, selbständig ins Leben hinauszutreten, aber innerlich noch zurückgehalten ist durch schmerzliche Heimwehgefühle nach der Wärme des elterlichen Herdes. [...] Auf den ersten Blick dürfte es paradox erscheinen, die Psychologie des vierjährigen Kindes der des Pubertätsalters anzunähern: die Verwandtschaft liegt aber nicht im Alter, sondern im Mechanismus. Die elegischen Träumereien sprechen es aus, daß ein Stück Liebe, das vorher einem realen Objekt gehörte

und einem solchen gehören sollte, *introvertiert,* das heißt nach innen, ins Subjekt gewendet ist und dort eine vermehrte Phantasietätigkeit erzeugt.[2]

In einer beiläufigen Bemerkung weist Jung indes darauf hin, daß die Introversion der Anpassung dienen kann:

> Stößt das Leben auf ein Hindernis, kann eine Anpassung nicht geleistet werden, und stockt deshalb die Überführung der Libido ins Reale, so findet eine Introversion statt, d.h., an Stelle des Wirkens auf die Realität entsteht eine vermehrte Phantasietätigkeit, deren Tendenz es ist, das Hindernis zu beseitigen, wenigstens zunächst in der Phantasie eine Beseitigung herbeizuführen, woraus nach einiger Zeit auch eine praktische Lösung hervorgehen kann.[3]

Jung hebt weiterhin hervor, daß die Phantasieprodukte des kleinen Mädchens archaischer Natur sind, und er setzt sie gleich mit dem »auch auf den Erwachsenen wirkende[n] Zauber der Märchenpoesie«.[4] An dieser Stelle billigt Jung die »Märchenpoesie«; an anderer Stelle deutet er die poetischen Phantasien der Adoleszenz als Widerstand gegen das Leben. Offensichtlich war Jung in seiner Einschätzung von »Poesie« gespalten. Ihrem Wesen nach archaisch, konnte sie entweder aus der Familienkonstellation heraus- oder in sie zurückführen. Im vorliegenden Fall kann der Prozeß der »Introversion« noch einen anderen Ausgang nehmen: Auf eine vorübergehende Phase des Rückzugs nach innen kann eine kreative Neuanpassung folgen.

Ein theoretischer Traum

Auf der Rückreise von Amerika sann Jung darüber nach, daß er und Freud sich unterschiedlichen philosophischen Traditionen zugehörig fühlten: Bei Freud »hatte ich [...] den Eindruck, als ob seine ›Geistesgeschichte‹ bei Büchner, Moleschott, Dubois-Reymond und Darwin begänne«.[5] Dann hatte er einen wichtigen Traum. Das Traumgeschehen ist rasch berichtet: Jung befindet sich im ersten Stock eines Hauses in einem Zimmer, das mit schönen alten Möbeln im Rokokostil eingerichtet ist. Er sagt sich, daß das sein Haus ist, und freut sich darüber. Voller Neugier, was sich sonst noch darin findet, geht er ins Erdgeschoß. Dort ist es düster, die Einrichtung mittelalterlich. Er steigt weiter hinab in den Keller, dessen Mauerwerk aus der Römerzeit stammt, und gelangt noch tiefer in eine niedrige Felshöhle. Dort liegen zerbrochene Gefäße, Knochen und zwei Totenschädel aus prähistorischer Zeit.

Jung deutete das Haus als Bild seiner Psyche und ihrer Entwicklung: Die Einrichtung des ersten Stocks spiegelt wider, daß er in der Philosophie des 18. und 19. Jahrhunderts aufgewachsen ist; die Werke von Kant, Schopenhauer und Krugs Lexikon der Philosophie kamen ihm in den Sinn. Das Erdgeschoß beherbergt die christlichen Vorläufer, die Scholastiker. Dort ist es düster, weil es seit Darwin den mittelalterlichen Gott nicht mehr gibt. Der Keller mit den Wänden aus der Römerzeit erinnert an noch weiter zurückliegende Jahrhunderte und an Jungs Begeisterung für die Archäologie in der Adoleszenz. Schließlich die Höhle unter dem Keller: Sie steht für die Anfänge der Urgeschichte und für Jungs Interesse für Paläontologie in der Zeit seines Medizinstudiums. Kurzum, der Traum war eine Art visueller Bildungsroman – Jungs geistige Entwicklung in vier Stockwerken.

Was war daran so bemerkenswert? Die Reihenfolge der Stockwerke entsprach nicht der Chronologie von Jungs Leben. Die Prähistorie, die Felshöhle unter dem Keller, war am falschen Platz; sie hätte als jüngstes Interessensgebiet ganz oben kommen müssen. Statt dessen befand sie sich ganz unten. In ähnlicher Weise hätte die mittelalterliche Theologie, die in Jungs Kindheit gehörte, vor der klassischen Archäologie, dem Interessengebiet der Adoleszenz, kommen müssen und nicht danach. Wenn das Haus wirklich Jungs Bewußtsein darstellte, dann besagte der Traum, *daß das individuelle Bewußtsein auf der Kulturgeschichte gründet, somit eine phylogenetische Basis besitzt.* Der Aufbau des Hauses steht in deutlichem Kontrast zu Freuds Theorie:

> Viele Fragen hatten mich an den Vortagen des Traumes brennend beschäftigt: Auf welchen Prämissen beruht die Freudsche Psychologie? Zu welcher Kategorie des menschlichen Denkens gehört sie? In welchem Verhältnis steht ihr fast ausschließlicher Personalismus zu den allgemeinen historischen Voraussetzungen? Mein Traum gab die Antwort. Er ging offenbar zurück bis in die Grundlagen der Kulturgeschichte, einer Geschichte aufeinander folgender Bewußtseinslagen. Er stellte etwas wie ein Strukturdiagramm der menschlichen Seele dar [...].[6]

Jung hatte freilich nicht nur theoretische Vorbehalte gegen Freud, sondern auch persönliche. Insofern ist es nicht verwunderlich, daß der Traum von dem Haus mit den beiden Totenschädeln Anlaß zu einer Kontroverse gab. Auf der Rückfahrt nach Europa vertrieben sich Freud, Jung und Ferenczi die Zeit damit, daß sie gegenseitig ihre Träume deuteten. In Anbetracht der unterschwellig vorhandenen Spannungen konnte der Zeitvertreib jedoch leicht gefährlich werden. Die Spannungen wurden offenbar, als Freud sich weigerte, Assoziationen zu einem seiner Träume mitzuteilen. In Jungs Erinnerungen heißt es andeutungsweise:

> Freud hatte einen Traum, über dessen Problem zu berichten ich nicht befugt bin. Ich deutete ihn, so gut ich konnte, fügte aber hinzu, daß sich sehr viel mehr sagen ließe, wenn er mir noch einige Details aus seinem Privatleben mitteilen wollte. Auf diese Worte hin sah mich Freud merkwürdig an – sein Blick war voll Mißtrauen – und sagte: »Ich kann doch meine Autorität nicht riskieren!« In diesem Augenblick hatte er sie verloren. Dieser Satz hat sich mir ins Gedächtnis gegraben. In ihm lag für mich das Ende unserer Beziehung bereits beschlossen. Freud stellte persönliche Autorität über Wahrheit.[7]

Wir könnten die Kontroverse besser einschätzen, wenn wir wüßten, um was es in Freuds Traum ging. Wie Jung später Jones erzählte, »drehten sich Freuds Träume meistens um die Zukunft seiner Familie oder seiner Arbeit«.[8] Im Gespräch mit Billinsky im Jahr 1957 war Jung sehr viel mitteilsamer. In einer fast arroganten Haltung berichtete er:

> Auf der [Amerika-]Reise hatte Freud ein paar Träume, die ihn sehr beschäftigten. Es ging um die Dreierbeziehung Freud, seine Frau und seine Schwägerin. Freud wußte nicht, daß ich von der Dreierbeziehung wußte. Als Freud mir den Traum erzählte, in dem seine Frau und deren Schwester eine wichtige Rolle spielten, bat ich ihn, er möge mir einige Assoziationen dazu mitteilen. Er schaute mich an und sagte: »Ich könnte Ihnen mehr sagen, aber ich kann meine Autorität nicht riskieren.« Damit waren meine Versuche, mich mit seinen Träumen zu beschäftigen, beendet. Auf der Reise entwikkelte er eine schwere Neurose, und ich mußte eine begrenzte Analyse mit ihm durchführen. Er hatte psychosomatische Beschwerden, zum Beispiel mußte er alle halbe Stunde Wasser lassen. Ich schlug ihm vor, er solle eine vollständige Analyse machen, aber er sträubte sich mit der Begründung, in der Analyse müßte er sich mit Problemen befassen, die mit seinen Theorien

zusammenhingen. Wenn er sich bemüht hätte, die Dreierbeziehung bewußt zu verstehen, wäre es ihm sehr viel besser gegangen.[9]

Die Deutung des Traumes war damit freilich nicht abgeschlossen, Jung verzichtete nur darauf, Freud weiter nach Assoziationen zu fragen. Statt dessen ergriff er die Gelegenheit und erzählte Freud seinen Traum vom letzten April, in dem Freud als »toter« Zollbeamter aufgetaucht war. Jung handelte wohl aus einer Mischung aus Bosheit und Neugier, denn er konnte sich immer noch keinen Reim darauf machen, was es bedeutete, daß jemand tot war und es nicht wußte. Freud hatte darauf allerdings auch keine Antwort. Als nächstes berichtete Jung seinen Traum von dem Haus mit den beiden Totenschädeln in der Felshöhle unter dem Keller. Freud deutete den Traum so, daß Jung Todeswünsche gegen zwei Menschen hege und sie zwei Stockwerke tief in der Erde vergraben wolle. Dann fragte er Jung nach *seinen* Assoziationen.

Am Ende seines Lebens gab Jung seine Antwort in zwei unterschiedlichen Versionen wieder; die eine Version findet sich in seinen Erinnerungen, die andere in einer zur selben Zeit geschriebenen Arbeit über Traumdeutung. In beiden Versionen behauptet er, Freud habe Anhaltspunkte gesucht, daß er, Jung, einen Todeswunsch gegen ihn hege. In beiden Versionen gesteht Jung ein, daß er bei der Antwort gelogen habe, und beide Male rechtfertigt er die Lüge damit, in Anbetracht ihrer unterschiedlichen Denkweisen habe Freud den Traum nicht richtig deuten können. In der Arbeit über Traumdeutung schreibt Jung, er habe seine Assoziationen zu den beiden Totenschädeln verschwiegen, weil er befürchtet habe, daß Freud seine Geschichte »als eine bloße Flucht vor einem Problem abgetan hätte, das in Wirklichkeit sein eigenes war«.[10] In seinen Erinnerungen berichtet Jung, was er Freud auf die Frage nach Assoziationen zu den beiden Totenschädeln geantwortet habe: »Meine Frau und meine Schwägerin.«[11]

Unschwer hört man aus dieser Antwort eine Anspielung auf die Situation in Freuds Haushalt heraus. Freuds Reaktion schildert Jung so:

> Ich war mir durchaus bewußt, daß mein Verhalten moralisch nicht einwandfrei war. Aber es wäre mir unmöglich gewesen, ihm [Freud] einen Einblick in meine Gedankenwelt zu gewähren. Die Kluft zwischen ihr und der seinen war zu groß. In der Tat war Freud durch meine Antwort wie befreit.[12]

Einiges an der Auseinandersetzung auf der Rückreise bleibt im dunkeln. Jungs Assoziation – »meine Frau und meine Schwägerin« – war eine Herausforderung, doch Freud verstand sie offensichtlich nicht so. Jung zufolge war er »wie befreit«, als wäre damit das Thema in einer Weise erledigt, wie es sich für kultivierte Männer gehörte, die persönliche Dinge nicht miteinander erörterten. Nach der Rückkehr verhielt sich Jung offensichtlich ganz besonders diplomatisch. In seinem ersten Brief nach Wien schreibt er fast wehmütig: »Ich habe auf der Rückfahrt nach der Schweiz unaufhaltsam Träume analysiert und köstliche Späße entdeckt. Schade, daß jetzt die Zeit dazu etwas zu spärlich geworden ist.«[13] Aus seinem nächsten Brief spricht Dankbarkeit: »Die Analyse auf der Meerfahrt hat mir sehr gutgetan.«[14] Nur drei Jahre später dachte Jung an diese Gespräche voller Bitterkeit zurück. Im Herbst 1909, als beiden der Eindruck von ihrem Triumph in Amerika noch frisch vor Augen stand, verbarg Jung offensichtlich seine wahren Gefühle und spielte den braven Schüler. Insgeheim indes hegte er Groll und ein Gefühl der Überlegenheit. Beides brach im Dezember 1912 aus ihm heraus.

Jungs Odyssee

Am 29. September 1909 verabschiedete sich Jung in Bremen von Freud und Ferenczi. Im ersten Brief an Freud nach der Rückkehr berichtet er, daß er voller Tatendrang sei: »Ich fühle mich *sehr wohl* und bin viel vernünftiger geworden, als Sie wohl annehmen.«[15] Sobald er sich in dem neuen Haus in Küsnacht eingerichtet hatte, nahm er die verworrenen Fäden seines privaten und beruflichen Lebens in die Hand. Zu Hause begann er seine Frau zu analysieren, beruflich entfaltete er eine Fülle neuer Aktivitäten.

Jung betätigte sich auf vielen unterschiedlichen Feldern zugleich. Er empfing Privatpatienten, hielt Vorlesungen an der Universität und veranstaltete bei sich zu Hause ein psychoanalytisches Seminar für Ärzte. Zu dem Seminar kamen auch zwei Amerikaner: Trigant Burrow, der schon bald zu Jung in Analyse ging – bisweilen fanden die Analysestunden auf Jungs Segelboot statt –, und Auguste Hoch, der Adolf Meyers Nachfolge auf dem angesehenen Posten des Leiters des Psychiatric Institute in New York antreten sollte. Gleichzeitig schrieb Jung sechs Vorlesungen über geistige Störungen im Kindesalter nieder, die er im Januar und Februar des kommenden Jahres halten wollte. Daneben verfaßte er weiterhin Rezensionen von psychiatrischen Neuerscheinungen für das *Correspondenz-Blatt für Schweizer Ärzte.*

Der Herbst 1909 war für die Ärztepolitik in der Schweiz eine bewegte Zeit, und auch auf diesem Feld wirkte Jung rastlos. Auguste Forel warb intensiv Mitglieder für seine Internationale Gesellschaft für Medizinische Psychologie und Psychotherapie. (Trigant Burrow war erfreut und fühlte sich geehrt, als Forel, der große Psychologe, bei einem Empfang in Zürich auf ihn zu trat und ihm vorschlug, er solle Mitglied in der neuen Vereinigung werden.) Freud und Jung wurden natürlich ebenfalls zum Beitritt eingeladen; nach der Rückkehr aus Amerika fanden sie die entsprechenden Schreiben vor. Jung lehnte zuerst ab, doch nach Rücksprache mit Wien meldete er sich und Freud Mitte November bei Forels Vereinigung an. Die Mitgliedschaft zahlte sich unmittelbar darauf bei der Winterversammlung der Schweizer Psychiater aus. Zu psychoanalytischen Themen standen drei Vorträge auf dem Programm: von Bleuler, Ludwig Frank und Alphonse Maeder. Gleich zu Beginn der Versammlung griff Forel von Monakow an, inzwischen ein erklärter Gegner der Psychoanalyse, weil er zusammen mit Dubois eine Konkurrenzvereinigung mit der Bezeichnung Neurologische Gesellschaft gegründet hatte. Jung sprang Forel bei und berichtete nach Wien, »Monakow und Cie. lagen am Boden und waren gänzlich isoliert«.[16] In der auf die psychoanalytischen Vorträge folgenden Diskussion revanchierte sich Forel für die Unterstützung und stellte sich ungeachtet seiner Vorbehalte gegen die Theorie der infantilen Sexualität auf die Seite der Vortragenden. Jung schildert Freud den Sieg ihrer Diplomatie: »Ihre (d.h. die unsrige) Sache siegte auf der ganzen Linie«.[17] Mit den Vorlesungen im Januar und Februar über kindliche Psychologie schlug Jung weiter Kapital aus diesem strategischen Erfolg: Sie boten eine willkommene Gelegenheit, Psychiatern, Erziehern und den Züricher Pfarrern psychoanalytische Gedankengänge nahezubringen. (In der letztgenannten Gruppe tobte dank Pfisters kämpferischem Einsatz seit kurzem eine hitzige Debatte über Freuds Theorien.)

Während Jung auf vielen Gebieten zugleich seine Karriere vorantrieb, verbrachte er jede freie Minute in seiner Bibliothek und verschlang Bücher über Mythologie und alte Geschichte. Er war regelrecht besessen. Freud erfuhr davon am 14. Oktober: »Die Archäologie, resp. die Mythengeschichte hat mich […] sehr gefaßt, denn dort ist ja ein ganz herrliches Material schon beisammen.«[18] Schon bald schlug Jung den Weg ein, den Stanley Hall vor ihm beschritten hatte, und beschäftigte sich bevorzugt mit alten Kulten der

Phallus-Verehrung. Am 8. November 1909 schrieb er Freud: »Für die phylogenetische Grundlegung der Neurosenlehre tun sich hier reiche Quellen auf.«[19] Am 15. November brachte Jung den Phalluskult explizit mit Mutter-Sohn-Inzest in Verbindung, und dabei benutzte er zum ersten Mal Freuds Begrifflichkeit: »Es ist für mich schon kein Zweifel mehr, was die ältesten und natürlichsten Mythen sagen wollen. Sie sprechen ›natürlich‹ von dem Kernkomplex der Neurosen.«[20] Ende November hatte er eine Schicht unterhalb der Phallus-Verehrung aufgedeckt: »Erst die großen, d. h. die *gedichteten* Götter scheinen phallisch zu sein.«[21] In der alten Mythologie gebe es einen noch tiefer archaischen Zug, Jung nannte ihn »elementar«.[22] Offensichtlich beschäftigte Jung die Frage, was seine mythologischen Erkenntnisse für die Freudsche Theorie bedeuteten:

> Ich wünsche oft, ich hätte Sie in der Nähe. Ich hätte oft mehreres zu fragen. Z. B. möchte ich Sie einmal um eine Definition der Libido anpumpen. Bis jetzt ist es mir nicht gelungen, etwas Befriedigendes herzustellen.[23]

Jung sprach offen aus, daß er einer phylogenetischen Erklärung psychischer Phänomene zuneigte:

> Ich bekomme immer mehr das Gefühl, daß ein restloses Verstehen der Psyche (soweit dies überhaupt möglich ist) nur durch die Historie resp. deren Mithilfe ermöglicht wird. [...] Die Antike erscheint mir darum jetzt in einem neuen und bedeutenden Lichte. Was wir jetzt in der einzelnen Seele zusammengedrängt, verkümmert oder einseitig differenziert vorfinden, das lag in den historischen Vergangenheiten breit ausgewickelt da. Wohl dem, der diese Zeichen lesen kann![24]

Freud reagierte auf diese Eröffnungen gereizt. In seinem Antwortbrief vom 19. Dezember weist er Jung darauf hin, daß er eine Definition von »Libido« in den ersten Sätzen der *Drei Abhandlungen zur Sexualtheorie* finden könne. Sichtlich um Duldsamkeit bemüht, regt Freud an, Unklarheiten in »einer längeren mündlichen Diskussion, meinetwegen unter Krachen in den Mauern und Möbeln,«[25] auszuräumen.

Jung verfolgte seinen Kurs unbeirrt weiter. Am 25. Dezember berichtet er: »Ich wälze mich mit dem Problem der Antike um und um. Es ist ein schweres Stück! Von kindlicher Sexualtheorie ist unzweifelhaft viel darin. Aber es ist nicht alles.«[26] Weiter teilt er mit, daß er einen Teil der Forschungen seinem Assistenten Honegger übertragen habe, nämlich die Frage, welchen Zusammenhang es zwischen dem Realitätsverlust bei Schizophrenie und mythologischen Denkweisen gebe. In seinem nächsten Brief vom 30. Januar 1910 schreibt er, daß er einen Vortrag über »Symbolik« gehalten und darin zu zeigen versucht habe, daß »an der Individualphantasie [...] Stoff und Form [...] mythologisch typisch«[27] seien. Bedauerlicherweise seien die »Belegmaterialien [...] nicht sehr bedeutend«.[28] Der nächste Abschnitt des Briefs läßt ahnen, in welcher geistigen Verfassung sich Jung den Januar über befand:

> In der Zeit, wo ich Ihnen nicht geschrieben habe [17 Tage; J. K.], haben mich nämlich die Komplexe geplagt, und ich hasse Lamentobriefe. Diesmal war nicht ich des Teufels Narr, sondern meine Frau hat dem bösen Geist ein Ohr geliehen und einige grundlose Eifersuchtsszenen dargestellt. Zuerst ist meine Objektivität aus dem Konzept geraten (erster Hauptsatz der Psychoanalyse: Die Prinzipien der Freudschen Psychologie gelten für jedermann, ausgenommen den Analysator), danach aber wieder eingerenkt worden, worauf meine Frau auch glänzend wieder ins Geleise gekommen ist. Die Analyse der eigenen Ehefrau gehört zum Schwierigsten, solange die gegenseitige Freiheit nicht zugesichert ist. Die Bedingung einer guten Ehe scheint die Zusicherung der Untreue zu sein. Ich habe wiederum sehr viel gelernt. Die Hauptsache folgt immer nach: meine Frau ist wieder gravid und zwar absichtlich und nach reiflicher Überlegung.[29]

Was immer der Teufel Emma Jung ins Ohr geflüstert haben mochte, mit Sabina Spielrein, die als Medizinalassistentin am Burghölzli arbeitete und an ihrer Dissertation schrieb, hatte ihre Eifersucht wohl nichts zu tun. Jung hatte mittlerweile eine neue Patientin angenommen, Toni Wolff. Gut ein Jahr später half sie ihm in seiner Bibliothek. Fräulein Wolff war die jüngste Tochter einer reichen Züricher Familie und zur Hälfte jüdischer Abstammung. Sie kam mit einer schlimmen Depression, möglicherweise mit psychotischen Episoden, in die Klinik; Auslöser der Erkrankung war der Tod ihres Vaters. Wie sich später herausstellte, besaß sie bemerkenswerte Entschlossenheit und Intelligenz. Die Familie war Jung sehr dankbar für das, was er für Toni Wolff tat; es hieß, er habe sie vor der Irrenanstalt bewahrt. Sie wurde seine Mitarbeiterin, und aus der kollegialen Beziehung entwickelte sich schließlich eine intime Beziehung. Nach den verfügbaren Aufzeichnungen sieht es so aus, als sei während der Behandlung von Toni Wolff noch nichts Anstößiges vorgefallen. Um die Jahreswende 1909/10 hatte Emma Jung noch keinen Grund zur Eifersucht auf Fräulein Wolff, aber später um so mehr.

Freud und Jung verhandelten unterdessen über den bevorstehenden Zweiten Internationalen Psychoanalytischen Kongreß in Nürnberg, der Ende März stattfinden sollte. Aus ihren Plänen für den Kongreß wird deutlich, wie sie ihr Verhältnis inzwischen einschätzten: Sie hatten beschlossen, trotz aller Meinungsverschiedenheiten weiter zusammenzuarbeiten, und sie wollten darüber hinaus ihre Zusammenarbeit institutionalisieren. In den nächsten Wochen geht es in ihren Briefen um den Kongreß und seine Nachwirkungen mit der Folge, daß Jungs Briefe als Informationsquelle über seine Lektüre und seine Forschungen eine Zeitlang versiegen. Gelegentlich deutet er an, daß viel in ihm brodele. Am 20. Februar erwähnt er die »Walpurgisnächte meines Unbewußten«.[30] Am 6. April spricht er von den »überreichen Genüsse[n] der Mythologie, die ich mir als Dessert immer für die Abende reserviere«.[31] Und am 17. April schreibt er: »Ich wiege mich vorderhand im beinahe autoerotischen Genuß meiner mythologischen Träume, von denen ich spärlich meinen Freunden mitteile.«[32] Die einzige Ausnahme bildet der Brief vom 2. März. Darin äußert sich Jung ausführlicher über den Inhalt seines im Januar gehaltenen Vortrags über »Symbolik«:

> Ich erläuterte dort, daß das »logische« Denken das Denken *in Worten* sei, das sich wie eine Rede nach außen richtet. Das »analogische« oder phantastische Denken ist gefühlhaft, bildmäßig und sprachlos, keine Rede, sondern nach innen gehendes Ruminieren von Vergangenheitsmaterialien. Das logische Denken ist »Sprechen-Denken«. Das analogische ist archaisch, unbewußt und nicht in Worte gefaßt und kaum darein zu fassen.[33]

Jung verwob eine Fülle von unterschiedlichem Material. Von besonderer Bedeutung war dabei eine kurze Abhandlung einer gewissen Miss Frank Miller über »Phänomene vorübergehender Suggestion oder momentaner Autosuggestion«.[34] Frank Miller – sie führte den Namen ihres Vaters als Pseudonym – war Dichterin und Dozentin und hatte bei Flournoy in Genf studiert. Sie wollte zeigen, daß bestimmte Gedichte und Phantasien, die sich ihr in halbbewußtem Zustand aufgedrängt hätten, bekannten psychologischen Gesetzen gehorchten und man sie keineswegs dem Wirken geheimer Mächte zuschreiben müsse. Damit wollte sie Flournoy Material für die Auseinandersetzung mit den Anhängern des Okkultismus liefern. Jung fand bei ihr das Fallmaterial, das er bei seinem Vortrag im Januar so schmerzlich vermißt hatte. In seinen Erinnerungen beschreibt er die Wirkung des Fundes:

> Ich las wie besessen und arbeitete mich mit brennendem Interesse durch einen Berg von mythologischem und schließlich auch gnostischem Material hindurch und endete in einer totalen Verwirrung. [...]
>
> Mitten in diesem Studium stieß ich auf das Phantasiematerial einer mir unbekannten jungen Amerikanerin, Miss Miller. Das Material war von meinem verehrten väterlichen Freunde Théodore Flournoy in den »Archives de Psychologie« (Genf) publiziert worden. Ich war sofort vom mythologischen Charakter der Phantasien beeindruckt. Sie wirkten wie ein Katalysator auf die in mir aufgestauten, noch ungeordneten Gedanken.[35]

Miss Millers Abhandlung beginnt mit einer Beschreibung ihres »mitschwingenden Temperaments«. Sie schildert Beispiele, wie sie sich durch Suggestion und Autosuggestion beeinflussen ließ. Dann stellt sie das erste Gedicht vor, »Ruhm sei Gott«, angeblich hatte sie die Worte im Traum in ihrer Handschrift auf einem Blatt Papier vor sich gesehen. Sofort zerreißt sie den romantischen Schleier und zeigt, wie das Gedicht aus ihr vertrauter Literatur entstanden ist, unter anderem aus bestimmten Passagen des Buches Hiob und von Miltons *Verlorenem Paradies.* Das zweite Gedicht, »Die Motte und die Sonne«, hat ebenfalls einen religiösen Hintergrund. Sie schreibt, es sei ihr in einem hypnagogischen Zustand eingefallen, das heißt im Halbschlaf, ohne daß sie jedoch das Bewußtsein ihrer selbst gänzlich verloren habe. Auch dieses Gedicht analysiert sie, wenngleich mit etwas weniger Überzeugungskraft, im Licht ihrer früheren Erfahrungen. Schließlich folgt »Chiwantopel«, ein hypnagogisches Drama, das sich wiederum im Zustand des Halbschlafs vor ihrem geistigen Auge abgespielt habe. In dem Drama klagt ein Aztekenkrieger namens Chiwantopel in einem langen Monolog darüber, daß es auf der ganzen Welt keine Frau gebe, die ihn verstehen könne. Dann kriecht eine Viper aus dem Dickicht und tötet Chiwantopel und sein Pferd. Miss Miller schreibt dazu, als Kind habe sie sich sehr für »aztekische Fragmente« interessiert. Als literarische Vorbilder für Chiwantopel nennt sie unter anderem Shakespeares Brutus, den Prinzen von Abessinien in der Geschichte von Samuel Johnson und Wagners Siegfried; dessen Wehklage um Brünnhilde hebt sie besonders hervor.

Die Sexualität geht an sich selber zugrunde

Gestützt auf Miss Millers Phantasien, bereitete Jung einen langen, grundsätzlichen Vortrag über die phylogenetische Basis der Neurosen für die Frühjahrsversammlung der Schweizer Psychiater vor, die am 16. Mai 1910 in Herisau stattfinden sollte. Der Vortragstext ist verlorengegangen, aber die wesentlichen Punkte lassen sich leicht rekonstruieren. Jung begann mit Freuds Analyse der Traumsymbole und entwickelte dann schrittweise seine Auffassung von den zwei Denkweisen. Während das rationale Denken, das Denken der Wissenschaft, in Worten und zielgerichtet vonstatten geht, kennen wir alle noch eine andere Art des Denkens, das Denken in Bildern und Symbolen, wie es beim Phantasieren und in Tagträumen vorkommt. Bei dieser zweiten Form des Denkens stehen unsere Wünsche im Vordergrund. Oft drücken die Bilder direkt aus, um was für eine Art von Wunsch es sich handelt; so werden beispielsweise bestimmte sexuelle Wünsche häufig durch typische Symbole wie einen Stier oder eine Schlange dargestellt. Die typischen Symbole stammen aus dem phylogenetischen Erbe der Menschen. In Träumen tauchen diese Libido-Symbole meist sehr klar auf. Sie gehören gewissermaßen zum psychischen Inventar des Träumers, und im Traum regrediert der Träumer zu einer archaischen Form des Selbstausdrucks. Träume kehren sozusagen die geschichtliche Entwicklung um. Durch die Geschichte können wir ein allmähliches Fortschreiten von symbolischen Formen des Denkens zu stärker rationalen, verbalen und materialistischen Formen beobachten. Dieses Fortschreiten ist Teil und Bürde der zunehmenden Unterdrückung primitiver Ausdrucksformen von Sexualität im Laufe der Geschichte. Die Domestikation der Sexualität war früher, in Zeiten des Verfalls oder der Überbevölkerung, absolut lebensnotwendig, doch sie hat auch zu einer unnötigen Unterdrückung der sexuellen, archaischen Seite der Psyche geführt.

Die negativen Folgen der Unterdrückung können bei den modernen nervösen Erkrankungen beobachtet werden, Miss Miller ist ein hervorragendes Beispiel dafür. Ihr erstes Traumgedicht, »Ruhm sei Gott«, behandelt auf den ersten Blick ein religiöses Thema, doch bei genauerer Betrachtung erweist sich, daß dem Gedicht eine Reihe erotischer Eindrücke unmittelbar vorausgingen. Wenn wir die symbolische Struktur des Gedichts näher untersuchen, stellen wir fest, daß das Bild Gottes von Miss Millers Vater abgeleitet ist. Miss Miller ist sich dessen natürlich nicht bewußt, denn die Inzestschranke hält die Erkenntnis von ihrem Bewußtsein fern. Mit dem ersten Gedicht ist gewissermaßen das Bühnenbild ihrer inneren Szene errichtet: Sie sagt uns, daß sie sich nach dem verlorenen Paradies der Sexualität und ihrer Kindheit sehnt, als der Vater-Gott nicht nur als moralische Instanz, sondern auch als liebevoller, sinnlicher Mensch gegenwärtig war.

Auch in Miss Millers zweitem Gedicht, »Die Motte und die Sonne«, lassen sich archaische und sexuelle Wurzeln aufspüren, die ihr unbewußt geblieben sind. Scheinbar spricht daraus eine verzehrende Liebe zu Gott, doch aus den wenigen Assoziationen, die sie zitiert, können wir eher auf einen allmählichen Rückzug nach innen schließen. Die Motte steht für Miss Millers Ich, und die Sonne, auf die sie zufliegt, ist ihre nach innen gewendete Sexualität. Sie ist nicht in der Lage, aus dem Bannkreis ihres Vaters herauszutreten. Hinter Miss Millers vielen klugen Gedanken zu ihren Traumgedichten verbirgt sich somit ein echtes Drama, von dem sie nichts weiß.

Das hypnagogische Schauspiel Chiwantopel löst das Rätsel. Der Aztekenkrieger Chiwantopel verkörpert das Ich des Träumers, das Pferd dessen Libido. In dem langen Monolog schildert Chiwantopel, welche Schmerzen den Rückzug nach innen begleiten. Das Drama geht nicht gut aus. Die Schlange, die Chiwantopel und sein Pferd tötet, ist ebenfalls ein Symbol für die Libido. Daß sie nicht nur den Reiter, sondern auch das Pferd angreift, deutet auf einen Konflikt innerhalb der Sexualität hin, einen Konflikt zwischen der rückwärtsgewandten inzestuösen Bindung (der Schlange) und dem nach vorn, in die Zukunft gerichteten Fortpflanzungstrieb (dem Pferd). Das gleiche Motiv findet man wiederholt in der Antike, besonders lebhaft dargestellt in der Ikonographie des Mithraismus, eines Mysterienkultes, der in den ersten Jahrhunderten nach Christi Geburt mit dem Christentum konkurrierte. Statuen des Mithras-Kultes stellen oft dar, wie ein Sexualsymbol ein anderes verschlingt. Das bedeutet, daß die Sexualität im Innersten konflikthaft ist: Ein Teil kämpft gegen den anderen, und der erwachsene Mensch muß eine Balance finden. Jung brachte den inhärenten Konflikt auf die Formel: »Die Sexualität geht an sich selber zugrunde.« Das inzestuöse Element der Libido muß geopfert werden, damit die Fruchtbarkeit befreit wird. Nur wenn der Held = Gott freiwillig einen Teil seiner sexuellen Einheit aufgibt, kann er wahre Lebenskraft erreichen. Die Geschichte von Chiwantopel ist das Gegenbeispiel dazu. Hier trägt die inzestuöse Libido den Sieg davon, der Held stirbt, und der Zustand der Introversion besteht fort. Bewußt war es Miss Millers Anliegen, mit ihren Aufzeichnungen die Wissenschaft voranzubringen. Unbewußt war ihr Manuskript ein Hilfeschrei, sie aus der Introversion zu retten, in die sie immer tiefer zu versinken drohte und die zu Realitätsverlust und letztlich in die Schizophrenie führen würde. In der Schizophrenie würden dann endgültig alle Verbindungen zur Realität gekappt sein, und ihre Seele wäre in den archaischen und symbolischen Schichten gefangen.

Am 24. Mai berichtete Jung nach Wien, sein Vortrag habe »größten Beifall«[36] gefunden. Das ist gut vorstellbar, denn Jung hatte – wie Stekel – eine besondere Begabung, die Bedeutung von Symbolen ohne weitere Anhaltspunkte intuitiv zu erfassen. Einen psychischen Zusammenbruch bei einer so offensichtlich lebenstüchtigen Person wie Miss Miller vorauszusagen war für sich genommen ein kühner Schritt. Eine solche Ankündigung ausgerechnet vor einem Auditorium von Psychiatern zu machen und sie mit nichts anderem zu begründen als mit Parallelen in der Mythologie war schon tollkühn. Selbst Freud schien ein wenig eingeschüchtert zu sein, denn in seinen Anmerkungen zu Jungs Vortragsmanuskript räumte er ein, daß er die Symbolik in seinem Traumbuch zu wenig berücksichtigt habe; Stekel sei nun dabei, das Versäumte nachzuholen.

Freud hatte einige wenige Einwände. Wie John Forrester hervorgehoben hat,[37] mißfiel Freud die Unterscheidung von zwei Denkweisen, einer symbolischen und einer verbalen. Tatsächlich nahm Freud umgehend die Niederschrift einer entsprechenden eigenen Arbeit mit dem Titel »Formulierungen über die zwei Prinzipien des psychischen Geschehens« in Angriff und legte darin seine eigene Auffassung zu diesem Thema dar. Offensichtlich rechnete er mit einer heftigen Reaktion von Jung, denn in seinem Brief vom 19. Juni 1910, in dem er Jung von seinem neuen Vorhaben unterrichtete, bat er: »... und heißen Sie mich nicht darum Plagiator, wozu einige Versuchung vorläge«.[38] Er habe, so Freud weiter, seine Arbeit »zwei Tage vor der Ankunft Ihrer ›Symbolik‹ [...] konzipiert und niedergeschrieben«.[39] Im August schilderte Freud die Abfolge der Ereignisse anders. In einem Brief aus den Ferien in Holland heißt es, der »Aufsatz über die ›zwei Prinzipien des psychischen Geschehens‹ quält mich wie ein verhaltener Stuhl«.[40]

Freuds Bestreben, seine von Jungs Konzept abweichenden Gedanken über Lustprinzip und Realitätsprinzip zu Papier zu bringen, markiert einen neuen Abschnitt in ihrer Beziehung. Dabei ging es weniger um Rivalität – unausgesprochen hatte es sie von Anfang an gegeben – als vielmehr um wechselseitige Assimilation. Freud hatte kurz zuvor in seiner Theorie vom »Kernkomplex« Jungs Begriff »Komplex« übernommen und dabei den Inhalt subtil verändert. Jung wiederum stellte seine phylogenetische Erzählung von der Selbstaufopferung als eigenen Beitrag zur »Libido-«Theorie vor und erweiterte damit implizit den Begriff so, daß er mehr umfaßte als infantile Sexualität. Paul Stepansky hat über die Beziehung Freud–Jung geschrieben, zu Anfang seien sie sich einig gewesen, uneinig zu sein. Paradoxerweise war das im Laufe der Zeit immer schwieriger. Sie vertraten nicht mehr zwei unterschiedliche Theorien, sondern zwei verschiedene Versionen ein und derselben Theorie.

Freud hatte noch weitere kritische Einwände gegen Jungs Vortrag in Herisau. Ihm mißfiel, daß Jung Miss Millers ersten Traum direkt gedeutet hatte. Seiner Meinung nach hatte Jung die Rolle der Zensur vernachlässigt und darum ihre unbewußte Absicht aus dem Blick verloren. Darüber hinaus zweifelte Freud, ob man so einfach eine Parallele zwischen Träumen und alten Mythen ziehen konnte, zumal Jung offensichtlich die Auffassung vertrat, daß die modernen Träume Relikte alter Denkweisen seien: »Es würde besser stimmen, wenn die Alten, die in der Mythologie lebten, nicht auch geträumt hätten.«[41] Schließlich – und das war am wenigsten verwunderlich – fand Freud Jungs Formulierung »Die Sexualität geht an sich selber zugrunde« heillos konfus. Seiner Ansicht nach war das Motiv der Selbstaufopferung eine Projektion der Verdrängung: Das bewußte Ich opfert bedauernd seine kraftvollen Triebe, »im Grunde ein Stück des Kastrationskomplexes«.[42]

Dieser letzte Kommentar gab den Anlaß zu einer der wichtigsten Diskussionen des gesamten Briefwechsels. Jung antwortete am 26. Juni 1910 mit einer dreiseitigen Erörterung, welche Rolle der sich selbst opfernde Held als Mittler zwischen den beiden widerstreitenden Strömungen der Libido spielt. Jung zufolge ist es die Aufgabe des Helden, die inzestuöse Libido durch die symbolische Selbstaufopferung zu überwinden, damit Fruchtbarkeit möglich wird: »Daher nun kommt der tröstliche und wahrhaft dithyrambische Ausgang des Selbstopfers: und doch werden wir wieder fruchtbar sein.«[43] Im Vergleich mit dem Mithrasmythos erscheine das Selbstopfer im Christentum wie eine Art sublimierter Nekrophilie: »Man identifiziert sich, ißt sich ganz hinein in die Leiche des Selbstüberwinders und pflanzt sich von da an nur noch unter der Hand und geduldet fort, ohne innere Überzeugung.«[44] Aus Jungs Brief geht hervor, daß er den Text seines Vortrags erweitern und eine ausführliche Betrachtung über den sich selbst opfernden

Helden als Zwischenstufe in der phylogenetischen Entwicklung der Libidosymbolik im Laufe der Jahrtausende anfügen wollte. Freud war wohl verwirrt von Jungs Heftigkeit, besonders von seinem harten Urteil über das Christentum. In seiner Antwort vom 5. Juli spricht er von einem »von den bedeutsamsten Gedanken erfüllten Brief«,[45] fügt aber hinzu, nun warte er auf die »weitläufigste Begründung«[46] der Behauptungen. Freuds kritische Einwände waren indes bereits einen Monat zuvor größtenteils hinfällig geworden, als Jung Freuds Arbeit *Eine Kindheitserinnerung des Leonardo da Vinci* erhielt. Bei der Deutung von Leonardos Deckerinnerung griff Freud ebenfalls auf mythologische Symbole als Schlüssel zur Lösung. Genau den gleichen Weg hatte Jung in seinem Vortrag in Herisau eingeschlagen.

An dieser Stelle ist ein abschließender methodologischer Kommentar vonnöten. Jung war schon seit langem von dem inneren Bilderstrom bei sich selbst und bei anderen Menschen fasziniert, und sein privates Interesse war ihm wissenschaftlich von Nutzen gewesen. Denn der menschliche Geist verfügt allem Anschein nach – auch heute wird noch über dieses Phänomen geforscht – über zwei unterschiedliche Möglichkeiten zur Verarbeitung von Informationen. Mit seinen »zwei Denkweisen« gab Jung eine erste vorläufige Beschreibung. Doch der Hinweis auf die Ikonographie des Mithraismus als Darstellung des Motivs der Selbstopferung war problematisch, auch wenn das damals niemand kritisierte. Die Anhänger des Mithraskultes haben *keinerlei* schriftliche Quellen hinterlassen, auf die man sich bei der Deutung ihrer Bilderwelt stützen könnte. Jungs Aussagen über Miss Millers Persönlichkeitsstruktur klangen zwar plausibel, waren aber reine Spekulation, genauso seine Prophezeiung, sie werde einen psychotischen Zusammenbruch erleiden. Tatsächlich kam Miss Miller einige Jahre später kurz in die Klinik, doch wie Sonu Shamdasani gezeigt hat, bestätigte ihr damaliges Krankheitsbild Jungs Behauptungen ganz und gar nicht.

Jung hatte einen Beitrag zur Psychologie des Denkens geleistet, aber dabei war er den mit der Konzeption des Kernkomplexes verbundenen grundsätzlichen methodologischen Problemen nicht entgangen. Bei dem Bestreben, den Schleier der Mithras-Symbolik zu lüften oder aus Miss Millers Dichtungen weitergehende Rückschlüsse zu ziehen, als ihre spärlichen Hinweise erlaubten, war ihm nichts anderes übriggeblieben, als sie mit Hilfe seiner eigenen Assoziationen, die freilich nicht als solche benannt werden, zu deuten. Jungs Vortrag macht letzten Endes nur dann Sinn, wenn der Kernkomplex phylogenetisch verstanden wird: Wenn in einem bestimmten

Entwicklungsstadium eine universelle sexuelle Konstellation wirksam ist, dann muß sich zwangsläufig ein Stadium in der menschlichen Frühgeschichte finden lassen, in der diese Konstellation sich herausgebildet hat. Doch die phylogenetische Sicht brachte nicht die erhoffte Stringenz der Theorie, sondern vergrößerte ganz im Gegenteil den Spielraum für Deutungen noch beträchtlich. Greifbares Ergebnis war eine Voraussage – das weitere Schicksal von Miss Miller –, die sich als falsch entpuppte.

Jung war es somit nicht gelungen, den methodologischen Fallstricken der Theorie vom Kernkomplex zu entgehen, aber es war ihm wenigstens gelungen, bis auf weiteres Ordnung in seinem eigenen theoretischen Gebäude zu schaffen. Mit der Unterscheidung zweier unterschiedlicher Formen der Libido – einer infantilen, inzestuösen, nach rückwärts gewandten und einer adoleszenten, fruchtbaren, nach vorne gerichteten – hatte er eine Version der Libidotheorie gefunden, mit der er leben konnte. Darauf kam es an, denn seit dem Psychoanalytischen Kongreß in Nürnberg war er der führende Kopf der psychoanalytischen Bewegung.

Der Vortrag in Herisau besaß möglicherweise noch eine ganz andere Dimension. Rückblickend kann man ihn als verspäteten Ausdruck ambivalenter Gefühle in der Spielrein-Affäre lesen. Wie sich Jung einst voller Furcht, was sie offenbaren könnte, der »Psychosynthese« zugewandt hatte, so kehrte er nun, da die Gefahr gebannt war, zur Mythologie zurück. Und während der »autoerotische Genuß« der Forschungen in seiner Bibliothek die wichtigste Entschädigung für den Verlust ihrer Gesellschaft war, ermöglichte ihm das Thema der »Fortpflanzungsbestimmung der Libido« mit seinen teleologischen und adaptiven Aspekten ein Stück weit, das Hochgefühl in seine Persönlichkeit zu integrieren, das er als ihr »Siegfried« empfunden hatte. Zumindest würde ich es so sehen. Das Thema war gleich geblieben, nur wurde es diesmal in die Vergangenheit zurückverlegt, in die Frühzeit des Menschen als Gattungswesen. Wenn wir annehmen, daß das Verhältnis zu Sabina Spielrein Jung nach wie vor beschäftigte, konnte er sich jetzt damit beruhigen, daß er lediglich psychologische Probleme erforscht hatte – »Psychophoren« –, die phylogenetisch über die Jahrhunderte hinweg weitergegeben worden waren. Die daraus abgeleitete Lehre – der Held muß seine inzestuösen Bindungen opfern – hatte freilich durchaus einen persönlichen Bezug.

Kapitel 11

Die Internationale Psychoanalytische Vereinigung

Unsere Psychologie ist eine Wissenschaft, der man höchstens vorwerfen kann, daß sie das Dynamit erfunden hat, mit dem auch der Terrorist arbeitet. Was der Ethiker, der Praktiker überhaupt damit anfängt, geht uns nichts an, und wir mischen uns auch nicht darein. Es werden sich viele Unberufene herzudrängen und die größtmöglichen Tollheiten damit anstellten; auch das kann uns nicht berühren. Unser Ziel ist einzig und allein die wissenschaftliche Erkenntnis, die sich um das Getümmel, das sich um sie erhebt, nicht zu kümmern hat. Sollten dabei Religion und Moral in Stücke gehen, um so schlimmer für sie, wenn sie nicht mehr Haltbarkeit besitzen.

C. G. Jung, »Randbemerkungen zu Wittels'
Die sexuelle Not«, 1910.

Zu der Zeit, als Freud und Jung brieflich Jungs Vortrag in Herisau erörterten, gab es noch andere dringliche Angelegenheiten: Auf dem Nürnberger Kongreß am 30. und 31. März 1910 hatten sie die Internationale Psychoanalytische Vereinigung gegründet.

Ernest Jones schrieb später, er habe am Rande der Clark-Vorlesungen an einer Diskussion teilgenommen, bei der über die Gründung einer solchen offiziellen Organisation gesprochen worden sei.[1] Nach der heute vorliegenden Korrespondenz stellt sich das allerdings anders dar. In den Briefen, die Jones und Freud in den Monaten vor dem Nürnberger Kongreß austauschten, ist von einem solchen Plan nicht die Rede. Aus dem Briefwechsel zwischen Jung und Freud geht hervor, daß Jung eine weitere Konferenz nach Art des zwei Jahre zurückliegenden Salzburger Kongresses einberufen sollte; weder ein genaues Datum noch ein bestimmtes Programm standen fest. Außerdem deuten die Dokumente darauf hin, daß Freud ursprünglich nicht so sehr an der Gründung einer eigenen Organisation interessiert war, sondern eher daran dachte, sich mit seinen Anhängern einer oder mehreren bestehenden Organisationen anzuschließen. Alfred Adler bat er in diesem Zusammenhang um eine Denkschrift zu der Frage, ob Psychoanalytiker sich bei der Sozialdemokratischen Partei einschreiben sollten.

Ein erster Hinweis auf eine geplante eigenständige Organisation der Psychoanalytiker taucht in einem Brief Freuds an Ferenczi vom 1. Januar 1910 auf. Freud bittet Ferenczi, sich Gedanken zu machen, ob eine solche Organisation eine strengere Disziplin benötige als eine gewöhnliche wissenschaftliche Gesellschaft. Am folgenden Tag schrieb er Jung, seit Salzburg sei vieles anders geworden und der kommende Kongreß solle sich sinnvollerweise »anderen Aufgaben widmen, [wie zum Beipiel] der Organisation«.[2] Jung bereitete trotz allem eine übliche wissenschaftliche Tagung vor und bemühte sich, Freud dafür zu gewinnen, daß er wieder einen Fall vorstellte.[3] Erst im Februar 1910 hörte Jung von Freud, daß Ferenczi etwas zu »Organisation und Propaganda«[4] vortragen und sich deshalb in Kürze an ihn wenden werde. In Jungs folgenden Briefen an Freud ist mit keinem Wort davon die Rede, daß er als Präsident der zukünftigen Vereinigung vorgesehen war. Tatsächlich äußert er sich über die Organisation so gleichgültig, daß man sich fragt, ob er von dem Amt, zu dem er ausersehen war, überhaupt wußte. Der Brief, den Freud ganze drei Wochen vor dem Kongreß an Jung geschrieben hat, ist zwar nicht erhalten, aber Jungs überraschte Antwort – »Wie sollten Sie an mir irre werden können?«[5] – deutet darauf hin, daß Freud wegen seiner zögerlichen Haltung schließlich ungeduldig wurde und ihn rundheraus fragte, ob er nun Präsident auf Lebenszeit werden wolle oder nicht.

Daß sich Jung in seinen Briefen an Freud so bedeckt hielt, legt den Schluß nahe, daß er nicht erkannte, was für eine Bedeutung die Gründung einer offiziellen psychoanalytischen Vereinigung haben sollte. Damit kommen wir zu der Frage, was sich Freud und Jung davon versprachen. Urteilt man nach ihren Briefen, die in dem halben Jahr zwischen dem Aufenthalt in Amerika und dem Kongreß im März geschrieben wurden, so waren sie vor allem darum besorgt, das wissenschafliche Niveau der psychoanalytischen Veröffentlichungen anzuheben. An zweiter Stelle stand das Bemühen, das taktische Geschick ihrer Anhänger bei der Vergrößerung ihres Einflusses in der medizinischen Fachwelt zu verbessern.

Von dem unbefriedigenden wissenschaftlichen Niveau der psychoanalytischen Veröffentlichungen ist im Herbst 1909 in ihren Briefen beständig die Rede. Freud war zornig auf Binswanger, weil er den Ton seiner letzten Veröffentlichung als herablassend empfand.[6] Sowohl Freud als auch Jung machten sich Sorgen über Bleulers kritische Auseinandersetzung mit der Psychoanalyse, die demnächst erscheinen sollte. (Jung merkte dazu mit Galgenhumor an, wenn Bleuler seine Arbeit im *Jahrbuch* veröffentlichen dürfe, werde er die Feder niederlegen müssen.[7]) Riklin hatte eine Interpretation von Goethes »Bekenntnisse einer schönen Seele« vollendet, aber Freud fand sie »so matt und farblos, daß ich Bedenken trage, sie in die *Schriften* aufzunehmen«.[8] Und dabei konnte man sich auf Riklin gewöhnlich verlassen. Noch schlimmer war es mit den Wienern. Stekel, der an seinem jüngsten Beitrag über Traum für das *Jahrbuch* keinerlei Änderung geduldet hatte, unterbot diese Leistung noch mit einem Vortrag zu »Zwangserscheinungen«, den Freud als »etwas ganz Leichtfertiges, methodisch Verfehltes« beurteilte.[9] Und bei Isidor Sadger, dem anderen überaus produktiven Wiener, hoffte Freud nur, Jung werde ihn aus dem *Jahrbuch* ganz heraushalten können: »Sadger ist ungenießbar, versaut uns das schöne Buch.«[10] Nach Freud war Adler überhaupt der einzige, den man »zensurfrei, wenn auch nicht kritikfrei nehmen« könne.[11]

Anfangs planten Freud und Jung, ihrem Mißfallen in einer besonderen Rubrik für Besprechungen im *Jahrbuch* Luft zu machen. Die ersten Zielscheiben der Kritik sollten Bleuler und Stekel werden. Die Rubrik war Jungs Idee, aber Freud unterstützte sie nach Kräften:

> Ich schlage Ihnen vor, daß wir uns in die Aufgabe dieser Kritik teilen, Sie den Wienern, ich den Zürichern auf die Finger schlage, wo sie uns mit selbständigen Leistungen kommen. Diese Kritiken sollen den Ausdruck unserer höchst persönlichen Überzeugungen enthalten; es ist ein Versuch der literarischen Diktatur, aber die Leute sind unverläßlich und können es nicht entbehren, gegängelt zu werden.[12]

Das hatte Freud im November 1909, kurz nach dem Kongreß an der Clark University, geschrieben. Bis zum folgenden März waren beide Männer entschlossen, ihre »literarische Diktatur« auch kundzutun. Heute sieht man die entstehende Internationale Psychoanalytische Vereinigung eher als das, was sie später geworden ist: ein Berufsverband, der in erster Linie über die Qualität der Ausbildung zu wachen und Zertifikate auszustellen hat. Natürlich war die Gründung des Verbandes auch insofern interessant, als er mit dazu beitragen sollte, die Psychoanalyse in der Öffentlichkeit als Teildisziplin der Medizin zu etablieren. Aber mindestens ebensosehr ging es um die publizistische Tätigkeit ihrer Mitglieder. Freud wollte durch die neue Organisation Kontrolle über alle wissenschaftlichen Veröffentlichungen und kontroversen Beiträge erlangen, die seine Anhänger in anderen Zeitschriften außer dem *Jahrbuch* veröffentlichten. Alle Arbeiten sollten zunächst das Büro des Präsidenten passieren müssen, ohne sein Imprimatur sollte keine Zeile in Druck gehen können. Dies sah ein Zusatz in Ferenczis Vorschlag für das Organisationsstatut vor, der besagte, daß der Präsident die Vereinigung »nach außen«[13] vertreten sollte. Da Jung, der bereits das *Jahrbuch* in der Hand hatte, als Kandidat für das Präsidentenamt vorgesehen war, würde ihm diese Regelung die totale Kontrolle über alle psychoanalytischen Veröffentlichungen verschaffen. Neben beiden Aufgaben sollte er als offizieller Sprecher Kritik von außen zurückweisen und durch seinen Einfluß nach innen für eine Anhebung des wissenschaftlichen Niveaus der Veröffentlichungen sorgen. Freud wollte mit der Verlegung des psychoanalytischen Zentrums von Wien nach Zürich aus dem internationalen Ansehen der Züricher Schule und aus der Autorität von Jung und Bleuler Kapital schlagen. Weder Jung noch Freud oder Ferenczi schienen sich Gedanken darüber zu machen, wie dieses Arrangement auf ihre Anhänger wirken würde.

Aus heutiger Sicht kann die Gründung einer Internationalen Psychoanalytischen Vereinigung, die sich vornehmlich auf das persönliche Ansehen ihrer Hauptvertreter Freud und Jung stützte, nur als übereilt bezeichnet werden. Zwar war die Organisation beziehungsweise die Struktur, die einige Jahre später davon übrigblieb, bei der Verbreitung des psychoanalytischen Gedankengutes nach dem Ersten Weltkrieg nützlich, vielleicht sogar von entscheidender Bedeutung. Insofern erwies sich Freuds Entscheidung als ungewöhnlich weitsichtig. Trotzdem wirkte sie sich in der unmittelbaren Folgezeit negativ, ja verhängnisvoll aus. Freud wie Jung mußten noch vor Ablauf des nächsten Sommers einsehen, daß sie die Vereinigung überstürzt ins Leben gerufen hatten und dafür einen hohen Preis zahlen mußten.

Bei der Berurteilung von Freuds und Jungs Schritt darf freilich nicht vergessen werden, daß er in einer Gründerzeit internationaler Bewegungen erfolgte. Forel hatte soeben die europäischen Psychotherapeuten in einer neuen Organisation zusammengeführt. Der Apotheker Knapp gründete eine internationale ethische Vereinigung; dies war eine jener Organisationen, die Freud später der Psychoanalyse angliedern wollte. Der Darwinschüler Ernst Haeckel hatte eine Naturphilosophie begründet, die sich als Monismus zu einer neuen Weltanschauung entwickelte und zur Gründung des Monistenbundes mit Niederlassungen in ganz Europa führte. (Die katholische Kirche reagierte heftig besorgt mit der Gründung des Thomistenbundes, benannt nach dem großen Scholastiker Thomas von Aquin. Der kurz darauf ins Leben gerufene Keplerbund verstand sich als Mittelweg zwischen den Thomisten und den Monisten.) Neben all diesen Bünden gab es bereits verschiedene Gruppen in Deutschland, die die sexuelle Befreiung auf ihre Fahnen geschrieben hatten, die Jugendbewegung, die Abstinenzler um Forel, Bleuler und Kraepelin und natürlich die neuen Berufsverbände der Psychiater, Neurologen, experimentellen Psychologen und Pädagogen. In der allgemeinen Aufbruchstimmung der Verbandsgründungen waren die einzelnen Organisationen nicht immer klar gegeneinander abgrenzbar, und ein ungelöstes Problem der Psychoanalytiker bestand genau darin, daß sie selbst nicht genau wußten, welcher Organisation sie angehören wollten.

Freuds Gruppe hatte einen sehr schlechten Start, schon die Vorbereitungsphase stand unter keinem günstigen Stern. Die Gründungsmitglieder Jung, Ferenczi und Freud beschlossen zunächst totale Geheimhaltung. Der Entwurf für die Statuten der Vereinigung, der während Ferenczis Vortrag verteilt werden sollte, trägt das Zeichen einer Nürnberger Druckerei und wurde offenkundig erst am Morgen des ersten Kongreßtages gedruckt. Freud traf schon einige Stunden vor Beginn in Nürnberg ein, um sich mit Abraham zu besprechen, der aus Berlin anreiste. Aller Wahrscheinlichkeit nach weihte Freud ihn erst zu diesem Zeitpunkt in seine Pläne ein. In der gesamten Korrespondenz findet sich kein einziger Hinweis darauf, daß irgendein anderer Kongreßteilnehmer im voraus unterrichtet worden wäre. Die Geheimniskrämerei erwies sich als schlechte Taktik. Als die Wiener schließlich von der Gründung erfuhren, faßten sie die Sache als eine Art Verschwörung der drei Amerikafahrer auf.

Dann mußten die Schweizer noch eingeweiht werden. Ferenczis Statuten sahen Zürich als Sitz der Vereinigung vor. Falls es Freuds Absicht gewesen war, die Schweizer mit diesem Schritt zu überraschen, so überraschten sie nun ihn: Zunächst beschloß Bleuler, der noch immer die wichtigste Figur der Bewegung war, daß er in der letzten Märzwoche den Notdienst in der Klinik übernehmen und dem Nürnberger Kongreß deshalb fernbleiben würde. Hinzu kam die Affäre um Max Isserlin, einem Assistenzarzt an Kraepelins Klinik. Isserlin wollte als Gasthörer an dem Kongreß teilnehmen. Er hatte die Entwicklung der Psychoanalyse interessiert verfolgt und schrieb im Augenblick zu dem Thema einen kritischen, aber fairen Artikel. Seine privat geäußerte Kritik fiel allerdings gelegentich deutlich schärfer aus. Jung kannte ihn vom Hörensagen über Studenten, die zwischen München und Zürich hin- und herpendelten. Isserlin wäre unter keinen Umständen übermäßig willkommen gewesen, aber angesichts des besonderen Charakters der Tagung hielt es Freud für das beste, ihm die Erlaubnis zur Teilnahme zu verweigern. Der Ausschluß eines Assistenzarztes der Münchner Klinik war ein unerhörter Schritt, und Kraepelin war mit Recht außer sich. Dieser »schlechte[r] Witz«,[14] wie Jung es nannte, sollte nicht ohne Folgen bleiben: Kraepelin beschwerte sich öffentlich über das Burghölzli und stellte Bleuler bei der nächsten Begegnung wütend zur Rede. Jung hätte gut daran getan, sofort Maßnahmen zur Schadensbegrenzung einzuleiten. Aber er wollte auf keinen Fall einen Termin mit dem McCormick-Erben absagen, der ihn konsultiert hatte. Statt letzte Vorbereitungen zu treffen und Bleuler vor einem wütenden Auftritt Kraepelins zu warnen, reiste Jung überstürzt nach Amerika und überließ das Weitere seiner Frau und dem jungen Honegger. Daß Jung einen Tag vor der geplanten Ernennung zum Präsidenten nicht zur Stelle war – sein Dampfer lief erst einen Tag vor Beginn des Kongresses wieder im Hafen ein –, kam Freud höchst ungelegen. Dann sagte auch noch Pfister seine Teilnahme ab. Freud wurde unruhig:

> Ich habe es noch immer nicht verschmerzt, daß Sie nicht nach Nürnberg kommen sollen. Bleuler auch nicht, Jung ist in Amerika, so daß ich um seine Rückkehr zittere. Was soll werden, wenn meine Züricher mich verlassen?[15]

Jung war rechtzeitig zurück, aber Freuds Sorgen fingen jetzt erst richtig an. Sein programmatischer Vortrag »Die zukünftigen Chancen der psychoanalytischen Therapie« war wohl das Streitbarste, was er je geschrieben hatte. Damit wollte er seine Anhänger auf den gemeinsamen Kampf einschwören. Statt dessen ging den Zuhörern, als Ferenczi anschließend seine Vorschläge zur Gründung der Organisation unterbreitete, der Sinn von Freuds Worten erst richtig auf, und es gab einen Sturm der Entrüstung. Freud hatte unter anderem die Auffassung vertreten, das wachsende Ansehen der Lehre werde in Zukunft die psychoanalytische Praxis erleichtern, da die Analytiker bei den Patienten mehr Einfluß und Autorität erhalten würden. So gesehen bedeutete die Gründung der Vereinigung eine Erleichterung der Behandlung. Auf die gute Nachricht folgte sogleich die schlechte: Alle Mitglieder mußten sich einer Selbstanalyse unterziehen. »Wer in einer solchen Selbstanalyse nichts zustande bringt, mag sich die Fähigkeit, Kranke analytisch zu behandeln, ohne weiteres absprechen.«[16] In der Vereinigung würde straffe Disziplin herrschen. Zum Abschluß seines Vortrags beschwor Freud den kulturellen Auftrag der Psychoanalyse. Die Vereinigung sollte eine Bewegung werden:

> So möchte ich Sie denn mit der Versicherung entlassen, daß Sie in mehr als einem Sinne Ihre Pflicht tun, wenn Sie Ihre Kranken psychoanalytisch behandeln. Sie arbeiten nicht nur im Dienste der Wissenschaft, indem Sie die einzige und nie wiederkehrende Gelegenheit ausnützen, die Geheimnisse der Neurosen zu durchschauen; Sie geben nicht nur Ihrem Kranken die wirksamste Behandlung gegen seine Leiden, die uns heute zu Gebote steht; Sie leisten auch Ihren Beitrag zu jener Aufklärung der Masse, von der wir die gründlichste Prophylaxe der neurotischen Erkrankungen auf dem Umwege über die gesellschaftliche Autorität erwarten.[17]

Ferenczi sprach am Nachmittag des ersten Tages über die Organisation. Die anschließende Diskussion wurde so erbittert geführt, daß die Beschlußfassung auf den nächsten Tag verschoben werden mußte. Über Ferenczi wurde gesagt, er habe für einen im Grunde charmanten Menschen eine ausgesprochen diktatorische Seite gehabt[18] und bei dieser Gelegenheit sei sie nur allzu deutlich in Erscheinung getreten. Unabhängig davon kann man sich kaum vorstellen, wie er den Inhalt seiner Rede durch den Tonfall hätte abmildern sollen. Zunächst teilte er die Entwicklung der Psychoanalyse in zwei Zeitalter ein: in eine »heroische Periode«, als Freud alle Angriffe ganz allein habe parieren müssen, und in ein zweite Periode, die »durch das Auftreten der Züricher gekennzeichnet«[19] gewesen sei. Adler und Stekel einzuordnen, die seit acht Jahren engagierte Verfechter der Sache waren, blieb den Zuhörern überlassen. Ferenczi stellte fest, die Auseinandersetzung könne nicht länger als »Guerillakrieg«[20] geführt werden. Es sei ein Hemmnis, wenn die Bewegung nicht über die notwendigen organisatorischen Strukturen verfüge.

Im Anschluß stellte er Überlegungen an, wie eine solche psychoanalytische Organisation auszusehen habe. Als Analytiker wüßten alle, daß sich in jeder Gruppe die Familiendynamik wiederhole: Jeder Präsident sei ein Vater, die anderen Funktionsträger spielten die Rolle der älteren Söhne. Die einfachen Mitglieder seien jüngere Geschwister, die danach trachteten, die älteren zu verdrängen. Analytiker würden dieser Dynamik natürlich nicht entgehen. Deshalb solle die neu zu gründende Vereinigung die »Familienorganisation« ganz bewußt für sich nutzen:

> Dieser Verband wäre eine Familie, in der dem Vater keine dogmatische Autorität zukommt, sondern gerade so viel, als er durch seine Fähigkeiten und Arbeiten wirklich verdient; seine Aussprüche würden nicht blind wie göttliche Offenbarungen befolgt, sondern seien wie alles andere Gegenstand einer eingehenden Kritik, und er selbst nähme diese Kritik nicht mit der lächerlichen Überhebung des Pater familias auf, sondern würdigte sie entsprechender Beachtung.
>
> Auch die sich zu diesem Verband geeinigten jüngeren und älteren Geschwister würden ohne kindische Empfindlichkeit und Rachsucht ertragen, daß man ihnen die Wahrheit ins Gesicht sagt, so bitter und ernüchternd sie auch sei.[21]

Dann kam Ferenczi zu den konkreten Vorschlägen, die am selben Morgen gedruckt worden waren. Aus den Berichten anderer Teilnehmer wissen wir, daß er mündlich folgende Zusätze machte: Jung sollte Präsident auf Lebenszeit werden und die uneingeschränkte Weisungsbefugnis »nach außen« (also auch bei sämtlichen Veröffentlichungen in anderen Organen als dem *Jahrbuch*) haben. Zudem sollte er Mitglieder, die gegen die Statuten verstießen, ausschließen dürfen. Jung wurde tatsächlich nicht nur die Leitung der gesamten Organisation übertragen, er erhielt darüber hinaus das Recht, nach Belieben jedes Mitglied zu maßregeln und den Wienern gegebenenfalls die Meinung »ins Gesicht [zu sagen], so bitter und ernüchternd sie auch sei«. Fritz Wittels beschreibt die folgende Szene so:

> Man kann sich denken, daß die ahnungslosen Wiener (»Wir saßen, keines Überfalls gewärtig«) von diesem Antrag in höchstem Grade befremdet waren. Ich weiß nicht, ob außerhalb der katholischen Ordensorganisationen etwas Derartiges jemals ausgedacht worden ist. [...]

> Freud benahm sich wie der Vater der Darwinschen Urhorde: ebenso gewalttätig und ebenso naiv. Als er die Erregung der Wiener Herren bemerkte und ihre Entschlossenheit, sich dem Antrag Ferenczis mit allen Mittel zu widersetzen, was besonders Adler und Stekel, um deren Haut es ja ging, sogleich zum Ausdruck brachten, vertagte er die Abstimmung über den Antrag auf die nächste Sitzung. Die unerquickliche Zeit war angebrochen, die mit drei großen Abfallbewegungen enden sollte: der dreijährige Krieg im Schoße der Psychoanalyse […].
>
> Am Nachmittage dieses denkwürdigen Tages versammelten sich die Wiener Herren in einem Seitensaale des Grand Hotels zu Nürnberg, um die unerhörte Situation zu beraten. Auf einmal erschien Freud uneingeladen unter ihnen. Er war in großer Erregung, wie ich ihn niemals gesehen habe, und sagte: »Ihr seid zum größten Teile Juden und deshalb nicht geeignet, der neuen Lehre Freunde zu erwerben. Juden müssen sich bescheiden, Kulturdünger zu sein. Ich muß den Anschluß an die Wissenschaft finden; bin alt, will nicht immer nur angefeindet werden. Wir alle sind in Gefahr.« Er faßte seinen Schlußrock beim Revers: »Nicht einmal diesen Rock wird man mir lassen«, sagte er. »Die Schweizer werden uns retten. Mich und Sie alle.«[22]

Die Wiener befanden sich in einer ausweglosen Situation. Sie wollten nicht nachgeben, waren aber andererseits ohne Freud vollkommen machtlos. Ihre Forderung nach Vorrang vor den Schweizern – Stekels leidenschaftliche Rede an den Kongreß hatte dies unterstrichen – beruhte auf dem Anspruch, daß sie sich Freud als erste angeschlossen hatten. Man schloß einen Kompromiß: Jung wurde Präsident nur für zwei Jahre. Riklin wurde Sekretär. Offizieller Sitz der Vereinigung war die Stadt, wo der Präsident seinen Wohnsitz hatte. Zürich war damit zunächst Sitz der neuen Organisation, würde es aber nicht automatisch für immer sein. Und eine Zensur sollte es auch nicht geben.

Aber der Kampf fing erst an. Als Freud gegangen war, berieten sich Adler und Stekel und beschlossen, die Klausel, nach der es »keine Zensur« geben sollte, unverzüglich zu erproben. Bei der Versammlung am folgenden Tag kündigte Stekel an, daß er und Adler eine eigene Zeitschrift gründen wollten, das *Zentralblatt für Psychoanalyse.* Offenbar nutzten die beiden auch jede sich bietende Gelegenheit, Jung ihren Unmut spüren zu lassen.

Freud verbrachte den Tag nach dem Kongreß mit Jung. Sie sehnten sich nach Ablenkung und besuchten im nahe gelegenen Rothenburg die weltgrößte Sammlung mittelalterlicher Folterinstrumente. Vor Jahren hatte Freud vergeblich versucht, bei Fließ ein Interesse an Hexen und ihren Geständnissen zu wecken. Nun dachte er sicher darüber nach, wie verschlungen die Wege des Schicksals doch sind. Jung wies wahrscheinlich bei dieser Gelegenheit Freud darauf hin, daß er sich unbedingt Daniel Paul Schrebers *Denkwürdigkeiten eines Nervenkranken* ansehen solle. Schreber war als Jurist bis ans Oberlandesgericht Dresden aufgestiegen, dann aber geisteskrank geworden. In dem Buch schildert er seine Erfahrungen, als enthielten sie bedeutende religiöse Offenbarungen, und so wurde es ein Klassiker der Psychiatrie. Über den gemeinsamen Ausflug von Freud und Jung wissen wir nichts Genaues, aber offenkundig trennten sie sich in dem wiedererwachten Gefühl einer schicksalhaften Verbundenheit.

Zurück in Wien, mußte Freud feststellen, daß die Gemüter noch immer erhitzt waren. Die Wiener warfen ihm vor, er sei der Urheber von Ferenczis Vorstoß, und er leugnete nicht. Die Wiener waren gekränkt, Freud mußte erklären, warum er den Zürichern den Vorzug gab. In den hitzigen Debatten war Freud in Hochform. Nachdem er das Zentrum der Bewegung offiziell von Wien weg verlegt hatte, zumindest vorläufig, war er bereit, den Wienern auf dem Papier Zugeständnisse zu machen. Kurz darauf wurde Adler Präsident der Wiener Vereinigung, Stekel Vizepräsident. Freud trat auch dafür ein, daß die Gruppe ihrem neuen Status dadurch Rechnung trug, daß sie angemessene Räume für ihre Zusammenkünfte suchte. Anstatt sich weiter in seinem Wartezimmer zu treffen, könne und solle man einen ordentlichen Saal reservieren. Freud bot sogar an, sich aus jeder offiziellen Position zurückzuziehen. Doch da schlug die Stimmung um, und er wurde zum »wissenschaftlichen Präsidenten« ernannt. Freud schrieb an Jung, er sei mit dem Erfolg seiner »staatsmännischen Tätigkeit«[23] zufrieden. Er hatte auch allen Grund dazu, denn in dem nun folgenden Gerangel um Titel gelang es ihm, als »Herausgeber« des neuen *Zentralblattes* zu figurieren. Damit stand er nominell über den Redakteuren Stekel und Adler, was nicht der Vereinbarung entsprach, die sie getroffen hatten. (Freud konnte die beiden anderen davon überzeugen, daß jeder potentielle Verleger auf seinem Namem im Impressum bestehen würde. Bei einer Tasse Kaffee einigten sich die drei, daß de facto Gleichheit herrschen sollte: Jeder hatte ein Vetorecht für sämtliche Beiträge.)

Wittels' kernige Formulierung, der »dreijährige Krieg im Schoße der Psychoanalyse« sei angebrochen, muß etwas zurechtgerückt werden. Der Krieg zeichnete sich zunächst durch ein gutes Stück Torheit aus. Die unmittelbare

Folge der Beschlüsse von Nürnberg war, daß sich die Wiener Gruppe in eine Art Debattierklub verwandelte, wo alle, vom Gefühl ihrer eigenen Bedeutsamkeit erfüllt, ihre jeweiligen »Entdeckungen« vortragen wollten. Vielleicht hatte es diese Rivalitäten unterschwellig schon immer gegeben, die offizielle Einrichtung einer formellen Institution brachte sie jedenfalls an die Oberfläche. Freud glaubte, in diesen Vorgängen ein Zeichen von neuem Fleiß und klarem Denken entdecken zu können, und darüber freute er sich. Doch für die organisatorischen Ambitionen der Wiener hatte er nur Herablassung übrig. Das erweckte den irreführenden Eindruck, es ginge um nichts Wesentliches. Hanns Sachs erinnerte sich später, Freud habe die jährliche Mitgliederversammlungen der Wiener Gruppe in den folgenden Jahren mit dem Satz eröffnete: »Heute müssen wir Studentenverbindung spielen.«[24] Tatsächlich jedoch nahm er die neue Verbindungspolitik sehr ernst. Er wartete nur auf den richtigen Zeitpunkt zum Handeln.

Soweit die Probleme der Wiener. In der übrigen Welt war die neue Vereinigung ein gewaltiger Fehlschlag. Schlicht gesagt, wollte einfach niemand der Internationalen Psychoanalytischen Vereinigung beitreten. In Berlin protestierte Marcinowski, der in Nürnberg einen Vortrag gehalten hatte, »energisch dagegen, zur Psychoanalytischen Vereinigung zu gehören«.[25] Frau Dr. Sophie Erismann, die regelmäßig die Züricher Versammlungen besucht hatte – auf dem Papier war sie die erste Analytikerin –, verschwand nach dem Kongreß ohne ein Wort der Erklärung. Der bis dahin unentschlossene Ludwig Frank, der nominell an die Züricher Gruppe angeschlossen war, zog seine Mitgliedschaft jetzt ostentativ zurück und beklagte sich, daß Freud ihn in Nürnberg brüskiert habe. (Das ist richtig. Als Frank sich vorstellte, eröffnete Freud ihm kurz und bündig, er wisse alles über ihn.) Eitingon war nicht unentschlossen, sondern finanziell unabhängig, und sah keinen Grund beizutreten. Auch Muthmann, der schon früh Anhänger der Psychoanalyse geworden war und dem Freud schon einmal »Mut« bescheinigt hatte,[26] wollte nicht beitreten. Wilhelm Strohmayer, Privatdozent für Psychiatrie und Neurologie in Jena, wollte nicht im Impressum des *Zentralblattes* genannt werden, rang sich dann aber zu zwei Jahren offizieller Mitgliedschaft in der Berliner Gruppe durch. Löwenfeld, Freuds persönlicher Freund und Kritiker, war bereit gewesen, in Nürnberg einen Vortrag über Hypnotherapie zu halten. Aber er trat nicht der Vereinigung bei, was Freud vielleicht auch nicht erwartet hatte. Wittels selbst schied im Sommer 1910 aus der Wiener Gruppe aus, nachdem es zu einer Auseinandersetzung mit Freud über die Frage gekommen war, ob er seinen Roman veröffentlichen dürfe; dessen Hauptfigur trug die Züge des prominenten Journalisten Karl Kraus, mit dem Wittels durch eine Dreiecksbeziehung verbunden war. Hans Maier, Jungs Nachfolger als zweiter Mann im Burghölzli und seit seiner Kindheit ein Freund Binswangers, wollte nicht beitreten. Binswanger selbst trat bei, aber niemand sonst aus seiner illustren Familie und dem Kreis um sie folgte seinem Beispiel. Auch er selbst hatte Vorbehalte gegen Freuds »Reich«.[27] Jung schreibt über die Vereinigung: »Die Sache scheint den Leuten doch recht unheimlich zu sein.«[28]

Vor allem aber wollte Bleuler nicht beitreten. Der Ausschluß Isserlins vom Nürnberger Kongreß, ein sehr ungewöhnlicher Schritt, hatte weitreichende Konsequenzen. Jung und Freud hatten von Kraepelin kein Wohlwllen mehr zu erwarten, seinem Assistenten hatten sie mit einem gewissen Vergnügen eins ausgewischt. Aber sie hatten nicht bedacht, in was für eine mißliche Lage sie Bleuler damit brachten. Und Bleuler stand für das Burghölzli. Mit Ausnahme von Jan Nelken weigerten sich alle dort angestellten Assistenten unter der Führung von Maier, der Vereinigung beizutreten, wenn sie auch weiterhin den Versammlungen in Zürich beiwohnten. Jung versuchte mit Freuds Rückendeckung, der Quasi-Revolte ein Ende zu machen und eine offizielle Mitgliedschaft zu erzwingen, aber sein Antrag wurde niedergestimmt.

Da Bleuler nicht beitrat, war die Züricher Gruppe ohne Führung. Pfister war eindeutig am zweitbesten geeignet, Präsident der Züricher Vereinigung zu werden – Jung und Riklin kamen aufgrund ihrer zentralen Position nicht in Frage –, aber Binswanger, der sich über die künftigen Überweisungen in sein Privatsanatorium in Kreuzlingen Sorgen machte, lehnte Pfister ab, weil er kein Mediziner war. Alphonse Maeder aus Genf stellte als Kompromiß eine gute Wahl dar – vorausgesetzt er gab seine Stelle in Kreuzlingen auf und ließ sich dauerhaft in Zürich nieder. Inzwischen lag die Leitung mehr oder weniger in den Händen von Binswanger, dem Jung indes nicht mehr recht traute und dem Freud einige Monate vorher Unzuverlässigkeit vorgeworfen hatte. Es war nicht gerade ein Chaos, aber viel fehlte nicht. Hinzu kam, daß die Spannungen zwischen den Schweizern und den Wienern einen neuen Höhepunkt erreicht hatten. Die Wiener mißtrauten Jung mehr denn je, und auf der Schweizer Seite weigerten sich Jung, Maeder und Binswanger strikt, irgend etwas in Adlers und Stekels *Zentralblatt* zu veröffentlichen. Bleuler lehnte Stekel so stark ab, daß er ihn als einen Grund für seine Weigerung nannte, der Vereinigung beizutreten. Jung gegenüber äußerte er, »man wolle nicht mit jedermann im Verein sein«.[29]

Jung hatte kein Talent, die Wogen zu glätten oder wenigstens die Führung der Getreuen zu übernehmen. Eine zentrale Leitung fehlte völlig. Das *Korrespondenzblatt,* das offizielle Kommunikationsorgan zwischen der Zentrale und den Ortsgruppen, schleppte sich mühselig über sechs Nummern dahin und nahm dann ein frühes Ende. Geschäftliche Mitteilungen gingen von Jung an Riklin. Aber Riklin war noch unordentlicher als Jung, er beantwortete nicht einmal Briefe. Als die Wiener eine Kopie der internationalen Statuten anforderten, damit sie sich bei den österreichischen Behörden registrieren lassen konnten, warteten sie so lange vergebens auf Antwort, daß sie die Möglichkeit in Betracht zogen, sich mindestens auf dem Papier selbständig zu machen. Und auch der Propagandawert einer solchen internationalen Organisation war praktisch verspielt. Tatsächlich wollte die Vereinigung nicht einmal ihre Mitgliederliste veröffentlichen, solange Bleulers Name nicht darauf stand, denn sein Fehlen würde mit Sicherheit unerwünschte Aufmerksamkeit erregen.

All dies brachte den Psychoanalytikern weder Respekt für ihre geistige Leistung ein, noch verbesserte es die beruflichen Umgangsformen. Außenstehende bemerkten ganz richtig, daß es hier um mehr als eine übliche wissenschaftliche Gesellschaft ging, und der Ausdruck »die psychoanalytische Bewegung« kam mit einem ganz anderen Beigeschmack in Umlauf, als Freud es sich gewünscht hatte. Schon im Jahr zuvor hatte Fritz Wittels mit seinem polemischen Buch *Die sexuelle Not* den falschen Ton angeschlagen. Er forderte darin nicht weniger als eine umfassende sexuelle Reform auf der Grundlage der Freudschen Lehre. Und der falsche Ton wurde schon bald ein zweites Mal angeschlagen, nämlich in Jungs beunruhigend fanatischer Besprechung von Wittels' Buch, die im August 1910 im *Jahrbuch* erschien. Als erster sprach Willy Hellpach in Berlin, um den Freud sich jahrelang bemüht hatte, abschätzig von der psychoanalytischen Bewegung. In der Zeitung *Der Tag* prophezeite Hellpach im Juni 1910 den »unvermeidlichen Zusammenbruch der Freudbewegung«.[30] Im Vormonat hatte Alfred Hoche, Professor für Psychiatrie in Freiburg, bei der Versammlung der Südwestdeutschen Neurologen und Psychiater in Baden-Baden eine noch schärfere Formulierung geprägt: Er gab seinem Vortrag den Titel »Eine psychische Epidemie unter Ärzten«. Dies erinnerte an jene Formulierungen, mit denen man einige Jahre zuvor die Hypnose kritisiert hatte. Im Hinblick auf die gegenwärtigen Entwicklungen definierte Hoche eine »psychische Epidemie« als »die Übertragung besonderer Vorstellungen von zwingender Kraft in eine größere Anzahl von Köpfen mit der Wirkung des Verlustes des eigenen Urteils und der Besonnenheit«.[31] Er schalt die Freudianer für ihr überlegenes Gehabe, ihren Jargon, ihre Unduldsamkeit, ihren missionarischen Eifer, ihre Leichtgläubigkeit und die phantastische Überschätzung ihrer Leistungen und erntete stürmischen Beifall. Als Gründe für die Epidemie nannte Hoche einen Mangel an Geschichtsbewußtsein und philosophischer Schulung sowie die trostlose Situation der Therapie bei Nervenkranken.

Das schlimmste Ereignis in jenem langen Sommer brachte wohl der erste Kongreß von Forels neugegründeter Gesellschaft für medizinische Psychologie und Psychotherapie Anfang August in Brüssel. Die Freudianer, die an dem Kongreß teilnahmen (allen voran der rastlos umherreisende Ernest Jones), waren entschlossen, jeden zu attackieren, der den Namen Freud nicht erwähnte. Schließlich stand Forel auf und legte Protest ein. Oskar Vogt, ein Freund Forels und Mitherausgeber des *Journals für Psychologie und Neurologie,* setzte sich mit dem folgenden Einspruch zur Wehr:

> Ich wende mich dagegen, daß einem Manne, der wie ich seit seinem 16. Lebensjahr seine Träume und seit 1894, also beinahe so lange wie *Freud* und länger als irgendein Freudianer, die zur Diskussion stehenden Fragen an seinen Kranken studiert, das Recht abgesprochen wird, über diese Fragen mitzusprechen.[32]

Am 10. August schrieb Freud aus Holland an Jung:

> Vielleicht liegt die Schuld an mir, obwohl man nachträglich leicht Erklärungen schmiedet und doch den Erfolg nicht vorhersehen konnte. Aber rein objektiv besehen, ich glaube, ich bin zu schnell vorgegangen, habe das Verständnis der Leute für die Bedeutung der ΨA [Psychoanalyse; J. K.] überschätzt und hätte mit der Gründung des I. V. [Internationalen Vereins] noch warten sollen. Meine Ungeduld, Sie an der richtigen Stelle zu sehen, und Intoleranz gegen den Druck eigener Verantwortung kamen auch in Betracht. Man hätte eigentlich gar nichts tun sollen. So sind die ersten Monate Ihrer Regierung, mein lieber Sohn und Nachfolger, nicht strahlend ausgefallen ...[33]

Freuds Enttäuschung erschütterte Jung ganz und gar nicht:

> Ich teile aus vollem Herzen Ihre Ansicht, daß wir unseres Weges etwas zu rasch gingen. Noch sind selbst unter den Gutgesinnten zu viele, die noch keine rechte Ahnung haben, was ΨA eigentlich alles heißt, und namentlich, was sie historisch bedeutet. Mein Ohr gehört jetzt sehr unsern Gegnern; die sagen nämlich durchaus bemerkenswerte Dinge, die uns in verschiedenem die Augen öffnen könnten. Was alles von Sekte, Mystik, Geheimjargon, Einweihung etc. angedeutet wird, das will was heißen. Auch die tief innere Empörung, die sittliche Entrüstung kann nur etwas Ergreifendem gelten, das in seinen Allüren etwas von Religion an sich hat.[34]

Dann steigert sich Jungs säkulare Religiosität zu einer erfrischenden Apokalypse:

> Zudem ist die ΨA viel zu wahr, als daß sie jetzt schon öffentlich anerkannt werden könnte. Zuvor müssen ausgiebig verfälschte Extrakte und Verdünnungen davon herumgereicht werden. Auch ist der notwendige Nachweis noch nicht gelungen, daß Sie die ΨA gar nicht entdeckt haben, sondern Plato, Thomas von Aquin und Kant, zugleich Kuno Fischer [ein prominenter Philosoph und Literaturkritiker; J. K.] und Wundt. Dann wird Hoche als Lehrer der ΨA nach Berlin berufen und Aschaffenburg in gleicher Qualität nach München. Darauf beginnt das goldene Zeitalter. Nach Ablauf der ersten 1000 Jahre wird die ΨA in Paris neu entdeckt werden, worauf England für 500 Jahre in Widerstand verfällt und nachher doch nichts begreift.[35]

Freud war entzückt. An Ferenczi schrieb er am 14. August 1910: »Von Jung erhielt ich gestern eine Epistel, die ihn wieder auf der Höhe und in vollem Besitz jener Eigenschaften zeigte, die seine Wahl gerechtfertigt haben.«[36]

Freud hatte guten Grund, wieder Mut zu fassen. Denn was immer mit der Internationalen Vereinigung schiefgegangen sein mochte, eines war auf jeden Fall gelungen: Er hatte Jung als den offiziellen Präsidenten der Bewegung installiert. Hier müssen wir kurz über Freuds fortbestehende Zuneigung zu Jung sprechen. Peter Homans hat im Anschluß an John Gedo die Meinung vertreten, die Beziehung habe alle Merkmale einer narzißtischen Übertragung aufgewiesen, das heißt, Freud habe Jung als Teil von sich selbst geliebt. Wie diese Zuneigung damals wirkte oder wie sie zumindest in der

Schweiz wirkte, geht aus einer Schilderung hervor, die Alphonse Maeder fünfzig Jahre später gab:

> ... er [Freud] betrachtete die Begegnung mit Jung als eine Art Erlösung. Er machte ihn zu seinem »Dauphin« [Kronprinzen; J. K.], wie wir sagen. Er wollte dafür keinen Juden. Er war froh, daß er [Jung] kein Jude war. [...] In gewisser Weise dachte er von allen seinen Schülern nicht sehr gut, weder über ihren Charakter noch über ihre schöpferischen Fähigkeiten. Er merkte, daß Jung der Typus des Genies war, wissen Sie, er hatte Kraft und war gesund. Ich meine, wenn man all diese Wiener anschaute, dann sahen sie einer wie der andere wie altersschwache, seltsame aus. Keiner hatte etwas Frisches an sich [...] und das [Jungs Kraft; J. K.] machte Freud froh.[37]

Wie die Wiener die Dinge sahen, wird aus der folgenden Schilderung von Wittels deutlich. Wittels schreibt über die Beziehung zwischen Freud, Ferenczi und Jung:

> Die drei Herren beschlossen, fest und treu zusammenzuhalten und die Lehre vor allen Gefahren zu bewahren. Die eine Gefahr war die der Verflachung und des Mißverständnisses, wie sie jeder wissenschaftlichen Richtung droht, die populär wird. Die andere Gefahr sah insbesondere Jung in den Arbeiten der Wiener Schüler Freuds, in der Wiener »Deuterei«. [...] Freud selbst, der wissen mußte, daß gerade die Wiener Schüler mit ihrem Herzblut bei der Sache waren, begab sich damals in eine merkwürdige Abhängigkeit von Jung. Wir sahen sein Antlitz glänzen, wenn er von ihm sprach: »Dieser ist mein lieber Sohn, an dem ich mein Wohlgefallen habe.«[38]

Kurz gesagt, hatte die Gründung der Internationalen Vereinigung vor allem den unmittelbaren Nutzen, daß Freud und Jung einander wieder nähergekommen waren. Freud schrieb am 24. September 1910 an Jung: »Ich grüße Sie herzlich und gebe der Sicherheit Ausdruck, daß unserer Sache nichts geschehen kann, solange unser beider Einverständnis ungetrübt bleibt.«[39]

Die Gründung der Internationalen Psychoanalytischen Vereinigung hatte aber noch einen anderen, vielleicht beabsichtigten Vorteil: Jetzt konnten sich junge Ärzte ausmalen, daß sie einst dieser Vereinigung beitreten würden, daß sie eine zusätzliche Ausbildung in diesem neuen Fachgebiet machen, daß sie, mit anderen Worten, Psychoanalytiker werden könnten. Und genau so geschah es. Schon während der »dreijährige Krieg« innerhalb der Psychoanalyse sich anbahnte, kamen nach und nach zahlreiche begabte Neulinge, die meisten recht jung und entsprechend leicht zu beeindrucken waren, und bewarben sich als Kandidaten für die Aufnahme in die örtlichen Gesellschaften. Zwischen 1909 und 1911 wuchs eine neue Generation heran – Hanns Sachs, Victor Tausk und Theodor Reik, um nur einige herausragende Namen zu nennen.

Eine neue Ära

In Zürich unternahm Sabina Spielrein Ende August einen wichtigen Schritt auf dem Weg, sich der nachrückenden Generation der Psychoanalytiker anzuschließen. Im Jahr zuvor hatte Eugen Bleuler ihre Dissertation betreut, eine psychoanalytische Untersuchung einer Patientin mit chronischer Dementia praecox. Aber Bleuler war der neuen Vereinigung noch nicht beigetreten und hatte auch keine Zeit gefunden, Sabinas ersten Entwurf zu lesen. Und so beschloß sie in den ruhigen Sommermonaten, sich an Jung zu wenden:

> Die Verzweiflung gab mir Mut, ich rannte zu meinem Freunde, mit welchem ich so lange Zeit nicht reden wollte. Lange fand ich keine Worte, bis ich ihm meine Not klagen konnte und ihn bat, meine Arbeit zu lesen, schon deshalb, weil er darin figuriert. Er spottete über Prof. Bleuler als Analytiker, ich konnte es aber nicht dulden und meinte, ich sei nicht dazu gekommen, sich über einen Menschen, den ich so gern habe, lustig zu machen. Wir machten es so ab, daß ich im September bei Prof. Bleuler meine Arbeit bitte und sie meinem Freunde sende. [...] Das wichtigste Endresultat unserer Unterhaltung war, daß wir uns beide wieder innig lieb hatten. Mein Freund sagte mir, wir müßten immer auf der Hut sein, um sich nicht wieder ineinander zu verlieben: wir seien immer für einander gefährlich. Er gestand mir, daß bis jetzt noch kein weibliches Individuum bei ihm meine Stelle vertreten konnte. Es sei, als hätte er einen Halsschmuck, in welchem alle übrigen Verehrerinnen – Perlen; ich – das Medaillon wäre. Am Anfang war er sehr böse, daß ich ihm meine Arbeit nicht längst schon zusandte, daß ich kein Vertrauen zu ihm habe etc. Dann wurde er immer inniger. Zum Schluß drückte er einige Male meine Hände an das Herz und meinte, es müsse jetzt eine neue Ära beginnen.[40]

Kapitel 12

Die geistige Richtung der Psychoanalyse

Endlich möchte ich noch besonders die enorme Wichtigkeit der von Freud entdeckten *»Darstellung durchs Gegenteil«* für die Entstehung der Wahnbilder hervorheben. Ein besonders wichtiger Fall davon ist die Darstellung der Sexualbetätigung durch Todessymbolik. Die Ursache dieser Erscheinung liegt nach meiner Ansicht im Wesen der Sexualbetätigung selber, und zwar genauer gesagt, in den beiden antagonistischen Komponenten der Sexualität.

Sabina Spielrein, *Über den psychologischen Inhalt eines Falles von Schizophrenie (Dementia praecox),* 1911.

Anfang September 1910 schickte Sabina Spielrein Jung ihre Dissertation *Über den psychologischen Inhalt eines Falles von Schizophrenie (Dementia praecox)* zu. Die Arbeit wurde 1911 im *Jahrbuch* veröffentlicht. Die Dissertation ist die einzige Quelle, die Aufschluß gibt über die Zeit zwischen den wehmütigen Reflexionen in ihrem Tagebuch im Sommer 1909 und dem Tagebucheintrag vom August 1910, als sie aufgeregt schrieb, nun beginne »eine neue Ära« zwischen ihr und Jung.

Die Patientin, die Sabina Spielrein für ihre Untersuchung ausgewählt hatte, war eine gebildete, aber zeitweise gewalttätige und schwer gestörte Frau, deren Ängste um Tod und Auflösung kreisten. Ihre Äußerungen waren wirr und erschienen zunächst völlig unsinnig. Doch es gelang Sabina Spielrein, vieles zu entschlüsseln, so zum Beispiel den »Katholisierungs-Komplex«[1] der Patientin, den sie in ihrer Arbeit ebenso scharfsinnig wie überzeugend darstellt. Die Frau war Protestantin, ihr Ehemann war katholisch, der Sexualität und anderen Frauen zugetan. Mit der Formulierung »katholisiert werden« drückte sie aus, daß sie von unerwünschten sexuellen Vorstellungen überwältigt wurde. Bei dem Komplex ging es um eine »Neuschaffung des Menschen« auf »mythologische Weise«[2] und dann um »sixtinische Experimente«,[3] die mit halluzinierten Strafen für sexuelles Verlangen und dessen Leugnung zu tun hatten. Die »sixtinischen Experimente« wiederum brachten »Verwandlungen« des Körpers der Patientin mit sich, in denen der Kampf zwischen sexuellem Verlangen und Widerstand gegen die Sexualität auf der Ebene des körperlichen Protoplasmas ausgetragen wurde. Ebenso kamen Vorstellungen über »Poesie« und »Kunst (Malerei)« als Synonyme für »Religion« ins Spiel, das heißt als unterschiedliche Arten, sich sexuellen Kontakt im Rahmen einer Liebesbeziehung vorzustellen.

Aber Sabina Spielrein forschte nicht nur nach sexuellen Themen, sondern deckte auch mit großem Geschick Bezüge zwischen den Wahnbildern und der Alltagswelt ihrer Patientin auf. So fand sie zum Beispiel zahlreiche Anspielungen auf Auguste Forel: Zu den zentralen Wahnvorstellungen ihrer Patientin gehörte die Idee, sie habe einen kleinen »Forel« in sich. Ihr Ausdruck »sixtinische Frage« war eine Nachbildung seines Buchtitels *Die sexuelle Frage.* Forel war der Anführer der Abstinenzbewegung, daher die zahlreichen Bezüge auf Alkohol. Und so analysierte Sabina Spielrein ein Thema nach dem anderen.

Auch Jung taucht in der Dissertation wiederholt auf; die Patientin wurde offenbar nicht müde, über ihn zu sprechen. Eine ihrer auffallenden Wahnvorstellungen, die bei der Prüfung ihres Geisteszustandes zu Beginn der Dissertation genannt wird, betraf Jung direkt. Die Patientin behauptete wiederholt, sie sei »durch Basel hindurch geschlagen« worden.[4] Sabina Spielrein spürte scharfsinnig alle Stränge dieses Komplexes auf. In Basel war Jung aufgewachsen. »Geschlagen« werden hatte mit der »Schnitzelbank« zu tun, einem Karnevalsbrauch, bei dem Spottverse über bekannte Personen oder Mißstände vorgetragen werden, und auch mit einer Art Spießrutenlaufen, wie die Patientin explizit erwähnte. Der Hintergrund dafür war, daß Jung mit der Patientin das Assoziationsexperiment durchgeführt hatte – dabei ruft der Versuchsleiter dem Probanden laut die Reizwörter zu, während ein Kollege die Reaktionszeit mißt – und die Patientin begriffen hatte, daß dabei ihre Komplexe aufgedeckt wurden. Sie fühlte sich gedemütigt, darüber hinaus empfand sie das Experiment auch als sexuellen Übergriff.

An anderen Stellen sagte sie verschiedentlich Dinge über Jung, die durchaus Komplimente waren. So meinte sie etwa, daß sein fröhliches Wesen alle dazu verleite, ihn mit ihrer Liebe zu verfolgen. Später kommentierte sie, vielleicht mit einer Anspielung auf Sabina Spielreins Namen, Jungs familiären Hintergrund: »Er [Dr. Jung] sagte, sein Vater wäre ein Pfarrer – seine Schulbildung eine reine.«[5] Besonders treffend war die folgende Bemerkung: »Dr. J., der mich prostituiert hat, ist ein Mormonenfreund – er möchte jedes Jahr eine Scheidung haben.«[6]

Möglicherweise bereitete es Sabina Spielrein Vergnügen, die Seitenhiebe auf Jung zu zitieren, aber aus ihrer Arbeit geht nichts dergleichen hervor. Ihr Ton ist durchgehend ernst und sachlich. Ihre Schlüsse waren eindrucksvolle Neuerungen, denn sie hatte einen überzeugenden Weg gefunden, Freuds Annahmen über die Abwehr mit der Phänomenologie der Dementia praecox zu verbinden:

> Die Schizophrenie bedient sich überhaupt bekanntlich gerne vager abstrakter Begriffe, und dies hat seinen guten Grund. [...] Je weniger scharf umschrieben ein Begriff ist, desto weniger bezeichnet er etwas Bestimmtes, Konkretes, desto mehr Vorstellungsinhalte aber kann er umfassen. So scheint mir ein Symbol überhaupt dem Bestreben eines Komplexes nach Vervielfältigung, nach Auflösung in das allgemeine Ganze des Denkens seinen Ursprung zu verdanken. [...] Der Komplex wird dadurch des Persönlichen beraubt.[7]

Die anhaltende Beschäftigung der Patientin mit Bildern von Tod, Krankheit, Schmutz und Auflösung bringt Sabina damit in Zusammenhang, daß die sexuelle Verschmelzung für das differenzierte Ich eine Bedrohung bedeutet. Diese Bedrohung kann jeder empfinden, aber bei einem Schizophrenen, dessen Ich schon vorher in Bedrängnis war, führt sie geradewegs in den Wahn hinein. In den Wahnvorstellungen, so Sabina Spielrein, ist die Wirkung von »zwei antagonistische[n] Komponenten« im sexuellen Verlangen zu beobachten, einer Auflösungstendenz (die destruktiv ist) und einer Verwandlungstendenz.

Sabina Spielrein war nicht der einzige Mensch in Zürich, für den diese Themen eine persönliche Bedeutung hatten. Jung gelangte unabhängig von ihr zu der Überzeugung, daß in der Sexualität zwei unterschiedliche Elemente vorhanden seien und daß darin der Schlüssel zu den Motiven von

Tod und Wiedergeburt liege. Nun kam per Post die Dissertation seiner einstigen Geliebten, in der sie mit einem ganz ähnlichen Modell der Libido die »Todessymbolik« erklärte. Und wir kommen damit zum Kern der Sache: Sabina hatte eine Patientin gefunden, die Sexualität und Religion vermischte, die von »Kunst« und »Poesie« sprach und »Dr. J.« liebte. Dadurch war es ihr gelungen, sich von ihren eigenen Komplexen zu distanzieren und sie in eine andere Person zu verlegen. Ihre Dissertation signalisierte Jung, daß sie nicht mehr das naive Mädchen der einstigen Liebesaffäre war, sondern eine tüchtige junge Kollegin, die, wenn sie wollte, eine angemessene Distanz zu den Dingen einnehmen konnte, ohne daß sie dabei etwas von ihrer intuitiven Fähigkeit opferte, die Tiefen der Seele auszuloten.

Der verbogene Schirm

Nun war Jung im Zwiespalt. Er reagierte auf den Empfang der Dissertation mit zwei Briefen, der zweite erreichte Sabina am 13. September 1910. Im ersten Brief hatte er noch erklärt, »manche Stellen« in ihrer Arbeit hätten »ihn in Entzücken versetzt«,[8] der zweite Brief klang deutlich kühler: »Er ärgerte sich, daß ich gleichsam absichtlich überall seinen Namen übergehe, seine Schriften nicht anführe, ja am Ende über ihn ein bißchen spotte.«[9]

Die erste Begegnung zwischen Sabina Spielrein und Jung im Herbst 1910 fand am Dienstag, dem 20. September, statt. In ihrem Tagebuch schildert sie, wie schwierig die Situation für sie war:

> Ich erklärte ihm, soweit ich konnte, daß ich ihn ja gern habe, nur kann ich nichts dafür, daß meine stolze Natur seiner zu tief greifenden Macht über mich Widerstand leistet. Es ging alles friedlich zu. Er schlug mir vor, die Dissertation mit ihm zu bearbeiten, damit sie in das Jahrbuch aufgenommen werden kann. Der Fall wäre so interessant, daß ich denn gerade als Mitglied der psychiatrischen Gesellschaft aufgenommen würde. Nach einigem Zögern (wegen der seelischen Tortur in seiner Gegenwart) willigte ich ein. So wäre denn auch dieser Wunsch, der mir so fabelhaft schien, erfüllt und doch zieht sich das unbefriedigte Herz schmerzhaft zusammen, denn die Hauptsache fehlt ihm und diese Hauptsache ist die Liebe. Ach, wiederum dieses »was tun?« Ich glaube kaum, daß ich Jemanden so wie meinen Freund lieben könnte. Ich fürchte, daß mein Leben für mich verspielt ist.[10]

Sabina Spielreins Lage wurde noch komplizierter, weil sie genau wußte, daß sie nicht die einzige war, die Jung verehrte. In ihrem Tagebuch schreibt sie, Fräulein Aptekmann sei gleichzeitig in ihn verliebt gewesen. Außerdem wissen wir aus Jungs Brief an Freud vom 8. September 1910 und aus Freuds Antwort vom 24./26. September 1910, daß damals noch zwei andere Frauen, Maria Moltzer aus Zürich und Martha Böddinghaus aus München, wegen Jung miteinander auf Kriegsfuß standen. Jung bat Freud um Vermittlung, äußerte sich aber nur andeutungsweise über die Hintergründe: »Zwischen den beiden herrscht natürlich liebende Eifersucht um mich.«[11]

Das nächste Mal begegneten sich Jung und Sabina offenbar am Samstag, dem 24. September. Sie hatte nach eigenem Bekunden einen unbewußten »Widerstand« gegen ihren Freund aufgebaut und traf ziemlich spät bei der Fähre nach Küsnacht ein. Sie war von der Straßenbahn abgesprungen, gefallen und dann gerannt, um die Fähre noch zu erwischen. Dabei hatte sie sich das Knie aufgeschürft, den Rock zerrissen und »den Schirm verbogen«.[12] Besonders die Sache mit dem Schirm erbitterte sie, weil sie erst kurz vorher geträumt hatte, »der Schirm meiner Mutter wäre schon alt, meiner dagegen neu und stattlich«.[13] Es sei daran erinnert, daß ihre Mutter während ihrer Gymnasialzeit siegreich mit ihr um zwei Verehrer rivalisiert hatte. Den verbogenen Schirm deutete sie daher so, daß es mit ihren eigenen Interessen in Liebesdingen derzeit auch nicht zum besten stand. Jung zeigte, zumindest anfangs, wenig Mitgefühl:

> Wegen meinem Unglück mit dem Trame [der Straßenbahn; A. d. Ü.] lachte er und meinte, ich solle doch keine »Angstwunscherfüllungen« machen. Ich lachte auch […] . Oh, wie mich das alles ärgerte! Eine unter den Vielen zu sein, die für ihn schmachten und dafür seinen gütigen Blick, ein paar freundliche Worte erhalten. Von unten auf ihn heraufblicken und ihm ja alle seine Wünsche erfüllen, um nicht seinen Zorn auf sich zu lenken! Denn hat man mal seiner Eitelkeit nicht genug Rechnung getragen – so muß man es schwer büßen: er nimmt den ganz kalten offiziellen Ton an, und wer leidet so schwer darunter? Er natürlich nicht: ein bißchen Ärger kann man durch Arbeit vertreiben, die Liebe zu einer mit der zu einer anderen ersetzen; dann ist man auch sicher, daß diese eine sich schließlich demütigt, und sie wird es, welche qualvolle Tage und schlaflose Nächte haben wird, das dumme kleine Mädchen.[14]

Abgesehen von der Peinlichkeit und dem verletzten Stolz, verlief das Treffen jedoch erfreulich: »Wir haben so viele interessante Fragen mit ihm besprochen. Er schlug mir vor, meine zweite Arbeit neben seiner und der von Dr. Honegger zu drucken, den Gedanken ›Sexualinstinkt – Todesinstinkt‹ fand er durchaus der Verarbeitung wert.«[15] Bei dem Begriff »Todesinstinkt« hatte Sabina Spielrein die Theorie des Exilrussen Ilja Metschnikow im Sinn, der an die Spitze des angesehenen Institut Pasteur in Paris aufgestiegen war und 1908 den Nobelpreis für Medizin bekommen hatte. In mehreren Arbeiten, angefangen bei der vielgelesenen Abhandlung *Studien über die Natur des Menschen* von 1903, führte Metschnikow aus, daß es einen natürlichen Wunsch nach dem Sterben gebe, der am Ende eines langen Lebens zutage trete. Sabina Spielrein nahm an, daß dieser sogenannte Todesinstinkt in Wirklichkeit Ausdruck eines sexuellen Wunsches nach Auflösung war.

Am folgenden Dienstag, dem 27. September, hatte sie schon wieder Qualen auszustehen. Sie war mit Jung verabredet und traf pünktlich bei ihm zu Hause ein, wurde jedoch ohne Erklärung wieder weggeschickt. Erst am Abend erfuhr sie den Grund für diese kränkende Behandlung: Jungs Frau hatte am Morgen eine Tochter geboren. Die geplatzte Verabredung wurde am Donnerstag, dem 29. September, nachgeholt. Aus dem Tagebucheintrag vom folgenden Tag geht hervor, daß etwas Dramatisches geschehen sein mußte, denn Sabina Spielrein war in gänzlich veränderter Stimmung: »Ja, mein guter Freund! Ich liebe Dich und Du liebst mich. Wonach ich mich in letzter Zeit sehnte, ist erfüllt: er zeigte mir nur zu deutlich seine Liebe.«[16]

> Wir sollten an die Arbeit gehen, statt dessen sprachen wir von Sexualinstinkt – Todesinstinkt, von der Darstellung der Inzestgedanken in Form des Todes, von den Theorien der Dem. praec. [Dementia praecox], von der Ahnenwelt. Wir konnten gar nicht fertig werden. Mein Freund hörte mir ganz begeistert zu, dann zeigte er mir seine noch nicht gedruckte Arbeit, einen Brief von Prof. Freud und seine Antwort darauf. Er zeigte es mir, weil er vom Parallelismus in unserem Denken und Fühlen ganz ergriffen war. Er sagte mir, daß ihn diese Erkenntnis bange macht, weil das der Weg ist, durch welchen ich seine Liebe gewinne. Ich sah es nur zu gut, was ich ihm bin. Es war die höchste Genugtuung für mich. »Also nicht eine unter den vielen. Eine, welche die Einzige ist, denn sicher kann ihn kein Mädchen so verstehen wie ich, keines würde ihn auf diese Art durch einen selbständigen ganz analogen Gedankengang überraschen. Er

hat sich gewährt, er wollte mich nicht lieben. Nun muß er das, weil unsere Seelen so tief verwandt sind, weil wir auch in der Trennung doch durch das gemeinsame Werk vereint sind. Ja, wie gesagt, die erotischen Gefühle kann man leicht unterdrücken, zu Gunsten dieser schönen hohen Freundschaft.« Er munterte mich auf, meine neue Arbeit über den Todesinstinkt zu schreiben, jedoch sagte ich, daß ich zuerst diese fertig machen will. Morgen bin ich wieder bei ihm, und wir nehmen uns vor, bei der Arbeit zu bleiben. Mein vorläufig einziger Wunsch ist, daß wir auch morgen »Freunde« bleiben.[17]

»Morgen« war Samstag, der 1. Oktober. Jung hatte ursprünglich vom 1. bis 14. Oktober eine Radtour durch die Südschweiz und Norditalien machen wollen, dann aber seine Abreise um ein oder zwei Tage verschoben, um abzuwarten, wie sich seine Frau von der Entbindung erholte.

Die Welt unserer Vorfahren

Jung war ohne Zweifel erfreut, Sabina Spielrein wiederzusehen – das »Medaillon« in der Perlenkette seiner Verehrerinnen –, aber er hatte noch andere Gründe, diese verlorene Tochter in Gnaden wieder aufzunehmen. Diese Gründe hatten mit seiner neuen offiziellen Position als Vorsitzender der Internationalen Psychoanalytischen Vereinigung zu tun. Jung meinte, daß ihm dieses Amt die Erlaubnis und die Vollmacht gab, die weitere Entwicklung der psychoanalytischen Theorie maßgeblich zu bestimmen. Bei ihm bahnte sich gerade eine neue Phase an, und Sabinas Beitrag ließ sich vielleicht gut in seine Pläne einfügen. Bei der Zusammenkunft am 29. September weihte er sie in den neuesten Stand der Dinge ein.

Der unveröffentlichte »Aufsatz«, den Jung Sabina Spielrein am 29. September zeigte, war das Manuskript seines Vortrags in Herisau; die beiden Briefe waren höchstwahrscheinlich Jungs dreiseitiger Brief vom 26. Juni 1910, in dem er seine Gedanken über den sich selbst opfernden Helden zu verteidigen suchte, und Freuds Antwort vom 5. Juli 1910, in der er Jungs Schreiben einen »von den bedeutsamsten Gedanken erfüllten Brief«[18] nannte. Ein abschließendes Urteil wollte Freud jedoch zurückstellen, bis Jung »weitläufigste Begründung« gegeben habe. Inzwischen war Jung zu der Erkenntnis gelangt, daß sich die Themen von Tod und Wiedergeburt bis zu noch älteren Mythen zurückverfolgen ließen – den Mythen vom Sonnenhelden. Die Geschichte vom Tod des Sonnenhelden, von seiner Reise durch die Unterwelt und seiner anschließenden Auferstehung war im Altertum weiter verbreitet als jede andere. Meist diente dem Mythos der Lauf der Gestirne als Modell. Der Held ist die Sonne, die im westlichen Ozean untergeht, während der Nacht unter dem Ozean hindurch zieht und morgens neugeboren im Osten wieder emporsteigt. Oft wird der Sonnenheld von einem Gefährten begleitet, mit dem er irgendwann einen Kampf zu bestehen hat. Häufig hat der Sonnenheld auch eine Gefährtin in Gestalt einer Mondgöttin, die ihn ins Verderben locken will. Und schließlich kehrt in vielen Mythen der Sonnenheld am Ende mit einem großen Geschenk an die Menschheit zurück. Jung konnte die Geschichte leicht aus dem Blickwinkel der Introversion deuten. Die gefährliche Mondgöttin als Symbol steht dabei für das zur Regression verführende innere Bild der Mutter, von der der Held sich befreien muß.

Irgendwann zwischen Juni und September hatte Jung beschlossen, seine Analyse der dritten Miller-Phantasie so zu erweitern, daß er die Reise des Sonnenhelden mit einbeziehen konnte. An dieser Stelle trat, chronologisch und analytisch gesehen, Sabina Spielrein auf den Plan. Jung erlag in seiner freudigen Erregung dem Mißverständnis, Sabina Spielrein hätte den wesentlichen Zusammenhang zwischen den Symbolen des Todes und der Wiedergeburt – der »Verwandlung«, wie sie es nannte – sowie deren Beziehung zur inzestuösen Sexualität geklärt. Dann war da noch der mythologische Aspekt. Sabina Spielrein meinte, die mythische Symbolik sei für ihre Patientin attraktiv, weil sie sich als ideales Reich der Dissoziation anbiete. Sie hob besonders die formalen Seiten des Mythos hervor, der eine Art von unpersönlichem, kollektivem Denken sei. Jung hatte als erster diese Richtung verfolgt (das Denken in »Analogien«) und im Jahr zuvor die neue Behauptung aufgestellt, die hartnäckige Wiederkehr »typisch mythologischer« Symbole im Unbewußten spiegele die Tatsache wider, daß diese Denkformen *phylogenetisch ererbt* seien.

Die neue These hatte zwei wichtige Konsequenzen für Jungs gerade entstehendes System, eine moralische und eine diagnostische. Auf der moralischen Ebene lautete die Schlußfolgerung, daß das Opfer nicht nur ein zentrales Element der alten Religionen war, sondern daß in jedem Menschen ein phylogenetisch erworbenes Motiv für die Selbstopferung angelegt sein muß, denn nur so kann der einzelne den Verlockungen der inzestuösen oder im Widerstand gebundenen Libido entgehen. Auf der diagnostischen Ebene bedeutete die Theorie, daß mythische Vorstellungen zum phylogenetischen Erbe der Menschen gehören, daß ein Patient bei zunehmender Regression immer näher an diese phylogenetisch erworbene Ebene herankommt. Die Phänomenologie der Schizophrenie war darum für Jungs Theorie besonders wichtig, denn am Beispiel der Schizophrenie mußte es möglich sein, seine Annahmen zu bestätigen oder zu widerlegen. Es war vor allem Honeggers Auftrag, Belegmaterial für die Theorie zu suchen, und in Nürnberg hatte Honegger einen Vortrag darüber gehalten. Seit Nürnberg hatte Jung selbst Ähnliches herausgefunden. Im September, als er sich wieder mit Sabina Spielrein traf, deckte er bei einer ambulanten schizophrenen Patientin ein mythisches System auf. In einem Brief an Freud vom 29. September, dem Tag der dramatischen Unterredung mit Sabina Spielrein, schildert er aufgeregt seine Entdeckung:

> Ich glaube, daß meine Vermutung, die Miller-Phantasie meine ein Erlösungsmysterium, sich ausgiebig belegen läßt. Gerade dieser Tage hat eine sog. Dementia praecox-Patientin, die ich schon fast ganz befreit habe, eine ganz große, bis jetzt ängstlich gehütete Mondphantasie herausgegeben, die ein aus durchaus liturgischen Bildern zusammengesetztes Erlösungsmysterium ist.[19]

In den folgenden Monaten fügte Sabina Spielrein in ihre Dissertation auf Jungs Drängen hin einige mythische Parallelen zu den Wahnvorstellungen ihrer Patientin ein, die ihr bisher nicht aufgefallen waren. Die neue Deutungsrichtung änderte nicht viel an der Dissertation, hatte jedoch eine für die Chronologie bedeutsame Konsequenz: In ihrer Arbeit wurde zum ersten Mal Material veröffentlicht, das Jungs phylogenetische Thesen in Zusammenhang mit der Schizophrenie unterstützte.

Wenn wir einmal die intellektuellen Feinheiten der Gespräche zwischen Jung und Sabina Spielrein beiseite lassen, so ist festzuhalten, daß alles, was besprochen wurde, von den »Inzestgedanken in Form des Todes« bis zu den Bemerkungen der Patientin über »Dr. J.« und zur »Ahnenwelt« persönliche Bezüge enthielt, die sowohl für Sabina Spielrein als auch für Jung außerordentlich bedeutsam waren. Der neue Deutungsansatz stellte zugleich eine Weltsicht dar, die zu jenem Zeitpunkt nur sie beide teilten. In dieser privaten Ideologie konnte die gesamte Geschichte von den Anfängen bei Adam und

Eva auf einen zentralen Konflikt zurückgeführt werden, der im Innersten des sexuellen Verlangens lag, einen Konflikt zwischen Auflösung und Verwandlung, der auch in der Gegenwart weiter wirkte, selbst wenn er sich in uralte Motive kleidete, die aus den Tiefen des Unbewußten heraufgerufen wurden. So theoretisch ihre Gespräche klangen, tatsächlich rückten die beiden wieder einmal gefährlich nahe an »Poesie« heran.

Im Oktober verließ Jung die Stadt für zwei Wochen und unternahm gemeinsam mit einem befreundeten Arzt aus München, Wolf Stockmayer, eine Radtour durch den Norden Italiens. Offenbar hielt er es für das beste, seine junge Freundin vor der Abreise zu ernüchtern. Am 9. Oktober, nach Jungs Abreise, schreibt Sabina Spielrein in ihr Tagebuch, daß sie einen würdigeren Vater für ihr ungeborenes Kind »Siegfried« finden müsse. Und sie schreibt auch, daß sie Zyankali nehmen wolle, falls ihr das nicht gelinge.

Die Welt unserer Vorfahren – ein Traum

Jungs Radtour war mit einigen Phantasien befrachtet. Bei der Planung der Fahrt hatte er sich ausdrücklich vorgenommen, einen Bogen um Rom zu machen, offenbar in Nachahmung von Freuds »Rom-Neurose«. (Ende der neunziger Jahre hatte Freud, der leidenschaftlich gern reiste, eine Art Phobie gegen den Besuch von Rom entwickelt.) In einem Brief an Freud vom 11. August 1910 umreißt Jung seine geplante Route und schreibt: »Rom speziell ist mir noch nicht erlaubt, aber es rückt näher, so daß ich mich schon hie und da darauf freue.«[20]

Auch ohne Rom war die Fahrt schön und fruchtbar. In Verona entdeckte Jung eine Priapos-Statue, die in verblüffender Weise zu seiner Theorie paßte. Stockmayer photographierte die Statue für ihn. Sie zeigte den Gott Priapos, der lächelnd auf eine Schlange deutet, die ihm den Penis abbeißt. Jung fühlte sich dabei an seine Gedanken über die Ikonographie des Mithraismus: ein Libidosymbol greift ein anderes an. Außerdem fand er in Verona antike mystische Inschriften, die sich anscheinend leicht im Sinne seiner neuesten Theorien entschlüsseln ließen. So durfte er das Gefühl haben, er sei auf dem besten Weg, ins Herz des antiken Heidentums vorzustoßen. Wahrscheinlich bereitete es ihm auch Freude, auf der italienischen Reise streckenweise den Spuren seines »Großvaters« Goethe zu folgen. Auf dem Rückweg geschah dann etwas, was Jungs Selbstvertrauen stark erschütterte. In Arona am Lago Maggiore hatte er einen höchst beunruhigenden Traum:

> Im Traum befand ich mich in einer Versammlung erlauchter Geister aus früheren Jahrhunderten [...]. Die Unterhaltung wurde auf Lateinisch geführt. Ein Herr mit einer Allongeperücke sprach mich an und stellte mir eine schwierige Frage, an deren Inhalt ich mich beim Erwachen nicht mehr erinnern konnte. Ich verstand ihn, beherrschte die Sprache aber nicht genügend, um ihm lateinisch zu antworten. Das beschämte mich aufs tiefste, so daß die Emotion mich weckte.
>
> Schon im Augenblick des Erwachens fiel mir meine damalige Arbeit [...] ein, und ich hatte derartige Minderwertigkeitsgefühle ob der nicht beantworteten Frage, daß ich sofort den Zug nach Hause nahm, um mich an die Arbeit zu begeben. Es wäre mir unmöglich gewesen, die Velotour fortzusetzen und noch drei Tage dafür zu opfern. Ich mußte arbeiten, um die Antwort zu finden.[21]

Jung hatte eine sehr besondere Version eines wohlbekannten Angsttraumes gehabt, des »Prüfungstraumes«. Zu der Zeit befaßten sich sowohl Freud als auch Stekel gerade mit solchen »Prüfungsträumen« und deuteten sie als Ausdruck des Zweifels an der eigenen Männlichkeit. Läßt man die Möglichkeit einer sexuellen Deutung beiseite, scheint sich der Traum bei Jung auf das Empfinden zu beziehen, er sei nicht richtig Herr seiner Arbeit. Er wurde von einem Gefühl überwältigt, das Janet *»sens d'incomplétude«* (Gefühl des Ungenügens) genannt hatte. Der Betreffende fühlt sich nicht als vollständige Person, und das weist zugleich darauf hin, daß er nicht in der Lage ist, seine Fähigkeit zur Selbstreflexion zu nutzen. Tatsächlich war Jung zu diesem Zeitpunkt nahe daran, die kritische Distanz zu seinem Manuskript zu verlieren. In den folgenden Monaten stolperte er blindlings in die Falle, seine Entdeckungen, die in Wirklichkeit nur seine modernen Interpretationen waren, auf das alte Material zurückzuprojizieren. Jung kommt in seiner auf mehrere Abschnitte der Erinnerung verteilten Deutung des Traumes in Arona zu dem Schluß, es sei um den Gedanken an ein Weiterleben nach dem Tod gegangen.[22] Er schlägt von diesem Traum die Brücke zu einem anderen Traum, den er kurz nach dem Tod seines Vaters im Jahr 1896 mehrmals gehabt hatte. In jenem Traum schien sein Vater nicht gewußt zu haben, daß er tot war, und sagte, er komme jetzt wieder nach Hause. Er hatte Jung zum ersten Mal auf den Gedanken gebracht, daß es ein Leben nach dem Tode geben könnte. Jungs Auslegung des Arona-Traums zeugt darum implizit von einem Wiedererwachen seines früheren Interesses für okkulte Phänomene.

Wir würden Jungs Traum gern noch weitergehend deuten, aber da Jung selbst keine weitere Aufklärung gibt, können wir lediglich versuchen, den Traum in die chronologischen Bezüge einzuordnen. Zu Beginn des Jahrzehnts, ehe Freud so einflußreich geworden war, waren Myers, Flournoy, und James zusammen mit Janet bei der Erfoschung der subliminalen Welt führend gewesen. Im Gegensatz zu Freud räumten sie in ihren Schriften die Möglichkeit ein, daß das Unbewußte wundersame Dinge wie Telepathie und spirituelle Offenbarungen ermögliche. Da diese Vergangenheit noch zum Greifen nahe war, weist Jungs Traum wohl auf einen Wunsch hin, zu dieser Literatur zurückzukehren und irgendeinen unbenannten Sachverhalt oder ein Phänomen zu retten, das in jüngster Zeit aus dem Blickfeld geraten war, wahrscheinlich durch eine Neufassung und Eingliederung in die psychoanalytische Begrifflichkeit.

Aber auch der engere Kontext von Jungs damaliger Situation verdient Beachtung, und gerade darüber erfahren wir aus Jungs späterer Deutung so gut wie nichts. Jungs neuestes Interessensgebiet war damals das phylogenetische Erbe, nicht die Frage der Medien. Aber selbst wenn man annimmt, daß ererbte Vorstellungen eine Art einseitiges Gespräch mit den Toten sein könnten, so bleibt dennoch unklar, wie man von ererbten Vorstellungen zu dem Wechselgespräch mit den »geistigen Vorfahren« gelangen kann, das in Jungs Traum anscheinend möglich war. Am besten legen wir den Traum von Arona mit der Feststellung beiseite, daß er nach Jungs eigenem Bekunden seine damaligen Forschungen betraf. Eine Revision seiner Theorie stand an: »Ich mußte arbeiten, um die Antwort zu finden.«[23]

»Siegfried« lebt

Jung kehrte am 16. Oktober nach Zürich zurück. Am 20. Oktober schrieb er in einem neuen, dringlichen Ton an Freud: »Da nun das Semester bald wieder anfängt, arbeite ich mit Hochdruck an meiner Mythologie-Arbeit, denn im Semester droht zuviel Ablenkung. Das, was ich Ihnen damals schickte, wird jetzt total umgearbeitet an Hand größerer Literaturvorstudien, die sich bis in die dunkelste Philosophie hineinerstrecken.«[24] Von da an schlich sich ein merkwürdiges, bislang unbekanntes Schweigen in ihre Korrespondenz ein. Im Jahr zuvor hatte Jung Freud stets über seine Arbeit auf dem laufenden gehalten – viel umfassender als umgekehrt Freud ihn –, doch nun hörte er einfach auf, darüber zu berichten. Allerdings befaßten sich damals beide in ihren Briefen vor allem mit dem ungelösten Problem, wie man den widerstrebenden Bleuler für die Vereinigung gewinnen konnte, denn seine Mitgliedschaft schien ihnen unverzichtbar. Im Zusammenhang mit einem neuen Vorstoß in Sachen Bleuler kündigte Freud in seinem nächsten Brief vom 23. Oktober an, er werde vielleicht in den Weihnachtsferien nach Zürich zu kommen. Dann hätten er und Jung Gelegenheit zum persönlichen Austausch. (In den folgenden Monaten wurde der Plan jedoch geändert, und das Weihnachtstreffen fand schließlich in München statt.)

Jung behielt in dieser Zeit seine Gedanken für sich. In einem Brief vom 13. Dezember 1910 teilte er Freud immerhin mit, daß er vorhabe, sein Manuskript in zwei Teilen herauszubringen und es in zwei aufeinanderfolgenden Halbbänden des *Jahrbuches* zu veröffentlichen. Die Analyse der beiden ersten Miller-Phantasien einschließlich Jungs Überlegungen über »Die zwei Arten des Denkens« war für die nächste Ausgabe vorgesehen. Doch das Manuskript wurde immer dicker. In seinem Brief vom 13. Dezember macht Jung über den Inhalt nur ein paar geheimnisvolle Andeutungen:

> Der damalige Vortrag, den ich Ihnen schickte, hat sich gewaltig gedehnt. Zudem hat sich der zweite Teil, das sog. Chiwantopeldrama, derart reichhaltig an archäologischem Material erwiesen, daß ich noch nicht imstande war, alles zu bewältigen. [...] Es scheint mir aber, als hätte ich diesmal ins Schwarze getroffen, oder ganz nah dabei, denn das Material gruppiert sich überraschend. Zuviel darf man noch nicht verraten. Sie müssen sich aber auf Eigenartiges gefaßt machen, dergleichen man von mir noch nie gehört hat.[25]

Der Züricher Psychoanalytischen Vereinigung stellte er am 16. Dezember seine neuen Anschauungen vor. Am 23. Dezember berichtet er Freud:

> Ich habe in der ψα Vereinigung über meine kommende Arbeit vorgetragen, was die Theologen, besonders Pfister, schwer betroffen hat. Ich halte diese durchaus geistige Richtung der Ψα, wie sie sich gegenwärtig in Zürich

> herausbildet, für vorteilhafter als die Bleuler-Adlerschen Versuche, alles in Biologie (Bio-Physik) hineinzupressen.[26]

Die einzige weitere zeitgenössische Quelle, die über Jungs neue Denkrichtung Aufschluß gibt, ist Sabina Spielreins Tagebuch. Ihre Informationen sind äußerst wertvoll, denn sie war wohl die engste Mitarbeiterin Jungs, nachdem Honegger einen Posten in der Anstalt Rheinau angenommen hatte. Das Tagebuch nimmt genau an dieser Stelle eine überraschende Wende. Im ersten Eintrag nach Jungs Rückkehr nach Zürich, der das Datum des 18. Oktober trägt, verändert sich Sabina Spielreins privater Diskurs vollkommen. Zunächst spricht sie wieder von ihrem alten Traum von »Siegfried«, aber gleich darauf schlägt sie aus unerfindlichen Gründen einen anderen Weg ein und schreibt von einer »höheren Bestimmung«:

> Sollte ich in chronologischer Reihenfolge erzählen? »Oh, Schutzgeist, mache, daß meine Sehnsucht göttlichen Stammes sei!« mußte ich vorige Nacht die Worte meines Freundes rufen, denn dies war es, was mir die Nachtruhe raubte, der Gedanke, ich könnte eine von den Vielen sein, meine Leistungen gingen nicht über das Durchschnittsniveau hinaus und die »Höhere Bestimmung« wäre ein unsinniger Traum, welchen ich jetzt büßen muß. Es frägt sich, woher das Bedürfnis, an eine höhere Bestimmung zu glauben, in mir so fest ist? Teilweise mag es die Vatererbschaft sein, aber – wir wissen oder vielmehr die, welche mit der »Rolle des Vaters im Schicksale des Einzelnen« einverstanden sind wissen, daß der Vater bei der ihn wählenden Mutter irgendwo ein Analogon haben mußte. So war es auch: Mein Urgroßvater und Großvater sind beide Geistliche und daher – Auserwählte Gottes.[27]

Im Tagebuch folgen erst ausgedehnte Reflexionen über ihren Urgroßvater mütterlicherseits – »Man erzählte viele hellseherische Geschichten von ihm«[28] – und dann über ihren Großvater mütterlicherseits, nach ihrer Darstellung ebenfalls eine bemerkenswerte Persönlichkeit. Dieser Großvater hatte als junger Mann die Tochter eines christlichen Arztes geliebt. Dasselbe Muster wiederholte sich, wie Sabina Spielrein beobachtete, bei seiner eigenen Tochter, die sich ebenfalls in einen Christen verliebte, dann jedoch einen Juden heiratete. Und nun spricht Sabina Spielrein über sich selbst und davon, wie sie als Backfisch ebenfalls fromm gewesen sei und sich zwischen zwei

Freundinnen hin und her gerissen gefühlt habe – einer Christin und einer Jüdin.

Im nächsten Eintrag am 19. Oktober greift sie diese Spur wieder auf und verfolgt – insgesamt über neun Druckseiten hinweg – das Gegensatzpaar jüdisch–christlich und seine Bedeutung in ihrem Leben. Sie behandelt nacheinander vier Freundespaare, zwei weiblich, zwei männlich, bei denen je eine Christin und eine Jüdin bzw. ein Christ und ein Jude einander zugetan waren. Die Überlegungen gipfeln im »Paar Nr. 4 [...] das gegenwärtige männliche Paar«:

> Der Christ drinn – mein Freund; er ist Arzt, verheiratet. Was noch zu suchen wäre, das starke religiöse und das Bestimmungsgefühl besitzt er zur Genüge, denn sein Vater war Pfarrer! Zur Zeit, da unsere Poesie begann, hatte er 2 Mädchen und die Potenz zum Bübchen in sich, die mein Unbewußtes in »Wahrträumen« zur entsprechenden Zeit herauskriegte. Er sagte mir, daß er die jüdischen Frauen liebe, daß er ein schwarzes jüdisches Mädchen lieben möchte. Also auch in ihm das Bestreben nach Beharrung in seiner Religion und Kultur wie auch daneben der Drang nach Erfrischung durch eine neue Rasse, der Drang nach Befreiung vom väterlichen Zwange in einer ungläubigen Jüdin. Sein Freund ist Prof. Freud – ein Jude, altes Familienväterchen. Ich weiß nicht, ob's Wirklichkeit oder Phantasie ist, daß Prof. Freud sechs Kinder hat. Der Christ ist auch hier der »Sohn« des Juden. Letzterer ist älter und unabhängiger. Mein Freund ist aber zugleich mein Söhnchen, so daß wir volens-nolens mit Prof. Freud verheiratet sind.[29]

Nach ein paar weiteren Zeilen über Freuds Tochter verliert Sabina schließlich die Fassung, und der Leser des Tagebuches stellt fest, daß die ganze lange Übung ein Versuch war, ihren »Siegfried-Komplex« zu lösen:

> [...] Ich will aber fest daran glauben, daß ein großes Schicksal meiner wartet. Wie gestaltet sich nun das Weitere? Eben habe ich Klavier gespielt. Es ist so viel Glut und so viel Liebe in mir! *Ich fühle es ganz unerschütterlich fest: Siegfried lebt, lebt, lebt!* Niemand kann mir den Glauben nehmen außer mein Tod.[30]

Mythologische Vorstellungen

Für sich allein genommen, sind Sabina Spielreins Tagebucheinträge vom 18. und 19. Oktober nahezu unverständlich. Man kann lediglich sagen, daß die Frage der Religionszugehörigkeit sie beschäftigte und daß sie versuchte, die Beziehung zwischen Judentum und Christentum, soweit sie ihr eigenes Leben betraf, zu einer Synthese zu bringen. Darüber hinaus bemühte sie sich offenbar, ihren Glauben an »Siegfried« mit der Vorstellung von einer »höheren Bestimmung« zusammenzubringen. Die »höhere Bestimmung« hatte bei ihren jünsten Gesprächen mit Jung in irgendeiner Weise eine wichtige Rolle gespielt. Wir besitzen jedoch noch eine andere Darstellung dieser Gespräche, die wesentlich später entstanden ist. Vorweg sei bemerkt, daß Jung in seinen Erinnerungen bewundernswert offen spricht. Sie waren nicht als historisches Dokument gedacht, sondern sollten sein Leben so darstellen, wie er es als seinen eigenen, persönlichen Mythos erlebt hatte. Nach dieser Vorbemerkung möchte ich die Aufmerksamkeit des Lesers auf die folgende Episode lenken, die im vierten Kapitel der Erinnerungen unter dem Titel »Psychiatrische Tätigkeit« steht. Sie folgt einige Seiten nach einer ausführlichen Schilderung derselben ambulant behandelten schizophrenen Patientin, von deren »Erlösungsphantasie« Jung Freud in seinem Brief vom 29. September 1910 geschrieben hatte. Zwischen dem Fall jener Patientin und der besagten Episode findet sich in den Erinnerungen eine längere Diskussion über die »Methode« und über die »mehr oder weniger unbewußte Identifikation von Arzt und Patient«, die, wie Jung seinen Lesern erklärt, »gelegentlich zu Erscheinungen parapsychologischer Natur führen«[31] könne. Jung beginnt mit allgemeinen Feststellungen:

> Ich versuche nie, einen Patienten zu etwas zu bekehren, und übe keinen Zwang aus. Es liegt mir alles daran, daß der Patient zu seiner eigenen Auffassung kommt. Ein Heide wird bei mir ein Heide und ein Christ ein Christ, ein Jude ein Jude, wenn es seinem Schicksal entspricht.
>
> Ich erinnere mich gut an den Fall einer Jüdin, die ihren Glauben verloren hatte. Es begann mit einem Traum von mir, in welchem ein junges, mir unbekanntes Mädchen als Patientin zu mir kam. Sie trug mir ihren Fall vor, und während sie erzählte, dachte ich: Ich verstehe sie ja gar nicht. Ich verstehe nicht, um was es geht! Aber plötzlich fiel mir ein, daß sie einen ungewöhnlichen Vaterkomplex habe. – Das war der Traum.

Am nächsten Tag stand in meiner Agenda: Konsultation, vier Uhr. Ein junges Mädchen erschien. Eine Jüdin, Tochter eines reichen Bankiers, hübsch, elegant und sehr intelligent. Sie hatte bereits eine Analyse durchgemacht, aber der Arzt bekam eine Übertragung auf sie und flehte sie schließlich an, nicht mehr zu ihm zu kommen, sonst zerstöre sie seine Ehe.

Das Mädchen litt seit Jahren an einer schweren Angstneurose, die sich nach diesen Erfahrungen natürlich noch verschlimmerte. Ich begann mit der Anamnese, konnte aber nichts Besonderes entdecken. Sie war eine angepaßte westliche Jüdin, aufgeklärt bis in die Knochen. Zuerst konnte ich ihren Fall nicht verstehen. Plötzlich fiel mir mein Traum ein, und ich dachte: Herrgott, das ist ja diese kleine Person! Da ich aber keine Spur von einem Vaterkomplex bei ihr feststellen konnte, fragte ich sie, wie ich das in solchen Fällen zu tun pflege, nach dem Großvater. Da sah ich, wie sie einen kurzen Augenblick lang die Augen schloß, und wußte sofort: hier liegt es! Ich bat sie also, mir von diesem Großvater zu erzählen, und erfuhr, er sei ein Rabbi gewesen und hätte einer jüdischen Sekte angehört. Ich fragte: »Meinen Sie die Chassidim?« – Sie bejahte. – Ich fragte weiter: »Wenn er ein Rabbi war, war er vielleicht sogar ein Zaddik?« – Sie: »Ja, man sagt, er sei eine Art Heiliger gewesen und habe auch das zweite Gesicht besessen. Aber das ist alles Blödsinn! So etwas gibt es ja gar nicht!«

Damit hatte ich die Anamnese abgeschlossen und verstand die Geschichte ihrer Neurose, die ich ihr erklärte: »Jetzt werde ich Ihnen etwas sagen, was Sie vielleicht nicht akzeptieren können: Ihr Großvater war ein Zaddik. Ihr Vater ist dem jüdischen Glauben abtrünnig geworden. Er hat das Geheimnis verraten und hat Gott vergessen. Und Sie haben Ihre Neurose, weil Sie an der Furcht Gottes leiden!« – Das schlug in sie ein wie ein Blitz!

In der folgenden Nacht hatte ich wieder einen Traum: Es fand ein Empfang in meinem Hause statt, und siehe da, diese kleine Person war auch da. Sie kam auf mich zu und fragte mich: »Haben Sie nicht einen Regenschirm? Es regnet so stark.« Ich fand auch wirklich einen Schirm, fummelte daran herum, um ihn zu öffnen, und wollte ihn ihr geben. Aber was geschah stattdessen? Ich überreichte ihn ihr auf den Knien, wie einer Gottheit!

Diesen Traum erzählte ich ihr, und in acht Tagen war die Neurose verschwunden. Der Traum hatte mir gezeigt, daß sie nicht nur eine oberflächliche Person war, sondern daß dahinter eine Heilige stand. Aber sie hatte keine mythologischen Vorstellungen, und darum fand das Wesentliche in ihr keinen Ausdruck. Alle ihre Intentionen gingen auf Flirt, Kleider und Sexualität, weil sie gar nichts anderes wußte. Sie kannte nur den Intellekt und lebte ein sinnloses Leben. In Wirklichkeit war sie ein Kind Gottes, das Seinen geheimen Willen hätte erfüllen sollen. Ich mußte mythologische und religiöse Vorstellungen in ihr wachrufen, denn sie gehörte zu den Menschen, von denen geistige Betätigung gefordert ist. Dadurch erhielt ihr Leben Sinn, und von Neurose keine Spur mehr!

Bei diesem Falle wandte ich keine »Methode« an, sondern ich hatte die Präsenz des Numen gesehen. Das erklärte ich der Patientin, und das hat die Heilung bewirkt. Hier gab es keine Methode, hier galt die Furcht Gottes.[32]

Die Patientin war niemand anderer als Sabina Spielrein. Und der Arzt, der eine »Übertragung auf sie bekommen hatte«, war Jung. Jung konnte hier keine neue Analyse durchführen; er versuchte noch immer, die Folgen der ersten rückgängig zu machen. Sabina Spielrein hatte natürlich viele mythologische Vorstellungen, aber sie war dank Jungs Analyse dahin gekommen, sie als Ausdruck unbewußter sexueller Wünsche aufzufassen. Die Notwendigkeit eines korrigierenden Gespräches war bei ihrem Gespräch nach Jungs Radtour wohl sehr deutlich geworden, als Jung feststellte, wie tief verstört sie in seiner Abwesenheit gewesen war. Daraufhin ermutigte er sie, »Siegfried« als Sinnbild für eine uralte, spirituelle innere Weisheit anzusehen und nicht nur als frustriertes sexuelles Verlangen. (Wie immer Jung das auch im einzelnen ausgedrückt haben mochte – aus Sabinas Tagebuch geht jedenfalls hervor, daß sie die neue Sicht akzeptierte.) Jungs Traum von dem Schirm in der folgenden Nacht bezog sich wohl auf den Vorfall mit dem »verbogenen Schirm« im September, der Sabina Spielrein so betrübt und gedemütigt hatte. Bedenkt man, daß ihr Kummer einerseits von dem Gefühl herrührte, »eine unter vielen« zu sein, und andererseits von der Tatsache, daß er sich über ihre Verlegenheit so herzlos amüsierte, kann man sich leicht vorstellen, wie wohltuend es wirkte, als Jung ihr von einem Traum erzählte, in dem er niederkniete und ihr einen unbeschädigten Schirm überreichte. Im Grunde machte er die Sache wieder gut, indem er ihr sagte, er habe ihren wahren Wert unterschätzt. Sein Hinweis auf ihren Großvater, den Zaddik, spiegelt sich deutlich in ihren aufgeregten Überlegungen zum Familienstammbaum wider. (Am Rande sei darauf hingewiesen, daß Jung in seiner Geschichte den Großvater väterlicherseits betont, Sabina in ihrem Tagebuch hingegen den Großvater mütterlicherseits und den Urgroßvater, der der wichtigere von beiden war. In diesem Zusammenhang sollte man die verräterische Aussage in ihrem Tagebuch beachten, daß die mütterliche Linie ein Echo auf das geistige Potential der väterlichen sei, da »der Vater bei der ihn wählenden Mutter irgendwo ein *Analogon* haben mußte«. Offensichtlich greift sie den heilenden Faktor aus Jungs Intervention heraus und übersieht dabei, daß er über ihre Abkunft nicht ganz richtig informiert war.)

Die Tatsache, daß Jung diese Episode viele Jahre später in seine Erinnerungen aufnahm, spricht dafür, daß sie ihm sehr wichtig war. Durch das zusätzliche Wissen, daß es sich bei der erwähnten Patientin um Sabina Spielrein handelte, können wir den Grund erschließen: Sie war sein psychoanalytischer »Schulfall« gewesen und war der Anlaß für seinen eigenen Abstieg in die Tiefen inzestuöser sexueller Phantasien. Wer wäre daher zur Erprobung seiner neuen »geistigen« Perspektive besser geeignet gewesen als sie? Sein neuer Ansatz, »mythologische und religiöse Vorstellungen« wachzurufen, funktionierte bei ihr anscheinend, und das bestätigte ihm, daß er trotz seines *»sens d'incomplétude«* auf der richtigen Spur war. So wurde nun Sabina Spielrein zum zweiten Mal Jungs »Schulfall«.

Das Opfer

Daß Sabina Spielrein Jungs neue Deutungsweise angenommen hat, scheint die Beziehung der beiden kompliziert, ihre Bindung jedoch nicht geschwächt zu haben. Im nächsten Tagebucheintrag, einigen wenigen Zeilen vom 24. Oktober, seufzt sie: »Wir lieben beide, wie man nur lieben kann. Wenn er frei wäre!«[33] Und am 9. November schreibt sie aufgewühlt:

> Die Vernunft ist seit gestern, da ich bei ihm war, wieder dahin. Vernunft! Gibt es eine solche? Kann man auch vernünftig sein, wenn man so liebt? Erzählen, was vorgekommen war? Was er mir sagte? Ja, die stärkere Poesie war vielleicht Dienstag vor 8 Tagen. Da sagte er, daß er mich liebt, weil wir einen merkwürdigen Parallelismus der Gedanken haben; manchmal kann ich ihm seine Gedanken voraussagen; er sagte mir, daß er mich für meinen großartigen und stolzen Charakter liebt, aber er sagte mir auch, daß er mich nie heiraten würde, weil ein großer Philister in ihm steckt, der das Enge und spezifisch Schweizerische braucht.[34]

Der Eintrag endet mit den Worten: »Adieu, mein Söhnchen! Lebe wohl!«[35]

Der nächste Eintrag folgt erst siebzehn Tage später, am 26. November. Sabina schreibt von ihrem Vater, der zu Besuch gekommen ist und bis zu ihrem Abschlußexamen bleibt, dann von ihrem Entschluß, anschließend nicht mit ihm nach Rußland zurückzukehren. Sie macht sich Sorgen, daß Jung ihr die Idee des »Todesinstinktes« stehlen könnte. Anlaß dazu war offenbar, daß Jung beabsichtigte, einen Vortrag von Bleuler über »Ambivalenz« zu besprechen, den Bleuler am folgenden Tag bei der Winterversammlung der schweizerischen Psychiater in Bern halten wollte. Bleuler hatte Jung vorab eine schriftliche Version seines Vortrags geschickt, und Jung plante eine sehr harte Kritik im nächsten *Jahrbuch.* (Der Kernpunkt von Jungs Verriß war, daß Bleuler fest etablierte psychoanalytische Ansichten über Sexualität und die Abwehr sexueller Phantasien außer acht gelassen habe.) Als Mitherausgeber des *Jahrbuchs* konnte Bleuler eine Erwiderung auf Jungs Vorwürfe schreiben, die in derselben Nummer erscheinen würde. Seit Jung im Oktober mit Bleuler darüber diskutiert hatte, war Jung klargeworden, daß Sabinas Theorie der zwei Komponenten (destruktiv/auflösend und verwandelnd) in der Sexualität eine hilfreiche Ergänzung seiner Kritik an Bleulers Ansichten über die Ambivalenz darstellte. Jungs Eifer irritierte Sabina, und sie gebot seinem Vorhaben Einhalt. So wird weder in der Kritik an Bleuler noch im ersten Teil von Jungs Arbeit Sabina Spielreins Idee vom Todesinstinkt erwähnt.

Nach diesem Eintrag schwankt Sabina in ihrem Tagebuch zwischen Romantik und den praktischen Erfordernissen ihres Abschlußexamens, manchmal stehen beide Themen in einem einzigen Abschnitt unvermittelt nebeneinander:

> Mein Freund sagte mir zum Abschiede, ich werde mein Examen ausgezeichnet machen, weil ich momentan dem Teufel verbunden bin. Möge das stimmen. Mit meinem Freunde hatten wir die zärtlichste Poesie [...] letzten Mittwoch. Was wird das wohl geben? Mache daraus was Gutes, Schicksal und laß mich ihn edel lieben. Einen langen, wonnerfüllten Kuß zum Abschiede, mein geliebtes Söhnchen![36]

Sabina Spielrein legte ihre insgesamt acht Prüfungen an vier aufeinanderfolgenden Tagen ab, vom 16. bis zum 19. Januar 1911. Im Fach Psychiatrie bestand sie mit Auszeichnung. Offenbar verließ sie Zürich am Abend nach ihrer letzten Prüfung; ein Eintrag vom 19. Januar hält lapidar fest:

> Es ist gegangen und ist gut so.
> Gut wenigstens, daß die Eltern nun Freude haben. Ach ja, was kommt nun?[37]

Sabina Spielreins Dissertation wurde am 11. Februar formell bei der Universität eingereicht. Ihr Tagebuch setzt etwas später im Februar wieder ein, mit einem undatierten Eintrag, der in beinahe religiöser Sprache ihr Schicksal und ihr Gefühl der Niederlage ausdrückt. Sie dachte immer noch heftig an »Siegfried« und war bereit, alles zu »opfern«, um ihn zu behalten:

> Ich trotze, weil ich was Edles und Großes zu schaffen habe und nicht für die Alltäglichkeit geschaffen bin. Es gilt der Kampf auf Leben oder Tod. Wenn es einen Gott-Vater gibt, so höre er mich: kein Schmerz ist mir unausträglich, kein Opfer zu groß, um meine heilige Bestimmung zu erfüllen. »Er muß ein Helde sein, weil es mein Wille und der Wille meines Vaters, Wotans ist.«[38]

Die Vorstellung des »Opfers« taucht – nach einem weiteren Bruch im Tagebuch – im nächsten Fragment wieder auf. Sabina berichtet von einer Erscheinung, die sie offenbar kurz zuvor gehabt hat. Wir nehmen den Faden dort auf, wo ihr Tagebuch am 27. Februar wieder einsetzt, unmittelbar nach der fehlenden Seite oder den fehlenden Seiten, mitten im Satz:

> … vernehmen könnte, da verschwand die Erscheinung. Dies ist sehr schade, weil ich als Nachkomme von einigen Generationen der Geistlichen an die hellseherische Kraft meines Unbewußten glaube. Man kann tatsächlich diesem »Gotte« so nahe stehen, daß man mit ihm zu reden vermag und das, was er will, was also für die Energiesumme von unendlich vielen Generationen, die man Individuum nennt, am zweckmässigsten ist, erfahren. Was willst du denn, Gott? […]
> Ist es eine Ahnung meines Unterganges, oder ist dieser Schmerz ein Opfer, welches jedes große Werk haben will?[39]

Der Eintrag endet mit dem Vorsatz, sich »ganz der göttlichen Macht zu überlassen«, und Sabina geht mit der Hoffnung auf einen weiteren prophetischen Traum zu Bett. Am nächsten Morgen schreibt sie folgendes nieder: »Entweder sind die Götter zu müde und deshalb wenig produktiv, oder mein

Bewußtsein ist zu kritisch eingestellt, um auf etwas Schönes zu hören, aber an die hellseherische Kraft meines letzten Traumes kann ich kaum glauben.«[40] In ihrem Traum war ihr kleiner Bruder krank gewesen – sie macht Jung ausdrücklich Vorwürfe, weil er nicht die richtige Diagnose gestellt habe –, Sabina hatte Angst vor Ansteckung, und ihren Eltern war das Problem zu ihrem Schrecken offenbar gleichgültig. Dann bricht das Tagebuch wieder ab, mitten in der Eintragung vom 28. Februar 1911, und es wird ein ganzes Jahr nicht weitergeführt.

Die dokumentarische Bedeutung der Tagebuchaufzeichnungen von Oktober 1910 bis Februar 1911 liegt darin, daß sie zwei überraschende, völlig unerwartete Tatsachen ans Licht bringen. Erstens stand Jungs erster Versuch mit seiner neuen geistigen Perspektive in der Praxis ausdrücklich im Dienst des Bemühens, Sabina Spielrein bei der Bewältigung ihres noch immer schmerzhaften »Siegfried-Komplexes« zu helfen. Und zweitens ließ die heilkräftige Wirkung seiner Bemühungen nach, sobald sie nicht mehr mit ihm zusammen war, verschwand aber nicht völlig.

Der Mann der Zukunft

Um die Zeit, als Sabina von ihrem kleinen Bruder träumt, hatte sich Jungs Position als Vorsitzender der neuen Internationalen Vereinigung dank zweier Treffen im Parkhotel in München sehr gefestigt. Das erste Treffen war eine Unterredung von Freud und Eugen Bleuler. In seinen Briefen an Freud im Herbst 1910 stellte Bleuler seine Haltung gegenüber der neuen Vereinigung eindeutig klar. Er beanstandete den sektiererischen Charakter und besonders die Intoleranz gegenüber verantwortungsbewußten Kritikern wie Isserlin. Bleuler beharrte zu Recht auf dem Standpunkt, daß eine offene Diskussion für die Wissenschaft unerläßlich sei, aber er sprach auch die gefühlsmäßige Seite an: »Wenn ich mir selbst treu bleiben will, kann ich nicht mitmachen. Ich bedauere das außerordentlich; ich bin derjenige, der dabei verliert.«[41] Als sich herausstellte, daß Bleuler gern ein persönliches Gespräch mit Freud unter vier Augen führen wollte, wurde für den Weihnachtstag ein Treffen im Parkhotel in München arrangiert.

Unmittelbar vor der Begegnung veröffentlichten sowohl Freud als auch Bleuler wichtige Arbeiten, die sich mit der damaligen Situation befaßten. Bleulers Aufsatz: »Die Psychoanalyse Freuds: Verteidigung und kritische

Bemerkungen« erschien im *Jahrbuch*. Freud schrieb darüber an Jung: »Es ist doch merkwürdig, daß er seine Unarten privatim erledigt, so daß er öffentlich seinen Mann stellen kann. Ich denke, das wird uns enorm nützen.«[42] Freuds Arbeit, »Über ›wilde‹ Psychoanalyse«, erschien in dem neuen, von Adler und Stekel herausgegebenen *Zentralblatt*. Scheinbar geht es darin um die Frage der Technik. Freud beginnt mit einer Anekdote über eine nervöse Patientin, der von ihrem Arzt gesagt wird, die Ursache ihrer Ängste sei ein Mangel an sexueller Befriedigung. Dann warnt er vor den Gefahren einer voreiligen Deutung. Zwar habe die Aufklärung der Frau wohl irgendwie gutgetan, aber Psychoanalyse sei das nicht, denn den Widerständen der Frau sei keine Aufmerksamkeit geschenkt worden. Freud geht sogar noch weiter und sagt, solche Interventionen dürften nicht von Personen kommen, die nicht eigens in der »Befolgung gewisser *technischer* Vorschriften der Psychoanalyse«[43] ausgebildet seien. Leider sei »diese Technik heute noch nicht aus Büchern zu erlernen«, sondern »man erlernt sie bei denen, die sie bereits beherrschen«.[44] Diese Situation habe die Gründung der neuen Vereinigung erforderlich gemacht:

> Es ist weder mir noch meinen Freunden und Mitarbeitern angenehm, in solcher Weise den Anspruch auf die Ausübung einer ärztlichen Technik zu monopolisieren. Aber angesichts der Gefahren, die die vorherzusehende Übung einer »wilden« Psychoanalyse für die Kranken und für die Sache der Psychoanalyse mit sich bringt, blieb uns nichts anderes übrig. Wir haben im Frühjahr 1910 einen internationalen psychoanalytischen Verein gegründet, dessen Mitglieder sich durch Namensveröffentlichung zu ihm bekennen, um die Verantwortung für das Tun aller jener ablehnen zu können, die nicht zu uns gehören und ihr ärztliches Vorgehen »Psychoanalyse« heißen.[45]

Dieser Aufsatz war die erste Äußerung Freuds seit 1905 zur Technik der Psychoanalyse. Das Warten auf das lange versprochene Handbuch der Psychoanalyse war damit beendet – für immer. Solange kein Leitfaden existierte, konnte Freud die Psychoanalyse mit gutem Recht zur Sache einer geschlossenen Gesellschaft erklären.

Freud und Bleuler verbrachten den Weihnachtstag miteinander. Sie gehörten der gleichen Generation an, und menschlich verstanden sie sich so gut, daß ein geistiger Austausch möglich war. An Binswanger schrieb Freud anschließend: »Ich konnte nach seiner Apologie meiner ΨA nicht anders, als offen und herzlich mit ihm sein, und er hat es mir dann nicht schwergemacht.«[46] Ferenczi berichtete er: »Er ist auch nur ein armer Teufel wie wir und will, daß man ihn ein wenig lieb habe, was von der entscheidenden Seite vielleicht vernachlässigt worden ist. Es ist fast unzweifelhaft, daß er dem Verein in Zürich beitreten wird. Damit wäre das Schisma dort behoben.«[47] Tatsächlich trat Bleuler zwei Wochen später der Vereinigung bei.

Jung traf einen Tag danach ebenfalls im Parkhotel ein. Anfänglich hatten er und Freud ihr Treffen geheimhalten wollen, aber dann waren sie zu der Erkenntnis gelangt, daß es ihren Absichten schaden könnte, falls Bleuler es herausfände. Sie hatten reichlich Gesprächsstoff. Jung versprach, daß er »die richtige persönliche Einstellung zu Bleuler finden und einhalten«[48] wolle, wie Freud es in seinem Brief an Binswanger formulierte. Freud seinerseits suchte bei Jung Rat, wie er mit Alfred Adler umgehen sollte, der damals Vorsitzender der Wiener Vereinigung war. Adler war in jüngster Zeit zu der Überzeugung gelang, die wahren Triebkräfte bei der Neurose seien Charakterstörungen, die ihren Ursprung in der Kindheit hätten und zu einem aggressiven Versuch führten, »männlich« zu sein auf Kosten solcher »weiblicher« Eigenschaften wie Abhängigkeit und Unterwürfigkeit. Im November beschlossen die Wiener förmlich, daß Adlers neuer Standpunkt in der Libidotheorie diskutiert werden sollte. Freud ließ den Beschluß prompt dahingehend ändern, daß das Thema Verdrängung im Mittelpunkt stehen müsse. Glücklicherweise oder unglücklicherweise weckte die Aussicht auf eine umfassende Diskussion seiner Thesen bei Adler das Gefühl für seine Originalität. Genau wie Freud und Jung bei dem Kongreß an der Clark University festgestellt hatten, daß sie Freud und Jung waren, so stellte nun Adler fest, daß er Adler war, und bereitete sich auf die Debatte vor.

In letzter Zeit hatte Jung eine Parallele zwischen Bleuler und Adler gesehen: Beide waren wichtigtuerische Ärgernisse und wußten den vollen Wert der Libidotheorie nicht zu würdigen. Freud hingegen beharrte auf einer Analogie zwischen Adler und Wilhelm Fließ – »dasselbe Paranoid«[49] – und belegte seit einiger Zeit Adler wiederholt mit solchen boshaften klinischen Begriffen. Die Paranoia beschäftigte Freud noch aus einem anderen Grund: Er hatte seine soeben fertiggestellte Analyse der Autobiographie des geisteskranken Juristen Daniel Paul Schreber mit nach München gebracht. Darin vertrat er die Ansicht, daß man Schrebers Symptome am besten als einen Ausbruch von Paranoia verstehen könne, der auf verdrängten homosexuellen

Gefühlen beruhe. Dieser Zusammenhang war, wie Jung wußte, zur Zeit des Bruchs mit Fließ offenbar geworden. Es gab hier sozusagen eine dreifache Gleichsetzung, Schreber = Fließ = Adler (= paranoid). Freud vertraute Jung sogar an, daß er die fortwährende Wiederkehr dieses Themas in seinem eigenen Leben beunruhigend fand. Wir wissen, daß Freud und Jung in München über Adler gesprochen haben, aber wir wissen nicht, was sie erörterten. Zu Freuds Analyse des Falles Schreber ist zu sagen, daß nur wenige seiner klinischen Studien in der modernen Zeit so häufig widerlegt wurden wie diese. Aber Jung hatte großes Vergnügen daran, als er zwei Monate später dazu kam, sie zu lesen.

Im Gegensatz zu Freud hatte Jung nicht das Manuskript mitgebracht, an dem er gerade arbeitete – er entschuldigte sich im letzten Augenblick –, aber er berichtete von seiner Deutung des Motivs vom Sonnenhelden als eines Mythos, der den Abstieg des Ich zu den Quellen der Libido durch die Inzestbarriere hindurch abbilde. Er sprach wohl auch über seinen Arona-Traum und über sein neuerwachtes Interesse an geistigen Vorfahren. Bei Freud fand er dafür kein offenes Ohr:

> Ich erinnere mich noch lebhaft, wie Freud zu mir sagte: »Mein lieber Jung, versprechen Sie mir, nie die Sexualtheorie aufzugeben. Das ist das Allerwesentlichste. Sehen Sie, wir müssen daraus ein Dogma machen, ein unerschütterliches Bollwerk.« Das sagte er zu mir voll Leidenschaft und in einem Ton, als sagte ein Vater: »Und versprich mir eines, mein lieber Sohn: geh jeden Sonntag in die Kirche!« Etwas erstaunt fragte ich ihn: »Ein Bollwerk – wogegen?« Worauf er antwortete: »Gegen die schwarze Schlammflut – «, hier zögerte er einen Moment, um beizufügen: »des Okkultismus.«[50]

Jung schildert, wie das auf ihn wirkte: »So fand das Gespräch nach einigen stammelnden Versuchen meinerseits bald ein Ende. Ich war [...] verlegen und verwirrt.«[51]

Aber die Erinnerungen geben die Situation nur teilweise wieder. Freud ging es gesundheitlich nicht gut. Er hatte seinen körperlichen Zustand im letzten Brief vor dem Treffen ausdrücklich erwähnt – »Erstaunen Sie nicht, wenn Sie mich wenig wohl finden«[52] – und kam auch in seinem ersten Brief nach dem Treffen wieder darauf zu sprechen. Ursache von Freuds Beschwerden – »sonderbare Kopfschmerzen, [...] lästige Schwerbesinnlichkeit«[53] –

war, wie sich später herausstellte, ein undichter Gashahn in seinem Arbeitszimmer. Aber es dauerte einige Wochen, bis die Ursache entdeckt wurde, und bis dahin hatte Freud sich resigniert mit den vermeintlichen Symptomen einer Arteriosklerose abgefunden. Tatsächlich schmiedeten er und Jung im Parkhotel vorläufige Pläne für einen Dringlichkeitsbesuch Jungs in Wien in den allernächsten Wochen, falls Freuds Gesundheitszustand sich weiter verschlechtern sollte. Im übrigen war der Tenor ihrer ausgedehnten Diskussionen von der Tatsache bestimmt, daß Jung der Präsident der Internationalen Vereinigung war. Wahrscheinlich gab Freud Jung väterliche Ratschläge und warnte ihn vor mancherlei, insbesondere im Hinblick auf Bleuler und im Hinblick auf die mythologischen Studien. Wichtiger ist jedoch, daß Freud sich mit Jung beriet und seinen Rat suchte und daß er schließlich wieder einmal glücklich war, sich an der Energie und dem Temperament seines designierten Nachfolgers zu erfreuen. Die beiden Männer brachten nur sehr wenig Zeit damit zu, die dunkleren Seiten ihrer Situation zu erforschen. Beim Zusammensein, im persönlichen Miteinander, gab es keinen Mißklang.

Nach der Begegnung schrieb Jung an Freud: »Für München schulde ich Ihnen noch einen Berg von Dank!«[54] Freud sprach in seiner Antwort von den »erfrischenden Stunden in München« und »den Wohltaten des Münchener Intermezzos«.[55] An Ferenczi berichtete er: »Jung war wieder ganz prächtig und tat mir sehr wohl. [...] Ich bin mehr als je überzeugt, daß er der Mann der Zukunft ist.«[56]

Kapitel 13

Der sterbende und wiederauferstehende Gott

Dieser unsterbliche Satz [aus dem *Faust*]: »Ein Teil von jener Kraft, die stets das Böse will, und stets das Gute schafft.« Diese dämonische Kraft, die doch ihrem Wesen nach Zerstörung ist (das Böse) und zugleich auch die schöpfende Kraft ist, indem aus der Vernichtung (von zwei Individuen) ein neues entsteht. Das ist eben der Sexualtrieb, der seinem Wesen nach ein Zerstörungstrieb, Vernichtungstrieb für das einzelne Individuum ist und daher auch meiner Ansicht nach einen so grossen Widerstand bei jedem Menschen zu überwinden hat; doch das noch einmal hier beweisen zu wollen würde viel zu viel Zeit bei Ihnen in Anspruch nehmen.

Sabina Spielrein, *Brief an Freud*, 20. Juni 1909.

Im Frühjahr 1911 arbeitete Sabina Spielrein ganz auf sich gestellt in München und löste dabei im wesentlichen das theoretische Problem der sexuellen Verdrängung. Sie hatte sich für ein Semester an der Universität München eingeschrieben, um Vorlesungen und Seminare über Kunstgeschichte zu besuchen, dachte aber weiter über psychoanalytische Theorie nach. Mitten in der Niederschrift ihrer Arbeit über den »Todesinstinkt« erkannte sie plötzlich, daß sie noch eine ganz andere Erkenntnis vorzubringen hatte, die ihr in einer anderen Zeit vielleicht bleibenden Ruhm gesichert hätte. Sie hatte eine Theorie entwickelt, die zeigte, warum ausgerechnet und gezielt sexuelle Wünsche, im Gegensatz zu allen anderen Wünschen, leicht Gegenstand der Verdrängung werden. Das Geheimnis lag in der Definition von Sexualität. Freud definierte sie nach wie vor mit Hilfe der Begriffe Abfuhr und Lust, aber bei dieser Definition war nur schwer zu verstehen, warum die Sexualität so häufig unterdrückt wurde. Sabina Spielrein hingegen erkannte, daß man die Sexualität auch ganz anders auffassen konnte – als Streben nach Verschmelzung und nicht nach Lust – und daß bei einer solchen Auffassung das Problem der Verdrängung von Sexualität praktisch gelöst war. Das war eine bemerkenswerte Erkenntnis, auch wenn noch niemand etwas von ihr wußte. Dabei ist aus größerer geschichtlicher Distanz vielleicht sogar noch bemerkenswerter, daß Sabina Spielrein im Grunde schon mehrere Jahre früher auf diese Lösung gestoßen war, ohne sich dessen bewußt zu sein. Die Grundaussage findet sich sowohl in ihrem Transformations-Tagebuch als auch in ihren Briefentwürfen von 1909.

Sexualität und Tod

Sabina Spielreins Lösung des Verdrängungsproblems besaß die Eleganz eines neuen Theorems in Mathematik oder Physik. Ihrer Auffassung nach gab er nur zwei Instinkte: den Instinkt zur Selbsterhaltung und den Instinkt zur Arterhaltung (Sexualität). Und es gab auch nur zwei seelische Strukturen: das Ego und das Unbewußte. Das Ego (das »Ich« des gewöhnlichen Bewußtseins) nährte sich notwendig von Energie, die vom Instinkt der Selbsterhaltung geliefert wurde: Das Ego versuchte seine eigene Individualität zu erhalten und alles abzuwehren, was ihm eine unerwünschte Veränderung aufzwingen würde. Außerdem bezog sich das Ego bei seiner Wahl der psychischen Repräsentanz ausschließlich auf persönliche Erfahrungen, das heißt Erfahrungen, bei denen es stets einen impliziten Bezug zum »Ich« des erlebenden Individuums gab. Dem Unbewußten hingegen lag nach Sabina Spielreins Vorstellung nichts an der Einzigartigkeit des Individuums. Vielmehr war es kollektiv orientiert, sowohl in seinen Zielen als auch in der Art seiner Repräsentanzen. Es bezog sich auf unpersönliche, gemeinschaftliche Symbole. Und es wollte Ziele durchsetzen, denen, wie Schopenhauers blindem »Willen«, das Schicksal des einzelnen vollkommen gleichgültig war. In Sabina Spielreins System kam die Energie für das Unbewußte durchgängig und ausschließlich aus der Sexualität (die, völlig konventionell, als Instinkt zur Arterhaltung verstanden wurde). Das Unbewußte war praktisch jener Teil der Psyche, in dem arterhaltende Ziele (auf die Fortpflanzung der Art ausgerichtet) den Vorrang vor individuellen Zielen hatten. Das Bewußtsein hingegen war der Bereich der Seele, in dem es dem »Ich« gelungen war, sich aus dem Unbewußten herauszudifferenzieren.

Dieses System ist außerordentlich einfach, aber es führt zu einer überraschenden Konsequenz. Wenn man zugesteht, daß es bei der Sexualität stets um Ziele der Art oder der ganzen Menschheit geht (Fortpflanzung), dann folgt daraus, daß die Sexualität in Konfliktfällen versuchen wird, sich über die individuellen Rechte des einzelnen »Ich« hinwegzusetzen. Die Sexualität »will« (in einer teleologischen Metapher gesprochen) Kinder und ist bereit, das Ego im Akt der sexuellen Verschmelzung aufzulösen, um ihr Ziel zu erreichen. Ähnlich »will« die Sexualität, wenn man diese Hypothese in den Bereich der »Sublimierung« verlagert, neue Kunstwerke hervorbringen, an denen die ganze Menschheit Anteil haben kann. Der Sexualität ist es gleichgültig, was diese Neuschöpfung das Individuum »kostet« (eine weitere Metapher, eine »ökonomische« im Sinne der französischen Tradition). Daher enthält die Sexualität vom Standpunkt des Ego aus eine implizite Drohung der Auflösung. Wenn sich die auf die ganze Art bezogenen Ziele der Sexualität bemerkbar machen, kommen sie in Konflikt mit den rein persönlichen Motiven des individuellen »Ich«. Dementsprechend reagiert, und das ist der springende Punkt, *das Ego immer mit einer Haltung des Widerstandes auf die Sexualität.* Psychisch gesehen heißt das, daß sexuelles Verlangen immer von Abwehrreaktionen begleitet sein wird – meist durch das Auftauchen innerer Bilder von Tod und Zerstörung ausgedrückt –, die den Protest des »Ich« gegen die Auflösung darstellen.

Dieser Gedankengang Sabina Spielreins war, vom Freudschen Standpunkt aus, überraschend treffend. Das galt sogar noch für weitere Einzelheiten ihres Systems. Zum einen hielt sie das Freudsche Postulat für selbstverständlich, daß künstlerisches Schaffen »sublimierte« Sexualität darstelle. Zum anderen akzeptierte sie die Allgegenwärtigkeit inzestuöser sexueller Bindungen in der Kindheit. Hierfür gab sie außerdem eine zusätzliche Begründung. Die Ursache für die Universalität dieser inzestuösen Bindungen und deren so häufige Wiederbelebung in Übertragungen sei, daß sich Familienmitglieder von der Art her am ähnlichsten seien. Daher sei der Grad der Egoauflösung bei einer inzestuösen Bindung geringer als bei einer nichtinzestuösen Bindung. Dementsprechend fühlten sich, nach Sabina Spielreins Auffassung, inzestuöse Bindungen weniger »destruktiv« an als andere.

Diese Erkenntnisse konnten Aufschluß über die vielfältigsten Bereiche geben. Sabina Spielrein sah den Nutzen ihres System in erster Linie darin, daß es eine brillante Erklärung für die emotionalen Phänomene bot, die den fortschreitenden Verlust des Ego in der Schizophrenie begleiten. Aber es gab noch zahlreiche weitere Dinge, die Sabina Spielrein hätte sagen können, jedoch nicht sagte. Unter anderem hatte sie damit ein erhellendes Licht auf die »unauflösbare Verknüpfung zwischen Tod und Sexualität« geworfen, von der Freud im März 1909 in einem Brief an Pfister geschrieben hatte.[1] Diese »unauflösbare Verknüpfung« war den Dichtern und Dramatikern der Romantik schon lange bekannt gewesen, und sie hatte in jüngster Zeit auch die Aufmerksamkeit der psychoanalytischen Bewegung auf sich gezogen. So erschien, um nur ein herausragendes Beispiel zu nennen, im März 1911, als Sabina Spielrein an ihrem Aufsatz schrieb, Wilhelm Stekels Buch *Die Sprache des Traumes,* in dem diesem Thema ein ganzes Kapitel gewidmet ist.

Aber Sabina Spielreins System hatte sogar eine noch allgemeinere Gültigkeit. Denn in sämtlichen bis dahin veröffentlichten Fallstudien der Psychoanalyse, von den halluzinierten Totenköpfen im Falle der »Anna O.« bis hin zu »Doras« Traum von der Rettung vor dem Feuer, von Jungs zweitem analytischen Fall (der als erster veröffentlicht wurde), bei dem die Patientin fürchtete, andere zu beschmutzen, bis hin zu Binswangers »Irma«, die sich vor Vergiftung fürchtete, *waren Symbole des Todes, der Krankheit und Zerstörung in der klinischen Phänomenologie der Neurosen im Sinne der Psychoanalyse vorherrschend gewesen.* Tatsächlich war Sabina Spielrein in gewissem Sinne direkt bis in das symptomatische Zentrum der Hysterie vorgestoßen – zu ihrer Tendenz, andere Krankheiten nachzuahmen – und hatte dort nicht Verstellung, sondern eine natürliche symbolische Äquivalenz vorgefunden.

»Siegfried« stirbt

Sabina Spielrein wußte, was sie erreicht hatte. In der veröffentlichten Fassung ihres Aufsatzes »Die Destruktion als Ursache des Werdens« beleuchtet sie zunächst das Problem der Verdrängung und fragt rhetorisch, warum es sogar in der Kindheit schon wirksam werden könne (wenn man noch nichts von »Konsequenzen« wisse). Außerdem war sie auch zu einer eigenen Kritik an den Ansichten ihres Mentors gelangt. Im dritten Abschnitt des Aufsatzes »Leben und Tod in der Mythologie« sprach Sabina Spielrein viele von Jungs

Themen an, aber sie kam zu etwas anderen Resultaten. Zunächst einmal hatte Jungs überaus wichtige Unterscheidung zwischen inzestuösen und schöpferischen Anwendungen der Libido für Sabina Spielreins System keine Bedeutung. Für sie war die Sexualität ein einheitlicher Trieb, und inzestuöse Objekte wurden aus genau denselben unbewußten Gründen gewählt, aus denen auf Fortpflanzung ausgerichtete Objekte gewählt wurden. Sie akzeptierte inzestuöse Sexualität ohne Zögern. In dieser Hinsicht stand sie Freud näher als Jung. Zweitens war für Sabina Spielrein »Destruktion« *immer* ein Teil der Sexualität, nicht nur in Fällen von Introversion, sondern bei jeglichem zwischenmenschlichen sexuellen Verhalten. In Sabina Spielreins System wurde auch das »Opfer« anders interpretiert als bei Jung. Für sie hatte der Begriff »Opfer« keine moralischen Konnotationen. Es war vielmehr der Preis, der in Gestalt des Verlustes der Individualität bezahlt werden mußte, damit die Sexualität ihre Ziele verwirklichen konnte. Einfach ausgedrückt, war das »Opfer« der Preis, den der »destruktive« Aspekt der Libido verlangte.

Kurz gesagt, ging Sabina Spielrein in ihrem System davon aus, daß die drei wichtigsten Punkte, die Jung damals unter der Rubrik Introversion einordnete – Todesphantasien, inzestuöse Übertragungen und die Notwendigkeit des Opfers –, generell für die Sexualität galten, sei sie nun introvertiert oder nicht. Sie lehnte weniger Jungs Darstellung der psychischen Struktur der Introversion ab als vielmehr seine Annahme, daß zwischenmenschliches sexuelles Verhalten in irgendeiner Weise davon verschieden sei.

Ganz gewiß erstellte Sabina Spielrein ihr System nicht in der Absicht, Jung zu widersprechen. Was uns zu einer Ironie bringt, die Sabina Spielreins Text innewohnt. Während der ganzen Zeit, in der sie an dem Text arbeitete, bemühte sie sich, ihr Unternehmen mit Jungs neuester Deutung in Einklang zu bringen, nach der ihr »Siegfriedideal« für ihre »heroische Bestimmung« stand. Tatsächlich war für sie in einem sehr realen Sinne ihr »Siegfriedideal«, wenn auch in sublimierter Form, gerade im Akt der Niederschrift dieses wichtigen Aufsatzes verkörpert. Daher die Ironie: Der Aufsatz wurde als Teil des Versuches geschrieben, ihr »Siegfriedideal« auszuleben, aber seine Logik zwang sie zu einer veränderten Interpretation der Bedeutung von »Siegfried«.

Sabina Spielreins Analyse von »Siegfried« erfolgt in der Mitte des dritten und letzten Abschnittes ihres Aufsatzes. Dieser Teil beginnt mit einigen Bemerkungen über Adam und Eva im Paradies. Sabina Spielrein hielt es für selbstverständlich, daß ihre Sünde sexueller Natur war. Dadurch, daß sie vom Baum des Lebens (Sexualität) gegessen hatten, hatten sie die destruktive Komponente der Sexualität auf sich herabbeschworen. Ihre Sünde muß nun gesühnt werden, daher erscheint später der Gottessohn Christus, der sich am Kreuz opfert und dadurch die destruktive Komponente der Sexualität auslöscht. Bei der weiteren Verfolgung dieses Gedankens spricht Sabina Spielrein eine Reihe von Legenden an, nach denen das Kreuz Christi aus den Überresten des ursprünglichen Lebensbaumes gezimmert ist. Von hier aus ging sie jedoch zu einem neuen Motiv, dem Lauf der Gestirne, weiter: Christus erlöst die Menschheit in demselben Sinne, in dem der Sonnengott die Erde erlöst, das heißt durch Analogie zur Ankunft des Frühlings, der die leidende Natur vom Winter erlöst. Und ganz plötzlich tauchen nun im Text Siegfried und Brünnhilde auf:

> Statt Sonne und Erde figurieren im Nibelungenliede Siegfried und Brünnhilde. Die sich im Winterschlafe befindende Brünnhilde (Erde) wird vom siegenden Lichte (Sonne) Siegfrieds erlöst, indem er ihr den Panzer (Eiskruste) mit seinem Schwerte durchschneidet und sie auf diese Weise alsbald befruchtet. Hier wird der Vorgang nicht Befruchtung genannt, wie bei Sonne und Erde, statt dessen wird der Befruchtungsakt realer als Durchschneidung dargestellt und durch einen Kuß in seiner erotischen Bedeutung hervorgehoben. Wichtig ist, daß Siegfried in Brünnhilde seine Mutter befruchtet. Siegfrieds Mutter ist freilich Sieglinde, aber Brünnhilde ist ihre Schwester, sie liebt das, was Sieglinde liebt, nämlich den Siegmund. Sie fühlt sich dementsprechend in Sieglindens Rolle hinein, Sieglinde wird auf diese Art zu ihrer »Wunschpersönlichkeit« respektive Sexualpersönlichkeit. Indem sie Siegfried rettet, rettet sie ihren eigenen Wunsch, ihr Kind. Die Richtigkeit dieser Behauptung, Brünnhilde sei Siegfrieds Mutter, wird durch die Arbeit von Dr. Graf erwiesen [*Richard Wagner im »Fliegenden Holländer«,* in Freuds *Schriften zur angewandten Seelenkunde* 9 (1911); J. K.]. Wie Eva handelt Brünnhilde gegen das Gebot des Vaters, und wie Eva aus dem Paradiese wird sie aus dem Götterreiche vertrieben; das Überschreiten des Gebotes (Verteidigung ihrer Wunschpersönlichkeit, deren Sünden sie gleichsam auf sich nimmt) bringt auch Brünnhilde den todähnlichen Schlaf, aus dem sie durch die Frühlingssonne Siegfried erlöst wird. Die Todessehnsucht ist öfter Sehnsucht nach Sterben in der Liebe, so auch bei Wagner.[2]

Und dann folgt ein Ausschnitt aus Brünnhildes letztem Lied, das sie in Wagners Oper sterbend singt. Nun schließt sich ein Exkurs in eine andere Wagneroper, *Der Fliegende Holländer,* an, ehe Sabina Spielrein eine Zwischenbilanz zieht:

> Das Gemeinsame bei den Wagnerschen Helden ist, daß sie, wie Siegfried und Brünnhilde, nach dem Rettertypus lieben, daß sie sich ihrer Liebe opfern und sterben. Die Ähnlichkeit zwischen dem nordischen Siegfried und dem orientalischen Christus ist auffallend. Auch Christus ist ein Rettertypus, der sich für die Menschheit opfert. Siegfried ist der Sonnengott und seine Geliebte – die Mutter Erde, auch Christus ist ein Sonnengott. Christus stirbt am Lebensbaume; er wird an ihn geheftet und hängt daran gleichsam wie dessen Frucht. Wie die Frucht stirbt Christus ab und gelangt als Same in die Mutter Erde.[3]

Nun kehrt der Text zu Adam und Eva zurück, und Sabina Spielrein kommt zu dem Schluß, daß Gottes Strafe für ihre Sünden gerade darin besteht, daß er die Sexualität teilweise »destruktiv« machte. Um dieser Strafe zu entgehen und um Gott versöhnlich zu stimmen, ist Opfer notwendig, und das veranlaßt Sabina Spielrein dazu, im Rest dieses Abschnittes ihres Aufsatzes verschiedene Opferrituale zu betrachten, christliche und semitische, wobei sie sorgfältig darauf achtet, ihre Beziehung zur Fruchtbarkeit aufzuzeigen.

Dieser Teil von Sabina Spielreins Aufsatz, der Mitte 1912 veröffentlicht wurde, erscheint dem modernen Leser ziemlich problematisch. Und selbst als er veröffentlicht wurde, zweifelte man die Stichhaltigkeit dieses Abschnittes an. Beschränken wir uns auf den wesentlichen Punkt: Sabina Spielrein hatte die Siegfriedsage als inzestuöse Vereinigung zwischen Mutter (oder zumindest Wunschmutter) und Sohn gedeutet, bei der der Sohn letzten Endes stirbt, um die Mutter zu retten und sie fruchtbar zu machen. Das muß angesichts ihrer eigenen Situation schmerzhaft gewesen sein. Jung hatte ihretwegen nicht den Tod riskiert und noch nicht einmal die soziale Ächtung, und sie war auch nicht fruchtbar geworden. Wenn jemand in Gefahr war, zu sterben, dann der ungeborene »Siegfried« in ihr.

Sabina Spielrein blieb das ganze Sommersemester in München. Im Juli nahm sie Verbindung mit Leonhard Seif auf, der kurz vorher die Münchener Psychoanalytische Gesellschaft gegründet hatte, und legte ihm dar, woran sie arbeitete. Im August ging sie dann nach Wien. Dort beendete sie den dritten

Abschnitt ihres Manuskripts, das die Interpretation der Siegfriedsage enthält. Sie schickte das fertige Konzept der ganzen Arbeit an Jung, damit sie im nächsten *Jahrbuch* erscheinen konnte, und legte einen bewegenden Brief bei, der mit den Worten begann: »Empfangen Sie nun das Produkt unserer Liebe, die Arbeit Ihres Söhnchens, Siegfried.«[4] Jung schrieb am 8. August 1911 zurück, daß er noch keine Zeit gehabt habe, die Arbeit ganz durchzulesen, da er mit Seif beschäftigt sei, der aus München zu Besuch da sei. Aber Jung war dennoch bereits zu einem »vorläufigen Urteil« über die Arbeit gekommen:

> Ich bin überrascht durch die Fülle trefflicher Gedanken, die mir Verschiedenes vorwegnehmen. Es ist aber gut, daß andere die Dinge gleich sehen wie ich. Ihr Gedanke ist kühn, weit ausgreifend und philosophisch. Das Jahrbuch wird daher wohl kaum die richtige Stätte zur Publication sein. Entweder machen Sie draus ein selbständiges kleines Buch, oder wir versuchen die Arbeit in Freuds Schriften zur angewandten Seelenkunde anzubringen.[5]

Jungs selbstsicherer, sachlicher Ton zeugt von seiner emotionalen Distanz: Sabina Spielrein war nun mit allen Konsequenzen aus seinem Leben ausgeschieden, und er wünschte keineswegs, das wieder zu ändern. In dieser Hinsicht hatte seine Umdeutung des »Siegfried« im vergangenen Herbst als Symbol für ihre »heroische Bestimmung« und für das Opfer, das sie bringen mußte, um sie zu erfüllen, *ihm* ebensosehr geholfen, sie loszulassen, wie sie ihr geholfen haben mochte, sich mit seinem Verlust auszusöhnen. Aber Jung verfiel nun in den gegenteiligen Fehler, auf zu große Distanz zu gehen. Nur wenige Monate später sollte er bitter bereuen, ihre Arbeit nicht sorgfältiger gelesen zu haben.

Im Juni erhielt Sabina Spielrein ihr offizielles Abschlußzeugnis als Ärztin von der Universität Zürich. Außerdem erschien ihre Dissertation im *Jahrbuch,* das Mitte August 1911 endlich herauskam. Nachdem ihr Berufsleben nun offiziell begonnen hatte, plante sie, am nächsten Psychoanalytischen Kongreß teilzunehmen, der Ende September in Weimar stattfinden sollte. Da sie sich noch nicht der Wiener Gruppe angeschlossen hatte, wollte sie als Mitglied der Züricher Sektion hingehen. Jung nahm, wie aus seinem nächsten Brief hervorgeht, ihre Absicht trocken zur Kenntnis und schrieb, sie möge sich an Karl Abraham wenden, der für die Organisation an Ort und Stelle zuständig sei.

Die Mythologie des Alltagslebens

Während Sabina Spielrein ihre berufliche Zukunft aufzubauen begann, geriet ihr Mentor innerlich ins Wanken. Etwas Schreckliches passierte mit der zweiten Hälfte von Jungs »Wandlungen und Symbolen der Libido«. Er hatte horrende Schwierigkeiten damit, was ihn besonders deshalb verwirrte, weil er die erste Hälfte so erfolgreich abgeschlossen hatte. Mitte Februar hatte er sie an die Druckerei geschickt, und sie sollte zusammen mit Sabina Spielreins Doktorarbeit im August im *Jahrbuch* erscheinen. Schließlich hatte er in der ersten Hälfte den Beweis dafür erbringen müssen, daß moderne Phantasien antiken mythologischen Motiven entsprachen und daß einem diese Erkenntnis erlaubte, gewisse typische Phantasien – im vorliegenden Fall die beiden ersten Miller-Phantasien – selbst ohne umfassende biographische Informationen oder Assoziationen zu deuten. Wenn man bedenkt, daß Jung diesen Abschnitt seines Buches auch dazu benützen wollte, seine gerade erst entstehenden Ideen über die Geschichte des Intellekts und die Herausbildung des rationalen, wissenschaftlichen Denkens vorzustellen und gleichzeitig den Boden für seine Behauptungen über das Opfer und die beiden Strömungen der Libido bereiten wollte, dann kann man sich vorstellen, wie leicht er am Anfang hätte straucheln können. Und doch ist auch heute noch Teil eins dieses Buches eine lohnende Lektüre. Jung hatte hier beinahe ein Meisterwerk geschaffen und schien sich dessen von der ersten Seite an bewußt zu sein. Seine Sprache war eine stilistische Glanzleistung, wie schon der Anfang zeigt:

> Wer Freuds Traumdeutung ohne wissenschaftliche Empörung wider die Neuheit und anscheinend ungerechtfertigte Kühnheit ihres analytischen Verfahrens und ohne sittliche Entrüstung über die erstaunliche Nudität der Traumdeutungen lesen konnte, … dem wird wohl kaum ein tiefer Eindruck entgangen sein bei jener Stelle, wo Freud die Tatsache in Erinnerung ruft, daß ein individualpsychologischer Konflikt, nämlich die Inzestphantasie, die wesentliche Wurzel des gewaltigen antiken Dramenstoffes, der Ödipussage, ist. Der Eindruck, den dieser einfache Hinweis macht, läßt sich vergleichen mit jenem ganz besonderen Gefühl, das uns befällt, wenn wir z.B. im Lärm und Gewühl einer modernen städtischen Straße auf ein antikes Relikt – das korinthische Kapitäl einer eingemauerten Säule oder ein Inschriftenfragment – stoßen. Eben waren wir dem geräuschvollen ephe-

> meren Treiben der Gegenwart ganz hingegeben, da erscheint uns etwas sehr Fernes und Fremdes, das unseren Blick auf Dinge anderer Ordnung lenkt: ein Aufblicken vom unübersichtlichen Vielerlei der Gegenwart zu einem höheren Zusammenhang im Historischen.[6]

Jungs gesamtes Programm war hier praktisch schon vorweggenommen, dennoch war der Eindruck angenehm – eindeutig an Freud orientiert, aber hochgesinnt und relativ untendenziös. Später zitierte Jung zustimmend einen Ausspruch von Jakob Burckhardt, der gesagt hatte, daß jeder Grieche der klassischen Zeit ein Stück Ödipus in sich getragen habe, wie jeder Deutsche ein Stück Faust.[7] Und zu Faust, nicht zu Ödipus, kehrte Jung in seinem Text wiederholt zurück.[8] Das zentrale Motiv war eindeutig faustisch: Jung wollte die Einschränkungen des Christentums abschütteln und einen Abstieg in die Tiefen der Seele vornehmen, um die Wurzeln des menschlichen Seins in den Symbolen der Libido zu finden, die aus antiker Zeit überliefert worden waren, und so trotz seines eigenen genialen, psychoanalytischen Paktes mit dem Teufel Erlösung erlangen.

Zu diesem Zweck hielt Jung etwa in der Mitte von Teil eins inne, um einen Blick auf die potentiell positiven Aspekte der Introversion zu werfen. In seiner Besprechung der ersten Miller-Phantasie behauptete Jung, daß einige seiner eigenen Patienten Träume gehabt hätten, die spätere Ereignisse in ihrem Leben oder in ihrer Behandlung vorweggenommen hätten. In diesem Zusammenhang erwähnte er auch, fast beiläufig, Maeterlincks Ausdruck von der »prospektiven Potenz subliminaler Kombinationen.«[9] Die dazu angefügte Fußnote geht noch viel weiter:

> Man wird mir diesmal kaum den Vorwurf des Mystizismus ersparen … Die Psychoanalyse arbeitet rückwärts, wie die Geschichtswissenschaft … Insofern im Heute schon das Morgen enthalten ist und alle Fäden des Zukünftigen schon gelegt sind, könnte also eine vertiefte Erkenntnis der Gegenwart eine mehr oder minder weitreichende und sichere Prognose des Zukünftigen ermöglichen … So wenig aber die Geschichtswissenschaft sich um die Zukunftskombinationen bekümmert, welche vielmehr das Objekt der Politik sind, so wenig sind auch die psychologischen Zukunftskombinationen Gegenstand der Analyse, sondern wären vielmehr Objekt einer unendlich verfeinerten psychologischen Synthetik, welche den natürlichen Strömungswegen der Libido zu folgen verstünde. Das können wir nicht, wohl aber das

> Unbewußte, denn dort geschieht es, und es scheint, als ob von Zeit zu Zeit in gewissen Fällen bedeutsame Fragmente dieser Arbeit wenigstens in Träumen zu Tage träten, woher dann die vom Aberglauben längst geforderte *prophetische Bedeutung* der Träume käme.[10]

Die negativen Aspekte der Introversion wurden bei der Besprechung der zweiten Miller-Phantasie deutlich, die von »Motte und Sonne« handelt:

> Die leidenschaftliche Sehnsucht, d.h. die Libido, hat ihre zwei Seiten: sie ist die Kraft, die alles verschönt und unter Umständen auch alles zerstört ... Eine Frau, die sich, zumal unter heutigen Kulturumständen, der Leidenschaft überläßt, erfährt das Zerstörende nur zu bald ... Selbst fruchtbar sein heißt sich selber zerstören, denn mit dem Entstehen der folgenden Generation hat die vorausgehende ihren Höhepunkt überschritten; so werden unsere Nachkommen unsere gefährlichsten Feinde, mit denen wir nicht fertig werden, denn sie werden überleben und darum unfehlbar uns die Macht aus den entkräfteten Händen nehmen. Die Angst vor dem erotischen Schicksal ist ganz begreiflich, denn es ist etwas Unabsehbares daran; überhaupt birgt das Schicksal unbekannte Gefahren, und das beständige Zögern des Neurotischen, das Leben zu wagen, erklärt sich unschwer aus dem Wunsche, abseits stehen zu dürfen, um nicht im gefährlichen Kampfe des Lebens mitringen zu müssen.
>
> Wer auf das Wagnis, zu erleben, verzichtet, muß den Wunsch dazu in sich ersticken, eine Art Selbstmord begehen. Daraus erklären sich die Todesphantasien, die den Verzicht auf den erotischen Wunsch gerne begleiten.[11]

Der Abschnitt, der widersprüchlicherweise den »Tod« sowohl in der Sexualität als auch in der Entsagung findet, hatte offensichtlich biographische Bedeutung für Jung, denn er enthielt einerseits Bezüge auf die alten Warnungen vor »Konsequenzen« an Sabina Spielrein und andererseits zu Jungs Gefühlen nach der Geburt seines ersten Sohnes.

Nach der oben zitierten Passage beschäftigte sich Jung mit dem Buch Hiob und mit Byrons *Heaven and Earth* (die beide in den Assoziationen von Miss Miller zitiert werden), ehe er den ersten Teil mit der dramatischen Erklärung schloß, Miss Miller könne auf eine Wiedererstehung ihrer Libido hoffen, sofern sie aus dem Zustand der Introversion zu befreien sei:

> Die prophetischen Ausblicke Japhets [bei Byron] haben zunächst prophetische Bedeutung für unsere Dichterin: mit dem Tode der Motte im Lichte ist für einmal das Übel beseitigt; der Komplex hat, wenn auch in zensurierter Form, sich wieder einmal der Wirklichkeit gezeigt; damit ist das Problem aber nicht gelöst, alles Leid und jegliche Sehnsucht beginnt wieder von vorne, er ist aber »Verheißung in der Luft«, die Vorahnung des Erlösers, des »Vielgeliebten«, des Sonnenhelden, der wieder zur Sonnenhöhe ansteigt und wiederum heruntersteigt zur Kälte des Winters, der das Licht der Hoffnung ist von Geschlecht zu Geschlecht, das Bild der Libido.[12]

Für jemanden, der Jungs Quellen und seine Neigungen kannte, war es nicht allzu schwierig, zu vermuten, was Jung im zweiten Teil vorhatte. Die wichtigste Inspiration war ein Aufsatz von Flournoy aus dem Jahr 1908 mit dem Titel »Automatisme téléologique antisuicide: un cas de suicide empêché par une hallucination« (Antisuizidaler teleologischer Automatismus: Ein Fall von Suizidverhinderung durch eine Halluzination). In diesem Aufsatz führte Flournoy Fälle an, in denen Menschen, die Selbstmord verüben wollten, in letzter Minute Visionen hatten, die sie von der Bedeutung und dem Sinn des Lebens überzeugten. Von Flournoys Standpunkt aus waren diese Visionen offenkundig zielgerichtet – das Ziel war, das Leben zu bewahren – und zeugten daher von einer teleologischen Komponente im Unbewußten, d. h. von einer Kraft mit einem zukunftsgerichteten und anpassungsfördernden Potential. Jung bereitete im Grunde den Boden für die Behauptung, daß dann, wenn Miss Miller noch tiefer in ihren Zustand der Introversion hinabstieg, ein Symbol auftauchen würde, ganz analog zu Flournoys teleologischen Halluzinationen, das ihr den Ausweg aus der Introversion zeigen würde.

Die Reise hatte gut begonnen, der Weg lag klar und deutlich vor Jung, das Ziel war bereits in Sicht – und in den ersten Monaten des Jahres 1911 entgleiste das ganze Unternehmen völlig.

Jungs Tagträumereien

Das schreckliche Ungemach, das im Frühjahr 1911 über Teil zwei des Manuskriptes hereinbrach, war, daß es völlig unlesbar wurde. Endlose Abschnitte, die sich über zwanzig Seiten hinzogen, wurden beinahe willkürlich in den Text eingefügt, teils weitschweifig, teils belanglos, teils unverständlich und schließlich grotesk, wo sie verständlich waren. Noch schlimmer war, daß diese Einsprengsel so lang und so häufig waren, daß der Rest zwischen ihnen fast unterging. Es war eine stilistische Katastrophe, die in Jungs bisherigem Werk nicht ihresgleichen hatte.

Der Theologe und zeitgenössische psychoanalytisch geschulte Kommentator Peter Homans hat sich mit der Originalversion von »Wandlungen und Symbole der Libido« beschäftigt. Statt den Leser nun mit Beispielen aus dem Text selbst zu plagen, möchte ich lieber Homans' bewundernswert scharfsinnige und außerordentlich treffende Zusammenfassung anführen:

> Im Grunde benützt es die Libidotheorie und die Miller-Phantasien einfach als Stimuli für einen umfassenden, eindrucksvollen Streifzug durch die Mythen, Rituale, Symbole und Praktiken der jüdischen, hellenistischen, östlichen und primitiven Kulturen …
>
> Es bietet dem Leser zahlreiche Reihen von freien Assoziationen und Ideenflügen, in denen ein Bild oder ein Gedanke zu einem anderen führt, der wiederum zum nächsten weiterleitet, ganze Seiten lang … Es ist, kurz gesagt, eine Niederschrift von Jungs eigenen Phantasien und keine Deutung der Mythen und Symbole der Vergangenheit.[13]

Viele Jahre später unterzog Jung das Buch einer gründlichen Überarbeitung – und schrieb ein neues Vorwort, in dem er sich bei seinen Lesern unumwunden für seine früheren Fehltritte entschuldigte, die er »meine Jugendsünden« nannte.

> Ich war nie beglückt von diesem Buch und noch weniger damit zufrieden: es wurde sozusagen über meinen Kopf weg geschrieben, und zwar mitten in der Unruhe und dem Andrang der ärztlichen Praxis, ohne Rücksicht auf Zeit und Mittel. Ich mußte mein Material hastig zusammenraffen, wo ich es eben fand. Es gab keine Möglichkeit, meine Gedanken ausreifen zu lassen. Das Ganze kam über mich wie ein Bergsturz, den man ja auch nicht aufhalten kann.[14]

Dieses Urteil, das beinahe ebenso hart ausfällt wie das von Homans ist gewiß die Bewertung eines gereiften Jung. Aber selbst als er das Buch schrieb, erkannte er offenbar, daß sein Phantasieleben sich rettungslos in den antiken

Materialien verheddert hatte, die er untersuchte, und daß die daraus resultierenden Tagträumereien im Begriff waren, den Deutungsrahmen zu sprengen, der sie eigentlich zusammenhalten sollte. Wenn man sich die Briefe anschaut, die er in den ersten sechs Monaten des Jahres 1911 an Freud schrieb, dann stellt man nicht nur fest, daß Jung die Geheimniskrämerei fortsetzte, die er im vorigen November begonnen hatte, sondern auch, daß er seine Fortschritte immer zurückhaltender einstufte und immer zaghafter wurde. Dem Eingeständnis von Selbstzweifeln im Januar folgte im Februar die höchst vorsichtige Erklärung, er beschäftige sich »jetzt sehr viel mit dem Inzestproblem ... Daraus soll's was geben.«[15] Im März schrieb Jung von »... parallele[r] Untersuchung der inzestuösen Phantasie in ihrer Beziehung zur ›schöpferischen‹ Phantasie ... Wenn die Sachen einmal etwas reifer geworden sind, muß ich Ihren Rat darüber einholen. Jetzt bebrüte ich es noch.«[16] Im Mai war er deutlich in die Tagträumerei zurückgefallen, die nun auch den Okkultismus und die Astrologie einschloß, aber immerhin bat er Freud um Nachsicht:

> Lassen Sie mich bitte ohne Besorgnis in diesen Unendlichkeiten herumschweifen. Ich werde reiche Beute für die Erkenntnis der menschlichen Seele heimbringen. Ich muß mich eine Zeitlang an magischen Düften berauschen, um ganz verstehen zu können, was für Geheimnisse das Unbewußte in seinen Abgründen birgt.[17]

Die destruktive Mutter

Der Ausbruch von Tagträumerei in Jungs Text war um so erstaunlicher, als es eigentlich keinen zwingenden Grund für Jung gab, den langen Exkurs über den Sonnenhelden und seinen Abstieg in die Unterwelt zu machen, eben jenen Exkurs, der daran schuld war, daß Jung die Kontrolle über sein Material verlor. Alles, was im zweiten Teil nötig war, war die Deutung der dritten Miller-Phantasie, und Miss Millers Held »Chiwantopel« unternimmt gar keinen solchen Abstieg in die Unterwelt – er und sein Pferd werden einfach von einer Schlange gebissen, die die inzestuöse Libido symbolisiert, und sterben. Anschließend werden sie zwar von der Erde verschluckt, aber das ist für Miss Miller das Ende. Es folgt keine Reise unter der Erde, keine Konfrontation mit einer Mondgöttin, keine nachfolgende Eroberung eines Schatzes und schon gar keine Auferstehung zu neuem Leben. Jung brauchte das problematische Material nicht, es war ihm schon von Anfang an klar, daß es problematisch war, und doch schlug er diesen Weg ein. Warum?

Obwohl Jung bei seinem Auftreten in der Öffentlichkeit charismatisch und ohne Scheu dominierend war, behielt er in der Sicherheit seiner privaten Reflexionen den Kontakt zu einem empfindsameren inneren Selbst. Tagträumerei war deshalb für diesen Mann eine größere Versuchung als für die meisten Menschen. Außerdem gab es eine unverkennbare Übereinstimmung zwischen Jungs eigener intellektueller Suche und eben dem Gegenstand, um den es nun in seiner Studie ging, nämlich der Reise des Sonnenhelden. Denn als Analytiker war Jung daran gelegen, die Inzestschranke – verstanden als Schranke gegen die Selbsterkenntnis – zu durchbrechen und Kontakt mit den tiefsten libidinösen Quellen der Seele aufzunehmen. Das war aber mehr oder minder dasselbe Unterfangen, das die Mythen des Sonnenhelden schilderten, zumindest für Jung als psychoanalytisch gebildeten Leser. Die Erzählung von der Reise des Sonnenhelden konnte daher leicht an die Stelle von Jungs eigener kritischer Exegese treten; je tiefer er sich in dieser Erzählung verlor, desto weiter flüchtete er vor den intellektuellen Schwierigkeiten, die diese Exegese mit sich brachte.

Nach dieser Feststellung tut man gut daran, sein Augenmerk auf die Tatsache zu lenken, daß zwar die Darstellung des Mythus vom Sonnenhelden als Erlösungsmysterium hehre Gefühle weckt, daß Jung bei seiner Tagträumerei aber im Grunde wenig Wert auf einen Aufstieg am Ende legte. Was ihn tatsächlich beschäftigte, war der *Abstieg*. Und im Verlaufe dieses Abstiegs beschäftigte ihn ganz besonders das regressiv besetzte Bild der inzestuösen Mutter, jener Gorgo, die den Helden in der Unterwelt gefangenhielt. Alle Deutungswege führten unweigerlich zu ihr zurück, sie wurde als die »destruktive« oder die »schreckliche« Mutter identifiziert. Baumsymbole bedeuteten letztlich die Sehnsucht des Sohnes, wieder mit ihr vereint zu sein. Dasselbe galt für die Fischsymbolik. Und für die Schlangensymbolik. Das Thema der Zerstückelung wies auf ihre destruktiven Kräfte hin. Die Themen des Todes und der Wiedergeburt drückten den ambivalenten Wunsch des Sohnes aus, durch sie wiedergeboren zu werden. Der Drache war ein Symbol für sie. Und so weiter.

Die »destruktive Mutter« herrscht über diesen Text: Alle Interpretationen beziehen sich letztlich auf ihre verderblichen Reize. Zwar postuliert Jung, daß es zwei Mütter gebe. Das heißt, in Zuständen der Introversion wird das Bild der Mutter gespalten, und es gibt ein zweifaches Mutterbild. Und nach

Jungs Ansicht hat die andere Seite der zweifachen Mutter die Gestalt eines positiven, lebenspendenden Bildes, des »ewig Weiblichen«, das uns hinanführt. Aber über diese Seite der Mutter findet sich in Jungs Text nur herzlich wenig. Statt dessen verweilt der Text wieder und wieder beim Thema der »destruktiven Mutter«, als könne sich Jung einfach nicht davon losreißen.

Selbst als Tagtraum gelesen, ist der Text unbefriedigend. Jung machte hier einen düsteren, beinahe gespenstischen Exkurs. Barbara Hannah, eine Schülerin Jungs und später seine einfühlsamste Biographin, sagte ihm einmal, »Wandlungen und Symbole« sei unter all seinen Werken insofern einzigartig, als es eher Verzweiflung als Hoffnung einflöße, eher Verwirrung als Klarheit schaffe. Darauf habe Jung geantwortet: »Das ist eigenartig; denn beim Schreiben des Buches befand ich mich ununterbrochen in einer depressiven Stimmung.«[18] Hannah nahm an Jungs Seminar im Jahr 1925 teil, in dem er seine theoretische Entwicklung rekonstruierte. Sie erinnert sich an die folgenden Aussagen:

> Er wurde von bösen Träumen verfolgt, und es dauerte mehrere Jahre, bis er erkannte, daß man das Buch »Symbole der Wandlung« [der Titel der überarbeiteten Fassung; A. d. Ü.] als etwas ansehen konnte, das er selbst war und das ein Bild seiner damaligen eigenen psychischen Verfassung widerspiegelte und das – hätte man es einer Analyse unterworfen – schon damals zu einer Analyse seiner eigenen unbewußten Prozesse geführt hätte. Jung pflegte zu sagen, daß die zwei Arten des Denkens (von denen das Buch am Anfang handelt) als intellektuelles oder gerichtetes Denken einerseits und ungerichtetes oder Phantasiedenken andererseits definiert werden können. Von letzterem hatte er aber zu jener Zeit den Eindruck, es sei alles andere als ein sauberes Denken. Es kam ihm beinahe vor wie eine Art von inzestuösem Verkehr mit dem Unbewußten, der von einem wissenschaftlichen Standpunkt ganz unmoralisch war.[19]

Das Gefühl des »inzestuösen Verkehrs« hängt tatsächlich wie eine schwere Wolke über dem Text.

Es gibt mehrere mögliche Erklärungen für Jungs Beschäftigung mit der inzestuösen und daher destruktiven Mutter. Auf einer Ebene schien es dabei um Jungs eigene Mutter, die Frau mit den zwei Persönlichkeiten, zu gehen. Daß er lange bei der Figur der destruktiven Mutter verweilte, paßt gut zu der Aussage in seinen *Erinnerungen,* daß er die zweite Persönlichkeit seiner

Mutter als die eindrucksvollere empfand. Jungs eigene Erklärung jedoch, die er den Teilnehmern seines Seminars im Jahr 1925 gab, stellte die Person von Miss Miller in den Mittelpunkt: »Sie bemächtigte sich meiner Phantasie und führte die Regie, wenn man das Buch subjektiv interpretiert.«[20] Es scheint also, daß hier eine Bewegung auf zwei Ebenen vorliegt, daß nämlich Jungs Tagtraum erst der Führung von Miss Miller folgt und dann, auf einer tieferen Schicht, der Führung seiner Mutter (in ihrer stygischen Erscheinung). Das Weibliche führt uns nicht immer hinan; manchmal führt es uns zurück.

So überzeugend eine solche Interpretation auf den ersten Blick auch wirken mag, ist sie doch nicht ganz zutreffend. Jungs Interesse am phantasiegeleiteten Denken war schon mehrere Monate vor seiner Entdeckung der Miller-Phantasien erwacht. Miss Miller hatte dann das dringend benötigte Fallmaterial geliefert, um das herum er seine Thematik anordnen konnte. Sie führte ursprünglich nicht etwa Regie, sondern war Versuchskaninchen. Außerdem führte Jung die »destruktive Mutter« erst ein, als er Miss Millers Material schon fast ein Jahr kannte.

Ein Teil des Puzzles fehlt bei den bisherigen Darstellungen. Dieser Teil ist Sabina Spielrein. Wenn wir annehmen, daß ihre Stimme diejenige der weiblichen Autorität war, der Jung in seinen libidinösen Träumereien abwechselnd nachgab und Widerstand entgegensetzte, wird die Sache rasch klarer. Denn sie behauptete *in ihrem Text,* es gebe in Wahrheit keinen Unterschied zwischen der Sehnsucht nach einer wirklichen Frau und dem inzestuösen Verlangen nach der Mutter – hinter beidem stehe der gleiche, übermächtige Instinkt der Arterhaltung. Und sie sah auch ein Gefühl der Angst, die letztlich die Furcht vor der Auflösung und dem Tod war, keineswegs als Hindernis für die Liebe an. Diese Angst war einfach der Preis, den die destruktive Komponente der Libido verlangte. Und die »Verwandlung« wurde in ihrem System durch Hingabe erreicht. Während also Jung eine innere Auseinandersetzung mit einer als »destruktiv« empfundenen Mutterimago schilderte, vertrat Sabina Spielrein ausdrücklich die Meinung, »Destruktion« sei ein notwendiger Bestandteil der Liebe. Die beiden Texte, seiner und ihrer, fügen sich aneinander wie die beiden auseinandergerissenen Hälften eines vergessenen Gesprächs.

Es gab in der Tat einen persönlichen und sehr aktuellen Grund dafür, daß Jungs Tagtraum nicht der stark erregenden Unterwelt entrinnen konnte, die von der »destruktiven Mutter« beherrscht wird. Schauen wir uns seinen

Traum noch ein letztes Mal an. Er steigt in eine Unterwelt der Phantasie hinab, und dort tritt ihm eine Frau entgegen, die ihn festhalten würde, wenn sie könnte, die ihn boshaft mit exquisiten regressiven Versuchungen lockt, eine Frau, die leichten Zugang zu seinem Phantasieleben hat, eine Frau, die sich mit derselben Leichtigkeit als seine Mutter wie als ewige Gefährtin sehen kann, eine Frau, die ihn ebenso als Geliebten erleben kann wie auch als den Sohn, den er mit ihr zeugen würde, eine Frau, die ihm sagt, daß alle sexuelle Anziehung auch Destruktion beinhaltet, eine Frau, die es ihm als Fehler anrechnet, wenn er das nicht als Verwandlung empfinden kann, eine Frau, die ihn schließlich mutig dazu auffordert, »Siegfried« zu werden. Hinter dem Bild der »destruktiven Mutter« in Jungs Tagtraum steckt, so behaupte ich, die unerschrockene Autorin der Schrift »Die Destruktion als Ursache des Werdens«.

»Siegfried« lebt

Angesichts der intimen und schließlich nicht gar so heimlichen Symmetrie zwischen seinem und ihrem Standpunkt wäre es eine große Enttäuschung gewesen, wenn Jung in seinem zu Text geronnenen Tagtraum nicht irgendeinen Weg gefunden hätte, die Figur des Siegfried aufzunehmen, zumal dessen Klage um Brünnhilde eine von Miss Millers Assoziationen gewesen war. Jungs Analyse ist aus einem Guß, obwohl sie von einem etwa 25 Seiten langen Einschub über verschiedene, weit abschweifende symbolische Äquivalenzen unterbrochen ist. Hier einige Ausschnitte:

> Bekannte Tatsache ist, daß Brünnhilde, die Walküre, die (inzestuöse) Geburt des Siegfried begünstigt. Während Sieglinde die menschliche Mutter ist, ist Brünnhilde in der Rolle der »Geistmutter« (Mutterimago), aber nicht verfolgend wie Hera gegenüber Herakles, sondern hilfreich. Diese Sünde, an der sie durch ihre Hilfe mitschuldig wird, ist auch der Grund zur Verstoßung durch Wotan. Die besondere Geburt des Siegfried aus der Schwestergattin kennzeichnet ihn als den Horus, als die *wiedergeborene Sonne,* eine Reinkarnation des abtretenden Osiris-Wotan.[21]

***

> Die Sünde Brünnhildens ist die Begünstigung Siegmunds, dahinter liegt aber der Inzest; dieser ist in das Bruder-Schwester-Verhältnis von Siegmund und Sieglinde projiziert: in Wirklichkeit und archaisch ausgedrückt ist Wotan, der Vater, in seine selbstgeschaffene Tochter eingegangen, um sich zu verjüngen.[22]
>
> ***
>
> [...] so bringen wir nunmehr die Antwort mit auf die Frage, was die Sehnsucht von Siegfried nach Brünnhilde bedeute: *es ist das Streben der Libido von der Mutter zur Mutter.* Dieser paradoxe Satz läßt sich übersetzen: Solange die Libido sich nur mit Phantasien sättigt, bewegt sie sich in sich selbst, in ihrer eigenen Tiefe, in der Mutter [...]. Nur die Überwindung der Realitätshindernisse bedeutet die Befreiung von der Mutter, welche dauernde und unversiegliche Lebensquelle für den Schaffenden, Tod aber für den Feigen und Ängstlichen und Bequemen ist.[23]

In der überarbeiteten Fassung, »Symbole der Wandlung«, steht Jungs Interpretation gegen Ende des vorletzten Kapitels und reicht bis in den Anfang des letzten Kapitels mit der Überschrift »Das Opfer« hinein. Von dieser Stellung her sieht es so aus, als solle die Analyse des Siegfried der Schlußstein von Jungs langem, dunklem Tagtraum sein und das Präludium zur Aufwärtsbewegung des Ausklanges bilden. Wie schon in den Gesprächen mit Sabina Spielrein im Oktober 1910 sollte die Siegfriedsage der Ausgangspunkt für Jungs kühne, neue Theorie sein, daß das »Opfer« ein phylogenetisch erworbener, moralischer Imperativ sei, ein symbolisches Tor, durch das man Zugang zu der »Energiesumme von unendlichen Generationen« gewinnen konnte.

Das Realitätsprinzip

Die ersten Monate des Jahres 1911 waren für Jung eine ziemlich schwierige Zeit. Nachdem Sabina Spielrein im Januar Zürich verlassen hatte, fehlte es ihm wieder an fruchtbarem intellektuellem Austausch, um nicht zu sagen an Inspiration. Außerdem mußte er sich mit den anhaltenden Problemen der Züricher Gruppe befassen. Bleuler war zwar der Vereinigung beigetreten, hatte aber die Präsidentschaft abgelehnt. Außerdem wollte er seine Assistenten am Burghölzli nicht zu einer offiziellen Mitgliedschaft verpflichten. Dann kam mit der Post ein Beitrag für das *Jahrbuch* von einem genialen Wiener Neuling, Herbert Silberer, der eine Variation des Themas von der Rückkehr in den Mutterleib behandelte, nämlich Phantasien, wieder in die Genitalien des Vaters vor der Zeugung zurückzukehren. Bleuler war entsetzt bei dem Gedanken, daß sein Name über einem Aufsatz mit dem Titel »Spermatozoenträume« stehen sollte, aber Jung verstand nicht recht, was daran so problematisch war. Wieder einmal wurde Freud als Vermittler angerufen.

Inzwischen war Anfang März die überraschende Nachricht gekommen, daß Alfred Adler als Präsident der Wiener Vereinigung abgesetzt worden war. Jung schrieb an Freud, er sei »schön erstaunt«,[24] aber da er schon lange gehört hatte, Adler sei »paranoid«, verfolgte er die Sache nicht viel weiter. Adlers klinische Innovationen, seine aggressive Intellektualität und sein Groll darüber, daß er ewig in Freuds Schatten stehen sollte, verliehen zusammen Freuds Urteil gerade so viel Überzeugungskraft, daß es beinahe glaubhaft wurde. (Jener andere »Paranoide«, Wilhelm Fließ, der noch immer zu den namhaftesten Internisten von Berlin zählte, hatte erst vor kurzem Karl Abraham kennengelernt – und hatte sich als ganz normal entpuppt.) Die soeben abgeschlossenen Diskussionen über Adlers Theorien waren alles andere als erbaulich gewesen. Im Dezember hatte Freud die neue Vereinigung im Hinblick darauf gerechtfertigt, daß man mehr Kompetenz in der Technik der Psychoanalyse entwickeln müsse. Aber innerhalb der Wiener Vereinigung war ein anderer Maßstab angelegt worden. Statt Fälle zu überprüfen oder Therapieergebnisse zu vergleichen, hatte man Adler letztlich vorgeworfen, er gebe die Libidotheorie preis und schwäche damit die Bewegung. Wittels war nicht anwesend, aber Stekel hielt ihn auf dem laufenden: »[…] die Adepten führten einen konzentrierten Angriff gegen Adler aus, der an Heftigkeit selbst auf diesem heißen Boden kaum seinesgleichen hatte.«[25] Max Graf, Vater des »kleinen Hans«, schrieb später über diese Debatte: »In jenem Raum herrschte die Atmosphäre einer Religionsgründung.«[26] Und nach dem Ausschluß Adlers, so fügt Graf hinzu, regierte Freud »als Kirchenoberhaupt«.[27] Jung gegenüber stellte Freud jedoch den Führungswechsel – Stekel hatte aus Solidarität mit seinem bedrängten Kollegen die Vizepräsidentschaft niedergelegt – als Teil seines Gesamtvorhabens dar, das Zentrum der Psychoanalyse noch stärker nach Westen, nach Zürich zu verlegen. Binswanger gegenüber ging er sogar noch weiter: »Wenn das von mir gegründete Reich verwaist, soll kein anderer als Jung das Ganze erben.«[28] Tatsächlich stärkte die Entfernung Adlers Jungs Position als Präsident erheblich, wenn auch ein Stück weit auf Kosten der Integrität der Bewegung. Die Internationale Vereinigung war noch nicht einmal ganz ein Jahr alt, und schon hatte es eine Art Ketzergericht gegeben.

Mitte März erschienen verspätet die Druckfahnen von Freuds Schrift »Formulierungen über die zwei Prinzipien des psychischen Geschehens«. Im Kontext betrachtet, wirkt dieser kurze Aufsatz wie ein Versuch, Jung den Wind aus den Segeln zu nehmen. Alle Themen des ersten Teils von Jungs Arbeit – Phantasie, Religion, Naturwissenschaft, Kunst, die Rolle der Realität, Sexualität als in der Fixierung und der Regression wirksame Kraft – werden in diesem Aufsatz angeschnitten, erhalten aber Freuds ganz persönliche Note. Denn Freud stellt hier erstmals seine These vor, daß das »Realitätsprinzip« eine sekundäre Modifikation eines zuerst allein herrschenden »Lustprinzips« sei. Man konnte damit rechnen, daß die Neuheit von Jungs Ideen neben diesen alternativen Begriffen in einer anderen Terminologie mit Sicherheit ein Stück weit verblassen würde. (Und so kam es auch. Die meisten modernen Analytiker kennen Freuds Aufsatz gründlich, aber nur wenige von ihnen haben je von Jungs Kapitel »Über die zwei Arten des Denkens« gehört, geschweige denn den Text gelesen.) Noch schlimmer war die Tatsache, daß Freuds Ausführungen die alte Auseinandersetzung zwischen Jung und Abraham wieder aufwärmte, ob Schizophrenie eine sexuelle Krankheit sei. Und am schlimmsten war Freuds Schluß. Bei seiner Diskussion der Verzerrungen, die die Verdrängung mit sich bringe, führte er einen einzigen Traum an:

> Ein Mann, der einst seinen Vater während seiner langen und qualvollen Todeskrankheit gepflegt, berichtet, daß er in den nächsten Monaten nach dessen Ableben wiederholt geträumt habe: *der Vater sei wieder am Leben, und er spreche mit ihm wie sonst. Dabei habe er es aber äußerst schmerzlich empfunden, daß der Vater doch schon gestorben war und es nur nicht wußte.* Kein anderer Weg führt zum Verständnis des widersinnigen Traumes, als die Anfügung »nach seinem Wunsch« oder »infolge seines Wunsches« nach den Worten »daß der Vater doch gestorben war« und der Zusatz »daß er es wünsche« zu den letzten Worten. Der Traumgedanke lautet dann: Es sei eine schmerzliche Erinnerung für ihn, daß er dem Vater den Tod (als Erlösung) wünschen mußte, als er noch lebte,

> und wie schrecklich, wenn der Vater dies geahnt hätte. Es handelt sich dann um den bekannten Fall der Selbstvorwürfe nach dem Verlust einer geliebten Person, und der Vorwurf greift in diesem Beispiel auf die infantile Bedeutung des Todeswunsches gegen den Vater zurück.[29]

Dieser Traum stammte von Jung. Er hatte ihn mehrere Male nach dem Tod seines Vaters im Jahr 1896 gehabt. Es ist nicht ganz klar, was Freud dazu bewogen hat, ihn zu veröffentlichen. (Er verdoppelte seine Indiskretion durch die Aufnahme des Traumes in die dritte Auflage seines Traumbuches.) Vielleicht hatte Freud endlich die Relevanz dieses Traumes für den Traum von sich selbst als Zollbeamter erkannt, der ebenfalls »tot« war, es aber nicht wußte. Oder vielleicht war dieser Lapsus in psychoanalytischer Etikette durch ein untergründiges Mißfallen an Jungs Traum von Arona provoziert worden. Aber auf alle Fälle implizierte Freuds Text, daß er seine Deutung bisher nicht dem Mann mitgeteilt hatte, der den Traum gehabt hatte. Denn sofort nach der zitierten Passage kommt Freud zum Ende, entschuldigt sich für »die Mängel dieses kleinen … Aufsatzes« und schließt mit dem folgenden, rätselhaften Satz:

> In den wenigen Sätzen über die psychischen Folgen der Adaptierung an das Realitätsprinzip mußte ich Meinungen andeuten, die ich lieber noch zurückgehalten hätte und deren Rechtfertigung gewiß keine kleine Mühe kosten wird. Doch will ich hoffen, daß es wohlwollenden Lesern nicht entgehen wird, wo auch in dieser Arbeit die Herrschaft des Realitätsprinzips beginnt.[30]

Freuds Aufsatz war bereits gesetzt. Jung nahm ihn in seinem Brief vom 19. März 1911 galant zur Kenntnis:

> Ihr »Lust- und Realitätsprinzip« habe ich mir nochmals zu Gemüte geführt und habe namentlich zunächst Ihre Terminologie aneignen müssen. »Lust- und Realitätsprinzip« ist wirklich eine ganz ausgezeichnete Namengebung, die praktisch außerordentlich anwendbar ist. Ich bedaure nur, daß ich diese Anschauungsweise nicht schon früher besaß.[31]

Da Bleuler noch grollte, Sabina Spielrein nicht mehr da war und Freud seinen Traum der Öffentlichkeit zur Begutachtung preisgegeben hatte, sah sich Jung immer stärker der emotionalen Vereinsamung ausgesetzt. Er versuchte, Freundschaft mit Alphonse Maeder zu schließen, der gerade von Kreuzlingen nach Zürich umgesiedelt war. Maeder war sehr dankbar für die ihm erwiesene Unterstützung, fürchtete jedoch, von Jungs selbstherrlichem Wesen erdrückt zu werden, und hielt sich höflich auf Distanz. Maeder arbeitete damals gerade an einem neuen Ansatz zur Theorie der Traumbildung. Sein Ansatz beruhte auf einer früheren Idee, die Édouard Claparède aus Genf veröffentlicht hatte. Claparède hatte sich an die Vorstellungen des Psychologen Karl Groos über die »funktionelle« Natur des Kinderspiels angelehnt – das Spiel bereitet durch die Übung von erst rudimentär vorhandenen Fähigkeiten auf das Erwachsenenalter vor – und »funktionelle« Erklärungen für Erscheinungen wie Hysterie und Schlaf vorgeschlagen. Maeder fragte sich, ob die Ideen von Claparède und Groos nicht im Hinblick auf den Traumgegenstand eine wertvolle Ergänzung zu denen Freuds sein könnten. Für Freud war der »Zweck« des Träumens ganz einfach, durch die Entladung innerer Reize, die sonst den Träumer wecken würden, den Schlaf des Träumers zu hüten. Maeder nahm an, daß der Traum zusätzlich zu dieser Funktion vielleicht auch den Zweck haben könnte, den Träumer auf die Aufgaben des folgenden Tages vorzubereiten. Dann wären Träume vollkommen analog zum Spiel der Kinder.

Im März begann Maeder mit Freud über seine Idee zu korrespondieren. Erst einen Monat vorher hatte Jung Freud gedrängt, eine Änderung in der dritten Auflage des Traumbuches vorzunehmen, das bald in Druck gehen sollte, und nun belästigte ihn Maeder erneut mit der Frage nach dem Zweck von Träumen. Jung hatte sich eine gründliche Analyse eines eigenen Traumes von Freud gewünscht, die das sexuelle Element und seine infantilen, vermutlich inzestuösen Wurzeln deutlich machte. In der Tat hatte sich Freud in der Erstausgabe über sein eigenes Liebesleben ausgeschwiegen, wie Ellenberger angemerkt hat.[32] Aber Freud war verständlicherweise nicht geneigt, diesem Wunsch nachzukommen. Seine Antwort auf Jungs Bitte war nicht gerade ungehalten, zog aber eine klare Grenze: »Der Leser verdient es nicht, daß man sich noch weiter vor ihm auskleide.«[33] Daß kurz danach ein weiterer Schweizer noch ein zweites Mal mit dem Thema »Träume« an ihn herantrat, empfand Freud wahrscheinlich als ziemlich dreist, wenn nicht gar als geschmacklos.

War Maeder kein ganz befriedigender Gefährte, so bestand noch immer die Hoffnung, daß der junge Honegger, der nun eine Stelle in der Heilanstalt

Rheinau innehatte, sich vielleicht einen Ruck gab, die Geschichte mit seiner Verlobten klärte, seine Doktorarbeit beendete, und als Assistent Jungs in einer Privatpraxis nach Zürich zurückkam. Aber nun kam der größte Schrekken von allen: Am 28. März 1911, am Vorabend seiner geplanten Abreise zum alljährlichen Militärdienst, spritzte sich Honegger eine tödliche Dosis Morphium. Das war natürlich eine persönliche Katastrophe für Jung. Das Problem von Honeggers Selbstmord wurde nie völlig aufgeklärt, trotz der aufschlußreichen Untersuchungen von Hans Walser. Daß Jung tief erschüttert war, geht aus seinen Briefen an Freud nach diesem Ereignis deutlich hervor. Jung bemühte sich, die Sache in ein medizinisches Problem zu verwandeln – und in einen ärztlichen Fehler. Honegger mußte ein heimliches Phantasiesystem gehabt haben, so warf sich Jung schuldbewußt vor, und es war ihm nicht gelungen, es herauszufinden.

Introversion und Tod hatten nun das Gesicht eines Menschen, den er kannte. Das war mehr, als Jung eigentlich aushalten konnte. Zwar erwähnt er in seinen Briefen an Freud in den folgenden Monaten noch gelegentlich sein Manuskript, aber immer häufiger spricht er dabei von Astrologie und vom Okkulten. Zum Thema Astrologie sollten wir festhalten, daß Toni Wolff, von der wir wissen, daß sie für den zweiten Teil von Jungs Buch Recherchen in Bibliotheken durchgeführt hat, eine Amateurastrologin war, die Horoskope erstellen konnte. Toni Wolff war eine ehemalige Patientin, nun war sie Forschungsassistentin. Hier bot sich endlich, strikt in den Grenzen der Wohlanständigkeit, der ersehnte geistige Austausch. Allerdings wandte sich Jung nach Honeggers Tod zunächst von seinem Manuskript ab und mehreren neuen Projekten zu, womit er den Tagtraum von der destruktiven Mutter intakt und unveröffentlicht ließ.

Neue Bahnen der Psychologie

Das erste neue Projekt Jungs war eine populäre Schrift über Psychoanalyse mit dem Titel »Neue Bahnen der Psychologie«, die er einer ortsansässigen literarischen Zeitschrift, *Raschers Jahrbuch für Schweizer Art und Kunst,* versprochen hatte. Diese Arbeit gab Jung Gelegenheit, über seinen bisherigen beruflichen Werdegang nachzudenken, aber er nahm sich auch Zeit für eine allgemeine Polemik über die Entfremdung der natürlichen Instinkte des Menschen in der modernen städtischen Gesellschaft. Damals gab es in der deutschen Kultur gerade allgemein eine weitverbreitete Reaktion gegen die Modernität. Im Grunde hängte Jung nur der generellen Tendenz zur Romantisierung und Idealisierung der ländlichen und pastoralen Welt, die die europäische Kultur unwiderruflich hinter sich ließ, ein psychoanalytisches Mäntelchen um. Am 8. Mai 1911 schrieb er an Freud: »Ich versuche, wie Sie sehen, wieder einmal mit Nachteil populär zu sein.«[34]

Aber Jungs Aufsatz behandelte auch noch etwas anderes. Er beinhaltete eine lange Diskussion über die Frage der hysterischen Konstitution und deren Beziehung zum Trauma, die im Laufe einer Falldarstellung auf die Behauptung hinauslief, daß nur ein aktueller erotischer Konflikt eine Neurose auslösen könne. Jung gestand zu, daß sich beim Auftreten eines aktuellen erotischen Konflikts eine Regression einstelle und aufgrund dessen infantile Elemente im Unbewußten ins Spiel kämen. Aber er wies auch darauf hin, daß das Unbewußte mehr enthält als nur Erinnerungen aus der Kindheit: »Wie neueste Forschungen der Zürcher Schule ergeben haben, sind es nicht nur Infantilreminiszenzen, sondern auch über die Grenzen des Individuums hinausgreifende ›Erinnerungen der Rasse‹.«[35] Diese Aussage war insofern bemerkenswert, als seit Honeggers Tod die »Züricher Schule« außer ihm selbst nur noch zwei Vertreter dieser Ansicht hatte – Sabina Spielrein und Jan Nelken, der einzige Assistent am Burghölzli, der sich offiziell bei der Züricher Psychoanalytischen Vereinigung eingeschrieben hatte. Offensichtlich stützte sich Jung stark auf Sabina Spielreins Dissertation oder vielmehr auf seine Einschübe in ihre Dissertation, um den Sieg davonzutragen. Auf jeden Fall erkannte Jung, als er nun die allgemeine Behauptung – es gebe im Unbewußten Erinnerungen der Rasse – zum Wohle der literarischen Kreise Zürichs zu Papier brachte, daß er vielleicht gut daran täte, Freud vorher auf das Kommende vorzubereiten. So schrieb er in seinem Brief vom 12. Juni 1911 an Freud:

> Alles, was ich gegenwärtig treibe, geht um die Inhalte und Formen unbewußter Phantasien. Ich glaube schon recht schöne Resultate zu haben. Sie werden sehen, daß diese Untersuchung notwendige Vorarbeit ist zur Psychologie der Dementia praecox. Der Spielreinsche Fall beweist das (im »Jahrbuch«).[36]

Das war die erste Erwähnung von Sabina Spielreins Namen in der Korrespondenz der beiden Männer seit Juli 1909. Freud geht in seiner Antwort auf die Ankündigung ein: »Mit dem Inhalt des ›Jahrbuchs‹ bereiten Sie mir dieses Mal offenbar große Überraschungen. Ich werde es dann in Karlsbad eifrig studieren.«[37] In »Neue Bahnen der Psychologie« standen noch weitere Dinge, die für Freud sogar noch interessanter gewesen wären, hätte er von ihnen gewußt. Auf der einen Seite hieß es in dem Aufsatz, daß »bis jetzt noch lange nicht alles publiziert ist, was für die Technik einer tiefgreifenden Analyse in Betracht kommt«,[38] was natürlich zutraf, aber andererseits deutete Jung dort auch an, daß der entscheidende Angelpunkt für den therapeutischen Prozeß »das Mysterium des Selbstopfers« sein könnte, das dazu diene, dem Patienten eine »auf empirischen Einsichten basierende Lebensweisheit« mitzugeben.[39]

Jung schrieb noch einen zweiten Aufsatz, einen Bericht über eine Kinderanalyse, den er auf dem nächsten Internationalen Kongreß der Pädagogik in Brüssel halten wollte, den Claparède einberufen und auf die zweite Augustwoche gelegt hatte. Der Fall, bei dem es sich um ein elfjähriges Mädchen mit einer Schulphobie handelte, das, wie sich herausstellte, auch in seinen Lehrer verliebt war, wurde eigentlich von Maria Moltzer analysiert, unter Jungs Supervision. Wichtiger als Jungs Äußerungen über das Verhalten oder sogar die Motive des Mädchens waren seine Worte zu »Formen und Inhalten« seiner Phantasien. In den letzten drei Jahren hatte es als akzeptierte psychoanalytische Weisheit gegolten, daß die Ähnlichkeit zwischen den häufig phantastischen Theorien der Kinder über die Herkunft von Babys und den Inhalten von Volkserzählungen und Mythen, in denen Babys mit erstaunlicher Regelmäßigkeit aus einem Ofen oder unter Lilienblättern herauskommen, ein Beweis dafür sei, daß die letzteren von den ersteren beeinflußt seien. Jung hatte nun erkannt, daß man diesen Schluß genausogut umkehren konnte. Wenn sich ein Kind, mangels besserer Informationen, selbst eine Theorie über die Herkunft der Babys zusammenbastelte, versank es in Tagträumen, und in diesen Tagträumen tauchten unbewußte rassische Erinnerungen aus der Frühzeit der Menschheit als Hypothesen auf. Das war der wahre Grund dafür, daß die kindlichen Theorien denen der Volkserzählungen glichen. Seit dem Kongreß an der Clark University hatte Jung versucht, seine Gedanken über die Entwicklung der Libido in einer phylogenetischen, evolutionären Basis zu verankern, statt nur in einer persönlich-historischen Vergangenheit. Jetzt hatte er ein vernünftiges Argument dafür, diese Verschiebung des Deutungsschwerpunktes in die Kindheit hineinzutragen.

Vor seiner Reise nach Brüssel im August nahm sich Jung auch Zeit für zwei getrennte Fahrten nach Berlin und Stuttgart, um Anhänger zu gewinnen – und für eine beißende Kritik des neuen Buches von Morton Prince. Prince war ein persönlicher Freund von Ernest Jones und hätte beinahe auf dem Ersten Psychoanalytischen Kongreß einen Vortrag gehalten. Aber er fand keine sexuellen Wünsche in den Träumen seiner Patienten und schrieb 1910 ein Buch mit dem Titel *The Mechanism and Interpretation of Dreams,* in dem er diese Behauptung ausführlich belegte. Freud hatte sich augenblicklich von jeglicher weiterer Zusammenarbeit mit Prince distanziert – »Er ist doch ein arroganter Esel, der selbst in unserer Menagerie auf einen hervorragenden Platz Anspruch hat«[40] –, aber als Präsident der Internationalen Psychoanalytischen Vereinigung fühlte sich Jung zu einer offiziellen Reaktion berufen. Jungs Kritik war übertrieben scharf. Es war die Schärfe eines schlechten Gewinners. In diesem besonderen Fall hatte Jung alle Trümpfe in der Hand. Er konnte eben dieselben Träume von Princes Patientin nehmen und an zahlreichen Beispielen demonstrieren, daß sie bis zum Überlaufen mit sexueller Symbolik befrachtet waren – und sogar, daß vieles davon mit der Übertragung auf ihren Arzt zu tun hatte.

Jungs vernichtendes Urteil über Prince war nur ein Beispiel für einen allgemeinen Trend, der sich allmählich bemerkbar machte. Ab den ersten Monaten des Jahres 1911 machte die Psychoanalyse als Institution sowohl in Amerika als auch in Europa stetige Fortschritte. Die Bewegung konnte sich in zahlreichen einflußreichen Schriften zu Wort melden, und das berufliche Ansehen einiger ihrer Anhänger, wie etwa Eugen Bleulers und James Jackson Putnams, garantierte, daß sie respektvoll gehört wurde und ihre vorausgesetzte Überlegenheit über rivalisierende therapeutische Richtungen manifest machen konnte. Erinnern wir uns an dieser Stelle an einige wesentliche Punkte von Freuds Leistung in ihrem historischen Umfeld. Wesentlich waren: die wohlüberlegte Offenheit für die Möglichkeit sexueller und erotischer Faktoren bei augenscheinlich nichtsexuellen Störungen; die Entmystifizierung, die durch den Ausschluß rassischer und erblicher Faktoren bei Diagnose und Behandlung bewirkt wurde; die konsistente Anwendung einer entwicklungsorientierten Perspektive; die therapeutische Verwendung von Träumen, um den Patienten dazu zu bringen, Verantwortung für seine Wünsche zu übernehmen; der Einsatz von Information, die aus den unterschiedlichsten Kontexten stammte, auch aus der Behandlung selbst, um die Kontinuität der Äußerungen eines Patienten über ersichtliche seelische »Spaltungen« hinweg herzustellen;

die vorurteilsfreie Haltung bei der Erforschung von sexuellen Erfahrungen und Phantasien der Kindheit; die Einstellung, daß der therapeutische Rapport nicht die Diskussion der therapeutischen Beziehung ausschloß, auch nicht die Besprechung der Phantasien des Patienten über den Therapeuten; die große Aufmerksamkeit, die Eigentümlichkeiten im Sprachgebrauch des Patienten als möglichem Schlüssel zu verborgenen Motivationen geschenkt wurde; und schließlich die zeitlich offene Natur der Gesprächsführung.

Die relative Überlegenheit der psychoanalytischen Vision hatte für Jungs Berufslaufbahn eine doppelte Bedeutung. Auf der einen Seite gab sie ihm die Sicherheit, die er brauchte, um weiterhin vor einem Forum wie dem Kongreß in Brüssel oder der Leserschaft von *Raschers Jahrbuch* die Rolle des psychiatrischen Ketzers spielen zu können. Auf der anderen Seite hatte sie begonnen, eine Vielzahl neuer Anhänger an sich zu ziehen. Die Psychoanalyse hatte das Stadium institutioneller Entwicklung erreicht, in dem eine Theorie zu einer Art Sprache wird. Jung und Freud beschränkten ihren Umgang immer mehr auf die Gesellschaft von Menschen, die diese Sprache mehr oder weniger fließend sprachen – oder darauf erpicht waren, sie zu lernen. Es gab noch immer Opposition, aber die für Gefährdungen anfällige Frühzeit der Bewegung schien vorüber zu sein. Jung hatte begonnen, seine Präsidentschaft bei der Internationalen Vereinigung zu genießen, seinem Manuskript schenkte er weiterhin keine Beachtung.

Der Clan versammelt sich

Der Dritte Psychoanalytische Kongreß, der am 21. und 22. September 1911 in der Goethestadt Weimar abgehalten wurde, sollte der Höhepunkt der frühen Geschichte der Psychoanalytischen Bewegung werden. Da Kongresse in erster Linie von der Teilnehmerliste leben, war es eine erlösende Nachricht, daß Alfred Adler, der weiterhin mit steinerner Miene an den Zusammenkünften in Wien teilgenommen hatte, im Juni schließlich seine Mitgliedschaft in der Wiener Vereinigung beendete. Freud schrieb dazu an Jung: »Einige recht unbrauchbare Mitglieder werden wahrscheinlich seinem Beispiel folgen.«[41] Drei Männer taten das auch, wie Adler waren auch sie Sozialisten. Eine Woche später, am 20. Juni, unterschrieben sechs weitere Wiener eine Erklärung, in der sie Adlers Vorgehen billigten, aber gleichzeitig ihren Wunsch aussprachen, Mitglieder von Freuds Gruppe zu bleiben.

Wilhelm Stekel überdauerte überraschenderweise die Adler-Affäre. Die Chronik von Stekels Rehabilitierung – anders kann man es nicht nennen – in der ersten Hälfte des Jahres 1911 stellt eine der erstaunlichsten Kehrtwendungen in der ganzen Korrespondenz zwischen Freud und Jung dar, die nur noch von der langsamer vollzogenen Rehabilitierung von Ernest Jones im Jahr zuvor übertroffen wird. Den Scharfsichtigen war bereits klargeworden, daß Stekel durchaus imstande war, um eleganter Deutungen willen Fallmaterial zu verfälschen oder es schlichtweg zu fabrizieren. Trotzdem war er so diplomatisch gewesen, zur kritischen Zeit die Kommunikation mit Freud aufrechtzuerhalten, mit dem Ergebnis, daß nach Adlers Rücktritt vom *Zentralblatt* Stekel für dieses verantwortlich blieb.

In der dritten Augustwoche erschien endlich der erste Halbband des *Jahrbuches*. Es enthielt Freuds Arbeit über den Fall Schreber und seinen Aufsatz »Formulierungen über die zwei Prinzipien des psychischen Geschehens«. Dazu Jungs »Wandlungen und Symbole der Libido«, Sabina Spielreins Dissertation, eine Mitteilung Bleulers über kindliche Sexualität, Jungs Kritik von Bleulers Theorie des »schizophrenen Negativismus«, Bleulers Antwort auf Jungs Kritik und Jungs Besprechung von Morton Prince sowie Beiträge von Maeder, Rank, Ferenczi, Binswanger, Pfister und einem Neuling namens Heinrich Bertschinger. Das war nun zwar fraglos der bisher eindrucksvollste Band, aber es deuteten sich in ihm auch all die kleinen Spannungen im psychoanalytischen Lager an, wie viele feine Sprünge in einer großen und üppig, aber aufs Geratewohl bemalten Vase. Freud bestätigte in seinem Brief an Jung vom 20. August 1911, daß er den Band erhalten hatte, und nutzte die Gelegenheit, um freundschaftlich einen Pfeil aus Jungs Köcher abzuschießen:

> Seitdem meine Geisteskräfte wieder erwacht sind, arbeite ich auf einem Gebiet, wo Sie überrascht sein werden, mich zu treffen. Ich habe sonderbare unheimliche Dinge aufgewühlt und werde beinahe verpflichtet sein, mit Ihnen *nicht* darüber zu reden. Ihr Scharfsinn wird alles erraten haben, wenn ich hinzufüge, daß ich auf die Lektüre Ihrer Arbeit »Wandlungen und Symbole der Libido« brenne.[42]

Diese überraschende Ankündigung traf Jung völlig unvorbereitet. Tatsächlich hatte Freud bereits begonnen, an seinem neuen Projekt *Totem und Tabu* zu arbeiten, in dem er seine Gedanken über antike Religion niederlegen wollte. Freud hatte dieses Vorhaben bereits sechs Wochen nach seinem Weihnachtstreffen mit Jung in München entworfen, und sein Anliegen läßt sich vielleicht am besten in den Begriffen von Jungs Arbeit zusammenfassen. Während Jung sich auf Mythen konzentriert hatte, die sich um Mutter und Sohn drehten – beispielhaft vertreten von Isis und Osiris –, hatte Freud angefangen, über die fehlende Gestalt des Vaters nachzudenken. Genauer gesagt, hatte er Verdacht geschöpft, daß das Fehlen des Vaters in diesen Mythen eine spätere Korruption der mythischen Überlieferung bezeugt. Er vermutete, daß man in einer tieferen Schicht des kulturellen Archivs Spuren eines Urvaters finden könne – und eines urzeitlichen Vatermordes durch den Sohn. Wenn das zutraf, dann hatte man Grund zu der Annahme, daß ein ödipales Motiv einst zentral gewesen war, und zusätzlich zu der Behauptung, daß gerade seine Verdrängung phylogenetisch überliefert worden war. Statt des Bewußtseins der ursprünglichen seelischen Situation war nur noch ein vages Gefühl der Ehrfurcht übriggeblieben, der Überrest der Gewissensbisse wegen des vergessenen Vatermordes. Und hier können wir erahnen, welche Bedeutung Freuds Analyse von Jungs Traum am Ende des kurzen Aufsatzes hatte, der das »Realitätsprinzip« ankündigt. Nach Freuds Meinung hatte Jungs Traum stillschweigend den Wunsch verdrängt, den Vater zu töten. Ohne Zweifel nahm Freud auch an, daß Jung potentiell dazu neigte, bei seiner Auswahl von mythologischem Material dieses Motiv ebenfalls zu übersehen.

Es lohnt sich, an dieser Stelle innezuhalten, um auf einen Wesensunterschied zwischen Freud und Jung hinzuweisen, der sich allmählich in ihren Theorien widerzuspiegeln begann. Jungs gerade entstehende Modifikationen der Libidotheorie und vor allem sein phylogenetisches romantisches Abenteuer des Sonnenhelden bezeugten seinen Wunsch, innerlich ganz zu werden. In dieser Hinsicht hatte sich Jungs grundlegende Orientierung bei der Idee des Unbewußten in den letzten zehn Jahren wenig geändert. Jung scheint immer ein »Unbewußtes« gewollt zu haben, mit dem er sprechen konnte, das ihn beraten und führen und ihm sogar helfen konnte, die Spaltungen in seiner Persönlichkeit zu heilen. Freud hingegen suchte keine solche persönliche Beziehung zur Innenwelt. Im Grunde scheint er immer ein »Unbewußtes« gewollt zu haben, das er studieren konnte wie einen geheimnisvollen Text, ein Unbewußtes, das man entziffern und auslegen mußte. Selbst beim Umgang mit Träumen, die wie ein Scherz wirkten, hatte Freud mehr Freude am Akt des Entschlüsselns als an der Ableitung eines persönlichen Rates aus dem Traum. Jungs Sonnenheld überschritt für Freuds Geschmack die Inzestschranke, verstanden als Schranke gegen die Selbsterkenntnis, viel zu freizügig. Freud rätselte lieber daran herum, was sich in der Mythologie verbarg, was vielleicht darin verdrängt war. Die Ästhetik eines solchen möglichen blinden Flecks, der ehrfürchtig von einer Generation zur anderen weitergereicht wurde, sprach ihn in einer Weise an, in der sie Jung niemals ansprechen sollte.

Jung antwortete neun Tage später auf Freuds verschmitzte Ankündigung. Er bat Freud, seinen Aufsatz mit offenem Geist zu lesen – und dazu »zwanglos zu assoziieren, resp. zu phantasieren«[43] –, und hoffte gleichzeitig, daß Freuds »Schweigegebot für die Zeit Ihres hiesigen Aufenthaltes aufgehoben sein werde«.[44] Inzwischen mußten die letzten Vorbereitungen für den Kongreß getroffen werden. Putnam sollte in der zweiten Septemberwoche in Zürich eintreffen, und Jung drängte Freud, sich nicht später als am 15. September zu ihnen zu gesellen, damit sie genügend gemeinsame Zeit zu dritt hätten, ehe sie nach Weimar reisten. Über die Züricher Abordnung zum Kongreß kündigte Jung frohgemut an, daß das »weibliche Element« stark repräsentiert sein würde: »Schwester Moltzer, Dr. Hinkle-Eastwick (charmante Amerikanerin!), Frl. Dr. Spielrein (!), sodann eine neue Entdeckung von mir, Frl. Antonia Wolff, eine remarkable Intelligenz mit ausgezeichneter Einfühlung ins Philosophisch-Religiöse – last not least, meine Frau.«[45]

Sabina Spielrein nahm dann aber doch nicht teil. Im letzten Moment mußte sie sich wegen Schmerzen im Knöchel zu Bett legen und entschied sich dafür, lieber in ihrer Wiener Pension zu bleiben. Freud beglückwünschte Jung in seinem letzten Brief vor dem Kongreß zu seinem weiblichen Gefolge und gab zugleich seinen Vorurteilen über die weibliche Psyche Ausdruck: »Der holden Weiblichkeit, die Sie aus Zürich mitbringen, können wir Wiener nichts an die Seite stellen. Unser einziges Doktorweib beteiligt sich an der Adlerschen Revolte, als richtige Masochistin, und wird kaum anwesend sein.«[46] Wichtiger ist jedoch, daß Freud in diesem Brief auch von der »ersten Lektüre« von Jungs Aufsatz schreibt und daraufhin ein Stück weit das Geheimnis um seine Arbeit lüftet: »Sie wissen also auch schon, daß der Ödipuskomplex die Wurzel der religiösen Gefühle enthält. Bravo! Was ich an Belegen anzugeben habe, wird in fünf Minuten erzählt sein.«[47]

Freud traf am frühen Morgen des 16. September in Küsnacht ein und blieb vier Tage. Von Jones erfahren wir: »Natürlich wurden Seminare abgehalten, Besucher kamen und Empfänge wurden gegeben, so daß es keineswegs reine Ferien waren.«[48] Emma Jung hatte das Gefühl, ihr Mann und ihr Gast hätten sich mehr Zeit dafür nehmen sollen, ihre jeweiligen Projekte zu besprechen, und machte sich Sorgen, weil das unterblieb. Immerhin fand Freud während seines Aufenthaltes Zeit, sechs Stunden lang den zweiten Gast, James Jackson Putnam, zu analysieren. Über diese Analyse wissen wir lediglich, daß Freud an einem gewissen Punkt dem übertrieben gewissenhaften Putnam, der noch nichts von der Arbeit *Totem und Tabu* wußte, erklärte, daß er innerlich noch immer vatermörderische Wünsche aus seiner Kindheit zu kompensieren versuche.

Am 19. September nahmen die Jungs, Freud, Putnam und Maeder den Zug nach Weimar. Bleuler und das übrige Züricher Kontingent trafen dort einen Tag später ein. Der Dritte Internationale Psychoanalytische Kongreß begann am 21. September. James Jackson Putnams Auftritt auf dem Rednerpult zur Eröffnung des Kongresses stellte den emotionalen Höhepunkt des ganzen Ereignisses dar. Putnam war ein Mann mit einem umfassenden philosophischen Wissen, und seine Ansichten waren so komplex, daß nur diejenigen sie wirklich verstehen konnten, die gründlich über den amerikanischen Hegelianismus Bescheid wußten. Wie Jung glaubte auch Putnam, daß der spirituelle Fortschritt eines Menschen durch die Analyse sinnvoll mit den Mythen des Sonnenhelden in Verbindung gebracht werden konnte. Er stellte damit dieselbe Verbindung her wie Jung. Interessanterweise umging er dabei die Libidotheorie vollständig. Statt sich ihrer zu bedienen, behauptete er, es entspreche dem eigentlichen Wesen des Bewußtseins, das selbst eine Manifestation einer intrinsisch kreativen und moralischen Energie des Universums sei, daß es fortwährend von sich weg zu einem Objekt hin gehe, um sich dann wieder in Selbstbesinnung nach innen zu wenden. Dieses Nach-außen-Gehen und wieder Zurückkehren von Urzeiten an zeigte sich nach Putnam sowohl in den Instinkten der Kindheit als auch in der Mythologie.

Freuds Vortrag bestand in einem kurzen »Nachtrag« zum Fall Schreber. Er bemerkte, daß Jung ebenso wie Sabina Spielrein Schreber in ihren jüngsten Beiträgen zum *Jahrbuch* erwähnt hätten und erklärte, daß gewisse Aspekte des Falles einen günstigen Ausgangspunkt für die psychoanalytische Untersuchung religiöser Praktiken, besonders des Totemismus, böten. Jung trat zweimal auf, einmal in seiner offiziellen Rolle als Präsident und einmal als Theoretiker. Beim ersten Auftritt war er voll Selbstvertrauen und trug zahlreiche Statistiken vor – soundso viele neue Gesellschaften, soundso viele neue Mitglieder etc. Beim zweiten Auftritt war er zurückhaltender. Er besprach die Ähnlichkeit zwischen gewissen, primitiven Motiven der Kreuzigung an einem Baum und den Wahnvorstellungen einer Patientin im Burghölzli. Ein weiteres Mitglied der Züricher Schule, Jan Nelken, schloß sich mit einem zweiten Vortrag mit demselben allgemeinen Ergebnis an, daß nämlich alte religiöse Motive und zeitgenössische Wahnvorstellungen vieles gemeinsam hätten. Und dann war da noch Sabina Spielreins kürzlich veröffentlichte Dissertation. In Weimar beschwor Jung ritterlich ihre Gegenwart im Geiste herauf, indem er Sonderdrucke ihrer Dissertation verteilte, und machte das prompt vor sich selbst wieder dadurch wett, daß er einen langen Brief begann, in dem er sie ausschimpfte, weil sie unter dem Vorwand einer psychosomatischen Erkrankung ferngeblieben sei, statt zum Kongreß zu kommen.

Alles in allem war es eine glanzvolle Veranstaltung. Bis auf Adler und Spielrein waren alle da. Zur Erinnerung wurde ein Gruppenphoto aufgenommen. (Bei den Frauen aus Zürich in der ersten Reihe saß auch die extravagante Lou Andreas-Salomé, Poul Bjerres damalige Geliebte. Alle blickten ernst und würdig drein, bis auf Jung, der unbehaglich aussah – und sich auch so fühlte, denn da er direkt zur Linken Freuds stand, beugte er sich aufmerksamerweise nach vorn, um sich kleiner zu machen und den Meister nicht zu überragen.) Die Vorträge waren von ebenso hoher Qualität wie das Gruppenphoto. Jung war auf dem Parkett des Kongresses in Hochform. Jones berichtet, daß einmal jemand (möglicherweise Jones selbst) zu sagen gewagt hatte, Jungs Witze seien ziemlich grob, worauf Freud scharf entgegnete: »Es ist eine gesunde Grobheit.«[49] Putnam wiederum beglückwünschte Freud zur Qualität seiner Anhänger. Ihm erwiderte Freud trocken: »Sie haben gelernt, ein Stück Realität zu ertragen.«[50]

Gleich nachdem Jung den Kongreß verlassen hatte, beendete er seine briefliche Gardinenpredigt an Sabina Spielrein. Freud blieb noch einen Tag länger in Weimar, um privat mit Karl Abraham zusammenzutreffen. Ihr Thema war *Totem und Tabu.*

Teil IV

Intime Angelegenheiten

Alle Kritik, die von außen kommt, und alle internen wissenschaftlichen Differenzen schaden dem Werk Freuds weniger als seine unglückselige Neigung, die Einseitigkeit bis zur Absurdität zu treiben. Es ist deprimierend zu sehen, wie eine solche Bewegung selbst auf ihren Untergang hinsteuert. Denn es ist keinesfalls zu leugnen, daß die Psychotherapie erst durch die Gedanken, die aus dieser Richtung kamen, eine bedeutende Stellung erringen und zu einem allgemein anerkannten Faktor werden konnte. Freud hat mit einem Schlag der Erforschung des Seelenlebens eine solche Weite und eine derart sichere Basis gegeben, daß wir eine Grundlage gewonnen haben, auf der wir für alle Zeiten weiter aufbauen können. Man kann noch so viel Bitterkeit gegen ihn empfinden wegen der Fehler, die er gemacht hat – und doch kann niemand auch nur die allereinfachste Behandlung durchführen, ohne dabei etwas von dem ins Spiel zu bringen, was er entdeckt hat. Diejenigen, die sein wissenschaftliches Erbe antreten, haben dafür Sorge zu tragen, daß alle seine kühnen und genialen Gedanken mit größtmöglicher Freiheit von Vorurteilen bis zum Ende verfolgt werden.

Poul Bjerre, *The History and Practice of Psychoanalysis,*
Boston 1916.

Kapitel 14

Über Transformation

Ich darf Ihnen so offen und ermahnend schreiben, da ich nach langer Überlegung bei mir selbst alle Bitterkeit aus meinem Herzen entfernt habe, die noch gegen Sie vorhanden war. Allerdings kam diese Bitterkeit nicht aus Ihrer Arbeit – denn dort ist nichts, was mir persönlich unangenehm wäre –, sondern von früher aus all der innern Qual, die ich durch Sie – und Sie durch mich erduldet haben. Ich wünsche Ihnen wirklich von Herzen Glück und will in diesem Gefühl an Sie denken. Aber vergessen Sie nie, daß Sie unter keinen Umständen je zurückweichen dürfen vor einem unmittelbaren Ziel, das Ihr Herz als gut und vernünftig ansieht. Das wird jedesmal ein Opfer der Eigennützigkeit, des Stolzes und des Trotzes sein, und es wird Ihnen scheinen, als ob Sie sich dabei verlören. [...] Einzig durch dieses geheimnisvolle Selbstopfer aber werden Sie sich gewinnen in neuer und verschönerter Gestalt und dadurch auch andern Menschen zum Segen und zum Glück werden. Sie hätten also unter keinen Umständen auf den Kongreßbesuch verzichten dürfen.

C. G. Jung, *Brief an Sabina Spielrein,* 21./22. September 1911.

Bevor Sabina Spielrein ihre Teilnahme am Kongreß in Weimar in letzter Minute absagte, kam Jung der Gedanke, daß ihr Aufenthalt in Wien eine erhebliche Komplikation für sein Leben bedeuten könnte. Ihm wurde ziemlich unbehaglich zumute. Und so weigerte er sich, trotz all der noblen Gefühle, die er in seinem noch in Weimar begonnenen Brief an sie zum Ausdruck brachte, höchst unritterlich, ihr einen Empfehlungsbrief zu schicken, um den sie ihn gebeten hatte. Er erklärte kurz und bündig, sie werde ihren Weg allein gehen:

Freud wird Sie gewiß aufnehmen. Er hat des Öftern von Ihrer Dissertation gesprochen, der beste Beweis, daß sie ihm Eindruck gemacht hat. Sie bedürfen meiner Empfehlung nicht. Treten Sie ihm als dem großen Meister und Rabbi gegenüber, dann wird es recht sein.[1]

Psychische Energie

Anfang Oktober ging Jung für vier Wochen nach Sankt Gallen zum Militärdienst. Dort hatte er Zeit, seine Möglichkeiten – und sein Manuskript – erneut zu überdenken. Im Laufe der Jahre hatte ihn immer wieder der Gedanke verlockt, die psychoanalytischen Vorstellungen von Dynamik und Motivation über die Theorie der Sexualität hinaus zu erweitern. Putnams Vortrag in Weimar hatte ihn erneut in diese Richtung gelenkt. Außerdem mußte Jung nun, nachdem Honegger tot war, selbst herausfinden, wie wichtig seine phylogenetischen Theorien für die Dementia praecox waren.

Weiteren Auftrieb erhielten Jungs Überlegungen durch den glücklichen Zufall, daß ihm kurz zuvor ein sehr schöner Einfall zu einer anthropologischen Tatsache gekommen war, der psychoanalytisch von großer Tragweite sein konnte. Nach damaliger anthropologischer Auffassung war die typische Art, wie Angehörige primitiver Völker Feuer machten, daß sie zwei Holzstükke aneinander rieben, und zwar nicht so wie heute die Pfadfinder, sondern in der Art, daß sie einen Stock, den Reibestock oder »Bohrer«, in einer Furche in einem kleinen Brett, das flach auf dem Boden lag, vor und zurück bewegten. Die Parallele zum Koitus war unverkennbar. Jung fiel auf, daß diese Methode, Feuer zu machen, auf den ersten Blick höchst ungeeignet erschien: Wenn man noch nie gesehen hätte, daß es funktionierte, würde man nie versuchen, auf diese Weise ein Feuer zu entzünden. Die einzige denkbare Erklärung dafür lautete, daß die Primitiven die Hölzer ursprünglich nur aneinander gerieben hatten, weil es für sie lustvoll war, das heißt, weil es den Koitus symbolisierte. Erst nachdem sie mit diesem Vergnügen begonnen hatten, erkannten sie, daß der Reibestock ziemlich heiß wurde und schließlich Holzspäne in Brand setzte. Jung empfand vielleicht im stillen freudige Genugtuung darüber, daß Karl Abraham bei seiner umfangreichen Untersuchung der Prometheussage in seinem Buch *Traum und Mythus* diese Deutungsmöglichkeit entgangen war.

Als Jung nun über die Dynamik der Entdeckung bei Primitiven nachdachte und darüber sinnierte, wie er die Theorie der phylogenetischen Regression bei der Schizophrenie in seine Arbeit integrieren könnte, erkannte er, daß die beiden Probleme miteinander verwandt waren. Denn was die Primitiven durch einen gesteigerten Kontakt mit der Wirklichkeit erreichten, büßte der Schizophrene durch die Regression ein. Bei den Primitiven verlor ein sexuelles Symbol seine sexuelle Bedeutung, bei den Schizophrenen wurde eine nichtsexuelle Funktion – die Wirklichkeitsprüfung – sexualisiert und konnte dadurch ihre Aufgabe nicht mehr erfüllen.

Das war bereits ein gewagter Entwurf, aber Jung hatte noch einen weiteren Gedanken zu bieten, zu dem er sich stärker bekennen wollte – die prospektive Funktion bestimmter Symbole. Maeder, damals Jungs Hauptverbündeter in Zürich, hatte inzwischen seine Idee von der »funktionellen« Traumanalyse zu einer umfassenden Theorie der prospektiven Bedeutung von Traumsymbolen ausgebaut. Ein Wiener Neuling, Herbert Silberer, zielte unabhängig davon bei seiner gerade entstehenden Arbeit über hypnagoge Bilder (Bilder, die sich im Halbschlaf einstellen) offensichtlich in dieselbe Richtung. Silberer behauptete, zumindest einige hypnagoge Bilder seien nicht primär sexuell, sondern »anagog«. Sie besäßen funktionelle Ähnlichkeit mit einem intellektuellen Problem und stellten einen rudimentären, symbolischen Versuch dar, eine Lösung zu finden.

So kam Jung auf den Gedanken, daß man die Sexualität am besten als den Joker im Kartenspiel der Evolution betrachtete, der, wie Henri Bergsons *élan vital,* etwas mehr allgemeine Kraft hatte und die übrigen Karten belebte. Einerseits konnte die Sexualität auf dem Weg verschiedener symbolischer Äquivalenzen Objekte in der Umgebung besetzen und bei diesem Prozeß neue Formen der Anpassung hervorbringen. Religiöse Symbole schienen bevorzugt als eine Art Sammelbecken für solche Libidoströme zu dienen. Andererseits konnten in der Regression frühere Stadien des Denkens (die sexualisiert wurden, aber nur, weil die entsprechende entsexualisierte Form der Anpassung noch nicht erreicht war) hervortreten, wenn das Individuum zu phylogenetisch tieferen Schichten der Seele Zugang bekam. Kurz gesagt, war alles eine Frage der Transformation von Energie, bei der sowohl Progression als auch Regression typischerweise durch zeitweiliges Ausströmen von Sexualität erreicht wurden.

Das soeben Gesagte ist für den modernen Leser möglicherweise schwer verständlich, und im Oktober 1911 war es auch für Jung nicht ganz klar. Eines war jedoch gewiß: Freud würde an einer Theorie, in der die Sexualität in ein neues, allgemeineres Konzept von psychischer Energie eingebettet war, keinen Gefallen finden. Jung hatte das Thema der Erweiterung des Libidobegriffes schon ungefähr zwei Jahre zuvor angeschnitten, und wenn er sich irgendwelche Illusionen über Freuds Standpunkt machte, brauchte er nur an seinen Schreibtisch zu gehen und Freuds energischen Brief vom 19. Dezember 1909 noch einmal hervorzuholen.

Jungs Vorhaben war auch noch aus einem anderen Grund ein Schritt mit möglicherweise radikalen Folgen. Teil eins seines Textes befand sich bereits im Druck, und ungefähr 200 Seiten von Teil zwei hatte er schon zu Papier gebracht. Wenn er den neuen Standpunkt vertreten wollte, erforderte das erhebliche Änderungen. Es war nicht schwer, die neue Idee von der Transformation von Energie mit der Idee in Einklang zu bringen, daß man bestimmte Träume besser als symbolische Mitteilungen des Unbewußten auffaßte denn als einfache Wunscherfüllungen. Aber es war, sowohl begrifflich als auch redaktionell, außerordentlich schwierig, diese Ideen in die alte Unterscheidung zwischen inzestuöser und schöpferischer Libido zu integrieren. Dafür mußte das vorliegende Manuskript von Grund auf überarbeitet werden. Trotz aller Schwierigkeiten war eine solche Überarbeitung vielleicht doch dem Festhalten am bisherigen Kurs vorzuziehen. Denn die Theorie der inzestuösen und der schöpferischen Libido sah inzwischen schon ganz anders aus als nur sechs oder neun Monate zuvor.

Der vorhandene Text von Teil zwei der »Wandlungen und Symbole der Libido« war alles andere als autobiographisch, und wer nicht gerade eine intime Kenntnis von Jungs Phantasieleben besaß, konnte nicht wissen, daß hier eine verdeckte Selbstanalyse stattfand. Solange alle angesprochenen Fragen in der Mythologie zusammengeführt wurden, war Jung sicher – vorausgesetzt, er hatte Sabina Spielrein zuverlässig auf seiner Seite. Sie und nur sie allein war in der Lage, den biographischen Schlüssel zu dem ganzen Unterfangen zu liefern. Aber von dem Augenblick an, als sie die Teilnahme am Kongreß in Weimar abgesagt hatte, war klar, daß sie keineswegs zuverlässig auf seiner Seite stand. Jung konnte nicht wissen, ob sie weiterhin an den Deutungen vom vergangenen Herbst festhalten würde, daher sein langer, ermahnender Brief zum Thema »Selbstopfer« aus Weimar. Er erinnerte sie daran, zu welcher Deutung von »Siegfried« sie gekommen waren. Natürlich hatte Jung keinen besonderen Grund zu der Annahme, daß sie die gegebene Deutung umstoßen würde, und er hatte erst recht keinen Anlaß zu der Befürchtung, daß sie in bezug auf ihre persönliche Beziehung indiskret sein würde. Doch seine Lage war ungemütlich, und er war nicht darauf vorbereitet.

Ihm wurde klar, daß er Sabina Spielreins neuen Aufsatz über die »Destruktion« viel zu flüchtig gelesen hatte. Sie würde mit Sicherheit als sein Schützling gelten, und daher würde jeder Analytiker, der eine Arbeit von ihr las, im Geiste *seine* Theorien danebenhalten. Und gerade das konnte sich als problematisch erweisen. Umgekehrt konnte ihm jedoch ihr Text die beste Hilfe bei der Entscheidung sein, wie weit er bei der Revision seines eigenen Werkes gehen sollte. Jung schrieb ihr von Sankt Gallen aus und bat sie, ihm das Manuskript noch einmal zu schicken.

Die Neue

Jungs wiedererwachte Neugier auf Sabina Spielreins Manuskript war das erste Anzeichen einer bald beharrlich nagenden Unruhe, die ihr Aufenthalt in Wien bei ihm weckte. Sie war das erste vollausgebildete Mitglied der Züricher Schule, das nach Wien übersiedelte und sich dort für längere Zeit niederließ. Die Psychoanalyse entwickelte sich in den beiden Städten sehr unterschiedlich. Zwar gab es einen gewissen Austausch zwischen beiden Städten, aber niemand wußte genau, wie weit die Differenzen zwischen den Schulen gingen. Sabina Spielrein konnte das ändern. Sie war sowohl mit Bleuler als auch mit Jung eng vertraut und kannte das Züricher Milieu sehr genau. Überdies wußte sie gründlich über die neuesten Schweizer Theorien Bescheid. Außerdem verkörperte sie als eine Frau, die sich vom verwirrten Teenager im Burghölzli zu einer Absolventin der Medizinischen Fakultät der Universität Zürich entwickelt hatte und die Beiträge für das *Jahrbuch* schrieb, in ihrer Person die therapeutische Philosophie der Züricher Schule in idealer Weise. Sabina Spielrein war Botschafterin und Botschaft zugleich; möglicherweise war sie eine Fleisch gewordene Mitteilung der einen Stadt an die andere.

Die Sache hatte nur einen Haken: Da die beiden Städte so wenig gemeinsamen Kontext besaßen, war die Botschaft nicht leicht zu entschlüsseln. Man konnte im voraus noch nicht einmal wissen, wie wichtig oder beunruhigend die Botschaft womöglich war. Verständlicherweise stellten die Menschen, für die sie besonders wichtig war, bald Vermutungen an. Zunächst lagen sie alle daneben. Sabina verfolgte unschuldig ihre eigenen Pläne, ohne etwas von der Kettenreaktion der Beunruhigung zu ahnen, die sie auslöste. Sie hatte zwei Ziele: Sie wollte ihre Ausbildung zur Psychoanalytikerin fortsetzen, und sie wollte Anerkennung für ihre neue Theorie der Verdrängung gewinnen. Zu diesem Zweck machte sie sich am frühen Abend des 11. Oktober 1911 auf den Weg, um Mitglied der Wiener Psychoanalytischen Vereinigung zu werden.

Die Tage, an denen sich die Wiener Psychoanalytische Vereinigung um einen langen Tisch in Freuds Wartezimmer versammelt hatte, umgeben von Zigarrendunst und Spucknäpfen, waren vorbei. Vorbei waren auch die Tage, an denen Kandidaten für die Mitgliedschaft in ihrer Vorstellungsrede ihr gesamtes Sexualleben ausbreiteten. Als Frau Dr. Margarete Hilferding im April 1910 als erste Frau für die Mitgliedschaft vorgeschlagen wurde, entbrannte eine heftige Debatte darüber, ob Frauen überhaupt aufgenommen werden sollten. Isidor Sadger war dagegen und konnte noch zwei weitere Männer auf seine Seite bringen, die bereit waren, prinzipiell gegen weibliche Mitglieder zu stimmen. Obwohl Dr. Hilferding mit knapper Mehrheit Gnade fand, nahm der damalige Vorsitzende Alfred Adler die drei Gegenstimmen explizit zur Kenntnis und erklärte, daß man in Zukunft vorsichtig sein müsse. Sabina Spielrein war die zweite Frau, die um die Mitgliedschaft in der Wiener Psychoanalytischen Vereinigung nachsuchte.

Am 11. Oktober fand das erste Mittwochabendtreffen im Wintersemester 1911 statt. Wie üblich wurde die erste Sitzung nicht in dem Vortragsraum abgehalten, den man im »Doktorenkollegium« gemietet hatte, sondern in einem Café, diesmal im Café Arkaden. Da Sabina Spielrein sich selbst überlassen war, suchte und fand sie irgendwie den Weg und stolperte mitten in eine häßliche Szene der Frühzeit der Psychoanalyse hinein. An jenem Abend brachte Freud seinen Feldzug gegen Adler zu Ende. Adler und die drei »unbrauchbaren Mitglieder« waren schon im Juni aus der Vereinigung ausgetreten. Sie hatten inzwischen eine eigene kleine Gruppe, den Verein für Freie Psychoanalytische Forschung, gegründet. Es waren jedoch noch sechs Mitglieder übriggeblieben, die zwar Adlers Vertreibung ungerecht fanden und an den Zusammenkünften seiner Gruppe teilnahmen, die aber trotzdem die Wiener Vereinigung nicht verlassen wollten. Am Abend des 11. Oktober brachte Freud seine Resolution ein – die er in Weimar mit Jung besprochen hatte –, um den Rest der »Adlerbande« zu vertreiben.

Das Protokoll dieser Sitzung ist kurz, aber es wird trotzdem deutlich, was sich abgespielt hat. Freud sprach im Namen der Leitung der Vereinigung und schlug eine sofortige Änderung der Satzung vor. Von nun an sollte die Mitgliedschaft in Adlers Gruppe mit der Mitgliedschaft in der offiziellen

Vereinigung unvereinbar sein. Im Klartext teilte man damit den sechs Doppelmitgliedern mit, daß sie sich entweder von Adler lossagen oder gehen mußten. Freuds Getreue sprachen sich einer nach dem anderen für die neue Regelung aus und ebenso er selbst, diesmal in seinem eigenen Namen. Karl Furtmüller, von der Ausbildung her Philosoph und ein politisch aktiver Mann, sprach für die »Adlerianer«, wenn man sie so nennen will. Furtmüller war ein integrer Mann, er wollte sich zu nichts zwingen lassen. Einzig Stekel versuchte, die Entscheidung zu vertagen, weil er hoffte, daß noch ein Kompromiß möglich sein würde. Furtmüller verlangte in der Hitze des Gefechts eine offizielle Abstimmung. Freuds Antrag wurde mit elf gegen fünf Stimmen angenommen. Daraufhin erklärte Furtmüller seinen Austritt und ebenso den von fünf übrigen Mitgliedern, darunter auch Dr. Margarete Hilferding, die »richtige Masochistin« und erste Frau in der Vereinigung. So entstanden verschiedene Vereine, die keinen offiziellen Kontakt zueinander hatten. Das war bitter. Paul Roazen zitiert die Erinnerungen der Ehefrau von Hanns Sachs: »Die Fehde zerstörte Freundschaften, die seit langem bestanden hatten. Ehefrauen sprachen nicht mehr miteinander, Ehepaare wollten bei Gesellschaften nicht mehr nebeneinander sitzen.«[2]

Was Sabina Spielrein bei all dem empfand, wissen wir nicht, und ebensowenig wissen wir, welchen Eindruck ein Antrag auf sie machte, den Isidor Sadger zu Beginn des Abends stellte. Sadger schlug vor, daß von nun an weniger als ein Viertel der Mitglieder genügen sollte, um die Aufnahme eines neuen Mitgliedes zu blockieren, drei Neinstimmen sollten ausreichen. Sadger hatte eineinhalb Jahre zuvor den Kampf gegen Frau Dr. Hilferding angeführt. Da Sadgers Antrag weder diskutiert noch seine inhaltliche Grundlage erläutert wurde, dürfte es der »Neuen« aus Zürich entgangen sein, daß sich der Antrag speziell gegen sie richtete. Auf jeden Fall griff Freud Sadgers Antrag sofort auf und hielt ihm entgegen, daß »die Bewerber einer großen Anzahl von Mitgliedern bekannt seien« – was man von Sabina Spielrein kaum sagen konnte –, die Abstimmung solle daher sofort stattfinden. Nachdem der Vorsitzende in dieser Weise für die drei Kandidaten eingetreten war, wurden sie einstimmig aufgenommen. Freud zählte die Neuen auf, als er am nächsten Tag an Jung schrieb: August Stärcke aus Holland, Jan van Emden aus Leiden und » – Frl. Dr. Spielrein, die mir unerwartet ins Haus gefallen ist«.[3]

Nun war Sabina Spielrein mit von der Partie. Bei dem geselligen Beisammensein nach der Vertreibung der »Adlerbande« nutzte sie die Gunst der

Stunde und sprach Freud persönlich an. Vermutlich näherte sie sich ihm als dem »großen Meister und Rabbi«, wie Jung ihr geraten hatte, aber wir wissen von der Begegnung nur, was Freud darüber an Jung berichtete: »Sie fand, daß ich nicht so bösartig aussehe, wie ich nach ihrer Vorstellung sollte.«[4]

Freud war in Gedanken noch sehr mit seinem Septemberbesuch in Zürich beschäftigt, und seine Korrespondenz mit Jung lag ihm noch mehr am Herzen als alles, was bei den Wienern passierte. Zwei Tage später, am Freitag, dem 13. Oktober, fand Freud Zeit für einen zweiten Brief an Jung über einige schwierige theoretische Fragen. Vor allem ging er auf die Vorstellung eines phylogenetischen Gedächtnisses des Individumms ein, »was leider bald nicht zu leugnen sein wird«.[5] Freud erwähnte nicht, in welcher Weise er selbst diesen Gedanken zu verwerten gedachte. Er schloß mit den bedauernden Worten: »Schade, daß wir nur mit solcher Technik gemeinsam arbeiten können.«[6] Jung antwortete ihm vier Tage später, am 17. Oktober. In diesem Brief offenbarte er zum ersten Mal seine Ansicht, daß »die sog. ›frühen Kindheitserinnerungen‹ gar keine Individualerinnerungen sind, sondern phylogenetische«.[7] Normalerweise wäre daraufhin ein Aufschrei aus Wien nach Zürich gedrungen oder zumindest eine Anfrage gekommen. Aber Jungs Brief, der wohl am Mittwoch, dem 18. Oktober, in Wien eintraf, war nicht der einzige wichtige Brief, den Freud an diesem Tag erhielt.

Briefe an einen Freund

Emma Jung war in Sorge um ihren Mann. Sie spürte, daß etwas nicht in Ordnung war, brachte das aber nicht mit Sabina Spielrein in Zusammenhang. Nachdem Jung zum Militärdienst abgereist war, hielt sie den Zeitpunkt für günstig, um an Sándor Ferenczi zu schreiben, den sie von seiner Zeit am Burghölzli her kannte. Sie teilte ihm mit, sie habe das Gefühl, daß zwischen Carl und Professor Freud etwas nicht in Ordnung sei. Sie denke, es habe etwas mit Carls Arbeit über die Libidotheorie zu tun, aber auch mit Freuds »Autorität«. Sie bat Ferenczi um Rat und bat ihn auch, Freud nichts von ihrer Besorgnis zu sagen.[8]

Ferenczi war durchaus willens zu helfen, aber keineswegs gesonnen, ein solches Geheimnis für sich zu behalten. Er schickte Emmas Brief prompt nach Wien weiter zusammen mit seinen eigenen Vermutungen, warum Freud vielleicht in letzter Zeit seinem Sohn und Erben in Zürich zu reserviert begegnet sein könnte. Ferenczis Brief traf am 18. Oktober ein. Freud schrieb sofort zurück und wies Ferenczi an, Frau Jung zu ersuchen, sie solle sich direkt an ihn wenden. Über Frau Jungs Sorgen äußerte er sich klar und eindeutig. Ferenczi solle alle Anspielungen auf theoretische Fragen »streichen« und sie fragen, was sie mit »Autorität« meine.[9]

An jenem Abend stellte beim Treffen der Mittwoch-Gesellschaft Victor Tausk, ein Jurist, der Analytiker geworden war, eine philosophische Analyse ausgewählter psychoanalytischer Themen vor. Stekel, der Tausk nicht ausstehen konnte, machte einige scharfe Bemerkungen, aber sonst verlief der Abend ungewöhnlich ruhig. Sabina Spielrein schwieg. Freud kommentierte den Abend verdrossen in seinem Brief vom 20. Oktober an Jung, der noch immer in Sankt Gallen war: »Sie sehen, wie kleinlich man zu denken beginnt, wenn man keine andere Umgebung hat als ich hier im Verein. Am letzten Mittwoch konnte ich wieder sehen, wieviel da an gemeiner Erziehungsarbeit zu leisten ist.«[10]

Inzwischen hatte Ferenczi, der beim ersten Zusammenstoß von Jung und Freud auf der Rückreise von Amerika dabeigewesen war, genau das Gegenteil von dem getan, was Freud ihm aufgetragen hatte. Zwar schrieb er an Emma Jung und bat sie, sie solle sich direkt an Freud wenden. Aber er schrieb auch, sie solle Carls Theorien ansprechen und die »Autorität« aus dem Spiel lassen. In einem Brief an Freud vom 21. Oktober 1911 erkärte Ferenczi plausibel, aber wohl nicht ganz ehrlich, er habe Freuds Anweisungen falsch gelesen: Er habe statt »streichen« versehentlich »streifen« gelesen.

Beim Mittwochtreffen am 25. Oktober hielt Ludwig Klages einen Vortrag über »Die Psychologie der Handschrift«. Klages war früher ein guter Freund von Otto Groß im Münchner Cafézirkel in Schwabing gewesen. Er hatte seine eigene eklektische Philosophie, die sich um eine persönliche Interpretation des Mythos vom Sonnenhelden drehte. Seine Pionierarbeit über die Analyse der Handschrift beruhte auf einem Charakterbegriff, der den Wienern vollkommen fremd war. Wieder verlief die Diskussion fruchtlos, wieder schwieg Sabina Spielrein. Freud befand, er müsse etwas gegen die Zurückhaltung des jüngsten Mitgliedes unternehmen. Er schrieb ihr zwei Tage später ein paar freundliche Zeilen, entschuldigte sich für das unrühmliche Schauspiel, das der Verein in letzter Zeit geboten habe, und sprach die Hoffnung aus, daß sie sich dort bald heimisch fühlen werde. Kurz darauf erhielt Jung einen Brief von ihr mit der dringenden Bitte, ihr so schnell wie möglich ihr Manuskript zu schicken, denn sie sei gebeten worden, ihre Gedanken an einem der nächsten Mittwochabende vorzutragen! Jung antwortete postwendend:

> Meine Liebe!
>
> Unter diesen Umständen muß ich Ihnen die Arbeit ja sofort zurückschikken, was mir sehr leid tut, da ich immer noch nicht fertig bin damit. [...] *Bitte schicken Sie mir Ihre Arbeit sofort wieder zu,* wenn Sie den nötigen Gebrauch davon gemacht haben. ...
>
> Meine Liebe, Sie dürfen nicht denken, daß ich irgendwelche Widerstände gegen Sie habe. Ich wartete nur auf ein paar Tage Ruhe, um Ihre Arbeit noch einmal *im Zusammenhang* durchzulesen. Wenn ich immer wieder dabei gestört werde, komme ich nie zu einem abschließenden klaren Verständnis. Es tut mir leid, daß Sie sich unnötig Sorgen gemacht haben. Ich bitte Sie um Entschuldigung. [...]
>
> Ihre Nachrichten aus Wien sind interessant und – betrübend. Stekel ist ein Schwarmkopf und unwissenschaftlich. Klages mag einen schönen Eindruck empfangen haben. Warum geht er nach Wien? Außer Freud, Rank und Sachs [?] ist dort wenig Ernsthaftes. Bitte verraten Sie mich nicht.[11]

Am 1. November fiel das Mittwochtreffen aus. Allerheiligen ist in Österreich ein gesetzlicher Feiertag, und das »Doktorenkollegium« war ebenso geschlossen wie die Postämter. Am nächsten Tag erhielt Freud eine Postkarte und einen Brief. Die Karte kam von Jung, dessen Militärdienst beinahe zu Ende war:

> Ich kann mich nur ganz in der Eile noch entschuldigen, daß ich nicht imstande war, Ihren letzten Brief zu beantworten. Der Dienst hat mich in den letzten zehn Tagen ganz aufgefressen. [...] Morgen früh kehre ich nach Zürich zurück. Hier werde ich zu meiner großen Überraschung durch Oberleutnant Binswanger, S. Ψ [Societas Psychoanalytika in Analogie zu S. J., Societas Jesu] ersetzt. Er läßt Sie bestens grüßen. Wenn ich wieder aus den Gewalttätigkeiten des kriegerischen Lebens heraus bin, werde ich Ihnen einen vernünftigen Brief schreiben. Hier kann man nichts denken.[12]

Der Brief kam von Emma Jung:

> Lieber Herr Professor!
>
> Ich weiß zwar nicht recht, woher ich den Mut nehme, Ihnen diesen Brief zu schreiben, doch glaube ich sicher zu sein, daß es nicht aus »Übermut« geschieht; sondern ich folge damit der Stimme meines Unbewußten, der ich schon so oft recht geben mußte und die mich hoffentlich auch diesmal nicht irreführt.
>
> Seit Ihrem Besuche bei uns plagt mich nämlich die Idee, Ihr Verhältnis zu meinem Mann sei nicht ganz so, wie es könnte und sollte, und da das unbedingt nicht sein darf, möchte ich versuchen, soviel in meiner Macht steht zu tun. Ich weiß nicht, ob ich mich täusche, wenn ich denke, Sie seien in irgendeiner Weise nicht ganz einverstanden mit den »Wandlungen der Libido«. Sie sprachen gar nicht davon, und ich glaube doch, es würde Ihnen beiden gut tun, wenn Sie sich einmal ganz gründlich darüber aussprechen würden. Oder ist es etwas anderes? So sagen Sie mir doch, bitte, was, lieber Herr Professor; denn ich kann es gar nicht sehen, wenn Sie so resigniert sind. [...]
>
> Bitte fassen Sie meine Handlungsweise nicht als Zudringlichkeit auf und zählen Sie mich nicht etwa zu jenen Frauen, die, wie Sie einmal sagten, stets Ihre Freundschaften stören. Mein Mann weiß natürlich nichts von diesem Brief, und ich bitte Sie, ihn ja nicht dafür verantwortlich zu machen oder ihn allfällige unangenehme Wirkungen auf Sie fühlen zu lassen.[13]

Die Anspielung auf Frauen, die Freuds Freundschaften störten, bezog sich unter anderem auf Ida Bondy, die Frau von Wilhelm Fließ.

Freuds Antwort auf Emma Jungs Brief ist nicht erhalten, aber er scheint sie in beruhigendem Ton gefragt zu haben, warum sie sich denn so unnötig Sorgen über Dinge wie Theorie mache. Sein nächster Brief an ihren Mann klingt heiter – »Ich bin ganz froh, daß Sie zuhause sind und die eigentlich dumme Soldatenspielerei hinter sich haben« –, soweit nicht gerade von seinen Schwierigkeiten die Rede ist:

> Meine Religionspsychologie quält mich sehr; ich habe wenig Arbeitsvergnügen und beständige *douleurs d'enfantement* [Wehen; J. K.]; kurz, ich bin ziemlich grantig und auch körperlich nicht ganz wohl. Das Alter ist

doch kein leerer Wahn. Und ein mürrischer senex verdiente, ohne Reue erschlagen zu werden.[14]

Jungs Antwort an Freud vom 6. November 1911 enthält fast nur offizielle geschäftliche Mitteilungen, allerdings erwähnt er, daß der zweite Teil der »Wandlungen und Symbole der Libido« noch nicht fertig sei und auf die nächste Ausgabe des *Jahrbuches* verschoben werden müsse, weil die nächste Ausgabe schon übervoll sei.

Mit derselben Post kam ein weiterer Brief von Emma Jung:

Sie haben mich mit Ihrem schönen lieben Brief von bangen Zweifeln erlöst; denn ich hatte doch Angst bekommen, am Ende doch etwas Dummes angestellt zu haben. Nun bin ich natürlich sehr froh und danke Ihnen von Herzen für die freundliche Aufnahme meines Schreibens und ganz besonders für die Zuneigung, die Sie uns allen schenken.

[...] Wenn ich von den »Wandlungen« sprach, so war es hauptsächlich darum, weil ich wußte, mit welcher Spannung Carl auf Ihr Urteil darüber wartete; er sagte schon vorher oft, Sie wären gewiß nicht einverstanden damit, und erwartete darum mit etwelcher Besorgnis Ihre Aussprache. Natürlich ist das noch ein Rest des Vaterkomplexes (oder Mutter), der wahrscheinlich gerade in dieser Arbeit gelöst wird; denn eigentlich müßte Carl ja, wenn er etwas für richtig hält, um keine andere Meinung besorgt sein. Vielleicht ist es also eben gerade gut, daß Sie nicht sogleich reagiert haben, um ihn nicht in diesem Vater-Sohn-Verhältnis zu bestärken.[15]

Zu diesem Zeitpunkt erwog Jung ernsthaft eine vollständige Überarbeitung der »Wandlungen«, mit oder ohne Vaterkomplex.

Beim Mittwochabendtreffen am 8. November 1911 sprachen zwei Redner, Stekel und J. Reinhold, abwechselnd »Über die angebliche Zeitlosigkeit des Unbewußten«. Zwar hatte Stekel einige gute Beobachtungen über das Verhältnis von Neurotikern zur Zeit vorzubringen, insgesamt jedoch war der gemeinsame Vortrag eher schwach und ließ keine lebhafte Diskussion erwarten.

Aber entweder war Sabina Spielrein vom Thema der Zeitlosigkeit im Unbewußten fasziniert, oder es hatten sich in den vergangenen beiden Wochen genügend ermutigende Dinge ereignet, denn auf alle Fälle eröffnete nach Ranks Protokoll das junge Fräulein Doktor aus Zürich die Diskussion:

> Frl. Dr. Spielrein schickt voraus, daß sie die Dinge nur vom Standpunkt ihrer Schule betrachten könne [also der Züricher Schule; J. K.]. […] Der Grund, warum die infantilen Erlebnisse solchen Einfluß haben und so komplexerregend sind, liegt darin, daß sie in phylogenetischen Bahnen vor sich gehen, wie die Spiele der Kinder (Groos), die Perversionen (Inversion-Bisexualität), die infantilen Sexualtheorien und die Regression auf Vorstellungen der Art bei Dementia praecox zeigen. – Das Unbewußte entkleidet das Ereignis des Gegenwärtigen und verwandelt es in eines, das nicht an irgendeine bestimmte Zeit geknüpft ist. […] Auch bei der Sublimierung wird ein rezenter Wunsch in einen phylogenetischen verwandelt.[16]

Diese Sätze waren klar, prägnant und treffend: Eine vielversprechende Karriere hatte nun offiziell ihren Anfang genommen. Persönlich scheint Sabina Spielrein einen noch besseren Eindruck gemacht zu haben als in den Aufzeichnungen. Die nächsten beiden Redner, Victor Tausk und Paul Federn, bezogen sich in ihren Beiträgen ausdrücklich auf sie. Drei Wortmeldungen später wiederholte Gaston Rosenstein ausdrücklich eine ihrer Thesen – daß Phantasien phylogenetisch geprägt seien.

Auch Freud scheint an diesem Abend recht gesprächig gewesen zu sein. Seine Äußerungen nehmen mehr als zwei Seiten des Protokolls ein und zeigen, daß er sich von seinem Gefühl leiten ließ, es sei noch viel »an gemeiner Erziehungsarbeit zu leisten«. Unter anderem reagierte er auf die plötzliche Klarheit und Lebendigkeit, die Sabina Spielrein durch den Verweis auf das phylogenetische Erbe in die Sitzung gebracht hatte. Freud hatte diesen Punkt in seinem Brief an Jung drei Wochen zuvor schon so gut wie zugestanden, aber hier machte sich die Sache unkontrolliert breit – es war Zeit, einige warnende Einwände vopzubringen, die ihm bei der Lektüre der anthropologischen Arbeiten von Sir James Frazer gekommen waren. Außerdem war der Gedanke, daß sich die Sublimierung als Prozeß ebenfalls vom phylogenetischen Gedächtnis herleiten könnte, gänzlich unorthodox. Freud sagte dazu folgendes:

> Die Aufklärung des Spieles durch Groos (Spielrein) sei falsch; es handle sich dabei nicht um Vorbereitungen fürs Leben, sondern um Anwendungen des Falles der Wunscherfüllung […].
>
> Die Assoziationsmöglichkeiten erweisen sich als die Grundlage der Magie, und wenn ein Mensch zu diesen Assoziationen gelangt, so muß er

denselben Aberglauben reproduzieren wie seine Vorfahren. Der Schluß auf einen phylogenetisch mitgebrachten Erinnerungsschatz ist nicht gerechtfertigt, solange wir die Möglichkeit haben, diese Dinge durch eine Analyse der psychischen Phänomene zu klären. Was nach dieser Analyse der psychischen Phänomene der Regression übrigbleibt, das könne man dann als phylogenetische Erinnerung auffassen.

> Die Sublimierung sei kein Vorgang, der sich des Unbewußten bediene (Spielrein), sondern der gerade mit Hilfe der Möglichkeit des bewußten Anteils erfolge.[17]

Wenig später, als Freud seine Darstellung vom Unbewußten als System abrundete, griff er etwas wohlwollender einen von Sabina Spielreins Punkten auf, daß nämlich das Unbewußte nichts von der Zeit wisse.[18]

Freuds Einschränkung der Theorie des phylogenetischen Erbes war fast schon eine vollständige Ablehnung, und Sabina Spielrein bedauerte außerordentlich, daß er seine Warnung nicht schon früher auf einem der beiden psychoanalytischen Kongresse geäußert hatte; damals hatten Angehörige der Züricher Schule im wesentlichen dieselben Gedanken vorgestellt. Vielleicht waren Freud die Einwände tatsächlich erst jetzt gekommen. Aber bei seinen Äußerungen zum kindlichen Spiel und zur Sublimierung lagen die Dinge anders. Offensichtlich lauteten einige Lehrsätze der Psychoanalyse in Wien anders als in Zürich. Sabina Spielrein schrieb prompt nach Zürich und bat um Klärung. Zweifellos fragte sie auch, wo ihr Manuskript blieb, denn Jung hatte es ihr noch nicht zurückgeschickt.

Jung redete sich damit heraus, daß er ihre Adresse verlegt habe. Am Montag, dem 13. November, gab er es schließlich aus der Hand:

> Ich bitte Sie nochmals, mir die Arbeit dann gleich wieder zuschicken zu wollen. Ich habe im II. Teil meiner Arbeit (habe ich Ihnen das Separatum von der Ersten geschickt?) vielfach auf Ihre Ideen Bezug genommen. Ich möchte das bei Ihrer neuern Arbeit auch machen. Damit ein Gleichklang entsteht.[19]

Freud hatte inzwischen ebenfalls einen Brief an Jung verfaßt. Der Brief, datiert vom 12. November 1911, sollte offensichtlich in jeder Beziehung beruhigend sein. Erst einmal glättet er mit leichter Hand einige Schwierigkeiten, die mit dem *Jahrbuch* und Stekel und Silberer zusammenhingen.

Dann erwähnt er wohlwollend Sabina Spielreins Diskussionsbeitrag in der letzten Woche: »Die Spielrein hat in letzter Sitzung zuerst das Wort ergriffen und war sehr klug und geordnet.«[20] Dann versucht Freud den Gedanken, daß die Beunruhigung in Zürich etwas mit dem Aufenthalt von Fräulein Doktor Spielrein in Wien zu tun haben könnte, durch einen geschickten Themenwechsel auszuräumen: Er spricht von einem anderen Gast aus Zürich, der zu der Zeit in Wien zu Besuch war, Adolf Storfer. Der springende Punkt dabei ist, daß auch Storfer einmal Patient im Burghölzli gewesen war – A. A. Brill hatte ihn behandelt und den Fall später veröffentlicht – und sich inzwischen ebenso wie Sabina Spielrein der psychoanalytischen Bewegung angeschlossen hatte. Damit deutet Freud an, daß bei ehemaligen Patienten, die später in einer anderen Rolle wieder auftauchten, natürlich weiterhin ärztliche Diskretion gewahrt blieb. Nach all diesen beruhigenden Ausführungen kommt Freud schließlich auf das Thema zu sprechen, das Emma Jung Sorgen gemacht hatte: Carls Buch. Der Ton ist freundlich, beinahe liebevoll, allerdings kann der Leser, der einen Blick dafür hat, auch Ironie finden:

> Mit der Lektüre zur Religionspsychologie geht es langsam. Eine der hübschesten Arbeiten, die ich jetzt (von neuem) gelesen, ist die eines bekannten Autors über die »Wandlungen und Symbole der Libido«. Vieles ist darin so gut ausgedrückt, daß man es als definitiv geformt im Gedächtnis behalten muß. Manchmal habe ich den Eindruck, als begrenze das Christentum allzu eng den Horizont. Es scheint mir auch gelegentlich mehr über den Dingen als in ihnen zu stecken. Es ist aber das Beste, was der hoffnungsvolle Autor bis jetzt von sich gegeben hat, nicht das Beste, was er noch leisten wird. […]
>
> Nicht zum wenigsten freue ich mich der vielen Übereinstimmungen mit dem, was ich schon gesagt habe und noch sagen *möchte.* Da Sie dieser Autor sind, will ich direkter fortsetzen und gestehen, daß es mir eine Quälerei ist zu denken, wenn ich jetzt den einen oder den anderen Einfall habe, daß ich Ihnen damit leicht etwas wegnehme. […] Warum, zum Teufel, mußte ich mich anregen lassen, Ihnen auf dieses Gebiet zu folgen? Sie müssen mir da irgendwelche Vorschläge machen. Wahrscheinlich werden wir aber so aneinander vorbeikommen, daß ich meine Gänge viel unterirdischer grabe, als Sie Ihre Schachte ziehen, so daß ich Sie jedesmal begrüßen kann, wenn ich wieder ans Licht komme.

> Das »Begrüßen« ist ein gutes Stichwort, um den langen Brief zu beenden. Ich brauche nur noch »herzlich« hinzuzutun, das auch Ihrer Frau und Ihren Kindern gilt.[21]

Freud schickte noch einen zweiten Brief nach Zürich, härter im Ton, wenn wir nach Emma Jungs Antwort urteilen dürfen, die am Dienstag, dem 14. November, geschrieben wurde:

> Sie haben sich gewiß recht geärgert über meinen Brief, nicht wahr? Ich nämlich auch und bin daher jetzt wieder von meinem Größenwahn geheilt und frage mich, aus was für einer Teufelei des Unbewußten gerade Sie das Opfer dieses Wahns werden mußten. Und da muß ich Ihnen nun, wenn auch sehr ungern, wirklich recht geben: mein letzter Brief, besonders der Ton desselben, galt wirklich der Vaterimago. [...]
>
> [...] Erstens meine ich natürlich keineswegs, daß Carl keinen Wert auf Ihre Meinung legen soll; es versteht sich ja von selbst, daß man eine Autorität anerkennt, kann man das nicht, so ist es nur wieder ein Zeichen von überkompensierter Unselbständigkeit. [...] Carl hat nämlich gerade in diesen Tagen sein Verhalten zu seiner Arbeit analysiert und dabei einige Widerstände gegen dieselbe entdeckt. Ich hatte dieses Zögern vor dem zweiten Teil mit den stets mit bedenklichem Gesicht gemachten Äußerungen, was Sie wohl dazu sagen würden etc., in Zusammenhang gebracht [...]; nun scheint es aber, als ob diese Furcht vor Ihrer Meinung auch nur ein Vorwand gewesen sei, um in der Selbstanalyse, die diese Arbeit in der Tat bedeutet, nicht fortfahren zu müssen. Ich sehe also ein, daß ich etwas aus meiner nächsten Nähe in das ferne Wien verlegt habe, und ärgere mich, daß man das nächste immer am schlechtesten sieht [...].
>
> Bitte schreiben Sie auch Carl nichts davon; es geht mir so schon schlecht genug.[22]

Das Thema »Autorität« war nun also doch angeschnitten worden – offenbar hatte Freud einen Weg gefunden, Emma Jung in seinem Brief darüber zu befragen –, aber es brachte nicht die Aufklärung, die sich Freud vielleicht erhofft hatte. Auf jeden Fall war Emma Jung inzwischen klargeworden, daß sie mehr verdarb als half. Der Tonfall in ihrem zweiten und dritten Brief ist unverkennbar klagend, offensichtlich war sie ziemlich deprimiert. Freud wußte, daß er, was immer der Grund für Emma Jungs Depression sein mochte, auf keinen Fall erfahren würde, was er herausfinden wollte, wenn er ihr weiterhin hinter dem Rücken ihres Mannes schrieb.

Sexualität und Tod

Am Mittwochabend, dem 15. November, sprach Theodor Reik über das Verhältnis von Sexualität und Tod. Reik gehörte der Gruppe noch nicht lange an, aber das Thema war altbekannt und war im Laufe der Jahre immer wieder aufgetaucht mit dem Ergebnis, daß die älteren Mitglieder, besonders Stekel und Freud, ihre eigenen speziellen Ansichten über Dinge wie den »Lebenstrieb« und den »Todestrieb«[23] entwickelt hatten und darüber, ob sie bei der neurotischen Angst eine Rolle spielten.

Reik versuchte es mit einer Synthese auf einer breiten Basis. Sein Vortrag war höchst eklektisch und streifte alles vom Christentum bis zu Kali, der hinduistischen Göttin der Zerstörung, von Fließ' berühmter Maxime, daß jede Angst eine Furcht vor dem Tod sei, bis zum Phänomen der Eintagsfliege, die nach der Fortpflanzung stirbt, von der Syphilis bis zu den sadomasochistischen Phantasien von Kriminellen. Die anschließende Diskussion war sehr lebhaft und uferte immer mehr aus. Federn, Tausk, Sadger, Sachs, Eduard Hitschmann und Rosenstein ergriffen das Wort, ehe Sabina Spielrein endlich an die Reihe kam:

> Spielrein hat viele der heute besprochenen Probleme in einer bereits abgeschlossenen Arbeit (»[Die] Destruktion als Ursache des Werdens«) behandelt. So die Angst vor der Auflösung des Ich oder der Verwandlung in eine andere Persönlichkeit. [...] Ebenso sei dort auf die biologischen Zusammenhänge sowie auf die Todesphantasien als Strafe für Inzestphantasien eingegangen. – Die Todesgedanken seien im Sexualinstinkt selbst enthalten, nur werden einmal die Lebens-, ein andermal die Todeskomponenten hervorgehoben.[24]

Als nächster nach Sabina Spielrein sprach Stekel und nach ihm Freud. Zunächst erläuterte Freud seine Theorie der neurotischen Angst. Im Grunde erinnerte er damit vorsichtshalber die Gruppe, welche Position er einnahm, und informierte die neuen Mitglieder. Dann sprach er über die Reaktionen von Kindern auf den Tod und verband sie mit deren Unfähigkeit, im Trauerprozeß mit ihrer Ambivalenz fertig zu werden. Schließlich erwähnte er noch das Christentum und übte milde Kritik an einem Argument in Jungs letzter Arbeit, das Federn zitiert hatte.

Freud war zunehmend verwirrter. An jenem Morgen war nicht nur Emma Jungs erwähnter dritter Brief eingetroffen, sondern auch die Antwort ihres Mannes auf seinen langen, begütigenden Brief vom 12. November. Jung machte Freud vorsichtig Komplimente:

> Sie sind ein gefährlicher Konkurrent, wenn man von Konkurrenz sprechen will. Jedoch denke ich, es müsse wohl so sein und man könnte etwas, das natürlich ist, nicht aufhalten und solle auch nichts daran ändern. Es ist dafür gesorgt durch unsere persönliche Verschiedenheit, daß auch unsere Arbeit sehr verschieden sein wird. Sie graben die Edelsteine, ich aber habe den »degree of extension«.[25]

Jung berichtete von allerhand redaktionellen Dingen, so zum Beispiel von Klagen des Verlegers des *Jahrbuchs,* daß manche Beiträge viel zu lang seien. Er verteidigte seine Auswahl und flocht gleichzeitig elegant ein neues Thema ein: »Aber Arbeiten wie die von Spielrein sind wert, im *Jahrbuch* zu erscheinen. Vielleicht teilen Sie mir Ihre Ansicht darüber mit.«[26] Mit seiner eigenen Arbeit war Jung inzwischen so weit, daß er etwas Wichtiges ankündigen konnte, das anscheinend weit über die »Selbstanalyse« hinausging, von der seine Frau sprach:

> In meinem zweiten Teil habe ich mich mit der Libidotheorie einmal recht kühn auseinandergesetzt. Jene Stelle Ihrer Schreberanalyse, wo Sie auf das Libidoproblem stoßen (Natur der Libido, deren Wegnahme Realitätsverlust bewirkt), gehört zu den Punkten, wo einer meiner Gedankenpfade einen der Ihrigen kreuzt. Ich bin nämlich der Ansicht, daß der Libidobegriff der »Drei Abhandlungen« um das genetische Moment erweitert werden müsse, damit die Libidotheorie auf die Dementia praecox Anwendung finden kann.[27]

Jung hatte beschlossen, den schicksalsschweren Schritt zu tun: Er wollte seine Theorie revidieren.

Freud antwortete am folgenden Tag. Aber sein Brief vom 16. November war, wie er gleich nach der Überschrift schreibt, »nur geschäftlich«[28] und enthielt keine Reaktion auf Jungs »genetische« Revision der Libidotheorie. Zum Geschäftlichen gehört auch der folgende Satz: »Die Arbeit der Spielrein gehört doch gewiß *nur* ins *Jahrbuch.*«[29] Nun hatten beide Männer Sabina Spielreins Aufsatz zur Kenntnis genommen und waren übereingekommen, daß es darüber keinen Streit geben sollte – dabei hatte Freud ihn noch gar nicht gelesen.

Am Mittwoch, dem 22. November, fand in der Wiener Vereinigung die erste Diskussion einer geplanten Reihe zum Thema Onanie statt. Die Diskussionen sollten in einem eigenen Band veröffentlicht werden. Sabina Spielrein äußerte sich nicht, vielleicht weil das Thema für sie peinlich war. Onanie spielte in der Darstellung ihres eigenen Falles, den Jung in seinem Aufsatz »Die Freudsche Hysterietheorie« veröffentlicht hatte, eine große Rolle, und vielleicht fürchtete sie, daß sie versehentlich an die heiklen Tatsachen ihrer Vergangenheit rühren könnte, wenn ihre Kommentare nicht distanziert genug wären. Außerdem sollte sie in der Woche darauf ihre Arbeit vorstellen. Vielleicht war sie einfach damit beschäftigt, ihren Vortrag vorzubereiten.

Als nächste bekam Sabina Spielrein Post aus Zürich: einen Brief von Jung, datiert vom 24. November 1911, in dem er ihre Fragen zum Unterschied zwischen Zürich und Wien zu beantworten versuchte. Jung prophezeite zum Thema »phylogenetisches Erbe« (richtig, aber mit unangebrachter Zuversicht), daß Freud sich bald seiner Position anschließen werde. Aber er warnte sie auch, daß die grundlegenden Differenzen zwischen Zürich und Wien noch stärker hervortreten würden, sobald er den zweiten Teil seiner Untersuchung veröffentlicht haben werde. Diese mache inzwischen gute Fortschritte, und er schreibe nun seinen eigenen Stil.[30] Allgemein gesagt, neigten die Wiener nach Jungs Worten dazu, die Neurose als Ergebnis aufgestauter Sexualität zu sehen, während man in Zürich einen aktuellen Konflikt für ihre Ursache hielt. Er erzählte ihr unter dem Siegel der Verschwiegenheit eine kleine Anekdote, derzufolge Freud von einem erfolgreichen Weiberhelden gesagt habe, er sei eigentlich nicht berechtigt, eine Neurose zu haben. Zwar sei Freud ein viel zu gewissenhafter Forscher, als daß er eine solche Meinung zur Theorie erheben würde, aber, fügte Jung an: »Aus dieser Erwartung ist Stekel geboren.«[31]

Jung hatte mehrere Gründe, mit seinen Fortschritten beim zweiten Teil seiner Arbeit zufrieden zu sein. Er hatte sich dazu entschlossen, am Anfang drei neue Kapitel einzufügen und die erweiterte Libidotheorie darzustellen. Und auch sein Stil besserte sich wieder: Die eingeschobenen Kapitel sind zwar außerordentlich schwierig, aber trotzdem erheblich klarer als alles, was dann folgt. Noch wichtiger war jedoch, daß Jung etwas viel Schlimmeres abgewendet hatte, selbst wenn er damit zwangsläufig die Weichen für eine spätere Auseinandersetzung mit Freud stellte: Seine Theorie würde so verschieden von Sabina Spielreins Theorie sein, daß er, in welcher Form sie auch ihren Aufsatz veröffentlichte, vor unerwünschten Vergleichen sicher sein würde – und auch vor Offenbarungen über ihre private Mythologie.

Am selben Tag, an dem Sabina Spielrein Post von Jung bekam, hörte Freud wieder von Emma Jung:

> Haben Sie herzlichen Dank für Ihren Brief. Zu Ihrer Beruhigung kann ich Ihnen sagen, daß ich nicht immer so verzagt bin, wie in meinem letzten Brief […]. Für gewöhnlich bin ich auch ganz einig mit meinem Schicksal und sehe vollkommen ein, wie gut ich es habe, aber von Zeit zu Zeit plagt mich der Konflikt, wie ich mich neben Carl zur Geltung bringen könne; ich finde, daß ich keine Freunde habe, sondern daß alle Menschen, die mit uns verkehren, eigentlich nur zu Carl wollen, außer einigen langweiligen und mir gänzlich uninteressanten Leuten.
>
> Die Frauen sind natürlich alle verliebt in ihn, und bei den Männern werde ich als Frau des Vaters oder Freundes sowieso sofort abgesperrt. Ich habe aber doch stark das Bedürfnis nach Menschen, und Carl sagt auch, ich dürfe mich nicht mehr wie bisher nur auf ihn und die Kinder konzentrieren, aber wie soll ich das nur machen? Bei meiner starken Neigung zum Autoerotismus ist es sehr schwierig, es ist aber gewiß auch objektiv schwer, da ich ja niemals mit Carl konkurrieren kann. Um das recht zu betonen, muß ich dann in Gesellschaft gewöhnlich noch extra dumm schwatzen.
>
> Ich mache alle Anstrengungen, Übertragungen zu erwerben, und wenn mir das dann nicht gerät, wie ich es wünschte, bin ich stets sehr deprimiert. Sie verstehen nun, warum es mir so schlecht ging bei dem Gedanken, Ihre Gunst zu verscherzen, und daß ich fürchtete, Sie könnten Carl davon etwas merken lassen. Von dem Briefwechsel weiß er jetzt allerdings, da er erstaunt war, einen Ihrer Briefe an mich adressiert zu sehen; von dem Inhalt desselben habe ich aber nur weniges verraten. Wollen Sie mir raten, lieber Herr Professor, und wenn nötig, auch etwas den Kopf waschen?[32]

Noch nach über achtzig Jahren weckt Emma Jung unser Mitgefühl. War sie auch nicht die glanzvolle, geheimnisvolle Gefährtin, die sich Jung als Begleiterin bei seinen Ausflügen in die psychoanalytische Unterwelt gewünscht hätte, so war sie doch allem Anschein nach eine liebenswerte, bodenständige, ernsthafte und treusorgende Frau. Selbst ihre mißglückten Versuche der diplomatischen Vermittlung zeugen davon, wie aufrichtig ihr die Interessen ihres Mannes am Herzen lagen.

Wie Freud ihren vierten Brief aufnahm, wissen wir nicht. Vielleicht fiel ihm seine eigene beiläufige Bemerkung zu Oskar Pfisters bevorstehender Scheidung wieder ein: »Die ΨA fängt an, Schicksale zu machen.«[33] Auf jeden Fall hatte es wenig Sinn, sich weiterhin mit Jungs häuslichen Angelegenheiten zu beschäftigen. Jung wußte nun von dem Briefwechsel, und außerdem hatte sich gezeigt, daß Emma Jungs Wert als Informantin recht begrenzt war. Ein Punkt schien immerhin geklärt. Die Frage der »Autorität« hatte sich glücklicherweise in Luft aufgelöst, und so blieb nur die neue »genetische Theorie« der Libido als Stein des Anstoßes. Für diese Kontroverse hatte Freud sich bereits zu wappnen begonnen. Zwar fand er in seiner Antwort an Emma Jung tröstliche Worte, aber was er ihr auch mitteilte, es führte dazu, daß ihre Korrespondenz aufhörte. Kurz darauf erörterte Emma Jung mit Leonhard Seif in München ihre Schwierigkeiten, »Übertragungen« zu erwerben.

Freuds eigene Sorgen – und die von Jung – fingen freilich erst an. Emma Jungs letzter Brief war Montag, den 27. November, angekommen. Am nächsten Tag, Dienstag, erhielt Freud einen Brief von Eugen Bleuler, in dem Bleuler mitteilte, er werde aus der Züricher Psychoanalytischen Vereinigung austreten. Die Nachricht schlug wie eine Bombe ein. Sie entsprach ganz der Haltung, die der geradlinige Bleuler die ganze Zeit über eingenommen hatte, daß nämlich jede wissenschaftliche Gesellschaft ihre Zusammenkünfte unbedingt für alle entsprechend qualifizierten Akademiker öffnen und freie Diskussion zulassen müsse. Schon im vergangenen März hatte Bleuler praktisch vorhergesagt, daß es soweit kommen werde. Damals hatte er mit klaren, energischen Worten ausgesprochen, was in der Psychoanalyse vorging:

> Dieses »wer nicht für uns ist, ist gegen uns«, dieses »alles oder nichts« ist nach meiner Meinung notwendig für Sekten und nützlich für politische Parteien. Dort kann ich das Prinzip als solches verstehen, aber in der Wissenschaft halte ich es für schädlich. [...]
>
> Ich glaube nicht, daß eine solch starre Haltung der Vereinigung dient. Hier geht es nicht um eine Weltanschauung.[34]

Bleuler hoffte, daß er und Freud weiterhin Freunde bleiben könnten: »Ich wage zu hoffen, daß Sie nach dem Geschehenen meinen Austritt für selbstverständlich und notwendig finden und vor allem, daß er an unseren persönlichen Beziehungen nichts ändere.«[35] Das war am Dienstag. Am Mittwoch, dem 29. November, sprach Sabina Spielrein vor der Wiener Psychoanalytischen Vereinigung.

Über Transformation

Für ihren Vortrag »Über Transformation« wählte Sabina Spielrein den außerordentlich schwierigen dritten Teil ihres Aufsatzes. Vielleicht hatte sie sich von der Neigung der Wiener beeindrucken lassen, literarische Bezüge ins Spiel zu bringen, oder vielleicht hatte ihr jemand gesagt, es wäre schön, ihre Gedanken über Mythologie zu hören.

Eine zusätzliche Komplikation erwuchs daraus, daß Sabina Spielrein mit der Ankündigung ihres Vortrags zwei Wochen zuvor im Anschluß an Reiks Vortrag über Sexualität und Tod die Erwartungen der Vereinigung in eine falsche Richtung gelenkt hatte. Im Verlaufe jenes Abends konzentrierte sich die Diskussion darauf, daß Sadomasochismus der Schlüssel für bestimmte Formen der neurotischen Angst und daher zu Reiks Thema sei. In dem Kontext war der Eindruck entstanden, daß ihr bevorstehender Vortrag etwas mit bestimmten philosophischen und phänomenologischen Aspekten des Sadomasochismus zu tun habe. Natürlich verflog dieser Eindruck am 29. November sehr rasch. Aber es wurde nicht klar, worauf sich ihre Theorie eigentlich bezog.

In Ranks Protokoll heißt es über den Vortrag:

> Ausgehend von der Frage, ob es einen normalen Todesinstinkt beim Menschen gibt (Metschnikow), wird der Nachweis zu erbringen gesucht, daß die Todeskomponente im Sexualinstinkt selbst enthalten sei, daß dem Instinkt zugleich eine destruktive Komponente innewohnt, welche für das Werden unentbehrlich ist. Daß wir diese Tendenz zur Selbstdestruktion für gewöhnlich nicht merken, erklärt sich auf Grund des Jungschen Schemas, wonach allem Wollen zwei einander entgegengesetzte Komponenten zugrunde liegen, von denen eine immer nur ein wenig überwiegt. So scheint uns auch für gewöhnlich der Werdeinstinkt zu überwiegen, jedoch sehen

wir bei einer geringen Verschiebung nach der andern Seite im Sexualinstinkt nur eine destruktive Macht.

In zahlreichen mythologischen Vorstellungen findet sich direkt das Bedürfnis nach Zerstörung ausgedrückt, und als Tod wird überhaupt jeder Übergang in einen anderen Zustand aufgefaßt. Und auch in der Neurose ist stets ein Konflikt vorhanden, welcher in der Dissonanz zwischen diesen beiden Sexualkomponenten besteht.

Die mythologischen Begriffe von Leben und Tod werden nun in der Erde- und Wassersymbolik verfolgt. Der Baum der Erkenntnis wird in seiner zweifachen Rolle als Symbol des Todes und der Genese aufgezeigt, in welcher er auch als Kreuzholz Christi wieder erscheint. Der Lebensbaum wird auch als Brücke über das Wasser gedacht, das ebenfalls zeugende Urkraft wie die Erde ist.

Diese Beziehungen werden nun am Siegfriedmythus und an der Holländersage verfolgt und in diesem Zusammenhang [wird] darauf hingewiesen, daß die Wagnerschen Helden nach dem Rettertypus Freuds lieben, indem sie sich opfern und sterben. In diesem Sinne ist auch Christus ein Rettertypus, der sich für die Menschheit opfert.

[...] Diese Beziehungen erweisen sich als durchgehende Analoga in der Menschen-, Tier- und Pflanzenwelt. Denn der Fortpflanzungstrieb fordert die Destruktion des Sexualtriebes. Der Mensch hat das Bedürfnis zu werden und zu vergehen, deshalb erscheint dem Volksbewußtsein das ewige Leben eine Last (Holländer, Glaukos). Nur das Opfer kann erlösen, weil es beide Komponenten enthält: man nimmt sich die Komponente des Werdens und überläßt dem Opfer die der Destruktion. [...]

So ist die Destruktion die Ursache des Werdens: die alte Form muß zerstört werden, damit die neue zustandekommt [...]. Der Tod an sich ist wohl grauenhaft, aber im Dienste des Sexualinstinktes ist er heilbringend.[36]

Diese Passage bedarf der Erläuterung. Stellen wir zunächst einmal fest, daß Sabina Spielrein ausdrücklich betont hatte, ihre Theorie sei keine Theorie eines »Todesinstinktes« als einer von der Sexualität verschiedenen Kraft. Außerdem sollten wir festhalten, daß Sabina Spielrein irgendwann in ihrem Vortrag die Beziehung der Verdrängung zur destruktiven Komponente der Sexualität angesprochen hatte. Das geht aus der anschließenden Diskussion hervor, wenngleich Rank diesen Punkt nicht ins Protokoll aufgenommen hat. Mit dem »Rettertypus« bezog sie sich auf Freuds Arbeit »Über einen besonderen Typus der Objektwahl beim Manne«, in dem von dem Typus Mann die Rede ist, der eine gefallene Frau zu retten versucht. Bei Freud war es *nicht* Kennzeichen dieses Typus, daß er sich bei seinem Bemühen selbst zu opfern sucht. Diesen Punkt hatte Sabina Spielrein in den Aufsatz hineingelesen. Daß Siegfried ein »Rettertypus« im Sinne Freuds gewesen sein könnte, war nicht völlig abwegig, aber daß auch Christus ein solcher Typus gewesen sein sollte, muß Freud sehr merkwürdig vorgekommen sein. Sabina Spielreins nächstes Argument, daß sich das Opfer allgemein vom Sexualinstinkt herleite, daß es, genauer gesagt, ein Weg sei, die destruktive Komponente der Sexualität zu entladen, war ein Versuch, ihre Theorie mit der Theorie von Jung in Einklang zu bringen. Wiederum dürfte Freud sich gewundert haben, daß soviel von »Opfer« die Rede war.

Aber am merkwürdigsten fand Freud wohl Sabina Spielreins Bemerkung gleich zu Anfang über das »Jungsche Schema, wonach allem Wollen zwei einander entgegengesetzte Komponenten zugrunde liegen«. Vermutlich dachte sie an eine Bemerkung, die Jung vielleicht einmal beiläufig über ein Gleichgewicht von inzestuöser und schöpferischer Libido gemacht hatte; in seinem Vortrag von Herisau spielte dieser Gedanke eine Rolle. Aber so, wie Sabina Spielrein sich ausdrückte, schrieb sie Jung zu, was eigentlich Eugen Bleulers allgemeinere Theorie der »Ambivalenz« war, hergeleitet von Darwin. Diese Theorie besagte, es gebe ein intrinsisches Gleichgewicht zwischen jeder Emotion und ihrem Gegenteil. Auf den Tag genau ein Jahr zuvor hatte Jung in einem Brief an Freud Bleulers Theorie vernichtend kritisiert und vom »Grobschematischen der physiologisch-biologischen Betrachtungsweise«[37] gesprochen. Inzwischen hatte Jung auch in gedruckten Arbeiten Bleulers Idee offen angegriffen. Nun schien es, als hätte er zur selben Zeit ebendiese Idee seiner Schülerin gepredigt – und sie obendrein als seine eigene Neuerung ausgegeben. Kurzum, Sabina Spielreins Vortrag stellte die Zuhörer vor eine Reihe von Interpretationsproblemen, und zwar ganz besonders Freud, der mit gutem Recht von sich annehmen konnte, daß er die besten Kenntnisse über die Lehren der Züricher Schule besaß.

Sachs eröffnete die Diskussion und nahm vor allem Jungs Theorie der Ambivalenz aufs Korn. Dann sprach Tausk. Er war sehr angetan vom philosophischen Tenor des Vortrags und fand Sabina Spielreins Ansicht, »daß Widerstand gegen die Sexualität aus der Destruktion stammt [...] wertvoll.«[38]

Im weiteren Verlauf des Abends entgleiste die Diskussion vollkommen. Die nächsten vier Wortmeldungen – Federn, Rosenstein, Reinhold und Stekel – nahmen den Vortrag zum Vorwand, um ihre eigenen unterschiedlichen Positionen zu den Themen Lebenstrieb, Todestrieb und Probleme der neurotischen Angst noch einmal darzustellen. Josef Friedjung schloß sich an. Er kritisierte den metaphysischen Ton der Diskussion und verkündete, für ihn stelle sich die Arbeit »als Versuch dar, eine wissenschaftliche Tröstung für die Todesangst zu finden«.[39] Nach Friedjung meldete sich Dr. Stegmann zu Wort, ein Gast und die einzige weitere Frau. Einen Augenblick lang dürfte Sabina Spielrein dankbar gewesen sein, daß jemand von den Anwesenden sie einigermaßen verstanden hatte:

> Frau Dr. Stegmann bemerkt, daß Leben im Verlaufe der Diskussion nicht immer in der gleichen Bedeutung gebraucht wurde; man müsse auseinanderhalten das persönliche und das allgemeine (kosmische) Leben. Der Todeswunsch erscheint als Wunsch der Hingabe an das All. Die Furcht vor der Liebe ist Furcht vor dem Tode der Persönlichkeit. Liebe ist ja als Übergang vom kleinen, individuellen zum großen, kosmischen Leben anzusehen.[40]

Als nächstes versuchte Tausk, ein äußerst empfindlicher Mann, auf Friedjungs Beitrag zu antworten, denn er verstand ihn als Angriff gegen sich. Daraufhin zitierte Stegmann, die Worte seiner Frau weiterführend, den großen Psychophysiker und Mystiker Gustav Fechner: »Nach ihm [Fechner] bedeutet das Sterben für den Menschen nur das Eingehen in die Allgemeinheit, in den Zustand der Weltseele. Auf Fechner hat dann Nietzsche seine Idee vom Übermenschen aufgebaut.«[41]

Freud sprach erst ganz am Schluß. Zunächst griff er einige nebensächliche Punkte auf, die in der Diskussion aufgetaucht waren. Dann wandte er sich überraschenderweise nicht Sabina Spielrein zu, sondern ihrem Mentor. Seine Bemerkungen klingen wie eine vorbereitete Stellungnahme:

> Der Vortrag selbst gebe zu einer Kritik Jungs Anlaß, weil er in seinen neuen mythologischen Arbeiten ebenso beliebiges mythologisches Material, das massenhaft vorhanden ist, in seiner gegenwärtigen Fassung ohne Auswahl verwendet. Nun kann man aber das mythologische Material in diesem Sinne nur verwenden, wenn es in seiner originalen Form und nicht in seinen Abkömmlingen auftritt.[42]

So viel zu Jungs »degree of extension«. Freud fuhr fort:

> Das Material ist uns nun in einem Zustand überliefert, welcher uns nicht gestattet, es zur Lösung unserer Fragen zu verwerten. Im Gegenteil: es muß erst von psychoanalytischer Seite her die Aufklärung erfahren. Als Beispiel einer besonders starken Entstellung wird die Genesis im einzelnen nachgewiesen.[43]

Wir wissen aus einem späteren Brief, worum es sich bei dieser Demonstration »im einzelnen« handelte. Es ging um die überraschende Frage, ob es im Paradies einen oder zwei Bäume gegeben habe.[44] Freud fuhr fort:

> Ob sich unsere psychologische Annahme, daß die Triebe unvollständig gedämpfte astatische Paare darstellen, auch auf die Sexualität anwenden läßt, was immerhin annehmbar sei, müßte durch individual-psychologische Untersuchungen entschieden werden. Zum Unterschied von unserer psychologischen Auffassung habe jedoch die Vortragende versucht, die Trieblehre auf biologische Voraussetzungen (wie die Arterhaltung) zu gründen.[45]

Freud war offensichtlich unsicher, mit wessen »grobschematischer biologischer Betrachtungsweise« er es hier zu tun hatte, Jungs oder Bleulers, aber er wollte sie auf alle Fälle attackieren.

Noch nie zuvor hatte Freud so scharf über Jung gesprochen, schon gar nicht vor den Wienern, die lange genug Freuds Faible für den verhaßten Eindringling hatten ertragen müssen. Auf einmal kritisierte Freud den Züricher »Siegfried«, wie sie ihn nannten – es dürfte einen ziemlichen Aufruhr verursacht haben. Sabina Spielrein bekam das wohl mit, denn sie bat noch einmal um das Wort, als fürchtete sie, etwas Falsches gesagt zu haben:

> Spielrein bedauert in ihrem Schlußwort, daß durch Weglassung des grundlegenden Kapitels ihrer Arbeit »[Die] Destruktion als Ursache des Werdens« eine Begriffsverwirrung die Diskussion beeinträchtigt habe. Sie fasse den Sexualtrieb als partiellen Fall des Transformationstriebes auf. Sie habe den Konflikt in bezug auf das persönliche und nicht das kosmische Ich gemeint. Ob sich die Todeswünsche gegen die eigene oder die andere Person richten, hängt vom Vorwiegen der sadistischen oder masochistischen Komponente ab. – Das Aufgehenwollen sei eine normale Tendenz

und finde sich bei Frauen häufig als Destruktionsvorstellung ausgesprochen.[46]

Diese Äußerungen trugen leider zur Klärung ihrer Gedanken wenig bei, und ganz und gar nichts zur Beruhigung jenes Aufruhrs, den Freud mit seiner ausführlichen Kritik an Jung ausgelöst hatte. Mit der Erwähnung machte sie die allgemeine Verwirrung noch größer.

Für Sabina Spielrein muß der Abend eine schreckliche Enttäuschung gewesen sein. Erstens hatte sie keinerlei Anerkennung für ihre neue Theorie gefunden, was allein schon enttäuschend genug war, und zweitens hatte sie zu ihrer Beunruhigung feststellen müssen – sie hatte die Atmosphäre gewiß erfaßt –, daß man in ihrer neuen Umgebung ihrem bisherigen Mentor keineswegs wohlgesonnen war.

Der Zusammenbruch der Züricher Schule

Jungs nächster Brief an Freud kam am Donnerstag, dem 30. November, einen Tag nach Sabina Spielreins Vortrag und zwei Tage nach Bleulers Austrittserklärung. Er schrieb im Tonfall eines Mannes, den die Ereignisse überrollt haben. Zunächst entschuldigt er sich für den knurrigen Ton seines letzten Briefes:

> Ich hoffe sehr, daß die Symptome meiner schlechten Laune von neulich nicht nachgewirkt haben. Es ist damals einiges in meinem Arbeitsbetrieb vorgekommen, was mich wütend machte. Damit will ich Sie nicht beschweren.[47]

Was damals geschehen ist, können wir nur vermuten. Es ist bekannt, daß Toni Wolff, die »Entdeckung«, die mit beim Weimarer Kongreß gewesen war, für die »Wandlungen« Recherchearbeiten in Jungs Bibliothek durchführte. Weiterhin ist bekannt, daß diese Regelung irgendwann aufgegeben wurde und daß schließlich Emma Jung selbst ihrem Mann bei der Fertigstellung der Arbeit half. Vielleicht rührte sein Ärger von dieser Veränderung in seinem »Arbeitsbetrieb« her: daß Emma darauf bestanden hatte, seine Assistentin müsse gehen. Wenn das zutrifft, hatte Emma Jung zu einer neuen Entschlossenheit gefunden.

Weiter erzählte Jung von allen möglichen Dingen – unter anderem freute er sich, daß er um eine Analyse von Oskar Pfisters Frau herumgekommen war –, mußte den Brief unterbrechen und setzte ihn später mit der Neuigkeit fort, unterdessen habe am Wochenende die Winterversammlung der Gesellschaft der Schweizerischen Psychiater stattgefunden, über die viel zu berichten war. Stolz teilte er mit, daß fünf der sieben Vorträge von Psychoanalytikern gehalten worden waren, unter anderem hatten er selbst, Riklin und Maeder gesprochen. Und dann überstürzten sich die Schilderungen wie die Ereignisse.

Die Spannungen in der Züricher Psychoanalytischen Gesellschaft waren nie wirklich gelöst worden. Zunächst einmal beobachteten die Mediziner, darunter auch Bleuler und Binswanger, die Ausübung der Psychoanalyse durch Laien wie Pfister mit Skepsis. Ellenberger schreibt unter Berufung auf die Erinnerungen von Hans Blüher, daß es damals bei den deutschsprachigen Medizinern eine weitverbreitete Feindseligkeit gegen die rasche Ausbreitung psychoanalytischer Gedanken bei Künstlern, Schriftstellern und anderen avantgardistischen Intellektuellen mit verdächtigen Zielen gegeben habe.[48] Pfarrer Pfister war ein frommer, sehr integrer Mann, dabei jedoch streitbar und freimütig und somit eine ideale Zielscheibe für diejenigen Schweizer Psychiater, allen voran Ludwig Frank, die die Psychoanalyse ablehnten. Noch komplizierter wurde die Lage aufgrund der zwiespältigen Haltung der Assistenten am Burghölzli, angeführt von Hans Maier. Sie weigerten sich immer noch, offiziell der Züricher Vereinigung beizutreten, obwohl sie weiterhin an deren Zusammenkünften teilnahmen, wie sie gegen Jungs Widerstand beschlossen hatten. Der Präsident Alphonse Maeder – auf ihn als Kompromißkandidat hatte man sich geeinigt – sollte etwas wegen Maier unternehmen.

Während in den eigenen Reihen Uneinigkeit herrschte, hatten sich die Psychoanalytiker auf die Teilnahme an der Winterversammlung der Schweizer Psychiater vorbereitet. Schon vor dem Treffen gab es Ärger. Die Nicht-Analytiker fragten sich bei der Lektüre der Rednerliste beunruhigt, was das wohl für eine Veranstaltung werden sollte. Sie argwöhnten sogar, daß ein größerer Saal als sonst gemietet worden war, damit die Analytiker ihn mit ihren Anhängern füllen konnten. Sie trugen ihre Bedenken Bleuler vor. Bleuler wandte sich an Riklin, und Riklin unternahm, wie es seine Art war, gar nichts. Jung trug zur Verschärfung der Situation bei, weil er, vielleicht in Anlehnung an Freuds endgültige Vertreibung der »Adlerbande«, beschloß, daß es nun Zeit sei, Maier zu einer klaren Stellungnahme zu bewegen. Jung sprach mit Maeder, der wiederum mit Maier, und Maier ging zu Bleuler.

Das Ergebnis war eine Katastrophe für beide Seiten. Bleuler hatte endgültig genug und trat aus der Vereinigung aus. Jung hatte sich bei der Winterversammlung zu früh in Sicherheit gewiegt und war am zweiten Tag vorzeitig weggegangen. Zweifellos hatte er viel zu tun, aber das war ein taktischer Fehler. Denn als er weg war, kam Frank noch einmal auf seinen Antrag zurück, die Schweizer Psychiater sollten beim nächsten Mal gemeinsam mit Forels und Vogts Internationalem Verein für Medizinische Psychologie und Psychotherapie tagen, der zufällig Zürich als Veranstaltungsort für seinen dritten Jahreskongreß im kommenden Herbst gewählt hatte. Der Antrag wurde angenommen. Forel und Vogt hatten, das sei noch erwähnt, schon bei den letzten beiden Kongressen erfolgreich dem taktischen Druck von Ernest Jones und anderen widerstanden.

Mit dem Verlust von Bleuler und Maier hatte die Züricher Vereinigung die offizielle Verbindung zur Leitung des Burghölzli verloren. Es war abzusehen, daß innerhalb kürzester Zeit Männer wie Binswanger Assistenten zur Ausbildung dorthin schicken würden, ohne sich zuvor mit Jung in Verbindung zu setzen. Da der Verein der Schweizer Psychiater gegen die Vorherrschaft der Psychoanalytiker rebellierte, war deren natürliche Nachwuchsquelle versiegt. Was man in den vergangenen fünf Jahren so sorgfältig und mühsam aufgebaut hatte, war an einem einzigen Wochenende zerbrochen.

Wie nicht anders zu erwarten, nahm der Zusammenbruch der Züricher Schule in Freuds Antwort auf Jungs Neuigkeiten breiten Raum ein. Aus Freuds Erwiderung vom 30. November 1911 spricht Entschlossenheit, bis zum Ende zu kämpfen. Bleuler würde zwischen zwei Stühle fallen, Maier mußte gehen, mit Vogt würden sie eines Tages abrechnen, auf Pfister konnte man trotz allem hoffen. Doch nach einer Seite tauchten andere Themen auf, die Freud offenbar ebensosehr beschäftigten:

> Hier wenig Neues. Die Sitzungen sind jetzt recht ordentlich [...]. Die Spielrein hat gestern ein Kapitel aus ihrer Arbeit vorgetragen (bald hätte ich das Ihrer groß geschrieben), woran sich eine lehrreiche Diskussion schloß. Mir fielen einige Formulierungen gegen Ihre (jetzt ernsthaft) Arbeitsweise in der Mythologie ein, die ich der Kleinen auch vorbrachte. Sie ist übrigens recht nett, und ich fange an zu begreifen. Am bedenklichsten scheint mir,

> daß die Spielrein das psychologische Material *biologischen* Gesichtspunkten unterordnen will; diese Abhängigkeit ist ebenso verwerflich wie die philosophische, physiologische oder gehirnanatomische. ΨA *fará da se* [geht von selber; J. K.].[49]

Wenn Jung den Brief nur einigermaßen aufmerksam las, mußte ihm bis dahin bereits der kühle Ton aufgefallen sein. Und der Ton wird noch kälter. Als nächstes berichtet Freud von seinen Studien über Totemismus und wiederholt, er habe Schwierigkeiten damit. Dann fügt er hinzu: »Zwischen den Zeilen Ihrer letzten Antwort habe ich gelesen, daß Sie sich nach Mitteilungen aus dem Verlauf der Arbeit nicht sehnen, und Sie haben wahrscheinlich recht. Ich mußte es aber doch anbieten.«[50] Dazu ist zu sagen, daß Freuds »Angebot« ebensosehr »zwischen den Zeilen« gestanden hatte wie Jungs angebliche Ablehnung.[51] Wenn man in diesen Briefen schon zwischen den Zeilen liest, was soll man dann von der Formulierung halten, daß Fräulein Spielrein »das psychologische Material *biologischen* Gesichtspunkten unterordnen will«? Freud fragt Jung direkt:

> Was Sie mit der Ausdehnung des Libidobegriffes, damit er auf die Dementia praecox anwendbar werde, meinen, würde mich sehr interessieren. Ich fürchte, es passiert uns da ein Mißverständnis, wie schon einmal, wo Sie in einer Arbeit sagten, Libido sei für mich mit jeder Art von Begehren identisch, während ich die einfältige Voraussetzung mache, es gebe zwei Triebe und die Triebkraft nur des Sexualtriebs könne Libido heißen.[52]

Freud hat gut aufgepaßt: Er spielt auf Jungs Arbeit »Die Freudsche Hysterietheorie« an.[53] Diesen Aufsatz hatte Jung bei seinem denkwürdigen Auftritt in Amsterdam vorgetragen, naheliegenderweise kannte Freud ihn gründlich. Zufällig war das aber auch die Schrift, in der Sabina Spielreins Fall dargestellt war. Wenn Freud ihren Fall studiert hatte, war er dabei nicht nur auf die Worte »jede Art von Begehren« gestoßen, sondern in einer Fußnote auch auf die Formulierung »Erhaltung der Art«[54], die ihn bei ihrem Vortrag in Wien so gestört hatte. Möglicherweise war Freud noch nicht ganz klar, wie alles zusammenpaßte, aber er hatte jedenfalls die meisten Einzelteile gefunden. Sein Brief vom 30. November endet mit dem scheinbar freundlichen, im Kontext aber eher unheilverkündenden Satz: »Der Zeiten Dringlichkeit kürzt diesen Brief, obwohl ich noch über vieles mit Ihnen zu plaudern wüßte.«[55]

Für seine Antwort am 11. Dezember verwendet Jung Papier mit einem brandneuen Briefkopf: Oben steht quer über den ganzen Bogen in Fettdruck »Internationale Psychoanalytische Vereinigung«, unter diesem eindrucksvollen Aushängeschild auf der linken Seite in kleinerer Schrift »Dr. C. G. Jung«, darunter »Präsident« und auf der rechten Seite »Küsnach *[sic]*-Zürich«. Jung beginnt mit einer Entschuldigung für seine späte Antwort – er ließ Freud über eine Woche warten – und erwähnt dann das neue Briefpapier: »Aus diesem Titel dieses Blattes mögen Sie ersehen, wie ich den Austritt Bleulers beantwortet habe.«[56] Als wäre Bleuler gerade Jungs dringlichstes Thema!

Vier Abschnitte später kommt Jung zwischen verschiedenen Bemerkungen zum *Jahrbuch* auf Sabina Spielreins unglückseligen Vortrag zwölf Tage zuvor zu sprechen:

> Die Spielreinsche neue Arbeit will ich gern ins *Jahrbuch* 1912, erster Halbband, nehmen. Sie wird allerdings noch viel Überarbeitung verlangen. Die Kleine verlangte stets sehr viel von mir. Jedoch ist sie es wert. Es freut mich, daß Sie auch nicht schlimm von ihr denken. Die Einwände, die Sie gegen meine Methode (in der Mythologie) erhoben haben, würdige ich soviel wie möglich. Ich wäre Ihnen dankbar, wenn Sie mir einige ausführlichere Bemerkungen darüber machten, damit ich Ihre Kritik für den zweiten Teil mir zu Nutzen machen kann. Daß Spielrein zuviel mit Biologie operiert, weiß ich. Das hat sie nicht von mir gelernt, sondern ist Eigengewächs. Wenn ich etwa ähnlich argumentiere, so geschieht dies faute de mieux. [...] Wie weit Spielrein in ihrer neuen Arbeit geht, weiß ich allerdings nicht.
>
> [...] Ich habe nun alles, was ich mir im Laufe der Jahre über den Libidobegriff gedacht habe, zusammengeschrieben als ein Kapitel für meinen zweiten Teil [...]. Das Wesentliche ist, daß ich versuche, an Stelle des *deskriptiven* Libidobegriffes einen *genetischen* zu setzen, der außer der rezent-sexuellen Libido auch diejenigen Libidoformen deckt, die in fest organisierte Betriebe seit alters detachiert sind. Ein Endchen Biologie war hier unvermeidlich.[57]

Jung führte seinen Plan durch, distanzierte sich von Sabina Spielreins Theorie und rüstete sich gleichzeitig zu einem theoretischen Disput mit Freud. Inzwischen hatte Sabina Spielrein ihr Manuskript wieder an Jung geschickt, und am selben Tag sandte Jung einen Brief an sie ab. Der Brief beginnt mit den Worten: »Meine Liebe! Lassen Sie sich nicht zu sehr deprimieren. Ihre Arbeit soll ins *Jahrbuch* kommen, wenn Prof. Freud es auch wünscht. *Zum Erfolg gratuliere* ich bestens.«[58] Der Herbstband des Jahres 1911 sei komplett, daher werde sie im Januar in die erste Hälfte der Ausgabe 1912 kommen zusammen mit ihren früheren Züricher Kollegen Grebeskaja und Nelken. Was folgt, ist kurz und gleichgültig. Offenbar fiel Jung nichts Besseres ein, als ihr mitzuteilen, daß er eine Besprechung von Stekels Buch *Die Sprache des Traumes* schreiben solle. In einem Postskriptum fügt er mit einem reichlich späten Anflug von Zartgefühl hinzu: »Freud hat sich auch mir gegenüber sehr gut über Sie ausgesprochen.«[59]

Aus rein wissenschaftlichen Gründen

Daß Freud Sabina Spielreins Vortrag als Gelegenheit nutzte, eine vorbereitete Kritik an Jung anzubringen, heißt nicht, daß er sie ansonsten vernachlässigt hätte. Die Protokolle der Wiener Psychoanalytischen Vereinigung verzeichnen, daß sie an den Dezembersitzungen teilnahm. Der 6. Dezember, eine Woche nach ihrem Vortrag, war einer zweiten Gruppendiskussion über Onanie gewidmet. Wieder äußerte sie sich nicht zu diesem Thema. Der Vortrag in der folgenden Woche, am 13. Dezember, hatte das »Naturgefühl« zum Gegenstand, und in der Diskussion kam man auf Themen wie »Kunst«, »Ambivalenz« und wiederum die »Erhaltung der Art« zu sprechen. Daß Sabina Spielrein auch diesmal nichts sagte, spricht dafür, daß sie sich noch von ihrem mißglückten Vortrag erholen und erst ihre Fassung zurückgewinnen mußte. Am 20. Dezember war sie dann soweit, daß sie bei der dritten Gruppendiskussion über Onanie mitreden konnte. Ihre Äußerungen über kindliche Sexualforschung, Täuschungen durch die Eltern und die daraus resultierenden Symptome Lügen und Erfinden von Märchen waren klug und stichhaltig. Offensichtlich war ihr Selbstwertgefühl am 20. Dezember wiederhergestellt, und sie fühlte sich auch in ihrer neuen Umgebung wohler – kurzum, sie hatte sich von dem Debakel am 29. November gänzlich erholt.

Kurz nach dem 20. Dezember verließ Sabina Spielrein Wien und fuhr für zwei Wochen in ihre Heimatstadt Rostow. Es ist gut möglich, daß ein Brief Jungs mit dem Datum des 23. Dezember sie nicht mehr erreichte. Dieser Brief ist wichtig, weil Jung ihr darin rät, sie solle ihr Manuskript – das sie inzwischen zurückerhalten hat – Freud zu lesen geben, ehe sie es zur Veröffentlichung nach Zürich schicke. Abgabeschluß für das nächste *Jahrbuch,* so teilt Jung trocken mit, sei der 31. Januar 1912. Bezüglich ihrer Anfrage, wie sie einen Vortrag über Kinderpsychologie gestalten solle, verweist er sie auf seine dritte Vorlesung an der Clark University. Der Brief schließt mit den rätselhaften Worten: »Prof. Freud hat sich in seinen Briefen sehr schmeichelhaft über Sie ausgesprochen. Ich gratuliere Ihnen zu diesem Erfolg, obschon ich Ihnen andere Erfolge noch viel mehr wünschen möchte.«[60] Jung machte sich seine eigenen Gedanken, wie sie es mit der Loyalität hielt.

Während sie in Rostow war, hielt Sabina Spielein an der Universität einen Vortrag über Kinderpsychologie, der begeistert aufgenommen wurde. In einem einzigen Tagebucheintrag vom 7. Januar 1912, unmittelbar nach ihrer Rückkehr nach Wien, berichtet sie davon und wendet sich dann in zuversichtlichem Ton ihrer neuen Situation zu: »Prof. Freud, den ich innigst lieb gewonnen habe, ist für mich sehr begeistert und erzählt allen über meine ›großartige Arbeit‹, auch ist er mir persönlich gegenüber sehr lieb eingestellt.«[61] Weiter geht aus dem Tagebucheintrag hervor, daß sie damals zwei Patientinnen unentgeltlich behandelte. Zumindest eine, wahrscheinlich sogar beide, hatte Freud ihr überwiesen – ein großes Zeichen seines Vertrauens. (Damals waren zahlende Patienten Mangelware.[62] Sabina Spielrein war jedoch vermögend und sicher hocherfreut, wenn ihr Patienten überwiesen wurden – auch solche, die nicht zahlten.) Da Sabina Spielrein erst kurz zuvor nach zweiwöchiger Abwesenheit nach Wien zurückgekehrt war, muß die Wendung zum Guten bereits im Dezember, vor ihrem Urlaub, eingetreten sein.

Allem Anschein nach hatte Freud sie unter seine Fittiche genommen, und zwar ungefähr gleichzeitig mit seinem herausfordernden Brief an Jung vom 30. November 1911, den er angeblich aus Zeitmangel beenden mußte, »obwohl ich noch über vieles mit Ihnen zu plaudern wüßte«. Wir fragen uns, worüber Sabina Spielrein und Freud wohl gesprochen haben mögen. Hier möchte ich die Aufmerksamkeit des Lesers auf die folgende Bemerkung in einem Brief von Sabina Spielrein an Jung lenken, geschrieben fast genau sechs Jahre später: »Ich brachte einmal Freud ein Analysenstück, welches ich dahin entziffert habe, daß ich (in meinem Traume) einen ebenso interessanten Vortrag halten konnte wie Freud und Jung; die gleiche Symbolik verriet aber auch noch den erfüllten Wunsch, einen großen arysch-semitischen Helden zu schaffen. Mit dieser Deutung des Traumes war Freud nicht nur einverstanden, sondern er fand die Analyse sehr interessant und tief.«[63] Ein weiterer Brief an Jung vom Januar 1918 scheint auf dasselbe Ereignis hinzudeuten:

> Als ich Freud einmal rein wissenschaftlich die Analyse einer meiner »Siegfriedsträume« zeigte, äußerte er seine Freude über die gelungene Analyse und meinte dann: »Sie könnten es [das Kind] ja haben, wenn Sie es wollten, aber es wäre viel zu schade um Sie« etc. Diese schlichten Worte haben einen ganz mächtigen Einfluß auf mich ausgeübt.[64]

Beide Passagen geben keinen Aufschluß darüber, wann die Gespräche stattgefunden haben. Möglicherweise bezieht sich der Wunsch im ersten Zitat, einen ebenso guten Vortrag zu halten wie Freud oder Jung, auf ihren Vortrag über Kinderpsychologie, den sie in den Ferien halten wollte. Zum zweiten Zitat ergänzte Sabina Spielrein später noch, daß das Gespräch mit Freud zu einer Zeit stattgefunden habe, »wo ich nicht im intimeren Verhältnisse mit ihm gestanden bin.«[65] Somit ist dieses Gespräch vielleicht einige Wochen vor ihrer Abreise nach Rostow anzusetzen.

Kurz gesagt: Es gibt Grund zu vermuten, daß irgendwann Ende November oder Anfang Dezember 1911 Sabina Spielrein und Freud ein privates Gespräch über die Analyse eines ihrer »Siegfriedträume« führten, welches ihre Lebensgeister erheblich stärkte. Aber »Siegfried« hatte zahlreiche Bedeutungen. Er stand nicht nur für das Kind der Liebe, das sie Jung schenken wollte und das ein »großer arysch-semitischer Held« sein sollte, sondern »Siegfried« stand auch für Sabinas spirituelle und heroische Bestimmung, die angeblich von ihr verlangte, sich selbst zu »opfern«. Damit war »Siegfried« natürlicherweise ein Symbol für ihren beruflichen Ehrgeiz, und zum Ehrgeiz gehörten solche Wünsche wie die Fähigkeit, »einen ebenso interessanten Vortrag zu halten wie Freud oder Jung«. Wenn wir einmal annehmen, daß Sabina Spielrein Freud im Dezember 1911 beide Möglichkeiten offenbarte, »Siegfried« zu deuten, dann muß das in seinen Ohren sehr beunruhigend geklungen haben. Freud wußte bereits, daß »Siegfried« für das Kind der Liebe mit Jung stand, denn das hatte er bereits aus ihrem letzten Brief im Juni 1909 erfahren. Aber die Deutung »Siegfrieds« als spirituelles Symbol, die Jung im Herbst 1910 vertreten hatte, dürfte ihn vollkommen überrascht haben.

Sabina Spielreins Aufzeichnungen sind nunmehr seit über zehn Jahren veröffentlicht, und vielen ist inzwischen der Gedanke gekommen, daß ihre persönliche Bekanntschaft mit Freud folgenschwere Auswirkungen auf Freuds Beziehung zu Jung gehabt haben könnte. Aber bisher hat sich der Verdacht der meisten, die sich dazu geäußert haben, auf die Möglichkeit gerichtet, Sabina könnte Jungs Geliebte gewesen sein mit der Folge, daß Freud ihn möglicherweise schief ansah, weil er sich mit einer früheren Patientin eingelassen hatte. Das ist wenig wahrscheinlich, denn Jung wäre keineswegs ein Einzelfall gewesen. Groß' einschlägige Eroberungen waren legendär, Stekel stand lange im Ruf, ein »Verführer« zu sein, Jones bezahlte Geld an eine frühere Patientin, die ihn erpreßte, und selbst der gute Pfarrer Pfister war neuerdings von einer seiner Schutzbefohlenen völlig hingerissen. In die ungewöhnlichste Verstrickung war Ferenczi geraten: Der liebenswürdige Ungar hatte die Tochter einer Frau in Analyse genommen, mit der er eine Affäre hatte, und sich in das Mädchen verliebt. Auf seine Bitte kümmerte sich zu jener Zeit Freud um das junge Mädchen und versuchte, die Situation irgendwie zu retten. Wenn Sabina Spielrein einmal Jungs Geliebte gewesen sein sollte, hätte das Freud gewiß nicht gestört. Aber daß »Siegfried«, das Symbol ihrer Vereinigung, dahingehend umgedeutet werden sollte, er weise auf ein inneres spirituelles Verlangen hin, hätte Freud entsetzt. Eine solche Deutung stellte die psychoanalytische Theorie auf den Kopf. Obendrein roch sie nach der Sorte von Heuchelei, die für Freud die schlimmste war, nämlich nach sexueller Heuchelei, die sich hinter religiöser Phrasendrescherei versteckte.

Diese Sicht ist ein Rekonstruktion. Fest steht nur, daß sich im Dezember 1911 eine sehr merkliche und bisher nie dagewesene Veränderung in Freuds Haltung gegenüber Jung vollzog. Die Flamme seiner Zuneigung zu dem Schweizer Kollegen, die lange so zuverlässig gebrannt hatte, erlosch.

»Ihr Briefpapier hat mir sehr imponiert«

Freud ließ beinahe eine Woche verstreichen, ehe er auf Jungs Brief vom 11. Dezember reagierte, in dem Jung sich zu einem »Endchen Biologie« bekannt hatte. Zunächst zeigt sich Freud beeindruckt von dem neuen Briefkopf »Internationale Psychoanalytische Vereinigung«:

> Ihr Briefpapier hat mir sehr imponiert. Die Widerstände schmieden uns zusammen. Vielleicht behandelt Bleuler als Außenstehender uns jetzt besser als vorhin. Damit wäre ja seiner Ambivalenz, d.h.: seinem Zwangscharakter Genüge getan.
>
> Ich bin sehr einverstanden damit, daß Sie die Libidofrage angreifen, und erwarte selbst viel Klärung davon.[66]

Nach diesen Gefühlsäußerungen berichtet Freud einige Abschnitte über verschiedene Themen und greift dann noch einmal Sabina Spielreins Vortrag auf:

> Ihren Wunsch, meine Einwände gegen die nächstliegende Art, die Mythologie auszubeuten, an einem Beispiel kennenzulernen, will ich mit dem nämlichen Fall erfüllen, der mir in der Debatte den Anlaß dazu gab. Frl. Spielrein berief sich einmal darauf, daß ja auch in der Genesis das Weib als Verführerin des Mannes auftritt, dem sie den Apfel zu essen gibt. Nun ist der Mythus in der Genesis wahrscheinlich eine elende, tendenziöse Entstellung eines Priesterlehrbuben, der, wie wir heute wissen, zwei unabhängige Quellen in ganz schwachsinniger Weise (wie traumhaft) zu einem Bericht verdichtet hat. Nicht unmöglich, daß die zwei heiligen Bäume daher rühren, daß er in jeder seiner Quellenschriften *einen* Baum fand. Die Schöpfung der Eva hat etwas ganz Sonderbares und Singuläres. – Rank hat mich vor kurzem aufmerksam gemacht, daß es im Mythus leicht umgekehrt gelautet haben könnte. Dann wäre die Sache klar; Eva wäre die Mutter, aus der Adam geboren wird, und wir stünden vor dem uns vertrauten Mutterinzest, dessen Bestrafung usw. Ebenso fremdartig ist der Zug, daß die Frau dem Manne etwas Befruchtendes (Granatapfel) zu essen gibt. Dagegen ist es in der Umkehrung wieder etwas Bekanntes. Daß der Mann der Frau eine Frucht zu essen gibt, ist eine alte Heiratszeremonie. […] Unter solchen Umständen vertrete ich den Satz, daß die manifesten Gestaltungen der mythologischen Motive nicht ohne weiteres zur Vergleichung mit unseren Ψ Resultaten brauchbar sind, sondern erst deren latente, ursprüngliche Formen, auf die sie durch historische Vergleichungen zurückzuführen sind, um ihre Entstellungen im Laufe der Mythenentwicklung zu beseitigen. Die kleine Spielrein hat wirklich einen recht feinen Kopf, und ich kann bestätigen, daß sie anspruchsvoll ist.[67]

Was die Entstehung der Genesis anbetrifft, hatte Freud natürlich festen exegetischen Boden unter den Füßen: Man wußte damals schon, daß der uns bekannte biblische Text aus zwei unterschiedlichen Fassungen zusammengesetzt ist, die aus verschiedenen Zeiten stammen. Auch die andere Warnung Freuds mit Blick auf die Texte war vernünftig und bedeutete keinen großen methodischen Durchbruch. Jung hatte, als er sein Projekt vor zwei Jahren begann, immer wieder erkennen lassen, daß er sich der Probleme von Textvarianten und Entstellungen vollkommen bewußt war.[68] Freud hatte natürlich ein Recht auf seine Meinung, Jung sei sich zwar vielleicht am Anfang über das Problem im klaren gewesen, habe es aber in Teil eins seiner Untersuchung außer acht gelassen. Auch Freuds Deutung der Genesis war ausgesprochen tendenziös und ging weit über das hinaus, was eine sachkundige exegetische Analyse des biblischen Textes erbringen konnte.

Man kann Freuds Analyse der Genesis in seinem Brief vom 17. Dezember 1911 aber genausogut auf eine viel bösartigere Weise lesen: als Allegorie. Auch so ergibt sie einen Sinn. Die »elende, tendenziöse Entstellung eines Priesterlehrbuben« wäre dann nichts anderes als Jungs Theorie der beiden Ströme der Libido, die er »in ganz schwachsinniger Weise (wie traumhaft) verdichtet« habe. Freud behauptete ja im Gegensatz zu Jung, es gebe nur einen »Baum«, eine Libido. Im Grunde wollte Freud wohl damit andeuten, daß sich hinter Jungs Revision das vertraute Motiv des »Mutterinzestes« verbarg und die daraus resultierende Todesangst. Zudem hatte nicht die Frau den Mann verführt – wie Jung das einmal von Sabina Spielrein behauptet hatte –, sondern es verhielt sich umgekehrt. Zur Lösung all dieser Rätsel mußte man zu den »latente[n] ursprüngliche[n] Formen« zurückkehren, »auf die sie durch historische Vergleichungen zurückzuführen sind, um ihre Entstellungen im Laufe der Mythenentwicklung zu beseitigen«.

Falls Freuds Brief vom 17. Dezember 1911 allegorisch gemeint war, zeugte er von einer intimeren Kenntnis der Entwicklung von Jungs Theorie im Zusammenhang mit Sabina Spielrein, als er sie bis dahin besessen hatte. Ob Jung je auf diesen Brief geantwortet hat, wissen wir nicht.

Groß ist die Diana der Epheser

Um dieselbe Zeit wie der Brief an Jung entstanden auch zwei Artikel von Freud für die Dezemberausgabe des *Zentralblattes,* die dann im Januar erschienen. Der erste Aufsatz hatte ironischerweise die Technik der Traumdeutung zum Thema. Freud hob darin hervor, daß man die Analyse eines einzelnen Traumes nicht so weit vorantreiben solle, daß sie die Freiheit des Patienten einschränke, neues Material vorzubringen. Die Parallele war gewiß rein zufällig, aber mit derselben Regel hätte man wohl beschreiben können, wie sich Freud Sabina Spielrein gegenüber verhalten wollte: Statt sie zu immer neuen Mitteilungen zu drängen, würde er geduldig abwarten, bis sie ihm mehr erzählte. Der andere Aufsatz war eine sehr kurze Arbeit mit dem Titel »Groß ist die Diana der Epheser«. Bei seiner Lektüre zum Thema Religionspsychologie war Freud in einem Werk des französischen Historikers Sartiaux auf eine interessante Geschichte über die Stadt Ephesos gestoßen. Im *Zentralblatt* berichtete Freud einfach über die historischen Tatsachen.

Die alte Stadt Ephesos in Kleinasien, »um deren Ruinen sich gerade die österreichische archäologische Forschung verdient gemacht hat«,[69] war im 8. Jahrhundert v. Chr. von den Griechen erobert worden. Die Griechen fanden dort den Kult einer alten Muttergöttin vor, Oupis, und identifizierten sie als die Diana ihrer Heimat. Im Laufe der folgenden Jahrhunderte erbaute man prächtige Tempel für Diana, Ephesos wurde zu einer Art Lourdes des Altertums. Um 54 n. Chr. verbrachte der Apostel Paulus mehrere Jahre dort. Obwohl ihm Verfolgung drohte, gründete er eine eigene christliche Gemeinde. Aber, so fährt Freud fort:

> Paulus war viel zu sehr starrer Jude, um die alte Gottheit unter anderem Namen neben seiner Gottheit fortbestehen zu lassen, sie umzutaufen, wie die jonischen Eroberer mit der Göttin Oupis verfahren hatten. Da mußte es den frommen Handwerkern und Künstlern der Stadt um ihre Göttin wie um ihren Erwerb bange werden. Sie empörten sich und strömten unter dem unaufhörlich wiederholten Ruf »Groß ist die Diana der Epheser« durch die Hauptstraße. […]
>
> Die von Paulus gegründete Kirche von Ephesos blieb ihm nicht lange treu. Sie geriet unter den Einfluß eines Mannes Johannes, dessen Persönlichkeit der Kritik schwere Aufgaben gestellt hat. Er war vielleicht der

> Verfasser der Apokalypse, die von Invektiven gegen den Apostel Paulus strotzt. [...] Wenn also Johannes nach Ephesos gegangen war, so war auch Maria mit ihm dahin gekommen. In Ephesos erhob sich also neben der Kirche des Apostels die erste, schon im vierten Jahrhundert bezeugte, Basilika zu Ehren der neuen mütterlichen Gottheit der Christen. Die Stadt hatte ihre große Göttin wieder, es hatte sich außer dem Namen wenig verändert; auch die Goldschmiede fanden wieder Arbeit, Abbilder des Tempels und der Gottheit für die neuen Pilger zu schaffen. [...]
>
> Dann kam die Eroberung der Stadt durch den Islam und endlich ihr Untergang und ihre Verödung. [...] Aber die große Göttin von Ephesos hatte ihren Anspruch noch immer nicht aufgegeben. Noch in unseren Tagen erschien sie als heilige Jungfrau einem frommen deutschen Mädchen, Katharina Emmerich in Dülmen, beschrieb ihr ihre Reise nach Ephesos, die Einrichtung des Hauses, das sie dort bewohnte und in dem sie starb, die Form ihres Bettes usw. Und Haus und Bett haben sich wirklich gefunden, so wie sie die Jungfrau beschrieben hatte, und sind wiederum das Ziel von Pilgerfahrten der Gläubigen.[70]

Das ist ein hübsche Geschichte: Zuerst Oupis, dann Diana, schließlich die Muttergottes, und Ephesos hatte stets seine Muttergöttin. Aber, so mögen wir uns fragen, was war der Sinn der Sache? *Freud gibt keinerlei Kommentar dazu.* Historiker Henry Ellenberger hat daraus seine eigenen Schlüsse gezogen:

> Warum hat Freud diese archäologische Anekdote veröffentlicht? Man braucht in der Hermeneutik nicht sehr bewandert zu sein, um ihre allegorische Bedeutung zu erraten. Freud (Paulus) propagiert eine neue Lehre, und wegen des Widerstands, der sich gegen ihn erhob, sammelte er eine Gruppe getreuer Schüler um sich, die heftig verfolgt wurden, weil seine Lehren gewisse Interessen bedrohten. Ein Schüler Johannes (Jung) kam zu ihm; er war zunächst sein Verbündeter, dann aber führte er mystische Tendenzen ein, nahm ihm seine Schüler weg und baute eine andersdenkende Gemeinde auf, die die »Händler im Tempel« aufs neue zufriedenstellte.«[71]

Wir wollen Ellenbergers Deutung noch um einen merkwürdigen Zufall ergänzen: Einige Jahre zuvor hatte Jung die Zusammenfassung einer Fallgeschichte veröffentlicht, in der es darum ging, daß ein hysterisches Mädchen Katharina Emmerich täuschend ähnlich imitiert hatte. Der Name der Patientin in seiner Fallgeschichte lautete »Sabina S.«

Identität, Theorie und Politik

Am bedrohlichsten an Freuds kurzem Artikel war der Gegensatz, den er zwischen Paulus, der »viel zu sehr starrer Jude« war, um eine Heuchelei zu erlauben, und Johannes als abtrünnigem christlichem Schüler herstellte. Ein Teil der Eleganz des psychoanalytischen Erklärungssystems lag, von einer rein wissenschaftlichen Perspektive her gesehen, gerade darin, daß es erlaubte, von der erblichen Degeneration wegzukommen und so auch von der Rasse als einem Faktor in der Pathogenese. Freud hatte im Grunde die Sexualität an die Stelle der erblichen Degeneration im damals vorherrschenden Paradigma gesetzt. Und indem er diese neue Variable zu einem allgemeingültigen Faktor erhoben hatte, der im wesentlichen je nach individueller Erfahrung variierte, hatte er erfolgreich das rassische Argument aus der Diskussion verbannt. Das war, um es noch einmal zu sagen, ein bedeutender wissenschaftlicher Fortschritt. Von einem rein philosophischen Standpunkt aus schien seine Theorie weiterhin eine materialistische Grundlage für die Neuinterpretation religiöser Symbolik zu bieten. Als eingefleischter Gegner der Religion hatte Freud wiederholt diese Möglichkeit genutzt. Aber diese Eigenschaften der Psychoanalyse hatten auch ihre rhetorisch nutzbaren Nachteile. In einem Zeitalter, in dem rassische und religiöse Vorurteile eine große Rolle spielten, konnte man bei Bedarf *gegen* die Psychoanalyse einwenden, sie sei ein wesentlich jüdisches Erklärungsmodell, das ausschließlich jüdische Probleme widerspiegele. Tatsächlich tauchte dieser Vorwurf von Zeit zu Zeit in unterschiedlichen Variationen auf. So war zum Beipiel der Berliner Neurologe Hermann Oppenheim, selbst Jude und ein Onkel von Karl Abrahams Frau, privat der Meinung, die Psychoanalyse eigne sich nur für eine damals nach Berlin strömende Art von Juden – für degenerierte slawische Ostjuden.

Vom ersten Tag an war es für Freud von großer politischer Bedeutung gewesen, daß Jung kein Jude war. In seiner leidenschaftlichen Verteidigung von Jung vor den Wiener Kollegen beim Kongreß in Nürnberg hatte er diesen Punkt unterstrichen: »Ihr seid zum größten Teile Juden und deshalb nicht geeignet, der neuen Lehre Freunde zu erwerben. [...] Die Schweizer werden uns retten. Mich und Sie alle.« Später im selben Monat hatte bei einem Ärztekongreß in Hamburg ein gewisser Alfred Saenger die psychoanalytischen Theorien der Analerotik als grotesk geschmäht und verkündet, es sei ein Glück, daß die norddeutsche Bevölkerung bei weitem nicht so sinnlich sei wie die von Wien. Freud nahm in einem Brief an Ferenczi auf Saengers Äußerungen Bezug und machte ihm seine generelle Strategie klar:

> Dort wird schon das Argument laut, dem ich durch die Verlegung nach Zürich vorbeugen wollte. Die Wiener Sinnlichkeit findet sich anderwärts nicht! Zwischen den Zeilen können Sie noch lesen, daß wir Wiener nicht nur Schweine, sondern auch Juden sind. Aber das wird nicht gedruckt.[72]

Ähnlich hatte Freud in einem Brief an Abraham sein Werben um Jung mit der Begründung verteidigt: »Unsere arischen Genossen sind uns doch ganz unentbehrlich, sonst verfiele die Psychoanalyse dem Antisemitismus.«[73]

Freuds Strategie hatte tatsächlich funktioniert. Mit Jung als Präsident und Zürich als internationalem Zentrum der Bewegung war der angeblich jüdische Charakter der Psychoanalyse kein herausragender Kritikpunkt geworden. Jetzt sah es jedoch so aus – je nachdem wie man Sabina Spielreins öffentliche und private Enthüllungen auffaßte –, als experimentierte Jung insgeheim mit einer christianisierten Version der Psychoanalyse. Die Debatte über »jüdisch« und »christlich« würde womöglich noch einmal von vorne anfangen, diesmal innerhalb der Psychoanalyse. Überdies konnte Jung das ganze Gewicht seines Amtes nutzen, um seinen Ideen Nachdruck zu verleihen. So gesehen, signalisierte Freud mit seinem Aufsatz, daß er bereit war, notfalls die Herausforderung zum Kampf anzunehmen.

So beunruhigend die politischen Implikationen von Freuds Aufsatz waren, so wogen sie doch nichts im Vergleich zu den Folgen für die persönliche Beziehung. Rufen wir uns in Erinnerung, daß Freuds Identität als Jude zwei Seiten hatte: eine stolze und kämpferische und eine kosmopolitische und assimilierte. Gerade in seinen Gefühlen für Jung scheint Freud stellvertretend die kosmopolitische und assimilierte Seite seiner Persönlichkeit ausgelebt zu haben. Paradoxerweise hatte sich Freuds Identifizierung mit Jung sogar noch weiter vertieft, als Karl Abraham auftauchte. Denn Abraham gegenüber war Freud frei, die andere, unbezähmbar jüdische Seite seiner Identität auszuleben. Mit Jung schmiedete Freud das Komplott des Aufstiegs zur Internationalen Vereinigung; Abraham gegenüber ließ er seinem Mißtrauen gegenüber Ariern, Christen und Schweizern freien Lauf. Der Druck, der davon ausging, daß Freud die beiden divergierenden Seiten seiner Identität im Gleichgewicht halten mußte, fand in der Beziehung zwischen Abraham und Jung seinen Niederschlag. Die beiden wurden rasch Rivalen, die einander zutiefst mißtrauten. Aber was immer Freud Abraham sagte und schrieb, die stärkeren Gefühle galten stets – wie Abraham zu seinem Leidwesen allmählich erkennen mußte – Jung. Es spielte eine große Rolle, daß Freud Jung nie in den begrifflichen Kategorien wahrgenommen hatte, die er in seiner Beziehung mit Abraham regelmäßig gebrauchte. Für Freud war Jung kein Christ, kein Arier, nicht einmal ein Schweizer – er war er, Freud, wie er gerne in Jungs Alter gewesen wäre.

Das ist der wahre Hintergrund, auf dem die enorme Bedeutung von Freuds Brief vom 17. Dezember 1911 und seines Aufsatzes »Groß ist die Diana der Epheser« erst verständlich wird. Das Problem Christ versus Jude war explizit in Freuds Innerem aufgetaucht. Und ich vermute, daß Freud nun zum ersten Mal Jung als Arier und ganz anders erlebte, als einen Menschen ganz außerhalb seiner eigenen Persönlichkeit. Die langdauernde Identifizierung, das Gefühl, an Jungs Persönlichkeit teilzuhaben, war einem allmählich aufkeimenden Gefühl von Fremdheit und Entfremdung gewichen. Hier möchte ich sofort anfügen, daß es zwar bedeutsame Unterschiede zwischen den beiden Männern gab, daß die Unterschiede aber sehr wenig damit zu tun hatten, daß sie Jude beziehungsweise Christ waren. Doch nun, da so viele Dinge zwischen ihnen unerörtert blieben, konnte die Frage jüdisch versus christlich nicht ordentlich besprochen werden. Und wenn diese Frage nicht gelöst werden konnte, konnte auch sonst nichts gelöst werden.

Die Beziehung zwischen Freud und Jung hatte ihre Basis verloren. Ohne es zu wissen, hatte Sabina Spielrein die entscheidende Rolle bei dieser Veränderung gespielt. Die Botschaft von Zürich nach Wien, die Botschaft, die sie verkörperte, war endlich entziffert worden. Oder zumindest hatte man sie genau angesehen. Sabina Spielrein besaß keine Kontrolle über das Drama, das sie entfesselte, und ihr Text war von Jung für sie vorbereitet worden. Und doch hatte sie durchschlagenden Erfolg. Hätte sie die Absicht gehabt, sich an den beiden Männern zu rächen, sie hätte es nicht besser einfädeln können.

Schweizer Art und Kunst

Wie zur Bestätigung von Freuds schlimmsten Befürchtungen kam Ende Dezember mit der Post der Sonderdruck von Jungs letzter Arbeit, »Neue Bahnen der Psychologie«, die soeben in *Raschers Jahrbuch für Schweizer Art und Kunst* erschienen war. In diesem Aufsatz ist, der Leser wird sich erinnern, nicht nur von gewissen nicht näher ausgeführten Neuerungen in der Technik der Psychoanalyse die Rede, er stellt auch Jungs ersten Vorstoß in die Gesellschaftskritik dar. Jung vergleicht darin das einfache Leben der Bauern mit dem gehetzten und entfremdeten Leben in der Stadt. Am meisten interessierte Freud die Zeitschrift, in der die Arbeit erschienen war:

> Als Silvestergruß ist Ihr Schriftchen aus Raschers *Jahrbuch* eingelaufen, ein ungebärdiges, kraftvolles Ding, das sich hoffentlich bei den Lesern Bahn brechen wird. Aber wer ist Rascher? Ein Verleger? Aber sein *Jahrbuch?* Ist es etwas im Stil der alten Kalender mit Aufsätzen zur Erbauung und Anregung für ein neues Jahr, von dem man doch nichts weiß?[74]

Freud hatte richtig geraten. Rascher war tatsächlich ein Verleger – wenig später wurde er Jungs Verleger –, und sein *Jahrbuch* war in der Tat eine am Ende des Jahres erscheinende Sammlung von erbaulichen Artikeln über alle möglichen populären Themen »von spezifisch schweizerischem Charakter«.[75] Aber diese Tatsache sollte uns nicht dazu verführen, Freuds Anfrage achtlos zu überlesen. Der springende Punkt ist, daß Jungs Aufsatz »Neue Bahnen« seinen Titel mit einem damals vielgelesenen österreichischen Roman gemeinsam hatte. Und der Roman »Neue Bahnen« gehörte zu einer ganzen Serie von Romanen in der »Blut und Boden«-Tradition – auch als Provinzkunst bekannt –, die die Sitten und Gebräuche der Bauern glorifizierte und den verderblichen Einfluß der modernen Stadt verdammte. In Österreich war ein beträchtlicher Teil dieser Literatur offen antisemitisch. In Wien erschien solche Literatur vorwiegend in einer Zeitschrift mit dem Titel *Der Kyffhäuser* (benannt nach dem Berg des legendären deutschen Kaisers Barbarossa im nationalistischen Mythos). *Der Kyffhäuser* war ausdrücklich mit dem Ziel gegründet worden, die deutschnationale Bewegung des berüchtigten rechten österreichischen Abgeordneten und glühenden Antisemiten Georg von Schönerer zu fördern. Darum fragte Freud, welche Art von Zeitschrift Jung für die Veröffentlichung seiner Arbeit gewählt hatte. Inzwischen schien alles möglich.

Kapitel 15

Tod einer Freundschaft

Die ganze Idee der Dementia praecox stammt von Kraepelin; auch die Gruppierung und Heraushebung der einzelnen Symptome ist fast allein ihm zu verdanken. Es wäre zu schleppend, bei jeder Einzelheit seine Verdienste besonders hervorzuheben. Diese Bemerkung mag ein für allemal genügen. Ein wichtiger Teil des Versuches, die Pathologie weiter auszubauen, ist nichts als die Anwendung der Ideen Freuds auf die Dementia praecox. Ich denke, jedem Leser wird ohne weiteres klar sein, wieviel wir diesem Autor schulden, auch wenn ich dessen Namen nicht überall anführe. Zu danken habe ich ferner meinen Mitarbeitern im Burgh., ich nenne nur Riklin, Abraham und vor allem Jung. Es ist nicht möglich, alles auseinander zu halten, was an Beobachtungen und Ideen dem einen oder dem andern von uns angehört.

Eugen Bleuler, *Dementia praecox oder Gruppe der Schizophrenien,* Leipzig und Wien 1911.

Mit dem Erscheinen von Bleulers langerwartetem großem Werk *Dementia praecox oder Gruppe der Schizophrenien* in Gustav Aschaffenburgs Reihe medizinischer Handbücher war die Integration der Psychoanalyse in die orthodoxe Psychiatrie offiziell anerkannt. Kurz darauf hörte Ludwig Binswanger bei der Sommerversammlung der deutschen Psychiater in Stuttgart einen Vortrag von Hugo Liepmann, der ihn sehr beeindruckte. Liepmann sprach über »Wernickes Bedeutung für die klinische Psychiatrie«, und Binswanger kam auf den Gedanken, einen parallelen Aufsatz mit dem Titel »Freuds Bedeutung für die klinische Psychiatrie« zu schreiben. Der Name Binswanger bot die Gewähr, daß die Arbeit in psychiatrischen Kreisen aufmerksam studiert werden würde. Im Herbst berichtete Binswanger Freud von seinem Vorhaben – eine angenehme Abwechslung zu den Briefen aus der Schweiz –, aber Freud war mißtrauisch: »Vielleicht rechtfertigen Sie so eine gewisse Reserve, die Sie sich jetzt gegen den Verein auferlegen.«[1] Nach dem Zusammenbruch der Züricher Schule vier Tage später war Binswanger ein wichtiger Verbündeter, und Ende Dezember klang Freud deutlich weniger abweisend. Binswanger faßt Freuds letzten Brief aus dem Jahr 1911 zusammen:

> In seinem letzten Brief in diesem Jahr – 26. Dezember 1911 – dankt er für meinen Weihnachtsgruß, »zufällig den einzigen aus unserem Kreise«, gratuliert mir, meiner Familie und der Anstalt für 1912 und äußert die Zuversicht, daß ich die Anerkennung der Psychoanalyse noch erleben und mich freuen werde – womit er sehr recht hat –, in meiner Jugend »zu den Aufrührern gehört zu haben. Um mich sorgen Sie sich nicht; ich kann gar nicht wünschen, *so alt* zu werden.« Dann kommt er wieder auf die »kränkenden Vorgänge in Zürich« zurück: »Aber ich kenne Bl. [Bleuler] zu gut, um Jung dafür verantwortlich zu machen. Es ist mir mit Breuer auch nicht besser gegangen, ich wollte gerne dankbar sein, aber er wollte nicht.«[2]

Die Bemerkung, Breuer habe seine, Freuds, Dankbarkeit nicht gewollt, kann nicht unkommentiert bleiben. Freud hatte von Breuer weggestrebt, nicht umgekehrt. Ende 1911, als Freud den zitierten Brief an Binswanger schrieb, waren es noch knapp drei Wochen bis zu Breuers siebzigstem Geburtstag. Zu diesem Anlaß sollte eine Breuer-Stiftung ins Leben gerufen werden. Eine Subskription brachte die Summe von 58 125 Kronen ein, auf der Subskriptionsliste standen die Namen hervorragender Wissenschaftler, Schriftsteller und Künstler aus Wien. Doch, wie Henry Ellenberger herausgefunden hat, der Name Freud fehlte.[3]

Die Gleichsetzung von Breuer und Bleuler wirft ein Schlaglicht auf Freuds veränderte Situation. Nach dem Bruch mit Breuer hatte Freud die Verführungstheorie vertreten und behauptet, er verdanke die Entdeckung der Ätiologie der Hysterie seiner neuen Methode, der Psychoanalyse. Die Verführungstheorie ließ sich indes nicht lange aufrechterhalten, und nachdem Freud sie aufgegeben hatte, stand er einige Jahre beruflich vollkommen isoliert da. Wenn er nun, im Jahr 1911, die Szene überblickte, konnte er feststellen, daß er inzwischen sozusagen »ein Mann mit Besitz« war. Es gab zwei Zeitschriften, die ausschließlich psychoanalytische Beiträge brachten, und demnächst sollte eine dritte erscheinen, *Imago*. Es gab die Internationale Psychoanalytische Vereinigung mit nicht weniger als sechs Ortsgruppen, und es gab die beruhigende Gewißheit, daß die psychoanalytischen Theorien zwar immer noch umstritten waren, aber ihre Kenntnis sich wie ein Lauffeuer verbreitete. All dies bewies, wie wertvoll Jung gewesen war – und welchen Wert er *immer noch* besaß. Die Rückkehr zu den Tagen, als die Logenbrüder der B'nai B'rith Freuds einziges Publikum gewesen waren, kam nicht in Frage.

Freud stand vor dem Problem, wie er Jung halten und gleichzeitig die Züricher in ihren Bestrebungen bremsen konnte, eine eigene, abweichende Version der psychoanalytischen Theorie zu verbreiten. Angesichts von Jungs ungeheurer Macht in der Vereinigung und angesichts der Tatsache, daß Jung international genauso bekannt war wie er, hatte Freud nur einen einzigen Hebel: das emotionale Kapital, das sich in den Jahren ihrer Zusammenarbeit angesammelt hatte. In der Vergangenheit hatte Freud Erfolg damit gehabt, wenn er an Jungs Sinn für Loyalität appellierte, doch in der Vergangenheit waren ihm solche Appelle leichter über die Lippen gekommen, weil er sich zu seinem jüngeren, überschwenglicheren Kollegen hingezogen gefühlt hatte. In den ersten Monaten des Jahres 1912 versuchte Freud sich darüber klarzuwerden, welche Haltung er einnehmen sollte. In einem Brief an Ferenczi vom 23. Januar 1912 schrieb er, im Hinblick auf Jung sei er ein »sentimentaler Esel«.[4] Im nächsten Brief vom 2. Februar 1912 hoffte Freud immer noch, die gemeinsamen Interessen würden auch ohne persönliche Beziehung als stabiles Band zwischen ihm und Jung ausreichen. Die Situation schmerzte: »Muß *ich* immer recht haben, immer der Bessere sein?«[5]

Jung stand vor der Aufgabe, seine psychoanalytische Identität so neu zu ordnen, daß sie zu seinen neuen Theorien paßte, und gleichzeitig im bestehenden institutionellen Rahmen weiterzuarbeiten. Diese Perspektive war entmutigend genug, aber dann kamen noch Freuds Besitzansprüche hinzu und das Wissen, daß Sabina Spielrein Schaden anrichten konnte, wenn sie wollte – eine emotional unvorstellbar schwierige Situation. In den ersten Monaten des Jahres 1912 reagierte Jung mit Rückzug, nicht nur von Freud und Spielrein, sondern auch von seinen Züricher Kollegen. Vor sich selbst rechtfertigte er den Rückzug damit, er wolle alle Energien auf seine Arbeit konzentrieren. Innerhalb von knapp einem halben Jahr fand Jung mit einiger Verspätung heraus, wo seine Interessen tatsächlich lagen, und fast widerwillig mußte er einsehen, daß theoretischer Pluralismus und klinische Bedeutsamkeit die besten Argumente zur Rechtfertigung seiner Neuerungen waren. Doch vom Charakter her war er nicht weniger autokratisch als Freud, und er glaubte genau wie Freud daran, daß seine besondere Sichtweise die einzig richtige war. Für den Augenblick ging es ihm indes einzig darum, seine Eigenständigkeit zu behaupten.

Ihre Pflicht

Während Freuds Briefe an Binswanger freundlicher wurden und seine Briefe an Ferenczi wehmütiger, drehten sich seine Briefe an Jung hauptsächlich um eine Patientin, »Frau C.«; im Briefwechsel Freud–Pfister heißt sie »Frau H.«. Frau C. stammte aus Zürich – sie war gewissermaßen ein Teil des regen Austausches zwischen beiden Städten – und war seit 1908 immer wieder bei Freud in Behandlung gewesen. Freud bezeichnete sie als »meine Hauptplage« und berichtete all die Jahre in abschätzigem Ton über sie. Frau C. war unzufrieden, weil sie keine Besserung verspürte, und im November 1911 wandte sie sich an Pfister. Daraufhin kehrte sie aus unerfindlichen Gründen nicht mehr nach Wien zurück. Freud erwähnte ihr Verschwinden in seinem elliptischen Brief vom 17. Dezember 1911: »Sie hat zwar recht, denn sie ist jenseits jeder therapeutischen Chance, aber sie bleibt verpflichtet, sich der Wissenschaft zu opfern.«[6]

Anstatt zurück nach Wien zu fahren, suchte Frau C. Jung in Zürich auf. Jung zog es vor, Freud nichts davon zu berichten. Bei Jung klagte sie, Freud sei unnahbar und lieblos. Jung stimmte ihr zu, gab ihr eine Kostprobe seiner mitfühlenden Fürsorge und schickte sie dann wieder fort. Ende des Jahres tauchte sie wieder in Wien auf und erzählte von der Züricher Schule. Am 31. Dezember schreibt Freud an Jung:

> Die C. hat mir von Ihnen und Pfister allerlei erzählt, wenn man dies Andeuteln Erzählen heißen kann, woraus ich schließe, daß Sie beide noch nicht die nötige Kühle in der Praxis erworben haben, sich noch einsetzen und von der eigenen Person vieles hergeben, um dafür Entgegnung zu verlangen. Darf ich, würdiger alter Meister, mahnen, daß man sich bei dieser Technik regelmäßig verrechnet, daß man eher unzugänglich bleiben und auf dem Empfangen bestehen soll? Lassen wir uns nie von den armen

> Neurotikern verrückt machen. Der Aufsatz über die »Gegenübertragung«, der mir notwendig scheint, dürfte allerdings nicht gedruckt werden, sondern müßte unter uns in Abschriften zirkulieren.[7]

Und Freud fährt fort: »Bei Euch Jungen scheint es sich um ein Unverständnis in der Behandlung des Vaterkomplexes zu handeln.«[8]

Jungs erklärende Antwort, datiert vom 2. Januar 1912, wurde erst mit einer Woche Verspätung in Wien zugestellt, so daß Freud zwei Wochen nichts vom Präsidenten seiner Vereinigung hörte. Freud reagierte kühl. Jungs Entschuldigung wegen Frau C. beeindruckte ihn wenig – »Was Sie über die Angelegenheit der Frau C. geschrieben, hat mir fast leid getan«[9] –, doch Jungs Schweigen irritierte ihn sehr: »Zuerst hatte ich mir zwei Wochen lang den Kopf zerbrochen, warum ich eigentlich keine Antwort von Ihnen erhalte [...].«[10] In der Zwischenzeit hatte Jung noch zwei weitere Briefe geschrieben, die sich mit Freuds Antwort kreuzten. Am 9. Januar 1912 klingt Jung schon deutlich weniger zerknirscht wegen Frau C.:

> Ich stelle *für mich* die Forderung auf, daß der Analytiker selber die Freiheit besitzen müsse, die der Patient zu erwerben hat, sonst muß sich der Arzt totstellen, oder er wird, wie Sie sagen, auch »verrückt« gemacht. Ich glaube, es handelt sich hierbei weit mehr um die Verschiedenheit unserer Lebensart als um prinzipielle Unstimmigkeit.[11]

Wie Freud darüber dachte, wissen wir nicht. Unterdessen traf auch Jungs Brief vom 10. Januar 1912 ein; er war kurz und drehte sich nur um organisatorische Fragen. Nebenbei antwortete Jung auf Freuds früher gestellte Frage, was es mit Raschers *Jahrbuch* auf sich habe.

In der Vergangenheit hatte Jung auf Freuds periodisch auftretende Anfälle von Reizbarkeit stets mit einer umgehenden Entschuldigung und/oder Beschwichtigung reagiert. Diesmal nahm die Sache einen anderen Verlauf. Jung versank wieder in Schweigen, weitere zwei Wochen verstrichen bis zu seinem nächsten Brief.

Ein Ereignis jener Zeit, das Jung vorrangig beschäftigte, war eine heftige Kontroverse um die Psychoanalyse im Feuilleton der *Neuen Zürcher Zeitung*. Auslöser war ein Abend über Psychoanalyse, den der Züricher Zweig des Kepler-Bundes veranstaltet hatte, eine Vereinigung von Naturwissenschaftlern, die in den wichtigsten deutschsprachigen Städten der Schweiz vertreten war. Zwei Wochen später erschienen Jungs »Neue Bahnen«, und sein Plädoyer für eine Reform der Sexualmoral wirkte wie Öl, das in ein loderndes Feuer gegossen wird. Henry Ellenberger hat die sich daran anschließende Auseinandersetzung minutiös dokumentiert.[12] Ein besonders unerfreuliches Argument besagte, es sei kein Wunder, daß die Psychoanalyse ausgerechnet in der halb slawischen Stadt Wien ihren Anfang genommen habe. In einem wahren Rundumschlag warf man der Psychoanalyse vor, sie sei falsch, unwissenschaftlich und sittlich gefährlich. Jung bezog eher mürrisch Stellung und richtete nicht viel aus. Den Schlußpunkt in der Debatte setzte schließlich Forel. Sein erster Beitrag in der Zeitung war relativ maßvoll gewesen, aber sein abschließendes Urteil vom 1. Februar fiel vernichtend aus: »Ich muß klipp und klar erklären, daß die besonnenen Forscher in der Verurteilung der Einseitigkeiten der Freudschen ›Schule‹ resp. ihrer alleinseligmachenden Sexualkirche, ihrer Säuglingssexualität, ihrer talmudistisch-exegetisch-theologischen Deutungen usw. [...] durchaus einig gehen.«[13] Danach wurde der Streit noch eine Zeitlang in einer anderen Lokalzeitung weitergeführt, dort verteidigte Jung die psychoanalytische Methode in der Begrifflichkeit seiner erweiterten Libidokonzeption. Der Streit verebbte schließlich in einem kirchlichen Blatt, wo Adolf Keller, ein weiterer zur Psychoanalyse bekehrter Pastor, die Züricher Version der Psychoanalyse mit dem Hinweis verteidigte, sie zeige sich besonders aufgeschlossen für sittliche, religiöse, soziale und pädagogische Anliegen.[14]

Freud erfuhr von dem »Zeitungssturm in Zürich« nicht durch Jung, sondern durch einen Schweizer Patienten. Jungs verspäteter Brief vom 23. Januar 1912, in dem er darüber klagte, die Züricher Analytiker hätten eine »üble ›Blackmail‹-Pressegeschichte gehabt«,[15] trug wenig dazu bei, den »würdigen alten Meister«, wie er Freud in seiner Schrift »Neue Bahnen der Psychologie« genannt hatte, zu besänftigen. Auch Jungs Entschuldigung für sein zweiwöchiges Schweigen – »es wird gegenwärtig bei mir keine Libido abgegeben, da momentan alles zur Arbeit benötigt wird«[16] – konnte Freud nicht umstimmen. Freud antwortete umgehend, am 24. Januar. Die Antwort ist kurz und schroff. »Ich will Sie nicht durch Briefwechsel in Ihrer Konzentration stören«,[17] beginnt der Brief, und es folgen nur noch ein paar Sätze über Organisatorisches.

In der Zwischenzeit hatte Freud zwei weitere Aufsätze über Technik verfaßt, die im *Zentralblatt* erscheinen sollten. Im ersten Aufsatz mit dem Titel »Zur Dynamik der Übertragung« versucht Freud Jungs Begriff »Introversion« und das Konzept einer unbewußten positiven Übertragung als Form des Widerstands zu verbinden. Die alte Formulierung – die psychoanalytische Kur wirkt durch Liebe – wird stark differenziert. Nur die bewußte Liebe des Patienten zu seinem Arzt ist der Behandlung förderlich; eine heimliche, unbewußte Liebe hingegen steht der Genesung im Wege. Der zweite Aufsatz trägt den Titel »Ratschläge für den Arzt bei der psychoanalytischen Behandlung«. Darin empfiehlt Freud unter anderem, daß der Arzt *nichts* von sich mitteilen soll, daß er *keinen* erzieherischen Ehrgeiz an den Tag legen soll, um dem Patienten neue Wege der Sublimierung zu zeigen, und daß er dem Patienten *keine* psychoanalytischen Artikel und Bücher zu lesen geben soll. Im Laufe der Jahre hatte Jung mit all diesen Verfahrensweisen experimentiert. Doch zum endgültigen Bruch führte nicht eine Kontroverse über die Technik, sondern eine Kontroverse über die Mythologie. Jung war inzwischen am entscheidenden Punkt angelangt. Wie er in seinem Brief vom 23. Januar 1912 mitteilte, schrieb er am letzten Kapitel, »Das Opfer«.

Freud hielt Wort. Während in Zürich die Wogen in der Presse hochschlugen und Jung verzweifelt mit seinem Werk rang, ließ Freud keinen Ton von sich hören. Das Schweigen mußte eisig wirken. Im Prinzip war Jung an der Reihe, sich zu melden, und Mitte Februar schickte er »schnell ein Lebenszeichen« nach Wien, die erste Nachricht seit drei Wochen. Er berichtete von den verschiedenen Fronten: Er führe »grausige Ringkämpfe mit der Hydra der Phantasie«, in Zürich sei die Psychoanalyse »Tagesgespräch«, seiner Frau gehe es gut und sie arbeite »brav in Etymologie«.[18] Der Brief klang, als sei Jung nicht recht bei der Sache. Tatsächlich hatte er in der Zwischenzeit eine höchst zwiespältige Botschaft von Sabina Spielrein empfangen.

Zwei Manuskripte

Sabina Spielrein war zwar wieder in Wien, aber an den Sitzungen der Mittwoch-Gesellschaft am 10. und 17. Januar nahm sie nicht teil. Vermutlich konzentrierte sie all ihre Kraft darauf, rechtzeitig vor Redaktionsschluß des nächsten *Jahrbuchs* ihr Manuskript fertigzustellen. Am Mittwoch, dem 24. Januar 1912, war sie bei der vierten Onanie-Diskussion wieder dabei. Sie meldete sich mit dem Gedanken zu Wort, »daß die Frau in ihrer Liebe sich in den Geliebten versetze und so in Erregung gerate«.[19] (Freud sagte in der Diskussion, die Kastrationsangst könnte möglicherweise phylogenetische Wurzeln haben.) Vier Tage später, am 28. Januar, vermerkt Sabina in ihrem Tagebuch, daß sie ihre Arbeit abgeschlossen und soeben an Jung geschickt habe. Es folgt der schlichte Wunsch: »Glücklich will ich jetzt sein!«[20]

Zusammen mit ihrem *magnum opus* schickte Sabina Spielrein Jung noch das Manuskript einer ganz neuen Arbeit, »Beiträge zur Kenntnis der kindlichen Seele«. Darin berichtet sie über zwei Behandlungen von Kindern und analysiert sehr ausführlich eigene Kindheitserinnerungen. Offensichtlich faßte sie um diese Zeit die Möglichkeit ins Auge, sich auf die psychoanalytische Behandlung von Kindern zu spezialisieren; auch ihre Diskussionsbeiträge in der Psychologischen Mittwoch-Gesellschaft in den nächsten Monaten drehten sich vornehmlich um Kinderpsychologie. (Für sie als einzige Frau im Wiener Kreis war das eine Nische, da Männer durch ein tiefverwurzeltes soziales Tabu von diesem Gebiet ausgeschlossen waren.) Zu Jungs Unglück formulierte Sabina ihre Deutungen ganz in der Begrifflichkeit der Freudschen Libidotheorie. Sie zählt zahlreiche religiöse und alchimistische Phantasien auf, die sie als kleines Kind beschäftigten, ebenso schildert sie ihre Angst vor der Pest. In der Schlußbetrachtung kommt sie zu dem Fazit, alle diese Phantasien hätten einen sexuellen Hintergrund; hinter jeder Phantasie würden sich die mit Angst verbundenen Vorstellungen eines kleinen Kindes von der Sexualität verbergen. Sabina Spielreins Arbeit ist ein bemerkenswertes Stück Selbstanalyse, aber ihre Schlußfolgerung war aus Jungs Sicht höchst unwillkommen, zumal er gerade in seinem Schlußkapitel daran feilte darzulegen, daß man kindliche Sexualphantasien symbolisch verstehen müsse, als Manifestation eines archaischen phylogenetischen Erbes, und nicht wörtlich. Jung dürfte auf Anhieb klargeworden sein, daß seine wichtigste Schülerin, der er schon seit einiger Zeit nicht mehr recht traute, auf dem besten Weg war, den analytischen Sprachgebrauch der Wiener zu übernehmen. Und das zu einem Zeitpunkt, wo Männer wie er und Keller es angebracht fanden, ihr Verständnis von Psychoanalyse von dem der Wiener abzugrenzen.

Nach dem Eintrag vom 28. Januar 1912 sind nur noch drei weitere Tagebucheinträge von Sabina Spielrein erhalten, zwei aus dem Februar 1912 und ein letzter aus dem Juli. Die beiden Februar-Einträge sind von größter Wichtigkeit. Am 17. Februar notiert sie, daß Jung in einem Brief vom 5. Februar den Empfang ihres Pakets bestätigt habe. Jungs Botschaft war so schroff – »Ich bestätige Ihnen den Empfang Ihrer beiden Manuskripte«[21] –

und so förmlich – Jung redete sie an als »sehr geehrtes Fräulein Collega« –, daß sie ärgerlich wurde. Anscheinend schrieb sie zurück und teilte Jung das mit, doch zu ihrer Verwirrung erhielt sie wieder nur eine knappe Antwort. In ihrem Tagebuch vermerkt sie:

> Heute kam noch eine Unannehmlichkeit dazu. Das Maß war übervoll. Ich schlang den Kragenschoner um den Hals und sah mich mit Wonne von diesem elenden Dasein erlöst. [...] Ach, wegen Eines, der das ganze Leben gebrochen, vielleicht lüge ich, denn wenn Jemand da wäre, der ihm gleichen würde und der mein wäre, wie wäre ich da toll glücklich![22]

In dem zweiten wichtigen Tagebucheintrag, fünf Tage später geschrieben, berichtet Sabina Spielrein einen Traum der vorausgegangenen Nacht. Im Traum teilt ihr Fräulein Aptekmann, deren Verliebtheit in Jung Sabina im Oktober 1910 noch schadenfroh belächelt hatte, mit, daß Jung inzwischen Direktor des Burghölzli sei. Sabina antwortet ärgerlich, Bleuler sei noch immer der Direktor. Darauf erwidert Fräulein Aptekmann, Bleuler dürfe nur noch in den Kohlenkeller. Sabina analysiert den Traum umgehend. Zu »Kohlenkeller« fällt ihr eine Zeile aus einem Volkslied ein: »Kein Asche, kein Kohle, die glühen so heiß wie heimliche Liebe, von der Niemand weiß.« »Keller« symbolisiere außerdem den Mutterleib. Und »Bleuler« stehe für Freud. Ihr Fazit:

> Weitere Analyse überflüssig: Prof. Freud ist nun derjenige, der meine Glut erzeugt; wenn Dr. J. auch Direktor wäre, so läßt seine Liebe einen ganz kalt (Frl. A.).[23]

Jung hatte einen Fehler gemacht. Seine Schülerin konnte mit Recht behaupten, sie habe das Problem der sexuellen Verdrängung gelöst. Nun suchte sie die gebührende Anerkennung, und da ihr diese als einziges in Wien vorenthalten wurde, hatte sie sich ein letztes Mal an Jung gewandt. Doch Jung zweifelte an ihrer Loyalität, verpaßte die Gelegenheit und rührte dadurch an alte Wunden.

Die Zurückweisung war in doppelter Hinsicht tragisch. Weder seine Schroffheit noch ihre impulsive Hinwendung zu ihm spiegelten ihre wahren Gefühle füreinander wider. Die Kluft zwischen ihnen sollte sich in den nächsten Jahren als schmerzlicher und tiefer erweisen, als sie beide geahnt hatten.

Darüber hinaus trug Jung mit seiner Gleichgültigkeit gegenüber ihren Gedanken sein Teil dazu bei, daß ihre Theorie nicht angemessen rezipiert wurde. Möglicherweise schadete er sich damit selbst. Wenn man Sabina Spielreins Arbeit aufmerksam liest, ist nicht zu übersehen, daß sie einen Versuch unternommen hat, zwischen den theoretischen Welten von Zürich und Wien zu vermitteln.

Die Inzestscheu

Jungs zerstreutes Schreiben von Mitte Februar war sein einziges Lebenszeichen innerhalb von fünf Wochen. In seinem Antwortschreiben vom 18. Februar klingt Freud erleichtert:

> Ich war sehr erfreut, einen Brief von Ihnen zu erhalten. Ich habe Abgewöhnungen nicht sehr gerne und finde keinen Triumph in ihnen. Aus der Gewohnheit herausgerissen, weiß ich auch nicht mehr, wovon ich Ihnen schon berichtet habe, und will auch die Rücksicht auf Ihre Arbeit noch nicht wegtun.[24]

Etliche Veröffentlichungen mußten besprochen werden. Der schwedische Hypnosetherapeut Poul Bjerre, der mit der Züricher Gruppe in Kontakt stand, hatte einen Beitrag für das *Jahrbuch* geschrieben, der Freuds Theorie der Paranoia untermauern sollte. Jung hatte Freud die redaktionelle Bearbeitung aufgebürdet, und Freud berichtete mißmutig: »Die wüste Geschichte von Bjerre habe ich korrigiert und abgeliefert. Es ist nicht gerade sehr erfreulich, solche Verworrenheiten bringen zu müssen.«[25] Als nächstes kommt eine Spitze gegen Jung: »Von der *Imago* lege ich Ihnen einen Prospekt bei […]. Ich hätte es gerne gesehen, wenn hier und im *Zentralblatt* Ihr Name unübersehbar aufträte, anstatt daß Sie sich hinter Ihrer religiös-libidinösen Wolke unsichtbar machen.« Auf die Spitze folgt eine vielsagende Ankündigung: »Ich finde, Sie lassen mir immer noch zu sehr den Vortritt. In meiner ›Inzestscheu‹-arbeit habe ich hoffentlich zu Ihrer Zufriedenheit den Anteil, den Ihre und Ihrer Schüler Beiträge an der Entwicklung der ΨA haben, betont.«[26]

»Die Inzestscheu« ist der erste von vier Aufsätzen, die unter dem Titel *Totem und Tabu* zusammengefaßt wurden; er sollte in der ersten Ausgabe der neuen Zeitschrift *Imago* erscheinen. Freuds Arbeit daran kam wie die Vorbereitung der Zeitschrift unregelmäßig voran. Für Jung bedeutete die Ankündigung, daß er auf dem Gebiet der Forschungen über Inzest nicht lange allein bleiben würde. Der Titel von Freuds Aufsatz gibt die anthropologischen Fakten wieder – Frazers Primitive legten in der Tat Inzestscheu an den Tag –, dennoch ist die Frage berechtigt, ob der Titel nicht auch eine Anspielung auf Jungs theoretische Kehrtwendung enthält. In der *Imago*-Version wird Sabina Spielrein unter den »Anhängern« Jungs genannt, in der späteren Buchfassung taucht ihr Name nicht mehr auf.[27]

Jung schwante nichts Gutes. Eine Woche später schrieb er:

> Ich glaube wohl nicht fehl zu raten, wenn ich annehme, daß Sie mir etwas gram sind um meiner Schreibfaulheit willen. Ich benehme mich in dieser Hinsicht schon etwas unzurechnungsfähig, indem ich rein alles in meiner Arbeit aufgehen lasse. Hingegen glaube ich nicht, daß Sie Besorgnisse hegen müssen wegen meines langdauernden und unsichtbaren Aufenthaltes in der »religiös-libidinösen Wolke«. Ich hätte Ihnen gern etwas erzählt, was dort drin gebraut wird, wenn ich wüßte, wie das in einen Brief hineinzubringen wäre. Es handelt sich im wesentlichen um eine Elaboration aller Probleme, die aus der Inzestlibido zur Mutter, aus der libidobesetzten Mutterimago hervorgehen. [...] Also üben Sie bitte noch eine Weile Ihre Langmut an mir. Ich bringe allerhand schöne Sachen mit in majorem gloriam der Ψ.[28]

Freud antwortet am 29. Februar mit kaum verhohlenem Ärger:

> Daß ich Ihnen wegen Ihrer Tendenz, unsere Korrespondenz zu vernachlässigen, gram sein soll, verdient eine ausführlichere ψa Beleuchtung. Es ist sicher, daß ich ein sehr anspruchsvoller Korrespondent war, und ebensowenig kann ich ableugnen, daß ich Ihre Briefe mit besonderer Ungeduld erwartet und besonders schnell beantwortet habe. Ihre früheren Signale von mangelnder Bereitwilligkeit habe ich unbeachtet gelassen. Diesmal erschien es mir endlich ernsthafter [...]. So habe ich mich denn in die Hand genommen und jenen Libidoüberschwang rasch abgetan. Ich war nicht erfreut, aber doch befriedigt, wie bald es gelang. Seitdem bin ich anspruchslos und wenig zu fürchten. Unzurechnungsfähig ist bekanntlich keine Auskunft aus der Tiefenpsychologie.[29]

Im weiteren geht es um Probleme in der Vereinigung. Jung hatte in seinem letzten Brief als einzige positive Nachricht aus Zürich die Gründung eines psychoanalytischen Laienvereins berichtet. (Riklin, dessen Name nicht genannt wurde, hatte Jung für den Vorsitz ausersehen.) Freud hält ihm das Durcheinander in der Internationalen Vereinigung vor, deren Präsident Jung ist: kein Kontakt zwischen den Gruppen, das zur Verständigung gedachte *Korrespondenzblatt* (Teil des *Zentralblatts*) ist seit dem letzten Kongreß nur einmal erschienen, keinerlei Planung für den nächsten Kongreß und ein Sekretär, Riklin, der Briefe nicht beantwortet. Zu Jungs Aufgaben gehörte es, innerhalb eines Jahres nach einem Kongreß den nächsten anzuberaumen. Das Ausmaß von Freuds Verärgerung ist daran abzulesen, daß er schreibt, es mache ihm nichts aus, wenn der Kongreß in diesem Jahr ausfalle.

Jung verstand sofort. »Ihr Brief hat mich sehr nachdenklich gestimmt«,[30] schreibt er am 3. März. Er weist Freuds Vorhaltungen wegen der organisatorischen Probleme zurück, so gut es geht, und kommt dann auf sein erlahmendes Interesse an der Korrespondenz zu sprechen:

> In letzter Zeit habe ich mich einer lebhaften Korrespondenz enthalten, weil ich überhaupt möglichst *keine* Briefe schrieb, um Zeit für meine Arbeit zu gewinnen, nicht um *Sie* ostentativ zu vernachlässigen. Oder mißtrauen Sie mir etwa? Daß dazu kein Grund vorläge, beweist die Geschichte. Daß ich in der ψ-Eschatologie Meinungen habe, die nicht die Ihrigen sind, was nicht einmal sicher ist – denn man kann sich brieflich nicht über alles und jedes auseinandersetzen –, werden Sie mir wohl kaum verübeln. [...] Ich wäre nicht auf Ihre Seite getreten, wenn mir die Ketzerei nicht etwas im Blute läge.[31]

Und dann legt Jung die Karten auf den Tisch – indirekt. Der Brief endet mit einem siebenzeiligen Zitat aus Nietzsches *Zarathustra,* in dem davon die Rede ist, daß der Schüler allein seinen Weg gehen muß.

In der Kunst des Briefeschreibens konnte es Jung nie mit Freud aufnehmen. Freuds Antwort vom 5. März 1912 ist ein Meisterstück der Verärgerung:

> Warum so »nachdenklich« in so einfacher Sache? Ich habe Ihnen vorgehalten, daß es der Vereinigung nicht gut geht, wenn der Präsident ihr durch Monate sein Interesse entzieht, besonders wenn er eine so unverläßliche Hilfskraft hat wie unseren Freund Riklin. Sie scheinen einzusehen, daß

ich recht habe, und damit ist der eine Punkt erledigt. Sie lassen mich erkennen, daß Sie mir jetzt nicht schreiben wollen, und ich antworte, daß ich mir die Entbehrung leicht machen will. Ist das nicht mein gutes Recht und erforderliche Notwehr? [...]

Was Sie dann weiter über die notwendige intellektuelle Selbständigkeit sagen und durch das Zitat aus Nietzsche verstärken, hat in allem meinen Beifall. Wenn aber ein Dritter diese Stelle lesen könnte, würde er mich fragen, wann ich solche Versuche zur geistigen Unterdrückung unternommen habe, und ich müßte sagen: Ich weiß es nicht. Ich glaube nie. Adler hat allerdings Ähnliches geklagt, aber ich bin der Überzeugung, daß er seine Neurose hat reden lassen. [...]

Warum, wiederhole ich, so »nachdenklich gestimmt«? Glauben Sie von mir, daß ich auf der Suche nach einem anderen bin, der mir zugleich Freund, Gehilfe und Erbe sein kann, oder daß ich erwarte, so bald diesen anderen zu finden?[32]

Jung wollte diese Diskussion nicht vertiefen. In seiner Antwort vom 10. März 1912 dankt er Freud »herzlich für Ihren gütigen Brief« und versichert, daß er nicht beabsichtige, »Adler im geringsten nachzuahmen«.[33] Ansonsten enthält der Brief hauptsächlich Klatsch über andere Leute. Dazwischen werden zwei wichtige Dinge erwähnt. Zum einen meldet Jung, daß der zweite Teil der »Wandlungen« endlich abgeschlossen sei: »Mit meiner Arbeit bin ich bis auf die Nachträge durch.«[34] »Durch« ist nicht ganz das richtige Wort, denn Jung hatte einfach aufgehört und abgeschickt, was bis dahin fertig war. Das Kapitel über die Vision von der Todesmutter war unverändert geblieben bis auf einige Einschübe da und dort; im übrigen hatte Jung einfach die einzelnen Teile zusammengefügt und wartete nun ab. Die zweite wichtige Mitteilung in seinem Brief besagte, daß er begonnen hatte, Sabina Spielreins Arbeit »Die Destruktion als Ursache des Werdens« zu redigieren: »Ich fürchte, dort viel frisieren zu müssen. Das nimmt mir immer furchtbar viel Zeit.«[35]

Freud ließ zehn Tage verstreichen, bevor er antwortete. Das Schweigen beunruhigte Jung diesmal wohl nicht mehr so sehr: Nachdem seine Arbeit abgeschlossen war, fand er sich mit der Lage ab. In Jungs Erinnerungen heißt es, er habe im voraus gewußt, daß das Buch ihn »die Freundschaft mit Freud kosten würde«.[36]

Jesus und Nikodemus

Bedenkt man, unter welchen Umständen Jung das letzte Kapitel über »Das Opfer« schrieb, so könnte man erwarten, daß er darin die Punkte, in denen er nicht mit Freud übereinstimmte, darlegen und sein verstreutes Material zusammenfassend deuten würde. Tatsächlich tat er beides, doch er tat es auf eine hoffnungslos unverständliche und darüber hinaus abstoßende Weise.

Im zweiten Teil der »Wandlungen« ging es, wir erinnern uns, ursprünglich nur um die Deutung der dritten Miller-Phantasie, der Geschichte von »Chiwantopel«. Im dritten Kapitel mußte noch Chiwantopels Tod erklärt werden. Die vorangehenden drei Kapitel haben den Leser bereits auf die Lösung vorbereitet: Chiwantopels Tod symbolisiert Miss Millers zunehmende Introversion, den regressiven Triumph ihrer inzestuösen Wünsche. Doch auf diese Deutung ihrer Symbolsprache, die Jung bereits in dem Vortrag in Herisau gegeben hatte, kam es ihm in seinem Buch nicht an. In den drei am Anfang des zweiten Teils neu eingefügten Kapiteln führt er aus, sexuelle Phantasien seinen Strömungen aus einer ursprünglichen Quelle undifferenzierter psychischer Energie. Die in den Phantasien verwendeten Symbole können den Weg zu einer neuen Realitätsanpasung weisen.

Erstaunlicherweise wendet Jung im Kapitel »Das Opfer« *beide* Deutungen auf den Tod Chiwantopels an. Kaum hat er Miss Millers »phantastische Selbstversunkenheit«[37] beschrieben, die aus ihrer Lösung des »individuellen erotischen Konflikts«[38] resultiere, da gibt er diese Linie auf und deutet Chiwantopels Tod anders: als eine in die Zukunft weisende Botschaft aus Miss Millers Unbewußtem, die besage, sie müsse ihre kindlichen Wünsche aufgeben, um als erwachsene Frau leben zu können.

> Es ist nie zu vergessen, daß die sexuellen Phantasien der Neurotiker und die exquisit sexuelle Sprache des Traumes Regressivphänomene sind. Die Sexualität des Unbewußten ist nicht das, was sie zu sein scheint, sie ist bloß Symbol; sie ist ein tagwacher sonnenklarer Gedanke, ein Entschluß, ein Schritt vorwärts zu jeglichem Lebensziel – aber ausgedrückt in der uneigentlichen Sexualsprache des Unbewußten und des Denkens früherer Stufe; sozusagen eine Wiederbelebung früherer Anpassungsmodi.[39]

Damit hängt die Deutung in der Schwebe: War Miss Miller nun dabei, verrückt zu werden, oder war sie soeben auf eine wichtige Einsicht gestoßen?

An früherer Stelle im zweiten Teil zitiert Jung Jesu Gespräch mit Nikodemus – »Wundere dich nicht, daß ich dir sagte: Ihr müßt von neuem geboren werden«[40] – als Beispiel dafür, wie in der Bildersprache der Religion die inzestuös gebundene Libido umgelenkt wird. Nach einem fünfzehnseitigen Exkurs über den verrückt gewordenen Dichter Hölderlin wendet er den Gedankengang auf seine Heldin Miss Miller an:

> Daher nenne ich es einen weisen Rat, den das Unbewußte unserer Autorin gibt, den Infantilhelden zu opfern. Dieses Opfer geschieht am besten, wie die erste Bedeutungsschicht ergeben hat, in einer völligen Hingabe an das Leben, wobei auch alle die unbewußt in familiären Banden gebundene Libido nach außen in die menschliche Gesellschaft gebracht werden muß […]. Daß ein derartiger Schritt auch die Lösung oder wenigstens die angestrebte Bearbeitung des eigenen sexuellen Problems impliziert, ist ohne weiteres klar; denn, geschieht dies nicht, dann bleibt die nicht verwendete Libido unweigerlich im Inzestverhältnis stecken und macht das Individuum in wesentlichen Stücken unfrei. Wir erinnern uns hier daran, daß die Predigt Christi mit Rücksichtslosigkeit den Menschen von seiner Familie trennen möchte, und im Nikodemusgespräch sahen wir die besondere Bemühung Christi, der Inzestlibido Betätigung zu verschaffen. Beide Tendenzen dienen demselben Ziele, nämlich den Menschen zu befreien, einerseits den Juden aus seiner außerordentlichen Bindung an die Familie, die nicht höherer Einsicht, sondern größerer Weichheit und Unbeherrschbarkeit des inzestuösen Gefühles entspricht, daher die Kompensation dafür das Zwangszeremoniell des Kultus und die religiöse Angst vor dem unzurechnungsfähigen Jahwe ist. Wenn durch kein Gesetz und durch keine wütenden Fanatiker und Propheten geschreckt der Mensch seine inzestuöse Libido gewähren läßt und nicht zu höheren Zwecken befreit, dann ist er unter dem Einfluß unbewußten Zwanges. […] Seine unbewußt inzestuöse Libido, die so in primitivster Form angewandt ist, hält den Menschen, was seinen Liebestypus anbelangt, auf entsprechend primitiver Stufe, der Stufe der Unbeherrschbarkeit und des Ausgeliefertseins an die Affekte. Das war die psychologische Lage der ausgehenden Antike, und der Heiland und Arzt jener Zeit war der, der die Menschen zur Sublimierung ihrer inzestuösen Libido erziehen wollte.[41]

Die Passage spricht für sich selbst, doch für den Leser, der sich in der Psychoanalyse auskennt, ist sie noch in einer zusätzlichen Hinsicht bedeutungsvoll: Jungs Formulierung vom »Liebestypus« ist ein Echo auf Freuds Arbeit »Über einen besonderen Typus der Objektwahl beim Manne«, in der Freud den Begriff »Ödipuskomplex« einführte. Im Kern sagt Jung also, daß fortbestehende ödipale Fixierungen eine bestimmte Form der Familienorganisation widerspiegeln – die der Juden. Das war natürlich übertrieben, auch wenn er seine Konstruktion in die »ausgehende Antike« verlegt.

Im Vergleich von Christentum und Mithraismus hat Jung sein früheres Urteil unterdessen revidiert. Am Ende des »Opfers« formuliert er das deutlich:

> Die Vergleichung des mithrischen und des christlichen Opfers dürfte klar zeigen, worin eigentlich die Überlegenheit des christlichen Symbols besteht: es ist die unumwundene Einsicht, daß nicht nur die niederen Wünsche zu opfern sind, sondern die ganze Persönlichkeit. Das christliche Symbol verlangt die totale Hingabe; es zwingt zu einem wirklichen Selbstopfer an höhere Zwecke […].[42]

Man kann mit einigem Grund vermuten, daß die zuvor zitierten Passagen Freud bei der Lektüre besonders ins Auge fielen. Doch glücklicherweise – oder auch unglücklicherweise – wurde ihre Wirkung durch die einzigartige Unverdaulichkeit des gesamten Kapitels stark abgeschwächt; man kann leicht darüber hinweglesen, ohne den Inhalt richtig zur Kenntnis zu nehmen. Schlicht ausgedrückt, war »Das Opfer« unlesbar. Sämtliche Schwächen der vorangehenden Kapitel – die endlosen Exkurse, das Fehlen einer klaren Argumentationslinie, die Ungewißheit, worauf das alles hinauslaufen soll – finden sich auch in diesem Kapitel. So erörtert Jung zum Beispiel zwischen zwei Passagen über das Christentum lange und umständlich primitive Inzestsymbole und inzestuöse Phantasien von Kindern, beides deutet er als Anzeichen für einen anhaltenden Kampf um Anpassung. Um was es in diesem Kampf letztlich geht, bleibt offen. Jung spricht lediglich dunkel von einem Konflikt zwischen dem »Leben- und [dem] Sterbenwollen«.[43]

Ein noch größeres Hindernis für den Leser ist Jungs alles andere als klare Verwendung seiner eingangs eingeführten zwei Libidobegriffe. Im Hinblick auf menschliches Verhalten unterscheidet Jung nach wie vor zwischen inzestuöser und auf Fortpflanzung gerichteter Libido. Doch für den Bereich von Symbolen und Phantasien führt er die neue Unterscheidung zwischen sexueller und nicht sexueller Ausrichtung ein. Wenn die Anpassung an die Realität blockiert ist, fließen in dem Versuch, eine andere Form der Anpassung zu finden, die »libidinösen Zuschüsse« in sexuelle Träumereien. Die daraus resultierenden Phantasien sind dann zwar sexueller Art, doch ihre tiefere Bedeutung ist eine andere. Kurzum, die Unterscheidung setzt auf zwei verschiedenen logischen Ebenen an, aber an keiner Stelle im »Opfer« macht Jung das explizit deutlich. Und ohne diesen Schlüssel ist der Leser im Schlußkapitel hoffnungslos verloren.

Das Ergebnis war, daß keiner von Jungs Zeitgenossen, Freud eingeschlossen, den zweiten Teil der »Wandlungen und Symbole« ganz verstand, als er im folgenden September erschien. Möglicherweise hatte Jung die Vorstellung, daß ihm auf der theoretischen Ebene eine kühne Neuerung gelungen war. Tatsächlich war es ihm nur gelungen, sich undurchdringlich dunkel auszudrücken. Die »Wandlungen und Symbole« brachten auch nicht das Ende der Freundschaft mit Freud, wie er gemutmaßt hatte. Die Freundschaft hielt gar nicht bis dahin.

Ihre eigenen Komplexe

Im Kapitel über das »Opfer« (und in den gesamten »Wandlungen«) wird Sabina Spielreins Arbeit über »Destruktion« nicht ein einziges Mal erwähnt. Jungs Brief an Freud vom 10. März 1912 ist zu entnehmen, daß er sein Manuskript abgeschlossen hatte, bevor er sich an die redaktionelle Bearbeitung ihres Aufsatzes machte. Offensichtlich stand für Jung seine Priorität außer Frage. Am 18. März schrieb er ihr jedoch einen sehr überraschenden Brief. Er habe soeben festgestellt, daß »unheimliche Parallelen«[44] zwischen ihren beiden Arbeiten bestünden. Bisher habe er immer den Titel ihres Aufsatzes falsch gelesen: »Distinktion« statt »Destruktion«. Jetzt erst habe er erkannt, um was es gehe: »Man will nicht nur das Aufsteigen, sondern auch das Absteigen und das Ende«, er sage in seiner Arbeit »auch ein Langes davon«.[45] Dann weist er sie noch auf Stekels Buch *Die Sprache des Traumes* hin, das er in seinem Teil über »Das Opfer« zitiert: Stekel habe bereits den Todeswunsch beschrieben.

Sabina Spielreins Antwort ist verlorengegangen. Aus Jungs nächstem Brief können wir indes schließen, daß sie explodierte. »Sie regen sich wieder ganz unnötig auf«, schreibt Jung am 25. März 1912 und fährt fort:

> Wenn ich sagte, es seien »unheimliche« Ähnlichkeiten, so haben Sie das wieder viel zu buchstäblich genommen. Ich meinte damit vielmehr, Ihnen ein Kompliment zu machen. Die Arbeit [...] enthält vortreffliche Ideen, deren Priorität ich Ihnen gerne zuerkenne. Die Todestendenz resp. der Todeswunsch war Ihnen früher klar wie mir, verständlicherweise! [...] Ich drücke mich in meiner Arbeit so ganz anders aus als Sie, daß niemand auf die Vermutung kommen könnte, Sie hätten gewissermaßen bei mir gepumpt.[46]

Weiter schreibt er, sie hätten jeder vom anderen unwillkürlich ein Stück der Seele »aufgeschluckt«,[47] als rührten die Ähnlichkeiten zwischen ihren Arbeiten von Telepathie her. Zugleich warnt er sie, diese »geheime Durchdringung der Gedanken« dürfe »für das öffentliche Dasein nicht in Betracht kommen«.[48] Der Brief endet mit der Bemerkung, er sei froh, daß sie in Wien für ihn sprechen könne, denn sein neues Werk werde gewiß mißverstanden werden. Sie solle ihn in Wien »vertreten«,[49] fügt er noch hinzu und denkt dabei offensichtlich gar nicht daran, daß das Fräulein Doktor über diesen Brief genauso erbost sein könnte wie über seinen letzten.

Unterdessen hatte Freud Jung als Antwort auf seine entsprechende Anfrage geschrieben, was er von Sabinas Arbeit hielt:

> Von der Arbeit der Spielrein kenne ich nur ein Kapitel, das sie im Verein verlesen hat. Sie ist sehr gescheit; alles, was sie sagt, hat Sinn, ihr Destruktionstrieb ist mir nicht sehr sympathisch, da ich ihn für persönlich bedingt halte. Sie scheint mehr Ambivalenz, als normal ist, zu führen.[50]

»Ambivalenz« bedeutet hier, daß Liebe und Haß sich die Waage halten. Vielsagend spricht Freud in seinem Brief noch in einem anderen Zusammenhang von Ambivalenz: »Meine Tabuarbeit, im Resultat längst entschieden, rückt langsam vorwärts. Das Tabu kommt von der Ambivalenz, und damit ist auch der Ursprung des Gewissens entschieden.«[51]

Allem Anschein nach würdigte keiner Sabina Spielreins wirklich bemerkenswerte Theorie angemessen. Jung hatte fälschlicherweise verstanden, sie beschreibe einen »Todeswunsch«, und Freud sah in ihrer Arbeit nur die Widerspiegelung ihrer Persönlichkeit. Keiner der beiden setzte sich mit ihrer Leistung adäquat auseinander. Wohin, wenn nicht in ihre Richtung, sollte sich die psychoanalytische Theorie denn entwickeln? Wie man es auch drehte und wendete, eine Theorie des Ich angesichts der schwierigen Natur der sexuellen Begierden war eine schlichte Notwendigkeit. Wenn dieser Schritt erst einmal getan war und man sich dem nächsten Problem zuwandte, die Besonderheiten der Sexualverdrängung zu erklären, dann konnte man nicht umhin zu postulieren, daß das Ich ambivalent auf die Auflösung in der geschlechtlichen Verschmelzung reagiert. Es wirkt wie ein Beweis für die logische Unausweichlichkeit ihrer These, daß Victor Tausk bei der nächsten Sitzung der Psychologischen Mittwoch-Gesellschaft am 27. März 1912 über »Sexualität und Ich« referierte.

In Tausk fand Sabina Spielrein schließlich doch noch einen Verbündeten. Seine Ausführungen stützten im wesentlichen ihre Theorie – mit einer Ausnahme. Bei der Gegenüberstellung der beiden Triebgruppen Sexualtrieb und Ichtrieb und der Erörterung ihrer unterschiedlichen Wirkungen auf das Ich rückte Tausk den Sadismus in den Mittelpunkt als Sonderfall, der beide Triebe repräsentiere. Mit der Konzentration auf den Sadismus verlieh Tausk seinem Bild des Ich einen maskulinen Zug. Nachdem man seine Theorie aufgenommen hatte, betrachtete man Sabina Spielreins Theorie rückblickend als die weibliche oder – im Wiener Sprachgebrauch – masochistische Version derselben Sache. Wie Sabina Spielrein selbst anmerkte, waren die Übereinstimmungen verblüffend:

> Das Problem, warum sich das Individuum gegen die Sexualität wehrt, bietet einen Zugang von der Tatsache, daß der Sexualtrieb bipolar ist und eine Komponente enthält, welche die Auflösung des Ich fordert. Wenn Tausk sagt, das Ich wird im Sexualakt annulliert, so ist [es] das gleiche. Die Behauptung von Klages, daß jeder starke Affekt die Tendenz zur Ichauflösung hat, vertritt die Referentin auch in einer in Druck befindlichen Arbeit. Jede psychische Reaktion hat die Tendenz zur Auflösung des Ich bis in die phylogenetischen Reihen hinein; der zweite Faktor ist die Projektion und Anpassung an die Gegenwart.[52]

Sabina Spielreins Bemerkung über Anpassung und phylogenetische Regression bezog sich auf die Details ihrer Theorie, möglicherweise verstanden ihre Zuhörer sie nicht ganz. Aber abgesehen davon ist ihr Diskussionsbeitrag vollkommen klar: Sie versuchte ein letztes Mal darzulegen, daß ihre Theorie eine Erklärung der Verdrängung enthielt.

Nach Sabina Spielrein sprach Stekel und nach ihm Freud. Freud brachte Gedanken, die er später in seinen Schriften über Narzißmus und die Phylogenese der Verdrängung verarbeitete. Zu Sabina Spielrein sagte er nur den einen Satz: »Daß das Problem des Sado-Masochismus sich mit dem Destruktionstrieb decke, habe Dr. Spielrein richtig bemerkt.«[53] Denkt man an Freuds sechs Tage zuvor geschriebenen Brief an Jung – »mehr Ambivalenz, als normal ist« –, so begreift man sofort die Bedeutung dieser Bemerkung: »Ambivalenz« ist die Ursache aller problematischen Gefühle gegenüber der Sexualität. In der Diskussionsrunde war die Bedeutung von Freuds Bemerkung freilich keineswegs offensichtlich. Man konnte Freud auch so verstehen, als teile er die Auffassung, Sadomasochismus sei ein Versuch, die Auflösung des Ich zu verhindern, die allgegenwärtige Verwirrung der sexuellen Begierden zu entwirren. Das hatte Sabina Spielrein tatsächlich gemeint. Sie meldete sich in der Diskussion noch ein zweites Mal zu Wort, ohne indes ihren Standpunkt deutlicher zu formulieren, und sie bat Freud auch nicht um eine Erläuterung seiner Bemerkung. Anscheinend durchschaute sie die volle Tragweite der Formulierungen nicht. Man war auf dem besten Weg, ihre Theorie zu übergehen, und sie merkte es nicht.

Manchmal ist der Betreffende selbst schuld, wenn man ihm nicht zuhört. Vielleicht drückt er sich unverständlich aus, oder er behauptet zuviel, vielleicht spricht er auch zu sehr von sich selbst. Mit einer gewissen Berechtigung kann man Sabina Spielrein alle drei Fehler vorhalten. Doch insgesamt gesehen, war es nicht ihre Schuld, daß ihre Erkenntnisse über die Verdrängung keine Anerkennung fanden, sondern die Schuld von Freud und Jung. Freud und Jung waren so sehr mit ihren eigenen Theorien und mit ihrer Beziehung zueinander beschäftigt, daß sie keine Zeit hatten, die Gedanken ihrer jungen Kollegin aufzunehmen und ihr womöglich einen Weg zu zeigen, wie sie glücklicher hätte formulieren können. Noch verhängnisvoller wirkte es sich aus, daß beide insgeheim ihre Mißachtung in der Weise rechtfertigten, daß sie Sabina Spielrein wieder in die Rolle der Patientin drängten und sich so verhielten, als dürfe eine Patientin keine eigene Stimme und keine eigene Vision haben. Es warf und wirft ein negatives Licht auf die Psychoanalyse, daß beide ohne weiteres auf ein so unfaires Manöver, einen so eklatanten Verstoß gegen den Geist der neuen therapeutischen Methode verfielen. Im Wettlauf, wer als erster die psychoanalytische Theorie systematisieren und sie damit verbindlich kodifizieren würde, ging eine schlichte Wahrheit verloren: Manchmal verhallen die Worte eines Menschen, weil man ihm nicht zuhört.

Nach den Protokollen der Mittwoch-Gesellschaft war Sabina Spielrein am 27. März, als Victor Tausk vortrug, zum letzten Mal anwesend. Die Aufzeichnungen über die nächsten Abende sind dürftig, für den 3. und 17. April existiert nur ein sehr knappes Protokoll. Am 10. April fiel die Mittwoch-Gesellschaft offensichtlich aus, vielleicht weil Freud nicht in Wien war; er besuchte Ferenczi. Irgendwann um diese Zeit, höchstwahrscheinlich in der dritten Aprilwoche, verließ Sabina Spielrein Wien und reiste nach Berlin. (In Berlin erreichte sie ein Brief von Stekel, in dem er sich beklagte, daß sie sich in Wien nicht bei ihm gemeldet habe. Was sei der Grund, fragte Stekel, »Phobie oder Jungianismus?«[54]) Warum sie von Wien nach Berlin ging, wissen wir nicht. Genausowenig wissen wir, wann sie Paul Scheftel kennenlernte, den sie zwei Monate später heiratete. Über Paul Scheftel ist nur bekannt, daß er Jude war und Arzt, daß er gut aussah und eine nicht ganz einfache Persönlichkeit war.[55]

Nicht lange nach ihrer Abreise spielte Sabina Spielrein auch in der Korrespondenz von Freud und Jung keine Rolle mehr. Kurz bevor Jung in Urlaub fuhr, war er mit der Bearbeitung ihres Manuskripts fertig. Das teilt er Freud in einem Brief am 1. April 1912 mit und bricht zugleich über ihre Gedanken den Stab. In dem Brief geht Jung nur auf den dritten Teil ihrer Abhandlung ein, ihre Analyse von »Siegfried«, den Freud bereits kritisiert hatte:

> Die Arbeit Spielreins hatte ich gerade vor meiner Abreise unter Händen. Man muß davon sagen: desinit in piscem mulier formosa superne [»Es endet unten in einem Fisch, was oben ein wohlgestaltetes Weib ist«; Horaz]. Nach dem vielversprechenden Anfang fällt Fortsetzung und Schluß bedeutend ab. Besonders das Kapitel »Leben und Tod in der Mythologie« bedurfte weitgehender Streichungen, da grobe Fehler drinstehen und noch mehr schiefe, weil einseitige Auffassungen. Sie hat zu wenig gelesen und verflacht in dieser Arbeit, weil sie nicht gründlich ist. Man muß zu ihrer Entschuldigung sagen, daß sie mit ihrem Problem an einer Stelle der Mythologie eingesetzt hat, welche zu schwere Rätsel aufgibt. Im übrigen ist die Arbeit enorm *komplexbedingt*. Ich bitte Sie, meine Kritik der kleinen Autorin nur in refracta dosi, wenn überhaupt, zukommen zu lassen. Ich werde ihr übrigens selber noch schreiben.[56]

In den Ferien im April besuchte Jung mit seiner Frau Ravenna, und dort meditierte er lange über die bunten Glasfenster der Kapelle über dem Grab der Kaiserin Galla Placidia, die im fünften Jahrhundert gelebt hatte. Später erinnerte er sich: »Ihr Grabmal schien mir wie der letzte Rest, durch den ich sie noch persönlich erreichen konnte. Ihr Schicksal und ihre Art berührten mich zutiefst.«[57] Für sich allein genommen, klingt diese Stelle reichlich dunkel, doch für den Leser, der weiß, wie sehr Jung der Umgang mit Gestalten der Vergangenheit faszinierte, liegt die Bedeutung auf der Hand: So wie Jung sich als Reinkarnation von Goethe sah, betrachtete er Sabina Spielrein nun rückblickend als Reinkarnation der Galla Placidia. Es war eine seltsame Art, den Verlust einer Frau zu betrauern – indem sie Jahrhunderte in die Vergangenheit zurückversetzt wurde –, doch Jung fand offensichtlich Vergnügen daran.

Jungs Ferien waren für ihn selbst und für Freud ein willkommener Anlaß, den Briefwechsel ruhen zu lassen. Erst am 21. April brach Freud das Schweigen. Neben anderem zwanglosem Geplauder findet sich auch eine Bemerkung über Sabina Spielrein; es ist das letzte Mal, daß ihr Name im Briefwechsel zwischen Freud und Jung auftaucht. »Die Spielrein, der ich von Ihrer Kritik nichts zu sagen froh war, hat sich vor einigen Tagen verabschiedet, dabei einiges Intime mit mir besprochen.«[58] Freuds Formulierung wirkt so beiläufig und leichthin gesprochen, daß man nicht auf den Gedanken kommt, es sei mehr im Gange gewesen. Tatsächlich hatte Sabina Spielrein Freud aus einem ganz bestimmten Grund aufgesucht: Sie wollte im Herbst bei ihm eine Analyse machen, um endlich ihre Gefühle für Jung aufzuarbeiten, den Mann, der ihr ganzes Leben »gebrochen« hatte. Die Entscheidung mußte bis Oktober fallen. Es ist nicht bekannt, wie sich Freud und Sabina Spielrein einigten und wie sie beide über dieses Unterfangen dachten. Wir wissen nur, daß Freud Jung gegenüber kein Wort darüber verlor; nach den vorliegenden Aufzeichnungen zu urteilen, sagte auch Sabina Spielrein nichts. Auf jeden Fall ist die Erwähnung ihres Namens nicht das einzige bedeutungsvolle Detail in Freuds Brief vom 21. April. »Mit Binswanger bin ich in lebhafterem Verkehr«, teilt Freud mit und fügt hinzu: »Ich hatte ihm als Nachlaß von Interesse ausgelegt, was sich doch besser durch Kranksein und Operation erklärt.«[59]

Die Geste von Kreuzlingen

In der ersten Märzwoche mußte sich Binswanger notfallmäßig einer Blinddarmoperation unterziehen. Dabei entdeckte und entfernte der Chirurg einen bösartigen Tumor. Die akute Appendizitis hatte Binswanger vermutlich das Leben gerettet, aber das wußte niemand. Nach dem medizinischen Wissen der damaligen Zeit hielt man die operative Entfernung nicht für eine aussichtsreiche Behandlung bei dieser Art von Krebs; man rechnete damit, daß die Krankheit unaufhaltsam bis zum Tod voranschreiten würde. Binswanger nahm an, daß er nicht mehr lange zu leben hätte, und bat Freud, das Geheimnis für sich zu behalten.

Zwischen den beiden Männern ging mehr vor, als nach außen drang. Binswanger wollte die ihm verbleibende Zeit für die Arbeit an seinem neuen Projekt, »Freuds Bedeutung für die klinische Psychiatrie«, nutzen, und Freud hatte seine volle Unterstützung angeboten. Genauer gesagt, hatte Freud angefragt, ob er nicht in nächster Zeit zu einem Besuch kommen könne. Die Liste der Themen, die bei einem solchen Besuch zu besprechen waren, wurde immer länger. Ein Thema auf der Liste war selbstverständlich Jung. Wie Binswanger sich später erinnerte, hatte Freud die Hoffnung noch nicht ganz aufgegeben: »Mit Jung sei er nicht mehr so zufrieden wie früher. Trotzdem hofft Freud immer noch ›auf einen schadlosen Ablauf der ganzen Störung‹.«[60] Über den geplanten Besuch in Kreuzlingen schwieg Freud Jung gegenüber ebenso wie über Spielreins Analyseplan. Und dabei sind es von Kreuzlingen nach Zürich nicht einmal siebzig Kilometer.

Jung antwortete Freud am 27. April. Sein Brief ist freundlich, aber nichtssagend. Am Schluß dankt er Freud für einen Sonderdruck der »Inzestscheu« und fügt hinzu, daß er sich zufällig gerade mit dem gleichen Problem befaßt habe: »Die gewaltige Rolle der Mutter in der Mythologie hat eine das biologische Inzestproblem ungeheuer überwiegende Bedeutung, welche nur phantastisch sein kann.«[61] Freud ließ sich durch die scheinbare Beiläufigkeit nicht täuschen. In seinem nächsten Brief, der verlorengegangen ist, fragte er Jung endlich, was für ein Spiel er spielte.

Jung war wie umgewandelt. Er schrieb an einer Reihe von Vorlesungen über die Theorie der Psychoanalyse, die er im September an der Fordham University in Amerika halten sollte. »Das Opfer« war Jungs Rubikon gewesen. In den Fordham Lectures machte er kein Hehl daraus, worin seine Position sich von der Freuds unterschied. Inzwischen registrierte Jung die Unterschiede viel weniger aufgeregt als früher. Der klare, überraschend eingängige Stil der Fordham Lectures spricht dafür, daß er zu innerem Frieden gefunden hatte. (Im Rückblick erscheint es fast unvorstellbar, daß Jung eine Woche nach der Fertigstellung der »Wandlungen und Symbole« mit der Arbeit an den Vorlesungen begann. Wahrscheinlich trug auch das Thema zur Klarheit des Stils bei. Ohne die Versuchungen und Schwierigkeiten bei der Beschäftigung mit antiker Mythologie war Jung wieder ein scharfsinniger Denker.)

Auf diesem Hintergrund wird verständlich, warum Jung in seinem nächsten Brief vom 8. Mai 1912 seine abweichende Auffassung vom Inzesttabu noch detaillierter und mit noch mehr Selbstbewußtsein darlegt. Jungs Auffassung hatte vielfältige Wurzeln, klinische wie persönliche, doch in seinem Brief zog er vor, sich auf die anthropologischen Aspekte zu konzentrieren. Diese Seite war womöglich am schwersten zugänglich, was Freud ihm auch umgehend mitteilte: »Wie Sie gewiß erwarten, ist mir Ihre Auffassung des Inzestes noch immer nicht klar.«[62]

Zwei Tage später schrieb Freud wieder an Binswanger. Der geplante Besuch in Kreuzlingen war in der Zwischenzeit durch eine Erkrankung von Freuds siebenundsiebzigjähriger Mutter unsicher geworden, und nun kündigte er Binswanger an, daß er voraussichtlich am Samstag, dem 25. Mai, eintreffen werde. Er freue sich, daß Binswanger mit seiner Arbeit vorankomme, und er freue sich auf die Gespräche »über das, was uns am Herzen liegt, Bleuler, Jung und die allgemeine Weltlage«.[63]

Jung versuchte es unterdessen noch einmal. In einem Brief vom 17. Mai 1912 begründet er seine Auffassung des Inzestproblems ausführlich mit anthropologischen Argumenten und fügt zusätzlich eine klinische Beobachtung an: »So wie es *cum grano salis* irrelevant ist, ob wirklich ein Sexualtrauma vorgekommen ist oder ob es bloß eine Phantasie war, so ist es auch psychologisch ganz unwesentlich, ob eine Inzestschranke wirklich existiert hat oder nicht, indem es im wesentlichen eine Frage *späterer* Entwicklung ist, ob das sogenannte Inzestproblem von anscheinendem Belang werden soll oder nicht.«[64]

In gewisser Hinsicht war das alles sehr eigenartig. Scheinbar führten die beiden Männer eine gelehrte Unterhaltung über das hochspezielle Thema der psychoanalytischen Deutung primitiver Mythen. Tatsächlich jedoch erörterten sie ein Thema, das sie beide persönlich und beruflich unmittelbar betraf. Sie sprachen über Inzest. Unerwähnt blieben dabei Jungs Vermutungen über die Vorgänge in Freuds Haushalt und Freuds Wissen darum, daß Jungs neue

Sichtweise als Reaktion auf seine Affäre mit Sabina Spielrein zustande gekommen war. Wohlgemerkt: Diese Art, miteinander über private Angelegenheiten zu sprechen oder vielmehr nicht zu sprechen, war zwischen Freud und Jung seit der gemeinsamen Amerikareise gut zweieinhalb Jahre zuvor üblich. Aber zweifellos gibt es eine zeitliche Grenze für eine solche Nicht-Konversation. Im nächsten Brief sprach Freud die Spannung an – und beendete das Gespräch ein für allemal.

Freud wollte am Freitag, dem 24. Mai, nach Kreuzlingen abreisen. Am 23. Mai schrieb er den entscheidenden Brief an Jung. Er liest sich wie eine psychoanalytische Kriegserklärung:

> In der Libidosache verstehe ich endlich, worin das Unterscheidende Ihrer Auffassung liegt. (Ich meinte natürlich: Inzest, aber ich denke an die von Ihnen angekündigten Modifikationen der Libidoauffassung.) Was ich noch nicht verstehe, ist, warum Sie die ältere Ansicht verlassen und was anders die Herkunft und Triebfeder des Inzestverbots sein kann. Natürlich erwarte ich gar nicht, daß Sie mir die schwierige Sache weiter brieflich aufklären, und kann mich gedulden, bis Sie sich öffentlich darüber äußern.
>
> Der Wert Ihrer Mitteilung liegt für mich in der darin enthaltenen Warnung und Mahnung an meinen ersten großen Irrtum, in dem ich Phantasien mit Wirklichkeiten verwechselte. Ich werde also vorsichtig sein und auf jeden Schritt des Weges achten.
>
> Lassen wir aber jetzt die Vernunft beiseite und stellen den Apparat auf Lust ein, so erkenne ich eine starke Antipathie gegen Ihre Neuerung [...].[65]

Die Wendung »den Apparat auf Lust einstellen« bezieht sich auf die neue Terminologie der »Formulierungen über die zwei Prinzipien des psychischen Geschehens«. Am Schluß dieser Arbeit deutet Freud Jungs Traum aus dem Jahr 1896 neu als Ausdruck eines Todeswunsches gegen den Vater. In seinem Brief nennt Freud zwei Gründe für die »Antipathie« gegen Jungs neue Sicht: Sie mißfalle ihm »wegen ihres regressiven Charakters«, vor allem aber »wegen einer fatalen Ähnlichkeit mit einem Theorem Adlers«.[66] Im Hinblick auf Adler fügt er noch hinzu: »Ich zweifle schon nach Ihren Andeutungen nicht, daß Ihre Ableitung der Inzestlibido anders lauten würde. Aber es ist eine gewisse Verwandtschaft.«[67]

Freuds Kritikpunkte lagen auf dem Tisch. Es war gut möglich, daß Jung die subtile Anspielung auf die »Zwei Prinzipien« übersah. Als wollte Freud ganz sicher gehen, kommt er nach dem Hinweis auf Adler noch einmal darauf zurück und drückt es unmißverständlich aus: »Nochmals bemerkt, daß diese Bedenken bei mir als vom Lustprinzip abhängig erkannt werden.«[68]

Der Brief endet mit der beiläufigen Bemerkung, daß er in die Nähe von Zürich kommen, aber Jung nicht besuchen werde:

> In den Pfingsttagen werde ich Ihnen räumlich näherkommen. Ich reise 24. des Monats abends nach Konstanz zu Binswanger und will Dienstag nach Pfingsten zurück sein. Die Zeit ist so beschränkt, daß sich nicht mehr mit ihr anfangen läßt.[69]

Der Besuch bei Binswanger wurde Jung als vollendete Tatsache präsentiert. Jung behauptete später, er sei bewußt ausgeschlossen worden. Freud wies dies zwar zurück, aber ganz offensichtlich war Jungs Anwesenheit in Kreuzlingen unerwünscht. Das Treffen, das bald die »Geste von Kreuzlingen« hieß, bedeutete für Jung einen Schlag ins Gesicht. Schon wenig später konnte sich niemand mehr genau daran erinnern, um was es in Kreuzlingen ging, und so wurde rücklickend in die Begegnung alles mögliche hineingedeutet. Drei Punkte sollten festgehalten werden: Erstens stand das Thema Jung ganz ohne Zweifel auf der Tagesordnung. Zweitens teilte Freud Jung seine Reisepläne in einem Brief mit, der ansonsten eine Kriegserklärung enthielt. Drittens erreichte der Brief Jung am selben Tag, an dem Freud in Kreuzlingen eintraf.

Jung brauchte zwei Wochen, um den Schlag zu verarbeiten. In seinem nächsten Brief vom 8. Juni 1912 trägt er den veränderten Realitäten Rechnung:

> Was die Inzestfrage anbelangt, so habe ich mit Betrübnis festgestellt, wie starke affektive Gegengründe sich bei Ihnen gegen meine Vorschläge erheben. [...] Die Parallele zu Adler ist eine bittere Pille, die ich schlucke, ohne zu mucken. Ich muß dies als Fatum wohl annehmen, aber ändern tut's nichts, denn Gründe haben mich überwunden. Ich bin ausgezogen mit der Meinung, die bisherige Inzestauffassung bestätigen zu können, und mußte sehen, daß es wohl anders ist, als ich erwartete.
>
> Daß Sie kein Bedürfnis hatten, bei Ihrem Kreuzlinger Besuche mich zu sehen, muß ich aus der Lage der Theorie erklären, deren Entwicklung bei

> mir Ihnen unsympathisch ist. Ich hoffe, daß später eine Verständigung über die strittigen Punkte erzielt werden kann. Ich muß mit dem Ihnen bekannten Schweizer Eigensinn eine längere Wegstrecke allein gehen, wie es scheint.[70]

Freud spielte daraufhin die verfolgte Unschuld. In seinem nächsten Brief vom 13. Juni 1912 gibt er einen umständlichen Bericht über den Besuch. Freud schreibt, er hätte es als »Zumutung« empfunden, ihn, Jung, zu bitten, einen Pfingsttag für die Reise nach Kreuzlingen zu opfern, wenngleich es »schön gewesen [wäre], wenn Sie es spontan getan hätten«.[71] Jungs Vorwurf wies er zurück: »Es tut mir also leid, in dieser Ihrer Bemerkung [Freud habe wegen der Differenzen in der Libidotheorie nicht nach Zürich kommen wollen; A. d. Ü.] eine Unsicherheit in Betreff meiner Person zu finden.«[72] Freuds Darstellung ist unaufrichtig. In seinem Brief behauptet er, die Reise sei wegen einer Erkrankung in seiner Familie unsicher gewesen, und fügt hinzu: »Als ich sie als möglich erkannte, schrieb ich Ihnen [...].«[73] Das klingt, als hätte er Jung so schnell wie möglich benachrichtigt. Tatsächlich verhielt es sich nicht so: Am 16. Mai bestätigte er seine Reservierung, und dann ließ er eine volle Woche verstreichen, bevor er Jung Bescheid gab.

Zu Jungs theoretischen Neuerungen wollte Freud noch nicht Stellung beziehen:

> Mit der Libidofrage werden wir ja sehen. Ich kann mir kaum eine Vorstellung von der Art Ihrer Abänderung machen und weiß nichts von den Motiven dazu. Sobald ich besser unterrichtet bin, werde ich es gewiß zustande bringen, auf Objektivität umzuschalten, gerade weil ich meine Voreingenommenheit gut kenne. Wenn wir uns zunächst nicht einigen können, ist nicht anzunehmen, daß diese wissenschaftliche Differenz unseren persönlichen Beziehungen Abbruch tun wird.[74]

Gewiß rechnete Freud nicht damit, daß Jung ihn persönlich »besser unterrichten« würde. Am Tag darauf schrieb Freud an Sabina Spielrein. Zunächst teilt er ihr mit, daß eine Patientin von ihr bei ihm gewesen sei und sich für die Empfehlung bedankt habe – »das hat auch mich sehr gefreut«.[75] Dann kommt er auf die Kontroverse zu sprechen, wer als erster auf die phylogenetischen Ursprünge von Ideen hingewiesen habe, und betont, daß Abraham in der Arbeit »Traum und Mythus« (in seiner, Freuds, Schriftenreihe) bereits den Keim zu solchen Überlegungen gelegt habe. Er werde in Zukunft »die Anpreisung Jungs an anderer Stelle zu Ihren und A.'s [Abrahams] Gunsten einzuschränken haben«.[76] Offensichtlich hatte sich Sabina Spielrein in der Zwischenzeit mit Jung über die Spannungen in seiner Beziehung zu Freud ausgetauscht, denn Freuds Brief schließt damit, daß er ihr für ihre diesbezüglichen Bemühungen dankt. Ganz zuletzt kommt er noch einmal auf ihr Vorhaben zu sprechen, eine Analyse bei ihm zu machen:

> Wenn der Oktober herannaht, werde ich Ihre Äußerung erwarten, ob Sie nach Wien und zur Korrektur Ihrer Abhängigkeit von Jung kommen werden. Ich danke Ihnen sehr für Ihre klugen Worte an Jung; es fehlt ohnedies nicht an anderen, die sich bemühen, eine solche Rhagade zum Riß zu erweitern.[77]

Offensichtlich machte Freud in seiner engeren Umgebung kein Hehl mehr aus dem sich anbahnenden Zerwürfnis mit Jung.

»Sie, mein Herr ...«

Binswanger meinte, die Internationale Vereinigung könne auf Jung nicht verzichten. Er meinte auch, Jung habe ein unglückseliges Talent, Menschen erst anzuziehen und sie dann vor den Kopf zu stoßen. Als Freud im Frühsommer 1912 die Situation überdachte, mußte er zu dem Schluß kommen, daß Binswanger recht hatte – in beider Hinsicht. Weiterhin mußte er zugeben, daß, abgesehen von seiner persönlichen Abneigung, die Kontroverse mit Jung nicht mit dem Zerwürfnis mit Adler zu vergleichen war. Jung hatte lediglich in Aussicht gestellt, daß er künftig in der Theorie seine eigenen Wege gehen wollte; noch war nichts im Druck.

Jung beeindruckten Freuds verletzte Gefühle inzwischen offensichtlich nicht mehr, aber bei anderen zeigte Freuds wachsende Enttäuschung durchaus Wirkung. Mitte Juni kam Ernest Jones nach Wien, weil er wollte, daß Freud die Frau, mit der er zusammenlebte, wegen ihrer Morphiumabhängigkeit, ihrer seit langem bestehenden Hysterie und ihrer Abhängigkeit von ihm in Behandlung nahm. Überrascht stellte Jones fest, daß sich Freuds Verhältnis zu Jung seit ihrer letzten Begegnung in Weimar neun Monate zuvor vollkommen verändert hatte. Jones nutzte die Gelegenheit. Im privaten

Gespräch mit Rank und Ferenczi schlug er die Gründung einer kleinen Gruppe zuverlässiger Analytiker als eine Art Palastwache um Freud vor, die ihn vor künftigen Enttäuschungen schützen sollte.

Anfang Juli schrieb Freud an Pfister. Er dankt ihm zunächst für eine Intervention bei Alphonse Maeder, nominell Kopf der Züricher Gesellschaft, und kommt dann mit folgendem Satz, der viele Fragen aufwirft, auf Jung zu sprechen:

> Schade, daß Sie Jung nicht getroffen und gesprochen haben. Sie hätten ihm ja von mir sagen können, daß er sehr wohl von mir abweichende Auffassungen entwickeln kann, aber daß ich ihn bitten lasse, es ohne schlechtes Gewissen zu tun.[78]

Offensichtlich hörte Jung von diesem Brief, er gab wohl den Anlaß für seinen Brief vom 18. Juli 1912, den ersten, seit Freud vor gut einem Monat so umständlich von seinem Besuch bei Binswanger berichtet hatte:

> Auf Ihren letzten Brief wußte ich bis jetzt nichts zu sagen. Jetzt kann ich nur sagen: ich verstehe die Geste von Kreuzlingen. Ob Ihre Politik die richtige ist, wird sich durch Erfolg oder Mißerfolg meiner nächsten Arbeiten herausstellen. Meine stets beobachtete Distanz wird mich davor bewahren, die Illoyalität Adlers nachzuahmen.[79]

An Ernest Jones, der Wien inzwischen wieder verlassen hatte, schrieb Freud, Jungs Brief könne »nur als eine formelle Verleugnung unserer bisher freundlichen Beziehungen ausgelegt werden«.[80] Gegenüber Ferenczi ging er noch weiter. Er schickte ihm Jungs Brief – auch Binswanger erhielt eine Abschrift – als Beweis, daß Jungs Neurose wieder zum Vorschein komme, und setzte die Bemerkung hinzu, seine Bemühungen, »Juden und Gojim im Dienst der ΨA zu verschmelzen«, seien gescheitert. Unglücklicherweise schieden sie sich »wie Öl und Wasser«.[81]

Ende Juli schrieb Jones an Freud und berichtete ihm von seinem Gespräch mit Rank und Ferenczi. Im Hintergrund stand der Gedanke, daß Jung seine Ämter niederlegen könnte. Freud antwortete postwendend, am 1. August 1912, und stimmte dem Vorschlag zu, eine Kerngruppe zu bilden. Die Gruppe sollte »strikt geheim« sein. Unterdessen teilte Jung Freud mit, daß Bleuler das nächste *Jahrbuch* redigieren werde, weil er, Jung, nach Amerika reise.

In dem Brief kündigte Jung ferner an, daß er in den bevorstehenden Fordham Lectures seine neue Auffassung des Inzestproblems darlegen wolle. Er bot an, im Hinblick auf seine abweichenden Ansichten beim nächsten Kongreß sein Präsidentenamt zur Verfügung zu stellen.

In Freuds Briefen an seine anderen Briefpartner spielte das Thema Juden und Christen eine immer größere Rolle. An Rank schrieb er im August, er habe versucht, »Juden und Antisemiten [sic; J. K.] auf dem Boden der ΨA zu vereinigen«.[82] Im selben Monat schrieb Freud auch an Sabina Spielrein. Kurz zuvor hatte er von ihrer Heirat erfahren:

> Sie sind also jetzt Frau, und das heißt für mich von Ihrer neurotischen Anhänglichkeit an Jung halb geheilt. Sonst hätten Sie sich ja nicht zur Heirat entschlossen. Bleibt noch die andere Hälfte; die Frage ist, was geschieht mit der.
>
> Ich wünsche, daß Sie ganz geheilt sein sollen. Nachträglich gestehe ich ein, daß mir Ihre Phantasie von der Geburt des Heilands aus einer Mischvereinigung gar nicht sympathisch war. In seiner antisemitischesten Zeit hat ihn der Herrgott aus bester jüdischer Rasse geboren werden lassen. Aber ich weiß, dies sind meine Vorurteile.
>
> Wir waren verblieben, daß Sie mich bis 1. Okt. wissen lassen, ob Sie Ihre Absicht, den Tyrannen durch ΨA bei mir zu beseitigen, durchführen wollen. Heute möchte ich auch ein Wort in die Entscheidung dreinreden. Ich meine, der Mann, von dem Sie soviel Sympathisches zu sagen haben, besitzt auch Rechte. [...] Unterdes erscheint vielleicht auch noch ein anderer, der mehr Rechte hat als der alte und der neue Mann zusammen. Es ist der Moment für die Analyse, sich im Hintergrund zu halten.[83]

Freud hatte also inzwischen beschlossen, daß er es sich ersparen wollte, noch mehr von »Siegfried« zu hören. Der Plan der geheimen Kerngruppe nahm Gestalt an. Das Komitee, wie es später hieß, sollte aus Rank, Sachs, Ferenczi, Jones und, wenn die anderen einverstanden waren, Karl Abraham bestehen.

Abraham begriff Freuds Gesinnungswandel erst relativ spät. Er hatte lange vergebens zu verhindern versucht, daß Jung die Vorherrschaft über die Bewegung gewann, und schließlich aufgegeben. Mehr als irgendein anderer mit Ausnahme von Binswanger profitierte Abraham von den jüngsten Bemühungen um eine Annäherung der Psychoanalyse an die offizielle Psychiatrie, und er beabsichtigte nicht, den Frieden zu stören. Während die politisch gewitzteren Anhänger Freuds sich rüsteten, aus der Situation Kapital zu schlagen, schrieb Abraham weiter hoffnungsvolle Briefe aus Berlin und verlieh der Überzeugung Ausdruck, alles werde sich irgendwie lösen. Und Freud, der in seinen Briefen an Abraham so lange die Flagge ihres Judentums geschwungen hatte, brachte inzwischen nur vor, daß Jung sich ungebührliche Freiheiten herausgenommen habe.

Anfang September war Jung auf dem Weg nach Amerika, wo er die Fordham Lectures halten sollte. Jones verschaffte sich über Leonhard Seif Fahnenabzüge von Jungs »Wandlungen und Symbolen« und reichte sie mit seinem persönlichen Kommentar unverzüglich an Freud weiter. Emma Jung schickte ihm einen Sonderdruck, allerdings aus vollkommen anderen Motiven. Im Oktober fuhr Jones nach Zürich und erörterte mit Seif und Maeder Jungs Manuskript. Jones hoffte möglicherweise, durch seine staatsmännischen Vermittlungsbemühungen die Situation doch noch retten zu können.

Nachdem Freud »Das Opfer« gelesen hatte, konnte er weitergehende Klarstellungen von Zürich verlangen. Doch nun bestand das Problem, daß Jung nach einem in fast komplettem Schweigen verstrichenen Sommer unerreichbar in Amerika war. Freud blieb nur die zweitbeste Lösung: Er konnte an Alphonse Maeder schreiben und ihn in eine Grundsatzdiskussion verwickeln. Irgendwann im Frühherbst kam eine Nachricht von Maeder, die Freud erlaubte zuzuschlagen. Er erwähnt die Auseinandersetzung in einem Brief an Ferenczi vom 20. Oktober 1912: »Den Brief von Maeder habe ich beantwortet, so scharf und aufrichtig als mir nur möglich, und bin auf den Effekt neugierig.«[84]

Armer Maeder. Seine Arbeit über die prospektive Funktion des Traumes, die er auf der unglückseligen Versammlung der Schweizer Psychiater im letzten November vorgetragen hatte, lag noch immer unveröffentlicht in Jungs Schreibtischschublade. Was Freud darüber wußte, hatte er entweder aus dem Briefwechsel mit Maeder erfahren oder aus Andeutungen in Jungs Werken erschlossen. Nun schickte er Maeder aus heiterem Himmel einen Brief, der mit der verblüffenden Feststellung begann: »Sie, mein Herr, sind ein Antisemit.«[85]

Kapitel 16

Der Rest ist Schweigen

Ich weiß, daß Ihr Ideal ein ethisches ist und daß Sie danach leben. Jones hat mir erzählt, daß Sie in den Analytikern gerne perfekte Menschen sehen würden, aber davon sind wir weit entfernt. Ich muß beständig meine eigene Verärgerung unterdrücken und mich vor jener schützen, die ich in anderen wecke. Nach dem schändlichen Abfall [sic; J. K.] von Adler, einem begabten Denker, aber bösartigen Paranoiker, habe ich nun Schwierigkeiten mit unserem Freund Jung, der anscheinend seine Neurose nicht überwunden hat. Und doch hoffe ich, daß Jung unserer Sache in ihrer Ganzheit treu bleiben wird; auch meine Gefühle für ihn sind nicht sehr viel geringer geworden. Nur unsere persönliche Intimität hat gelitten.

Die ist kein Gegenbeweis, glaubte ich, gegen die Wirksamkeit der Psychoanalyse. Es zeigt vielmehr nur, daß wir sie eher auf die Persönlichkeit anderer Menschen anwenden als auf unsere eigene.

Siegmund Freud, *Brief an James Jackson Putnam,*
20. August 1912.

Freuds Brief an James Jackson Putnam vom 20. August 1912 spiegelt das Dilemma genau wider, in dem er und Jung sich befanden. Nach außen mußte eine Erklärung gegeben werden – ihre enge persönliche Beziehung war zu gut bekannt, und natürlich wurde über das Ende diskutiert –, doch das warf Probleme auf, zumal von Anfang an kein Mangel an selbsternannten Friedensstiftern herrschte. Freud und Jung konnten nicht so tun, als wären sie nach wie vor Freunde, aber sie konnten auch nicht sagen, was wirklich los war. Abgesehen von ein paar Absätzen in den »Wandlungen und Symbolen«, wußte Freud über Jungs neue, christianisierte Version der Psychoanalyse nur, was er von Sabina Spielrein erfahren hatte. Und er wollte weder die Quelle noch den Inhalt dieser vertraulichen Mitteilungen preisgeben. Zudem schien es nicht sinnvoll, in der Öffentlichkeit allzusehr den Gegensatz zwischen jüdischer und christlicher Sicht zu betonen. Wie Freud bereits an Maeder geschrieben hatte, war es wichtig, daß die Wiener und die Schweizer sich nicht daran festbissen, daß sie sich nicht »gegenseitig in Stücke reißen«.[1] Jung wiederum konnte schwerlich seinen unbestätigten Verdacht über die Verhältnisse im Hause Freud verbreiten und seine Mutmaßungen, welchen Einfluß dies auf Freuds Theorien hatte. Noch weniger konnte er aufdecken, aus welcher privaten Quelle sein eigener theoretischer Gesinnungswandel sich speiste. Solche Dinge waren, wie Jung kurz zuvor an Sabina Spielrein geschrieben hatte, nicht für die Öffentlichkeit bestimmt.

Freud und Jung entwickelten unterschiedliche Strategien, mit der Situation fertig zu werden. Freud folgte dem Rat von Jones und Abraham und hielt nach Hinweisen Ausschau, daß Jung zugunsten seiner eigenen Karriere seine Pflichten als Präsident der Internationalen Vereinigung vernachlässigte. Gleichzeitig ließ Freud gegenüber seinen Briefpartnern durchblicken, daß sich in Jungs Verhalten seine Neurose bemerkbar mache. Freuds politische Strategie zielte darauf ab, Jung innerhalb der psychoanalytischen Bewegung unter Druck zu bringen. Er hoffte immer noch, daß zum einen die Bande der institutionellen Loyalität stark genug sein würden und daß zum anderen Jung seine früheren Überzeugungen nicht ganz und gar über Bord werfen würde.

Jung wiederum war entschlossen, seine wachsenden theoretischen Differenzen mit Freud einem größeren Kreis interessierter Fachkollegen mitzuteilen. Seine politische Strategie zielte darauf ab, Freud unter Druck zu setzen, daß er der empirischen Überprüfung psychoanalytischer Lehrsätze einen höheren Stellenwert einräumte. Darüber hinaus wollte Jung beweisen, daß ein breiter gefaßtes Verständnis von Psychoanalyse die Berührungspunkte mit anderen Forschern und deren Erkenntnissen vergrößerte. Im Grunde hoffte Jung, daß die Differenzen zwischen ihm und Freud, wenn sie erst einmal in der weniger gefühlsgeladenen Begrifflichkeit einer rein wissenschaftlichen Kontroverse formuliert waren, nicht mehr Gegenstand des privaten Streits sein würden und man darum leichter damit würde umgehen können. Jungs Strategie war intellektuell respektabel, aber emotional gefährlich, weil er nicht damit rechnen konnte, daß er außerhalb der Bewegung genausoviel persönlichen Rückhalt finden würde, wie er innerhalb der Bewegung bislang erfahren hatte. Freud konnte auf die Unterstützung des geplanten geheimen Komitees zählen. Jung mußte die Sache mehr oder weniger allein durchstehen.

Im Herbst 1912 verfolgten die beiden Männer somit unterschiedliche Strategien und orientierten sich an jeweils anderen Zuhörern. Die Situation drohte zu eskalieren. Jung umwarb eine breitere Öffentlichkeit und setzte sich damit dem Vorwurf aus, er verfolge seine eigenen Interessen auf Kosten der Vereinigung. Freud agierte hinter den Kulissen und machte innerhalb der Bewegung Druck auf Jung, auf Jungs wissenschaftliche Herausforderungen ging er hingegen nicht ein. Aber das alles war nichts im Vergleich zu dem ungelösten persönlichen Konflikt: Möglicherweise gedachten sie tatsächlich, im beruflichen Umgang noch einigermaßen die Formen zu wahren, emotional war die Lage bei beiden jedenfalls explosiv.

Jung in Amerika

In New York hielt Jung einen Vortrag vor der Academy of Medicine. Darin legte er die wesentlichen klinischen Aspekte seiner neuen Sicht dar und verglich sie explizit mit älteren Auffassungen. Er wies darauf hin, daß Freud zunächst ein sexuelles Kindheitstrauma angenommen und diese Theorie dann mangels empirischer Beweise aufgegeben hatte. Von da schlug Jung den Bogen zur neueren Theorie der Fixierung auf frühe Phantasien. Nach einer Verbeugung vor Freuds Leistungen als Empiriker führte Jung aus, daß man das Vorhandensein solcher Phantasien aufgrund von Material aus den Psychoanalysen Erwachsener erschlossen habe. Solche Phantasien gebe es ohne Zweifel bei Neurotikern, aber auch bei normalen Menschen. Der Auslöser für eine Neurose müsse darum anderswo gesucht werden, hauptsächlich Konflikte im gegenwärtigen Leben des Patienten kämen in Betracht. Nebenbei merkte Jung an, daß Adler zu einer ähnlichen Sicht gelangt sei, und er schloß mit der Feststellung, seine revidierte Auffassung von normaler und neurotischer Persönlichkeitsentwicklung eröffne einen Weg, bestimmte Sichtweisen von Freud und von Janet zusammenzufügen.

Zwischen den Zeilen verbirgt sich ein zweiter, nicht sofort erkennbarer Text. In dem Vortrag vor der Academy of Medicine erwähnte Jung auch seine revidierte Libidoauffassung, die besagte, daß unspezifische psychische Energie im Falle der Regression eine sexuelle Färbung annehmen könne.

Auf dem Hintergrund dieser Konzeption kam notwendigerweise eine breite Palette kritischer Lebensereignisse in Betracht. Im Kern kehrte er jedoch zu der alten Theorie zurück, die Freud in der »Dora-Analyse« und in den *Drei Abhandlungen zur Sexualtheorie* nachdrücklich vertreten hatte und die dann durch die Theorie vom Kernkomplex überlagert worden war, daß nämlich Auslöser für eine Neurose ein aktueller erotischer Konflikt sei. Jung glaubte – wagte es aber nicht auszusprechen –, daß die Dreiecksbeziehung zwischen Freud, Martha und Minna Bernays die Ursache von Freuds immer wiederkehrenden körperlichen Beschwerden war. Jung glaubte außerdem, daß Freuds Unfähigkeit, die häusliche Situation zu klären, in seinen Theorien ihren Niederschlag fand und sie verzerrte, weil sie ihn blind machte gegenüber der ausschlaggebenden Rolle kritischer Lebensereignisse. Diese Gedanken konnte Jung selbstverständlich nicht laut sagen, doch A. A. Brill vertraute er in einer privaten Unterredung an, daß Freud seiner Meinung nach selbst eine »Neurose« habe.[2]

Und noch ein zweiter Text verbirgt sich zwischen den Zeilen. Nach der unglücklichen Affäre mit Sabina Spielrein hatte sich Jung gleichzeitig bedroht und in Hochstimmung gefühlt. In gewisser Weise war sein ganzes Streben seither darauf gerichtet, die Hochstimmung wiederzuerlangen, ohne den Gefahren – die er gleichwohl spürte – der inzestuösen Phantasie zu erliegen, die das Hochgefühl ursprünglich erzeugt hatte. Zu Jungs Verteidigung muß gesagt werden, daß manche Erkenntnisse, auf die er im Verlauf seiner Suche gestoßen war, durchaus klinischen Wert besaßen. So ist es zum Beispiel schlichtweg ein Faktum, daß bei vielen Erkrankungen, von Schizophrenie bis zu den sogenannten narzißtischen Persönlichkeitsstörungen, das Aufbrechen unkontrollierter sexueller Wünsche eher das aktuelle Scheitern der Persönlichkeitsintegration widerspiegelt, als daß es lange unterdrückte Wünsche verrät. Jung erkannte durchaus Wichtiges und Zutreffendes, doch es bleibt die Tatsache, daß seine Theorien emotional aufgeladen waren. Wir können uns daher vorstellen, daß sein Vortrag vor der Academy of Medicine wie ein großes, in eigener Regie durchgeführtes Assoziationsexperiment reichlich Emotionen zutage förderte. Nehmen wir beispielsweise die folgende Passage, in der er seine Differenzen zu Freud besonders scharf formuliert:

> Ich vermag weder in der Kindheit noch bei der primitiven Menschheit eine besondere Stärke inzestuöser Wünsche zu erkennen. Ich sehe nicht einmal

> den Grund für die Regression in primären inzestuösen oder anderen sexuellen Wünschen. Ich muß sagen, daß mir eine rein sexuelle Ätiologie der Neurose viel zu eng gefaßt erscheint. Diese Kritik gründe ich ganz und gar nicht auf einen Vorbehalt gegen die Sexualität, sondern vielmehr auf eine intime Vertrautheit mit allen Seiten des Problems. Niemand kann von mir behaupten, ich hätte Freuds Arbeitshypothese nicht aufgenommen. Ich finde, sie ist bis zu einem gewissen Punkt tragfähig, aber nicht immer und nicht überall.[3]

James Jackson Putnam hörte sich Jungs Vortrag an. Zwischen dem Vortrag und einem kurzen Gespräch danach reflektierte er über Jungs theoretische Position und emotionale Situation. Ernest Jones berichtete von dem Vortrag:

> Dr. Jung sagte letztlich nichts anderes, als daß er zwar weiterhin vom Wert der psychoanalytischen Technik überzeugt, aber zu einer neuen Einschätzung der infantilen Fixierungen gekommen sei. Nach seiner neuen Auffassung spielen sie für die Ätiologie eine viele geringere Rolle als bisher, vielmehr können sie, so verstand ich ihn, in den meisten Fällen fast gänzlich vernachlässigt werden. […]
>
> Ich finde, er ist ein starker, aber egoistischer Mann (wenn ich das in aller Vertraulichkeit sagen darf), und ich habe den Eindruck, daß er jede Abweichung seiner Position zu seiner persönlichen Befriedigung betonen muß. Ich kann mir nicht vorstellen, daß sein augenblickliches Verhalten einen ernsten Bruch verursachen wird.[4]

Wir müssen festhalten, daß Putnam sich mit der Frage beschäftigte, ob Jungs Ansichten einen Bruch innerhalb der psychoanalytischen Bewegung ankündigten. Offensichtlich lag der Gedanke in der Luft, daß Jung planen könnte, diesen Weg einzuschlagen. Freuds »Sohn und Erbe« sah sich in dem Dilemma: Wenn er ging, war er nicht loyal; wenn er blieb, war er nicht ehrlich. Ernest Jones unterrichtete unterdessen eilends Freud von Putnams Einschätzung und fügte hinzu, nach Putnams Meinung verhalte Jung sich merkwürdig.

Wichtiger als Jungs Vortrag vor der Academy of Medicine waren seine neun Vorlesungen an der Fordham University. Dort konnte er seine neuen Auffassungen detailliert darlegen. Über die Fordham Lectures wurde viel geschrieben; was Jung tatsächlich sagte, geriet neben der Sekundärliteratur fast in Vergessenheit. So dürfte es viele überraschen zu hören, daß Jung bei dieser Gelegenheit zum ersten Mal davon sprach, daß der »Ödipuskomplex« eine universelle Erscheinung der Entwicklung und tatsächlich der »Kernkomplex« der Neurose sei. Jung prägte noch einen neuen Begriff, »Elektrakomplex«,[5] für das weibliche Gegenstück der gleichen Konstellation. Dann bot er ein Beispiel seiner Meisterschaft als Kliniker und deutete drei Fallgeschichten ganz und gar anhand sexueller Kategorien. Wer sich die Mühe macht, den Originaltext zu lesen, dürfte überrascht sein.

Genau wie Freud, wenn auch mit bestimmten abweichenden Auffassungen, versucht Jung seine Analyse in eine umfassende Theorie der Bedeutung von Wünschen für die Persönlichkeitsentwicklung einzuordnen. Anders als Freud spricht sich Jung, ausgehend von Entwicklungsgesichtspunkten, für eine erweiterte Konzeption der Libido aus. Während bei niedrigen Lebensformen die Fortpflanzung mit der Produktion von möglichst zahlreichem Nachwuchs abgeschlossen ist, gehört bei höheren Lebensformen eine Fülle von weiteren, nicht explizit sexuell gefärbten Verhaltensweisen dazu wie Nestbau und Aufzucht des Nachwuchses. Die ursprüngliche Einheit der Libido ist somit verlorengegangen, und ein großer Teil fließt in die sekundären, nichtsexuellen Verhaltensweisen. Freud hatte gezeigt, daß die sekundären Funktionen in der Kindheit und bei Neurotikern wieder sexuell besetzt werden können. Was liegt also näher, als diese Beobachtungen in einem allgemeinen Gesetz von der Erhaltung psychischer Energie zusammenzufassen? Wenn die Energie in einem Bereich blockiert ist, wird sie auf einen anderen Bereich abgelenkt; manchmal wird sie dabei eine sexuelle Färbung annehmen, manchmal hingegen wird sie die sexuelle Färbung verlieren.

Mit der breiten »genetischen Auffassung«[6] der Libido im Hintergrund fährt Jung fort und legt ein spezifisches Entwicklungsschema dar, das auf der relativen Bedeutung der sexuellen Triebe auf jeder Stufe basiert. Am Anfang steht eine »vorsexuelle Stufe«,[7] grob gefaßt im Alter zwischen eins und drei, in dem sexuelle Regungen gegenüber dem Drang nach Nahrung in den Hintergrund treten, während der Organismus sich auf Reifung und Entwicklung konzentriert. Im mittleren Kindesalter, zwischen dem dritten und fünften Lebensjahr, blüht die Sexualität auf und richtet sich normalerweise auf die Eltern. Die Folge davon ist der »Ödipuskomplex« als universelle, aber nicht determinierende Erscheinung. Ob ein heranwachsendes Kind sich normal entwickelt oder eine Neurose ausbildet, hängt vom Ausgang des dritten Stadiums ab, der Adoleszenz. Die zentrale Aufgabe dieses

Lebensabschnittes ist es, in die Welt hinauszugehen und neue Sexualobjekte zu finden. Wenn das nicht glückt, wendet sich die Libido zurück zu den inzestuösen Objekten der ödipalen Phase, und es entsteht eine Neurose.

Auf dieses Entwicklungsschema stützte Jung seine klinischen Ausführungen. In der Analyse, so führt er aus, hat man es typischerweise mit geistigen Produkten zu tun, die durch die Regression verursacht wurden. Wenn der Patient an der Bewältigung aktueller Lebensaufgaben scheitert, wird die Energie, die dafür aufgewendet werden sollte, auf den sexuellen Bereich verschoben, und von dort zieht sie sich weiter zurück auf die inzestuösen Objekte der ödipalen Phase. Das daraus resultierende Aufbrechen inzestuöser Phantasien muß als Folge der Regression und nicht als deren Ursache verstanden werden. Im Verlauf der Analyse sollte der Patient zum aktuellen Lebenskonflikt zurückgeführt werden; die Analyse sollte nicht darin bestehen, daß bis zum Erbrechen die inzestuösen Phantasien erörtert werden. Mit einem falschen Verständnis der Regression, so warnt Jung, findet sich der Analytiker unversehens in der unhaltbaren und unbehandelbaren Situation, daß er genau das befördert, was er beenden muß, nämlich die regressive Produktion inzestuöser Phantasien.

Alles in allem hatte diese Konzeption erheblichen klinischen Wert. Sie bot Raum für Freuds Kernkomplex, und sie bezog die Probleme der Regression, der Abhängigkeit und der unbewußten Kollusion von Analytiker und Patient mit ein, die, wenn sie nicht direkt angesprochen werden, eine Behandlung aus dem Gleis bringen können. Jung demonstriert die klinische Relevanz seiner Gedanken durch die Anwendung seines Schema auf das Fallmaterial. Dabei macht er wichtige Anmerkungen zur allgemeinen Entwicklung der psychoanalytischen Theorie. Es war abzusehen, daß manche Aspekte kritische Einwände provozieren würden. So schiebt Jung beispielsweise zwischen dem ödipalen Stadium und der Adoleszenz eine Stadium des Verzichts ein, dessen innere Logik, so Jung, am besten durch das »zentrale Symbol des Christentums, das Opfer« ausgedrückt werde.[8] (Die »Wiener«, merkt Jung herablassend an, hätten diesem Stadium den »mißverständlichen Namen *Kastrationskomplex«* gegeben.[9]) Auch seine Bemerkungen über die prospektive Funktion bestimmter Symbole, über die Bedeutung phylogenetisch vererbter Mythen für die Entwicklung und über die Beziehung von psychoanalytischer Behandlung und Beichte dürften zu Widerspruch anregen; bedeutungslos sind sie freilich keineswegs. Unbestreitbar formulierte Jung seine Position sorgfältig so, daß seinen Schweizer Kritikern der Wind aus den Segeln genommen war. Dennoch war es unbestreitbar eine Erweiterung und in gewisser Weise auch eine Verfeinerung der psychoanalytischen Sichtweise, daß er Entwicklung und Anpassung als unabhängige Faktoren im Seelenleben betonte und eine Vielzahl von Berührungspunkten zwischen diesen beiden Faktoren und der Sexualität anerkannte.

Die englische Version der Vorlesungen erschien unter dem vielversprechenden Titel »Die Theorie der Psychoanalyse« als Serie in der *Psychoanalytic Review,* einer neuen, von William Alanson White und Smith Ely Jelliffe gegründeten Zeitschrift. Jelliffe hatte Jung an die Fordham University eingeladen. *The Psychoanalytic Review* war die erste ausschließlich psychoanalytischen Themen gewidmete Zeitschrift in den Vereinigten Staaten. Jung war mit der Veröffentlichung seiner Vorlesung in der ersten Nummer nicht nur allen anderen zuvorgekommen, er nutzte die Gelegenheit zudem noch und schrieb ein Vorwort, in dem er offen für seine Ansichten warb. Kurz nach der Rückkehr nach Zürich brachte Jung für die deutsche Veröffentlichung ein weiteres Vorwort zu Papier. Darin kündigte er an, die Vorlesungen enthielten eine ausgereifte Darlegung seiner Kritik an Freud, die sich seit langem in ihm geregt und die er bislang zurückgehalten habe. Als falle es ihm schwer, auch nur das Wort in den Mund zu nehmen, schreibt Jung, seine neuen Ansichten bedeuteten keineswegs eine »Zerspaltung« der psychoanalytischen Bewegung: »Solche Schismen gibt es nur, wo es sich um einen Glauben handelt.«[10] Er erwähnt Alfred Adlers jüngstes Werk *Über den nervösen Charakter* und merkt an, daß er es erst nach Abfassung seiner Vorlesungen gelesen habe. Dabei habe er überrascht festgestellt, daß er und Adler in vielen Punkten zu ähnlichen Ergebnissen gekommen seien. Fast wider Willen entwickelte sich Jung zum Vorkämpfer des theoretischen Pluralismus in der Psychoanalyse.

Während Jung eifrig seine neuen Theorien verbreitete, mußte er feststellen, daß die Fordham Lectures bei Freud keine Gnade finden würden. Aus Amerika hatte er Freud nicht ein einziges Mal geschrieben, aber unmittelbar nach der Rückkehr, am 11. November 1912, sandte er eine Friedensbotschaft nach Wien. Jungs Strategie war klar: Er rechnete damit, daß Freud seine Auffassungen ablehnen würde, aber das sollte kein Grund für einen offenen Bruch werden. Jung wollte ein Ende der psychoanalytischen Feindseligkeiten – mit anderen Worten: keine weiteren Hinweise mehr auf seine eigenen Komplexe. Über die noch unveröffentlichten Vorlesungen berichtet er:

Ich habe gefunden, daß meine Fassung der Ψ sehr viele Freunde gewann, welche bisher dem Problem des Sexualismus der Neurose hilflos gegenüberstanden. Ich werde mir erlauben, Ihnen, sobald ich einen Abdruck habe, ein Exemplar meiner Vorlesungen zu schicken, in der Hoffnung, daß Sie gewissen Neuerungen, die schon in meiner Libidoarbeit angedeutet sind, allmählich werden beipflichten können. Ich habe kein Bedürfnis, Ihnen davonzulaufen, wenn Sie unsere Bemühungen objektiv würdigen wollen. Ich bedaure es außerordentlich, wenn Sie glauben, daß nur Widerstände gegen Sie mich zu gewissen Änderungen bestimmten. Ihre Kreuzlinger Geste hat mich nachhaltig gekränkt. Ich ziehe direkte Auseinandersetzung vor. [...]

Andererseits möge Ihnen dieser Brief zeigen, daß ich keinesfalls das Bedürfnis habe, die persönliche Beziehung zu Ihnen abzuschneiden. Ich identifiziere Sie nicht mit einem Lehrsatz. Ich habe mich stets bemüht, Ihnen volle Gerechtigkeit widerfahren zu lassen, und werde dies auch immer tun, gleichgültig, wie sich unsere persönlichen Beziehungen gestalten. Selbstverständlich ziehe ich ein freundschaftliches Verhältnis zu Ihnen, dem ich soviel verdanke, vor, aber ich wünsche mir objektive Beurteilung und kein Ressentiment. [...] Ich kann Sie nur versichern, daß auf meiner Seite kein Widerstand besteht, wenn es nicht der ist, daß ich mich weigere, als ein Komplexnarr beurteilt zu werden. Ich glaube nämlich, objektive Gründe für meine Auffassungen zu haben.[11]

Freuds Antwort kam prompt – am 14. November – und war eisig. Sein Brief beginnt mit einer kühlen, förmlichen Anrede, die er bis dahin nie benutzt hatte: »Lieber Herr Doktor«. Entsprechend geht es weiter:

Ich begrüße Sie zu Ihrer Heimkehr aus Amerika nicht mehr so zärtlich wie zuletzt in Nürnberg [das heißt nach Jungs letzter Reise 1910; J. K.] – das haben Sie mir erfolgreich abgewöhnt –, aber doch mit genug Teilnahme, Interesse und Befriedigung über Ihren persönlichen Erfolg. [...] Daß Sie mit Ihren Modifikationen viele Widerstände verringert haben, sollten Sie aber nicht auf die Verdienstseite schreiben, denn Sie wissen, je weiter Sie sich von den ψ Neuheiten entfernen wollen, desto sicherer sind Sie des Beifalls, desto geringer ist der Widerstand.[12]

In diesem Tonfall, einer Mischung aus Gekränktheit und Verärgerung, ist der gesamte Brief geschrieben. Freud räumt ein, er habe »dasselbe Bedürfnis nach Fortsetzung der Arbeitsgemeinschaft«, doch das »Beharren auf der ›Geste von Kreuzlingen‹« finde er »ebenso unverständlich als kränkend«.[13] Ob Jung gehört habe, daß Adler, der während Jungs Abwesenheit zu einem Kongreß von Forels Gesellschaft für Medizinische Psychologie und Psychotherapie in Zürich gewesen sei, berichtet habe, »daß er die Züricher in panikartiger Flucht vor der Sexualität fand, die Herren aber leider nicht hindern kann, sich seiner Ideen zu bedienen«?[14]

Freuds Strategie war ebenfalls klar: Er behielt sich vor, den Vergleich mit Adler und die entsprechenden Schlußfolgerungen zu ziehen. In dieser Situation blieb Jung nichts anderes übrig, als erneut seinen Rücktritt anzubieten, und tatsächlich schlug er postwendend vor, auf dem nächsten Kongreß über seine Präsidentschaft abstimmen zu lassen. Jungs Bereitschaft, die institutionelle Situation zu klären, war ohne Zweifel durch eine andere Entwicklung befördert worden: In der Zwischenzeit hatte er Besuch von Maeder bekommen, der sich noch immer über Freuds Brief und den Vorwurf, er sei ein Antisemit, wunderte.

Maeder hatte auf den Brief geantwortet, während Jung noch in Amerika war. Er fühlte sich nicht nur selbst angegriffen, sondern verstand den Brief als Angriff auf die Schweizer Analytiker allgemein. Seine erste große Liebe sei Jüdin gewesen, hielt er Freud entgegen, und viele seiner Freunde seien Juden. Trotz allem erscheine es ihm passend, daß gerade ein Jude die Psychoanalyse entdeckt habe: »Ich bin überzeugt, daß die ΨA von einem Semiten entdeckt werden mußte, daß der semitische Geist besonders geeignet ist für die Analyse.«[15] Der christliche Geist, so Maeder weiter, sei besonders geeignet, die prospektiven Fähigkeiten des Unbewußten zu enthüllen und die Phantasie der Wiedergeburt als Vehikel der Persönlichkeitsveränderung zu nutzen. Ohne es zu ahnen, bestätigte Maeder damit Sabina Spielreins unbedachte Äußerung zu diesem Punkt: Bei der prospektiven Deutung von Symbolen wie »Siegfried« stand im Hintergrund tatsächlich die Annahme, es gebe einen Unterschied zwischen jüdischer und christlicher Psychologie. Natürlich kannte Maeder Sabina Spielreins vertrauliche Offenbarungen nicht, und für ihn war das auch nicht der entscheidende Punkt. Er fuhr fort mit der Behauptung, der »semitische Geist« habe einen nachteiligen Einfluß auf die Taktik der Psychoanalytiker gehabt: »Die meisten Analytiker und insbesondere die Wiener Kollegen haben auf Gegner mit einem negativen Vaterkomplex reagiert, der eindeutig semitische Züge trägt.«[16] Dann wies er Freud noch darauf hin, daß in der Ankündigung der *Imago* der Gedanke, die institutionalisierte Religion zu ersetzen, explizit ausgesprochen werde. Freud indes habe, so Maeder, in seinen jüngsten Schriften den semitischen Geist überwunden. Innerhalb der Psychoanalyse könnten die beiden Traditionen, die christliche und die semitische, sich mit Gewinn gegenseitig ausbalancieren.

Kurzum, Maeder schrieb Gedanken nieder, über die man am besten schweigen sollte. Erklärbar wird sein Verhalten wohl nur durch die Tatsache, daß er sich immer noch darüber wunderte, warum seine Theorie über die prospektive Funktion von Träumen, die noch nicht gedruckt war, automatisch als eine spezifisch christliche Sicht verstanden werden sollte. In seiner Verwirrung suchte er Jung kurz nach dessen Rückkehr aus Amerika auf. Jung riet ihm prompt und entschieden: Maeder solle nichts weiter unternehmen, er, Jung, werde die Angelegenheit klären.

Der Ärger mit Stekel

Wir können nur spekulieren, wie es zwischen Jung und Freud weitergegangen wäre, wenn sie ihre Auseinandersetzung nur in Briefen fortgeführt hätten. Doch höchst unerwartet kamen sie am 24. November persönlich zusammen, wieder einmal im Parkhotel in München. Anlaß der Begegnung waren Probleme mit Stekels *Zentralblatt.*

Bei der Begegnung ging es um Stekel, aber zur Abwechslung einmal nicht um Theorie. Beim letzten Treffen der Mittwoch-Gesellschaft im Frühjahr 1912 war ein ungewöhnlich heftiger Streit zwischen Stekel und Victor Tausk entbrannt. Die beiden Männer konnten sich von Anfang an, seit Tausk zur Wiener Gruppe gehörte, nicht ausstehen, doch mit diesem letzten Streit war anscheinend – es gibt kein Protokoll – ein neuer Höhepunkt offener Feindseligkeiten erreicht. Irgendwann im Sommer hatte Freud eine Eingebung gehabt: Tausk sollte die Buchbesprechungen im *Zentralblatt* übernehmen. Vielleicht hoffte Freud, Stekel würde vor lauter Ärger zurücktreten. Zumindest konnte Tausk für Freud den Wachhund spielen.

Doch die Rechnung ging nicht auf. Der Leser wird sich erinnern, daß der nach dem Nürnberger Kongreß vereinbarte Kompromiß den drei führenden Köpfen der psychoanalytischen Bewegung in allen Angelegenheiten ein Vetorecht einräumte. Adler hatte die Bühne inzwischen verlassen, aber Stekel wußte noch sehr gut, wie die Regeln lauteten. Und er folgerte, wenn er gegen einen Artikel ein Veto einlegen konnte, konnte er auch gegen eine Ernennung ein Veto einlegen. In aller Ruhe teilte er mit, in seiner Zeitschrift werde keine Buchbesprechung von Tausk erscheinen. Damit hatte Freud die Provokation, die er brauchte. Im Frühherbst 1912 schrieb er in seiner Eigenschaft als Herausgeber einen offiziellen Brief an den Verleger J. F. Bergmann und verlangte, daß Stekel als Schriftleiter abgesetzt werden sollte. Bei der Zusammenkunft der Wiener Gruppe am 9. Oktober ließ er Sachs im Namen der Gesellschaft mitteilen, daß Stekel als Schriftleiter des *Zentralblattes* vom Vorstand abgesetzt worden sei.[17] Aber es gab ein Problem: Bergmann kannte die Regeln ebenfalls und teilte Freud mit, daß seine Intervention an Stekels Position nichts ändere. Soweit es den Verlag Bergmann betraf, hieß der Schriftleiter nach wie vor Stekel.

Freud war fassungslos. Er fühlte sich von beiden Männern betrogen und streute das Gerücht aus, Stekel habe in verräterischer Absicht einen »Geheimvertrag«[18] mit Bergmann geschlossen. Die Wahrheit war wohl schlichter. Seit dem Weimarer Kongreß war das *Zentralblatt* mit dem *Bulletin* belastet, jenem von Anfang an mißratenen Mitteilungsblatt des Präsidenten, um das Jung sich kaum kümmerte. Als Teil dieser Vereinbarung wurde für alle europäischen Mitglieder von der Internationalen Vereinigung eine Subskription des *Zentralblattes* im voraus gezahlt. Freud hatte geglaubt, daß er oder Jung juristisch über das *Zentralblatt* entscheiden konnte, nachdem er es zum offiziellen Organ der Vereinigung gemacht hatte. Stekel hatte diese Möglichkeit gleichfalls erwogen und darum, bevor er der neuen Regelung zustimmte, mit Bergmann erörtert, ob sich dadurch an ihrer früheren Vereinbarung etwas änderte. Bergmann hatte das verneint. Das war Stekels gesamte »Verräterei«.[19]

Nachdem sich Freud mit der verfrühten Ankündigung von Sachs in Zugzwang gebracht hatte, war er entschlossen zu handeln. Er bestellte Stekel zu sich und verlangte persönlich seinen Rücktritt vom Posten des Schriftleiters und seinen Austritt aus der Vereinigung. Stekel wollte das ebenfalls. Freud sprach davon, daß er der gemeinsamen Sache schade – der übliche Vorwurf – und daß er, Freud, es leid sei, ihn gegen alle anderen zu verteidigen. Stekel konnte sehr direkt sein, vor allem wenn seine Eigenliebe verletzt war, und fragte ganz ruhig zurück, wen Freud dabei im Sinn habe. Wie aus der Pistole geschossen, nannte Freud Jung. Adler hatte offensichtlich die gleiche Auskunft erhalten und einen indignierten Brief mit der Bitte um Aufklärung nach Zürich geschrieben. Stekel fiel darauf nicht herein, sondern drehte den Spieß um: Er werde noch Psychoanalyse praktizieren, erwiderte er, wenn Jung längst abgefallen sei. Schließlich willigte Stekel ein, die örtliche Gesellschaft zu verlassen – er mochte keinen Streit und verspürte keine Neigung, Adlers düsterem Beispiel zu folgen und schweigend bei den Treffen dabeizusitzen –, aber das *Zentralblatt* wollte er nicht aufgeben. Die Arbeit als Journalist war inzwischen zu seiner Berufung geworden.

Stekels letztes Treffen mit Freud verlief erstaunlich freundschaftlich, doch beim Thema *Zentralblatt* war Freud nicht zu besänftigen. Wenn Stekel nicht gehen wolle, werde er, Freud, gehen – und die Autoren sämtlicher Beiträge mitnehmen. Bis Jung aus Amerika zurückkehrte, hatte Freud bereits seine eigene *Zeitschrift* gegründet, die ab Januar 1913 erscheinen sollte. Stekel fand sich offensichtlich damit ab. Am 12. Oktober 1912 sprach er Jones gegenüber die folgende gutgemeinte Warnung aus:

> Früher oder später werden Sie die Erfahrung machen, daß Freud von Zeit zu Zeit einen Freund opfern muß. Er kann nur Leute um sich haben, die mit ihm übereinstimmen, Pagodas, die immer ja sagen. Ihre Stunde wird auch kommen, sobald Sie zu einer unabhängigen Meinung gelangt sind. Das nächste Opfer ist Jung, und diese Freundschaft hat bereits eine heuchlerische Unterströmung.[20]

Stekels Gemütsruhe angesichts von Freuds Manöver ist auf dem Hintergrund der finanziellen Vereinbarungen zu sehen: Der jeweils für ein Jahr abgeschlossene Vertrag zwischen der Internationalen Vereinigung und dem *Zentralblatt* war soeben wieder erneuert worden, damit war die Vereinigung für weitere zwölf Monate zu Zahlungen verpflichtet. Darüber hinaus war die Vereinigung weiterhin offiziell mit der inzwischen diskreditierten Zeitschrift verbunden. Freud hatte bereits von zahlreichen Einzelgesellschaften die Zusicherung erhalten, daß sie seine neue Publikation unterstützen würden. Doch der Vertrag mit Bergmann blieb in Kraft – und es war Jung überlassen, einen Weg zu finden, wie man aus dem Vertrag herauskommen konnte.

Für Jung war die Situation ein Geschenk des Himmels: Er konnte seine Loyalität unter Beweis stellen, und er ergriff die Gelegenheit. Kraft Amtes berief Jung für den 24. November ins Parkhotel in München eine Obmännerkonferenz ein, bei der über eine Lösung beraten werden sollte. Teilnehmer der Konferenz waren Freud, Abraham, Seif, Jones, Jung, Riklin und ein

Holländer namens Johan van Ophuijsen, zu der Zeit Sekretär der Züricher Ortsgruppe. Jones traf beinahe zu spät ein, weil Jung auf seiner Einladung ein falsches Datum angegeben hatte. Jones zeigte Jung die Einladung, und Jung war so erstaunt, daß Jones ihm den Irrtum – es war ein Schreibfehler – glaubte. Als Jones Freud später von dem Versehen erzählte, brummte Freud: »Ein Gentleman sollte so etwas auch nicht unbewußt machen.«[21]

Jung eröffnete die Sitzung um neun Uhr vormittags mit dem Vorschlag, man solle Freuds Plan unverzüglich ohne Diskussion annehmen. Doch Freud bestand darauf, die Geschichte aus seiner Sicht zu erzählen, und tat das auch. Seif erinnerte sich später, daß Freud voller Erregung berichtete. Anschließend übernahm Jung wieder die Leitung und versicherte Freud, die Vereinigung unterstütze ihn voll und ganz. Nachdem dieses Thema erledigt war, erörterte man das Thema des nächsten Kongresses und beschloß, daß es »Die Funktion des Traums« sein sollte. Für die Schweizer sollte Maeder sprechen, für die Wiener Rank.

Die Sitzung wirkte offenbar sehr ermutigend. Obwohl ein Hauch von Spannung in der Luft lag, arbeiteten Freud und Jung bei der Lösung der beiden heiklen Fragen reibungslos und sehr erfolgreich zusammen. Es schien, als habe die Organisation nie besser funktioniert. Vor dem Mittagessen unternahmen Freud und Jung einen zweistündigen Spaziergang, während die anderen zurückblieben und sich fragten, woher der Wind denn nun wehte. Als die beiden weggingen, hörte Seif, wie Freud Jung vorhielt, daß er sich im Frühling nicht nach seiner kranken Mutter erkundigt habe. Mit dem Hinweis auf die Erkrankung der Mutter hatte Freud die kurzfristige Planung seines Besuchs in Kreuzlingen erklärt. Seif konnte das nicht wissen. Er hatte den Eindruck, daß Freud eine paternalistische Haltung einnahm, als werfe er Jung Gefühllosigkeit gegenüber seiner geistigen Großmutter vor.

Zweifellos erinnerten sich Freud und Jung bei ihrem Spaziergang an ihr letztes Treffen im Parkhotel knapp zwei Jahre zuvor. Die »Geste von Kreuzlingen« kam gewiß auch zur Sprache. In dem Zusammenhang gab es vieles zu besprechen, von der Krankheit von Freuds Mutter bis zu Binswangers großem Geheimnis (seiner vermeintlich lebensbedrohlichen Krebsgeschwulst), von Freuds verspäteter Ankündigung seines Besuchs bis zu der Tatsache, daß Jung nicht in der Stadt gewesen war, als Freuds Brief eintraf. Mit Sicherheit wissen wir nur, daß Jung einräumte, es könne sein, daß er, nachdem er wieder nach Zürich zurückgekehrt sei, nicht auf den Poststempel von Freuds Brief geschaut habe. Kurzum, alles entpuppte sich als ein großes Mißverständnis. Irgendwann im Verlauf ihrer Unterredung gestand Jung, daß es ihm schwerfalle, sich unabhängig zu fühlen, wenn er zu eng mit einem anderen Mann zusammenarbeite. Vermutlich fiel diese Bemerkung, als Jung sich dafür entschuldigte, daß es im letzten Winter zwischen seinen Briefen so große Abstände gegeben habe, weil er all seine Libido, wie er es damals ausdrückte, für die Arbeit benötigt habe. Jung nahm somit die Schuld für ihre Entfremdung auf sich und erklärte sie mit Charakterschwierigkeiten.

Schließlich kehrten Jung und Freud zu den anderen zurück, und es hatte den Anschein, als wäre ihr Konflikt beigelegt. Kaum war das Mittagessen aufgetragen, rügte Freud Riklin, weil Riklin ihn in seiner jüngsten Veröffentlichung nicht zitiert habe. Riklin erwiderte, Freuds Beiträge seien so bekannt, daß es überflüssig sei, sie zu zitieren. Dann kam das Gespräch auf Karl Abrahams kurz zuvor erschienen Aufsatz über den ägyptischen Herrscher Amenhotep. Amenhotep, der als der Begründer des Monotheismus gilt, hatte im Rahmen seiner Reformen veranlaßt, daß der Name seines Vaters von allen öffentlichen Monumenten entfernt wurde. Freud stützte damit seine Deutung, daß Amenhotep Todeswünsche gegen seinen Vater gehegt habe. Jung widersprach hastig. So einfach sei es nicht, wandte er ein, denn zu seinen Lebzeiten habe man Amenhoteps Vater wie seinen Vater vor ihm als Gott angesehen, und es habe zur Einführung einer neuen Religion gehört, daß der Name des alten Gottes beseitigt worden sei. An dieser Stelle warf Freud ein, all dies erinnere ihn an die Schweizer und ihr Versäumnis, seinen Namen in ihren Schriften zu erwähnen. Jung verteidigte Riklin und die anderen Schweizer durch den Hinweis, daß Freud so bekannt sei ...usw. usw. Aber Freud war von dem Gedanken nicht abzubringen, und Jones erinnerte sich später, daß er gedacht habe, Freud nehme alles etwas zu persönlich. Jung kehrte wieder zu Amenhotep zurück und erklärte in keineswegs entschuldigendem Ton: »Die Geschichte ist vielleicht roh oder sogar brutal, aber so ist die Natur. Denn der Vater hat bereits einen Namen, während der Sohn erst hinausgehen und sich selbst einen Namen machen muß.« Darauf erwiderte Freud: »Gut, für die alten mag das zutreffen, aber doch nicht unbedingt in diesem Fall.« Danach schwieg Freud, und Jung ließ sich weiter über Amenhotep aus. Auf einmal sank Freud ohnmächtig vom Stuhl.

Jung sprang zu ihm. Später erinnerte er sich:

> Da nahm ich ihn auf die Arme, trug ihn ins nächste Zimmer und legte ihn auf ein Sopha. Schon während ich ihn trug, kam er halb zu sich, und den Blick, den er mir zuwarf, werde ich nie vergessen. Aus seiner Hilflosigkeit heraus hat er mich so angeschaut, wie wenn ich sein Vater wäre.[23]

Freud schaute Jung nicht nur an, er sagte auch etwas. Jones zufolge waren es die Worte: »Es muß süß sein zu sterben.«[24]

Selbstverständlich konnte das Gespräch nicht fortgesetzt werden, denn alle Augen richteten sich besorgt auf den gefallenen Meister. Nachdem Freud seine Fassung wiedererlangt hatte, erklärte er den Vorfall damit, daß er schlecht geschlafen und sich den Magen verdorben habe. Dann brach Jung auf, und Freud ging es unverzüglich besser. Er sann über die mystischen Neigungen der Schweizer nach und über die Ähnlichkeit zwischen Jung und Adler, die beide in Amerika für die Psychoanalyse warben, indem sie die Bedeutung der Sexualität herunterspielten. Von der zurückgewonnenen Heiterkeit abgesehen, setzte Freud seine Litanei psychosomatischer Klagen fort. So habe einmal eine Migräne seine ganze linke Seite ergriffen, die von einem Niednagel am kleinen Zeh ausgegangen sei. Schließlich löste sich die Versammlung auf, und die Konferenzteilnehmer stiegen in die Züge, die sie in ihre Heimatstädte zurückbrachten.

Offensichtlich war etwas Wichtiges geschehen, man wußte nur noch nicht genau, was. In den folgenden Wochen erklärte Freud in Briefen an seine Vertrauten die Bedeutung des Vorfalls gewissenhaft psychoanalytisch als »Stück eines unbeherrschten homosexuellen Gefühls«.[25] Seif vertraute unterdessen Jones seine Deutung an, daß Freuds Ohnmacht seinen »ungenügend analysierten ›Vaterkomplex‹«[26] widerspiegele. In dem Zusammenhang zitierte Seif einen Ausspruch von Emma Jung: »Analysieren und analysiert werden sind zwei ganz verschiedene Dinge.«[27] Dann fügte er noch die beleidigende Bemerkung hinzu: »Allem Anschein nach bekommen wir jetzt die unseligen Folgen zu spüren, daß wir seit zwei Jahrtausenden die riesige Last der jüdischen patriarchalischen Tradition mit uns herumtragen.« Seif, der im übrigen Jungs neue Gedanken für einen großen Fortschritt hielt, faßte die Situation so zusammen:

Heute muß man sich fragen: Wird Freud seinen Konflikt jemals loswerden? Wird er sich jemals von seiner Eifersucht auf Jung wenigstens so weit befreien, daß er ihn gebührend anerkennt (was er unbewußt auf jeden Fall tut, wie die Ohnmachten zeigen). Ich denke, das wäre die beste Lösung.

Und wenn das nicht möglich sein sollte, dann würde man zumindest hoffen, daß der Anschein des offenen Umgangs nach Art von Gentlemen gewahrt wird. Das ist das mindeste, was Jung verdient.[28]

Jones zog es vor, Freud nicht zu erzählen, was Seif zu ihm gesagt hatte. Der treffendste Kommentar stammt von Ferenczi, der in einem Brief an Freud schrieb, er habe schon längst damit gerechnet, daß so etwas geschehen werde. Ferenczi war, wie der Leser sich erinnern wird, drei Jahre zuvor in Bremen dabei gewesen, als Freud ebenfalls in Jungs Gegenwart ohnmächtig wurde. Er kannte Freud und Jung gut, und obschon seine persönliche Zuneigung vollkommen und unwiderruflich Freud galt, unterschätzte er doch weder Jungs Bedeutung noch das Ausmaß, wie sehr Freud an Jung hing.

Jung schickte unterdessen seinen nächsten Brief nach Wien. Karl Abraham teilte Freud mit, er habe einen »sehr liebenswürdigen«[29] Brief von Jung erhalten, doch man kann auch einiges an Herablassung daraus lesen. Jung schreibt:

> Ich bin sehr froh über unsere Münchner Zusammenkunft, denn ich habe bei dieser Gelegenheit zum ersten Mal Sie eigentlich verstanden. Ich bin mir bewußt geworden, wie verschieden ich von Ihnen bin. Diese Einsicht wird genügen, meine ganze Einstellung wesentlich zu verändern. Sie dürfen nunmehr wirklich versichert sein, daß ich in der persönlichen Beziehung nicht von Ihnen lassen werde. Bitte, verzeihen Sie meine Irrtümer, die ich nicht entschuldigen oder beschönigen will. Ich hoffe, daß es mir gelingen wird, von nun an die endlich gewonnene Einsicht zur Richtschnur meines Handelns zu machen. Ich finde es sehr schmerzlich, daß ich diese Einsicht nicht schon früher gewonnen habe. Ich hätte Ihnen soviel Enttäuschungen ersparen können.
>
> Ich habe mir noch sehr viel Sorge gemacht, wie Sie wohl wieder nach Wien zurückgelangt seien, ob Sie sich nicht doch wieder überanstrengt haben durch die nächtliche Reise. Bitte, lassen Sie mich wissen, wie es Ihnen geht, wenn es auch nur ein paar Worte auf einer Karte sind.[30]

Nicht ganz zu Jungs angeblicher Besorgnis paßt seine unschuldige Bemerkung am Schluß des Briefs: »Ich hoffe, daß Bleuler Sie unterrichtet hat über die im *Jahrbuch* erscheinenden Artikel. Was in die Januarausgabe kommt, weiß ich selber noch nicht.«[31] In der Januarausgabe sollte Maeders Arbeit »Über die Funktion des Traumes« erscheinen. Jung tat so, als hätte er damit nichts zu tun.

Tatsächlich war die Situation unhaltbar geworden. »Liebenswürdigkeit« war das letzte, was Freud von Jung wollte; Reue ja, aber keine Liebenswürdigkeit. Durch die Ohnmacht hatte Freud den emotionalen Einfluß verloren, den er an jenem Vormittag im Gespräch mit Jung gewonnen hatte. Und mit der halbbewußten Bemerkung – »es muß süß sein zu sterben« – hatte er Männern wie Jung und Seif unbeabsichtigt reichlich Munition geliefert. Wenn es hart auf hart kam, würde er nicht umhin können, diesen Satz zu erklären, selbst wenn er ihn spielerisch noch einmal wiederholte. Denn offenbar hatte er die Phantasie ausagiert, er sei Jungs Vater und sterbe in den Armen seines Sohnes.

Und was wurde aus Stekel, der, hätte er von den Ereignissen jenes Nachmittags erfahren, zu Recht hätte triumphieren können? Sein *Zentralblatt* erschien nur noch zwei Jahre, aber er schrieb weiter über psychoanalytische Themen und machte eine glänzende Karriere als produktiver Autor. An dieser Stelle sei angemerkt, daß Stekel viele kluge Gedanken über die Conditio humana zu Papier brachte; dieser Leistung tut es keinen Abbruch, daß er bisweilen passendes Fallmaterial erfand. Es sei auch noch angemerkt, daß Stekel nicht im mindesten nachtragend war. In seiner Autobiographie, die er am Ende seines Lebens verfaßte, äußert er sich über so gut wie niemanden abfällig. Im Grunde genommen war Stekels Problem seine Gewandtheit. Freudianisch ist eine eigene Sprache, die Symptome nimmt und sie in so etwas wie die Poesie unerfüllter Wünsche übersetzt. Freudianisch als Sprache der Symptome ist eine Sprache zum Hören, nicht zum Sprechen; man muß lauschen, nicht reden. Doch Wilhelm Stekel hatte es sich in den Kopf gesetzt, in dieser Sprache zu schreiben.

»Der Rest ist Schweigen«

Freud antwortete auf Jungs »liebenswürdigen« Brief vom 26. November alles andere als liebenswürdig. Nach dem peinlichen Zwischenfall in München fünf Tage zuvor kostete es ihn einige Überwindung, seine gewohnte Haltung wiedereinzunehmen. Wie üblich erweist er sich als Briefeschreiber der Herausforderung gewachsen. Der Brief beginnt mit zaghafter Kollegialität – »von mir aus wird unser nunmehriges Verhältnis stets den Nachklang der früheren Intimität beibehalten«[32] –, dann kommt er auf die Ohnmacht zu sprechen: »ein Stückchen Neurose, um das man sich doch kümmern sollte.«[33] Unvermittelt geht er zu beruflichen Fragen über: Er hoffe, daß Jung und seine Kollegen Beiträge für die neue *Zeitschrift* liefern würden, denn es liege an den Schweizern zu verhindern, daß die *Zeitschrift* wie ein »Wiener Parteiorgan«[34] erscheine. Jung wird insbesondere eingeladen, Freuds neueste Arbeiten über die analytische Technik zu besprechen. In Anbetracht dessen, was Freud über Spielrein wußte, war die Einladung eher eine Herausforderung. Es folgt noch eine viel schärfere Provokation:

> In der zweiten Nummer [der *Zeitschrift;* J. K.] wird wahrscheinlich Ferenczi eine Studie über Ihre Libidoarbeit bringen, die dem Werk wie dem Autor gerecht werden soll. Ich gewinne langsam ein Verhältnis zu dieser Arbeit (der Ihrigen, meine ich) und glaube jetzt, daß Sie uns darin eine große Aufklärung geschenkt haben, wenn auch nicht die, welche Sie beabsichtigten. Es scheint, daß Sie das Rätsel aller Mystik gelöst haben, welche auf der symbolischen Verwendung der außer Dienst gestellten Komplexe ruht.[35]

Das war nichts anderes als die Mitteilung, daß Jungs Seelenleben nach wie vor gründlichst erforscht wurde. Nur das Forum war ein anderes. Bei dem Komplex, der ausgedient hatte und nun angeblich anders verwendet wurde, handelte es sich um den mit dem Namen »Siegfried« verbundenen erotischen Komplex. Mit anderen Worten: Freud ließ Jung wissen, daß er sich berechtigt fühlte, auf der Grundlage von Sabina Spielreins Enthüllungen nach Belieben Jungs Mystik und damit sein Werk insgesamt vernichtend zu kritisieren.

Jung blieb nichts anderes übrig, als mit einer besonderen Beklommenheit auf Ferenczis Arbeit zu warten und sie dann unter mehr als einem Gesichtspunkt zu studieren. Drei Jahre zuvor hatte William James über die Psychoanalyse geschrieben, »Symbolik« sei eine gefährliche Methode. Auf außergewöhnliche Weise bestätigte sich, daß seine Warnung berechtigt war: Sehr rasch wurde die vermeintlich reine Theorie zum Vehikel persönlicher Unterstellungen und Angriffe. Freud war offensichtlich sehr mit sich zufrieden, daß er einen Weg gefunden hatte, sich aus der höchst unangenehmen Situation herauszuwinden, denn er unterzeichnete seinen Brief mit der Formulierung »Ihr unverwandelter Freud«.[36]

Jung explodierte. Quer über seinem Brief vom 3. Dezember 1912 steht die Warnung: »Dieser Brief ist ein unverschämter Versuch, Sie an meinen Stil zu gewöhnen. Also Vorsicht!«[37] Zunächst dankt er Freud für das Eingeständnis, daß der Vorfall in München mit einem »Stück Neurose« zu tun gehabt habe, dann hält er ihm vor:

> Dieses »Stück« ist meines Erachtens sehr ernst zu nehmen, denn es geht, wie die Erfahrung lehrt, »usque ad instar voluntariae mortis« [»bis zum Abbild eines freiwilligen Todes«; Apuleius, zitiert in den »Wandlungen und Symbolen«; J. K.]. Ich habe an diesem Stück bei Ihnen gelitten, obschon Sie das nicht gesehen und nicht richtig eingesehen haben, als ich meine Einstellung zu Ihnen erklären wollte. Wäre dieser Schleier weg, so würden Sie auch, des bin ich sicher, ein anderes Verhältnis zu meiner Arbeit gewinnen.[38]

Triefend vor Sarkasmus, schleudert Jung Freud dann dessen »Selbsterkenntnis« ins Gesicht. Als erstes kommt das Argument, Freud sei selbst neurotisch und könne darum seine, Jungs, Arbeit nicht würdigen. Wenn Freud Wissen preisgab, das er von Sabina Spielrein hatte, dann würde Jung erzählen, was er über Freuds Haushalt wußte. Nach drei wütenden Absätzen ist Jung beim entscheidenden Punkt angelangt:

> Unsere Analyse hat seinerzeit ein Ende gefunden bei Ihrer Bemerkung, »Sie können sich, *ohne Ihre Autorität zu verlieren,* nicht analytisch preisgeben.« Dieser Satz hat sich mir ins Gedächtnis gegraben als ein Symbol alles Kommenden.[39]

Damit bezog sich Jung ohne Zweifel auf jenes verhängnisvolle Gespräch auf dem Schiff, das sie von Amerika zurück nach Deutschland brachte. Damals hatte Freud sich geweigert, seine Assoziationen zu einem Traum mitzuteilen. Jung kündigte nun an, daß er zur Konfrontation hart auf hart bereit war, selbst wenn er sich im Medium Brief noch einigermaßen beherrschte.

Die zurückliegenden drei Jahre waren wie ausgelöscht. Es gab keinerlei Hoffnung mehr. Freud und Jung steuerten unwiderruflich auf gegenseitige Erpressung zu, und wenn ihnen nicht im letzten Moment doch noch ein Kurswechsel gelang, konnten sie sich gegenseitig – und der gemeinsamen Sache, mit der sie beide nach wie vor identifiziert waren – unendlich großen Schaden zufügen. Als räume er das implizit ein, prangerte Jung gleich darauf den »Mißbrauch« der Psychoanalyse an, »um andere und deren Fortschritte zu entwerten durch die bekannten Komplexinsinuationen (übrigens wie wenn das irgend etwas erklärte! Erbärmliche Theorie).«[40]

Freud behielt einigermaßen die Nerven, doch er setzte alles daran, diese besondere Art des Austausches so rasch wie möglich zu beenden. Er schrieb postwendend am 5. Dezember zurück:

> Besorgen Sie nicht wieder, daß ich nun Ihren »neuen Stil« übelnehme. Ich meine, daß im internen Verkehr der Analytiker wie in der Analyse selbst jede Form der Aufrichtigkeit gestattet ist. Die Mißbräuche der ΨA, auf die Sie hindeuten, in der Polemik und zur Abwehr des Neuen, machen mich selbst seit längerer Zeit nachdenklich; ich weiß nicht, ob sie ganz zu verhüten sind, und kann vorläufig nur das Hausmittelchen dagegen empfehlen, daß sich jeder von uns mit der eigenen Neurose eifriger beschäftige als mit der des Nächsten.[41]

Dann geht Freud zu beruflichen Angelegenheiten über, auf unpersönliches und darum ungefährliches Terrain. Im vorletzten Absatz nimmt er Jungs Herausforderung auf:

> Es tut mir leid, daß ich auf die Würdigung Ihrer Bemerkungen über die Neurosen der Analytiker nicht weiter eingehen kann, es soll nicht als Ablehnung gefaßt werden. In einem Punkt wage ich einen krassen Widerspruch: Durch meine Neurose sind Sie nicht zu Schaden gekommen, wie Sie meinen.[42]

Wenn Freud bis auf weiteres Anspielungen auf persönliche Schwachpunkte unterlassen wollte, dann war Jung ebenfalls dazu bereit. Er antwortete zwei

Tage später und teilte mit, daß er mit dem Waffenstillstand einverstanden sei: »Nachdem Sie meinen ›neuen Stil‹ leidlich schlecht ertragen haben, stimme ich meine Leier wieder ein paar Töne tiefer, vorderhand.«[43] Doch offensichtlich wußte Jung nicht recht, welchen Ton er nun anschlagen sollte. In dem Brief vom 7. Dezember zieht er sarkastisch Adlers Buch ins Lächerliche, was wohl humvorvoll wirken sollte, und kündigt an, daß er eine Besprechung schreiben wolle. Vielleicht sehnte sich Jung nach den alten Zeiten zurück, als er und Freud sich gemeinsam über andere lustig gemacht hatten. Aber wenn man bedenkt, daß Jung Adler vor der Academy of Medicine in New York und dann in der deutschen Ausgabe seiner Fordham Lectures gelobt hatte, klingt sein Spott noch heute falsch.

Bei der Lektüre der Briefe aus dieser Zeit drängen sich militärische Metaphern auf: Freud und Jung unternahmen Angriffe auf die Flanken, machten Ausfälle usw. Tatsächlich schwebte die ganze Zeit das Damoklesschwert einer kriegsähnlichen Auseinandersetzung über ihnen. Aber kriegerische Metaphern lenken leicht vom Kern des Konflikts ab. Letztlich stritten Jung und Freud darüber, wer der Analytiker war und wer der Analysand. Aus ihrer einstigen Zusammenarbeit war längst eine Beziehung geworden, in der nur einer als Autorität das Sagen haben konnte, in der nur einer die psychoanalytische Wahrheit besaß. Dementsprechend stellte jeder für den anderen eine ganz besondere psychologische Bedrohung dar, wie es sie möglicherweise bis dahin noch nicht gegeben hatte. Denn es behauptete nicht nur jeder, den anderen besser zu kennen als sich selbst, zugleich bemächtigte jeder sich dadurch der psychoanalytischen Identität des anderen. Es war, als dürfe es nur eine Stimme geben, als hätte nur einer das Recht zu sprechen; und die beiden kämpften darum, wer das Recht hatte. Daß es möglich war, mit einem so schrecklichen, grausamen Einsatz zu kämpfen, hing damit zusammen, wie sich die Psychoanalyse entwickelt hatte: Ohne empirische Überprüfung und methodische Sicherheitsvorkehrungen stand jedem, der in der Lage war, danach zu greifen, das Recht zu, die unbewußten Motive seines Gegenübers aufzudecken. Paradoxerweise verlangte die psychoanalytische Identität, die sie sich gegenseitig zu entreißen trachteten, daß sie den Gefühlsstürmen nicht nachgaben. Die Identität eines Psychoanalytikers ist eine korporative Identität, das heißt an eine Institution gebunden. Wenn es Freud und Jung gelang, mit ihrem privaten Streit die institutionelle Psychoanalyse zu zerstören, dann würde keiner das Ziel erreichen, das er verfolgte.

In den beiden zuletzt zitierten Briefen verzichteten sie klugerweise auf weitere persönliche Anspielungen. Aber das bedeutete nicht, daß Freud sich bei allen Themen Zurückhaltung auferlegte. Er antwortete am 9. Dezember auf Jungs spöttischen Brief und schrieb, eine Besprechung von Adlers Buch werde politisch klärend wirken und den Gerüchten ein Ende machen, daß er, Jung, doch noch in Adlers Lager überwechseln wolle. Jungs Versuch, humorvoll zu sein, kommentiert Freud lediglich mit dem Satz: »Ich [...] folge Ihnen gerne durch alle Variationen Ihrer virtuos behandelten Leier.«[44] Jung konnte dem Köder offensichtlich nicht widerstehen und schrieb umgehend zurück: »Selbst Adlers Spießgesellen wollen mich nicht als einen der Ihrigen erkennen.«[45] Jung hatte eigentlich »einen der ihrigen« schreiben wollen, doch durch eine Fehlleistung war aus dem kleinen »i« ein großes »I« geworden, was den Sinn vollkommen veränderte. Dieser Schreibfehler passiert im Deutschen oft, im Briefwechsel zwischen Jung und Freud kommt er häufig vor, und Jungs Satz war auch mit dem Fehler ohne weiteres verständlich. Freud konnte indes der Versuchung nicht widerstehen, Jung die Fehlleistung in seinem nächsten Brief vom 16. Dezember vorzuhalten:

> Das Persönlichnehmen alles Objektiven ist nicht nur (regressive) menschliche Eigenart, sondern auch ganz besonders Wiener Unart. Ich bin aber ganz froh, wenn solche Ansprüche nicht an Sie erhoben werden. Sind Sie nun »objektiv« genug, ohne Ärger nachstehendes Verschreiben zu würdigen?
>
> »Selbst Adlers Spießgesellen wollen mich nicht als einen der *Ihrigen* erkennen.«[46]

Und wieder explodierte Jung.

> Ich bin objektiv genug, um Ihren Truc zu durchschauen. Sie weisen rund um sich herum alle Symptomhandlungen nach, damit setzen Sie die ganze Umgebung auf das Niveau des Sohnes und der Tochter herunter, die mit Erröten die Existenz fehlerhafter Tendenzen zugeben. Unterdessen bleiben Sie immer schön oben als Vater.[47]

Jung hatte Freuds »Truc« wohl kaum durchschaut. Freuds Brief war eindeutig als Provokation gemeint. Offenbar kam es Jung nie in den Sinn, daß Freud seine Briefe als greifbaren Beweis herumreichte, daß Jung seine Neurose nicht überwunden hatte. Günstigerweise ging es in Jungs Brief vom

18. Dezember 1912 noch eine ganze Weile mit Vorwürfen weiter; zum Beispiel behauptete Jung, Freud habe mit diesem Verhalten die Auflehnung von Adler und Stekel provoziert. Freud dürfte das mit Genugtuung gelesen haben, wieder einmal lieferte ihm Jung reichlich Munition. Noch befriedigender als der Ausbruch von Ärger war der Schluß des Briefes:

> Ich werde öffentlich mich zu Ihnen halten, unter Wahrung meiner Ansichten, und werde insgeheim in meinen Briefen anfangen, Ihnen einmal zu sagen, wie ich wirklich über Sie denke. Ich halte diesen Weg für den anständigsten.[48]

Auf dieses Signal hatte Freud gewartet. Jung würde seinen Groll nicht in die Öffentlichkeit tragen. Am 22. Dezember schrieb Freud, daß auch er sich auf Diskretion verstehe – »Was ich je Analytisches über die beiden [Adler und Stekel; J. K.] gesagt, wurde zu anderen und hauptsächlich zu einer Zeit geäußert, da sie nicht mehr im Verkehr mit mir standen«[49] –, doch offensichtlich war er mit dem Brief nicht zufrieden, denn er wurde niemals abgeschickt. Zu Jones sagte Freud, ihm sei der Brief zu nachsichtig erschienen und er habe befürchtet, Jung in seiner Unverschämtheit dadurch noch zu ermutigen. Die Realität dürfte um einiges komplizierter ausgesehen haben. Zum einen hätte Jung aus eigener Erfahrung Beispiele anführen können, daß es mit Freuds Diskretion nicht so weit her war, zum anderen fehlte in Freuds Brief der explizite Hinweis, daß Diskretion auch für persönliche Enthüllungen gelten sollte. Die Aufgabe war heikel, und ausnahmsweise zeigte sich ihr Freud als Briefeschreiber nicht gewachsen. Während weiter Schreiben über berufliche Angelegenheiten zwischen Zürich und Wien hin und her gingen, blieb Jungs Angebot, ihren privaten Austausch vom öffentlichen zu trennen, zehn Tage lang unbeantwortet. Schließlich hielt Jung es nicht länger aus, und unter dem Vorwurf, Neujahrsgrüße senden zu wollen, wiederholte er sein Angebot noch einmal:

> Ich bitte Sie, wenn es Ihnen paßt, mir mitzuteilen, ob Sie auf meine Geheimbriefe verzichten. Ich kann's auch ohne Geheimbriefe machen. Ich will Sie selbstverständlich nicht quälen. [...] Hat man neurotische Symptome, so wird's auch am Verständnis fehlen irgendwo. Wo, haben die Ereignisse bereits gezeigt. Wenn ich also ungeschminkt offen gegen Sie bin, so soll das zu Ihrem Besten geschehen, auch wenn's weh tut.

> Ich denke, meine ehrenhafte Absicht ist völlig klar, so daß ich keine Worte mehr beifügen muß. Das Weitere sei Ihnen überlassen.[50]

Inzwischen hatte Freud die richtigen Worte gefunden. Sein Brief vom 3. Januar 1913 kreuzte sich mit Jungs Brief:

> Aus Ihrem vorigen Brief [vom 23. Dezember 1912; J. K.] kann ich nur einen Punkt ausführlich beantworten. Ihre Voraussetzung, daß ich meine Schüler wie Patienten behandle, ist nachweisbar unzutreffend. [...]
>
> Im übrigen ist Ihr Brief nicht zu beantworten. Er schafft eine Situation, die im mündlichen Verkehr Schwierigkeiten bereiten würde, im schriftlichen Wege ganz unlösbar ist. Es ist unter uns Analytikern ausgemacht, daß keiner sich seines Stückes Neurose zu schämen braucht. Wer aber bei abnormem Benehmen unaufhörlich schreit, er sei normal, erweckt den Verdacht, daß ihm die Krankheitseinsicht fehlt. Ich schlage Ihnen also vor, daß wir unsere privaten Beziehungen überhaupt aufgeben. Ich verliere nichts dabei, denn ich bin gemütlich längst nur durch den dünnen Faden der Fortwirkung früher erlebter Enttäuschungen an Sie geknüpft, und Sie können nur gewinnen, da Sie letzthin in München bekannt haben, eine intimere Beziehung zu einem Manne wirke hemmend auf Ihre wissenschaftliche Freiheit. Nehmen Sie sich also die volle Freiheit und ersparen Sie mir die angeblichen »Freundschaftsdienste«. Wir sind einig darin, daß der Mensch seine persönlichen Empfindungen den allgemeinen Interessen in seinem Bereich unterordnen soll. Sie werden also niemals Grund finden, sich über Mangel an Korrektheit bei mir zu beklagen, wo es sich um Arbeitsgemeinschaft und Verfolgung wissenschaftlicher Ziele handelt; ich kann sagen, so wenig Grund späterhin wie bisher. Anderseits darf ich dasselbe von Ihnen erwarten.[51]

Freuds Brief verlangt sorgfältiges Lesen, und zweifellos studierte ihn Jung gründlich. In seiner Antwort vom 6. Januar entschied sich Jung schließlich für Kürze und ein Zitat aus *Hamlet:*

> Ich werde mich Ihrem Wunsche, die persönliche Beziehung aufzugeben, fügen, denn ich dränge meine Freundschaft niemals auf. Im übrigen werden Sie wohl am besten selber wissen, was dieser Moment für Sie bedeutet. »Der Rest ist Schweigen.«[52]

Die Gefahr war vorüber, aber mit ihr war jede Aussicht auf Versöhnung entschwunden. Abgesehen von einigen wenigen unvermeidlichen Schreiben, die mit organisatorischen Dingen zu tun hatten, gleichförmig geschäftsmäßig und unpersönlich im Tonfall, war der Briefwechsel zwischen Jung und Freud ebenso wie ihre Freundschaft beendet.

Der Briefwechsel liegt nun seit zwanzig Jahren gedruckt vor. Bisher haben sich die Kommentatoren immer auf die stürmischen letzten zwei Monate konzentriert und in den Briefen aus jener Zeit die Gründe für den Tod einer Freundschaft gesucht – als wäre die Arbeit »Groß ist die Diana der Epheser« nicht ein ganzes Jahr zuvor geschrieben worden. In Wahrheit war die Freundschaft zwischen Jung und Freud schon zu der Zeit gestorben, als Sabina Spielrein noch in Wien gelebt hatte. Offen blieb nur noch die Frage, wie man den Bruch offiziell mitteilen sollte und wie verhindert werden konnte, daß er die Internationale Vereinigung zerstörte. Mit der »Geste von Kreuzlingen« war die erste Frage gelöst, Anfang 1913 mußte man sich auf die zweite Frage konzentrieren. Unversehens war zu diesen beiden Fragen noch eine dritte hinzugekommen: Wieviel wußten die beiden Männer voneinander, und wie würden sie in der Auseinandersetzung von ihrem Wissen Gebrauch machen? Diese Frage hatte seit geraumer Zeit im Hintergrund geschlummert, und erst in den letzten beiden Monaten des Jahres 1912 war sie in den Vordergrund getreten. Wenn wir hinter die vordergründigen Attacken in den Briefen aus jener Zeit blicken, hinter die Auslassungen über Adler und Fehlleistungen beim Schreiben, dann erkennen wir, daß die beiden schrittweise einen Modus vivendi in dieser Frage, der schwierigsten, entwickelten. Der Rest war in der Tat Schweigen.

Teil V

Die Folgen

Seit langen Jahren ist es für die Arbeitsweise Freuds charakteristisch, daß er gegen seine Lehre gerichtete Kritiken und Argumentationen nicht weiter beachtet, sondern auf seinen Anschauungen weiterbaut, als seien sie ein für allemal zu wissenschaftlicher Evidenz erhoben und einer weiteren Diskussion nicht mehr bedürftig. Die vorliegende Arbeit [gemeint ist *Totem und Tabu;* J. K.] zeigt diese Isolierung vom allgemeinen Leben der Wissenschaft in einer gewaltigen Steigerung begriffen. Die letzten anderthalb Jahre haben ja gezeigt, wie innerhalb des Freudkreises selbst eine der Freudschen Aufstellungen nach der andern fallengelassen wurde, und man sollte meinen, daß es jetzt endlich an der Zeit wäre, die Grundlagen zu erörtern und zu überprüfen, ehe man weiterschreitet. Wir sehen aber ganz im Gegenteil, daß Freud hier neuerlich ohne den leisesten Versuch einer Würdigung oder Entkräftung der Gegenargumente seine Lehre vom Ödipuskomplex zum Grundpfeiler der Untersuchung macht. Ja, die logische Wertigkeit dieser Lehre ist für ihn so hoch, daß die gewagtesten Hypothesen für ihn Beweiskraft gewinnen, wenn es nur mit ihrer Hilfe gelingt, beim Ödipuskomplex zu münden.

Carl Furtmüller, *Zentralblatt für Psychoanalyse und Psychotherapie,* 1914.

Kapitel 17

Die Geschichte der psychoanalytischen Bewegung

In wissenschaftlicher Hinsicht verstehe ich noch immer nicht, warum es Ihnen so wichtig ist, daß das ganze Gebäude angenommen werden soll. Aber wie ich mich erinnere, habe ich Ihnen das eine einst gesagt: Gleichgültig, wie groß ihre wissenschaftliche Leistung ist, Sie beeindrucken mich als ein Künstler. Von diesem Standpunkt aus ist es verständlich, daß Sie nicht wollen, daß Ihr Kunstwerk zerstört wird. In der Kunst haben wir eine Einheit, die man nicht auseinanderreißen darf. In der Wissenschaft haben Sie eine große Entdeckung gemacht, und die muß bleiben. Wieviel von dem, was locker damit zusammenhängt, überleben wird, ist unwichtig.

Eugen Bleuler, *Brief an Sigmund Freud,*
3. November 1913.

In diesem Kapitel kommen wir nun zu der »unerquicklichen Zeit« im Kampf um die Vorherrschaft. So nennt Fritz Wittels, einer der ersten, der die Entwicklung der psychoanalytischen Bewegung dokumentiert hat, diesen Abschnitt. Für Freud, Jung und Sabina Spielrein war es allerdings wohl eher um einen Kampf um das politische Überleben in der Bewegung gegangen. Wie ihre Zusammenarbeit Folgen für die Verbreitung der psychoanalytischen Theorie und den schrittweisen Aufbau der Institutionen der Psychoanalyse gehabt hatte, so hatte jetzt auch ihre Trennung Folgen, die weit über den persönlichen Bereich hinausreichten. Drei Menschen gingen getrennte Wege, und daraus ergaben sich letztlich die theoretischen und institutionellen Grundlagen der Psychoanalyse, wie wir sie heute kennen.

Besonders wichtig in diesem Zusammenhang sind die zwanzig Monate von Januar 1913 bis August 1914. Jetzt mußte sich zeigen, wie Jung und Freud – und Sabina Spielrein – damit zurechtkamen, daß sie ganz auf sich alleine gestellt waren. Auf seine Weise zog ein jeder die Gefühle von Liebe und Idealisierung, die den anderen gegolten hatten, zurück und richtete sie auf sich selbst.

Es ist schwer zu sagen, wer den größten Verlust erlitt. Jung, damals sechsunddreißig Jahre alt, hatte es sich mit den beiden wichtigsten Menschen in seinem Leben verdorben, die ihm neben intellektueller Orientierung auch seelischen Halt und Identität gegeben hatten. Als er zwölf Jahre zuvor ins »psychiatrische Noviziat« im Burghölzli eingetreten war, war dies vordergründig aus dem brennenden Interesse an psychiatrischen Problemen geschehen, aber im Inneren hatte er gehofft, den Schlüssel zu den Geheimnissen seiner eigenen Seele zu finden. Mit der Unterstützung von Freud und Sabina Spielrein hatte er eine Zeitlang Erfolg. Jetzt mußte sich zeigen, ob er auf seinem Weg auch allein weiter vorankam.

Freud traf der Verlust, wenngleich auf andere Weise, nicht weniger hart. Was 1904 mit einem erregten Brief Freuds an Fließ begonnen hatte – ein Züricher Professor namens Bleuler habe seine theoretischen Gedanken in der Besprechung des Werkes eines anderen in der Münchener Medizinischen Wochenschrift mit einer günstigen Erwähnung bedacht –, wurde zum internationalen Durchbruch seiner Ideen und übertraf damit Freuds kühnste Träume. Dies verdankte er Jung, ebenso wie seine wiedererwachte Lebenskraft. Freud war fünfundfünfzig Jahre alt, als Jung aus seinem Leben verschwand. Die Zukunft ohne diesen Mann würde mit Sicherheit weniger glanzvoll und aufregend und auf intellektueller Ebene weniger interessant sein. Freud sah sich in den folgenden Monaten nach einem Ersatz für die intellektuellen Abenteuer um, die er mit Jung erlebt hatte und nun vermißte. Er arbeitete mit anderen zusammen, konspirierte sogar mit ihnen. Eine Zeitlang schien die Verschwörung die Lücke schließen zu können, die Jung mit dem Abgang hinterlassen hatte.

Sabina Spielrein heiratete überstürzt, und es erging ihr, wie es vielen in einer ähnlichen Situation ergeht: Sie konnte Jung nicht vergessen, obwohl er sie fallengelassen hatte und es höchste Zeit war, über die bittere Enttäuschung hinwegzukommen. Ungeplant hatte sie freilich selbst für ein Gegengewicht gesorgt: Ihr winkte immer noch eine erfolgreiche Laufbahn als Psychoanalytikerin. Aber sie mußte feststellen, daß die Psychoanalyse sich in

Schulen auflöste und daß sie ihrem geliebten Beruf nicht nachgehen konnte, ohne ihre Wunden wieder aufzureißen.

Für die Psychoanalyse standen jetzt politische Fragen an: Wer kontrollierte ihre Institutionen, und wie sollten ihre Statuten aussehen? Dies hatte natürlich zweierlei Konsequenzen: Wer durfte den Organisationen angehören, und wer hatte das Recht, seine Auffassungen als neue Erkenntnis der psychoanalytischen Wissenschaft zu veröffentlichen? Jung hatte den Vorsitz in der Internationalen Psychoanalytischen Vereinigung, und er gab das *Jahrbuch* heraus. Er war entschlossen, beide Funktionen nur dann weiter zu erfüllen, wenn Offenheit und Toleranz gegenüber abweichenden Meinungen sowohl in der Vereinigung wie im *Jahrbuch* gewährleistet waren. Seine Glaubwürdigkeit litt darunter, daß er von der reinen Lehre inzwischen selbst am stärksten abwich. Der Verdacht lag nahe, daß er seine beiden Ämter dazu benutzen würde, um seine unorthodoxen Meinungen zu verbreiten. Tatsächlich machte er dazu keine Anstalten, doch seine Gegner schürten diese Angst nach Kräften.

Freud kontrollierte die Wiener Psychoanalytische Vereinigung, die er nach eigenen Vorstellungen ständig umgestaltete. Als Herausgeber übte er direkte Kontrolle über die *Schriften zur angewandten Seelenkunde* aus; die mythologischen Studien dieser Reihe hatten einst den Anstoß zur Identifizierung des Kernkomplexes gegeben. Über die Herausgeber übte er zudem indirekten Einfluß auf die Zeitschrift *Imago* aus, in der nach und nach sein Werk *Totem und Tabu* erschien, und auf die neue *Internationale Zeitschrift für ärztliche Psychoanalyse.* Stekel gab das *Zentralblatt* heraus, wo Adler und dessen Anhänger, darunter Furtmüller, und andere Interessierte publizierten. Das Sprachrohr von William Alanson White und Smith Ely Jelliffe war neben einer Schriftenreihe die neu gegründete amerikanische Zeitschrift *The Psychoanalytic Review.* (Die Amerikaner wurden im übrigen ahnungslos in die Auseinandersetzung mit hineingezogen.)

Das wichtigste Problem waren nun allerdings weder Personen noch Politik, sondern die theoretischen und methodischen Fragen, die bereits Bleuler gestellt hatte. War die Psychoanalyse eine Wissenschaft? Abweichende Hypothesen wären dann eine Notwendigkeit für eine sinnvolle Auseinandersetzung mit ihrem Gegenstand gewesen. Oder war die Psychoanalyse eine Kunst? In dem Fall hätte ihr Urheber das Recht gehabt, ihre Vollendung nach Maßgabe eigener Vorstellungen durchzusetzen.

Es gab triftige Gründe dafür, die Praxis der Psychoanalyse als keines von beiden zu betrachten, sondern vielmehr als ein Handwerk zur Heilung kranker Menschen. So jedenfalls stellte Freud sie in seinen Aufsätzen zur Technik beständig dar. Die Arbeiten handelten davon, wie der Analytiker mit den konkreten Phänomenen Übertragung und Traumdeutung umgehen sollte, während theoretische Fragen wie die Überprüfung von Hypothesen vollständig ausgeklammert blieben. So gesehen, betrafen die theoretischen und praktischen Neuerungen von Freud, Jung und anderen lediglich die Psychoanalyse als eine Technik, die sich von anderen Behandlungsformen unterschied. Und viele Anhänger der ersten Stunde begriffen sich denn auch in erster Linie als behandelnde Psychiater und nicht als Theoretiker. Ihnen genügte es, daß Freuds Konzeption der Analerotik oder Jungs Vorstellung von der Introversion bei manchen ihrer Fälle hilfreich waren. Die Psychoanalyse mußte für sie kein umfassendes, vollständiges Lehrgebäude sein. In Bleulers Augen brachte die Psychoanalyse beispielsweise den Gewinn, daß sie ein verbessertes Verständnis bestimmter seelischer Störungen eröffnete und darum wirksamere Behandlungen ermöglichte. Bleuler hoffte, daß die psychoanalytischen Neuerungen bald zu Allgemeingut aller interessierter Ärzte würden.

Freud waren solche Kompromisse ein Greuel. Für ihn war die Psychoanalyse weiterhin eine eigenständige Wissenschaft, in der nach bestimmten Regeln neue Hypothesen aufgestellt und bestätigt wurden. Auch wenn das angekündigte allgemeinverständliche Handbuch mit den Deutungsregeln immer noch auf sich warten ließ, scheint Freud an der Möglichkeit, ein solches Werk zu verfassen, niemals gezweifelt zu haben. Ebenso verstand er sich selbst unzweifelhaft als reinen Wissenschaftler und meinte nach wie vor, daß die Wissenschaftlichkeit der Psychoanalyse fürs erste nur durch eine Organisation gewährleistet werden konnte, die die Ausbildung der Schüler übernahm. Freuds unerschütterlicher Glaube an den wissenschaftlichen Status der Lehre bedeutete freilich auch, daß von seinen Auffassungen abweichende Ergebnisse nur durch eine falsche Technik erklärt werden konnten. Eben diese Überzeugung rückte ihn in die Nähe des Künstlers.

Jung nahm in der Frage der Wissenschaftlichkeit der Psychoanalyse hingegen rasch eine andere Haltung ein. Während Freud weitgehend den wissenschaftstheoretischen Prinzipien des 19. Jahrhunderts verhaftet blieb, interessierte Jung sich für die neuen Ansätze des 20. Jahrhunderts, die mit den Schriften von Bergson, den neuen Erkenntnissen in der Physik und der hermeneutischen Methode aufgekommen waren. Man kann nur darüber spekulieren, was geschehen wäre, wenn Jung seine Ausflüge ins Reich der Methodologie noch während seiner Zeit als Vorsitzender der Internationalen Psychoanalytischen Vereinigung hätte zu Ende bringen können. Dies gelang ihm jedoch nicht mehr.

Leichen

Sabina Spielrein wurde sich ihrer heiklen Position nur langsam bewußt. Im Herbst 1912 schloß sie sich der Berliner Psychoanalytischen Vereinigung an. Wie sie rasch bemerkte, konnte sie zu Karl Abraham, den sie vom Burghölzli kannte und über den sie im Laufe der Jahre von Jung zweifellos vieles gehört hatte, kein freundschaftliches Verhältnis aufbauen. Folglich hielt sie den Briefkontakt zu Freud in Wien aufrecht und ebenso zu Rank, dem sie ihre Beiträge zur Veröffentlichung in den verschiedenen Zeitschriften der Bewegung zusandte. Ihre Aufsätze erschienen somit in den von Freud kontrollierten Organen. Durch einen Zufall ergab es sich, daß 1913 nicht weniger als fünf zumeist kurze Beiträge gedruckt wurden. Wenn sie auch nicht so deutlich im Widerspruch zu Jungs Gedanken standen, wie dies unbeabsichtigt in ihrer Arbeit über kindliche Sexualkonflikte der Fall gewesen war, so können sie doch auch nicht für die Jungsche Richtung vereinnahmt werden. Einige Arbeiten hatte Sabina Spielrein vielleicht schon Ende 1912 begonnen, dann wurde sie krank und mußte sich einer Operation unterziehen; Genaueres ist über beide Ereignisse nicht bekannt. Möglicherweise gab ihr die Krankheit Zeit zum Nachdenken, denn in dieser Zeit tauchten Fragen auf. Vielleicht hatte sie auch von der jüngsten Tagung im Münchner Parkhotel gehört. Jedenfalls bat sie Jung im Dezember 1912 brieflich, er möge seine theoretischen Differenzen mit Freud klären.

Jung antwortete nicht. Er erwartete zum einen von Freud noch immer die Versicherung, daß er seine persönlichen Angriffe einstellen werde. Zum anderen war er um seine eigene psychische Verfassung besorgt. Er wollte seine neugewonnenen Erkenntnisse weder auf wissenschaftlichen Tagungen verteidigen noch zu ihrer Verbreitung eine rege Auslandskorrespondenz unterhalten, woran ihm noch nie viel gelegen hatte. Er wollte den Kampf in seinen Schriften führen. Dann aber schwand die Entschlossenheit. Seine theoretischen Erkenntnisse waren mehr als nur intellektuelle Einsichten, sie waren die Frucht persönlicher Erfahrungen, die er in acht zurückliegenden Jahren gesammelt hatte, sie entschädigten ihn für erlittene Verluste und stärkten sein Selbstwertgefühl. Solange er von der Richtigkeit seiner Entscheidungen überzeugt blieb und sicher war, daß seine unorthodoxen Gedanken Anhänger finden würden, geriet die Welt nicht ins Wanken. Doch aus Gründen, die ihm selbst unerfindlich waren, löste sich diese Zuversicht bald auf.

Erste Anzeichen der Schwierigkeiten tauchten offenbar um die Zeit der Münchner Tagung auf, als Jung sich klarmachte, daß für den nächsten Kongreß die Theorie der Traumdeutung auf dem Programm stand. Wie er von Maeder wußte, knüpften sich für Freud an dieses Thema die Befürchtungen, sie würden zum Auftakt einer weiteren Spaltung zwischen einer jüdischen und christlichen Psychologie. Als Jung über seine eigene Position in der Frage nachdachte – sie war unabhängig von »Siegfried« ein integraler Bestandteil seiner neuen Gedanken –, kam er zu der Überzeugung, daß sie im Augenblick für eine öffentliche Darstellung noch nicht reif war. In seinen Erinnerungen schildert er anschaulich das Ringen um Erkenntnis, das schließlich zur Selbsterkenntnis führt:

> Ich hatte die Mythen vergangener Völker erklärt, ich hatte ein Buch über den Helden geschrieben, über den Mythus, in dem der Mensch seit jeher lebte. »Aber in welchem Mythus lebt der Mensch heute?« – »Im christlichen Mythus, könnte man sagen.« – »Lebst *du* in ihm?« fragte es in mir. »Wenn ich ehrlich sein soll, nein! Es ist nicht der Mythus, in dem ich lebe.« – Dann haben wir keinen Mythus mehr?« – »Nein, offenbar haben wir keinen Mythus mehr.« – Aber was ist denn dein Mythus? Der Mythus, in dem du lebst?« – Da wurde es unangenehm, und ich hörte auf zu denken. Ich war an eine Grenze gekommen.[1]

Diese »Grenze« bestand nicht nur einen vorübergehenden Augenblick, sie war der Anfang eines qualvollen Ringens um die eigene Position, das Jung die kommenden Jahre gefangenhielt. Er zeichnete das Ringen treffend, wenn auch nicht vollständig, in seinen Erinnerungen und in den Aufzeichnungen zu seinem Seminar von 1925 nach, wo er seine eigene Entwicklung schildert. In groben Zügen dürfte dieser Kampf vielen Lesern vertraut sein.

Man kann ohne Übertreibung sagen, daß Jung nach dem Bruch mit Freud am Rand des Wahnsinns stand. In seinen Briefen bringt er dies explizit zum Ausdruck. Doch er idealisiert die inneren Kämpfe, stellt sie geradezu als eine freie Entscheidung hin und erkennt ihre psychologische Bedeutung nicht. Freilich überfällt der Wahnsinn einen Sechsunddreißigjährigen nicht aus heiterem Himmel, schon gar nicht einen so begabten Psychologen wie Jung. Noch weniger kann man Wahnsinn im Experiment künstlich auslösen. Daß Jung fast den Verstand verlor, hatte seine guten Gründe. Er hatte für sich keinen Mythos gefunden, und dies war für ihn zweifellos eine sehr schmerzliche Feststellung. Wenn er sagt, er sei kein Christ, dann meint er dies sicher aufrichtig. In seiner Schilderung geht er allerdings über die Tatsache hinweg, daß er in Wahrheit mit einer christlichen Version der Psychoanalyse experimentierte. Ebensowenig erwähnt er, daß sein ehemaliger Lehrer und einstiger engster Vertrauter durchaus bereit schien, die Darstellung zu verbreiten, Jungs christliche Version der Psychoanalyse sei eine Reaktion auf die Affäre mit einer Jüdin.

Während Sabina Spielrein auf eine Antwort auf ihren Brief wartete, suchte Jung in seinem Innersten nach einer Orientierung und beschäftigte sich sehr mit seinen Phantasien: »Damals wiederholte sich eine erschreckende Phantasie: Es war etwas Totes da, das noch lebte. Zum Beispiel wurden Leichen in Verbrennungsöfen getan, und dann zeigte sich, daß noch Leben in ihnen war. Diese Phantasien gipfelten und lösten sich zugleich in einem Traum.«[2] Jung sah sich zwischen einer langen Reihe von Postamenten mit Steinplatten, auf denen Tote aus verschiedenen Jahrhunderten aufgebahrt waren. Beim Abschreiten der Reihe vom 19. bis zurück ins 12. Jahrhundert fiel ihm auf, daß sich die Leichen immer ein wenig bewegten, wenn er sie ansah. Sie waren offenbar noch am Leben. Jung kam zu dem Schluß, daß diese Gestalten die archaischen Überbleibsel des Unbewußten darstellten, die scheinbar tot waren, aber noch weiterlebten. In seinen Erinnerungen und im Seminar von 1925 hebt er hervor, der scheinbare Tod habe Freuds Sicht symbolisiert, während er, Jung, im Gegensatz dazu festgestellt habe, daß sie in Wahrheit im Unbewußten noch immer lebendig seien.

Jung erwähnt in beiden Aufzeichnungen nicht, daß zu dieser Zeit noch eine weitere Theorie des Unbewußten im Umlauf war. Sie stammte von Sabina Spielrein und besagte, daß die archaischen Überreste die Keime von Tod und Wiedergeburt enthielten und daß beide im Zeichen der Sexualität begriffen werden müßten. Jung lotete einen seelischen Innenraum aus, der nach einer Erklärung in der von Sabina Spielrein gewiesenen Richtung verlangte: Der Zaubertrank, das Elixier, das die Gestalten wieder ganz ins Leben hätte zurückbringen können, war Sabinas Gesellschaft. Nach ihrer Deutung waren Bilder vom Tod eine Reaktion des Ich auf seine drohende Auflösung in der Sexualität, entsprechend spiegelten Bilder von Wiedergeburt das wandelnde Element der Sexualität wider, die Wiederauferstehung des Individuums, die sich mit der Anerkennung der kollektiven Ziele des Sexualtriebes zur Arterhaltung einstellt. Man muß Sabina Spielreins Deutung nicht in allen Einzelheiten zustimmen – sie beruht wie viele Behauptungen in der Literatur über den Kernkomplex auf Metaphern und Analogien –, um zu erkennen, daß Jung bei der Beschäftigung mit seinen Phantasien zweifellos an sie dachte.

Und hier liegt ein weiteres bedauerliches Paradox, das nicht vorauszusehen gewesen war. Sabina Spielreins theoretische Gedanken trugen wie die Jungs oder Freuds den Stempel des Urhebers, und Jung konnte sie sich nicht zunutze machen, ohne dabei erneut mit seinen zwiespältigen Gefühlen ihr gegenüber konfrontiert zu werden. Noch weniger konnte er bei der Deutung seiner Phantasien auf Ansätze von Freud zurückgreifen. Die Theorien seiner früheren Vertrauten waren eher dazu angetan, sein psychisches Gleichgewicht zu stören, als ihm Einblicke in das Innere seiner Seele zu gewähren.

Wie Jung seine Phantasien zu dieser Zeit auch deutete, sie waren jedenfalls sonderbar und bedrückend, und sie eigneten sich nicht für eine weitergehende Selbsterforschung dieser Art. So versuchte er auf anderem Weg psychische Stabilität zu gewinnen: mit einer Reise. Er plante für März 1913 eine weitere Fahrt nach Amerika mit einem Zwischenaufenthalt in Italien.

Wichtige und ernsthafte Dinge

Jung versuchte seine Phantasien zu enträtseln, Sabina Spielrein wartete auf eine Antwort aus Zürich, und Freud war auf vielen Feldern tätig. Am 20. Januar, zwei Wochen nach dem offiziellen Ende seiner Korrespondenz mit Jung, teilte er Sabina Spielrein die letzten Neuigkeiten mit:

> Mein persönliches Verhältnis zu Ihrem germanischen Heros ist definitiv in die Brüche gegangen. Sein Benehmen war zu schlecht. Es hat sich in meinem Urteil über ihn viel geändert, seitdem ich jenen ersten Brief von Ihnen erhielt. Die Kooperation in der Wissenschaft bleibt voraussichtlich erhalten.[3]

Da Sabina Spielrein noch immer die Möglichkeit einer Analyse bei Freud offenstand, war es eine Frage des Anstandes, daß er sie über seine Beziehungen zu Jung auf dem laufenden hielt. Freud hatte mit seinem Brief allerdings auch anderes im Sinn. Er sprach über ihren Aufsatz zur »Destruktion als Ursache des Werdens«, der in der neuesten Ausgabe des *Jahrbuchs* neben dem zweiten Teil von Jungs »Wandlungen und Symbolen« erschienen war. Ihr persönlich war man wohl gewogen, doch ihre Theorie fand keine günstige Aufnahme. Freud bereitete sie auf Kritik in der neuen *Zeitschrift* vor. Die Schuld an der negative Besprechung schob er dabei unverblümt anderen in die Schuhe:

> In der ersten Nummer der Zeitschrift, die im Reindruck bereits vor mir liegt, befindet sich auch eine Kritik Ihrer letzten großen Arbeit. Wir haben uns gestattet, frei zu kritisieren, da die Züricher es direkt von uns verlangt haben. Zürnen Sie nicht, und lesen Sie es wohlwollend durch.[4]

Um über Paul Federns Besprechung nicht ärgerlich zu werden, hätte Sabina Spielrein mehr als nur Wohlwollen aufbringen müssen. Eine herablassendere Kritik an ihrer Arbeit, die vollkommen entstellt wiedergegeben wurde, war kaum vorstellbar. Sabina Spielreins Aufsatz ist zwar in vielerlei Hinsicht schwer verständlich und verlangt beim Lesen äußerste Konzentration oder vielleicht sogar eine mehrmalige Lektüre. Bei einer tiefergehenden Auseinandersetzung, wie man sie von einem Rezensenten erwarten darf, wird ihre geistige Leistung dann aber offenkundig. Sie hebt hervor, daß sexuelle Wünsche für das Ich immer konflikthaft sind, und bringt damit Licht in das Faktum, daß bei Neurosen und Psychosen Bilder von Krankheit, Tod und Zerstörung vorherrschen. Ebenso erhellend ist ihr Beitrag zur Phänomenologie der Regression bei der Schizophrenie. Insgesamt eröffnet ihre Arbeit durch die Konzentration auf die problematischen Seiten der sexuellen Wünsche und Begierden ein neues Verständnis der Verdrängung.

Federn geht in seiner Besprechung über alle diese Punkte stillschweigend hinweg. Statt dessen karikiert er ihre Argumentation und unterstellt ihr, sie wolle beweisen, daß offene Destruktivität für die Sexualität unabdingbar sei. In seiner Besprechung erscheint Sabinas Aufsatz als eine überspannte Abhandlung über die Unvermeidlichkeit des Sadomasochismus. Hier klingt Freuds früheres Urteil nach, Sabina Spielrein zeige »mehr Ambivalenz, als normal ist«. Noch gründlicher mißversteht Federn sie, als er den Kern ihrer

Argumentation herauszuschälen versucht. Die Verfasserin, so sein Vorwurf, setze stillschweigend voraus, die Arterhaltung sei nicht nur im weiblichen, sondern auch im männlichen Sexualtrieb angelegt. Dem stellt er die Auffassung entgegen, die wahren Regulatoren der Libido seien Lust und Erschöpfung. Der letzte Satz – Federn findet urplötzlich auch Anlaß zum Lob – bringt dann die überraschende Wende. Die Stelle liest sich, als sei sie von einem anderen diktiert worden: »Von dem Ausmaß ihrer objektiven Richtigkeit abgesehen, scheint mir die Arbeit – dank dem feinen Spürsinn für Gefühlszusammenhänge, der die Verfasserin auszeichnet – auch einen Beitrag zur Analyse der für die Menschheit so bedeutsamen mystischen Denkungsweise zu liefern.«[5] Jemand in Wien – wohl kaum Federn – hatte entdeckt, wie gut diese Arbeit zum zweiten Teil der »Wandlungen und Symbole der Libido« paßte.

Noch bevor Sabina Spielrein die Besprechung las, schickte sie Freud als Antwort auf seinen Brief einen weiteren kurzen Artikel mit der Deutung eines Traumes einer Wiener Patientin. In der Arbeit zeigt sie, wie Freuds Name und das Wort »Heide« im Traum der Patientin für den Vater stehen, der nichts von ihr wissen will. Der Aufsatz mit der überzeugenden Deutung ließ auf alle Fälle eine positive Aufnahme erwarten. Und Sabina hatte noch eine gute Nachricht: Professor Friedrich Kraus von der Berliner Charité, ein persönlicher Bekannter, begann sich für Psychoanalyse zu interessieren. Mit ihrem unbezähmbaren Eifer für die Sache brachte sie Freud offenbar in Verlegenheit. Am 9. Februar 1913 dankte er ihr in einem Brief für ihre Mitteilung und bat sie, nichts weiter zu unternehmen: »Sie selbst haben Recht, sich jetzt auszuruhen, Sie haben genug wichtige und ernsthafte Dinge gemacht und dürfen eine Weile rasten und sammeln.«[6]

Zwischen zwei Stühlen

Freuds Haltung gegenüber Sabina Spielrein bedarf der Erklärung. Er verspürte für sie offenbar nie wirkliche Zuneigung. Ihre Beziehung zu Jung dürfte eine Belastung gewesen sein, obwohl sie paradoxerweise an Freuds Verantwortungsgefühl rührte. Sie hatte sich ihm angeschlossen, und er wollte ihre stille Opferbereitschaft honorieren, wenn sie nur nicht zuviel verlangte und reif genug war, um eine herbe Kritik an ihren Auffassungen widerspruchslos hinzunehmen. Etwas anderes blieb ihr auch kaum übrig.

Freuds geschickte Taktik, die »Züricher« für Federns Besprechung verantwortlich zu machen, kam ihr in ihrer Zwangslage sehr entgegen. Der Kontakt zu den früheren Lehrern war nicht mehr so eng, als daß sie es hätte besser wissen müssen. Sie wußte lediglich, daß es zwischen Freud und Jung Differenzen und persönliche Streitigkeiten gegeben hatte.

Sabina Spielrein war nicht die einzige, die sich, um ein Lieblingswort Freuds zu gebrauchen, »zwischen zwei Stühle setzte«. Oskar Pfister wußte überhaupt nicht, was er von der neuen Situation halten sollte und auf welcher Seite er stand. Ähnlich ratlos fühlte sich James Jackson Putnam. Seiner Nichte, die bei Jung in Analyse war, schrieb er verzweifelt: »Warum kann nicht jeder gut sein?«[7] Poul Bjerre hatte kurz zuvor den glücklichen Einfall gehabt, als erster die Geschichte der psychoanalytischen Bewegung niederzuschreiben. Jetzt mußte er seiner Geschichte eine weiteres Kapitel anfügen, das die augenblickliche Abspaltung eines Teils der Bewegung zum Inhalt hatte. Im stillen überlegte er bereits, ob er sich nicht besser wieder der Hypnose widmen sollte. Für sie alle waren Jungs neue Gedanken eine vernünftige Erweiterung von Freuds Libidotheorie. Und jetzt zogen am Himmel der psychoanalytischen Fachwelt völlig unerwartet Gewitterwolken herauf.

In Genf machte sich Théodore Flournoy eigene Gedanken. Seine neues Buch *Esprits et médiums*[8] war eineinhalb Jahre zuvor erschienen. In diesem Werk entwarf er aus einer soliden wissenschaftlichen Sicht heraus eine Psychologie des religiösen Glaubens, bei der er die letzten Fragen offenließ. Das Projekt war ihm ebenso wichtig wie einst seinem Freund William James, der zwei Jahre zuvor an den Folgen einer Angina gestorben war. Als Flournoy seine Aufmerksamkeit den jüngsten Entwicklungen in der Psychoanalyse zuwandte – sie hatten durch die Kontroverse in den Züricher Zeitungen im Vorjahr in der ganzen Schweiz Aufsehen erregt –, war er überzeugt, daß die neue Richtung für sein altes Betätigungsfeld fruchtbar werden könnte. Er nahm Kontakt zu Jung auf, der ihn mit Freuden auf seine jüngsten Werke hinwies. Flournoy bereitete daraufhin einen langen, nachdenklichen Artikel vor. Darin bekannte er sich zur psychoanalytischen Sichtweise von Männern wie Jung und Pfarrer Adolf Keller, die im Einklang mit deutschen philosophischen und religiösen Idealen standen. Er hielt den Bruch zwischen Zürich und Wien für unvermeidlich. Einen wichtigen Grund für seine Einschätzung verriet er allerdings erst in einer Vortragsreihe im Jahre 1916: Die Spaltung war für ihn in den fundamentalen Unterschieden zwischen jüdischen und christlichen Idealen angelegt. So trug auch Flournoy trotz seiner anfänglich lauteren Absichten dazu bei, daß die Auseinandersetzung immer unerfreulicher und die Kluft immer tiefer wurde.

Unterdessen gelangte Eugen Bleuler zu der Ansicht, seine letzte Fürsprache für die Freudsche Lehre sei um einige Nuancen zu positiv ausgefallen. Das versuchte er in seinem Vortrag auf der Frühjahrstagung der deutschen Psychiater in Breslau wettzumachen. Auf seine Ausführungen hin meldeten sich die Koryphäen der deutschen Psychiatrie zu Wort und stellten die neue Pseudowissenschaft an den Pranger. Hoche, der zwei Jahre zuvor von einer »psychischen Epidemie« unter den Ärzten gesprochen hatte, prophezeite der Psychoanalyse den Untergang. Ein amerikanischer Assistenzarzt an Kraepelins Klink wies die Vorwürfe als polemisch und unlogisch zurück. Beim Gespräch mit Kraepelin bekam er zur Antwort, eine wissenschaftliche Diskussion sei gar nicht geplant gewesen, man habe lediglich die offizielle Psychiatrie gegen die Freudsche Lehre abgrenzen und Bleuler die Chance geben wollen, ihr öffentlich abzuschwören. Der schroffe Norddeutsche hatte für die Ausflüge seiner Züricher Kollegen in die Tiefenpsychologie noch nie etwas übrig gehabt.

Als die Nachricht vom Bruch zwischen Freud und Jung die Runde machte, geriet damit auch der wissenschaftliche Status der Psychoanalyse ins Wanken. Jung hatte im deutschen Vorwort zu den Fordham Lectures darauf hingewiesen, das Wort »Schisma« habe seinen Platz nur in einem religiösen, nicht aber in einem wissenschaftlichen Zusammenhang. Trotzdem wurde überall vom »Schisma« gesprochen, was Anhänger und Gegner zu einer erneuten Auseinandersetzung mit den Entwicklungen in der Psychoanalyse veranlaßte. Die wissenschaftliche Glaubwürdigkeit der Lehre stand auf dem Spiel.

»Sogenannte Freunde«

Freud war sich offenbar der Notwendigkeit bewußt, daß man jetzt den äußeren Anschein wahren mußte. Er schrieb für die neue *Zeitschrift* zahlreiche Beiträge, darunter einen Aufsatz über religiöse Träume. Die Wiener Vereinigung tagte häufig, und er führte unermüdlich seine Korrespondenz weiter. In Briefen griff er Jung gelegentlich an und fällte vernichtende persönliche Urteile. Der ehemalige Freund sei »brutal, unaufrichtig und manchmal unehrlich«, von »antisemitischer Überhebung« und mit »emotionaler Dummheit« geschlagen, er folge Adler direkt in die »Paranoia«.[9] An dieser Stelle möge der Hinweis genügen, daß Freud in den nächsten zwei Jahren gelegentlich Anlässe fand, weiteres Gift zu verspritzen. Um jedoch einem falschen Eindruck vorzubeugen, sei auch angemerkt, daß Freud oft seine Toleranz gegenüber abweichenden Meinungen betonte und in seinen Briefen das Thema Jung meist gegenüber anderen Themen zurücktrat. Die persönliche Beziehung war beendet, aber auf fachlicher Ebene setzte er sich weiterhin mit ihm auseinander. Freud konnte beides offenbar gut auseinanderhalten. Es kam ihm darauf an, die Diskussion auf einem möglichst hohen Niveau zu halten und es so erscheinen zu lassen, als wären seine Differenzen mit Jung rein wissenschaftlicher Natur und als könnten sie durch eine vorurteilslose Betrachtung der Dinge leicht ausgeräumt werden.

Seine Gelassenheit in dieser Situation verdankte Freud unter anderem dem neuen geheimen Komitee, dem Jones, Ferenczi, Abraham, Sachs und Rank angehörten. Obwohl man von dieser Gruppe schon seit 1944 weiß, als Hanns Sachs sie erstmals öffentlich erwähnte, ist sie niemals verdient gewürdigt worden. Das einzige Ziel der Gruppe bestand offenbar darin, weitere Abweichungen von Freuds Lehre innerhalb der psychoanalytischen Bewegung zu verhindern. Freud gab die Positionen vor, und die Mitglieder hatten sich ihm widerspruchslos anzuschließen. Wenn sie bei der Verbreitung seiner Lehre auf innerne Hindernisse stießen, mußten sie durch weitere Selbstanalyse überwunden werden. Dieser über ein Jahrzehnt lang im geheimen operierende Kreis konnte ganz sicher nicht als wissenschaftliche Organisation gelten. Wissenschaftlichkeit ist gekennzeichnet durch die öffentliche Diskussion und die ernsthafte Auseinandersetzung mit abweichenden Hypothesen, nicht durch Geheimniskrämerei und Druck auf die einzelnen Mitglieder einer Gruppe. So funktioniert sie natürlich nicht deshalb, weil Wissenschaftler besonders aufgeschlossene Menschen mit einem großen Vertrauen in ihre Kollegen wären. Vielmehr müssen wissenschaftliche Entdeckungen erst einmal öffentlich bekannt gemacht und durch andere Forscher bestätigt werden, bevor es einen weiteren Durchbruch in der Forschung geben kann. Daß das Komitee überhaupt so lange im geheimen operieren konnte – interne Spannungen führten schließlich zu seiner Auflösung – und daß die Mitglieder von der Richtigkeit ihrer Mission überzeugt waren, zeigt deutlich, wie weit sich die Psychoanalyse inzwischen vom wissenschaftlichen Anspruch auf empirische Verifizierbarkeit entfernt hatte.

Zwar galt die Regel, daß das Komitee vollständig zusammentreten mußte, aber gelegentlich verständigten sich die Mitglieder auch über den Postweg. Im März, als Jung auf dem Weg nach Amerika war, brachte Abraham ein geheimes Rundschreiben in Umlauf, das die Ortsgruppen von Berlin, Budapest, London und Wien aufforderte, im Mai Jungs Rücktritt zu verlangen. Dabei versuchten die Mitglieder des Komitees zunächst zu eruieren, auf wie viele Stimmen sie zählen konnten. Zu ihrem Leidwesen waren es nicht genug Stimmen, um Jung abzusetzen. Tatsächlich wurde er bei einer Art Probeabstimmung von der Mehrheit der Befragten in seinem Amt als Präsident der Internationalen Psychoanalytischen Vereinigung bestätigt.

Ebenfalls im März 1913 beendeten Rank und Sachs ihr gemeinschaftliches Werk über die *Bedeutung der Psychoanalyse für die Geisteswissenschaften.* Es ist bislang noch nicht ausreichend gewürdigt worden, wie sehr diese Arbeit darauf angelegt ist, Jungs Thesen Punkt für Punkt zu widerlegen. Jung wird in dieser trockenen Abhandlung nur gelegentlich zitiert. Vordergründig betrachtet, geht es vor allem um die generelle Übertragbarkeit psychoanalytischer Gedanken auf die Sozialwissenschaften, grob orientieren sich die beiden Autoren dabei an einer kurz zuvor erschienen Abhandlung von Freud. Bei genauerem Lesen entdeckt man allerdings eine ablehnend kritische Auseinandersetzung mit Jungs Themen wie der Unterscheidung zwischen Realität und Phantasie, der Wichtigkeit oder Bedeutungslosigkeit von Phantasie und imaginativem Denken, dem Motiv des Helden und seines Gefährten (oder Zwillings) und natürlich auch des Siegfriedmythos, der als ödipales Drama umgedeutet wird. Auch Kunst und Literatur ist überraschenderweise ein Kapitel gewidmet, allerdings ein wenig geistvolles. Dem Beispiel Freuds folgend, datierten Rank und Sachs ihr Vorwort – »Ostern 1913« –, eine absichtsvoll ironische Geste in einem Werk, in dem es in erster Linie darum geht, ethische und religiöse Anliegen als reine Maskerade für grundlegendere Wünsche zu entlarven. Das Werk war das erste Erzeugnis des neuen Komitees, und es gab die Taktik für die nächste Zukunft vor. Jede Äußerung von Jung sollte in einer Flut von Gegenveröffentlichungen untergehen. Amerika hatte in diesem Kampf besondere strategische Bedeutung. Jungs Name hatte dort einen besonders positiven Klang, und nachdem Jones kürzlich nach London umgezogen war, wußte niemand im Kreis um Freud so genau, wo Männer wie Putnam, Hall, Meyer und Hoch standen. White und Jelliffe, die Herausgeber der neugegründeten *Psychoanalytic Review,* bekamen denn auch umgehend den Band von Rank und Sachs für ihre Schriftenreihe zugeschickt.

Nach dieser Veröffentlichung wetteiferten die Mitglieder des Komitees darum, Jung offen und verdeckt anzugreifen. Jones, Abraham und Ferenczi, alle Schüler des Burghölzli, eröffneten den kritischen Chor mit boshaften Rezensionen der »Wandlungen und Symbole der Libido«. Eine kurze Passage aus Jungs Erinnerungen gibt einen vagen Eindruck von der Isolation, die er offenbar tapfer ertragen hat:

> Nach dem Bruch mit Freud fielen alle meine Freunde und Bekannten von mir ab. Mein Buch wurde als Schund erklärt. Ich galt als Mystiker, und damit war die Sache erledigt. Riklin und Maeder waren die beiden einzigen, die bei mir blieben. Doch ich hatte meine Einsamkeit vorausgesehen und mir keine Illusionen über die Reaktionen meiner sogenannten Freunde gemacht.[10]

Festzuhalten ist, daß die fundierteste Besprechung von Jungs Buch von Ferenczi stammt. In der Argumentation folgt er in vielen Punkten eng der Diskussion im Briefwechsel von Freud und Jung, in den er wahrscheinlich Einblick erhalten hatte. Für Ferenczi spricht, daß er gegen Jungs Werk einen empirischen Einwand vorbringt: Was wußte Jung denn tatsächlich von Miss Frank Miller und ihrer damaligen Verfassung? Ebenfalls für ihn spricht, daß er trotz des Konflikts zwischen Freud und Jung die Gelegenheit nicht dazu ausnutzt, auf Jungs persönliche Komplexe anzuspielen. Jung hatte allen Grund, Ferenczi dankbar zu sein. Deshalb und vielleicht weil der geniale Ungar den Aktivitäten des Komitees kritischer gegenüberstand, als er selbst zugab, korrespondierten Jung und Ferenczi in den kommenden Jahren privat weiter miteinander.[11]

Einige Werke von Mitgliedern des Komitees enthielten verdeckte Vorwürfe, in denen Jung unterdrückte Analerotik unterstellt wurde, andere vermieden Schläge unter die Gürtellinie und beschränkten sich auf die theoretische Auseinandersetzung. Sabina Spielrein stimmte in den allgemeinen Chor der Kritik nicht ein. Am 11. April erhielt sie von Jung, der inzwischen aus Amerika zurückgekehrt war, endlich eine Antwort auf ihren Brief. Man kann daraus zweierlei schließen: Erstens war ihr die unbeabsichtigte Mitwirkung an der allgemeinen Stimmungsmache gegen Jung keine Genugtuung gewesen, und zweitens gab er ihr dafür auch keine Schuld:

> Ihren langen Brief über meine Arbeit habe ich unbeantwortet gelassen, da ich die Notwendigkeit fühlte, Ihnen ein halbes Buch darauf zu antworten. Das konnte ich nicht, denn ich war damals schon ganz erschöpft. Ich antwortete darum gar nicht. Ich war ganz mutlos, da damals alles über mich herfiel und ich zudem die Gewißheit erhielt, daß Freud mich niemals verstehen und die persönliche Beziehung zu mir aufgeben werde. Er will mir Liebe geben, ich wünsche Verständnis. Ich will ein gleichberechtigter Freund sein, er wünscht mich aber als Sohn zu haben. Deshalb beurteilt er alles, was ich tue und was nicht in den Rahmen seiner Lehre geht, als Komplexhandlung. Das steht ihm frei, aber ich anerkenne es nie. Ich habe bei der Münchner Zusammenkunft klar gesehen, daß Freud für mich verloren ist. Meine inneren Kämpfe zu jener Zeit haben mich so sehr absorbiert, daß ich nicht auf Ihren Brief antwortete. Nicht, daß ich der Kritik nicht zugänglich wäre – aber ich weiß zu gut, daß die Sache zu weitläufig ist, als daß ich sie Ihnen im Detail erklären könnte. Zu vieles hat sich geändert in mir, seitdem ich Sie zum letzten Mal sah.
>
> Ich wünsche Ihnen alles Gute.
>
> Ich bleibe stets Ihr Freund.[12]

Jungs inneres Gleichgewicht war zu der Zeit immerhin so weit wiederhergestellt, daß er nicht nur Sabina Spielrein schreiben, sondern sich auch wieder ernsthaft um seine Phantasien kümmern konnte. Er entschloß sich zu einer Selbsttherapie: In Küsnacht am Ufer des Zürichsees begann er kleine Steindörfer zu bauen, in seiner Kinderzeit war das eine Lieblingsbeschäftigung gewesen. Offenbar half ihm das eine Zeitlang, wichtige Kindheitserinnerungen zurückzugewinnen.

Während Jung im Spiel sein inneres Gleichgewicht wiederzufinden versuchte, schrieb Freud eifrig Briefe. Im Mai fand er Zeit für einen weiteren Brief an Sabina Spielrein. Sie war inzwischen im fünften Monat schwanger und begann ihre Lebensentscheidungen zu bereuen. Freud tröstete sie:

> Es tut mir leid zu hören, gerade jetzt, daß Sie sich in Sehnsucht nach Jung verzehren, wo ich besonders schlecht mit ihm stehe und beinahe bei der Überzeugung angelangt bin, daß er das große Interesse nicht wert ist, das ich ihm geschenkt habe. […] Aber ich klage ihn vor Ihnen wahrscheinlich vergebens an. […] Sie sammeln, wie ich verstehe, und all das geht ins Kind. Das ist der richtige Weg. Ich hoffe, Sie werden bei dieser Plazierung

> der Libido glücklicher werden als bei früheren. [...] Ich stelle mir vor, sie lieben Dr. J. noch so stark, weil Sie den ihm gebührenden Haß nicht ans Licht gebracht haben.[13]

Das bei weitem wichtigste Ereignis im Mai war die Vollendung des letzten Abschnitts von *Totem und Tabu.* Er enthält das Kernstück von Freuds Argumentation, vor allem die Behauptung, alle religiösen Empfindungen und ererbten Neigungen zur Gewissensbildung seien auf die Reue über den uranfänglichen Vatermord zurückzuführen. Freud zufolge wurde der Vater der Urhorde getötet und dann in einem kannibalischen Ritus verspeist, das Wissen um dieses Ereignis sei phylogenetisch weitergegeben worden und erscheine in verhüllter Form in bestimmten religiösen Ritualen der Gegenwart. Damit gibt Freud dem Ödipuskomplex eine universelle Grundlage – nicht ganz überzeugend nimmt er an, die gesamte Menschheit stamme von einer einzigen Urhorde ab und alle Individuen hätten den gleichen psychischen Grundkonflikt geerbt – und erklärt aus diesem Komplex zugleich eine Fülle religiöser Rituale.

Das methodisch fragwürdige Vorhaben, einen »Kernkomplex« zu definieren, war damit abgeschlossen. Freud hatte das Ziel in groben Umrissen längst vor Augen gehabt, so kann man sich also fragen, wieviel er bei seiner letzten Formulierung noch der Eingebung des Augenblicks verdankt. In einem Brief vom 13. Mai 1913 an Abraham bemerkt er, die Arbeit solle dazu dienen, »alles, was arisch-religiös ist, reinlich abzuscheiden«.[14] Wichtiger als Freuds Absicht war indes die Wirkung, die sein Werk auf die Weiterentwicklung der psychoanalytischen Theorie hatte. Denn jetzt ging es nicht mehr nur um die Erkenntnis, daß die ödipale Phase ein normales Entwicklungsstadium war – wie die Fallgeschichte vom »kleinen Hans« gezeigt hatte –, und um die Frage, warum sie in einigen Fällen psychologisch bedeutsam wurde und in anderen nicht. Vielmehr wurde dieses Stadium auf ein nicht belegbares Ereignis der Vorgeschichte zurückgeführt, als könne dies die begrifflichen Probleme bei der Abgrenzung einer normalen von einer neurotischen Entwicklung aus der Welt schaffen oder die methodischen Schwierigkeiten lösen, wenn es nachzuweisen galt, daß verdrängte ödipale Regungen tatsächlich für die psychischen Störungen von Erwachsenen verantwortlich waren.

Strenggenommen formulierte Freud lediglich einc Viclzahl neuer Hypothesen und versuchte mit ihrer Hilfe kausale Beziehungen zwischen drei vollkommen verschiedenen Gebieten herzustellen. Das wissenschaftlich fragwürdige Bestreben, die psychische Entwicklung nervöser erwachsener Patienten einerseits bis in die Kindheit zurückzuverfolgen und andererseits in Beziehung zur antiken Mythologie zu setzen, rettete er dadurch, daß er die Argumentation auf den Kopf stellte und sich von einem spekulativen Ereignis in der menschlichen Vorgeschichte in die Gegenwart vorarbeitete. Ohne Freuds begründeten wissenschaftlichen Ruf und den bestechend klaren Stil seiner Prosa hätte ein solches Unterfangen wohl vor allem Hohn geerntet. So jedoch etablierte dieses Werk endgültig den »Ödipuskomplex« als einen zentralen Begriff der Psychoanalyse. Erstaunlich ist nicht nur die unbefriedigende Beweisführung in *Totem und Tabu.* Man fragt sich auch, in welchem geistigen Klima ein solches Vorgehen nahezu unwidersprochen möglich war.

Totem und Tabu wurde zwar laut kritisiert, aber gerade nicht in den maßgeblichen Kreisen. Am 11. Juni waren die Druckfahnen zur neuen Ausgabe der *Imago* mit dem letzten der vier Aufsätze fertig. Freud schickte sie an die Mitglieder des Komitees. Sie waren alle begeistert und richteten ihm zu diesem festlichen Anlaß in einem Heurigenlokal vor den Toren Wiens ein »totemistisches Fest« aus. Freud hatte vor Jahren eine ähnliche Feier ins Auge gefaßt und Ferenczi dabei scherzhaft vorgeschlagen, man könnte mehrere Gegner der Psychoanalyse symbolisch als Opfer darbringen. So können wir uns gut vorstellen, wer bei dem Fest am 30. Juni 1913 symbolisch als erster Gang verzehrt wurde. Es dürfte sich nicht um einen Vater, sondern eher um einen Sohn gehandelt haben. Freud verteilte gebundene Exemplare des Aufsatzes und forderte die Anwesenden auf, ihn um eigene Beiträge zu erweitern. Jones' Lebensgefährtin Loe Kann, die zu der Zeit bei Freud in Behandlung war, rundete die Feier mit der Übergabe eines Geschenks ab, einer ägyptischen Statuette.

Da es sich um zivilisierte und kultivierte Menschen handelte, war das Fest – so etwas wie eine Parodie auf das Letzte Abendmahl – für damalige Augenzeugen vermutlich weniger schockierend, als es im Rückblick heute vielleicht erscheint. Hervorzuheben bleibt, wie rasch sich so unterschiedliche Bereiche wie persönliche Beziehungen, Politik und Theorie vermischten. Die zentralen Probleme, denen die Psychoanalyse gegenüberstand, blieben dabei auf der Strecke. Freud mißtraute Jung mittlerweile zutiefst, und in Ermangelung weiterer persönlicher Kontakte mutmaßte er, Jung wolle ihm noch immer die Herrschaft über die Psychoanalyse aus der Hand nehmen und die Bewegung in seine Richtung lenken. Mit dieser Befürchtung im Hinterkopf klammerte er sich an das Komitee und hoffte, die Institutionen eines fernen Tages wieder direkt unter seine Kontrolle zu bekommen. Die Mitglieder des Komitees, lauter fähige Köpfe, konnten freilich nicht mehr tun als ihm zeigen, daß sie seine Abneigung gegen Jung teilten. Ihre Beiträge konnten mit dem Niveau von Jungs Veröffentlichungen nicht konkurrieren, und keiner von ihnen hatte die Position eines Bleuler oder Putnam. Der neu entstandene engere Kreis wurde ganz von Freud und seinen Ängsten beherrscht, und *faute de mieux* wurde er zum einzigen wichtigen Forum für Freuds Ansichten. Trotzdem konnten sich alle Beteiligten mit der Situation gut arrangieren – was einiges über den Weg aussagt, der in der institutionellen Psychoanalyse nunmehr eingeschlagen wurde.

Psychologische Typen

Freud und Jung begegneten sich ein letztes Mal auf dem Vierten Internationalen Psychoanalytischen Kongreß am 7. und 8. September 1913 in München. Der erste Kongreß dieser Art war bekanntlich 1908 von Jung einberufen worden und hieß irreführend »Erster Kongreß für Freudsche Psychologie«. Bei einer privaten Zusammenkunft im unmittelbaren Anschluß wurde das *Jahrbuch* gegründet. Die Wiener waren verärgert gewesen, weil man sie an der Herausgabe nicht beteiligt hatte. Auf dem zweiten Kongreß mit dem passenderen Namen »Zweiter Internationaler Psychoanalytischer Kongreß« in Nürnberg wurden die Internationale Psychoanalytische Vereinigung gegründet und das *Zentralblatt* von Adler und Stekel ins Leben gerufen. Der Dritte Kongreß in Weimar 1911 markierte einen Höhepunkt in der Entwicklung der Internationalen Vereinigung. James Jackson Putnam hatte mit seinem programmatischen Vortrag über das ethische Potential einer genetischen Psychologie Erstaunen ausgelöst, und Stekel erregte mit einer gelungenen Anspielung auf den in Wien zurückgelassenen Adler Aufsehen. Nach dieser kurzen Rückblende kann sich der Leser gut vorstellen, daß die Teilnehmer den Vierten Kongreß, auf dem es um die konkurrierenden Theorien zur Traumdeutung gehen sollte, mit einiger Spannung erwarteten.

Jung war weiterhin fast ausschließlich mit der schmerzlichen Prüfung seines Gewissens und gelegentlichen Abstechern ins Ausland beschäftigt. In Zusammenarbeit mit Ferenczi – der einen Briefwechsel mit Maeder unterhielt – befaßte sich Freud weiter mit dem Thema »Antisemitismus«. Im Mai schrieb er an Ferenczi, die Psychoanalyse müsse von jeder »arischen Gönnerschaft«[15] unabhängig sein. Nach einem Brief Maeders an Ferenczi, in dem er schrieb, die Differenzen zwischen den Wienern und den Schweizern beruhten auf unterschiedlichen Sichtweisen von Juden und »Ariern«, riet Freud Ferenczi, bei der Antwort folgendes zu beachten:

> Es gebe gewiß große Unterschiede vom arischen Geist. Wir überzeugen uns alle Tage davon. Daher werde es sicherlich hier und dort verschiedene Weltanschauungen und Kunst geben. Besondere arische oder jüdische Wissenschaft dürfe es aber nicht geben. Diese Resultate müßten identisch sein, und nur die Darstellungen können variieren.[16]

Anfang August teilte Freud Ferenczi mit, daß er nun doch noch die Fordham Lectures studiert habe: »Ich habe jetzt Jungs Werk gelesen und finde es entgegen aller Erwartung gut und harmlos (unschuldig)!« Nach einigen kritischen Anmerkungen räumt Freud abschließend ein: »Insgesamt habe ich die Gefahr aus der Entfernung sehr überschätzt.«[17] Doch die Ereignisse, die er ins Rollen gebracht hatte, konnte er nicht mehr aufhalten. Während der Kongreß näherrückte, wurde er immer niedergeschlagener. Anna Freud berichtete später, sie habe ihn niemals in ihrem Leben in so schlechter seelischer Verfassung gesehen.

Auch Sabina Spielrein war niedergeschlagen. Zudem war sie wieder krank, und ihr ungeborenes Kind war in Gefahr. Eine Teilnahme am Kongreß kam nicht in Frage. Ende August erhielt sie einen Brief von Freud:

> Hoffentlich erspart Ihnen diese schlechte Zeit eine Analyse. Ich kann es gar nicht hören, wenn Sie noch von der alten Liebe und den verflossenen Idealen schwärmen, und rechne auf einen Bundesgenossen in dem großen, kleinen Unbekannten.
>
> Ich selbst bin, wie Sie wissen, von jedem Rest von Vorliebe für's Ariertum genesen und will annehmen, wenn es ein Junge wird, daß er sich zum strammen Zionisten entwickeln soll. […]
>
> Wir sind und bleiben Juden. Die anderen werden uns immer nur ausnützen und uns nie verstehen oder würdigen.[18]

Die letzten Tage vor dem Münchner Kongreß verbrachte Freud in Rom. Täglich besuchte er Michelangelos Moses in der Kirche San Pietro in Vinculi. Schon bei seinem ersten Aufenthalt in der Ewigen Stadt 1901 war er von der Gewalt dieses Standbildes – sie zeigt Moses, kurz bevor er die Gesetzestafeln zerschmettert – tief beeindruckt gewesen. Noch mehr ans Herz gewachsen war es ihm während des letzten Urlaubs im Vorjahr, zu der Zeit, als Jung in Amerika seine Vorlesungen an der Fordham University gehalten hatte. Im Sommer 1913 setzte sich Freud nun erneut mit dem Moses auseinander und gelangte im Gegensatz zu anderen Deutungen zu der Überzeugung, daß Moses die Bewegung *nicht* vollenden, die Gesetzestafeln *nicht* zerschmettern würde. Freud erkannte in dem Standbild vielmehr verhaltenen Zorn und Selbstbeherrschung. Diese Sicht ist überraschend, paßte aber ganz und gar zu Freuds damaliger Situation: Er war wütend und stellte sich vor, daß er ein Muster an Beherrschung abgeben würde.

Freud war vom Anblick des Moses so begeistert, daß er rein zum Vergnügen seine Deutung des Kunstwerkes in einer kleinen Arbeit mit dem Titel »Der Moses des Michelangelo« niederlegte. Rank überredete ihn im folgenden Jahr zu einer anonymen Veröffentlichung in der Zeitschrift *Imago*. Der Aufsatz erschien mit dem unbefangenen Hinweis des Herausgebers, daß die Denkweise des anonymen Verfassers mehr oder weniger mit der psychoanalytischen Methode identisch sei.[19] Und so wurde er denn auch aufgenommen. Was Freuds tägliche Besuche bei Michelangelos Moses Ende August und Anfang September 1913 anbetrifft, so können wir wohl mit Fug und Recht annehmen, daß er in das Kunstwerk ebensoviel von sich hineinprojizierte, wie er dies einst bei Jung getan hatte.

Es kostete Freud einiges an Überwindung, auf dem Kongreß das Wort zu ergreifen. Er hatte lediglich einen unausgereiften Aufsatz zum schwierigen Thema der »Disposition zur Zwangsneurose« parat. Der Aufsatz ist ein weiteres Beispiel für die theoretischen, an anschaulichem Material mangelnden Arbeiten, die seine publizistische Tätigkeit in den nächsten Jahren bestimmen sollten. Das Problem war schon über ein Jahrzehnt alt und noch immer ungelöst: Wie konnten die Einsichten in das Wesen der Hysterie auf andere neurotische Symptome übertragen werden? (Zwangsneurotiker wie der »Rattenmann« gerieten offenbar mit ihrer Aggression, nicht aber mit ihren Triebregungen in Konflikt; Freud führte dies jetzt auf eine Fixierung auf das anale Stadium der Libidoentwicklung zurück.) Im übrigen war das spezielle Thema bereits durch die umfassendere Frage abgelöst worden, wie die psychoanalytische Theorie als allgemeine Psychologie etabliert werden konnte. Und auf diesem Feld war ihm Jung mit den Fordham Lectures bereits zuvorgekommen. Als der Kongreß näherrückte, dachte Freud über eine treffendere Alternative zu Jungs im Entstehen begriffener Ich-Psychologie nach: eine Theorie des Narzißmus. Freud schöpfte aus den täglichen Besuchen beim Moses des Michelangelo und den Überlegungen zu einer Arbeit über den Narzißmus wieder so viel Kraft, daß er dem einstigen Freund auf dem Kongreß gegenübertreten konnte.

Jung bereitete sich anders vor. Anfang August reiste er nach London zum 17. Internationalen Ärztekongreß und hielt dort den gleichen Vortrag, den er im Jahr zuvor an der New York Academy of Medicine gehalten hatte. Überraschenderweise fügte er jetzt den Gedanken hinzu, seine überarbeitete Konzeption mache keinerlei Veränderungen in der psychoanalytischen Technik notwendig. Offensichtlich hatte er die Idee aufgegeben, die Psychoanalyse zur Suche nach spirituellen Potentialen im Unbewußten einzusetzen. Nach der Rückkehr segelte Jung zusammen mit Freunden mit seinem Boot vier Tage auf dem Zürichsee. Sein Jugendfreund Albert Oeri las unterwegs Homers *Odyssee* vor, namentlich die Episode mit der Zauberin Circe und die Nekyia-Episode, bei der Odysseus mit den Geistern der Verstorbenen in Kontakt tritt. Dank des Ausflugs und einer Erholungsphase zu Hause fand Jung sein körperliches und seelisches Gleichgewicht wieder.

Der Vierte Internationale Psychoanalytische Kongreß fand am 7. und 8. September 1913 im Hotel Bayrischer Hof in München statt. Siebenundachtzig Personen nahmen teil, darunter Flournoy, der als Jungs Gast erschien. Rank und Maeder eröffneten die erste Sitzung am Morgen mit Referaten zur Traumdeutung. Maeder schien in der heraufziehenden Auseinandersetzung die Oberhand zu gewinnen, als er sich einen Traum aus einem neueren Aufsatz von Freud zu dem Thema vornahm. Anders als Freud geschrieben habe, so Maeder, enthalte der Traum sehr wohl ethische und auch in die Zukunft vorausweisende Elemente. Die Züricher Abordnung war beeindruckt. Freud schrieb später, er habe während der Sitzung protestierend eingewandt, das habe nichts mit Psychoanalyse zu tun.[20] Sein Einspruch erfolgte offenbar direkt auf das Referat von Maeder hin, der sich später Henry Ellenberger gegenüber erinnerte, man sei wegen seiner in gutem Glauben vorgetragenen Gedanken über ihn hergefallen, als »habe er etwas Heiliges berührt«.[21] Da später niemand etwas Positives über den Kongreß zu berichten wußte, kann man annehmen, daß er reichlich unerquicklich verlief. Jung versteckte sich bei der Leitung offenbar hinter seinem Amt und verzichtete auf eigene Diskussionsbeiträge. Ob auch das Thema »Rassenunterschiede« wieder aufkam, ist nicht bekannt.

In der Debatte zwischen Maeder und Rank wurde eine große Chance vertan, zwei rivalisierende Hypothesen im Lichte von klinischen Erfahrungen auf ihre Gültigkeit hin zu überprüfen. Dazu hätte es keiner langen Ausflüge in entlegene Bereiche wie die Mythologie bedurft. Sowohl der Gegenstand wie auch die Untersuchungsmethode berührten Kernfragen der Psychoanalyse. Waren Träume nur der Versuch der Seele, unerfüllte Wünsche zu befriedigen? Oder bestand ihre Aufgabe auch darin, Probleme der näheren Zukunft vorwegzunehmen oder sogar zu lösen? Die Ärzte im Konferenzraum hätten alle genügend Möglichkeiten gehabt, die beiden unterschiedlichen Auffassungen in der täglichen Praxis zu überprüfen und ihre Ergebnisse anschließend zu veröffentlichen; das wäre gewiß ein lohnendes Forschungsvorhaben gewesen. Unvoreingenommen betrieben, hätte es zudem weitere dunkle Punkte erhellen können, so zum Beispiel die Frage, wann eine Deutung als gesichert angesehen werden kann, und das Problem, inwieweit eine bestimmte Erwartungshaltung des Analytikers beim Patienten unbewußt zu entsprechenden Reaktionen führt. Bedauerlicherweise wurde ein solches Projekt nicht vorgeschlagen.

Nach diesem Auftakt verlief die Tagung weiter enttäuschend. Die Rednerliste für die folgenden Sitzungen war sehr lang, und Jung hatte alle Hände voll zu tun, um die Vorträge unterzubringen. Als er einen Beitrag nach dem anderen kürzte, um Zeit für die anschließende Diskussion zu gewinnen, wuchs der Groll der Wiener. Eine weitere Einzelheit aus den Erinnerungen Maeders gibt eine Ahnung von der Stimmung auf dem Kongreß. Auf dem Weg zum Konferenzraum begegnete er Freud und streckte ihm freundschaftlich die Hand entgegen. Freud ignorierte ihn und eilte weiter. In der Hast blieb er mit dem Jackett am Türgriff hängen und versuchte sich ärgerlich und ohne Erfolg zu befreien. Erst Maeder konnte ihm aus der mißlichen Lage helfen.[22]

Am zweiten Nachmittag hatte Freuds Delegation einen Plan ausgeheckt, wie Jungs Wiederwahl als Präsident durch die Abgabe von unausgefüllten Stimmzetteln verhindert werden konnte. Jung wurde trotzdem mit zweiundfünfzig Stimmen gegen zweiundzwanzig Enthaltungen wiedergewählt. Da kein Gegenkandidat aufgestellt worden war, dürften die Enthaltungen für einige Aufregung gesorgt haben. Nach der Abstimmung trat Jung auf Jones zu und sagte: »Ich dachte, Sie hätten moralische Grundsätze.«[23] Diesen Lieblingssatz zitierte Jung immer dann, wenn er einer peinlichen Situation eine ironische Wendung geben wollte. In dem Zusammenhang hieß es, daß er die Aufforderung zur Stimmenthaltung nicht für lauter hielt. Jones' Freunde verstanden die Bemerkung im Sinne von: »Ich dachte, Sie seien Christ.«[24] In dieser Version, die natürlich einen vollkommen anderen Unterton hat, ging der Satz dann in die offizielle psychoanalytische Geschichtsschreibung ein. Festzuhalten ist jedoch, daß Jung ihn so nicht gesagt hat. Festzuhalten ist weiterhin, daß zwei Drittel der Mitglieder der Internationalen Psychoanalytischen Vereinigung ihrem Präsidenten das Vertrauen aussprachen.

Über welches Thema sprach Jung selbst bei dieser bedeutsamen Gelegenheit? Der Titel seines Vortrags lautete: »Zur Frage der psychologischen Typen«. Jung begann mit einem Vergleich der libidinösen Verschiebungen bei Hysterie und Schizophrenie. Bei beiden Erkrankungen, so Jung, liege eine Regression vor, aber in der Hysterie bleibe die Libido durch die Übertragung an andere Menschen gebunden, während sie sich bei der Schizophrenie vollkommen nach innen richte und bei der daraus resultierenden Abschottung nach außen die gesamte Welt verschlucke. Auf diese scheinbar geradlinige Eröffnung folgte ein ausgedehnter philosophischer Exkurs. Man habe es, fuhr Jung fort, mit den krankhaften Übersteigerungen zweier fundamental verschiedener Haltungen gegenüber der Welt zu tun. Die eine sei nach außen, die andere nach innen gerichtet. Jung führte für die beiden Haltungen die Begriffe »extravertiert« und »introvertiert« ein. Ausgehend von William James' Unterscheidung philosophischer Grundhaltungen (»zart-geistig« und »zäh-geistig«), zeigt Jung, daß der gleiche wesentliche Gegensatz von Zeit zu Zeit auf unterschiedlichen Gebieten immer wieder auftauchte: Er verwies unter anderem auf Schiller (»sentimentalische« und »naive« Dichter), Nietzsche (das Apollinische und das Dionysische) und Otto Groß (»paranoide« beziehungsweise »manisch-depressive« Disposition in der »zerebralen Sekundärfunktion«). Dies alles war zwar interessant, aber die Zuhörer dürften sich mit der Zeit gefragt haben, worauf Jung eigentlich hinaus wollte.

Das Beste sparte er sich bis zum Schluß auf. Nach dem Ausflug ins Reich der Dichter und Denker kehrte er zu seinem eigenen Gebiet zurück: »Es wird nach diesen Darlegungen wohl niemandem ein Geheimnis geblieben sein, daß wir auch innerhalb der analytischen Psychologie mit der Existenz der beiden psychologischen Typen zu rechnen haben.«[25] Und dann belegte er die Behauptung an den Beispielen von Freud und Adler! Freud als der extravertierte Typus konzentriere sich auf die äußere Welt und damit auf die Liebesobjekte der Patienten und ihre Übertragungen. Folglich sehe er in ihren Symptomen die Unfähigkeit, ihre Liebe zu äußern. Adler als der introvertierte Typus konzentriere sich dagegen auf die Innenwelt und damit auf das Bedürfnis der Patienten nach Geltung und Sicherheit vor äußeren Angriffen. Folglich sehe er in gewissen Symptomen Manöver, um auf subtile Weise Überlegenheit zu erlangen. Jungs Beweisführung war kurz und prägnant. Er schloß mit der einfachen Erklärung: »Die schwierige Aufgabe der Zukunft wird es sein, eine Psychologie zu schaffen, welche beiden Typen gleichmäßig gerecht wird.«[26]

Jungs brillanter Einfall verdient, daß wir uns an dieser Stelle ausführlicher damit befassen. In einem Augenblick, als man von seiner Theorie nichts mehr erwartete und er seelisch am Ende schien, wartete er mit einem vollkommen neuen Gedanken auf und wußte ihn höchst effektvoll einzusetzen. Der neu entdeckte Gegensatz zwischen einem »introvertierten« und einem »extravertierten« Persönlichkeitstypus ging im folgenden in den allgemeinen Sprachgebrauch ein. Er gehört zu den wenigen Erkenntnissen der Psychoanalyse, die von anderen Forschern rasch bestätigt wurden, und er befruchtet noch heute eine Vielzahl wichtiger Forschungen. Es verdient Bewunderung, wie geistreich und kreativ sich Jung aus einer mißlichen Lage befreite.

Wie war er auf diesen völlig neuen Gedanken gekommen? In seinen Erinnerungen berichtet er, der Gedanke sei ein Ergebnis des Nachdenkens über seine Phantasien und die Unterschiede zwischen ihm und Freud gewesen. Jung, der sich ganz richtig als introvertierter Typ sah, hatte Adler als Stellvertreter benutzt. Neben dieser plausiblen Erklärung drängen sich zwei weitere Überlegungen auf. Zunächst vermied er durch die neue Unterscheidung, daß die Differenzen zwischen ihm und Freud auf rassische Unterschiede zurückgeführt werden konnten. So gesehen, bedeutete Jungs Einfall eine Rückkehr zum zivilisierten Umgang miteinander und die Abkehr von einer Mystifizierung. Zum zweiten mußte er sich auch vor übler Nachrede in acht nehmen, insbesondere vor dem Vorwurf, er sei »paranoid«, weil er den vertrauten Umgang mit Freud nicht mehr ertrage. Es war der alte Vorwurf und die alte Gleichung: Schreber = Fließ = Adler. Jung befürchtete, er werde das vierte Glied dieser Gleichung sein. Die Verleumdung, das wußte er, machte unter Freuds Vertrauten bereits die Runde. Sein Auftritt mit der virtuosen Deutung könnte durchaus darauf angelegt gewesen sein, den Vorwurf zu entkräften und als ganz und gar haltlos zu entlarven.

Von Jungs Motiven einmal abgesehen, erhebt sich die Frage, aus welcher Quelle die Inspiration stammte. Die Liste möglicher Einflüsse ist lang und reicht von Nietzsche und William James über Otto Groß bis zu Adolf Meyer. Ellenberger berichtet, als Jung 1903 seinen Studienurlaub in Paris verbrachte, habe der große französische Psychologe Alfred Binet in einer Arbeit eine *disposition introversive* und eine *disposition extratensive* bei seinen beiden Töchtern beschrieben. Diese Unterscheidung hat aller Wahrscheinlichkeit nach als das Vorbild für Jungs Begriff der »Introversion« gedient, der einen bei allen Menschen möglichen psychischen Prozeß bezeichnet. Von der »Introversion« zur »Introvertiertheit« als Persönlichkeitstyp ist es freilich noch ein großer Schritt. Der Liste denkbarer Einflüsse kann man hier noch einen weiteren und an dieser Stelle überraschenden Namen hinzufügen. In seinem Aufsatz »Über neurotische Erkrankungstypen« aus dem Jahr 1912 hatte Freud versucht, Jungs Konzept der »Introversion« in seine rudimentäre Typologie der Neurosenbildung zu integrieren. Der Aufsatz erschien, als Jung mit der Abfassung der Fordham Lectures beschäftigt war. Da Jung sich in den Vorlesungen ausführlich mit den auslösenden Faktoren bei der Neurosenbildung befaßte, dürfte er Freuds Aufsatz gründlich gelesen haben. Und wahrscheinlich kam er dabei auf den bedeutenden Gedanken, den er dann später auf dem Münchner Kongreß vorstellte. Wenn dem tatsächlich so ist, dann wäre Jungs Theorie der psychologischen Typen ein weiteres – und letztes – Ergebnis seiner Zusammenarbeit mit Freud.

An dieser Stelle ist eine abschließende Bemerkung vonnöten. Jungs Gedanke war geradezu genial, aber er lenkte die Psychoanalyse nicht in ein vollkommen neues Fahrwasser. Er behauptete ja nicht, verschiedene psychologische Typen von Patienten bräuchten ein unterschiedliches Verständnis oder gar eine unterschiedliche Behandlung, was in klinischer Hinsicht wirklich einen Neuansatz bedeutet hätte. Er wies lediglich darauf hin, daß sich psychologische Unterschiede bei Theoretikern in unterschiedlichen Theorien niederschlagen. Dies war etwas völlig anderes. Die Entwicklung der psychoanalytischen Theorie war so lange von den beiden großen Männern beherrscht worden, daß der Vorrang des Theoretikers vor dem Patienten unbeabsichtigt auch dann noch bestehenblieb, als dies bereits als Mißstand erkannt wurde.

»Siegfrieds« Tod

Der Münchner Kongreß endete in einer säuerlichen, beleidigten Stimmung mit einem Patt. Es gab keinen legitimen Grund, Jung als Präsidenten abzusetzen. Freud konnte nicht versöhnlich gestimmt werden. Das Schisma, das die Einstellung ihrer Zusammenarbeit heraufbeschworen hatte, war nicht mehr aufzuhalten. Daß Sabina Spielrein nicht erschienen war, muß wohl als Glück bezeichnet werden. Die Schwangere hätte beide Männer – mit unabsehbaren Folgen für sie selbst – wieder an den Auslöser des Bruchs erinnert: an die unterschiedlichen Deutungen von »Siegfried« als reales und als geistiges Kind. Sabina war mit diesem und anderen Problemen inzwischen ganz allein auf sich gestellt. Die letzten Monate ihrer Schwangerschaft waren von inneren Kämpfen begleitet. Sie hatte das Gefühl, »Siegfried« in ihr lebe noch immer und versuche das Ungeborene in ihrem Leib zu töten. Dann begann ein psychischer Schutzmechanismus zu greifen: Sie tötete Jung im Traum. Einige Wochen nach dem Kongreß kam sie nieder. Das Kind war zu ihrer großen Freude völlig gesund und zudem ein Mädchen. Sabina Spielrein nannte es Renata, die »Wiedergeborene«, denn der Name sollte daran erinnern, daß das Kind beinahe gestorben wäre.

Während von Jung keine schriftlichen Glückwünsche erhalten sind, gibt es einen Brief von Freud. Er war über Jung noch immer empört:

> Nun also meinen herzlichen Glückwunsch! Es ist besser, daß es eine »Sie« ist. Da kann man sich den blonden Siegfried noch überlegen und bis zu seiner Zeit vielleicht ein Götzenbild zerschlagen haben.[27]

Jung beschäftigte die Begegnung mit Freud in München – es sollte die letzte gewesen sein – noch eine ganze Zeitlang, und die Geburt der kleinen Renata setzte das Tüpfelchen aufs i. Im Oktober überfiel ihn während einer Zugfahrt eine schreckliche Vision, in der sich seine Isolation und sein wachsender Groll ausdrückten: Ganz Europa vom Nordmeer bis zu den Alpen wurde von einer gewaltigen Flutwelle überrollt. Da die Alpen höher wuchsen, entging die Schweiz der Katastrophe. Das »Gesicht«, wie Jung es in seinen Erinnerungen nennt, dauerte ungefähr eine Stunde:

> Ich sah die gewaltigen gelben Wogen, die schwimmenden Trümmer der Kulturwerke und den Tod von ungezählten Tausenden. Dann verwandelte

sich das Meer in Blut. [...] Es verwirrte mich und machte mir übel. Ich schämte mich meiner Schwäche.[28]

Zwei Wochen später kehrte die Vision wieder, und diesmal spielte Blut eine noch größere Rolle. Jung hörte eine Stimme sagen: »Sieh es dir an, es ist ganz wirklich, und so wird es sein; daran ist nicht zu zweifeln.«[29] Jung zog den Schluß, er »sei von einer Psychose bedroht«.[30]

Ende Oktober hörte Jung von Maeder, Freud zweifle an seiner Vertrauenswürdigkeit als Redakteur des *Jahrbuchs*. Der genaue Inhalt von Freuds Brief an Maeder und die Hintergründe der Vorwürfe sind nicht bekannt. In der letzten Ausgabe des *Jahrbuchs* waren Jungs Vorlesungen an der Fordham University erschienen, in der neue Ausgabe sollte Maeders Vortrag vor dem Münchner Kongreß abgedruckt werden. Jung wußte jedenfalls keine bessere Verteidigung, als sein Amt niederzulegen. Am 27. Oktober erklärte er in einem offiziellen Schreiben seinen Rücktritt als Redakteur des *Jahrbuchs*. In diesem Klima war auch Bleuler an einer Weiterführung seines Amtes als Herausgeber nicht mehr interessiert und reichte prompt den Rücktritt ein. Freud und die Mitglieder des Komitees vermuteten einen Schachzug Jungs. Wieder witterten sie den Feind, der mit einer Intrige seinen Einfluß über die Institutionen der Psychoanalyse zu stärken versuchte. Und wieder irrten sie. Jung war am Boden zerstört. Sich dies nicht anmerken zu lassen war offenbar das einzige Motiv seines Handelns.

Nach einer Besprechung mit dem Verleger wurde Freud alleiniger Herausgeber der Zeitschrift. Sie wurde in *Jahrbuch der Psychoanalyse* umbenannt, die Redaktion wurde Abraham und Hitschmann übertragen. (Hitschmann war wie Federn Freud gegenüber absolut loyal. Dennoch wußten beide von der Existenz des Komitees nichts.) Aber das genügte Freud noch nicht. Auf Ferenczis Betreiben faßte er ins Auge, die Ortsgruppen durch eine Herauslösung aus der Internationalen Psychoanalytischen Vereinigung unter seine Kontrolle zu bekommen und einen eigenen Verband zu gründen. Als Jones vor den Folgen eines solchen Schritts warnte – die Amerikaner würden ihn nicht nachvollziehen können und in der bestehenden Organisation verbleiben –, wurde das Vorhaben fallengelassen.

Im November zog sich Jung noch mehr zurück. Andere um fachliche Hilfe zu bitten widersprach seinem Charakter. Im übrigen zweifelte er daran, daß ihm jemand in seiner Nähe würde helfen können. So widmete er sich wieder seinen Phantasien:

> Um die Phantasien, die mich unterirdisch bewegten, zu fassen, mußte ich mich sozusagen in sie hinunterfallen lassen. Dagegen empfand ich nicht nur Widerstände, sondern ich fühlte auch ausgesprochene Angst. Ich fürchtete, meine Selbstkontrolle zu verlieren und eine Beute des Unbewußten zu werden, und was das heißt, war mir als Psychiater nur allzuklar. Ich mußte jedoch wagen, mich dieser Bilder zu bemächtigen. Wenn ich es nicht täte, riskierte ich, daß sie sich meiner bemächtigten.[31]

Am 12. Dezember 1913 fand Jung schließlich den Mut, sich ganz den inneren Bildern zu überlassen. Sofort stellte sich ein Gefühl ein, als stürzte er ins Bodenlose. Geschüttelt von Angst, durchlebte er eine bizarre Vision: Er landete mit den Füßen auf einem weichen, morastigen Untergrund. Vor ihm bewachte ein Zwerg mit ledriger, fast mumifizierter Haut den Eingang zu einer dunklen Höhle. Jung ging hinein und watete knietief durch eisiges Wasser. Auf einem Felsvorsprung fand er einen roten, leuchtenden Kristall. Als er ihn anhob, sah er einen Hohlraum und darin strömendes Wasser in der Tiefe. Bald trieb die Leiche eines blonden Jünglings mit einer Wunde am Kopf vorbei. Dann folgten ein riesiger schwarzer Skarabäus und dann eine »rote, neugeborene Sonne«. Jung war geblendet, und als er die Öffnung wieder verschließen wollte, schoß ihm eine Flüssigkeit entgegen. Es war Blut!

Man kann sich fragen, wie Jung diese Vision drei Jahre zuvor, als er seine Besprechung des Buchs von Morton Prince verfaßte, wohl gedeutet hätte. Legt man bei der Deutung den gleichen Maßstab an, so stößt man auf zahlreiche Sexualsymbole. Aber wie Jungs Träume müssen auch seine Phantasien mit Vorsicht gedeutet werden. Es ist durchaus möglich, daß die Ursache für das lebhafte Gefühl des Abscheus nicht irgendwelche Wünsche und Ängste waren, sondern Theorien, die er einst vertreten und noch immer nicht überwunden hatte. Jung versuchte seine Vision jedenfalls bewußt unter einem anderen Blickwinkel zu deuten. Ausgehend von der Sonne und dem Skarabäus, einem häufigen Element der ägyptischen Sonnensymbolik, versuchte er sie in Begriffen von Tod und Wiedergeburt zu fassen. Wie aber ließ sich der tote Jüngling unterbringen, der doch offenkundig einen Heldenmythos verkörperte?

Sechs Tage später, am 18. Dezember, hatte Jung einen aufschlußreichen Traum. Der Traum brachte zwar ein Stück weit Licht in die »Vision« der vorangegangenen Woche, war deswegen aber nicht weniger beunruhigend:

> Ich fand mich mit einem unbekannten braunhäutigen Jüngling, einem Wilden, in einem einsamen, felsigen Gebirge. Es war vor Tagesanbruch, der östliche Himmel war schon hell, und die Sterne waren am Erlöschen. Da tönte über die Berge das Horn Siegfrieds, und ich wußte, daß wir ihn umbringen müßten. Wir waren mit Gewehren bewaffnet und lauerten ihm an einem schmalen Felspfad auf.
>
> Plötzlich erschien Siegfried hoch oben auf dem Grat des Berges im ersten Strahl der aufgehenden Sonne. Auf einem Wagen aus Totengebein fuhr er in rasendem Tempo den felsigen Abhang hinunter. Als er um die Ecke bog, schossen wir auf ihn, und er stürzte, zu Tode getroffen, hernieder.
>
> Voll Ekel und Reue, etwas so Großes und Schönes zerstört zu haben, wandte ich mich zur Flucht, getrieben von Angst, man könnte den Mord entdecken. Da begann ein gewaltiger Regen niederzurauschen, und ich wußte, daß er alle Spuren der Tat verwischen würde. Der Gefahr, entdeckt zu werden, war ich entronnen, das Leben konnte weiter gehen, aber es blieb ein unerträgliches Schuldgefühl.[32]

Als Jung erwachte, fand er sich in seinem Bett in Küsnacht wieder. In der Nachttischschublade lag ein geladener Revolver. Er hatte Angst, denn eine innere Stimme sagte ihm, er müsse sich erschießen, wenn er die Bedeutung des Traumes nicht entschlüsseln könne. Nach der Deutung in seinen Erinnerungen war Siegfried die Verkörperung seines Heldenideals und seiner germanischen Willensstärke: »Wo ein Wille, da ein Weg!«[33] Beides, das Heldenideal und die Willensstärke, mußte er nun aufgeben. Als er Siegfried im Traum erschossen habe, berichtet Jung, sei es ihm vorgekommen, als habe er sich selbst getötet, Zeichen für seine »geheime Identität mit dem Helden«.[34] Entsprechend empfand er »ein überwältigendes Mitgefühl« und »Reue«. Er begriff dieses Gefühl als das »Leiden, das der Mensch erlebt, wenn er gezwungen wird, sein Ideal und seine bewußte Einstellung zu opfern«.[35] Soweit hatte Jung recht. »Siegfried« war tatsächlich das Symbol seines heroischen Schicksals als Neuerer gewesen, der die Psychoanalyse von einem falschen Pfad hatte abbringen wollen. Diese Identität legte er jetzt unwiderruflich ab. Allerdings muß Jungs Deutung um ein Element erweitert werden: Er hatte noch andere Gründe, seinem Siegfried den Tod und das Vergessen zu wünschen, Gründe, die offenbar so furchtbar waren, daß er sie auch noch fünfzig Jahre später nicht preisgab. Er war »der Gefahr, entdeckt zu werden, [tatsächlich] entronnen«, und sein Leben ging weiter, »aber es blieb ein unerträgliches Schuldgefühl«.

Jung nutzte die Einsamkeit der folgenden Monate weiterhin dazu, um mit seinen Phantasien zu experimentieren und die Tiefen des Unbewußten zu erkunden. Er stellte fest, daß er eine Vision durch die bewußte Vorstellung auslösen konnte, er steige in eine große Tiefe hinab. Einmal hatte er das Gefühl, er sei auf dem Mond gelandet, ein anderes Mal, er sei ins »Totenland«[36] hinabgestiegen. Dort begegnete er zwei Gestalten, einem alten Mann, begleitet von einem jungen blinden Mädchen; sie stellten sich als »Elias« und »Salome« vor. Obwohl Jung über dieses ungleiche Paar – ein alter Stammvater in Begleitung eines jungen Mädchens – überrascht war, versicherte Elias, sie gehörten seit aller Ewigkeit zusammen. Eine schwarze Schlange, die bei ihnen lebte, legte eine besondere Zuneigung für Jung an den Tag. Vor Salome nahm er sich in acht, da sie ihm als Inkarnation der Verführung zum Bösen erschien, mit Elias führte er dagegen ein langes Gespräch, dessen Sinn er allerdings nicht erfaßte.

Soweit Jungs Erinnerungen. Auf einige Symbole ging er in seinem Seminar im Jahr 1925 ein. In seiner nicht ganz korrekten Nacherzählung ist Salome die Stieftochter des biblischen Königs Herodes, die mit dem Stiefvater eine inzestuöse Beziehung hatte und im Zusammenhang damit Johannes den Täufer enthaupten ließ. Die schwarze Schlange deutet Jung als Symbol für seine zunehmende Introversion. Dem können wir noch hinzufügen, daß Elias im allgemeinen als Vorläufer Christi gilt. Nach kabbalistischer Überlieferung wurde Elias von der Hexe Lilith, Adams erster Frau, verführt. Jung war offenbar erneut in eine Art religiös-inzestuöse Phantasie verwickelt.

Im Seminar von 1925 kam noch eine zweite Vision mit Elias und Salome zur Sprache. Beide Gestalten schrumpfen darin auf eine winzige Größe zusammen. Jung findet eine alte gnostische Inschrift mit dem anfänglichen Wortlaut: »Wie oben, so unten […].« Es sei angemerkt, daß die gleiche Inschrift auch im ersten Teil der »Wandlungen« auftaucht; Jung gerät dort bei der Deutung einer christlichen Predigt an den Rand der Pornographie. In seiner Vision spricht ihn Salome als »Jesus Christus« an und bittet ihn, sie von ihrer Blindheit zu heilen. Als Jung diese Anrede heftig zurückweist, windet sich die schwarze Schlange sofort um seinen Körper. Bei dem Versuch, sich mit allen Kräften aus der Umklammerung zu befreien, findet er sich schließlich unbeabsichtigt in der Stellung des Gekreuzigten wieder. Dann verwandelte sich sein Kopf in ein Löwenhaupt. Jung stellt fest, daß er nicht Jesus, sondern Aion geworden ist, ein Gott des Mithraskultes, mit dem er sich sehr beschäftigt hatte. Salome findet ihr Augenlicht wieder.

Nirgendwo in späteren Deutungen äußert Jung den Gedanken, Salome und Elias könnten auch die beiden Menschen verkörpern, die er kurz zuvor verloren hatte. Statt dessen hebt er immer wieder hervor, er habe sich seinen Phantasien willentlich überlassen und dadurch ein Mittel gefunden, sie zu beherrschen. Für diesen Kunstgriff prägte er den Begriff der »aktiven Imagination«. Offensichtlich lag die eigentliche Bedeutung seiner Phantasien darin, daß sie ihm halfen, persönliche seelische Probleme zu lösen. Obwohl Elias und Salome in Jungs Phantasien einen eigenen Willen besitzen und schmerzhaft das darstellen, was Jung zuvor mit Freud und Sabina Spielrein erlebt hat, können sie ihm nicht wirklich schaden. Denn sie sind »Dramengestalten« in seiner inneren Welt, er beherrscht sie, und das ist der Alternative, daß er von ihnen beherrscht werden könnte, bei weitem vorzuziehen.

Das Ende

Freud hatte beim Aufbau der Bewegung im mehrfacher Hinsicht darauf gehofft, Jung werde sich ihm möglichst stark annähern. Jetzt verfolgten beide ihre Ziele unabhängig voneinander, die Zusammenarbeit war beendet. Am 20. April 1914 tat Jung den entscheidenden Schritt und verschickte an die Leitung sämtlicher Ortsgruppen Briefe, in denen er offiziell seinen Rücktritt als Präsident der Internationalen Psychoanalytischen Vereinigung bekanntgab. Unter das an Freud adressierte Exemplar setzte Jung drei Kreuze, das Symbol, das sie in ihrer Korrespondenz mehrfach zur Abwehr des Teufels benutzt hatten. Die »unerquickliche Zeit« des Kampfes um die Vorherrschaft war damit vorüber.

Sabina Spielrein hatte mit dazu beigetragen, daß der Schlußstrich gezogen wurde. Anfang April berichtete sie Jung brieflich von verschiedenen Vorwürfe gegen ihn. Er antwortete am 15. April 1914 erbittert und verletzt mit einem Brief, den Sabina mit folgendem Kommentar an Freud weiterleitete: »Alle wissen es, daß ich mich zum Freudschen Verein gehörend erklärte, und J. kann mir dieses nicht vergeben.«[37] Im Mai fühlte sie sich dann aber ausgenutzt und machte Freud in einem Schreiben, das nicht erhalten ist, offenbar allerlei Vorwürfe. Freud antwortete am 15. Mai:

> Jetzt fangen Sie auch an, meschugge zu werden, und zwar unter den nämlichen Symptomen wie Ihre Vorgänger! Eines Tages erhielt ich Nichtsahnender einen Brief von Frau Jung, ihr Mann sei überzeugt, ich habe etwas gegen ihn. Das war der Anfang, das Ende kennen Sie. Und Ihr Argument, daß ich Ihnen noch keinen Pat. geschickt habe? Das trat genau so bei Adler auf, der sich für verfolgt erklärte, weil ich ihm keine Pat. geschickt hätte. [...]
>
> Was soll ich in aller Welt nach unseren bisherigen Beziehungen gegen Sie haben? Spricht da etwas anderes als Ihr eigenes schlechtes Gewissen, daß Sie sich von ihrem Idol nicht freigemacht haben? Überlegen Sie es noch einmal und schreiben Sie mir dann darüber.[38]

Wahrscheinlich nahm Sabina Spielrein die Vorwürfe zurück, auch wenn es dafür keinen schriftlichen Beweis gibt.

Im Juni schrieb Freud ihr erneut und fragte sie, ob sie auf dem Titelblatt des neuen *Jahrbuchs* erscheinen wolle. Er ging ausführlich auf die delikate Situation ein: Alle Züricher Namen und Adressen würden in Kürze getilgt; wenn ihrer dort auftauche, bedeute dies folglich »eine Parteinahme deutlichster Art«. »Dabei sind Sie heute noch in Jung verliebt«, fährt Freud fort, »können ihm nicht ordentlich gram sein, sehen in ihm noch den Helden, über den die Meute herfällt, schreiben mir in den Ausdrücken seiner Libidoauffassung, verübeln es Abraham, wenn er ihm eine deutliche Wahrheit sagt!«[39] Auch wenn Freud vorsichtige Formulierungen wählte – »tun Sie sich keinen Zwang an« –, war sein Brief doch nichts anderes als ein Ultimatum. Gehörte sie dazu oder nicht? Freud hatte Hoffnung: »Ich wünsche Ihnen natürlich, daß es Ihnen gelingen möge, das infantile Ideal des germanischen Recken und Helden, an dem Ihre ganze Opposition gegen Milieu und Herkunft steckt, als Plunder beiseite zu werfen, und das Kind, das Sie ursprünglich gewiß von Ihrem Vater haben wollten, nicht von diesem Trugbild zu verlangen.«[40]

Freud sprach eine deutliche Sprache, und man muß sich fragen, woher er wußte, daß die Namen der Züricher in Kürze allesamt getilgt würden. Was für Beiträge im neuen *Jahrbuch* erscheinen würden, schrieb er Sabina Spielrein im übrigen nicht. Neben dem theoretischen Aufsatz »Zur Einführung des Narzißmus« hatte er auch eine »Geschichte der psychoanalytischen Bewegung« verfaßt, ein heftiger Angriff gegen die Züricher, der darauf angelegt war, sie zum Austritt aus der Vereinigung zu bewegen. Mit feinem

Gespür für die Wirkung hatte Freud beschlossen, beide Aufsätze in der ersten Ausgabe des neuen *Jahrbuchs* zu veröffentlichen. Und Sabina Spielreins Name würde möglicherweise auf dem Titelblatt stehen!

Sabina machte sich in dieser Zeit über viele Dinge Gedanken. Vielleicht schrieb sie Jung sogar von ihren Zweifeln und ihrem Unbehagen. Wenn dem so ist, dann könnte dies erklären, warum sich in Jungs »Visionen« im Juni Hoffnung mischte. In seinen letzten Traumbildern war Europa noch unter einer gewaltigen Eisschicht erstarrt gewesen, nun endete seine Vision ganz anders. Er pflückte von einem blättertragenden Baum Trauben mit süßen, heilenden Beeren und verteilte sie an eine Menge.

Freuds Polemik im *Jahrbuch* hatte den gewünschten Effekt. Am 10. Juli beschlossen die Züricher den Austritt aus der Internationalen Psychoanalytischen Vereinigung. »So sind wir sie denn endlich los, den brutalen heiligen Jung und seine Nachbeter«,[41] frohlockte Freud in einem Brief an Abraham. Er und sein geheimes Komitee jubelten über den geglückten Coup. Die Internationale Psychoanalytische Vereinigung gehörte ihnen. Für den nächsten Kongreß im September war die Konsolidierung ihrer Macht über die restliche Vereinigung vorgesehen. Jones, der begabteste Polemiker unter den Freudjüngern und der einzige Nicht-Jude, wurde mit einer Analyse bei Ferenczi auf die Präsidentschaft vorbereitet.

Was den Kongreß angeht, so hatten sie sich wie alle in Europa verrechnet. Er fand nicht statt. Statt dessen fanden die Materialschlachten eines grauenhaften Krieges statt, der alle Wissenschaft zum Erliegen brachte. Jungs Schreckensvisionen von Gemetzel und Zerstörung erwiesen sich als schauerliche Prophetien. Der Visionär fühlte sich bestätigt und wollte seine Arbeit fortsetzen, saß nach einem Auftritt in London im August aber erst einmal im Ausland fest. Über einen Monat brauchte er, um mit der Eisenbahn hinter der Frontlinie durch Deutschland in die Schweiz zurückzukehren.

Zur Geschichte der psychoanalytischen Bewegung

Das Scheitern der persönlichen Beziehungen zwischen Freud, Jung und Sabina Spielrein hat in erster Linie eine menschlich-tragische Dimension. Und doch geht es hier um viel mehr als allein um das Verhältnis von Menschen zueinander. Freud und Jung – und über ihren Einfluß auf Jung auch Sabina Spielrein – spielen für die Entstehung und Entwicklung der psychoanalytischen Bewegung eine größere Rolle als irgend jemand sonst. Wie ihr gemeinsamer Weg hat auch das Ende ihrer Zusammenarbeit die Psychoanalyse entscheidend geprägt. Die Art, wie der Bruch zustande kam, bestimmte wesentlich die institutionelle Gestalt der Psychoanalyse, wie wir sie heute kennen. So hat die Auflösung des Dramas zwischen den Menschen die institutionelle Politik beeinflußt und diese wiederum die weitere Entwicklung der psychoanalytischen Theorie.

Man kann Freud sicher nicht nachsagen, er habe Kritik begrüßt, sei abweichenden Meinungen gegenüber besonders aufgeschlossen gewesen oder habe großen Wert auf empirische Methoden gelegt. All dies, das wußte Freud, hatte in der Wissenschaft seine Berechtigung, aber das größere Verdienst gebührte dem Visionär, der nach Neuland Ausschau gehalten hatte und die Führung dorthin übernahm. Dies war ein riskantes Unterfangen, selbst für einen bewundernswert systematischen Denker wie Freud. Niemand wußte im voraus, ob eine neue Lehre eher Darwins Evolutionstheorie oder Charcots Theorie der Hysterie ähneln würde. In diesem Zusammenhang kann man von den Schweizern sagen, daß sie zumindest eine Zeitlang dafür gesorgt hatten, daß Freud nicht ganz und gar auf Empirie verzichtete. Durch die Zusammenarbeit mit den Schweizern hatten nachprüfbare Tatsachen mehr Gewicht erhalten und war die Weiterentwicklung der Theorie langsamer, mehr vom kollegialen Austausch bestimmt vorangeschritten. Dies hob nicht nur ganz allgemein das wissenschaftliche Niveau, dabei wurden auch einige der bedeutendsten theoretischen Errungenschaften Freuds bestätigt: der Symbolcharakter klinischer Symptome, die Funktion der Verdrängung zur Vermeidung innerer Konflikte und die Bedeutung der Übertragung in der Behandlung. Auch daß einige Ziele unerreicht blieben, daß zum Beispiel Freuds lange angekündigtes Handbuch der Deutungsregeln nicht geschrieben wurde, kann man als positive, klärende Wirkung der Zusammenarbeit mit den Schweizern ansehen. Jetzt aber waren sie nicht mehr mit dabei.

Von nun an war die Psychoanalyse das, was Freud als Psychoanalyse erklärte. Ein bedauerliches, aber unvermeidliches Ergebnis dieser Entwicklung war, daß die Psychoanalyse sich nicht mehr über ihre Methoden oder objektive Kriterien für die Gültigkeit von Aussagen definierte, sondern über die Mitgliedschaft in elitären Organisationen mit Zunftcharakter. Das Privileg der Mitgliedschaft wurde nur denen zuteil, dic sich den bestehenden Machtstrukturen und den vorherrschenden Ansichten beugen konnten. Es gab weder eine Kontrollinstanz für Fehlentwicklungen in der Theorie noch die Möglichkeit, Differenzen auf der Grundlage empirischer Ergebnisse aus der psychoanalytischen Praxis zu entscheiden. Die Weiterentwicklung der psychoanalytischen Theorie wurde so bis in unsere Tage stets von Ketzerprozessen und der Bedrohung eines weiteren – mehr als einmal auch vollzogenen – Schismas begleitet und behindert.

Kann man auch Jung dafür verantwortlich machen? Trifft Jung, weil er sich in einem kurzen historischen Moment einer christlichen Version der Psychoanalyse zuwandte, die Schuld für die Herausbildung von autoritären Strukturen und theoretischer Erstarrung in der institutionalisierten Psychoanalyse? Der Vorwurf ist zumindest nicht ganz von der Hand zu weisen. Zu Jungs Entlastung muß allerdings gesagt werden, daß er für die Entwicklung in den Institutionen nach 1914 nicht mehr verantwortlich war. Verantwortlich war er aber wohl ebenso wie Freud, daß es so weit kommen konnte. Beide haben die Chance verspielt, eine offene Organisation zu schaffen und die Psychoanalyse auf eine tragfähige wissenschaftliche Basis zu stellen. Die Tragik ihrer Zusammenarbeit liegt darin, daß dieser entscheidende Geburtsfehler nach dem Bruch nicht mehr zu korrigieren war.

Im Jahre 1914, dem letzten Jahr ihrer offiziellen Zusammenarbeit, erschienen drei wichtige Arbeiten, zwei von Freud, eine von Otto Groß. Sie veranschaulichen die soeben geschilderte Entwicklung. Abschließend sei gezeigt, wie sie mit dazu beigetragen haben, jede weitere Zusammenarbeit zu verhindern.

Die beiden Aufsätze von Freud erschienen in der ersten Ausgabe des neuen *Jahrbuchs*. Der erste mit dem Titel »Zur Einführung des Narzißmus« gibt einen groben Überblick über die Probleme der psychoanalytischen Triebtheorie. Dieser Aufsatz, der wie eine geraffte, aber weniger klare Version von Jungs Fordham Lectures anmutet, hat offenbar zum Anliegen, das ältere Konzept von Ichtrieben durch das Konzept des Narzißmus, definiert als auf sich selbst zurückgewandte Libido, zu ersetzen. Auf einer anderen Ebene gelesen, ist dieser Aufsatz eine Schilderung von Freuds Reaktion auf den Bruch mit Jung: Er hofft, die einst auf Jung gerichtete Libido werde sich nun wieder auf ihn selbst richten.

Freud behandelt in der Arbeit in meisterlichem Stil etliche strittige Themen. Neben den Differenzen mit Adler und Jung, die an erster Stelle stehen, gibt es noch weitere erwähnenswerte Punkte. So setzt er in der Frage der Psychosen die im Fall Schreber begonnene Kampagne fort und belebt den alten psychiatrischen Begriff der »Paraphrenie« wieder, um ihn an die Stelle von Kraepelins »Dementia praecox« und Bleulers »Schizophrenie« zu setzen. Bleulers Begriff war bereits allgemein gebräuchlich und ist es bis heute. Diesen kleinen Triumph wollte Freud ihm offenbar nehmen, denn er führte den Feldzug für die »Paraphrenie« noch jahrelang weiter.

Dann kommt er auf Sabina Spielreins These zu sprechen. Er benötigte ihre Erklärung der Verdrängung offenbar mehr denn je. Er hatte das Ich aus der Libido abgeleitet und damit die gesamte Problematik der Entstehung sexueller Triebkonflikte in der Schwebe gelassen. Die einzig mögliche Lösung bestand wohl in der Annahme, das Ich reagiere, obgleich auf Triebe gegründet, auf die Auflösung in einem anderen Ich ambivalent. Freud erwähnt Sabina Spielrein nicht ein einziges Mal, als er kurz auf ihre Anschauung eingeht, die Triebnatur des Menschen zerfalle in einen Selbsterhaltungstrieb und einen Arterhaltungstrieb. Mit der für seinen Stil typischen Eleganz gibt er die von ihr und Tausk vertretene Sicht so wieder: »Das Individuum führt wirklich eine Doppelexistenz als sein Selbstzweck und als Glied in einer Kette, der es gegen, jedenfalls ohne seinen Willen dienstbar ist.«[42] Als mögliche Orientierung bei Deutungen weist Freud die These freilich kurzerhand mit der Begründung zurück, sie stamme nicht aus Ergebnissen der psychoanalytischen Theorie, sondern sei »wesentlich biologisch gestützt«[43] – als habe Sabina Spielrein sie nicht mit klinischen Beispielen belegt.

Man kann der ablehnenden Haltung Freuds gegenüber Sabinas Ansatz einen völlig anderen Artikel gegenüberstellen, der kurz zuvor in Stekels *Zentralblatt* erschienen war. Stekel konnte seine Zeitschrift bis zum Krieg weiterführen und darin eine Reihe interessanter Arbeiten veröffentlichen, die heute in Vergessenheit geraten sind, so beispielsweise einen Aufsatz von Putnam zur Bedeutung der Philosophie für die Psychoanalyse, den der gewissenhafte Amerikaner, nachdem er ihn einmal eingereicht hatte, nicht mehr zurückziehen wollte. In einem eigenen Artikel vertrat Stekel die Auffassung, den Träumen komme vornehmlich eine »prospektive Funktion« zu. (Die Zeit war für diesen Gedanken inzwischen reif. Adler nahm ebenfalls für sich in Anspruch, er habe ihn eingeführt, Ähnliches war von Silberer zu hören, wenn er in diesem Zusammenhang von einer »anagogischen« Funktion sprach.) Weiterhin erschien im *Zentralblatt* 1914 ein Artikel mit dem Titel »Über Destruktionssymbolik«. Er stammte von keinem anderen als von Otto Groß.

Groß hatte ein bewegtes Leben hinter sich. Er war mit einigen großen politischen Agitatoren Europas in Kontakt gekommen und schließlich von der preußischen Polizei als Sympathisant von Anarchisten verhaftet worden. Auf Betreiben seines Vaters wurde er zwangsweise in eine Irrenanstalt bei Wien eingewiesen. Dort sollte Stekel ihn analysieren. Als vermeintliches Opfer der alten patriarchalischen Ordnung wurde Otto Groß unter den radikalen europäischen Intellektuellen zu einer *cause célèbre,* ähnlich wie Patricia Hearst in den siebziger Jahren. Bald formierte sich eine Bewegung und forderte »Freiheit für Otto Groß«. Groß wurde in eine besser gesicherte Anstalt überführt, dann aber erging ein Gerichtsbeschluß, daß er freizulassen sei. Eine begeisterte Gruppe Radikaler machte sich auf den Weg nach Österreich, um den Beschluß persönlich zu überbringen. Als sie kamen, war Groß allerdings schon nicht mehr Patient. Obwohl er diesen Status offiziell noch immer innehatte, war er zum Irrenarzt avanciert.

Sein Aufsatz im *Zentralblatt* »Über Destruktionssymbolik« ist insofern bemerkenswert, als es sich um den einzigen Aufsatz handelt, in dem sich ein erklärter Anhänger Freuds mit Sabina Spielreins Theorie ernsthaft befaßt. Groß nimmt explizit ihre Absicht zur Kenntnis, der Logik der Triebverdrängung auf die Spur zu kommen. Leider bilden ihre Gedanken im folgenden nur den Ausgangspunkt für seine eigenen Überlegungen zum Patriarchat, zur Vergewaltigung und zu Verstößen gegen die natürliche Ordnung. Als ein regelrechter Verteidiger kann er in diesem Zusammenhang nicht gelten.

Schließlich ist noch auf Freuds Aufsatz im *Jahrbuch* mit dem Titel »Zur Geschichte der psychoanalytischen Bewegung« einzugehen. Verglichen mit der Arbeit über den Narzißmus und anderen Veröffentlichungen aus dieser Zeit, fällt er vor allem durch seinen unverblümt polemischen Stil auf. Mitglieder des Komitees lasen die Druckfahnen. Freud listet darin wunderliche Einfälle von Mitgliedern der Bewegung auf und demonstriert damit die banale Erkenntnis, daß jedes Ding seine zwei Seiten hat. Seinen Standpunkt verteidigt er mit der zu erwartenden Überzeugungskraft und Leidenschaft. Von den vom rechten Weg abgekommenen Renegaten verlangt er am Ende scheinbar nur, daß sie ihre ketzerischen Gedanken nicht unter dem Etikett Psychoanalyse verbreiten. Er geißelt den Mißbrauch der Psychoanalyse als Waffe in der Polemik, beeilt sich aber hinzuzufügen, daß er nicht ganz umhinkönne, sich über die Motive der Gegner Gedanken zu machen. Obwohl Abraham das Gegenteil behauptet hat, spricht er im Zusammenhang mit Adler von »Verfolgungen«,[44] was Eingeweihte als Anspielung auf Adlers angebliche Paranoia verstanden haben dürften.

Beschränken wir uns an dieser Stelle auf Freuds Urteil über Jung. Leser, die mit Jungs Streifzügen durch die Gebiete der Symbolik und religiösen Sublimierung ihre Schwierigkeiten hatten, werden den folgenden Angriff als erfrischende Brise empfinden:

> Auf keine andere Art kann ich mir das Ensemble der Jungschen Neuerungen verständlich machen und im Zusammenhange begreifen. Von der Absicht, das Anstößige der Familienkomplexe zu beseitigen, um dies Anstößige nicht in Religion und Ethik wiederzufinden, strahlen alle die Abänderungen aus, welche Jung an der Psychoanalyse vorgenommen hat. Die sexuelle Libido wurde durch einen abstrakten Begriff ersetzt, von dem man behaupten darf, daß er für Weise wie für Toren gleich geheimnisvoll und unfaßbar geblieben ist. Der Ödipuskomplex war nur »symbolisch« gemeint, die Mutter darin bedeutete das Unerreichbare, auf welches man im Interesse der Kulturentwicklung verzichten muß; der Vater, der im Ödipusmythus getötet wird, ist der »innerliche« Vater, von dem man sich freizumachen hat, um selbständig zu werden. [...] Ein neues religiös-ethisches System wurde so geschaffen, welches ganz wie das Adlersche die tatsächlichen Ergebnisse der Analyse umdeuten, verzerren oder beseitigen mußte. In Wirklichkeit hatte man aus der Symphonie des Weltgeschehens ein paar kulturelle Obertöne herausgehört und die urgewaltige Triebmelodie wieder einmal überhört.[45]

Die Schlußmetapher ist wohl eine Anspielung auf Wagners Opern, in denen die Themen für die Gefühle der Charaktere aus dem Orchestergraben tönen, während die Personen auf der Bühne sich darüber Gehör verschaffen und gegen sie ansingen müssen. Wie der Leser sich erinnert, war Sabina Spielrein ihrem »Siegfried« zum ersten Mal bei den Klängen des Siegfried-Themas begegnet. Freud hatte die Metapher wahrlich mit Bedacht gewählt.

Beinahe sieht es so aus, als wolle Freud die Vereinbarung mit Jung brechen, daß keine persönlichen Dinge preisgegeben werden sollten. Tatsächlich erinnert er an dieser Stelle und an anderen Stellen Jung daran, daß diese Vereinbarung besteht. So zitiert er zum Beispiel ausgiebig aus dem Brief einer Patientin Jungs, die sich über seine entmutigenden Moralpredigten beklagte. Die Patientin ist nicht Sabina Spielrein, und Freud räumt zwar ein, man könne Vorwürfe von Patienten nicht unbedingt gegen den Analytiker ins Feld führen, fügt dann aber in einer Fußnote an, »eine psychoanalytische

Technik [brauche] den Schutz der Diskretion [nicht zu] beanspruchen«.[46] Dann hebt er wieder hervor, jede richtig durchgeführte Psychoanalyse widerspräche Jungs Theorien, »ganz besonders aber jede Analyse am Kinde«.[47] Wieder vermeidet er, eine kurz zuvor erschienene Arbeit von Sabina Spielrein zu dem Thema zu erwähnen, und weist statt dessen auf Jungs veröffentlichte Clark-Vorlesung hin, in der Jung schilderte, wie die Geburt des ersten Sohnes seine Tochter Agathli beschäftigt hatte. Freud kommt zu dem Schluß, sämtliche von Jung eingeführten Neuerungen dienten nur dem Zweck, die Realität der Krankheit des Patienten abzuweisen. Sie sprächen für Jungs mangelnde Kompetenz als Analytiker, denn sie deuteten »auf eine Unfähigkeit des Arztes, ihm [dem Patienten] zur Überwindung der Widerstände zu verhelfen, oder auf eine Scheu des Arztes vor den Ergebnissen dieser Arbeit«.[48]

Freuds Aufsatz bewog Jung und die meisten anderen Züricher zum Austritt aus der Internationalen Psychoanalytischen Vereinigung. Jung konnte sich nicht auf ebenso eingängige Art zur Wehr setzen, denn diesen Stil beherrschte er nicht. Dennoch hatte er seine eigene Sicht von Freuds Persönlichkeit, und er verarbeitete sie auf abstrakter Ebene in seinem Werk. Aber das erkennt der Leser nur, wenn er weiß, was Jung umtrieb. Und viele lange Jahre fühlte sich Jung nicht frei zu sagen, was er wußte.

An dieser Stelle verlassen wir Freud und Jung. Beide beschäftigten sich weiter miteinander, und beide erinnerten sich voller Bitterkeit an den Bruch. Grundverschiedene Aufgaben warteten jetzt auf sie. Freud mußte seine psychoanalytische Bewegung neu organisieren und versuchen, den wissenschaftlichen Glanz wiederzugewinnen, der im unseligen Kampf mit Jung verlorengegangen war. Jung mußte seinen Ruf als großer Psychologe festigen, der aus den Tiefen des menschlichen Unbewußten fundamentale Entdeckungen zutage förderte. Beide hatten in der Zeit ihrer Zusammenarbeit das nötige Rüstzeug für ihre Aufgaben gesammelt, und beide hatten Erfolg. Im letzten Kapitel unseres Buches geht es um das weitere Schicksal von Sabina Spielrein, denn darüber ist wenig bekannt, und es wirft ein bezeichnendes Licht auf die neue Gedankenwelt, an der sie mitgebaut hatte.

Kapitel 18

Auf der Suche nach einem großen Los

Ich bin und namentlich ich war stets etwas mystisch veranlagt, ich habe mich ganz heftig gegen die Auffassung des Siegfrieds als realen Kindes gesträubt, und *auf Grund meiner mystischen Veranlagung* würde ich bloß denken, daß mir im Leben ein großes und heroisches Los beschieden ist, daß ich mich für eine große Schöpfung aufopfern muß. Ich konnte meine Träume, wo der Großvater oder Vater mich segnete und meinte »Ein großes Los ist dir beschieden, mein Kind« nicht anders auffassen.

Sabina Spielrein, *Brief an C. G. Jung,* 19. Januar 1918.

Gerne würden wir jetzt lesen, daß Sabina Spielrein in Ehe und Mutterschaft Glück und Erfüllung fand – gegen Ende des Ersten Weltkrieges wurde ihre zweite Tochter Eva geboren – und ihre außergewöhnliche Karriere als Psychoanalytikerin noch lange erfolgreich fortsetzte. Doch ihr Schicksal wurde wie das von so vielen Menschen in Europa schließlich von jenen großen Umwälzungen entschieden, die alle optimistischen Zukunftshoffnungen des 19. Jahrhundert Lügen straften. Zwar war es ihr und ihrer ganzen Familie gelungen, dem ersten Weltenbrand zu entgehen, doch in Deutschland bahnte sich eine noch viel schlimmere Entwicklung an, die sie schließlich im Jahr 1941 in ihrer Heimatstadt Rostow am Don einholte. (Sabina war 1923 nach Rußland zurückgekehrt.) Sie und ihre beiden Töchter wurden unter der Nazibesatzung zusammen mit den übrigen Juden der Stadt in eine Synagoge getrieben und erschossen. Gewiß hätte es kein Entrinnen gegeben, doch es heißt, Sabina Spielrein habe ihr Ende noch beschleunigt, indem sie auf einen

Nazioffizier zuging und ihm auf deutsch heftige Vorwürfe machte. Sie hatte früher einmal in Berlin gelebt und konnte nicht glauben, daß die Deutschen zu derartigen Greueltaten fähig waren.

Als sie starb, lag die Welt ihrer Jugend in Trümmern. Ihre Eltern waren tot, und das Familienvermögen war während der russischen Revolution verlorengegangen. (Sabina Spielreins letzte bekannte Schrift ist dem Andenken ihres Vaters gewidmet). Auch ihr Ehemann lebte nicht mehr, er war an einem Herzanfall gestorben. Zwischendurch hatte er sie eine Zeitlang verlassen, war dann aber mit einer weiteren Tochter von einer anderen Frau zu ihr zurückgekommen. Nach seinem Tod zog Sabina Spielrein das Kind als ihr eigenes auf. Ihre drei Brüder, deren Interesse an der Laufbahn ihrer Schwester so groß gewesen war, daß einer von ihnen sogar einen Artikel für die *Zeitschrift* geschrieben hatte, waren in den dreißiger Jahren von Stalin umgebracht worden. Um es mit dem diplomatischen Satz zu sagen, der noch bis vor kurzem in Rußland der einzig erlaubte Kommentar zu solchen Geschichten war: »Ihre Lebensfäden waren frühzeitig durchtrennt worden.«

Ebenso verschwand die Welt des einstigen hysterischen Mädchens, das sich für häßlich hielt und es nicht ertragen konnte, wenn man es ansah. Eine Welt, in der eine junge Dame unter keinen Umständen schwitzen durfte und in der selbst das Essen Gedanken an Defäkation und andere Peinlichkeiten hervorzurufen vermochte; eine Welt, in der eine reiche Dame auf den Stundenplan des örtlichen Gymnasiums Einfluß nehmen konnte, um zu verhindern, daß ihre Tochter im Unterricht etwas über die Fortpflanzung hörte, was ihre »Reinheit« gefährden konnte. Gleichzeitig war in ebendieser Welt Ehebruch an der Tagesordnung, die Prostitution erlebte eine solche Blüte, daß sie nach den undurchsichtigen Geschäften des zaristischen Staates in der Hauptstadt Sankt Petersburg der zweitwichtigste Wirtschaftszweig war. Auch durfte in dieser Welt ein Ehemann jederzeit in den so makellos reinen, magischen Zirkel seiner Ehefrau und seiner erstgeborenen Tochter einbrechen und das Kind zu seinem Vergnügen züchtigen. Überall in dieser Welt war die sexuelle Begierde hautnah spürbar, doch man durfte nicht darüber sprechen – es sei denn auf künstlerisch verklärte oder philosophisch überhöhte Weise.

Viele fühlten sich in dieser Welt zu Großem berufen; bedeutende Schicksale warteten darauf, erfüllt zu werden, sobald man sich nur von den erstikkenden Bequemlichkeiten und dem zynischen Nützlichkeitsdenken der bürgerlichen Welt befreit hatte. Ob in den Kaffeehäusern Wiens oder in den

Offizierskasinos der kaiserlichen Armee, überall glaubte man, der nächste Darwin, der nächste Bismarck oder der nächste Nietzsche sein zu können. Mit der Sehnsucht nach einem heroischen Schicksal war Sabina Spielrein ganz ein Kind ihrer Zeit – allerdings mit dem einen Unterschied, daß sie eine Frau war.

Die Künstlerin

Kurz nach dem Ausbruch des Ersten Weltkriegs siedelte die russische Staatsbürgerin Spielrein in die neutrale Schweiz um. Zunächst ließ sie sich in Zürich nieder, wo sie Kontakt zu Bleuler und dann auch zu dem Kreis um Jung aufnahm. Über das Wiedersehen mit Jung wissen wir nur, daß sie Freud davon berichtete. Erhalten ist allerdings nur Freuds Antwortbrief vom 20. April 1915:

> Mit Ihrer Wandlung bin ich sehr einverstanden, aber über Jung wollen wir nicht viel reden; für den finden Sie immer eine oder mehrere Entschuldigungen. Ihre Schilderungen aus Z.[ürich] sind dieser Tage durch Dr. Pfister ergänzt worden. [...] Mein Eindruck ist, daß die Leute so dumm sind, wie wir uns nicht getraut haben, sie zu beurteilen.[1]

Nächste Station nach Zürich war für Sabina Spielrein das am Genfer See in der französischen Schweiz gelegene Lausanne. Sie publizierte inzwischen deutlich weniger, 1914 waren drei psychoanalytische Artikel von ihr erschienen, 1915 und 1916 nur noch jeweils einer. Von ihrem früheren Elan und Ideenreichtum ist in diesen kurzen Abhandlungen, die ganz auf der offiziellen politischen Linie der entsprechenden Zeitschriften lagen, nicht mehr viel zu spüren. Ein typisches Beispiel dafür ist ihre 1916 veröffentlichte Arbeit »Die Äußerungen des Ödipuskomplexes im Kindesalter«; außer der Feststellung, daß die Hormone in diesem Entwicklungsstadium ebenfalls eine Rolle spielen könnten, enthält er keinerlei bemerkenswerte Gedanken. Von Destruktion, Wandlung, Aufopferung, den prophetischen Kräften des Unbewußten oder anderen Themen, die sie früher so stark beschäftigt hatten, ist in diesen Arbeiten nicht mehr die Rede.

Der durch und durch prosaische Charakter ihrer Beiträge aus jener Zeit ist Ausdruck einer tiefen Krise. Die Laufbahn, die sie eingeschlagen hatte, erwies sich als eine Sackgasse; ihr Herz wie auch ihr bemerkenswerter Verstand waren bei der Arbeit immer weniger beteiligt. Schließlich gab sie in Lausanne die Psychoanalyse völlig auf und nahm eine Stelle in einer chirurgischen Klinik an, weil sie »was wirklich Brauchbares leisten«[2] wollte. Sie veröffentlichte auch nichts mehr. Doch die Arbeit in der chirurgischen Klinik brachte ihr ebensowenig die ersehnte Erfüllung. Schließlich sah sie sich in einem Traum als Künstlerin. Sie berichtete diesen Traum sogleich Jung – dessen Antwortbrief, falls er überhaupt antwortete, leider nicht erhalten ist –, doch dann kam sie zu dem Schluß, daß sie selbst wußte, wie der Traum zu deuten war. Es war ihr bestimmt, Komponistin zu werden. Hastig schrieb sie in einer eigenen, improvisierten Notenschrift ein paar Strophen nieder und machte sich auf den Weg zum örtlichen Konservatorium. Tatsächlich fand sie dort einen jungen Komponisten, der sich bereit erklärte, sie zu unterrichten. Daß sie buchstäblich erst nach mehreren Monaten bemerkte, daß sie ihren Lehrmeister in Wirklichkeit gar nicht im Konservatorium, sondern in einem ganz anderen Gebäude getroffen hatte, läßt erahnen, wie tief ihre Isolation damals gewesen sein muß.

Doch nun begann sich in ihr einiges zu bewegen. Die Musik allein war ein wahrer Segen. In den Unterrichtsstunden überließ sie sich so vollkommen ihrer neuen Leidenschaft, daß sie jegliches Zeitgefühl verlor, und da es ihrem Lehrer genauso erging, mußte am Ende seine Frau die Rechnung erstellen. Die Musik war ihr eine Quelle des Trostes, aber auch der Inspiration. Ihr neuer Freund vertonte ein paar aufs Geratewohl ausgewählte französische Verse aus ihrem Notizbuch, darunter auch eine Zeile, die er folgendermaßen wiedergab: »Je sais de quels remords mon courage est atteint: le lâche craint la mort et c'est tout ce qu'il craint.« (Ich weiß, von welchen Gewissensbissen mein Mut befallen ist: Der Feigling fürchtet den Tod, und das ist alles, was er fürchtet.)[3] Offensichtlich drückt dieser Satz ihre alten Ängste vor der »Grübelsucht«, vor dem »Sterben in einem anderen Menschen« und vor »Konsequenzen« aus. Sie schickte die Verse an Jung, doch er antwortete nicht.

Kurz darauf fiel ihr ein neues Werk von Jung in die Hände: die Anfang 1916 in den *Archives de Psychologie* erschienene Schrift »Die Struktur des Unbewußten«, in der Jung zum ersten Mal von »kollektiven« Elementen im Unbewußten sprach. Jungs Hauptthese lautete, daß nur ein bestimmter Teil des während der Analyse zutage geförderten Materials eindeutig aus der persönlichen Vergangenheit des Patienten stammte, während das übrige universelle Potentiale des menschlichen Geistes widerspiegele. Deutliche Anzeichen dafür, daß man zu der kollektiven Schicht vorgestoßen ist, sind für Jung unter anderem Gefühle der Deflation oder der »Gottähnlichkeit«.[4] Die Anwendung der »Nichts-als«-Theorien von Freud und Adler auf Phantasien, die der kollektiven Schicht entsprangen, so Jung weiter, führe lediglich zu einem Leben in Resignation.[5] Anstelle der »semiotischen« Deutungsmethoden, nach denen »die Phantasie nichts als eine sogenannte ›symbolische‹ Verhüllung« von »Grundtrieben oder Grundabsichten« sei, schlägt Jung einen »hermeneutischen« Deutungsstil vor, der der Tatsache Rechnung tragen sollte, daß der Patient sich mit solchen Phantasien zu etwas vortaste, was in seinem bisherigen Leben unverwirklicht geblieben sei.[6] Auch die Vorstellung, außerordentlich groß oder klein zu sein, oder das Gefühl, endlos zu sinken oder gestorben zu sein, weisen Jung zufolge darauf hin, daß ein Kontakt mit dem kollektiven Unbewußten hergestellt wurde. Jung beschreibt diesen Zustand als »Desorientiertheit«, die »eine ausgesprochene Ähnlichkeit« mit einer »Geistesstörung« habe.[7] All diese Formulierungen sind natürlich in direktem Zusammenhang mit jenen ganz persönlichen Erfahrungen zu sehen, die Jung in den Jahren 1913 und 1914 mit seinen eigenen Phantasien gemacht hatte. Jungs Fazit, daß sich in diesem Stadium der Analyse (er hätte auch sagen können: seiner eigenen Selbstanalyse) »die ganze Fülle mythologischen Denkens und Fühlens erschließt«, enthält denn auch seine ganz persönlichen Hoffnungen und Ängste.[8] Auf jeden Fall gefiel sein Aufsatz Sabina Spielrein, und sie schrieb ihm einen weiteren Brief. Für die Mühe entschädigte Jung sie diesmal mit einem kurzen, kollegialen Dankesschreiben vom 31. Mai 1916.

In Sabina Spielrein rumorte es weiter. Sie träumte von »Siegfried«, und ihr erster Gedanke nach dem Aufwachen war: »Also lebt er doch, der Siegfried!«[9] Ungefähr zur selben Zeit entdeckte sie eine weitere Arbeit von Jung mit dem Titel »Die Psychologie der unbewußten Prozesse«. In dieser Monographie, die eine überarbeitete und erweiterte Version seiner Schrift »Neue Bahnen der Psychologie« war, erläutert Jung seine Idee vom kollektiven Unbewußten anhand von klinischen Beispielen. Zunächst schildert er eine typische hysterische Reaktion und zeigt auf, daß sie sich mit Freuds Methode ebenso gut analysieren ließ wie mit der von Adler. Es handele sich um zwei einander ergänzende Behandlungsansätze, so Jung, doch beschränkten sich beide lediglich auf die persönliche Vergangenheit des Patienten. Dann beschreibt er einen dramatischen Augenblick aus seiner eigenen therapeutischen Praxis: Eine Patientin hatte ihm eines Tages gestanden, sie sehe in ihm manchmal einen »bösen Zauberer«. Jungs entwickelt darauf die These, daß eine solche Übertragung unmöglich eine frühere Erfahrung der Patientin widerspiegeln könne, denn in der modernen Welt gebe es schließlich keine bösen Zauberer. Solche mythologischen Projektionen ließen vielmehr auf eine spezifische psychische Struktur im Menschen schließen, die Teil seiner archaischen Vergangenheit sei. (Jung verwendet in dieser Schrift noch den Begriff »Dominante«, den er wenige Jahre später durch den Begriff »Archetypus« ersetzte.)[10]

In dieser Arbeit greift Jung wieder auf Elemente aus seinem geheimen Phantasieleben zurück. Eine der genannte »Dominanten« ist eine Figur, die im Traum gewöhnlich den Begleiter der Hauptfigur verkörpert. Jung beschreibt sie als einen dunkelhäutigen Mann von mongolischem Typus. Eine solche Figur begleitete ihn in seinem Traum aus dem Jahre 1913, in dem er Siegfried tötete. Ebenfalls erwähnt wird Bruder Medardus, der Held aus E. T. A. Hoffmanns Roman *Die Elixiere des Teufels,* der Jung im konfliktreichen Frühjahr 1909 so sehr fasziniert hatte. Jung stützt sich in der weiteren Argumentation noch einmal auf Hoffmann. Er erklärt, die Sicht von Freud und Adler sei bei der Analyse von Menschen in der ersten Lebenshälfte, deren Lebensenergie noch ansteige, durchaus am Platze, wenn jedoch ein Mensch den Lebensnachmittag erreicht habe, müsse er eine spirituelle Dimension entwickeln und dazu brauche er Zugang zum kollektiven Unbewußten.[11]

Die Parallele zwischen Jungs jüngster Monographie und ihrem eigenen Siegfriedtraum lieferte Sabina Spielrein gute Gründe, ihm im Frühherbst 1917 erneut zu schreiben. Der inzwischen verschollene Brief war offensichtlich Anlaß für Jungs erhalten gebliebenen Brief vom 13. September 1917, in dem er schreibt, er sei allem Anschein nach immer noch eine Figur in ihrem Unbewußten. Wenn es ihr gelingen sollte, die »Hieroglyphen« ihres Traums zu entziffern, dann könnten sie ihr als Verbindung zum kollektiven Unbewußten und als Wegweiser für ihre künftige Entwicklung dienen.[12] Er fügte hinzu, daß die Auseinandersetzung mit ebendiesen Fragen auch ihn in der letzten Zeit oft nicht habe schlafen lassen. Und er hatte in der Tat schlecht geschlafen.

Von all dem wußte Sabina Spielrein nichts. Sie hatte keine Ahnung, daß Jung in ernsthaften persönlichen Schwierigkeiten steckte, die sich zu jener Zeit noch verschlimmerten. Jung hatte sich zweifach abgesichert: Erstens hatte er vermieden, zur Erklärung seiner Theorie vom kollektiven Unbewußten auf sein früheres Interessengebiet Mythologie zurückzugreifen, und zweitens hatte er in seine Ausführungen zur Analyse keinerlei persönliche Enthüllungen einfließen lassen. Sabinas einzige Anhaltspunkte waren somit Jungs theoretische Ausführungen und der erwähnte letzte Brief, den sie als Kommentar zu ihrem eigenen Traum etwas verwirrend fand. Das teilte sie Jung in einem leider ebenfalls nicht mehr erhaltenen Antwortbrief auch mit, und damit tat sie einen gewagten Schritt: Sie drang in seine psychische Privatsphäre ein. Sie hatte keine Ahnung, wie verletzlich er war und welche Gefahr sie für ihn darstellte. In seiner Antwort vom 10. Oktober 1917 explodierte Jung:

> Ja, meine Verehrteste, man hat mich genug verlästert und verspottet und herunterkritisiert, darum halte ich meine Runen und alle die blassen, dünnen Ideechen, von denen ich in der Libidoarbeit einiges durchblicken liess [...]. Jetzt wünschen Sie wohl die Sonne und die ewige Schönheit und das Geheimnis der Erde, Sie fordern es sogar. Aber ich mißtraue Ihren Argumenten, wie man Deutschlands pazifistischen Ansichten mißtraut, nachdem es jahrelang den Kriegsgott angebetet hat. Ich liefere mein Geheimnis nicht aus, um es verständnislos zerstampfen zu lassen. Um diesen Garten ist jetzt eine dicke und hohe Mauer gezogen, und ich versichere Sie, es ist nichts dahinter als jene altbekannten Ärmlichkeiten und »oberflächlichen Allegorien« [...]. Sehen Sie, die *Freud*sche Theorie geht viel tiefer, bis in die Drüsen hinein, sie ist das Tiefste, was überhaupt über menschliche Psychologie gesagt werden kann. Tiefer hinunter als bis in den *Mutterleib* zurück kann man ja doch gar nicht. Von dort erklärt sich die Welt am besten. Alles andere ist oberflächlich und »unwissenschaftlich«, *symbolischer Schwindel auf verdrängte Analerotik aufgebaut.* Man muß bloß wissen, daß Alles schließlich aus dem Mutterleib kommt, und daß es nichts ist als die Sexualität und ihre unglückselige Verdrängung. Alles Andere ist nichts als das. Als Hilfshypothese ist der Antisemitismus empfehlenswert und sonst noch einige kleinere Verleumdungen.[13]

Über einen Monat lang antwortete Sabina Spielrein nicht. Dann faßte sie einen Plan. Zuerst schrieb sie einen Brief an Freud, in dem sie ihm offenbar mitteilte, daß sie gegenwärtig mehr oder weniger untätig war, denn in seinem sehr kurzen Antwortschreiben vom 18. November 1917 pflichtete er ihr bei: »Sie haben Recht, die Zeit ist schwer und der wissenschaftlichen Arbeit nicht günstig.«[14] Jung hatte auf sie reagiert wie auf ein Mitglied der Freudschen Fraktion, was sie bis dahin ja auch gewesen war. Mit ihrem Brief an Freud wollte sie sich offensichtlich selbst über diesen Punkt klarwerden und sicherstellen, daß man ihr und Jung gewissermaßen eine Privatsphäre ließ. Am 27. November 1917 schrieb sie dann einen Antwortbrief an Jung. In einem trockenen, sachlichen Ton vollzieht sie sehr ausführlich Jungs Haltung gegenüber Freud und Adler nach, so wie sie sich ihr im Augenblick darstellt, und benutzt dabei ihre kleine Tochter als Fallbeispiel. Außerdem bittet sie Jung, ihr diesen Brief sowie auch alle weiteren wieder zurückzuschicken, da sie für ihre zukünftige Entwicklung sehr wichtig seien. Kurz und gut, sie schlüpfte erneut in die Rolle der Schülerin.

Nun konnten sie reden. Gut drei Monate lang führten sie einen intensiven Dialog und tauschten anschließend fast zwei Jahre lang immer wieder ihre Gedanken aus. Leider ist ein Teil dieser umfangreichen Korrespondenz nicht mehr erhalten. Anhand der verbleibenden Briefe läßt sich zwar in groben Zügen nachvollziehen, worum es ging, doch gewisse Einzelheiten und das letztendliche Fazit bleiben unklar. Von Sabina Spielrein sind acht sehr lange Briefe aus der Zeit von November 1917 bis Januar 1918 erhalten. Von Jungs Briefen haben insgesamt zehn überlebt, die einen größeren Zeitraum abdekken. Sie sind zwischen November 1917 und Oktober 1919 geschrieben. Manchmal läßt sich der Inhalt von Sabina Spielreins Briefen aus Jungs Antworten erschließen, aber nicht immer.

Zu Sabinas Briefen soll hier angemerkt werden, daß sie, auch wenn sie dem heutigen Leser recht kompliziert erscheinen mögen, ein aufrichtiger und intelligenter Versuch sind, die Theorien von Jung, Adler und Freud wirklich zu begreifen. Sie stellt nicht nur die wesentlichen Unterschiede heraus, sondern bemüht sich zugleich um eine Synthese der drei Denkmodelle auf der Grundlage ihrer eigenen, 1912 umrissenen Theorie. Sobald die Verschmelzung problematisch zu werden beginnt, wartet sie sofort mit klinischen Fallbeispielen auf; so lassen sich die jeweiligen Vorzüge der drei Theorien an ihrem praktischen Erfolg messen. Diese Vorgehensweise ist in den uns erhaltenen Dokumenten zur Entwicklung der Psychoanalyse einzigartig. Falls sich zur damaligen Zeit außer Sabina Spielrein noch jemand um eine derart umfassende Synthese bemüht haben sollte, liegen darüber jedenfalls keinerlei schriftliche Aufzeichnungen vor. Und was Sabina Spielrein selbst anbelangt, so bewiesen diese Briefe, daß sie zu jener Zeit wieder so produktiv und scharfsinnig war wie eh und je.

Aus Jungs Briefen geht hervor, daß er trotz einiger weiterer Gefühlsausbrüche seine Fassung recht schnell wiedererlangte; es wird auch deutlich, daß er annahm, Sabina Spielrein wünsche von ihm weiterhin persönliche Ratschläge und theoretischen Unterricht. Allerdings gab sie ihm auch Grund zu der Annahme, denn nach einem relativ kurzen theoretischen Vorgeplänkel kam sie schon bald auf persönliche Themen zu sprechen. Den entscheidenden Wendepunkt markiert ihr Brief vom 6. Januar 1918:

> Die Analyse des »Unbewußten« kann je nach der Persönlichkeit des Patienten und namentlich des Arztes das analysierte Material der Energie berauben oder »mit Blut tränken«. Wahrscheinlich wird das von Freud empfohlene neutrale Verhältnis seitens des Arztes für den Durchschnitt der Kranken das Beste sein, denn: zeigt der Arzt dabei seine Mißbilligung – so steigert er dabei die Widerstände und die Verdrängung; zeigt er allzu viel Freude – so ermuntert und befestigt er den Kranken in seiner inneren Grübelsucht und »tränkt mit Blut« seine Wünsche. Diese beiden Extreme sind namentlich bei der Analyse unter verschiedenen Geschlechtern gefährlich.
>
> Nun gibt es einen weiteren Schritt, und dies wäre Ihre Methode: Freud sagt, man solle es nun dem Kranken selber überlassen, die neugewonnene Energie zweckmäßig zu verbrauchen. Sie meinen, dagegen, daß man durch die weitere Analyse (Analyse des Unterbewußtseins) dem Kranken seine »höheren Ziele« (Bestimmung) zeigen soll. Diese Frage läßt sich weniger a priori als vielmehr durch Erfahrung beantworten. Auf den ersten Blick scheint es mir, daß die Freudsche Methode mehr dem Durchschnitt angepaßt ist, während die Ihrige für starke und sublimationsfähige Menschen gilt (ich denke dabei stets an verschiedene Geschlechter unter Arzt und Patient, weil hier in der Regel die Fixierungsgefahr größer ist).[15]

Mitten in Sabina Spielreins langem Diskurs über die Frage, ob die Musik denn nun wirklich ihre eigentliche Bestimmung sei oder ob sie sich das aufgrund einer falschen Analyse ihrer Träume nur eingebildet habe, taucht auf einmal Siegfried auf. Nun scheint alles davon abzuhängen, wie »Siegfried« zu deuten ist:

> Möglich, daß die Täuschung in Bezug auf das Siegfriedproblem der bewußten Analyse zuzuschreiben ist, aber ich fasse es anders auf, wie Sie: *Anfangs*

war Siegfried wahrscheinlich doch »real« für mein Unterbewußtsein, wobei es mit großem Scharfsinn Ihre unterbewußte Einstellung in Bezug auf dieses Problem durchschaute. Später kamen die Schwierigkeiten des Alltagslebens; Sie als Erwachsener und Erfahrener konnten alles berücksichtigen. Ich war noch viel zu jugendlich, und meine erste Liebe und »Bestimmung« war mir zu heilig, als daß ich mitkommen könnte und die wahrscheinlich nun auftretenden warnenden Symbole des Unterbewußtseins berücksichtigen könnte. An eines dieser warnenden Symbole erinnere ich mich noch. Wahrscheinlich waren es deren viele.

Sie sehen also, wie ich das Problem auffasse: Das Unterbewußtsein kann dahin beeinflußt werden, ein Problem in realer Problemlösung in realer oder sublimierter Form zu verarbeiten. Es kann natürlich auch vor der »realen« Problemlösung warnen und damit auf die sublimierte hinweisen. *Diese unterbewußte Einstellung kann aber bei ein und demselben Individuum nach bewußter Verarbeitung oder suggestiver Beeinflussung geändert werden.* So haben Sie schließlich den »realen« Siegfried getötet, wie Sie mir sagten (Beweis, daß Sie auch einen »realen« hatten), d. h. ihn zu Gunsten eines sublimierten geopfert. Ich hingegen habe in meinen Träumen den Mann getötet, der Siegfrieds Vater werden sollte, und dann in Wirklichkeit einen anderen Mann gefunden.[16]

Am nächsten Tag fügte Sabina Spielrein dem Brief in Kursivschrift noch folgenden Satz hinzu: *»Nun würde es mich recht interessieren, was Sie zu meinen Ausführungen meinen und wie Sie die Dinge auffassen.«*[17] Aus einem weiteren Nachtrag geht hervor, daß sie zehn Tage wartete, bis sie den Brief schließlich abschickte.

Jung antwortet aus vorsichtiger Distanz: Siegfried sei ein Symbol, »das in dem Momente aufhört, Symbol zu sein, wo es als unsere spezifische Heldeneinstellung erkannt wird«.[18] Solange sie dieses Konzept nicht begreife, könne sie seine neuen Ideen nie verstehen. Anschließend erklärt er ihr noch, daß die Musik für sie lediglich eine Brücke zu ihren unbewußten Gefühlen sei.

Sabina Spielrein ließ sich jedoch nicht beirren. Im sachlichen Tonfall einer theoretischen Debatte führt sie ihre Gegenargumente an. So wendet sie zum Beispiel ein, daß die Musik für sie vielleicht deshalb der praktischere Weg sein könnte, weil sie im Gegensatz zur Psychoanalyse in der Musik nicht ununterbrochen gezwungen sei, aus der Kindheit stammende innere Widerstände zu überwinden. Zur Veranschaulichung ihres im Grunde unpraktischen Wesens schildert sie einen noch nicht lange zurückliegenden Traum von einer Karikatur: »[...] im Vordergrunde ein deutscher Heerführer, dick, kraftvoll, rabiat, energisch, und hinter ihm der russische (Kerensky?) mit seinem Heere, ganz wie Christus, voller Ideale und Güte«; die habe gelautet: *»Warum die Russen nicht gesiegt haben.«*[19] Und da man gerade von praktischen Dingen spricht, fragt sie Jung, ob er sie vielleicht als Psychiaterin empfehlen könne, wenn sie nach Zürich käme? »Wahrscheinlich nicht«, beantwortet sie ihre Frage selbst, obwohl er ihr doch eine »heldenhafte Einstellung« und »religiöse Gefühle« bescheinigt habe. Ihr Brief endet mit dem Seufzer: »So ist halt die Welt, und deswegen ist es schwierig, den praktischen Weg aus der Träumerei zu finden, außer in musikalischen Schöpfungen.«[20]

Jungs Auffassung nach traf ihr Traum den Kern des Problems ganz genau. Sie sei »zwischen die deutsche und die russische Einstellung hineingestellt«, ihr Leben spiele sich irgendwo zwischen Realität und »Christifizierung« ab.[21] Ihr Fehler bestehe nun darin, daß sie immer wieder versuche, Siegfried »in die Realität hineinzuschleppen«, anstatt in ihm eine Brücke zwischen der inneren und der äußeren Welt zu sehen. In einem weiteren Brief führt Jung diesen Gedanken dann auf recht unerfreuliche Art weiter aus:

> Vergessen Sie nicht, daß der Jude auch Propheten hatte. Sie leben einen Teil der jüdischen Seele noch nicht, weil Sie zu viel nach außen schielen. Das ist – »leider« – der Fluch des Juden: Sein eigenstes und tiefstes Seelisches nennt er »infantile Wunscherfüllung«, er ist der Mörder seiner eigenen Propheten, sogar seines Messias.[22]

Doch auch von diesem beängstigenden Vorwurf läßt Sabina sich nicht abschrecken. In ihrem nächsten Brief stellt sie Jungs Argument einfach auf den Kopf – die Juden hätten eine sehr viel differenziertere Vorstellung vom Messias – und ringt sich sogleich zu weiteren Fragen über die Theorie, über ihre Träume, über Siegfried und über ihre zukünftige Lebensgestaltung durch. Sie schreibt, daß sie durchaus an »die prospektive und auch an die wahrsagende Bedeutung unseres Unbewußtseins« glaube, doch werfe dieses Thema manche Fragen auf:

> Gibt uns das Unterbewußtsein überhaupt Winke, welchen von den zwei höheren Inhalten wir zu wählen haben, oder sagt es z.B. so: *»Es ist dir*

> *beschieden, einen großen arysch-semitischen Helden zu schaffen«,* und nun wird es mir überlassen, ob ich es auf die Weise zustande bringe, daß ich diese hohe religiöse Bestimmung, diesen großartigen Dichter, Musiker und Welterlöser in Form des Kindes oder in Form eines Kunst- resp. wissenschaftlichen Werkes realisiere.[23]

An dieser Stelle bricht für die Nachwelt der Dialog ab, denn die folgenden Briefe Sabina Spielreins an Jung sind leider nicht mehr erhalten. Der nächste noch vorhandene Brief Jungs wurde erst ganze zehn Monate später geschrieben, und zwischen diesem und dem übernächsten liegen sogar mehr als zwölf Monate. Auch wenn uns aufgrund der Unvollständigkeit des Materials viele interessante Einzelheiten verborgen bleiben, so läßt sich anhand der noch existierenden Dokumente doch in groben Zügen rekonstruieren, wovon die folgenden Briefe handelten. Was einst als theoretischer Gedankenaustausch begonnen hatte, entwickelte sich im Laufe der Zeit immer mehr zu einem subtilen psychologischen Kampf. Jung sah in den diversen Träumen und Phantasien Sabina Spielreins einen Beweis dafür, daß sie immer noch zu sehr unter der Herrschaft der Freudschen Lehre stand und deshalb nicht verstehen konnte, daß das, was sich da in ihr regte, ihr eigenes inneres Selbst war. Und da er zwischen ihrer und seiner Gemütsverfassung Parallelen zu erkennen glaubte, versuchte er sie zur Übernahme jener neuen Theorien zu bewegen, die für ihn so hilfreich gewesen waren. Bis zu einem gewissen Grad begriff Sabina Spielrein seine Absicht und machte ihm diverse theoretische Zugeständnisse. Doch sie hatte noch ganz andere Dinge im Sinn. Insbesondere wollte sie von ihm hören, daß Siegfried, lange bevor er zu einem Emblem für ihr spirituelles Schicksal wurde, ein Symbol für die gegenseitige Liebe zwischen ihnen gewesen sei. Sie wollte den Dialog nicht abreißen lassen, bevor sie sich diese Genugtuung verschafft hatte. Doch genau dieser Umstand war für Jung auf eine Weise bedrohlich, die Sabina Spielrein nicht verstehen konnte.

So folgte ein Brief dem anderen, und stets hielt die Psychologie beide davon ab, das zu sagen, was ihnen auf dem Herzen lag.

Der Budapester Kongreß

Einige hundert Kilometer weiter östlich versuchte Freud, seine Bewegung wieder neu zu ordnen. Während des Krieges war die Lage in Wien im großen und ganzen stabil gewesen, doch zwei Jahre nach dem Waffenstillstand stand die Stadt vor dem wirtschaftlichen Ruin. Sabinas Bruder Jean gelang es, Freud im Sommer 1919 in Wien zu besuchen. Kurze Zeit später erhielt Freud auch Nachricht von Sabina selbst. Sie verschwieg ihm offenbar, daß sie weiterhin mit Jung korrespondierte, berichtete jedoch von einigen Vorgängen in Jungs Gruppe und ließ Freud zudem wissen, daß sie aus finanziellen Gründen einige von Jungs Werken ins Russische übersetze. Dann fragte sie noch, ob sie weiterhin eingetragenes Mitglied der Wiener Vereinigung bleiben und deren Zeitschrift weiter beziehen dürfe, obwohl sie zur Zeit keine Mitgliedsbeiträge entrichten könne. Außerdem kündigte sie Freud die baldige Zusendung einiger neuer Arbeiten an. Mit anderen Worten, Sabina Spielrein war entschlossen, den Kampf wieder aufzunehmen. So hatte ihr Briefwechsel mit Jung zumindest die Rückkehr zur Psychoanalyse bewirkt. Und wie so viele andere, in deren Leben die Psychoanalyse vor dem Krieg eine mehr oder weniger große Rolle gespielt hatte, brannte auch sie darauf, dort weiterzumachen, wo sie aufgehört hatte.

Freuds Stimmung während der Kriegsjahre beschreibt Jones so:

> Im Jahre 1917 waren Freuds Erwartungen in bezug auf die Zukunft seines Lebenswerks auf den Tiefpunkt gesunken. Nach dem Abfall Alfred Adlers, Wilhelm Stekels und der Schweizer schien ihm, die Anhänger auf der ganzen Welt, denen er eine befriedigende Weiterführung seines Werkes zutraute, seien an den Fingern einer Hand aufzuzählen.[24]

Jones erwähnt allerdings nicht, was Freuds Vision damals am meisten bedrohte: die These von der prospektiven Bedeutung der Träume, genau jenes Thema, über das Jung und Spielrein damals in ihren Briefen diskutierten. Bjerre hatte diese die Zukunft mit einbeziehende Traumdeutung in seiner kurz zuvor veröffentlichten Geschichte der Psychoanalyse als den Höhepunkt der psychoanalytischen Lehre bezeichnet. Maeders Münchner Beitrag, in dem es ebenfalls um den prospektiven Aspekt und insbesondere um die ethische Dimension ging, war inzwischen sogar ins Englische übersetzt worden. Jung maß in seiner letzten Arbeit der spirituellen Entwicklung eine sehr große Bedeutung bei. Adler betonte in seinem neuesten Buch mit dem Titel *Über den nervösen Charakter* die teleologische Funktion neurotischer Symptome und bezeichnete sich als Begründer des Stils der Traumdeutung, der diese Funktion mit einbezog. Unabhängig von Adler beanspruchte Stekel dieses Urheberrecht für sich. Kurz zuvor war ein bedeutendes Werk von James Jackson Putnam erschienen, in dem er die Hegelsche Ethik mit der psychoanalytischen Methode in Einklang zu bringen versuchte. G. Stanley Hall stellte nach dem Studium von Adlers Schriften zahlreiche Übereinstimmungen mit seinen eigenen Ideen über die Erziehung fest. Und Herbert Silberer wandte in seinem umfangreichen Werk *Probleme der Mystik und ihrer Symbolik* zur Untersuchung eines alten alchimistischen Textes zwei grundverschiedene Deutungsmethoden an: die »psychoanalytische« und die »anagogische« (letztere war Silberers Variante des prospektiven Deutungsstils). Auf diese Weise wollte er aufzeigen, daß es sich bei dem fraglichen Text tatsächlich um ein Handbuch der spirituellen Entwicklung handelte. (Silberers Buch führte zur Entfremdung zwischen ihm und Freud. Freud kritisierte, er weise der »psychoanalytischen« Methode die Aufgabe zu, das »niedrige«, triebhafte Material freizulegen, während die »höheren«, spirituellen Neigungen mit Hilfe der »anagogischen« Methode ermittelt würden.)

Die genannten Autoren glaubten im Grunde alle, daß man bei der Therapie die »analytische« Methode durch irgendeine Form der »Synthese« ergänzen müsse. Freuds damaliges Problem ließe sich vielleicht am besten so formulieren: Wenn die wissenschaftliche Forschung erst wieder weltweit in Gang gekommen war, würden all diese Herren auf Kongressen ihre Meinungen austauschen – und dort würde voraussichtlich auch Jung anwesend sein, um ihnen den Weg zu weisen. Freuds einziger Vorteil war das organisatorische Gerüst der Internationalen Vereinigung. So kam er allen zuvor, indem er im September 1918 den Fünften Internationalen Psychoanalytischen Kongreß einberief. Er fand kurz vor der Unterzeichnung des Versailler Vertrages in Budapest statt und war das erste internationale wissenschaftliche Treffen der Nachkriegszeit. Freud legte seine Arbeit »Wege der Psychoanalytischen Therapie« vor, in der er die Idee einer »Psychosynthese« als »eine gedankenlose Phrase« bezeichnete. Da im Verlaufe der Analyse alle Triebregungen des Patienten, auch die abgespaltenen, in sein Ich integriert würden, vollziehe sich bei ihm »die Psychosynthese ohne unser Eingreifen, automatisch und unausweichlich«.[25] Freud erinnert in diesem Zusammenhang ausdrücklich an eine einstige Kontroverse zwischen seinen Anhängern und den Schweizern: »Wir haben es entschieden abgelehnt, den Patienten, der sich Hilfe suchend in unsere Hände begibt, zu unserem Leibgut zu machen, sein Schicksal für ihn zu formen, ihm unsere Ideale aufzudrängen und ihn im Hochmut des Schöpfers zu unserem Ebenbild, an dem wir Wohlgefallen haben sollen, zu gestalten.«[26]

Als Freud wieder in Wien eintraf, lag ein neues Buch von Pfister vor. Zu Freuds großem Bedauern argumentierte sein Freund darin, daß die Psychoanalyse zu einseitig sei, weil sie sich ganz auf den Sexualtrieb konzentriere. Der stets für höhere Ziele kämpfende Kirchenmann forderte eine neue »organische« Methode, die alle Triebe des Seelenlebens berücksichtige. Das Schreiben, das Freud daraufhin an Pfister losschickte, wurde später berühmt, weil es mit der provokativen Frage endet: »Ganz nebenbei, warum hat keiner von all den Frommen die Psychoanalyse geschaffen, warum mußte man da auf einen ganz gottlosen Juden warten?«[27] Beim genaueren Durchlesen dieses Briefes fällt jedoch auf, daß Freud sich darin in seinen eigenen Argumenten verheddert. Er schreibt, daß die Psychoanalyse sich völlig zu Recht auf die Sexualtriebe konzentriere, weil diese aufgrund ihrer »konservativen« Natur und »ihrer innigeren Beziehung zum Lustprinzip« größere Bedeutung »für die Erkrankung an Neurose« hätten. Damit wiederholt er jedoch mehr oder weniger Pfisters Argument, die Sexualität sei im allgemeinen eine regressive Kraft im Seelenleben, gegen die ein spirituelles Gegengewicht gefunden werden müsse.

Das konkrete Ergebnis der Auseinandersetzung war, daß Freud sich, als der schreckliche Winter 1918/19 über Wien hereinbrach, zu einer sechsmonatigen Meditation über die Natur der Triebe und ihre Bedeutung für die Behandlung zurückzog. In deren Verlauf förderte er aus seiner Schreibtischschublade eine alte Schrift mit dem Titel »Das Unheimliche« zutage, die er zehn Jahre früher im Anschluß an Jungs zweiten Besuch in Wien begonnen hatte. Zwischen diesem Thema und dem Problem der Psychosynthese bestand ein enger Zusammenhang, denn Jung hatte sein plötzliches Eintreten für die Psychosynthese zunächst mit unheimlichen Ereignissen gerechtfertigt. Freud machte sehr bald zwei bedeutsame Entdeckungen. Zunächst stieß er bei der erneuten Lektüre von Hoffmanns Buch *Die Elixiere des Teufels* auf jene Passage, die Jung zu dem Traum inspiriert hatte, in dem Freud als toter Zollbeamter auftauchte. Freud veröffentlichte sie ohne Kommentar in der *Zeitschrift* – vermutlich als Signal an Jung. Wichtiger war seine zweite Entdeckung: Gestützt auf Ferenczis Gedanken, namentlich seine Theorie vom Wiederholungszwang, ließ sich das Unheimliche von sämtlichen spirituellen Aspekten befreit völlig neu deuten. (Ferenczi hatte die These 1913 im Rahmen einer allgemeinen Diffamierungskampagne gegen die Schweizer vorgebracht. Seine Definition war eher rhetorisch als inhaltlich interessant: Der Wiederholungszwang sei ein phylogenetischer Prozeß, der die Illusion einer progressiven Dimension im Seelenleben hervorrufe.) Das war ein heikles Argument, weil es alle rätselhaften Erscheinungen auf Varianten des Déjà-vu-Phänomens reduzierte, doch Freud glaubte damit den richtigen Weg gefunden zu haben. Im Sommer 1919 zog er die noch wesentlich kühnere Schlußfolgerung, daß der Wiederholungszwang eine elementare Triebneigung sei, die das Individuum dazu verleite, den Tod zu suchen.

»Die Liebe von S. zu J.«

Während Freud über die Natur der Triebe nachgrübelte, setzten Jung und Sabina Spielrein ihre aus der Ferne geführte Debatte über Siegfried fort. In einem kurzen Brief vom 29. November 1918 kommentiert Jung einen Traum, den Sabina ihm berichtet hatte; seiner Meinung nach gab er zu erkennen, daß sie sich immer noch allzusehr mit der äußeren Welt beschäftigte. Der nächste erhaltene Brief Jungs stammt vom 19. März 1919 und ist im Tonfall um einiges ernster; Jung schreibt darin, Sabina Spielreins Träume hätten »einen bedrohenden Charakter« und zeigten »eine mörderische Tendenz«, weil sie »eine Bewußtseinseinstellung materialistischer Art« habe.[28] Sie solle »den göttlichen Geist« in sich nicht töten oder »rationalistisch verleugnen«.[29] Der Brief endet mit dem Satz: »Ich hoffe, es sei nicht zu spät.«

Da von Sabina Spielrein keine weiteren Briefe erhalten sind, läßt sich nur mutmaßen, was sie Jung damals mitgeteilt haben mag, daß er in seinen Antwortbriefen durchweg einen so ernsten Ton anschlug. Sie schrieb zu jener Zeit bereits wieder neue psychoanalytische Abhandlungen. Im Jahr 1919 erschien von ihr ein Überblick über die russische psychoanalytische Literatur, 1920 veröffentlichte sie nicht weniger als fünf neue Schriften. In ihren Briefen dürfte es inzwischen sicherlich nicht mehr um die Frage gegangen sein, ob die Psychoanalyse das richtige Betätigungsfeld für sie war. Eine der Arbeiten aus dem Jahre 1920, »Renatchens Menschenentstehungstheorie«, gibt einige aufschlußreiche Hinweise. In dieser kurzen Schrift dokumentiert Sabina Spielrein ganz in der Freudschen Tradition Kinderfragen zum Thema Sexualität und schildert unter anderem die Bemühungen ihrer kleinen Tochter Renata, die Geburt eines Schwesterchens zu verarbeiten. Das Problem, von dem Sabina Spielrein in ihren Briefen an Jung im Frühjahr 1919 berichtete, war demnach wahrscheinlich ihre zweite Schwangerschaft. In dieser Zeit hatte sie erneut das Gefühl, Siegfried sei eine todbringende Gestalt in ihrem Inneren und werde ihrem ungeborenen Kind womöglich Schaden zufügen.

Jungs nächster Brief vom 3. April 1919 ist nicht nur noch ernster als alle vorigen, sondern auch präziser. Er schreibt, sie müsse diesen »Siegfried« in ihrem Innern als »göttliches Wesen« annehmen, als eine Art Vermittler zwischen der Realität und dem Unbewußten; nur dann stelle er für sie und ihr Kind keine Bedrohung mehr dar. Jung bezeichnet Siegfried weiterhin als ein Heldensymbol, er sei »die Mitte und das Erlösende«, darum mehr als eine bloße Wunschfigur der Phantasie.[30] Es folgt eine sehr leidenschaftliche Passage:

> Freuds Ansicht ist eine sündhaftige Vergewaltigung des Heiligen. Sie verbreitet Finsternis, nicht Licht; das *muß* geschehen, denn nur aus tiefster Nacht wird das neue Licht geboren. Ein Funke davon ist Siegfried. [...] Ich habe in Ihnen ein neues Licht angezündet, das Sie hüten sollen für die Zeit der Finsternis.[31]

Jung macht in diesem Brief ein seltsames Eingeständnis: Die »Flatterhaftigkeit des weiblichen Geistes und seine eitle und tyrannische Selbstüberhebung« erfülle ihn mit Mißtrauen. Auch aus dem nächsten spricht eher ein Gefühl der Bedrohung als nur Kritik: Er bezeichnet Sabina Spielreins Deutungsversuche als eine »rationalistische und materialistische Herunterreißung« und fügt hinzu, für ihn gehöre »dieses Herunterreißen ins Banale [...] zu den liebenswürdigen Qualitäten des weiblichen Geistes«.

Der erste der beiden letzten noch erhaltenen Briefe Jungs an Sabina Spielrein wurde am 1. September 1919 geschrieben. Er ist kurz, aufrichtig und höchst aufschlußreich:

> *Die Liebe von S. zu J. hat* in letzterem etwas bewußt gemacht, das er vorher nur undeutlich ahnte, nämlich eine schicksalsbestimmende Macht des Ubw. [Unbewußten], die ihn später zu den allerwichtigsten Dingen führte.

Die Beziehung mußte »sublimiert« sein, weil sie sonst in die Verblendung und in die Verrücktheit geführt hätte (Konkretmachen des Ubw).

Bisweilen muß man unwürdig sein, um überhaupt leben zu können.[32]

Natürlich wüßten wir gern, wie Sabina Spielrein auf dieses Geständnis reagierte. Jedenfalls brachte sie kurz darauf ihr zweites gesundes Töchterchen zur Welt (das Mädchen zeigte später eine außergewöhnliche musikalische Begabung). Wenn man Jungs Briefe an Sabina Spielrein aus diesen letzten beiden Jahren etwas genauer studiert, stellt man fest, daß Jung fast ständig vor irgend etwas Angst hatte. Zuerst war es die Freudsche Lehre, dann die praktische Veranlagung der Deutschen, dann der Materialismus, dann die jüdische Denkweise und zum Schluß die weibliche Psyche. In allen Fällen hegte er offenbar die irrationale Befürchtung, von einem Weltbild verschlungen zu werden, aus dem heraus seine eigene Sichtweise in ihren wesentlichen Punkten nicht zu verstehen war. Verkörpert wird diese Bedrohung jeweils von Sabina Spielrein. So hielt Jung hartnäckig an seinem eigenen Siegfriedkonzept fest, obwohl Sabina Spielrein ihm ganz andere Deutungen unterbreitete. Erst in dem erwähnten Brief vom 1. September 1919 gab Jung schließlich zu, daß »Siegfried« doch noch eine andere Seite hatte.

Sein fünf Wochen später geschriebener letzter Brief ist hingegen äußerst rätselhaft. Offenbar hat ihm Sabina Spielrein in ihrem vorausgegangenen Brief eine Frage zu seiner neuen Theorie von den psychologischen Typen gestellt. Das läßt darauf schließen, daß beide sich nun weitgehend darüber im klaren waren, was »Siegfried« für sie bedeutete, und vielleicht auch, was sie einander bedeuteten. Wie dem auch sei, Jungs Brief vom 7. Oktober 1919 enthält jedenfalls zwei Diagramme, in denen er die Typen von verschiedenen Persönlichkeiten in schematischer Form einander gegenüberstellt. Im ersten Diagramm vergleicht er Bleuler, Freud und sich selbst, im zweiten Goethe, Kant, Schopenhauer und Schiller. Dann fügt er ohne jegliche Erklärung noch ein rätselhaftes drittes Diagramm hinzu, bestehend aus einem mit dem Symbol für männlich (♂) bezeichneten äußeren Kreis und einem mit dem Symbol für weiblich (♀) bezeichneten inneren Kreis. Am oberen und am unteren Ende des Innenkreises ist jeweils ein »x« eingezeichnet; neben dem oberen »x« steht »Spielrein bw.«, die untere Hälfte ist mit »ubw.« beschriftet. Über das Diagramm sind eine horizontale und eine vertikale Linie gezogen, die sich in der Mitte überkreuzen, was darauf hinweist, daß auch dieses Bild zur Veranschaulichung seiner neuen Typenlehre dienen sollte. Unter der

Zeichnung steht lediglich der knappe Kommentar: »Wahrsch.[einlich] waren Sie früher viel extrovert.[ierter] als jetzt.«[33]

Das ist alles, was wir über das Ende der Beziehung zwischen Sabina Spielrein und Jung wissen.

Die Zeit in Genf

Sabina Spielreins Name taucht als nächstes auf der Rednerliste des Sechsten Internationalen Psychoanalytischen Kongresses auf, der im September 1920 in Den Haag stattfand. Dies war seltsamerweise der erste Kongreß, an dem sie teilnahm. Sie stellte sich den anwesenden Analytikern mit einem Vortrag »Zur Frage der Entstehung und Entwicklung der Lautsprache« vor. Ihr Vortrag ist insofern bemerkenswert, als sie darin den Versuch unternimmt, Freuds These von einem vom Lustprinzip regierten, autistischen Anfangsstadium in der Kindheit mit den Erkenntnissen der Entwicklungspsychologie zu verknüpfen. Anhand der Wortbeispiele »Mama« und »Papa« versucht sie aufzuzeigen, daß die ersten Worte eines Kindes sich vom Saugakt ableiten und den Charakter einer magischen Wunscherfüllung haben. Sie dienten immer mehr der »Vermittlung zwischen Ich und Außenwelt« und seien so auch »Ausdruckszeichen der keimenden Heteroerotik«. Im Verlaufe der weiteren Entwicklung und der unbewußten Assimilierung der Gegenwart an die Vergangenheit würden aus den Wörtern allmählich Sätze. Kurz gesagt, die gesprochene Sprache entstand ihrer Meinung nach in der Übergangsphase vom Lustprinzip zum Realitätsprinzip.

Nach dem Kongreß siedelte Sabina Spielrein nach Genf über und bezog dort im Institut Rousseau Quartier, das sich innerhalb kürzester Zeit zum bedeutendsten pädagogischen Zentrum der Welt entwickelte. Im Jahre 1912 hatte Flournoys Neffe Édouard Claparède an der Genfer Universität ein pädagogisches Labor eingerichtet, aus dem dann später das von Claparède und Pierre Bovet geleitete Institut Rousseau hervorging. Vorlesungen über verschiedene psychotherapeutische Methoden, unter anderem auch über die Psychoanalyse, waren von Anfang an Bestandteil des Lehrplans, was gelegentlich zu Schwierigkeiten führte. Einmal wurde ein Dozent, der über den Couéismus referierte, verhaftet, weil ein altes Gesetz des Kantons die Hypnose verbot; ein anderes Mal löste ein Freudianer namens Schneider mit seiner unverfrorenen Proselytenmacherei bei allen Zuhörern tiefstes Befremden aus. Obwohl das nächste Mitglied der Freudschen Fraktion, ein gewisses Fräulein Malan, zurückhaltender auftrat, stand für Männer wie Claparède bereits 1920 fest, daß der Missionseifer der Psychoanalytiker die freie Forschung gefährdete. (Nach dem unglückseligen Aufenthalt des Komiteemitglieds Hanns Sachs in Zürich gegen Ende des Krieges ahnten auch Männer wie Binswanger und Pfister diese Gefahr.) Eine Konsequenz daraus war, daß die von Claparède geleitete psychoanalytische Vereinigung auf viele Förmlichkeiten und auch auf den Segen der Internationalen Vereinigung verzichtete. Zu ihren unregelmäßigen Treffen hatte jedermann Zutritt.

Einige Mitglieder der Genfer Vereinigung taten sich jedoch zu einer kleinen psychoanalytischen Gruppe zusammen, die die offizielle Mitgliedschaft in der Internationalen Vereinigung zur Voraussetzung für die Teilnahme an ihren wöchentlichen Sitzungen erklärte. Zu dieser Gruppe gehörten einige der führenden Köpfe des Instituts, unter anderem der damalige Direktor Bovet, Raymond de Saussure, der Sohn des berühmten Sprachwissenschaftlers Ferdinand de Saussure, der Schweizer Linguist Gustave Bally und auch Jean Piaget, ein vielversprechender junger Mann, der damals gerade mit seinen bahnbrechenden Studien über die kindliche Entwicklung begann. Sabina Spielreins Zeit in Genf wurde später von Bovet mit den folgenden wenig höflichen Worten kommentiert:

> Doch setzte man weiterhin große Hoffnungen in unser Institut. Das erkannten wir im Jahre 1921, als eine schüchterne und zielstrebige Russin namens Sabina Spielrein-Scheftel in Genf eintraf. Sie gab an, beim Internationalen Psychoanalytischen Kongreß in Holland sei sie für eine Assistentenstelle am Institut J. J. Rousseau ausersehen worden. Ganz wie ein Bischof, der von seiner neuen Diözese Besitz ergreift, machte sie sich sogleich daran, sich in ihrem neuen Wirkungskreis Geltung zu verschaffen. Der stets höfliche Claparède richtete ihr in seinem Labor ein kleines Sprechzimmer ein, so daß Fräulein Spielrein mit ihrer apostolischen Arbeit beginnen konnte. […]
>
> Wir hegten gewisse Bedenken gegen die neue Missionarin. Dennoch versuchten wir unsere Studenten von Fräulein Spielreins wirklich fundiertem Fachwissen profitieren zu lassen, indem wir für Fräulein Spielrein einige Vorlesungen organisierten und sie zu den Treffen der »Psychoanalytischen Gruppe« einluden. Sie brachte neues Leben in die Gruppe, indem

> sie einige von uns regelmäßig nach allen Regeln der Freudschen Kunst analysierte.
>
> Fräulein Spielrein ging, wie sie gekommen war. Wir denken mit Dankbarkeit an sie zurück, auch wenn ihr hiesiger Einsatz der Psychoanalyse nicht zu jenem entscheidenden Durchbruch verhalf, den man sich offenbar an höchster Stelle davon versprochen hatte.[34]

Tatsächlich war Sabina Spielreins Aufenthalt in Genf aus einem jener Geheimfonds finanziert worden, über die das geheime Komitee damals verfügte. Es war nicht allein ihre Schuld, daß sie sich von ihrem Naturell her und in Anbetracht des damaligen politischen Klimas für diesen Posten nicht sonderlich gut eignete; verbürgt ist jedoch, daß die kleine psychoanalytische Gruppe während ihres Aufenthalts in Genf auseinanderbrach. (Beim allerletzten Treffen hatte Sabina Spielrein noch einen Vortrag über Verdrängung gehalten.) Im Juni 1922 wußte sie keinen anderen Ausweg, als Freud schriftlich um seine sofortige Intervention zu bitten. Er antwortete jedoch, daß er in dieser Angelegenheit wenig tun könne:

> Wenn ich so täte, wie Sie es vorschlagen, würde ich nichts erreichen als eine patriotisch-nationale Entrüstung gegen den Alten in Wien, der sich herausnimmt, den psychoanalytischen Papst zu spielen.
>
> Diese Leute übertragen eben politische Gesichtspunkte auf die Wissenschaft, decken mit ihnen ihre totale oder partielle Ignoranz. Die Züricher sind eigentlich auch nicht viel anders, und wir können nichts dagegen tun, müssen warten, bis Mitglieder eintreten, die in unserem Sinne ausgebildet sind.[35]

Auch wenn Sabina Spielreins politische Bemühungen fruchtlos blieben, war ihr Aufenthalt in Genf für ihre wissenschaftliche Arbeit doch eine sehr anregende und produktive Zeit. Zwischen 1921 und 1923 schrieb sie insgesamt elf psychoanalytische Arbeiten, darunter mehrere bedeutende theoretische Schriften. Die zwei wichtigsten davon, »Die Zeit im unterschwelligen Seelenleben« und »Einige Analogien zwischen dem Denken des Kindes, des Aphasikers und dem unterbewußten Denken«, waren Früchte ihrer Bekanntschaft mit dem Linguisten Gustave Bally und mit Jean Piaget. In der ersten Schrift argumentiert Sabina Spielrein, ein Kind erlerne das Futurum, indem es die Vorstellung von einer sich wiederholenden Handlung entwickle, während seine ersten Vergangenheitsformen Analogien zu räumlichen Vorstellungen seien. Diese wichtige frühe Arbeit auf dem neuen Gebiet der Psycholinguistik entstand im selben Jahr wie die zweite oben genannte Schrift, in der Sabina Spielrein den Monolog eines Kindes so analysiert, als handele es sich dabei um ein fortlaufendes, vom Kind selbst veranstaltetes Assoziationsexperiment. Anschließend vergleicht sie die Reaktionen des Kindes mit den Äußerungen eines Aphasikers bei dem Versuch, eine ihm gestellte einfache Aufgabe zu lösen. Ohne daß sie dies ausdrücklich formuliert, zeigt sie mit dem Vergleich im Grunde auf, daß beide Denkformen keineswegs »autistisch« sind, sondern im Gegenteil rudimentäre Versuche darstellen, mit der Umwelt zurechtzukommen.

Zufällig wurde Sabina Spielreins Abhandlung über Kindermonologe zusammen mit einer wichtigen frühen Schrift Piagets in den *Archives de Psychologie* abgedruckt. An dieser Stelle seien kurz ein paar Sätze zur Beziehung zwischen Sabina Spielrein und Jean Piaget gesagt. Piaget war der Sohn einer exzentrischen, psychisch gestörten Mutter. Zur Psychologie kam er nach einer tiefen Krise während der Adoleszenz, in deren Verlauf er sich mit grundlegenden philosophischen Fragen herumschlug. Da er schon früh erfolgreich biologische Forschungen betrieb, galt er als Wunderkind, und er bekam die Chance, zuerst in Paris bei Binet kindliches Verhalten und anschließend in Zürich bei Jung und Bleuler experimentelle Psychopathologie zu studieren. Zu der Zeit, als Sabina Spielrein Piaget kennenlernte, arbeitete er bereits mit der von ihm entwickelten revolutionären Methode, aus den Fehlern von Kindern Rückschlüsse auf ihre kognitiven Strukturen zu ziehen. Allerdings dauerte es noch etliche Jahre, bis er als der weltweit größte Entwicklungspsychologe des 20. Jahrhunderts anerkannt war.

Nicht erwähnt wird im allgemeinen, daß Piagets frühe Arbeiten weitgehend aus einer psychoanalytischen Perspektive geschrieben sind. Zum Teil hängt es wohl damit zusammen, daß Piaget selbst nie explizit darauf hinwies. Zu Anfang beabsichtigte er, durch seine Studien zum kindlichen Verhalten die These Freuds einer frühen, »autistischen« Entwicklungsphase, in der das Realitätsprinzip noch nicht galt, weiterzuentwickeln. (Genau dies berichtet Sabina Spielrein dann über Piagets Vorlesung im Wintersemester in ihrem 1922 im *Korrespondenzblatt* veröffentlichten Aufsatz über die Situation in Genf.) Zudem stützte sich Piagets Konzept vom »Artifizialismus« – für ihn eines der beiden Hauptmerkmale des frühkindlichen Denkens – auf Beobachtungen des kindlichen Umgangs mit der sexuellen Frage »Wo kommen die Babys her?«. Sein Konzept deckt sich vollkommen mit den Vorstellungen Freuds und Spielreins. In seinem 1926 erschienenen, bedeutenden Werk über das Weltbild des Kindes zitiert Piaget anerkennend Sabina Spielreins Schrift über Renatchens Menschenentstehungstheorie.

Piaget hatte kein Interesse an der Erforschung von Gefühlen, was vermutlich auf seine Erfahrungen mit der eigenen Mutter zurückzuführen war. Aus rein didaktischen Gründen ließ er sich von Sabina Spielrein analysieren, zum Teil hielt er die Ergebnisse dieser Lehranalyse schriftlich fest. Zwischen den Zeilen ist herauszulesen, daß seine Erfahrungen mit der Übertragung offensichtlich alles andere als angenehm waren. Es gibt da eine möglicherweise erfundene Anekdote, nach der Piaget, als er merkte, wen er in Sabina Spielrein hineinprojizierte, von der Couch aufstand und mit den Worten »Ich habe verstanden« den Raum verließ.

Die Feststellung, daß Sabina Spielreins Aufenthalt in Genf im Grunde eine Tragödie war, bedarf einer Erklärung. Auch wenn sie nicht über das notwendige diplomatische Geschick verfügte, das die Umstände damals erforderten, erkannte sie doch klar die Zeichen der Zeit. Ihre in Genf verfaßten Schriften beweisen nicht nur, daß sie sich voll und ganz der Notwendigkeit bewußt war, die Psychoanalyse mit den Erkenntnissen der Entwicklungspsychologen und der Sprachwissenschaftler in Einklang zu bringen, sondern auch, daß sie durchaus die intellektuellen Fähigkeiten besaß, um eine solche Synthese in Angriff zu nehmen. So war es ein echter Verlust für die westliche Psychologie, daß Sabina Spielrein nach Rußland zurückkehrte und ihr gerade erst begonnenes Werk nicht weiterführte. Erst Jahrzehnte später setzten andere diese Arbeit fort.

Für Sabina Spielrein wurde die Zeit in Genf immer mehr zur Enttäuschung. In ihren Schriften tauchen häufig Gedanken an Jung auf. Ein kurzer klinischer Bericht aus dem Jahre 1922, der »Briefmarkentraum«, ist mit ziemlicher Sicherheit autobiographisch. Es geht darin um eine Frau, die geträumt hat, sie habe von ihrem Bruder einen Brief ohne Briefmarken erhalten; im Briefumschlag steckte ein verblichenes Bild von ihm. In der Nacht bevor der Brief eintraf, hatte die Frau alte Briefe ihres ehemaligen Psychoanalytikers noch einmal durchgelesen. Sie war seinerzeit gezwungen gewesen, die Analyse zu einem Zeitpunkt abzubrechen, zu dem »die heftige ambivalente Übertragung noch nicht aufgelöst werden konnte. [...] In ihren Träumen pflegte sie stets den Arzt als Bruder darzustellen.«[36] In dem »Briefmarkentraum« geht es hauptsächlich um eine Assoziation zwischen »Marken« (Briefmarken) und »Mark« (Knochenmark) sowie um Tabes, einen von der Syphilis verursachten Rückenmarksschwund. Die Deutung des Traumes lautet: Die Träumerin »kümmert sich nicht weiter darum, was dieser Don Juan und Luetiker ihr schreibe«.[37]

Im September 1922 stellte Sabina Spielrein auf dem Siebten Internationalen Psychoanalytischen Kongreß in Berlin ihre Arbeit »Die Zeit im unterschwelligen Seelenleben« vor. Es war sozusagen ihr psychoanalytischer Schwanengesang; sie scheint diese Gelegenheit auch benutzt zu haben, um ihre abschließende Meinung über Jung und insbesondere über dessen Vorliebe für die Vergangenheit kundzutun, denn das Papier enthält folgende Anekdote:

> Ein Herr, der eine definitive Trennung von seiner Geliebten beschlossen hat, worunter er sehr leidet, sieht die Dame im Traume als einen mit Moos bewachsenen Gegenstand. Das Bild bringt seinen gleichzeitigen Wunsch zum Ausdruck, die peinliche Abschiedsstunde möchte bereits überstanden sein, eine alte, mit Moos bewachsene Sache werden. – Dieser Träumer bedient sich überhaupt gerne der Vergangenheit im Traume, um peinliche Eindrücke loszuwerden.[38]

Anfang 1923 war Sabina Spielrein bereit, Genf zu verlassen. Freud ermunterte sie, es doch in Berlin zu versuchen, wo kurz zuvor eine Klinik zur psychoanalytischen Behandlung von Kindern eröffnet worden war, aber sie entschied sich dann doch für Moskau. Die dortige psychoanalytische Vereinigung erlebte unter der Leitung von Moshe Wulff gerade eine regelrechte Blütezeit.

Sie ging wohl enttäuscht und verbittert. Im selben Jahr erschien im *International Journal of Psycho-Analysis* eine kurze Abhandlung von ihr mit dem Titel »Rêve et vision des étoiles filantes« (»Sternschnuppen in Traum und Halluzinationen«). Darin beschreibt sie eine vom Pech verfolgte Frau, die nach Rußland umziehen will, weil sie Arbeit sucht. Weiterhin erfahren wir über diese Frau, daß sie nach einer Affäre mit einem jüngeren Mann ihre Gefühle zu ordnen versucht; es war die erste leidenschaftliche Liebe ihres Lebens gewesen. Während sie eines Tages über ihr Schicksal nachdenkt, beobachtet sie, wie am Fenster der Regen herunterläuft; da eine gelbe Straßenlaterne die Regentropfen von hinten anstrahlt, sehen sie aus wie viele kleine Sternschnuppen. Sie geht zu Bett und hat einen Traum, in dem die

Sterne des Nachthimmels sich zu einem Wort zusammenfügten: Am Firmament ist wie auf einem Plakat das Wort »Liebe« zu lesen.[39]

Von Genf nach Moskau

Sabina Spielreins Abreise nach Moskau im Herbst 1923 war vielleicht der wichtigste Schritt in ihren Leben. Rußland öffnete sich damals immer mehr dem Westen, es war die Zeit von Lenins Neuer Ökonomischer Politik und der Experimente in allen Lebensbereichen. In diesem Klima der Aufgeschlossenheit erlebte auch die Psychoanalyse einen Aufschwung. Aus aller Welt strömten talentierte Psychologen herbei, um sich dem Psychoanalytischen Institut in Moskau anzuschließen – darunter auch A. R. Luria und Lew Wygotskij, die später zu den größten Psychologen des Jahrhunderts zählten. Eine Zeitlang amtierte Luria als Sekretär des Instituts und veröffentlichte regelmäßig Aufsätze in der *Internationalen Zeitschrift für Psychoanalyse.* Daraus geht hervor, daß Sabina Spielrein damals sehr aktiv war: Sie unterrichtete, führte Lehranalysen durch und arbeitete in der Kinderklinik.

Rückblickend ist man verblüfft, wie viele spätere Berühmtheiten Sabina Spielrein in ihrem Leben persönlich kennenlernte. Es ist eine Frage des Geschmacks und der jeweiligen Mode, wen man zu den zehn größten Psychologen unseres Jahrhunderts rechnen will, doch fünf Persönlichkeiten würden mit Gewißheit auf jeder Liste erscheinen, und alle fünf kannte Sabina Spielrein persönlich: Freud, Jung, Piaget, Luria und Wygotskij. Bei Jung und Freud war sie die Schülerin gewesen, für Piaget eine Kollegin, und Wygotskij und Luria gegenüber fand sie sich in einer ganz neuen Rolle wieder, denn im Gegensatz zu ihnen verfügte sie bereits über reiche Erfahrung. Zudem brachte sie das Beste, was die westliche Psychologie zu bieten hatte, nach Rußland mit: Aus Zürich die klinische Tradition des Burghölzli sowie die Methoden, die im dortigen psychologischen Labor entwickelt worden waren, aus Wien die orthodoxe Freudsche Lehre, aus Genf die neuesten Erkenntnisse der Entwicklungspsychologie. Jung hatte ihr persönlich die Früchte seiner fortgesetzten Selbstanalyse mitgeteilt, und nicht zuletzt brachte sie ihr scharfes, kritisches Urteilsvermögen mit. Lange sollte die Blütezeit der Psychoanalyse in Rußland allerdings nicht dauern, schon drei oder vier Jahre später wurde sie durch ein Verdikt Stalins abrupt beendet. Auf jeden Fall war Sabina Spielrein mit ihrem vielfältigen und umfangreichen Wissen für das Psychoanalytische Institut in Moskau ein großer Gewinn.

Luria und Wygotskij gehörten zu den wenigen, die sofort begriffen, was sich politisch anbahnte, und sie verließen Moskau, noch bevor Stalins Säuberungsaktionen richtig begannen. Später wandten sich beide anderen Gebieten zu, Luria der Neuropsychologie und Wygotskij der Entwicklungspsychologie, so daß ihre Namen nicht mit der Psychoanalyse in Verbindung gebracht wurden. Doch beide kannten Sabina Spielrein und profitierten sicherlich von ihrem fundierten Wissen, auch wenn es schon bald einem politischen und wissenschaftlichen Selbstmord gleichkam, solche Kontakte zuzugeben. Es sei hier nur erwähnt, daß Luria in seinem ersten großen Werk, *The Nature of Human Conflict* (Die Natur menschlicher Konflikte), das Wort-Assoziationsexperiment auf geniale Weise verwendete und daß Wygotskij seinen zukunftsweisenden Thesen über die Entwicklung des kindlichen Denkens eine Einleitung vorausschickte, in der er das Konzept vom »autistischen« Denken in allen Einzelheiten widerlegte, und zwar anhand eines Kindermonologs.

So war Sabina Spielrein letzten Endes doch ein großes Los beschieden: Sie wies der russischen Psychologie den Weg ins 20. Jahrhundert.

Der Todestrieb

Mit der Rückkehr nach Rußland verschwand Sabina Spielrein aus den Annalen der psychoanalytischen Bewegung. Sie und ihre Schriften gerieten allmählich in Vergessenheit – ein Schicksal, das sie mit vielen anderen, begabten und weniger begabten, frühen Anhängern Freuds teilt. Erst als 1974 der Briefwechsel zwischen Jung und Freud veröffentlicht wurde, erinnerte man sich ihrer wieder. Im Gegensatz zu vielen anderen zu Unrecht Vergessenen schenkte man ihr wegen eines einzigen kontrovers diskutierten Beitrags zur psychoanalytischen Theorie auf einmal neue Beachtung. So ging sie schließlich doch – buchstäblich in Form einer Fußnote – in die Geschichte der Psychoanalyse ein.

Die Fußnote findet sich in Freuds 1920 veröffentlichter Arbeit *Jenseits des Lustprinzips,* mit der er die Anfang 1919 begonnene Auseinandersetzung mit dem »Wiederholungszwang« wieder aufnahm. Ausgehend von der Feststellung, daß das Leblose früher da gewesen sei als das Lebende, argumentiert Freud, der Wiederholungszwang sei letztendlich ein dem belebten Organischen innewohnender Drang zur Wiederherstellung eines früheren anorganischen Zustandes. Diesem stehe ein zweiter, völlig anders gearteter Trieb gegenüber, der mit dem Ziel, neue Strukturen zu schaffen, »ungebändigt immer vorwärts dringt«; die Libido sei als ein Derivat dieses Dranges zu betrachten. Aus dem Zusammenwirken der beiden Triebe, bei denen es sich im Grunde um zwei transzendente biologische Prinzipien handele, erkläre sich jeder biologische und psychologische Fortschritt oder Rückschritt.

In unübertroffener Zuspitzung schrieb kurz darauf der englische Psychologe William McDougall in einer Buchbesprechung, Freuds sogenannter Todestrieb sei »das bizarrste Monster aus seiner gesamten Monstergalerie«.[40] Die der Theorie zugrundeliegende Idee, daß zwei unterschiedliche Kräfte, ein konstruktiver und ein destruktiver, alle organischen Abläufe steuerten, war ein in den biologischen Theorien des 19. Jahrhunderts häufig geäußerter Allgemeinplatz. Freud verknüpft die destruktive Kraft zusätzlich mit einem Todeswunsch oder »Todestrieb«. Man nahm allgemein an, daß dieser Gedanke ursprünglich von Ilja Iljitsch Metschnikow stammte. Professor Metschnikow war der Leiter des Pasteur-Instituts in Paris und Autor eines 1903 erschienenen Buches mit dem Titel *Rhythm of Life* (Rhythmus des Lebens). 1908 erhielt er den Nobelpreis für Medizin. Metschnikow hatte eine klare, unmißverständliche Theorie aufgestellt: Für ihn war jede Religion ein ausschließlich auf die Angst vor dem Tod zurückzuführender, altmodischer Aberglaube; er sah voller Zuversicht dem Tag entgegen, an dem die Menschheit keine Religion mehr benötigen, sondern nur noch an die Wissenschaft glauben würde. Doch wie würde man dann mit der stets allgegenwärtigen Angst vor dem Tod umgehen? Metschnikow meinte dazu, nur solange Krankheiten und die Ansammlung körpereigener Toxine im menschlichen Organismus das Leben vorzeitig beendeten, bleibe der Tod für die Menschen etwas Unangenehmes und Beängstigendes. Da es der Wissenschaft jedoch immer besser gelingen werde, die mit dem Altwerden verbundenen medizinischen Probleme zu lösen, würden die Menschen am Ende eines langen Leben schließlich einen ganz natürlichen und durchaus angenehmen Todeswunsch verspüren.

Obwohl Freud Metschnikow in seinem Buch an keiner Stelle zitiert, weist seine Theorie doch eine bemerkenswerte Übereinstimmung mit Metschnikows Gedankengang auf, insbesondere auch in der unterschwelligen Polemik. Freud wollte in erster Linie ein System entwerfen, in dem – allen

Thesen Putnams und der Schweizer zum Trotz – für einen angeborenen Drang nach spirituellem Wachstum kein Platz war. So argumentiert er unter Berufung auf Ferenczi, es sehe zwar so aus, als entwickle der Mensch sich weiter, doch in Wirklichkeit sei seine Entwicklung nur eine zwangsläufige Wiederholung des Lebensweges der gesamten Spezies; der Lebensweg sei dem menschlichen Organismus im Laufe der Evolution durch äußere Umstände aufgezwungen worden und werde daher zunächst als frustrierend empfunden.

Schon im Titel von Freuds Werk liegt eine gewisse philosophische Ironie, denn das Wort »jenseits« weist im deutschen Sprachgebrauch oft auf eine höhere, spirituelle Ebene hin und wird manchmal auch als Synonym für »das Leben nach dem Tode« gebraucht. So erwartete wohl mancher uninformierte Leser, daß Freud in seinem neuen Werk über das Lustprinzip hinausgehen und seine Triebtheorie durch ein zusätzliches, vermutlich spirituelles Prinzip ergänzen würde. Daß tatsächlich von einem Drang, zu früheren Stadien zurückzukehren, die Rede war, schien diese Vermutung zunächst noch zu bestätigen, denn in der idealistischen deutschen Philosophie trieb ein solcher Drang – zurück in den Garten Eden vor dem Fall Adams und Evas – den Menschen unerbittlich aufwärts und vorwärts ins neue Paradies des vollkommenen Geistes. Doch natürlich hatte Freud nichts dergleichen im Sinn. »Jenseits« ist das, was auch »davor« ist – der Tod.

Freud gab diese Theorie nie auf, er hielt sogar ausgesprochen hartnäckig daran fest, obwohl sie sich auf eine ganze Reihe unwahrscheinlicher Prämissen stützte und viele unbeweisbare Behauptungen notwendig machte. So fiel es ihm denn auch nicht ganz leicht, sie mit seinen nachfolgenden Theorien in Einklang zu bringen. (Manche Laien entwickelten die Vorstellung, daß irgendwo in Freuds Anfang der zwanziger Jahre aufgestelltem Modell von Es, Ich und Überich ein Todestrieb sein Unwesen treibe und für unangenehme Überraschungen wie Regressionen oder störende Schuldgefühle sorge.) Freuds Sturheit hatte indes einen sehr einfachen Grund: Die in seinem Buch *Jenseits des Lustprinzips* vorgelegte überarbeitete Triebtheorie hatte den rhetorischen Vorzug, daß sie ein von allem Ballast befreites, klares Libidokonzept war. Zur Erklärung aller problematischen Aspekte der Sexualität – ihrer »konservativen« Natur, ihrer romantischen Gleichsetzung mit dem Tod, der damit verbundenen Gefahren der Fixierung und der Regression – war nun der Todestrieb zur Hand. So konnte man ihm nicht länger vorwerfen, seine Methode sei zu einseitig, weil sie alles ausschließlich mit der Sexualität erkläre, denn jetzt war nicht mehr die Sexualität, sondern der Todestrieb die Ursache allen Übels. Wenn bei der Behandlung Schwierigkeiten auftauchten oder der Patient keine Fortschritte mehr machte, dann lag es höchstwahrscheinlich an der Wirkung des Todestriebs.

Doch wie und wo brachte Freud Sabina Spielrein in dieser waghalsigen Theorie unter? Im Verlaufe der Argumentation kommt Freud ganz beiläufig auf die Theorie des Masochismus zu sprechen. Früher hatte er behauptet, der Masochismus sei ein dem Sadismus komplementärer Partialtrieb beziehungsweise eine Rückwendung des Sadismus auf das eigene Ich. Nun erklärt er ihn zu einer primären Manifestation des Todestriebes und teilt in einer Fußnote mit:

> In einer inhalts- und gedankenreichen, für mich leider nicht ganz durchsichtigen Arbeit hat Sabina Spielrein ein ganzes Stück dieser Spekulation vorweggenommen. Sie bezeichnet die sadistische Komponente des Sexualtriebs als eine »destruktive«.[41]

Die Tatsache, daß Freud Sabina Spielrein in diesem Werk überhaupt zitiert, um Jung und die Schweizer zu treffen, entbehrt nicht einer ganz eigenen Ironie. Gravierender ist jedoch, daß das Zitat in diesem Zusammenhang mißverständlich und irreführend wirkt, denn obgleich Freud ihre Schrift etwas undurchsichtig fand, so hätte er doch merken müssen, daß von primärem Masochismus oder etwas Ähnlichem darin nirgendwo die Rede ist; das hatte ein männliches Wiener Publikum Sabina Spielrein fälschlicherweise unterstellt. Und noch viel weniger hat sie in irgendeiner Weise die Idee vom Todestrieb »vorweggenommen«. Sie weist lediglich darauf hin, daß sich an die Sexualität oft bestimmte Todesvorstellungen knüpfen, zum Beispiel die Phantasie, in den Armen des geliebten Menschen zu sterben. Doch das ist ein ganz anderes Thema.

Überraschenderweise wurde Sabina Spielrein später einzig und allein wegen dieser obskuren Fußnote bekannt. In buchstäblich jedem Werk zur Geschichte der Psychoanalyse, in dem ihr Name auftaucht, wird ihr fälschlicherweise das Verdienst zugeschrieben, Freuds Theorie vom Todestrieb vorweggenommen zu haben. Interessant ist ferner, daß in dieser berühmten Fußnote neben Sabina Spielrein noch der holländische Psychiater August Stärcke zitiert wird. Stärcke war zufällig am selben Abend wie Sabina Spielrein offizielles Mitglied der Wiener Vereinigung geworden und hatte 1914 völlig unabhängig von Sabina Spielrein eine ihrer Theorie ausgesprochen ähnliche eigene Theorie formuliert: Er behauptete, die Ichtriebe seien von ihrer Natur her zentripetal und auf die Erhaltung und Verlängerung des Lebens ausgerichtet, während die zentrifugal wirkenden Fortpflanzungstriebe zum Verzicht und damit letztendlich zum Tod führten. Dementsprechend entdeckte Stärcke auch in der Sexualität eine »destruktive« Komponente, die jedoch keineswegs mit einem »Todestrieb« gleichzusetzen war. So protestierte er nach dem Erscheinen von Freuds Buch *Jenseits des Lustprinzips* in einem Brief an Freud ausdrücklich dagegen, daß sein Name genannt wurde. Für eine ähnliche Gegenreaktion Sabina Spielreins gibt es keinerlei Beleg, daher möge hier Stärckes Protest stellvertretend für den ihren stehen. Er schrieb Freud, daß sein Einwand sich auf die Beobachtung stütze, »lieben bedeutet sterben wollen«.[42] Freud entschuldigte sich in einem Antwortbrief bei Stärcke und schlug vor, den Briefwechsel damit zu beenden.

Sabina Spielreins Schicksal in der psychoanalytischen Literatur war es somit, daß sie für eine Theorie bekannt wurde, die sie in Wahrheit nie vertreten hatte. In ihrer Schrift »Die Destruktion als Ursache des Werdens« versucht sie das Problem der sexuellen Verdrängung zu lösen, indem sie das ambivalente Verhältnis zwischen Sexualität und Ich beschreibt. Doch ein »Todestrieb« taucht darin nicht auf – weder als konkreter Begriff noch in Form einer sinngemäßen Umschreibung.

Die Anima

Während Freud dafür sorgte, daß spätere Generationen Sabina Spielreins Beitrag zur Psychoanalyse gründlich mißverstanden, war Jung damit beschäftigt, sie unsterblich zu machen – allerdings unter einem anderen Namen. Zumindest einige mit Jungs Werken vertraute Leser werden zu ihrer großen Überraschung feststellen, daß sie die junge Russin namens Sabina Spielrein bereits sehr gut kennen, denn sie war das Vorbild für eine wohlvertraute Figur.

In den zehn Jahren nach dem Ersten Weltkrieg entwickelte Jung ein ganz neues, auf die Theorie von den Archetypen aufgebautes psychologisches System. Bei den Archetypen handelt es sich Jung zufolge um ererbte unbewußte Denkmuster, die den menschlichen Gedanken und Handlungen Struktur verleihen. Zugang zu den Archetypen erhalte man nur über die

Träume, über die »aktive Imagination« oder im Stadium einer analytischen Behandlung. In Mythologie und volkstümlicher Überlieferung seien solche Grundstrukturen und ihr Zusammenwirken besonders gut zu beobachten. Ein großer Teil von Jungs späteren Arbeiten war diesem faszinierenden, methodologisch jedoch höchst fragwürdigen Projekt gewidmet. Im Laufe der Zeit wuchs die Zahl der Archetypen, zu Anfang waren es jedoch nur vier: die »Persona« (der äußere Charakter), der »Schatten« (für den Bruder Medardus ein hervorragendes Beispiel abgab), der »weise alte Mann« (eine patriarchalische Figur, die die Weisheit verkörperte) und die »Anima«. Letztere spielt in Jungs System eine ganz besondere Rolle, denn sie besitzt die Macht, die Bilder des kollektiven Unbewußten zugänglich und bewußtzumachen. Im Grunde ist die »Anima« die innerste »Seele« des Individuums (ein von Plato entliehener Begriff) und gleichzeitig die Mittlerin zwischen dem Bewußtsein und dem kollektiven Unbewußten. Doch Jung stellt noch eine überraschende Behauptung auf: Im Unbewußten des Mannes sei die »Anima« die Personifikation einer weiblichen Natur (die entsprechende männliche Seele in der Frau nennt er »Animus«).

Jungs Anima-Konzept hatte von Anfang an etwas Romantisches; das erklärt zu einem Teil, warum es sich bis zum heutigen Tage so großer Beliebtheit erfreut. Wenn ein Mann sich verliebt, dann projiziert er Jung zufolge seine innere Anima auf eine reale Frau, und sie erscheint ihm dann als gefährliche Verführerin oder als inspirierende Muse, die ihm hilft, seine schöpferischen Talente zu erkennen und zu verwirklichen. Als literarische Entsprechungen führt Jung mehrfach H. Rider Haggards *She* und Pierre Benoîts *L'Atlantide* an. Seinen Studenten erklärte er, die animabegabte Frau erscheine dem Mann als die Frau, der man gehorchen muß.

Zum ersten Mal wird die Anima in Jungs 1920 veröffentlichter Schrift *Psychologische Typen* erwähnt, doch bleibt sie dort noch so mysteriös, daß sich nicht erahnen läßt, welch große Bedeutung er ihr damals schon beimaß. Später enthüllten seine Memoiren, daß die persönliche Erfahrung der Wirkungsweise dieses ganz speziellen Archetyps in den stürmischen Jahren seiner langwierigen Selbstanalyse während des Ersten Weltkriegs das entscheidende Ereignis überhaupt war. Und die Zeit war höchst stürmisch: 1915 hatte sich Jungs Zustand so sehr verschlechtert, daß Toni Wolff mit der offiziellen Erlaubnis von Emma Jung seine Geliebte und zeitweilig sogar Mitglied des Jungschen Haushalts wurde, und zwar einfach deshalb, weil Toni Wolff der einzige Mensch war, der Jung damals noch beruhigen konnte.

Doch trotz der aufopfernden Dienste seiner Geliebten litt er auch noch im darauffolgenden Jahr wiederholt unter Depersonalisationserscheinungen und echten Halluzinationen. Einmal fühlte er seine Seele entschwinden, als fliege sie ins »Totenland«. Kurz darauf ereignete sich folgendes: Jungs Kinder hatten eine Nacht voller Alpträume erlebt, und im ganzen Haus schien es zu »spuken«, da hörte Jung einen Chor von Geistern rufen: »Wir kommen zurück von Jerusalem, wo wir nicht fanden, was wir suchten.«[43] Unter dem unmittelbaren Eindruck dieses Vorfalls schrieb Jung die grandiosen und fast schon paranoid wirkenden »Septem Sermones ad Mortuos« (Sieben Reden an die Toten) nieder. In der Verbindung von gnostischer Terminologie und dem Stil von Nietzsches *Also sprach Zarathustra* schuf er einen bewußt rätselhaften Text, der stellenweise wie eine klagend vorgebrachte Selbstverteidigung klingt.

Jungs Hauptstrategie im Umgang mit sich selbst bestand zu jener Zeit darin, daß er alle Bilder und Phantasien, die in ihm aufstiegen, peinlich genau in seinen Notizbüchern festhielt; manchmal illustrierte er die Aufzeichnungen auch. Es erschien ihm wichtig, alles, was in ihm vorging, so weit wie irgend möglich wissenschaftlich zu studieren. Und während er das tat, begegnete er zum ersten Mal dem Anima-Archetypus:

> Während ich an den Phantasien schrieb, fragte ich mich einmal: »Was tue ich eigentlich? Bestimmt hat es mit Wissenschaft nichts zu tun. Also was ist es dann?« Da sagte eine Stimme in mir: »Es ist Kunst.« Ich war höchst erstaunt, denn es wäre mir nicht in den Sinn gekommen, daß meine Phantasien etwas mit Kunst zu tun haben könnten, sagte mir aber: »Vielleicht hat mein Unbewußtes eine Persönlichkeit geformt, die nicht Ich bin und die mit ihrer eigenen Ansicht zu Worte kommen möchte.« Ich wußte, daß die Stimme von einer Frau stammte, und erkannte sie als die Stimme einer Patientin, einer begabten Psychopathin, die eine starke Übertragung auf mich hatte. Sie war zu einer lebendigen Gestalt in meinem Innern geworden.[44]

Früher bezeichnete man Menschen, die aufgrund einer erblichen Belastung zu nervösen Störungen neigten, als Psychopathen; in diesem Sinne verwendet auch Jung den Begriff an dieser Stelle. Der Bericht geht folgendermaßen weiter:

Natürlich war das, was ich tat, nicht Wissenschaft. Was anderes konnte es also sein als Kunst? Es schien auf der ganzen Welt nur diese zwei Möglichkeiten zu geben! Das ist die typisch weibliche Art zu argumentieren.

Mit Nachdruck und voller Widerstände erklärte ich der Stimme, daß meine Phantasien mit Kunst nichts zu tun hätten. Da schwieg sie, und ich fuhr fort zu schreiben. Dann kam eine nächste Attacke – die gleiche Behauptung: »Das ist Kunst.« Wiederum protestierte ich: »Nein, das ist es nicht. Im Gegenteil, es ist Natur.« Ich machte mich auf neuen Widerspruch und Streit gefaßt; als aber nichts erfolgte, überlegte ich, daß die »Frau in mir« kein Sprachzentrum besäße, und schlug ihr vor, sich meiner Sprache zu bedienen. Sie nahm den Vorschlag an und erklärte sogleich ihren Standpunkt in einer langen Rede.

Es interessierte mich außerordentlich, daß eine Frau aus meinem Innern sich in meine Gedanken einmischte. Wahrscheinlich, so dachte ich, handelt es sich um die »Seele« im primitiven Sinn, und ich fragte mich, warum die Seele als »Anima« bezeichnet worden sei. Warum stellte man sie sich als weiblich vor? Später sah ich, daß es sich bei der weiblichen Figur in mir um eine typische oder archetypische Gestalt im Unbewußten des Mannes handelt, und ich bezeichnete sie als »Anima«. Die entsprechende Figur im Unbewußten der Frau nannte ich »Animus«.

Zuerst war es der negative Aspekt der Anima, der mich beeindruckte. Ich empfand Scheu vor ihr wie vor einer unsichtbaren Präsenz. Dann versuchte ich, mich anders auf sie zu beziehen, und betrachtete die Aufzeichnungen meiner Phantasien als an sie gerichtete Briefe. Ich schrieb sozusagen an einen Teil meiner selbst, der einen anderen Standpunkt vertrat als mein Bewußtsein – und erhielt überraschende und ungewöhnliche Antworten. Ich kam mir vor wie ein Patient in Analyse bei einem weiblichen Geist! Jeden Abend machte ich mich an meine Aufzeichnungen; denn ich dachte: Wenn ich der Anima nicht schreibe, kann sie meine Phantasien nicht fassen. – Es gab aber noch einen anderen Grund für meine Gewissenhaftigkeit: das Geschriebene konnte die Anima nicht verdrehen, sie konnte keine Intrigen daraus spinnen. […]

Nur allmählich lernte ich, zwischen meinen Gedanken und den Inhalten der Stimme zu unterscheiden. Wenn sie mir z. B. Banalitäten unterschieben wollte, sagte ich: »Das ist richtig, so habe ich früher einmal gedacht und gefühlt. Aber ich bin nicht verpflichtet, mich bis an mein Lebensende dabei behaften zu lassen. Wozu diese Demütigung?«[45]

Schließlich gelangte Jung zu dem Schluß, daß die »Anima« auch einen positiven Aspekt hatte. Jahrzehntelang wandte er sich immer an sie, wenn er fühlte, daß seine »Affektivität gestört war«. In solchen Augenblicken bat er sie, ihm durch ein inneres Bild Zugang zu seinem Unbewußten zu verschaffen: »Sobald das Bild da war, verschwand die Unruhe oder die Bedrückung. Die gesamte Energie meiner Emotionen verwandelte sich in Interesse und Neugier für seinen Inhalt.«[46] Zu Anfang war Jung der Anima gegenüber allerdings wesentlich mißtrauischer:

> […] was sie sagt, ist oft von einer verführerischen Kraft und einer abgründigen Schlauheit. Wären mir die Phantasien des Unbewußten als Kunst erschienen, so hätte ich sie mit meinem inneren Auge betrachten oder wie einen Film abrollen sehen können. Es hätte ihnen nicht mehr Überzeugungskraft innegewohnt als irgendeiner Sinneswahrnehmung, und eine ethische Verpflichtung ihnen gegenüber wäre mir nicht erwachsen. Die Anima hätte auch mir einreden können, ich sei ein mißverstandener Künstler, und mein soi-disant [sogenanntes; A.d.Ü.] Künstlertum verleihe mir das Recht, die Realität zu vernachlässigen. Wäre ich aber ihrer Stimme gefolgt, so hätte sie mir höchst wahrscheinlich eines Tages gesagt: »Bildest du dir etwa ein, der Unsinn, den du betreibst, sei Kunst? Davon ist keine Rede.« Die Zweideutigkeit der Anima, Sprachrohr des Unbewußten, kann einen Mann in Grund und Boden vernichten.[47]

Im Text finden sich kaum Hinweise, wer die »Anima« sein könnte. Jung erzählt, daß er die Beziehung zu der Dame gegen Ende des Ersten Weltkrieges abbrach und daß ihm das half, aus der »Dunkelheit« herauszukommen.[48] Er deutet auch an, daß er mit der Dame Briefe austauschte:

> Einmal erhielt ich z.B. einen Brief jener ästhetischen Dame, in welchem sie wieder einmal hartnäckig die Ansicht vertrat, daß die dem Unbewußten entstammenden Phantasien künstlerischen Wert besäßen und darum Kunst bedeuteten. Der Brief ging mir auf die Nerven. Er war keineswegs dumm und darum insinuierend.[49]

Sowohl Jungs Andeutung, daß er mit der besagten Dame im Briefwechsel stand, als auch seine Aussage, daß er die Beziehung zu ihr kurz nach dem Krieg abbrach, weisen auf Sabina Spielrein hin. Der deutlichste Hinweis ist jedoch die sich durch den ganzen Text ziehende Debatte über den Unterschied zwischen Wissenschaft und Kunst; und dabei bleibt vollkommen unklar, warum es so schwierig und vor allem so lebenswichtig zu sein schien, die beiden grundverschiedenen Gebiete klar voneinander abzugrenzen.

Jungs Angst vor einer Gleichsetzung von Kunst und Wissenschaft ist ein entscheidender Fingerzeig in Richtung Sabina Spielrein. Bereits in ihrem Tagebuch aus dem Jahr 1907 hatte sie sich mit Übereinstimmungen zwischen Kunst und Wissenschaft beschäftigt und die beiden Disziplinen schließlich ausdrücklich gleichgesetzt. Zur Beschreibung benutzte sie genau jene Methode, mit deren Hilfe Jung später seine Ängste abbaute.

> Jeder Komplex will über die Grenzen der Persönlichkeit hinaus, jeder Komplex sucht das ihm mitwirkende Ähnliche, sucht sein Spiegelbild, und wenn Sie dem Komplex den Spiegel zeigen – entsteht das Lachen, wenn es auch für das Ich-Bewußtsein durchaus nichts Lächerliches ist. [...]
>
> Die Kunst ist auch nichts anderes wie ein selbständig oder »wild gewordener Komplex«, der sich ausleben will (Ihr Ausdruck) oder der »transformiert werden will«, mein Ausdruck. Wenn der Künstler schafft, ist es nicht im geringsten der Trieb, den Leuten was mitzuteilen, der da in Kraft tritt. Der Komplex muß einfach heraus. [...] Genauso will in der Wissenschaft der Gedanke – oder was es auch sei –, den man nach langem innerem Sturm gefunden hat, unbedingt von anderen verstanden werden.[50]

Doch wie gesagt stammt diese Stelle aus dem Jahr 1907. Damals verwehrte sich Sabina noch gegen Jungs Auffassung, daß das Unbewußte mit verdrängter Sexualität gleichzusetzen sei. Später, als sie ihre medizinische Dissertation schrieb, hatte sie sich seiner Meinung längst angeschlossen. In ihrer Schrift über die »Destruktion« ging sie sogar noch weiter: Gerade weil das Unbewußte sexueller Natur sei, sei seine Bilderwelt kollektiv. Auf der Grundlage dieser neuen Erkenntnis überarbeitete sie ihre Theorie vom künstlerischen Schaffen und behauptete dann, der schöpferische Prozeß sei immer ein sexueller Prozeß, genau darum könne die ganze Spezies am Werk eines einzelnen Künstlers teilhaben. Der schöpferische Akt sei die Entsprechung der körperlichen Liebe, ein internalisiertes Äquivalent des Geschlechtsaktes, weil auch beim schöpferischen Akt auf die anfängliche Destruktion (der ganz persönlichen Perspektive des Künstlers) eine Transformation folge (die Schaffung eines Kunstwerks, an dem auch die Allgemeinheit teilhaben kann).

Wenn Jung Sabina Spielreins Stimme sagen hörte: »Das ist Kunst«, dann klangen ihm dabei sicher auch die Schlußfolgerungen ihrer überarbeiteten Kunsttheorie in den Ohren. Seine Grübeleien waren mehr als nur die introspektiven Abenteuer eines objektiven Wissenschaftlers, sie waren Äußerungen seines Sexualtriebs, ob er sich dessen nun bewußt war oder nicht. So verbirgt sich hinter dem schmeichelhaftem Kommentar »das ist Kunst« in Wahrheit eine schwerwiegende Anschuldigung. Das erklärt, warum Jung sich so ausdrücklich von seinen »banalen« und »vulgären« Gefühlen distanziert und warum er die Anima als unberechenbar und »insinuierend« empfindet, denn im Grunde teilt ihm die Stimme indirekt mit, daß er sich so wie bereits einige Jahre zuvor sexuellen Träumereien hingibt, aber zu feige ist, das offen einzugestehen. Es drängt sich der Verdacht auf, Jung könnte die Äußerungen der Anima nicht ganz korrekt wiedergegeben haben. Sabina Spielreins medizinische Dissertation enthält nämlich nicht nur zwei, sondern drei Gleichungen, und eine davon hat eine geheime Bedeutung, die nur ihr und Jung bekannt war. Sie setzt nicht nur »Poesie« und »Liebe« gleich, sondern stellt im Zusammenhang mit den sexualisierten Wahnideen der Patienten auch ausdrücklich die Gleichung »Kunst = Poesie« auf.[51] Vielleicht sagte die Stimme, die Jung 1916 vernahm, tatsächlich die Worte: »Das ist nicht Wissenschaft; das ist Poesie.«

Diese Situation war meiner Meinung nach der Hintergrund für Jungs bewegenden Bekenntnisbrief vom 1. September 1919, in dem er schreibt, daß »die Liebe von S. zu J.« ihm eine Wahrheit offenbart habe, die er »sublimieren« müsse, um nicht verrückt zu werden. Vielleicht läßt sich in diesem Zusammenhang auch das geheimnisvolle Diagramm besser verstehen, das sich im letzten erhaltenen Brief Jungs an Sabina Spielrein vom 7. Oktober 1919 findet: Anstatt ihr endlich zu gestehen, was sie in seinem Innersten für ihn geworden war, wendet er lieber seine neue Verständigungsmethode an: Er schickt seiner Anima ein Bild.

In seinen späteren Lebensjahren zog Jung sich immer häufiger in sein privates Refugium am Rande der ländlichen Kleinstadt Bollingen zurück. Dort führte er in einem selbstgebauten Steinhaus ein einfaches Leben. In seinen Mußestunden betätigte er sich am liebsten als Bildhauer. So entstanden eine Reihe bemerkenswerter symbolischer Denkmäler aus Stein, die erahnen lassen, was Jung zur Zeit ihrer Entstehung beschäftigte. In Bollingen steht unter anderem ein steinernes Triptychon über die Anima-Thematik. Die erste Tafel zeigt eine nach vorne gebeugte Bärin, die mit der Nase einen

Ball vor sich her schubst. Darunter steht geschrieben: »Ursa movet molem« (»Die Bärin« – auch ein Symbol für Rußland – »bringt die Dinge in Bewegung«).

Es ist ein trauriges letztes Vermächtnis an Sabina Spielrein, daß Jung nicht einmal auf dem zu ihren Ehren geschaffenen steinernen Monument ihren Namen nennen konnte. Doch auch Jung mag zum Schluß Bitterkeit empfunden haben, denn seine Anima – die Frau, der man gehorchen muß – beendete ihre Karriere als Freudianerin.

Nachwort

Vereinfachend können wir sagen, daß für die Heiden in Europa und Kleinasien vor dem christlichen Zeitalter die Verehrung von Sexualität und Leben charakteristisch war und daß für das Christentum die Verehrung von Tod und des Unsichtbaren charakteristisch wurde. Den modernen Menschen bleibt es überlassen, Leben und Tod anzunehmen, das griechische und das hebräische Element und alles, was diese allgemeinen Begriffe bezeichnen, freundschaftlich, mit klarem Verstand und furchtlos.

Edward Carpenter, *Love's Coming of Age,* New York 1911.

Es schien ausgeschlossen, daß all dies, was hier geschildert wurde, der Psychoanalyse widerfahren könnte, denn die Psychoanalyse galt als eine Wissenschaft. In der Wissenschaft ist weder die Vision des Begründers noch die Gegenvision des Schülers von Bedeutung. Das ist gewissermaßen die tröstliche Seite der Wissenschaft: Was einmal beobachtet wurde, kann wiederholt werden, und selbst wenn ein Ergebnis später aufgegeben oder durch noch gründlichere Forschungen widerlegt wird, braucht man sich bei der Beobachtung und Forschung nicht um persönliche Dinge wie Charakter oder Religionszugehörigkeit zu kümmern. Tatsächlich verbanden die Philosophen, als sie die ersten Laboratorien für experimentelle Psychologie einrichteten, damit die große Hoffnung, daß es nun endlich gelingen würde, auf empirischem Wege zum Kern der menschlichen Natur vorzudringen. In den Anfängen ihrer Beziehung zählten Freud und Jung genau auf diesen Schutz. Die Psychoanalyse war eine Wissenschaft, ihre Differenzen würden sich auflösen, sobald man über mehr empirische Daten verfügte. Doch die Menge der Daten wuchs, und die Kluft wurde immer tiefer.

Die Tatsache, daß Freud und Jung schließlich zwei unterschiedliche tiefenpsychologische Schulen begründeten, zeigt deutlich, daß die Psychoanalyse entgegen ihrer Behauptung keine Wissenschaft war. Kaum hatten Freud und Jung ihrem Unterfangen eine institutionalisierte Form gegeben, da erkannten sie – Freud wahrscheinlich klarer als Jung –, daß sie ideologische Konformität bei ihren Anhängern erzwingen mußten, wenn sie den Anschein wissenschaftlicher Konsistenz erwecken wollten. Die weitere Geschichte ihrer beiden Schulen mit der allgegenwärtigen Drohung neuer Spaltungen – Dissidenten erging es bei den Jungianern nicht besser als bei den Freudianern – bestätigt dies eindrücklich. Was immer die Psychoanalyse auch sein mag, eine Wissenschaft ist sie nicht. Freud und Jung waren Genies, und sie hatten die beste wissenschaftliche Ausbildung genossen, die es zu jener Zeit gab. So bleibt natürlich die Frage, wo sie irrten.

Unbestreitbar waren die Fakten aus dem Behandlungszimmer real, von der Angst des »kleinen Hans« vor Pferden bis zu Sabina Spielreins wahnhaften Vorstellungen von einer Hand, die zum Schlag ausholte. Und ebenso unbestreitbar taten Freud und Jung mehr als all ihre Zeitgenossen dafür, eine Antwort auf die Frage zu geben, was diese und andere »nervöse« Symptome bedeuteten. An der Realität der Fakten war nicht zu zweifeln, und beide gingen an die Fakten mit allem verfügbaren Wissen ihrer Zeit heran. Ein Historiker mag vielleicht einwenden, daß die phylogenetische Hypothese heute nicht mehr haltbar ist oder daß Freuds Traum, eines Tages würden die Neurologen ein spezifisches, auf das Gehirn wirkendes Sexualtoxin entdecken, höchstwahrscheinlich ein Alkaloid, allem Anschein nach nicht in Erfüllung gehen wird. Doch in der Geschichte der Wissenschaft ist das nichts Ungewöhnliches. Wenn es sich nur darum handelte, die Theorien von Freud und Jung auf den neuesten Stand der Wissenschaft zu bringen, wäre es kein Problem. Das wäre vielmehr längst schon geschehen.

Das Problem liegt zwischen den Fakten und der Theorie – in der Methode. Freud war zutiefst überzeugt, daß seine geliebte Psychoanalyse ein brauchbares Instrument zur Erforschung des Unbewußten darstellte. Mehr noch: Er glaubte, daß er mittels der Psychoanalyse die Richtigkeit seiner Deutungen und Schlüsse demonstrieren konnte. Doch dann mußte er feststellen, daß er nicht einmal die Deutungsregeln beschreiben, geschweige denn ihre wissenschaftliche Aussagekraft beweisen konnte. Der Gebrauch einer wissenschaftlichen Sprache, dies sei hervorgehoben, löste Freuds methodologische Probleme nicht. Freud interessierte sich freilich nicht dafür, was seine

Kritiker zu diesem höchst wichtigen Punkt zu sagen hatten. Er hinterließ ein Theoriegebäude mit einer verwirrenden Fülle vielfältig aufeinander bezogener Hypothesen und einer geradezu atemberaubenden Verknüpfung von Gedanken. Und er hinterließ die ungelöste und weithin unlösbare Aufgabe der Verifikation den Analytikern der nächsten Generation, alle »ausgebildet gemäß unseren Ideen«, wie er es Sabina Spielrein gegenüber einmal formulierte. Für die Aufgabe, Freuds gültige klinische Einsichten aus dem unüberschaubaren Gewebe der Theorie herauszulösen, hätte die nächste Generation ihre eigenen Genies gebraucht. Und zwei Genies hatte es schon gegeben. Das gehört zur Tragik der Geschichte: Zwei Genies wären vielleicht genug gewesen, wenn nicht ein Genie gegangen wäre.

Der Bruch war tragisch für die ganze Bewegung. Die Tendenz, daß die Spannbreite zulässiger Deutungen immer geringer wurde, hatte bereits zu der Zeit begonnen, als Jung noch Präsident der Internationalen Vereinigung war, und sie setzte sich nach seinem Rücktritt beschleunigt fort. Nach dem Ersten Weltkrieg gelang es Freud dank politischer Klugheit und glücklicher Umstände, die Psychoanalyse in eine Vormachtstellung innerhalb der Psychotherapie zu bringen, und so ist es bis heute geblieben. Aber das war noch Jahrzehnte bevor Analytiker über solche Dinge wie präödipale Entwicklungsstadien, gespaltene Objektrepräsentanzen, die mütterliche Umgebung, Separation und Individuation und ähnliches zu spekulieren wagten. Und erst in allerjüngster Zeit waren sie in der Lage, freimütig über die Bedeutung des »Selbst« zu diskutieren. Über alle diese Dinge versuchte Jung, allerdings in einer oft schrecklich konfusen Weise, schon vor langer Zeit zu sprechen. Die empirische Überprüfung psychoanalytischer Gedanken in dem Bestreben, eine für beide Seiten schädliche Debatte ein für allemal zu beenden, hat soeben erst begonnen.

Wir dürfen freilich unsere Untersuchung über die Anfänge der Psychoanalyse nicht beenden ohne eine ausdrückliche Anerkennung ihrer erstaunlichen Fruchtbarkeit. Zumindest besitzt sie die fruchtbare Kraft, bis zum heutigen Tage neue Meinungsverschiedenheiten zu entzünden. Das Geheimnis dafür liegt nicht in ihrer »Methode« oder in den Rahmenbedingungen wie der Benutzung der Couch und der Abstinenzregel, sondern im Arbeitsbündnis. An dieser Stelle ist Freuds Zurückhaltung zu loben: Er fand eine Form der psychischen Behandlung, die zu den Wertvorstellungen der modernen Welt paßt. Der Patient wird nicht hypnotisiert, noch werden ihm durch Suggestion oder Überredung vermeintlich hilfreiche Gedanken eingeflößt. Werte sind kein Bestandteil der Behandlung. Der Therapeut ist ein Sachverständiger für seelische Vorgänge, keine moralische Instanz. Auf diese Weise ermöglichte die Psychoanalyse eine neue Form des Schweigens, ein wohltuendes Schweigen im Behandlungszimmer, und schuf damit Raum für eine neue Art des Zuhörens. Doch für die Freiheit, er selbst zu sein und so er selbst zu sein, wie er es möchte, bezahlt der Patient mit der Last der Verpflichtung, produktiv sein zu müssen. Der Patient muß das Material für die Analyse liefern, nicht der Therapeut. Der Austausch zwischen Analytiker und Analysand findet darüber hinaus unter der Voraussetzung statt, daß alles, woran der Patient leidet, seine Geschichte widerspiegelt und daß die Heilung entweder durch eine möglichst ehrliche Selbsterforschung erreicht wird oder durch das Abreagieren der Schmerzen, die er durch wiederholte Traumata erlitten hat.

Das soeben Gesagte ist das Idealbild eines analytischen Arbeitsbündnisses, doch da es ein Stück weit auch ein reales Bild ist, sind zwei Implikationen hervorzuheben: Erstens gehört dazu, daß es immer Patienten gibt, die bereit sind, es mit dieser Behandlung zu versuchen. Zweitens muß es zumindest einige Analytiker geben, die bereit sind, neue Hypothesen zu erproben, wenn die herkömmlichen Deutungen nicht weiterhelfen. Und so hat die Psychoanalyse bis heute überlebt. Noch immer hinkt sie der allgemeinen wissenschaftlichen Entwicklung kläglich hinterher, aber noch immer ist sie hinreichend wirksam, daß sie begabte Männer und Frauen anzieht, daß sie neue Kontroversen auslöst und daß sie bisweilen Menschen tatsächlich helfen kann.

Die wirkliche Tragödie von Freud und Jung besteht nicht darin, daß sie an der Begründung einer Wissenschaft scheiterten. Für ihre Leistung ist es Rechtfertigung genug, daß dank ihrer Ideen einige Menschen Verständnis und Erleichterung fanden. An dieser Stelle sollten wir uns ins Gedächtnis zurückrufen, daß die psychoanalytische Behandlung Sabina Spielrein höchstwahrscheinlich vor lebenslangem Leiden oder gar Schlimmerem bewahrte. Die wahre Tragödie liegt darin, wie Freud und Jung mit der Psychoanalyse als Behandlungsmethode umgingen. Sie duldeten, daß die Sicht sich ideologisch verengte und daß parallel dazu eine politische Organisation geschaffen wurde, die reglementierte, was zulässig war und was nicht. Die Unterdrückung von Sabina Spielreins Theorie, die auch heute noch der ernsthaften Prüfung wert wäre, ist nur ein Mosaikstein in einem großen Bild.

Wenn etwas aus der vorliegenden Untersuchung klar hervorgeht, dann ist es die Erkenntnis, daß die Psychoanalyse schon früh aufhörte, eine Behandlungsmethode zu sein – eine Wissenschaft war sie nie –, und zu einer Bewegung und Weltanschauung wurde. Freud brauchte Jung, um die Bewegung voranzubringen. Jung brauchte Freud, weil er in dessen Weltanschauung leben und sie nach seinen Vorstellungen neu schaffen wollte. Eine Zeitlang ergänzten sie einander und waren überglücklich. Zum Bruch führten schließlich nicht ihre sexuellen Geheimnisse; dieses Thema war 1909 erledigt. Ebensowenig war ihr unterschiedlicher religiöser Hintergrund das ausschlaggebende Moment; auch das Problem wurde 1909 diskutiert und anscheinend gelöst. Nicht einmal ihre offenkundigen Differenzen in der Frage, wie man den Kanon der Deutungsregeln am sinnvollsten erweitern konnte, führten zum Bruch. Mit solchen Differenzen konnten sie leben, gegenüber den politischen Vorteilen ihrer weiteren Zusammenarbeit traten sie in den Hintergrund. Zum Bruch kam es, als die drei Bereiche – der sexuelle, der religiöse und der theoretische – sich heillos vermischten und sie nicht mehr darüber sprechen konnten, weder miteinander noch mit Dritten. Am Anfang der Psychoanalyse, wie wir sie heute kennen, steht das verhängnisvolle Schweigen von Freud und Jung.

Danksagung

Dieses Buch verdankt seine Existenz einer kleinen Zahl von Menschen, deren Interesse, Geduld und Großzügigkeit weiter reichten als meine Fähigkeit, ihren Vorrat an diesen drei Tugenden aufzubrauchen. An erster Stelle muß ich Paul Schrader danken, der mich auf das Thema aufmerksam gemacht und die Übersetzung der frühen Aufzeichnungen von Sabina Spielrein ermöglicht hat. Schrader hatte nicht die Absicht, mein Mentor zu werden, aber er erkannte intuitiv, daß sich in dem Wirrwarr der vorliegenden Dokumente eine wichtige Geschichte verbarg. Dieser Geschichte ging er mit einer seltenen intellektuellen Redlichkeit nach.

Peter Swales, Kollege und Freund gleichermaßen, verdient weit ausführlicher gewürdigt zu werden, als es der knappe Raum erlaubt. Wäre ich nicht frühzeitig auf seine damals noch überwiegend unveröffentlichten Forschungsarbeiten gestoßen und hätte er sie mir nicht mit einer an Leichtsinn grenzenden Offenheit zugänglich gemacht, wäre ich ohne Zweifel auf einen Holzweg geraten. Swales hat so viel Forschung in Archiven getrieben und so viele Informationen über Freud ausgegraben wie kaum ein anderer zeitgenössischer Wissenschaftler. Er hat außerdem eine Bibliothek über Freud und die frühe Geschichte der Psychoanalyse zusammengetragen, die in diesem Bereich zweifellos zu den besten Privatsammlungen der Welt zählt. All diese Schätze stellte er mir zur Verfügung. Man muß Swales persönlich kennen, um ermessen zu können, welch eine Fundgrube für Informationen er darstellt – und um zu erleben, wie bereitwillig er einem Gesprächspartner Zeit für die Diskussion heikler und diffiziler Punkte einräumt, wenn es sein muß, sogar um ein Uhr nachts.

Schrader und Swales haben mich auf den Weg gebracht, aber das Thema wäre trotzdem liegengeblieben, hätte sich nicht Robert Holt dafür interessiert und mir angeboten, eine frühere Fassung des vorliegenden Buches als Doktorarbeit zu betreuen. Holts wissenschaftliche Sorgfalt ist im Fach Psychologie legendär. Ich nutzte sie und legte ihm zahlreiche Entwürfe vor. Zu meiner gegenwärtigen Dankesschuld an Professor Holt kommt hinzu, daß ich ihm schon von früher her viel zu danken habe für seine geduldige Unterweisung in der Logik der wissenschaftlichen Verifizierung und in den verzwickten Feinheiten der Freudschen Theorie.

Was mir Swales und Holt bezüglich Freud bedeutet haben, war mir Sonu Shamdasani in bezug auf Jung. Shamdasani stand mir im Laufe der Jahre nicht nur unermüdlich für Diskussionen zur Verfügung, er hat mich auch an seinen eigenen archivalischen Forschungsergebnissen und an der Vorbereitung seines Buches über Jungs Leben und Werk teilhaben lassen, das demnächst erscheinen soll. Ganz besonders möchte ich ihm dafür danken, daß er die frühe Verbindung Jungs mit Binet entdeckt und herausgearbeitet hat, wie sehr Jung von Myers und Flournoy beeinflußt wurde. Am meisten bin ich ihm zu Dank verpflichtet, daß er Sabina Spielreins Wortassoziationsprotokoll identifiziert hat. Auch Eugene Taylor stellte mir großzügig seine Zeit und seine Kenntnisse zur Verfügung.

Im Laufe der letzten zehn Jahre hat mich Anthony Econom, Historiker und Bücherliebhaber, mit Ratschlägen, Hinweisen und Sonderdrucken versorgt und mir gelegentlich die Leviten gelesen. Die englische Originalausgabe von Jungs »Transformations and Symbols« aus dem Jahr 1916 war eine Zeitlang schwer zu finden; Econom trieb zwei Exemplare davon auf, eines für mich und eines für sich, damit er mitlesen und ein Auge darauf haben konnte, welchen Weg die Argumentation nahm. Das vorliegende Buch hätte ohne seine Unterstützung und Anleitung nicht geschrieben werden können. Auch drei weitere Bücherfreunde, Jack Molloy, David Little und Heather Waters, haben meinen Dank verdient für ihre beständige Unterstützung – und dafür, daß sie sich im Laufe der Jahre mehr über Freud, Jung und Spielrein angehört haben, als man einem Menschen eigentlich zumuten kann.

Mein besonderer Dank gilt den Mitgliedern der Abteilung Geschichte der Psychiatrie am New York Hospital/Cornell Medical Center, die von Eric Carlson gegründet wurde. Die Mitarbeiter dieser Abteilung hörten sich meine Gedanken geduldig an und bildeten mich ihrerseits weiter. Namentlich danken möchte ich Larry Friedman, Jacques Quen, Leonard Groopman, Dan Burston, Marianne Eckhardt, Nate Kravis, George Makari, Anna Antonovsky, Doris Nagel, Norman Dain, Ralph Baker, Barbara Fass Leavy, Leon Hankoff, Herb Spiegel und Cornelius Clark. Es ist außerordentlich selten, daß man Menschen findet, die sowohl geschichtlich hochgebildet sind als auch umfassende Kenntnisse psychiatrischer und psychoanalytischer Theorien besitzen. Noch seltener sind Menschen, die diese Eigenschaften mit so liebenswürdiger Kollegialität verbinden.

Da ich nur spärliche Grundkenntnisse des Französischen habe und bis auf ein paar Fachbegriffe überhaupt kein Deutsch kann, war ich darauf angewiesen, für die Übersetzungen die hilfreichen Dienste anderer in Anspruch zu nehmen. Hier möchte ich Ursula Ofman, Peter Gachot, Julia Swales, Marie-Louise Schoelly, Tanaquil Taubes, Michael Münchow und Michael Norton für ihren unermüdlichen Beistand danken. Auch ohne Bibliotheken und vor allem Bibliothekare und Bibliothekarinnen wäre ich nicht ausgekommen. Mein besonderer Dank gilt Herrn Richard Wolf von der Rara-Abteilung der Countway Library der Harvard Medical School, Frau Taylor von der A. A. Brill Library der New York Psychoanalytic Society und ganz speziell Doris Albrecht und Peggy Brooks von der Kristine Mann Library des C.-G.-Jung-Instituts in New York.

Ohne Amy Biancos Eingreifen wäre dieses Buch vielleicht noch immer ein Manuskript. Sie fand nicht nur einen Verleger, sondern auch einen Lektor: Peter Dimock, dessen feines Gespür für das Erzählte von der Gabe ergänzt wurde, mich mit offenbar unerschöpflicher Geduld zu unterstützen. Dieses Buch verdankt ihm mehr, als der Leser sich überhaupt vorstellen kann. Außerdem möchte ich dankbar erwähnen, wieviel Sorgfalt, Mühe und Sachverstand Melvin Rosenthal, Ellen Shapiro und Carol Devine Carson in die Vorbereitung des Buches zur Veröffentlichung gesteckt haben.

Die Forschungsarbeiten zu diesem Buch wurden zeitweise mit geliehenem Geld finanziert. Hier muß ich denjenigen danken, die es mir vorgestreckt haben: Jack Molloy, David Little, Anthony Econom, Lester Berentsen, meine Eltern und meine Brüder Chris und Colin. Auch Jack Benson und Joseph und Michael Diliberto möchte ich dafür danken, daß sie mir über Jahre Kredit und Hilfe gewährt haben. Ebenso habe ich meinen Freunden und Kollegen Sara Weber und Robert Langan sowie Steven Cecere dafür zu danken, daß sie ihrem Untermieter im Obergeschoß die Miete gestundet haben.

Ruth Ochroch, William Blackwell, Ted Coons, Paul Vitz, Richard Noll, Dennis Klein und Carol Janeway haben während der Entstehung dieses Projekts wertvolle Anregungen beigesteuert. Abschließend möchte ich noch einer Reihe von Personen für ihre Unterstützung und Ermutigung über mehrere Jahre hinweg danken: Gene Anderson und Judy Robinson (und Eleanor), Susan Coates, Vincent Russo, Paul Stepansky, Jackie Balzano, Frank Sulloway, Andrew Lubrano, Rosemarie Sand, John und Deanna Robins, Deborah und Daniel DeLosa, Mark Micale, Damien Dummigan, Richard Schimenti, Frank Kominsky, Eric Benson, James van Meter und Ralph Martin.

Anmerkungen

Abkürzungen

Folgende Abkürzungen für häufig zitierte Werke werden verwendet:

Briefwechsel F/J: Sigmund Freud/C. G. Jung. Briefwechsel, hrsg. von William McGuire und Wolfgang Sauerländer, Frankfurt am Main 1974.

Briefe F/A: Sigmund Freud/Karl Abraham. Briefe 1907–1926, hrsg. von Hilda C. Abraham und Ernst L. Freud, Frankfurt am Main 1965.

Briefe F/F: Sigmund Freud. Briefe an Wilhelm Fließ 1887–1904, hrsg. von Jeffrey M. Masson, Frankfurt am Main 1986.

Briefe F/Pf: Sigmund Freud/Oskar Pfister. Briefe 1909–1939, hrsg. von Ernst L. Freud und Heinrich Meng, Frankfurt am Main 1963.

Freud, *GW:* Sigmund Freud, *Gesammelte Werke. Chronologisch geordnet,* hrsg. von Anna Freud, Edward Bibring, Willi Hoffer, Ernst Kris und Otto Isakower unter Mitwirkung von Marie Bonaparte, 18 Bände, London/Frankfurt am Main 1940–1968.

Jung, *Ges. W.:* C. G. Jung, *Gesammelte Werke,* 19 Bände, hrsg. von Marianne Niehus-Jung, Lena Hurwitz-Eisner, Franz Riklin, Lilly Jung-Merker und Elisabeth Rüf, Zürich 1958–1970, Olten 1971–1983.

Protokolle: Protokolle der Wiener Psychoanalytischen Vereinigung, hrsg. von Hermann Nunberg und Ernst Federn, 4 Bände, Frankfurt am Main 1976, 1977, 1979, 1981.

Tagebuch einer heimlichen Symmetrie: Sabina Spielrein, *Tagebuch einer heimlichen Symmetrie. Sabina Spielrein zwischen Jung und Freud,* hrsg. von Aldo Carotenuto, Freiburg i. Br. 1986.

Spielrein, *Sämtliche Schriften:* Sabina Spielrein, *Sämtliche Schriften,* Freiburg i. Br. 1987.

Transformations-Tagebuch: Sabina Spielreins Tagebuch aus den Jahren 1907/1908 wurde wiederentdeckt und herausgegeben von Mireille Cifali in einer Übersetzung von Jeanne Moll, »Extraits inédits d'un journal. De l'amour, de la mort et de la transformations«, in: *Le Bloc-Notes de la Psychanalyse* 3 (1983), S. 149–170. Auszüge sind veröffentlicht in: Sabina Spielrein, *Ausgewählte Schriften,* hrsg. von G. Bose und E. Brinkmann, Berlin 1986, S. 213 ff.

Erinnerungen, Träume, Gedanken von C. G. Jung: Erinnerungen, Träume, Gedanken von C. G. Jung, aufgez. und hrsg. von Aniela Jaffé, Olten/Freiburg i. Br. 1971.

Einleitung

1. Diese so häufig zitierte Bemerkung stammt wahrscheinlich gar nicht von Freud. Sie ist jedenfalls in keiner Primärquelle zu finden.
2. Abram Kardiner, *Meine Analyse bei Freud,* München 1979, S. 89.
3. Diese Anekdote findet sich bei Ernest Jones, *Das Leben und Werk von Sigmund Freud,* Bd. 3, Bern/Stuttgart 1962, S. 268. Später wurde das Originaldokument aufgefunden, es trägt keinen solchen Zusatz. Auch diese Anekdote enthält wohl mehr Dichtung als Wahrheit.
4. Es gibt viele Versionen von dieser Anekdote. Ich hörte sie erstmals von Werner Engel, sie taucht auch im Interview von Gene Nameche mit Wilhelm Bitter am 10. September 1970 auf, aufgezeichnet im Jung Oral History Archive, S. 7. Interessanterweise hatte Jung selbst diese Geschichte vergessen, als John Billinsky 1957 mit ihm sprach, und fand die Anekdote laut Billinskys unveröffentlichten Aufzeichnungen höchst amüsant.
5. Robert Hobson, Interview mit Gene Nameche am 18. Dezember 1969, Jung Oral History Archive, S. 14.
6. Diese Anekdokte hat mir Sonu Shamdasani mitgeteilt. Er hat außerdem berichtet, daß Jung die Geschichte gern selbst erzählte, besonders im Gespräch mit britischen Kollegen.
7. Robert Holt, *Freud Reappraised,* New York 1989, S. 331.

Kapitel 1: Die Hand ihres Vaters

1. Jung, »Die Freudsche Hysterietheorie« (1908), *Ges. W.,* Bd. 4, S. 24 f.
2. Ebenda S. 25.

3. Zu Aldo Carotenutos Urteil über Sabina Spielreins Krankheit vgl. *Tagebuch einer heimlichen Symmetrie,* S. 272 f. Zu Bruno Bettelheims Einschätzung vgl. die englische Ausgabe *A Secret Symmetry,* überarbeitete Auflage New York 1983, S. XVII.
4. Vgl. Jung, »Die Freudsche Hysterietheorie« (1908), a. a. O., S. 24.
5. Anthony Storr, »A Second Opinion«, *The New York Times Book Review,* 16. Mai 1982, S. 21.
6. Für eine zeitgenössische Schilderung psychotischer Hysterie vgl. das Motto zu diesem Kapitel; vgl. auch den Fall akuter halluzinatorischer Verwirrtheit in Freuds Schrift »Die Abwehr-Neuropsychosen« (1896), *GW,* Bd. 1, S. 72 f.
7. Vgl. Albert von Schrenck-Notzing, *Die Suggestionstherapie bei krankhaften Erscheinungen des Geschlechtssinnes,* Stuttgart 1892, Fall 20, S. 69–73.
8. Pierre Janet, *The Major Symptoms of Hysteria,* New York 1924, S. 230 f.
9. Freud, zitiert von Albrecht Hirschmüller, Dokument 3 in »Eine bisher unbekannte Krankengeschichte Sigmund Freuds und Josef Breuers aus der Entstehungszeit der ›Studien über Hysterie‹«, *Jahrbuch der Psychoanalyse* 10 (1978), S. 136–168.
10. Paul Dubois, *Die Psychoneurose und ihre psychologische Behandlung,* Bern 1905, S. 340.
11. Ebenda S. 346.
12. A. A. Brill, *Freud's Contribution to Psychiatry,* New York 1944, S. 25.
13. Janet, zitiert in: Henry F. Ellenberger, *Die Entdeckung des Unbewußten,* Bd. 1, Bern/Stuttgart/Wien 1973, S. 477.
14. Vgl. Krafft-Ebing, *Psychopathia sexualis mit besonderer Berücksichtigung der conträren Sexualempfindung. Eine klinisch-forensische Studie,* 10. Auflage Stuttgart 1898, S. 127.
15. Vgl. Rudolph Binion, *Frau Lou. Nietzsches Wayward Disciple,* Princeton 1968, S. 5–7.
16. Franz Riklin, *Wunscherfüllung und Symbolik im Märchen,* Schriften zur angewandten Seelenkunde, II. Heft, Wien/Leipzig 1908, S. 61, Fn. 3.
17. Vgl. Krafft-Ebing, *Psychopathia sexualis,* a. a. O., und Schrenck-Notzing, *Die Suggestionstherapie bei krankhaften Erscheinungen des Geschlechtssinnes,* Fall 7, a. a. O., S. 52.
18. Freud an Jung, 30. Juni 1909, *Briefwechsel F/J,* S. 262, und Jung an Freud, 10./13. Juli 1909, ebenda S. 265.

19. Die statistischen Angaben sind entnommen aus: *Rechenschaftsbericht über die Zürichische Kantonale Irrenheilanstalt Burghölzli für das Jahr 1909,* S. 8f. Die Daten beruhen auch auf Krankenhausaufzeichnungen, die Paul Schrader für mich bei Emanuel Hurwitz in Zürich eingesehen hat; persönliche Mitteilung vom 25. August 1984.
20. Das Tagebuch ist in dem von Carotenuto herausgegebenen Band *Tagebuch einer heimlichen Symmetrie,* S. 37–86, enthalten.
21. Zu Sabina Spielreins Kindheitserinnerungen vgl. ihren Aufsatz »Beiträge zur Kenntnis der kindlichen Seele« (1912), *Sämtliche Schriften,* S. 144–166.
22. Zu Freuds Aussage in Löwenfelds Buch vgl. *Briefe F/F,* S. 285, Fn. 4. Das Zitat fehlt in der deutschen Ausgabe des Briefwechsels, vgl. dazu die englische Ausgabe: *The Complete Letters of Sigmund Freud to Wilhelm Fliess, 1887–1904,* hrsg. von Jeffrey Masson, Cambridge/Mass. 1985, S. 413, Fn. 3.

Kapitel 2: Ein psychiatrisches Kloster

1. Auguste Forel, *Rückblick auf mein Leben,* Zürich 1935, Kapitel 9.
2. Zu Forels wissenschaftlichen Leistungen vgl. Meyer, Nachruf auf Forel und Rezensionen seiner Arbeiten, *The Collected Papers of Adolf Meyer,* Bd. 1, Baltimore 1950.
3. Vgl. Ellenberger, *Die Entdeckung des Unbewußten,* Bd. 1, a. a. O., S. 396, sowie Manfred Bleulers Gespräch mit Gene Nameche vom 8. Dezember 1969, Jung Oral History Archive, S. 19f.
4. Ebenda S. 4.
5. Vgl. Ellenberger, *Die Entdeckung des Unbewußten,* Bd. 2, a. a. O., S. 892f., und Manfred Bleuler, »My Father's Conception of Schizophrenia«, in: *Bulletin of the New York State Asylums* 7 (1931), S. 1–16.
6. Vgl. Theodor Ziehen, *Leitfaden der physiologischen Psychologie,* Jena 1891.
7. Vgl. Ellenberger, *Die Entdeckung des Unbewußten,* Bd. 2, a. a. O., S. 885.
8. *Erinnerungen, Träume, Gedanken von C. G. Jung,* S. 15.
9. Ebenda S. 19.
10. Ebenda S. 54f.
11. Ebenda S. 54.

12. Albert Oeri, »Ein paar Jugenderinnerungen an C. G. Jung«, in: *C. G. Jung im Gespräch,* hrsg. von R. Hinshaw und L. Fischlin, Zürich 1986, S. 1–9.
13. *Erinnerungen, Träume, Gedanken von C. G. Jung,* S. 25.
14. Ebenda S. 26.
15. Ebenda S. 26.
16. Ebenda S. 28.
17. Ebenda S. 38.
18. Ellenberger, *Die Entdeckung des Unbewußten,* Bd. 2, a. a. O., S. 889, Fn. 20.
19. Zu Jungs Münstertraum und seiner Konfirmation vgl. *Erinnerungen, Träume, Gedanken von C. G. Jung,* S. 45–48 und S. 58–62.
20. Ebenda S. 61.
21. Ebenda S. 99.
22. Zur heimlichen Lektüre vgl. ebenda S. 62 und S. 68, zur Lektüre von Biedermann S. 62–65, zur Lektüre von Goethe S. 65 f., zur Lektüre von Krug S. 66–68.
23. Vgl. Jung, *The Zofingia Lectures (1896–1899), Supplement to the Collected Works,* Princeton 1983, Bd. A, Kapitel 1.
24. Albert Oeri, Ein paar Jugenderinnerungen an C. G. Jung in: *C.G. Jung im Gespräch*, hrsg. von Robert Hinshaw und Lela Fischli (Hg. der engl. Originalausgabe: William McGuire), Daimon Verlag, Zürich 1986, S. 6.
25. Vgl. Jung, *The Zofingia Lectures,* S. 35.
26. Ebenda S. 43.
27. Henry Ellenberger, »Jung's Medium«, *Journal of the History of the Behavioral Sciences* 12 (1976), S. 34–42, und Martin Ebon, »Jung's First Medium«, *Psyche* 7 (1976), S. 3–12.
28. C. G. Jung, »Zur Psychologie und Pathologie sogenannter okkulter Phänomene« (1902), *Ges. W.,* Bd. 1, S. 19–48.
29. William McGuire (Hg.), *Analytical Psychology. Notes of the Seminar Given in 1925 by C. G. Jung,* Princeton, S. 3–4.
30. George Hogenson über Helenes hypnotische Trancen, vgl. *Jung's Struggle with Freud,* Notre Dame/Ind. 1983, S. 20–22; vgl. auch William Goodheart, »C. G. Jung's First ›Patient‹. On the Seminal Emergence of Jung's Thought«, *Journal of Analytical Psychology* 29 (1984), S. 1–34.
31. Brieffragmente, *Tagebuch einer heimlichen Symmetrie,* S. 104.
32. Vgl. Ellenberger, *Die Entdeckung des Unbewußten,* Bd. 2, a. a. O., S. 892, und *Erinnerungen, Träume, Gedanken von C. G. Jung,* S. 116.

33. Krafft-Ebing, *Lehrbuch der Psychiatrie auf klinischer Grundlage für praktische Ärzte und Studierende,* 5. Auflage Stuttgart 1893, S. III.
34. *Erinnerungen, Träume, Gedanken von C. G. Jung,* S. 120.
35. Ebenda S. 120.
36. Vgl. C. G. Jung, »Zur Psychologie und Pathologie sogenannter okkulter Phänomene«, a. a. O., S. 27 f.
37. Ebenda S. 16 und 87 f.
38. Vgl. Ellenberger, »Jung's Medium«, *Journal of the History of the Behavioral Sciences* 12 (1976), S. 42.
39. Vgl. Krafft-Ebing, *Lehrbuch der Psychiatrie,* S. 354 f.
40. Vgl. C. G. Jung, »Zur Psychologie und Pathologie sogenannter okkulter Phänomene«, a. a. O., S. 78.
41. Sabina Spielrein, Tagebuch, *Tagebuch einer heimlichen Symmetrie,* S. 49.
42. Vgl. Jung, »Über Simulation von Geistesstörung« (1903), *Ges. W.,* Bd. 1, S. 194.
43. Ebenda S. 183 ff.
44. Vgl. Jung und Riklin, »Experimentelle Untersuchungen über die Assoziationen Gesunder« (1904), *Ges. W.,* Bd. 1, S. 54, 66, 85 f.
45. Ebenda S. 95.
46. Ebenda S. 99.
47. Ebenda S. 130 und 190.
48. *Erinnerungen, Träume, Gedanken von C. G. Jung,* S. 152 f.
49. C. G. Jung und Franz Riklin, »Experimentelle Untersuchungen über die Assoziationen Gesunder«, a. a. O., S. 208, Anm. 87.
50. Franz Riklin, »Die diagnostische Bedeutung der Assoziationen bei Hysterie«, *Psychiatrisch-neurologische Wochenschrift* 6 (1904), S. 275.
51. Franz Riklin, »Analytische Untersuchungen der Symptome und Assoziationen eines Falles von Hysterie (Lina H.)«, *Psychiatrisch-neurologische Wochenschrift* 6 (1905), S. 449–452, S. 493 ff., S. 505–511.
52. Henry Ellenberger, *Die Entdeckung des Unbewußten,* Bd. 1, a. a. O., S. 126 f.
53. Jung, »Über Simulation von Geistesstörung«, a. a. O., S. 199.
54. Ebenda S. 200.
55. Ebenda S. 199 f.

Kapitel 3: Jungs Schulfall

1. Franz Riklin, »Analytische Untersuchungen der Symptome und Assoziationen eines Falles von Hysterie (Lina H.)«, a. a. O., S. 449–552, S. 493–497 und S. 505–511.
2. Ebenda S. 495 f.
3. Eugen Bleuler 1904, zitiert in: *Briefe F/F,* S. 505, Anm. 4.
4. Hannah Decker, *Freud in Germany. Revolution and Reaction in Science. 1893–1907,* New York 1977, S. 156.
5. Freud, »Weitere Bemerkungen über die Abwehr-Neuropsychosen« (1896), *GW,* Bd. 1, S. 379.
6. Ebenda S. 381.
7. Freud, »Die Traumdeutung«, *GW,* Bd. 2/3, S. 104 f.
8. Freud, »Die Freudsche psychoanalytische Methode« (1904), *GW,* Bd. 5, S. 7.
9. Zitiert bei Eugene Taylor, »On the First Use of Psychoanalysis at the Massachusetts General Hospital. 1903–1905«, *Journal of the History of Medicine and Allied Sciences* 43 (1984), S. 456.
10. Abrahams Bericht in seinem Brief an Freud vom 15. Januar 1914, *Briefe F/A,* S. 159 f.
11. Jung, »Psychoanalyse und Assoziationsexperiment« (1905), *Ges. W.,* Bd. 2, S. 336 f.
12. Björn Sjövall, *The Psychology of Tension. An Analysis of Pierre Janet's Concept of Tension Psychologique,* Stockholm 1967, S. 157 f. und 161 f.
13. Henry Ellenberger, *Die Entdeckung des Unbewußten,* Bd. 1, a. a. O., S. 504 f.
14. Sabina Spielrein, »Beiträge zur Kenntnis der kindlichen Seele«, a. a. O., S. 144 und 147.
15. Albert von Schrenck-Notzing, *Die Suggestionstherapie bei krankhaften Erscheinungen des Geschlechtssinnes,* a. a. O., S. 297–304, und Richard von Krafft-Ebing, *Psychopathia sexualis,* a. a. O., S. 28 f., S. 86, S. 91, S. 105 ff., S. 135.
16. Spielrein, »Beiträge zur Kenntnis der kindlichen Seele«, a. a. O., S. 144.
17. Brieffragmente, *Tagebuch einer heimlichen Symmetrie,* S. 105.
18. Joseph Grasset, *Marvels Beyond Science,* New York 1910, S. iv-vi passim, und Paul Dubois, *Die Psychoneurosen und ihre psychische Behandlung,* a. a. O., S. 208–213.

19. Zum Vieleck-Brief von Sabina Spielrein an Jung, 20. Dezember 1917, *Tagebuch einer heimlichen Symmetrie,* S. 155.
20. Jung, »Über das Verhalten der Reaktionszeit beim Assoziationsexperiment« (1905), *Ges. W.,* Bd. 2, S. 254.
21. Ebenda S. 254–264.
22. Brieffragmente, *Tagebuch einer heimlichen Symmetrie,* S. 100 f.
23. Sabina Spielrein, *Transformations-Tagebuch,* S. 188.
24. Jung, »Kryptomnesie« (1905), *Ges. W.,* Bd. 1, S. 106.
25. Ebenda S. 107.
26. Vgl. Peter Swales, »What Jung *Didn't* Say«, *Harvest Journal for Jungian Studies* 38 (1992), S. 30–37.
27. Brieffragmente, *Tagebuch einer heimlichen Symmetrie,* S. 100.
28. Franz Riklin, »Kasuistische Beiträge zur Kenntnis hysterischer Assoziationsphänomene«, *Diagnostische Assoziationsstudien. Beiträge zur experimentellen Psychopathologie,* 7. Beitrag, Bd. 2 (1909), zweiter, unveränderter Abdruck Leipzig 1915, S. 1.
29. Ebenda S. 2.
30. Brieffragmente, *Tagebuch einer heimlichen Symmetrie,* S. 100.

Kapitel 4: Die organische Verlogenheit des Weibes

1. Zu den Autoren, die schon vor Freud annahmen, daß Träume Wünsche enthüllen, siehe Rosemarie Sand, »Pre-Freudian Discovery of Dream Meaning. The Achievements of Charcot, Janet and Krafft-Ebing«, *Freud and the History of Psychoanalysis,* hrsg. von Toby Gelfand und John Kerr, Hillsdale/N. J. 1992.
2. Eugen Bleuler, zitiert in: *Briefe F/F,* S. 505, Anm. 4.
3. Freud an Fließ, 21. Sept. 1897, *Briefe F/F,* S. 284.
4. Sigmund Freud, »Die Traumdeutung«, *GW,* Bd. 2/3, S. 336.
5. Zu Freud und Willy Hellpach siehe H. Gundlach, »Freud schreibt an Hellpach: Ein Beitrag zur Rezeptionsgeschichte der Psychoanalyse in Deutschland«, in: *Psyche* Oktober 1977, S. 909–921.
6. Zu den Arbeiten »Die menschliche Bisexualität« und »Vergessen und Verdrängen« siehe *Briefe F/F,* S. 492 und 495; zu Freuds Schrift über die Psychologie von Witzen siehe ebenda S. 507.

7. Zu Freuds Bemerkung über die Unverzichtbarkeit der Theorie von der Bisexualität zur Erklärung der Verdrängung siehe ebenda S. 495; über die Bisexualität als Thema jeder Behandlung ebenda S. 508–511 und 513; über die Einarbeitung der Theorie in seine unveröffentlichten Manuskripte ebenda S. 477, 492f., 495 und 514. Ich möchte an dieser Stelle Peter Swales danken, der mich auf diesen Aspekt von Freuds Denken aufmerksam gemacht hat.
8. Freud an Fließ, 25. Januar 1901, *Briefe F/F,* S. 476.
9. Vgl. Otto Weininger, *Geschlecht und Charakter,* Teil 1, Kapitel 3, S. 31–52; über Verdrängung S. 361–368.
10. Zu Weiningers männlichen und weiblichen Prototypen vgl. ebenda Teil 2: Die sexuellen Typen, S. 95–472.
11. Peter Swales hat mich darauf hingewiesen, daß der von Wilhelm Stekel in seiner Zeitungsrezension erwähnte »bekannte Neurologe« Freud war; siehe Wilhelm Stekel, »Otto Weininger: Geschlecht und Charakter«, *Die Waage* (1904), S. 1033.
12. Freud an Fließ, 26. April 1904, *Briefe F/F,* S. 505.
13. Ebenda S. 505 f.
14. Fließ an Freud, 27. April 1904, ebenda S. 507.
15. Zu dem von Fließ erhobenen Vorwurf, Weininger sei über Freud zur Kenntnis seiner Theorie von der Bisexualität gekommen und habe anschließend »Mißbrauch mit fremdem Gut getrieben« siehe Telegramm von Fließ an Freud, 20. Juli 1904, ebenda S. 508. Freuds Antwortschreiben vom 23. Juli 1904 ebenda S. 508ff.
16. Freud an Fließ, 27. Juli 1904, ebenda. S. 509.
17. Ebenda S. 512.
18. Ebenda S. 513.
19. Ebenda S. 514.
20. Zu Freuds Überarbeitung seines Libidokonzepts siehe Frank Sulloway, *Freud, Biologe der Seele, Jenseits der psychoanalytischen Legende,* Köln-Lövenich 1982, Kapitel 6–8.
21. Sigmund Freud, »Über Psychotherapie«, *GW,* Bd. 5, S. 14.
22. Ebenda S. 23.
23. Ebenda S. 25.
24. Ebenda S. 18.
25. Willy Hellpach, »Grundgedanken zur Wissenschaftslehre der Psychopathologie«, *Archiv für die gesamte Psychologie* 7 (1906), S. 182.

26. Paul Julius Möbius, »Über den Begriff der Hysterie«, *Zentralblatt für Nervenkrankheiten* 9 (1888), S. 3; nachgedruckt in: *Neurologische Beiträge,* Leipzig 1894, Heft 1, S. 190.
27. Zur Theorie von Otto Groß siehe Jung, »Über die Psychologie der Dementia praecox, *Ges. W.,* Bd. 3, S. 34–38; sowie Martin Green, *Else und Frieda. Die Richthofen-Schwestern,* München 1976.
28. Paul Dubois, *Die Psychoneurosen und ihre seelische Behandlung,* a. a. O., S. 344.
29. Ebenda S. 371.
30. Ebenda S. 347.
31. Zu Otto Ranks Ansichten über die Juden und über die Sexualität siehe Dennis Klein, *The Jewish Origins of the Psychoanalytic Movement,* New York 1981, S. 129f.
32. Über Freuds jüdische Witze vgl. John Cuddihy, *The Ordeal of Civility,* New York 1974, S. 19–24.
33. Freud, »Drei Abhandlungen zur Sexualtheorie«, *GW,* Bd. 5, S. 59.
34. Zur Diskussion über die kindliche Sexualität vgl. Frank Sulloway, *Freud, Biologe der Seele,* a. a. O., Kapitel 8; I. Bry und A. Rifkin, »Freud and the History of Ideas: Primary Sources, 1886–1910« in: J. Masserman (Hg.), *Science and Psychoanalysis,* Bd. 5 New York 1962, S. 6–36; Stephen Kern, »Freud and the Discovery of Child Sexuality«, *History of Childhood Quarterly* 1 (1973), S. 117–141.
35. Freud, »Drei Abhandlungen zur Sexualtheorie«, a. a. O., S. 63.
36. Ebenda, über Amnesien S. 75 ff.; über Verdauungsstörungen S. 87 ff.; über Einnässen S. 90 f.; über hysterischen Globus S. 83; über Prüfungsangst S. 104 ff.; über zwanghaftes Sexualverhalten S. 144 f.; über intellektuelle Überarbeitung S. 105 f.
37. Über die »Eisenbahnangst« ebenda S. 102 f.
38. Richard von Krafft-Ebing, *Psychopathia sexualis,* 17. Auflage Stuttgart 1924, S. 21 f.
39. Ebenda S. 22 f.
40. Ebenda S. 78 und 92.
41. Ebenda S. 239 f.
42. Krafft-Ebing über kindliche Masturbation ebenda S. 78; über erogene Zonen S. 36, 270; über das Saugen an der Brust S. 37; über die libidohemmende Wirkung von Scham, Ekel und sittlicher Erziehung S. 2–6, 41, 92 f.

43. Jung, »Psychoanalyse und Assoziationsexperiment« (1906), *Ges. W.,* Bd. 2, S. 311–337.
44. Ebenda S. 326.
45. Ebenda S. 326.
46. Ebenda S. 326.
47. Ebenda S. 325.
48. Ebenda S. 325.
49. Jung, »Die psychopathologische Bedeutung des Assoziationsexperimentes« (1906), *Ges. W.,* Bd. 2, S. 443.
50. Jung, »Die psychologische Diagnose des Tatbestandes« (1905), *Ges. W.,* Bd. 2, S. 352.
51. Freud an Fließ, 25. Januar 1901, *Briefe F/F,* S. 476.
52. Vgl. Stephen Kern, »Explosive Intimacy. Psychodynamics of the Victorian Family«, in: Lloyd de Mause (Hg.), *The New Psycho-History,* New York 1975, S. 29–54.
53. Sigmund Freud, »Bruchstück einer Hysterieanalyse« (1905), *GW,* Bd. 5, S. 275.
54. Ebenda S. 275.
55. Ebenda S. 169.
56. Ebenda S. 247.
57. Ebenda S. 259.
58. Ebenda S. 218.
59. Ebenda S. 219.
60. Ebenda S. 219.
61. Paul Dubois, *Die Psychoneurosen und ihre seelische Behandlung,* Bern 1910, S. 372 f.
62. Ebenda S. 373.
63. Sigmund Freud, »Bruchstück einer Hysterieanalyse«, a. a. O., S. 267.
64. Adolf Strümpells Kritik der »Studien über Hysterie« erschienen in: *Deutsche Zeitschrift für Nervenheilkunde* 7 (1895), S. 159–161; Zitat S. 160.
65. Vgl. Henry Ellenberger, *Die Entdeckung des Unbewußten,* Bd. 1, a. a. O., S. 173; sowie Léon Chertok, »The Discovery of the Transference, Toward an Epistemological Interpretation«, *International Journal of Psycho-Analysis* 49 (1968), S. 284–287.
66. Zum »Widerstand« gewisser Patienten gegen die Hypnose siehe Auguste Forel, *Der Hypnotismus oder die Suggestion und die Psychotherapie,* Stutt-

gart 1918, S. 118 f.; sowie Albert Moll, *Der Hypnotismus,* Berlin 1980, S. 126, 131, 136 ff.

67. Vgl. Henry Ellenberger, *Die Entdeckung des Unbewußten,* Bd. 1, a. a. O., S. 488.
68. Hannah Decker, *Freud in Germany,* S. 164.
69. Freud, »Bruchstück einer Hysterieanalyse«, a. a. O., S. 278.

Kapitel 5: Der Aufstieg der Züricher Schule

1. Vgl. A. A. Brill, *Freud's Contribution to Psychiatry,* New York 1944, S. 30, S. 42 f., S. 97 f.
2. Zu William Sterns Kritik an Freud siehe *Briefe F/F,* S. 500, Fn. 2; zu seiner Kritik an Jung vgl. Jung, »Die psychologische Diagnose des Tatbestandes«, a. a. O., S. 338.
3. Ebenda S. 350.
4. Ebenda S. 351.
5. Ebenda S. 351.
6. Ebenda S. 351.
7. Ebenda S. 352.
8. Jung, »Psychoanalyse und Assoziationsexperiment«, a. a. O., S. 310.
9. Ebenda S. 336 f.
10. Ebenda S. 337.
11. Ebenda S. 309 f.
12. Jung, »Assoziation, Traum und hysterisches Symptom« (1907), *Ges. W.,* Bd. 2, S. 375–428, Zitat S. 406 f.
13. Ebenda S. 414.
14. Ebenda S. 414.
15. Ebenda S. 417.
16. Ebenda S. 427.
17. Ebenda S. 421.
18. Ebenda S. 428.
19. Ebenda S. 427.
20. Jung an Freud, 6. Juli 1907, *Briefwechsel F/J,* S. 82.
21. Zur Methode der Analogie in den linguistischen Disziplinen vgl. I. Goldhizer, *Mythology Among the Hebrews and Its Historical Development,* New York 1967, S. 365–446.

22. Jung, »Über die Psychologie der Dementia praecox«, a. a. O., S. 68.
23. Zur Deutung des Pferdetraums siehe ebenda S. 68–74; insbesondere zur Aussicht auf allzu viele Kinder ebenda S. 73 f.
24. Vgl. Jungs Briefe an Freud vom 29. Dezember 1906 und vom 8. Januar 1907, *Briefwechsel F/J,* S. 15 f., S. 21.
25. Jung an Freud, 29. Dezember 1906, ebenda S. 15.
26. Jung, »Über die Psychologie der Dementia praecox,« a. a. O., S. 65 f.
27. Freud an Jung, 11. April 1906, *Briefwechsel F/J,* S. 3.
28. Sigmund Freud, »Tatbestandsdiagnostik und Psychoanalyse« (1906), *GW,* Bd. 7, S. 7 f.
29. Jung, »Über die Psychologie der Dementia praecox«, a. a. O., S. 7 f.
30. Gustav Aschaffenburgs Kritik an Freud in: *Münchener Medizinische Wochenschrift* Nr. 37 vom 11. September 1906, Bd. 53, S. 1795–1798.
31. Jung, »Die Hysterielehre Freuds, Eine Erwiderung auf die Aschaffenburgsche Kritik«, *Ges. W.,* Bd. 4, S. 7.
32. Ebenda S. 8.
33. Ebenda S. 9.
34. Jung an Freud, 5. Oktober, *Briefwechsel F/J,* S. 4 f.
35. Freud an Jung, 7. Oktober 1906, ebenda S. 5.
36. Ebenda S. 5.
37. Ebenda S. 6.
38. Ebenda S. 5 f.
39. Ebenda S. 6.
40. Jung an Freud, 23. Oktober 1906, ebenda S. 7.
41. Ebenda S. 7.
42. *Erinnerungen, Träume, Gedanken von C. G. Jung,* S. 45.
43. Freud an Jung, 27. Oktober 1906, *Briefwechsel F/J,* S. 8.
44. Ebenda S. 8 f.
45. Freud an Jung, 6. Dezember 1906, ebenda S. 13.
46. Vgl. William McGuire, »Jung's Complex Reactions 1907. Word Association Experiments Performed by Binswanger«, *Spring* (1984), S. 1–34; sowie Ludwig Binswanger, »Diagnostische Assoziationsstudien. XI. Beitrag: Über das Verhalten des psychogalvanischen Phänomens beim Assoziationsexperiment«, *Journal für Psychologie und Neurologie* 10 (1907/1908), S. 149–181; zugl. Diss. med. Zürich 1907.
47. Brieffragmente, *Tagebuch einer heimlichen Symmetrie,* S. 101.

48. Vgl. Ludwig Binswanger, »Über das Verhalten des psychogalvanischen Phänomens beim Assoziationsexperiment«, *Journal für Psychologie und Neurologie* 11 (1908), S. 138.
49. Ebenda S. 138.
50. Ludwig Binswanger, »Über das Verhalten des psycholgalvanischen Phänomens beim Assoziationsexperiment«, a. a. O., S. 171 f.
51. Sigmund Freud, in: *Protokolle,* Bd. 1, S. 32.
52. Freud, ebenda S. 93 f.
53. Ebenda S. 89.
54. Freud, ebenda S. 96.
55. Ebenda S. 95.
56. Alfred Adler, ebenda S. 90 f.
57. Max Eitingon, ebenda S. 91.

Kapitel 6: Jung und Freud

1. Vgl. Otto Weininger, *Geschlecht und Charakter,* München 1980 (Nachdruck der 1. Auflage Wien 1903), VI. Kapitel: Die emanzipierten Frauen, S. 79–93.
2. Iwan Bloch, *Das Sexualleben unserer Zeit in seinen Beziehungen zur modernen Kultur,* Berlin 1907, S. 310.
3. Ebenda S. 310.
4. Zu August Forels Besuch in Wien während seiner Studentenzeit vgl. *Rückblick auf mein Leben,* a. a. O., S. 63–65.
5. Iwan Bloch, a. a. O., S. 247–259.
6. Vgl. dazu Hanns Sachs, *Freud, Master and Friend,* Cambridge 1944, Kap. 2.
7. *Erinnerungen, Träume, Gedanken von C. G. Jung,* S. 153.
8. Ernest Jones, *Das Leben und Werk von Sigmund Freud,* Bd. 2, Bern/Stuttgart 1962, S. 49.
9. Vincent Brome, *Ernest Jones. Freud's Alter Ego,* New York 1983, S. 93.
10. *Erinnerungen, Träume, Gedanken von C. G. Jung,* S. 153 f.
11. Ludwig Binswanger, *Erinnerungen an Sigmund Freud,* Bern 1956, S. 10.
12. Ebenda S. 11.
13. Zu Adlers Fallvortrag vgl. *Protokolle,* Bd. 1, S. 131–133.
14. Ebenda S. 134.
15. Ebenda S. 137.

16. Max Graf, »Reminiscences of Professor Sigmund Freud«, *The Psychoanalytic Quarterly* 11 (1942), S. 472.
17. Richard Evans im Interview mit Gene Nameche, 25. November 1971, Jung Oral History Archive, S. 18.
18. Jung, zitiert bei Ernest Jones, *Free Associations. Memoirs of a Psychanalyst,* New York 1959.
19. Sabina Spielrein, Tagebuch, *Tagebuch einer heimlichen Symmetrie,* S. 70.
20. Ernest Jones, *Free Associations,* a. a. O., S. 167.
21. Ebenda S. 169.
22. Ebenda S. 169.
23. Ebenda S. 169.
24. Ebenda S. 219 ff.
25. Ebenda S. 169 f.
26. Ludwig Binswanger, *Erinnerungen an Sigmund Freud,* a. a. O., S. 13.
27. Ebenda S. 13.
28. Jung im Gespräch mit John Billinsky, zitiert in den unveröffentlichten Aufzeichnungen aus dem Jahr 1957, Mitteilung von John Billinsky jr. an den Autor.
29. Jung zu Billinsky, zitiert bei Billinsky, »Jung and Freud«, *Andover Newton Quarterly* 10 (1969), S. 42.
30. Paul Roazen, *Sigmund Freud und sein Kreis. Eine biographische Geschichte der Psychoanalyse,* Bergisch Gladbach 1976, S. 79.
31. Oskar Rie zu Pauline Fließ, berichtet von Peter Swales, persönliche Mitteilung vom 15. September 1989.
32. Henry Murray im Interview mit Gene Nameche, 11. November 1968, Jung Oral History Archive, S. 59; eine entsprechende Äußerung von Hugo Charteris wird erwähnt bei Vincent Brome, *Jung. Man and Myth,* New York 1978, S. 264. John Philipps hat mir sein Wissen in einem persönlichen Gespräch am 27. September mitgeteilt.
33. Carl Meier im Gespräch mit Gene Nameche, 11. September 1970, Jung Oral History Archive, S. 59.
34. Zu Swales' Thesen vgl. »Freud, Minna Bernays, and the Imitation of Christ«, Vortrag an der New School for Social Research, New York 20. Mai 1982; »Freud, Minna Bernays, and the Conquest of Rome«, *New American Review* 1 (1982), S. 1–23; »Freud, Martha Bernays, and the Language of Flowers. Masturbation, Cocaine, and the Inflation of Fantasy«, veröffentlicht 1983 im Selbstverlag.

35. Sigmund Freud, »Über den Traum« (1901), *GW,* Bd. 2/3, S. 651–670.
36. Peter Swales, »Freud, Minna Bernays, and the Conquest of Rome«, a. a. O., S. 10.
37. Sigmund Freud, »Über den Traum,« a. a. O., S. 685; vgl. dazu Peter Swales, »Freud, Minna Bernays, and the Conquest of Rome«, a. a. O., S. 10.
38. Swales' Ausführungen zum autobiographischen Charakter der »Aliquis«-Episode ebenda S. 3–8.
39. Rosemary Dinnage, »Declarations of Dependance«, *Times Literary Supplement* 10. Dezember 1982, S. 1351.
40. Jung an Freud, 4. Juni 1909, *Briefwechsel F/J,* S. 253.
41. August Forel, *Die sexuelle Frage. Eine naturwissenschaftliche, psychologische, hygienische und soziologische Studie für Gebildete,* München 1905, S. 193.
42. Schopenhauer an Goethe, zitiert bei Sándor Ferenczi, »Symbolische Darstellung des Lust- und Realitätsprinzips im Ödipus-Mythos«, in: ders., *Zur Erkenntnis des Unbewußten und andere Schriften zur Psychoanalyse,* hrsg. von H. Dahmer, München 1978, S. 183–193, Zitat S. 183.
43. Friedrich Nietzsche, Die Geburt der Tragödie. Unzeitgemäße Betrachtungen I–III, hrsg. von G. Colli und M. Montinari, Berlin/New York 1972, S. 62 f.
44. Freud an Jung, 7. April 1907, *Briefwechsel F/J,* S. 30.
45. Ebenda S. 26.
46. Ebenda S. 29.
47. Ebenda S. 32.
48. Ebenda S. 35.
49. Ebenda S. 54.
50. Ebenda S. 54.
51. Freud an Jung, 26. Mai 1907, ebenda S. 57.
52. Ebenda S. 58.
53. Freud, »Zur Psychopathologie des Alltagslebens«, *GW,* Bd. 4, S. 24, S. 31, S. 240.
54. Freud an Jung, 26. Mai 1907, *Briefwechsel F/J,* S. 59 f.
55. Jung an Freud, 30. Mai 1907, ebenda S. 61.
56. Jung an Freud, 4. Juni 1907, ebenda S. 62.
57. Ebenda S. 63.
58. Freud an Jung, 6. Juni 1907, ebenda S. 65.
59. Jung an Freud, 12. Juni 1907, ebenda S. 70.

60. Jung an Freud, 28. Juni 1907, ebenda S. 74.
61. Emma Jung, zitiert in Jungs Brief an Freud vom 6. Juli 1907, ebenda S. 79.
62. Freud an Jung, 1. Juli 1907, ebenda S. 75.
63. Jung an Freud, 6. Juli 1907, ebenda S. 81.
64. Ebenda S. 81.
65. Ebenda S. 79 f.
66. Ebenda S. 82.
67. Freud an Jung, 10. Juli 1907, ebenda S. 82.
68. Freud an Jung, 18. August 1907, ebenda S. 85.
69. Jung an Freud, 19. August 1907, ebenda S. 86.
70. Freud an Jung, 27. August 1907, ebenda S. 91.
71. Freud an Jung, 2. September 1907, ebenda S. 91.
72. Pierre Janet zitiert bei C. G. Jung, »Neue Bahnen der Psychologie«, *Ges. W.,* Bd. 7, S. 270.
73. Zu Jungs Berichten über den Kongreß in Amsterdam vgl. seine Briefe vom 4. September 1907 und 11. September 1907, *Briefwechsel F/J,* S. 92–96.
74. Jung an Freud, 30. November 1907, ebenda S. 113.
75. C. G. Jung, »Die Freudsche Hysterietheorie« (1908), *Ges. W.,* Bd. 4, S. 13–28, Zitat S. 28; vgl. außerdem »Die Hysterielehre Freuds. Eine Erwiderung auf die Aschaffenburgsche Kritik« (1906), ebenda S. 3–10.
76. C. G. Jung, »Die Freudsche Hysterietheorie«, a. a. O., S. 28.
77. Ebenda S. 26 f.
78. Freud an Karl Abraham, *Briefe F/A,* S. 17–20.
79. Abraham an Freud, 7. Oktober 1907, ebenda S. 23 f.
80. Freud an Abraham, 8. Oktober 1907, ebenda S. 24 f.
81. Vgl. Edward Glover, Vorwort, ebenda S. 11.
82. Zu Abrahams Reaktion auf Freuds Lob vgl. Hilda Abraham, »Karl Abraham. An Unfinished Biography«, *International Review of Psycho-Analysis* 1 (1974), S. 35.
83. Zur »jüdischen Dimension« des Briefwechsels zwischen Freud und Abraham vgl. Freuds Brief vom 3. Mai 1908 und Abrahams Antwortschreiben vom 11. Mai 1908, *Briefe F/A,* S. 46–49.

Kapitel 7: Die Wissenschaft von den Märchen

1. Franz Riklin, *Wunscherfüllung und Symbolik im Märchen,* a. a. O., S. 5f.
2. Ebenda S. 31, S. 36.
3. Ebenda S. 66.
4. Ebenda S. 79.
5. Ebenda S. 63.
6. Brieffragmente, *Tagebuch einer heimlichen Symmetrie,* S. 106.
7. Ebenda S. 108.
8. Tagebuch, ebenda S. 42–45.
9. Zu den Auswirkungen der Pubertät bei hysterischen Frauen vgl. Charles Mercier, *Sanity and Insanity,* New York 1889, S. 220ff., S. 240ff.
10. Brieffragmente, *Tagebuch einer heimlichen Symmetrie,* S. 108.
11. Tagebuch, ebenda S. 50; Brief an Jung vom 6./16. Januar 1918, ebenda S. 170ff.
12. Brieffragmente, ebenda S. 104f.
13. Ebenda S. 109.
14. Brief an Jung vom 19. Januar 1918, ebenda S. 174.
15. Über die Symbole ebenda S. 182; zu Jungs Kommentar vgl. seinen Brief an Freud vom 6. Juli 1907, *Briefwechsel F/J,* S. 80.
16. Sabina Spielrein, *Transformations-Tagebuch.*
17. Brieffragmente, *Tagebuch einer heimlichen Symmetrie,* S. 94.
18. *Transformations-Tagebuch,* S. 147f.
19. Ebenda S. 161.
20. Ebenda S. 158.
21. Ebenda S. 156.
22. Ebenda S. 153.
23. Ebenda S. 160.
24. Ebenda S. 165 und Sabina Spielrein, *Ausgewählte Schriften,* hrsg. G. Bose und E. Brinkmann, Berlin 1986, S. 221f.
25. *Transformations-Tagebuch,* S. 165f.
26. Jung an Freud, 11. September 1907, *Briefwechsel F/J,* S. 96.
27. Jung an Freud, 25. September 1907, ebenda S. 99.
28. Ebenda S. 99f.
29. Ebenda S. 99.
30. Jung an Freud, 30. November 1907, ebenda S. 112.
31. Ernest Jones, *Free Associations,* a. a. O., S. 164.

32. Jung an Freud, 10. Oktober 1907, *Briefwechsel F/J,* S. 102 f.
33. Brieffragmente, *Tagebuch einer heimlichen Symmetrie,* S. 99.
34. Jung an Freud, 28. Oktober 1907, *Briefwechsel F/J,* S. 105.
35. Ebenda S. 105.
36. Jung an Freud, 2. November 1907, *Briefwechsel F/J,* S. 105.
37. Ebenda S. 106.
38. Ebenda S. 106.
39. A. A. Brill, *Lectures on Psychoanalytic Psychiatry,* New York 1946, S. 27.
40. Ebenda S. 26.
41. Ebenda S. 26.
42. Jung an Freud, 8. November 1907, *Briefwechsel F/J,* S. 107.
43. Freud an Jung, 15. November 1907, ebenda S. 108.
44. Jung an Freud, 30. November 1907, ebenda S. 112.
45. Freud an Jung, 8. Dezember 1907, ebenda S. 113.
46. Jung an Freud, 25. Januar 1908, ebenda S. 127.
47. Jung an Freud, 15. Februar 1908, ebenda S. 130.
48. Freud an Jung, 17. Februar 1908, ebenda S. 134.
49. Vgl. dazu Peter Swales, »Freud, Fliess, and Fratricide. The Role of Fliess in Freud's Conception of Paranoia«, in: Lawrence Spurling (Hg.), *Sigmund Freud. Critical Assessments,* 4 Bde., London 1989. Hier wie an anderen Stellen meines Buches stütze ich mich auf Mitteilungen von Peter Swales, der mir freundlicherweise die Ergebnisse seiner intensiven Forschungen über Fließ zur Verfügung gestellt hat.
50. Jung an Freud, 20. Februar 1908, *Briefwechsel F/J,* S. 135.
51. Jung an Freud, undatierte Postkarte, ebenda S. 138.
52. Freud an Jung, 25. Februar 1908, ebenda S. 140.
53. Jung an Freud, 11. März 1908, ebenda S. 148.
54. Jung an Freud, 18. April 1908, ebenda S. 153.
55. *Transformations-Tagebuch,* S. 166.
56. Ebenda S. 167.
57. Ebenda S. 168.
58. Ebenda S. 169 f.
59. Brieffragmente, *Tagebuch einer heimlichen Symmetrie,* S. 109 ff.
60. Ernest Jones, *Das Leben und Werk von Sigmund Freud,* Bd. 2, a. a. O., S. 68 f., S. 170.
61. Abraham zu Jones, zitiert bei Vincent Brome, *Ernest Jones. Freud's Alter Ego,* a. a. O., S. 55.

62. Abraham an Freud, 4. April 1908, *Briefe F/A,* S. 45.
63. Ernest Jones, *Das Leben und Werk von Sigmund Freud,* Bd. 2, a. a. O., S. 62.
64. Freud an Jung, 5. März 1908, *Briefwechsel F/J,* S. 146.
65. *Protokolle,* Bd. 1, S. 170, S. 234f., S. 315f.
66. Ebenda S. 234f.
67. Freud, »Bemerkungen über einen Fall von Zwangsneurose«, *GW,* Bd. 7, S. 401.
68. Ebenda S. 404f., Fn. 1.
69. Ebenda S. 441, Fn 1.
70. Ebenda S. 430.
71. Ebenda S. 435.
72. Ebenda S. 421.
73. Ebenda S. 435.
74. Ernest Jones, *Free Associations,* a. a. O., S. 172f.
75. Über die Verbreitung der Theorien von Otto Groß vgl. Martin Green, *The Von Richthofen Sisters. The Triumphant and the Tragic Modes of Love,* New York 1974, S. 32–45.
76. Ebenda S. 45.
77. Jung zu Jones, zitiert bei Jones, *Free Associations,* a. a. O., S. 174.
78. Jung an Freud, 25. Mai 1908, *Briefwechsel F/J,* S. 169f.
79. Freud an Jung, 29. Mai 1908, ebenda S. 171.
80. Freud an Jung, 30. Juni 1908, ebenda S. 180.
81. Freud an Jung, 13. August 1908, ebenda S. 187.
82. C. G. Jung, »Die Bedeutung des Vaters für das Schicksal des Einzelnen«, in: *Jahrbuch für psychoanalytische und psychopathologische Forschungen,* Bd. 1/1 (1909), S. 155–173, Zitat S. 156.
83. Ebenda S. 155.
84. Ebenda S. 170.
85. Ebenda S. 170.
86. Ebenda S. 171.
87. Ebenda S. 171.
88. Jung an Freud, 9. September 1908, *Briefwechsel F/J,* S. 190.
89. Brieffragmente, *Tagebuch einer heimlichen Symmetrie,* S. 107.

Kapitel 8: Sexualpsychologische Forschungen

1. Paul Cranefeld, »Josef Breuer's Evaluation of His Contribution to Psycho-Analysis«, *The International Journal of Psycho-Analysis* 39 (1958), S. 320.
2. Ebenda S. 320.
3. Freud an Jung, 22. Januar 1909, *Briefwechsel F/J,* S. 223.
4. Aldo Carotenuto, »Ein Fund«, *Tagebuch einer heimlichen Symmetrie,* S. 33 f.
5. Jung an Spielrein, 20. Juni 1908, ebenda S. 189.
6. Ebenda S. 189.
7. Ebenda S. 190.
8. Jung an Spielrein, 30. Juni 1908, ebenda S. 190.
9. Jung an Spielrein, 4. Juli 1908, ebenda S. 190.
10. Ebenda S. 190.
11. Jung an Spielrein, 12. August 1908, ebenda S. 192.
12. Ebenda S. 192.
13. Ebenda S. 191.
14. Ebenda S. 191.
15. Ebenda S. 192.
16. Jung an Spielrein, 2. September 1908, ebenda S.194 f.
17. Jung an Spielrein, 28. September 1908, ebenda S.195.
18. Freud an Jung, 30. Juni 1908, *Briefwechsel F/J,* S. 179.
19. Freud an Jung, 13. August 1908, ebenda S. 186.
20. Ebenda S. 186.
21. Ebenda S. 186.
22. Jung an Freud, 21. August 1908, ebenda S. 188.
23. Ebenda S. 189 f.
24. Freud an Abraham, *Briefe F/A,* S. 64.
25. Freud an Jung, 15. Oktober 1908, *Briefwechsel F/J,* S. 191 f.
26. Zitiert in Freuds Brief an Jung vom 15. Oktober 1908, ebenda S. 192.
27. Freud an Jung, 29. November 1908, ebenda S. 203.
28. Jung an Freud, 21. Oktober 1908, ebenda S. 192.
29. Abraham an Freud, 31. Juli 1908, *Briefe F/A,* S. 59.
30. Abraham an Freud, 16. Juli 1908, ebenda S. 55.
31. Freud an Abraham, 23. Juli 1908, ebenda S. 58.
32. Freud an Abraham, 29. September 1908, ebenda S. 62.
33. Ebenda S. 62.

34. Zu Forels Ablehnung der Freudschen Psychoanalyse vgl. John Kerr, »*The Devil's Elixirs,* Jung's ›Theology‹, and the Dissolution of Freud's ›Poisoning Complex‹«, *The Psychoanalytic Review* 75 (1988), S. 9f.
35. Freud an Jung, 8. November 1908, *Briefwechsel F/J,* S. 194.
36. Abraham an Freud, 10. November 1908, *Briefe F/A,* S. 66.
37. Freud an Jung, 12. November 1908, *Briefwechsel F/J,* S. 198.
38. Henry F. Ellenberger, *Die Entdeckung des Unbewußten,* Bd. 2, a. a. O., S. 1070.
39. Jung an Freud, 27. November 1908, *Briefwechsel F/J,* S. 200.
40. Ebenda S. 200.
41. Jung an Freud, 11. November 1908, ebenda S. 195f.
42. Freud an Jung, Hinweis auf ein früheres Gespräch, 29. November 1908, ebenda S. 203.
43. Jung an Freud, 3. Dezember 1908, ebenda S. 204.
44. Freud an Jung, 11. Dezember 1908, ebenda S. 206.
45. Ebenda S. 206, Fn. 2.
46. Jung an Spielrein, 4. Dezember 1908, *Tagebuch einer heimlichen Symmetrie,* S. 195f.
47. Ebenda S. 195.
48. Ebenda S. 195f.
49. Ebenda S. 196.
50. Freud an Jung, 17. Dezember 1908, *Briefwechsel F/J,* S. 209.
51. Freud an Jung, 17. Januar 1909, ebenda S. 218.
52. Jung an Sabina Spielreins Mutter, Tagebuch einer heimlichen Symmetrie, S. 92.
53. Ebenda S. 93.
54. Ebenda S. 93.
55. Ebenda S. 94.
56. Freud an Jung, 30. Juni 1908, *Briefwechsel F/J,* S. 180.
57. Jung an Jones, zitiert in: Ernest Jones, *Das Leben und Werk von Sigmund Freud,* Bd. 2., a. a. O., S. 171f.
58. Jung an Freud, 7. März 1909, *Briefwechsel F/J,* S. 229f.
59. Ebenda S. 230.
60. Ebenda S. 231.
61. Freud an Jung, 9. März 1909, ebenda S. 233.
62. Ebenda S. 232.
63. Jung an Freud, 19. Januar 1909, ebenda S. 218.
64. Freud an Jung, 9. März 1909, ebenda S. 233.

65. Jung an Freud, 11. März 1909, ebenda S. 234 f.
66. Ebenda S. 235 f.
67. Jung an Freud, 21. März 1909, ebenda S. 237.
68. *Erinnerungen, Träume, Gedanken von C. G. Jung,* S. 159 f.
69. Zu Jungs Bericht in dem Seminar 1925 vgl. William McGuire (Hg.), *Analytical Psychology. Notes of the Seminar Given in 1925 by C. G. Jung,* Princeton 1989, S. 38 f.
70. *Erinnerungen, Träume, Gedanken von C. G. Jung,* S. 167–171.
71. Über Jung und E. T. A. Hoffmanns *Die Elixiere des Teufels* siehe Kerr, »*The Devil's Elixirs*, Jung's ›Theology‹, and the Dissolution of Freud's ›Poisoning Complex‹«, a. a. O., S. 1–34.
72. E. T. A. Hoffmann, *Die Elixiere des Teufels,* Frankfurt/Main 1978, S. 259 f.
73. Ebenda S. 229.
74. Jung an Freud, 2./12. April 1909, *Briefwechsel F/J,* S. 239.
75. Ebenda S. 239 f.
76. Freud an Jung, 16. April 1909, ebenda S. 241.
77. Ebenda S. 242.
78. Ebenda S. 243.
79. Jung an Freud, 12. Mai 1909, ebenda S. 243.
80. Spielrein an Freud, Brieffragmente, *Tagebuch einer heimlichen Symmetrie,* S. 89.
81. Freud an Jung, 3. Juni 1909, *Briefwechsel F/J,* S. 250.
82. Jung an Freud, 4. Juni 1909, ebenda S. 252 f.
83. Freud an Jung, 7. Juni 1909, ebenda S. 255.
84. Ebenda S. 255.
85. Jung an Freud, 12. Juni 1909, ebenda S. 256.
86. Freud an Jung, 18. Juni 1909, ebenda S. 259.
87. Freud an Spielrein, 8. Juni 1909, *Tagebuch einer heimlichen Symmetrie,* S. 116.
88. Ebenda S. 116.
89. Freud an Jung, 18. Juni 1909, *Briefwechsel F/J,* S. 260.
90. Brieffragmente, *Tagebuch einer heimlichen Symmetrie,* S. 91.
91. Jung an Freud, 21. Juni 1909, *Briefwechsel F/J,* S. 261.
92. Ebenda S. 260.
93. Ebenda S. 261.
94. Freud an Spielrein, 24. Juni 1909, *Tagebuch einer heimlichen Symmetrie,* S. 117.

95. Freud an Jung, 30. Juni 1909, *Briefwechsel F/J,* S. 262.
96. Brieffragmente, *Tagebuch einer heimlichen Symmetrie,* S. 91.
97. Ebenda S. 91 f.
98. Ebenda S. 95.
99. Rosemary Dinnage, »Declaration of Dependence«, a. a. O., S. 1351.
100. Sabina Spielrein, Tagebuch, *Tagebuch einer heimlichen Symmetrie,* Anm. 19, S. 351.
101. Vgl. Sabina Spielrein, »Über den psychologischen Inhalt eines Falles von Schizophrenie (Dementia praecox)« (1911), *Sämtliche Schriften,* S. 11–97; zur Gleichsetzung von Poesie und Liebe bzw. Verliebtsein vgl. S. 15 f., S. 21, S. 48 f. und passim.
102. Ebenda S. 94, Anm. 59.
103. Vgl. Richard von Krafft-Ebing, *Psychopathia sexualis,* a. a. O., S. 9.
104. Franz Riklin, *Wunscherfüllung und Symbolik im Märchen,* a. a. O., S. 5 f.
105. Jung, »Psychoanalyse und Assoziationsexperiment« (1906), *Ges. W.,* Bd. 2, S. 308–337, Zitat S. 309.
106. Vgl. A. Forel, *Die sexuelle Frage,* a. a. O., Kap. 17.
107. Ebenda S. 492.
108. Ebenda S. 507.
109. Brieffragmente, *Tagebuch einer heimlichen Symmetrie,* S. 94.
110. Ebenda S. 44, S. 104.
111. Ebenda S. 104.
112. Ebenda S. 51, S. 70 f., S. 83.
113. Freud an Jung, 30. Juni 1909, *Briefwechsel F/J,* S. 262.
114. Jung an Freud, 4. Juni 1909, ebenda S. 253.
115. Brieffragmente, *Tagebuch einer heimlichen Symmetrie,* S. 105 f.
116. Freud an Pfister, 12. Juli 1909, *Briefe F/Pf,* S. 23.
117. François Roustang, *Dire Mastery. Discipleship from Freud to Lacan,* Baltimore 1976, S. 87 f.
118. C. G. Jung, »Die Traumanalyse«, *Ges. W.,* Bd. 4, S. 31–40, Zitat S. 38.
119. Vgl. die Briefe Freuds an Jung vom 21. April 1907 und vom 1. Juli 1907, *Briefwechsel F/J,* S. 46, S. 76.
120. Freud an Jung, 19. Juli 1909, ebenda S. 266.
121. Sabina Spielrein, Tagebuch, *Tagebuch einer heimlichen Symmetrie,* S. 50.
122. Ebenda S. 40.
123. Ebenda S. 42.

Kapitel 9: Amerika und der Kernkomplex

1. Ernest Jones, *Das Leben und Werk von Sigmund Freud,* Bd. 2, a. a. O., S. 86.
2. So Jung im Gespräch mit John Billinsky; die Aufzeichnungen aus dem Jahr 1957 wurden mir von John Billinsky jr. zur Verfügung gestellt.
3. J. Lears, *No Place of Grace. Antimodernism and the Transformation of American Culture,* New York 1981, S. 250.
4. G. Stanley Hall, *Adolescence. Its Psychology, and Its Relations to Physiology, Anthropoloy, Sociology, Sex, Crime, Religion, and Education,* 2 Bde., New York 1904, Bd. 2, S. 121.
5. Edward Thorndike, zitiert bei Frank Sulloway, *Freud. Biologe der Seele. Jenseits der psychoanalytischen Legende,* Köln-Lövenich 1982, S. 622.
6. Thorndike, zitiert bei Peter Gay, *Freud. Eine Biographie für unsere Zeit,* Frankfurt am Main 1989, S. 236.
7. Adolf Meyer, *Collected Papers of Adolf Meyer,* 2 Bde., Baltimore 1950, Bd. 1, S. 454f.
8. Freud, »Über Psychoanalyse. Fünf Vorlesungen, gehalten zur zwanzigjährigen Gründungsfeier der Clark University in Worcester, Mass., September 1909«, *GW,* Bd. 8, S. 16.
9. Ebenda S. 56–59.
10. Jones, *Das Leben und Werk von Sigmund Freud,* Bd. 2, a. a. O., S. 79.
11. Ebenda S. 77.
12. Ebenda S. 77.
13. Jung in einem Brief an Emma Jung, 8. September 1909, zitiert in: *Erinnerungen, Träume, Gedanken von C. G. Jung,* S. 365.
14. Freud, zitiert bei Jones, *Das Leben und Werk von Sigmund Freud,* Bd. 2, a. a. O., S. 78.
15. William James, zitiert ebenda S. 77.
16. William James an Théodore Flournoy, 28. September 1909, *The Letters of William James,* hrsg. von Henry James, 2 Bde., Boston 1920, Bd. 2, S. 327f.
17. Albert Moll, *Das Sexualleben des Kindes,* Leipzig 1909, S. 172.
18. Freud an Jung, 8. November 1908, *Briefwechsel F/J,* S. 194.
19. Freud an Jung, 30. Dezember 1908, ebenda S. 214.
20. Freud an Jung, 25. Januar 1909, ebenda S. 224.
21. Freud, »Zur Psychopathologie des Alltagslebens«, *GW,* Bd. 4, S. 28f.
22. Freud an Jung, 2. Dezember 1909, *Briefwechsel F/J,* S. 298.
23. Freud, zitiert in: *Protokolle,* Bd. 2, S. 293.

24. Vgl. Peter Rudnytsky, *Freud and Oedipus,* New York 1987, Kap. 4–8.
25. Franz Riklin, *Wunscherfüllung und Symbolik im Märchen,* a. a. O., S. 76.
26. Sándor Ferenczi, »Analytische Deutung und Behandlung der psychosexuellen Impotenz beim Manne« (1908), *Bausteine zur Psychoanalyse,* Bd. 2, Bern 1964, S. 203–221, Zitat S. 215.
27. Freud an Jung, 13. August 1908, *Briefwechsel F/J,* S. 187.
28. Freud, zitiert in: *Protokolle,* Bd. 2, S. 65.
29. Auguste Forel, *Rückblick auf mein Leben,* a. a. O., S. 23 f.
30. Freud, »Über infantile Sexualtheorien« (1908), *GW,* Bd. 7, S. 171.
31. Ebenda S. 172.
32. Ebenda S. 176.
33. Freud, »Analyse der Phobie eines fünfjährigen Knaben« (1909), *GW,* Bd. 7, S. 375.
34. Ebenda S. 278.
35. Freud an Jung, 11. Dezember 1909, *Briefwechsel F/J,* S. 206.
36. Freud, »Analyse der Phobie eines fünfjährigen Knaben«, a. a. O., S. 332.
37. Ebenda S. 365.
38. Ebenda S. 377.
39. Freud an Jung, 4. Oktober 1909, *Briefwechsel F/J,* S. 275.
40. Ebenda S. 274.
41. Wilhelm Stekel, zitiert in einem Brief von Freud an Jung, 17. Oktober 1909, ebenda S. 281.
42. Freud an Jung, 4. Oktober 1909, ebenda S. 273.
43. Freud, »Bemerkungen über einen Fall von Zwangsneurose« (1909), *GW,* Bd. 7, S. 428, Fn. 1.
44. Freud, »Über Psychoanalyse. Fünf Vorlesungen«, a. a. O., S. 50 f.
45. Freud, zitiert in: *Protokolle,* Bd. 2, S. 259.
46. Ludwig Binswanger, *Erinnerungen an Sigmund Freud,* a. a. O., S. 23 ff.
47. Freud an Jung, 11. November 1909, *Briefwechsel F/J,* S. 286.
48. Ebenda S. 286.
49. Freud an Jung, 11. November 1909, 21. November 1909, ebenda S. 287, S. 292.
50. Freud an Jung, 17. Oktober 1909, 21. November 1909, 19. Dezember 1909, ebenda S. 281, S. 292 f., S. 304.
51. Freud an Jung, 2. Februar 1910, ebenda S. 321.
52. Freud an Jung, 13. Januar 1910, ebenda S. 317.
53. Jung an Freud, 17. Juni 1910, ebenda S. 364.

Kapitel 10: Das Haus mit den zwei Totenschädeln

1. Zitiert bei Barbara Hannah, *C. G. Jung. Sein Leben und Werk,* Fellbach-Oeffingen 1982, S.117.
2. C. G. Jung, »Über Konflikte der kindlichen Seele« (1910), *Ges. W.,* Bd. 17, S. 11–47, Zitat S. 24.
3. Ebenda S. 24.
4. Ebenda S. 36.
5. *Erinnerungen, Träume, Gedanken von C. G. Jung,* S. 165.
6. Ebenda S. 165.
7. Ebenda S. 162.
8. Ernest Jones, *Das Leben und Werk von Sigmund Freud,* Bd. 2, a. a. O., S. 75.
9. C. G. Jung im Gespräch mit John Billinsky, 10. Mai 1957. Die Aufzeichnungen wurden mir von John Billinsky jr. zur Verfügung gestellt.
10. C. G. Jung, »Symbole und Traumdeutung« (1961), *Ges. W.,* Bd. 18/1, S. 201–285, Zitat S. 232.
11. *Erinnerungen, Träume, Gedanken von C. G. Jung,* S. 164.
12. Ebenda S. 164.
13. Jung an Freud, 1. Oktober 1909, *Briefwechsel F/J,* S. 272.
14. Jung an Freud, 14. Oktober 1909, ebenda S. 275.
15. Jung an Freud, 1. Oktober 1909, ebenda S. 271.
16. Jung an Freud, 22. November 1909, ebenda S. 295.
17. Ebenda S. 295.
18. Jung an Freud, 14. Oktober 1909, ebenda S. 277.
19. Jung an Freud, 8. November 1909, ebenda S. 284.
20. Jung an Freud, 15. November 1909, ebenda S. 289.
21. Jung an Freud, 30. November 1909, ebenda S. 297.
22. Ebenda S. 297.
23. Ebenda S. 297.
24. Ebenda S. 296.
25. Freud an Jung, 19. Dezember 1909, ebenda S. 305.
26. Jung an Freud, 25. Dezember 1909, ebenda S. 307 f.
27. Jung an Freud, 30. Januar 1910, ebenda S. 318.
28. Ebenda S. 318.
29. Ebenda S. 318.
30. Jung an Freud, 20. Februar 1910, ebenda S. 327.

31. Jung an Freud, 6. April 1910, ebenda S. 337.
32. Jung an Freud, 17. April 1910, ebenda S. 340f.
33. Jung an Freud, 2. März 1910, ebenda S. 329.
34. Frank Miller (Pseudonym), »Phänomene vorübergehender Suggestion oder momentaner Autosuggestion«, Übersetzung im Anhang zu C. G. Jung, *Symbole der Wandlung, Ges. W.,* Bd. 5, S. 581–593.
35. *Erinnerungen, Träume, Gedanken von C. G. Jung,* S. 166f.
36. Jung an Freud, 24. Mai 1910, *Briefwechsel F/J,* S. 352.
37. John Forrester, *Language and the Origins of Psychoanalysis,* New York 1980, S. 101. Vgl. auch Freud an Jung, undatierte Anmerkungen, *Briefwechsel F/J,* S. 367f.
38. Freud an Jung, 19. Juni 1910, ebenda S. 367.
39. Ebenda S. 367.
40. Freud an Jung, 10. August 1910, ebenda S. 379.
41. Freud an Jung, undatierte Anmerkungen, ebenda S. 368.
42. Ebenda S. 369.
43. Jung an Freud, 26. Juni 1910, ebenda S. 371.
44. Ebenda S. 371.
45. Freud an Jung, 5. Juli 1910, ebenda S. 373.
46. Ebenda S. 374.

Kapitel 11: Die Internationale Psychoanalytische Vereinigung

1. Ernest Jones, *Free Associations,* a. a. O., S. 124.
2. Freud an Jung, 2. Januar 1910, *Briefwechsel F/J,* S. 310.
3. Jung an Freud, 10. Januar 1910, ebenda S. 314.
4. Ebenda S. 122.
5. Ebenda S. 329.
6. Freud an Jung, 12. Dezember 1909, ebenda S. 301.
7. Jung an Freud, 8. November 1909, ebenda S. 283.
8. Freud an Jung, 13. Februar 1910, ebenda S. 326.
9. Freud an Jung, 2. Februar 1910, ebenda S. 321.
10. Ebenda S. 321.
11. Ebenda S. 321.
12. Freud an Jung, 11. November 1909, ebenda S. 286.

13. Siehe *Briefwechsel F/J,* Anhang 3: »Statuten der Internationalen Psychoanalytischen Vereinigung«, S. 641.
14. Jung an Freud, 23. Oktober 1910, ebenda S. 399.
15. Freud an Pfister, 17. März 1910, *Briefe F/Pf,* S. 33.
16. Freud, »Die zukünftigen Chancen der psychoanalytischen Therapie« (1910), *GW,* Bd. 8, S. 108.
17. Ebenda S. 115.
18. Ernest Jones, *Das Leben und Werk von Sigmund Freud,* Bd. 2, a. a. O., S. 90
19. Sándor Ferenczi, »Zur Organisation der psychoanalytischen Bewegung«, *Bausteine zur Psychoanalyse,* Bd. 1: Theorie, Bern/Stuttgart 1964, S. 275–289, Zitat S. 276.
20. Ebenda S. 278.
21. Ebenda S. 282 f.
22. Fritz Wittels, *Sigmund Freud, die Lehre, die Schule,* a. a. O., S. 123 f.
23. Freud an Jung, 12. April 1910, *Briefwechsel F/J,* S. 338.
24. Zitiert bei Hanns Sachs, *Freud, Master and Friend,* a. a. O., S. 62.
25. Jung an Freud, 6. August 1910, *Briefwechsel F/J,* S. 377.
26. Freud an Jung, 14. Juni 1907, *Briefwechsel F/J,* S. 70 f.
27. Vgl. Ludwig Binswanger, *Erinnerungen an Sigmund Freud,* a. a. O., S. 42.
28. Jung an Freud, 6. August 1910, *Briefwechsel F/J,* S. 377.
29. Zitiert in einem Brief an Freud vom 30. Juni 1910, *Briefwechsel F/J,* S. 345.
30. Zitiert in: *Briefwechsel F/J,* S. 406, Fn. 6.
31. Zitiert bei Henry Ellenberger, *Die Entdeckung des Unbewußten,* Bd. 2, a. a. O., S. 1079.
32. Ebenda S. 1079.
33. Freud an Jung, 10. August 1910, *Briefwechsel F/J,* S. 379.
34. Jung an Freud, 11. August 1910, ebenda S. 381.
35. Ebenda S. 382.
36. Zitiert bei Ernest Jones, *Das Leben und Werk von Sigmund Freud,* Bd. 2, a. a. O., S. 172.
37. Alphonse Maeder, Interview mit Gene Nameche am 28. Januar 1970, Jung Oral History Archive, S. 16.
38. Fritz Wittels, *Sigmund Freud,* a. a. O., S. 121 f.
39. Freud an Jung, 24. September 1910, *Briefwechsel F/J,* S. 392.
40. Sabina Spielrein, *Tagebuch einer heimlichen Symmetrie,* S. 45.

Kapitel 12: Die geistige Richtung der Psychoanalyse

1. Sabina Spielrein, »Über den psychologischen Inhalt eines Falles von Schizophrenie (Dementia praecox)«, *Sämtliche Schriften,* S. 15 ff.
2. Ebenda S. 16 ff.
3. Ebenda S. 18 ff.
4. Ebenda S. 15, S. 22.
5. Ebenda S. 63.
6. Ebenda S. 62, S. 75, S. 82.
7. Ebenda S. 90.
8. Sabina Spielrein, *Tagebuch einer heimlichen Symmetrie,* S. 51 f.
9. Ebenda S. 52.
10. Ebenda S. 52.
11. Jung an Freud, 8. Oktober 1910, *Briefwechsel F/J,* S. 388 f.
12. Sabina Spielrein, Tagebuch, a. a. O., S. 53.
13. Ebenda S. 54.
14. Ebenda S. 54.
15. Ebenda S. 54.
16. Ebenda S. 57.
17. Ebenda S. 58 f.
18. Freud an Jung, 5. Juli 1910, *Briefwechsel F/J,* S. 373 f.
19. Jung an Freud, 29. September 1910, ebenda S. 393.
20. Jung an Freud, 11. August 1910, ebenda S. 382.
21. *Erinnerungen, Träume, Gedanken von C. G. Jung,* S. 310.
22. Ebenda S. 310
23. Ebenda S. 310.
24. Jung an Freud, 20. Oktober 1910, *Briefwechsel F/J,* S. 397.
25. Jung an Freud, 13. Dezember 1910, ebenda S. 418.
26. Jung an Freud, 23. Dezember 1910, ebenda S. 423.
27. Sabina Spielrein, Tagebuch, a. a. O., S. 60.
28. Ebenda S. 60.
29. Ebenda S. 70.
30. Ebenda S. 70 f.
31. *Erinnerungen, Träume, Gedanken von C. G. Jung,* S. 142.
32. Ebenda S. 144 f.
33. Sabina Spielrein, Tagebuch, a. a. O., S. 73.
34. Ebenda S. 74.

35. Ebenda S. 75.
36. Ebenda S. 78.
37. Ebenda S. 80.
38. Ebenda S. 80.
39. Ebenda S. 81.
40. Ebenda S. 82.
41. Bleuler an Freud, 13. Oktober 1910, zitiert bei Franz Alexander und Sheldon Selesnick, »Freud-Bleuler Correspondence«, *Archives of General Psychiatry* 12 (1965), S. 7.
42. Freud an Jung 19. Dezember 1910, *Briefwechsel F/J,* S. 421.
43. Vgl. Freud, »Über ›wilde‹ Psychoanalyse« (1910), *GW,* Bd. 8, S. 119.
44. Ebenda S. 124.
45. Ebenda S. 124 f.
46. Freud an Ludwig Binswanger, 1. Januar 1911, zitiert bei Binswanger, *Erinnerungen an Sigmund Freud,* a. a. O., S. 38.
47. Freud an Sándor Ferenczi, 29. Dezember 1910, zitiert bei Ernest Jones, *Das Leben und Werk von Sigmund Freud,* Bd. 2, a. a. O., S. 172.
48. Freud an Binswanger, 1. Januar 1911, zitiert bei Binswanger, *Erinnerungen an Sigmund Freud,* a. a. O., S. 39.
49. Freud an Jung, 3. Dezember 1910, *Briefwechsel F/J,* S. 415.
50. *Erinnerungen, Träume, Gedanken von C. G. Jung,* S. 154 f.
51. Ebenda S. 155.
52. Freud an Jung, 22. Dezember 1910, *Briefwechsel F/J,* S. 423.
53. Freud an Jung, 17. Februar 1911, ebenda S. 435.
54. Jung an Freud, 18. Januar 1911, ebenda S. 426.
55. Freud an Jung, 22. Januar 1911, ebenda S. 426 f.
56. Freud an Ferenczi, 29. Dezember 1910, zitiert bei Ernest Jones, *Das Leben und Werk von Sigmund Freud,* Bd. 2, a. a. O., S. 172.

Kapitel 13: Der sterbende und wiederauferstehende Gott

1. Freud an Pfister, 18. März 1909, *Briefe F/PF,* S. 17.
2. Sabina Spielrein, »Die Destruktion als Ursache des Werdens«, *Sämtliche Schriften,* S. 131.
3. Ebenda S. 133.

4. Spielrein an Jung, August 1911, *Tagebuch einer heimlichen Symmetrie,* S. 138.
5. Jung an Spielrein, 8. August 1911, ebenda S. 199 f.
6. Jung, *Wandlungen und Symbole der Libido. Beiträge zur Entwicklungsgeschichte des Denkens,* Leipzig/Wien 1912, S. 3 f.
7. Ebenda S. 35 und Anm. 1.
8. Textstellen zu Faust, ebenda S. 57 f., S. 76 ff. und S. 97 f.
9. Ebenda S. 54.
10. Ebenda S. 54 f.
11. Ebenda S. 101 f.
12. Ebenda S. 110.
13. Peter Homans, *Jung in Context. Modernity and the Making of a Psychology,* Chicago 1979, S. 65 ff.
14. Jung, »Symbole der Wandlung« (1952), *Ges. W.,* Bd. 5, S. 10 f.
15. Jung an Freud, 28. Februar 1911, *Briefwechsel F/J,* S. 438.
16. Jung an Freud, 19. März 1911, ebenda S. 450.
17. Jung an Freud, 8. Mai 1911, ebenda S. 465.
18. Zitiert bei Barbara Hannah, *C. G. Jung. Sein Leben und Werk,* a. a. O., S. 118.
19. Ebenda S. 119 f.
20. Zitiert bei William McGuire (Hg.), *Analytical Psychology,* a. a. O., S. 27.
21. Jung, *Wandlungen und Symbole der Libido,* a. a. O., S. 336.
22. Ebenda S. 339.
23. Ebenda S. 368.
24. Jung an Freud, 8. März 1911, *Briefwechsel F/J,* S. 443.
25. Fritz Wittels, *Sigmund Freud,* a. a. O., S. 134.
26. Max Graf, »Reminiscences of Professor Sigmund Freud«, *The Psychoanalytic Quarterly* 11 (1942), S. 471.
27. Ebenda S. 473.
28. Freud an Binswanger, 14. März 1911, zitiert bei Ludwig Binswanger, *Erinnerungen an Sigmund Freud,* a. a. O., S. 42.
29. Sigmund Freud, »Formulierungen über die zwei Prinzipien des psychischen Geschehens« (1911), *GW,* Bd. 8, S. 238.
30. Ebenda S. 238.
31. Jung an Freud, 19. März 1911, *Briefwechsel F/J,* S. 450.
32. Henry Ellenberger, *Die Entdeckung des Unbewußten,* Bd. 2, a. a. O., S. 616.
33. Freud an Jung, 17. Februar 1911, *Briefwechsel F/J,* S. 436.

34. Jung an Freud, ebenda S. 464.
35. Jung, »Neue Bahnen der Psychologie« (1912), *Ges. W.,* Bd. 7, S. 287.
36. Jung an Freud, 12. Juni 1911, *Briefwechsel F/J,* S. 471.
37. Freud an Jung, 15. Juni 1911, ebenda S. 474.
38. Jung, »Neue Bahnen der Psychologie«, a. a. O., S. 291.
39. Ebenda S. 288 und 291.
40. Freud an Jung, 3. März 1911, *Briefwechsel F/J,* S. 441.
41. Freud an Jung, 15. Juni 1911, ebenda S. 473.
42. Freud an Jung, 20. August 1911, ebenda S. 483 f.
43. Jung an Freud, 29. August 1911, ebenda S. 484.
44. Ebenda S. 484.
45. Jung an Freud, 29. August 1911, ebenda S. 486.
46. Freud an Jung, 1. September 1911, ebenda S. 488.
47. Ebenda S. 487.
48. Ernest Jones, *Das Leben und Werk von Sigmund Freud,* Bd. 2, a. a. O., S. 115.
49. Ebenda S. 110.
50. Ebenda S. 109.

Kapitel 14: Über Transformation

1. Jung an Sabina Spielrein, 21./22. September 1911, *Tagebuch einer heimlichen Symmetrie,* S. 202.
2. Frau Sachs, zitiert bei Paul Roazen, *Sigmund Freud und sein Kreis. Eine biographische Geschichte der Psychoanalyse,* Bergisch Gladbach 1976, S. 193.
3. Freud an Jung, 12. Oktober 1911, *Briefwechsel F/J,* S. 493.
4. Ebenda.
5. Freud an Jung, 13. Oktober 1911, *Briefwechsel F/J,* S. 495.
6. Ebenda S. 496.
7. Jung an Freud, ebenda S. 496 f.
8. Vgl. Linda Donn, *Freud und Jung. Biographie einer Auseinandersetzung,* Hamburg 1990, S. 211.
9. Ebenda S. 211 f.
10. Freud an Jung, 20. Oktober 1911, *Briefwechsel F/J,* S. 498.
11. Jung an Sabina Spielrein, wahrscheinlich Anfang November 1911, *Tagebuch einer heimlichen Symmetrie,* S. 202 f.

12. Karte von Jung an Freud, 30. Oktober 1911, *Briefwechsel F/J,* S. 498 f.
13. Emma Jung an Freud, 30. Oktober 1911, abgedruckt in: *Briefwechsel F/J,* S. 499.
14. Freud an Jung, 2. November 1911, ebenda S. 500 f.
15. Emma Jung an Freud, 6. November 1911, ebenda S. 503.
16. *Protokolle,* Bd. 3, S. 290 f.
17. Ebenda S. 294 f.
18. Ebenda S. 295.
19. Jung an Spielrein, 13. November 1911, *Tagebuch einer heimlichen Symmetrie,* S. 203.
20. Freud an Jung, 12. November 1911, *Briefwechsel F/J,* S. 506 f.
21. Ebenda S. 507 f.
22. Emma Jung an Freud, abgedruckt ebenda S. 511 f.
23. *Protokolle,* Bd. 1, S. 165–170.
24. *Protokolle,* Bd. 3, S. 303.
25. Jung an Freud, 14. November 1911, *Briefwechsel F/J,* S. 509.
26. Ebenda S. 510.
27. Ebenda S. 509 f.
28. Freud an Jung, ebenda S. 513.
29. Ebenda S. 513.
30. Jung an Spielrein, 24. November 1911, *Tagebuch einer heimlichen Symmetrie,* S. 204.
31. Ebenda.
32. Emma Jung an Freud, 24. November 1911, abgedruckt in: *Briefwechsel F/J,* S. 514 f.
33. Freud an Jung, 20. Oktober 1911, ebenda S. 498.
34. Eugen Bleuler an Freud, 11. März 1911, zitiert bei Franz Alexander und Sheldon Selesnick, »Freud-Bleuler Correspondence«, a. a. O., S. 5.
35. Bleuler an Freud, zitiert in einem Brief an Jung vom 30. November 1911, *Briefwechsel F/J,* S. 518.
36. *Protokolle,* Bd. 3, S. 314–316.
37. Jung an Freud, 29. November 1910, *Briefwechsel F/J,* S. 413.
38. *Protokolle,* Bd. 3, S. 316.
39. Ebenda S. 318.
40. Ebenda S. 318.
41. Ebenda S. 318 f.
42. Ebenda S. 319.

43. Ebenda S. 319.
44. Freud an Jung, 17. Dezember 1911, *Briefwechsel F/J,* S. 522.
45. *Protokolle,* Bd. 3, S. 319 f.
46. Ebenda S. 320.
47. Jung an Freud, 24./27. November 1911, *Briefwechsel F/J,* S. 515 f.
48. Henry Ellenberger, *Die Entdeckung des Unbewußten,* Bd. 2, a. a. O., S. 1078.
49. Freud an Jung, 30. November 1911, *Briefwechsel F/J,* S. 519.
50. Ebenda S. 519.
51. Zu Freuds »Angebot« siehe ebenda S. 507 f.
52. Ebenda S. 519 f.
53. Vgl. Jung, »Die Freudsche Hysterietheorie« (1908), *GW,* Bd. 4, S. 23, Anm. 7.
54. Ebenda S. 23.
55. Freud an Jung, 30. November 1911, *Briefwechsel F/J,* S. 520.
56. Jung an Freud, 11. Dezember 1911, *Briefwechsel F/J,* S. 520.
57. Ebenda S. 521.
58. Jung an Spielrein, 11. Dezember 1911, *Tagebuch einer heimlichen Symmetrie,* S. 205.
59. Ebenda S. 205.
60. Ebenda S. 206.
61. Tagebucheintrag vom 7. Januar 1912, ebenda S. 83.
62. Zum Patientenmangel vgl. *Briefwechsel F/J,* S. 494 und 524.
63. Spielrein an Jung, 15. Dezember 1917, *Tagebuch einer heimlichen Symmetrie,* S. 152.
64. Spielrein an Jung, 6./16. Januar 1918, ebenda S. 164.
65. Ebenda S. 164.
66. Freud an Jung, 17. Dezember 1911, *Briefwechsel F/J,* S. 523.
67. Ebenda S. 523 f.
68. Vgl. Jungs Briefe an Freud vom 8. November 1909, ebenda S. 284, vom 15. November 1909, ebenda S. 289 ff., vom 30. November 1909, ebenda S. 296 f. und vom 10. Januar 1910, ebenda S. 314.
69. Freud, »Groß ist die Diana der Epheser« (1912), *GW,* Bd. 8, S. 360.
70. Ebenda S. 360 f.
71. Henry Ellenberger, *Die Entdeckung des Unbewußten,* Bd. 2, a. a. O., S. 1094.
72. Freud an Ferenczi, 24. April 1910, zitiert bei Ernest Jones, *Das Leben und Werk von Sigmund Freud,* Bd. 2, a. a. O., S. 145.

73. Freud an Abraham, 26. Dezember 1908, *Briefe F/A,* S. 73.
74. Freud an Jung, 31. Dezember 1911, *Briefwechsel F/J,* S. 526.
75. Jung an Freud, 10. Januar 1912, ebenda S. 533.

Kapitel 15: Tod einer Freundschaft

1. Freud an Ludwig Binswanger, 23. November 1911, zitiert bei Binswanger, *Erinnerungen an Sigmund Freud,* a. a. O., S. 50.
2. Ebenda S. 51.
3. Vgl. dazu Henry Ellenberger, *Die Entdeckung des Unbewußten,* Bd. 2, a. a. O., S. 1084f.
4. Freud an Sándor Ferenczi, zitiert bei Phyllis Grosskurth, *The Secret Ring. Freud's Inner Circle and the Politics of Psychoanalysis,* New York 1991, S. 43.
5. Freud an Ferenczi, 2. Februar 1912, ebenda S. 44.
6. Freud an Jung, 17. Dezember 1911, *Briefwechsel F/J,* S. 524.
7. Freud an Jung, 31. Dezember 1911, ebenda S. 526f.
8. Ebenda S. 527.
9. Freud an Jung, 10. Januar 1911, ebenda S. 531.
10. Ebenda S. 531.
11. Jung an Freud, 9. Januar 1911, ebenda S. 530.
12. Zur Kontroverse in der *Neuen Zürcher Zeitung* vgl. Henry Ellenberger, *Die Entdeckung des Unbewußten*, Bd. 2, a. a. O., S. 1086–1092.
13. Auguste Forel, zitiert ebenda S. 1092.
14. Zu Adolf Kellers Verteidigung der Züricher Version der Psychoanalyse vgl. Mireille Cifali, »Le fameux couteau de Lichtenberg«, *Le Bloc-Notes de la Psychanalyse* 4 (1984), S. 177.
15. Jung an Freud, 23. Januar 1912, *Briefwechsel F/J,* S. 534.
16. Ebenda S. 535.
17. Freud an Jung, 24. Januar 1912, ebenda S. 535.
18. Jung an Freud, um den 15. Februar 1912, ebenda S. 536.
19. Sabina Spielrein, zitiert in: *Protokolle,* Bd. 4, S. 23.
20. Sabina Spielrein, *Tagebuch einer heimlichen Symmetrie,* S. 83.
21. Jung an Spielrein, zitiert ebenda S. 84.
22. Ebenda S. 84.
23. Ebenda S. 85.

24. Freud an Jung, 18. Februar 1912, *Briefwechsel F/J,* S. 537.
25. Ebenda S. 537.
26. Ebenda S. 537.
27. Vgl. dazu ebenda S. 537, Fn. 2.
28. Jung an Freud, 25. Februar 1912, ebenda S. 540.
29. Freud an Jung, 29. Februar 1912, ebenda S. 541.
30. Jung an Freud, 3. März 1912, ebenda S. 543.
31. Ebenda S. 544.
32. Freud an Jung, 5. März 1912, ebenda S. 545 f.
33. Jung an Freud, 10. März 1912, ebenda S. 546.
34. Ebenda S. 547.
35. Jung an Freud, 10. März 1912, ebenda S. 547.
36. *Erinnerungen, Träume, Gedanken von C. G. Jung,* S. 171.
37. Jung, *Wandlungen und Symbole der Libido. Beiträge zur Entwicklungsgeschichte des Denkens,* Leipzig/Wien 1912, S. 371.
38. Ebenda S. 371.
39. Ebenda S. 371.
40. Johannes 3,3.
41. Jung, *Wandlungen und Symbole der Libido,* a. a. O., S. 388 f.
42. Ebenda S. 408.
43. Ebenda S. 396, vgl. auch S. 409 f.
44. Jung an Spielrein, 18. März 1912, *Tagebuch einer heimlichen Symmetrie,* S. 206.
45. Ebenda S. 207.
46. Jung an Spielrein, 25. März 1912, ebenda S. 207 f.
47. Ebenda S. 208.
48. Ebenda S. 208.
49. Ebenda S. 208.
50. Freud an Jung, 21. März 1912, *Briefwechsel F/J,* S. 548.
51. Ebenda S. 549.
52. Spielrein, zitiert in: *Protokolle,* Bd. 4, S. 79.
53. Freud, ebenda S. 80.
54. Wilhelm Stekel an Sabina Spielrein in einem unveröffentlichten Brief. Der Brief wurde Paul Schrader freundlicherweise von Aldo Carotenuto zur Einsicht überlassen.
55. Vgl. Sabina Spielreins Tagebuch, *Tagebuch einer heimlichen Symmetrie,* S. 85 f. Ich danke außerdem W. Selensky in Moskau und A. Etkind in

Sankt Petersburg, die mir Auskünfte über Sabina Spielreins Heirat gegeben haben.

56. Jung an Freud, 1. April 1912, *Briefwechsel F/J,* S. 552.
57. *Erinnerungen, Träume, Gedanken von C. G. Jung,* S. 290.
58. Freud an Jung, 21. April 1912, *Briefwechsel F/J,* S. 553.
59. Ebenda S. 553.
60. Ludwig Binswanger, *Erinnerungen an Sigmund Freud,* a. a. O., S. 54.
61. Jung an Freud, 27. April 1912, *Briefwechsel F/J,* S. 556.
62. Freud an Jung, 14. Mai 1912, ebenda S. 558.
63. Freud an Binswanger, 16. Mai 1912, zitiert bei Ludwig Binswanger, *Erinnerungen an Sigmund Freud,* a. a. O., S. 55.
64. Jung an Freud, 17. Mai 1912, *Briefwechsel F/J,* S. 560.
65. Freud an Jung, 23. Mai 1912, ebenda S. 561 f.
66. Ebenda S. 562.
67. Ebenda S. 562.
68. Ebenda S. 562.
69. Ebenda S. 562.
70. Jung an Freud, 8. Juni 1912, ebenda S. 563 f.
71. Freud an Jung, 13. Juni 1912, ebenda S. 565.
72. Ebenda S. 566.
73. Ebenda S. 565.
74. Ebenda S. 564 f.
75. Freud an Spielrein, 14. Juni 1912, *Tagebuch einer heimlichen Symmetrie,* S. 119.
76. Ebenda S. 119.
77. Ebenda S. 119.
78. Freud an Oskar Pfister, 4. Juli 1912, *Briefe F/PF,* S. 57.
79. Jung an Freud, 18. Juli 1912, *Briefwechsel F/J,* S. 566 f.
80. Freud an Ernest Jones, 23. Juli 1912, zitiert bei Peter Gay, *Freud. Eine Biographie für unsere Zeit,* a. a. O., S. 263.
81. Freud an Ferenczi, 29. Juli 1912, zitiert ebenda S. 263.
82. Freud an Otto Rank, 15. Juli 1912, zitiert bei Peter Gay, *Freud. Eine Biographie für unsere Zeit,* a. a. O., S. 263.
83. Freud an Sabina Spielrein, Brief datiert mit »August 1912«, *Tagebuch einer heimlichen Symmetrie,* S. 120.
84. Freud an Ferenczi, 20. Oktober 1912, zitiert bei Ernest Jones, *Das Leben und Werk von Sigmund Freud,* a. a. O., S. 531.

85. Freud an Alphonse Maeder, Datum unbekannt, zitiert von Maeder im Gespräch mit Gene Nameche, 18. Januar 1970, Jung Oral History Archive, S. 20.

Kapitel 16: Der Rest ist Schweigen

1. Freud an Alphonse Maeder, Datum unbekannt, zitiert in einem Brief von Maeder an Freud vom 24. Oktober 1912, veröffentlicht von Mireille Cifali in *Le Bloc-Notes de la Psychanalyse* 9 (1989), S. 221.
2. Mitteilung von A. A. Brill an Ernest Jones, der dies wiederum in einem Brief vom 20. November 1912 an Freud schrieb. Zitiert bei Andrew Paskauskas, *Ernest Jones. A Critical Study of His Scientific Development (1896–1913),* Diss. Toronto 1987, S. 331.
3. Jung in seinem Vortrag vor der Academy of Medicine in New York, 8. Oktober 1912, zitiert nach unveröffentlichtem maschinenschriftlichem Manuskript. Das Original befindet sich im Jung-Archiv in der Library of Congress. Ich danke Sonu Shamdasani, daß er mich darauf aufmerksam gemacht hat. Vgl. außerdem Jung, »Allgemeine Aspekte der Psychoanalyse«, *Ges. W.,* Bd. 2, S. 259–273.
4. Putnam an Jones, 24. Oktober 1912, zitiert bei Nathan G. Hale (Hg.), *James Jackson Putnam and Psychoanalysis. Letters between Putnam and Sigmund Freud, Ernest Jones, William James, Sandor Ferenczi, and Morton Prince, 1877–1917,* Cambridge 1971, S. 276f.
5. Jung, »Versuch einer Darstellung der psychoanalytischen Theorie«, *Ges. W.,* Bd. 4, S. 107–255, über den »Elektrakomplex« S. 180f.
6. Ebenda S. 144.
7. Ebenda S. 141.
8. Ebenda S. 177.
9. Ebenda S. 177.
10. Vorrede zur ersten Auflage, ebenda S. 110.
11. Jung an Freud, 11. November 1912, *Briefwechsel F/J,* S. 571 f.
12. Freud an Jung, 14. November 1912, ebenda S. 573 f.
13. Ebenda S. 574.
14. Ebenda S. 576.
15. Maeder an Freud, 24. Oktober 1912, a. a. O., S. 223.
16. Ebenda, S. 223.

17. Vgl. *Protokolle,* Bd. 4, S. 99.
18. Freud an Jung, 27. Januar 1913, *Briefwechsel F/J,* S. 602.
19. Ebenda S. 602.
20. Stekel an Jones, 12. Oktober 1912, zitiert bei Andrew Paskauskas, a. a. O., S. 337.
21. Freud, zitiert bei Jones, *Das Leben und Werk von Sigmund Freud,* Bd. 2, a. a. O., S. 178.
22. Diese Äußerung von Jung zitiert Leonhard Seif in einem unveröffentlichten Brief an Jones vom 26. Dezember 1912. Ich danke Andrew Paskauskas, daß er mich auf den Brief hingewiesen hat. Das Original befindet sich im Ernest-Jones-Archiv in London.
23. *Erinnerungen, Träume, Gedanken von C. G. Jung,* a. a. O., S. 161.
24. Zitiert bei Ernest Jones, *Das Leben und Werk von Sigmund Freud,* Bd. 1, a. a. O., S. 370.
25. Ebenda S. 370.
26. Seif in einem unveröffentlichten Brief an Ernest Jones, 26. Dezember 1912, a. a. O.
27. Undatierte Äußerung von Emma Jung, zitiert ebenda.
28. Ebenda.
29. Freud an Karl Abraham, 3. Dezember 1912, *Briefe F/A,* S. 130.
30. Jung an Freud, 26. November 1912, *Briefwechsel F/J,* S. 579 f.
31. Ebenda S. 580.
32. Freud an Jung, 29. November 1912, ebenda S. 581.
33. Ebenda S. 581.
34. Ebenda S. 582.
35. Ebenda S. 582.
36. Ebenda S. 582.
37. Jung an Freud, 3. Dezember 1912, ebenda S. 583.
38. Ebenda S. 583.
39. Ebenda S. 584.
40. Ebenda S. 584.
41. Freud an Jung, 5. Dezember 1912, ebenda S. 587.
42. Ebenda S. 588 f.
43. Jung an Freud, 7. Dezember 1912, ebenda S. 589.
44. Freud an Jung, 9. Dezember 1912, ebenda S. 592.
45. Jung an Freud, undatierter Brief, geschrieben zwischen dem 11. und 14. Dezember 1912, ebenda S. 592.

46. Freud an Jung, 16. Dezember 1912, ebenda S. 593.
47. Jung an Freud, 18. Dezember 1912, ebenda S. 594.
48. Ebenda S. 594 f.
49. Freud, nicht abgeschickter Brief vom 22. Dezember 1912, ebenda S. 596.
50. Jung an Freud, 3. Januar 1913, ebenda S. 599 f.
51. Freud an Jung, 3. Januar 1913, ebenda S. 598 f.
52. Jung an Freud, 6. Januar 1913, ebenda S. 600.

Kapitel 17: Die Geschichte der psychoanalytischen Bewegung

1. *Erinnerungen, Träume, Gedanken von C. G. Jung,* S. 174.
2. Ebenda S. 176.
3. Freud an Spielrein, 20. Januar 1913, *Tagebuch einer heimlichen Symmetrie,* S. 122.
4. Ebenda S. 122.
5. Paul Federn, »Sabina Spielrein: Die Destruktion als Ursache des Werdens«, in: *Internationale Zeitschrift für ärztliche Psychoanalyse* 1 (1913), S. 92 f.
6. Freud an Spielrein, 9. Februar 1913, *Tagebuch einer heimlichen Symmetrie,* S. 122 f.
7. James Jackson Putnam an Fanny Bowditch, unveröffentlichter Brief, Fanny Bowditch Katz Archive, Countway Library, Harvard Medical School.
8. Théodore Flournoy, *Esprits et médiums,* Genf/Paris 1911.
9. Peter Gay, *Freud. Eine Biographie für unsere Zeit,* a. a. O., S. 274 ff.
10. *Erinnerungen, Träume, Gedanken von C. G. Jung,* S. 171.
11. Den Hinweis, daß Sándor Ferenczi weiterhin mit Jung korrespondierte, verdanke ich Martin Stanton.
12. Jung an Spielrein, 11. April 1913, *Tagebuch einer heimlichen Symmetrie,* S. 209.
13. Freud an Spielrein, 8. Mai 1913, ebenda S. 123 f.
14. Freud an Abraham, 13. Mai 1913, *Briefwechsel F/A,* S. 139.
15. Freud an Ferenczi, 4. Mai 1913, zitiert nach Peter Gay, *Freud,* a. a. O., S. 273.
16. Freud an Ferenczi, 8. Juni 1913, zitiert bei Ernest Jones, *Das Leben und Werk von Sigmund Freud,* Bd. 2, a. a. O., S. 183.

17. Freud an Ferenczi, 5. August 1913, zitiert bei Andrew Paskauskas, »Freuds Break with Jung. The Crucial Role of Ernest Jones«, *Free Associations* 11 (1988), S. 12.
18. Freud an Spielrein, 28. August 1913, *Tagebuch einer heimlichen Symmetrie,* S. 124.
19. Sigmund Freud, »Der Moses des Michelangelo« (1914), *GW,* Bd. 10, S. 172 ff.
20. Zu Maeders Referat siehe Sigmund Freud, *GW,* Bd. 10, S. 104.
21. Vgl. Henry Ellenberger, *Die Entdeckung des Unbewußten,* Bd. 2, a. a. O., S. 1094.
22. Vgl. Maeders Gespräch mit Gene Nameche, 28. Januar 1970.
23. Jung, zitiert nach Jones, *Free Associations,* a. a. O., S. 224.
24. Vgl. Jones, *Das Leben und Werk von Sigmund Freud,* Bd. 2, a. a. O., S. 129 f.
25. Jung, »Zur Frage der psychologischen Typen« (1913), *Ges. W.,* Bd. 6, S. 550.
26. Ebenda S. 551.
27. Freud an Spielrein, 29. Dezember 1913, *Tagebuch einer heimlichen Symmetrie,* S. 125.
28. *Erinnerungen, Träume, Gedanken von C. G. Jung,* S. 179.
29. Ebenda S. 179.
30. Ebenda S. 179.
31. Ebenda S. 182.
32. Ebenda S. 183.
33. Ebenda S. 184.
34. Ebenda S. 184.
35. Ebenda S. 184.
36. Ebenda S. 184.
37. Spielrein an Freud, undatierte Anmerkung zu einem Brief von Jung an Spielrein vom 15. April 1914, *Tagebuch einer heimlichen Symmetrie,* S. 112.
38. Freud an Spielrein, 15. Mai 1914, ebenda S. 125.
39. Freud an Spielrein, 12. Juni 1914, ebenda S. 126.
40. Ebenda S. 126 f.
41. Freud an Abraham, 26. Juli 1914, *Briefwechsel F/A,* S. 189.
42. Freud, »Zur Einführung des Narzißmus« (1914), *GW,* Bd. 10, S. 143.
43. Ebenda S. 144.
44. Freud, »Zur Geschichte der psychoanalytischen Bewegung« (1914), *GW,* Bd. 10, S. 94.

45. Ebenda S. 107.
46. Ebenda S. 110, Fn. 1.
47. Ebenda S. 111.
48. Ebenda S. 112.

Kapitel 18: Auf der Suche nach einem großen Los

1. Freud an Spielrein, 20. April 1915, *Tagebuch einer heimlichen Symmetrie,* S. 127.
2. Spielrein an Jung, 27./28. Januar 1918, ebenda S. 183.
3. Ebenda S. 183.
4. Jung, »Die Struktur des Unbewußten« (1916), *Ges. W.,* Bd. 7, S. 313.
5. Ebenda S. 325.
6. Ebenda S. 325 ff.
7. Ebenda S. 315.
8. Ebenda S. 314, Fn. 2.
9. Spielrein an Jung, 27./28. Januar 1918, *Tagebuch einer heimlichen Symmetrie,* S. 184.
10. Jung, *Die Psychologie der unbewußten Prozesse. Ein Überblick über die moderne Theorie und Methode der analytischen Psychologie,* Zürich 1918, S. 121, S. 130–134.
11. Jung, »Über die Psychologie des Unbewußten«, *Ges. W.,* Bd. 7, S. 69 ff.
12. Jung an Spielrein, 13. September 1917, *Tagebuch einer heimlichen Symmetrie,* S. 212.
13. Jung an Spielrein, 13. Oktober 1917, ebenda S. 214.
14. Freud an Spielrein, 18. November 1917, ebenda S. 128.
15. Spielrein an Jung, 6. Januar 1918, ebenda S. 163 f.
16. Ebenda S. 172.
17. Ebenda S. 173.
18. Spielrein an Jung, 19. Januar 1918, ebenda S. 174.
19. Ebenda S. 176.
20. Ebenda S. 177.
21. Jung an Spielrein, 21. Januar 1918, ebenda S. 218.
22. Jung an Spielrein, ungefähr 25. Januar 1918, ebenda S. 219 f.
23. Spielrein an Jung, 27./28. Januar 1918, ebenda S. 184.
24. Ernest Jones, *Leben und Werk von Sigmund Freud,* Bd. 3, a. a. O., S. 20.

25. Freud, »Wege der psychoanalytischen Therapie« (1919), *GW,* Bd. 12, S. 185 f.
26. Ebenda S. 190.
27. Freud in einem Brief an Oskar Pfister, 9. Oktober 1918, *Briefe F/Pf,* S. 64.
28. Jung an Spielrein, 19. März 1919, *Tagebuch einer heimlichen Symmetrie,* S. 221.
29. Ebenda S. 221.
30. Jung an Spielrein, 3. April 1919, ebenda S. 222.
31. Ebenda S. 222.
32. Jung an Spielrein, 1. September 1919, ebenda S. 223.
33. Jung an Spielrein, 7. Oktober 1919, ebenda S. 225; vgl. die Diagramme in William McGuire (Hg.), *Analytical Psychology,* a. a. O., S. 108 ff.
34. Pierre Bovet, *Vingt Ans de Vie de l'Institut Rousseau,* Genf 1932, S. 101.
35. Freud an Spielrein, 12. Juni 1922, *Tagebuch einer heimlichen Symmetrie,* S.131.
36. Spielrein, »Briefmarkentraum«, *Sämtliche Schriften,* S. 236.
37. Ebenda S. 237.
38. Spielrein, »Die Zeit im unterschwelligen Seelenleben«, ebenda S. 320 f.
39. Spielrein, »Sternschnuppen in Traum und Halluzination«, ebenda S. 265 f.
40. William McDougall, zitiert bei Frank Sulloway, *Freud. Biologe der Seele,* a. a. O., S. 539.
41. Freud, »Jenseits des Lustprinzips« (1920), *GW,* Bd. 13, S. 59, Fn. 2.
42. August Stärcke, zitiert bei Spanjaard, »August Stärcke«, in: Franz Alexander, Samuel Eisenstein und Martin Grotjahn (Hgg.), *Psychoanalytic Pioneers,* New York 1966, S. 330.
43. *Erinnerungen, Träume, Gedanken von C. G. Jung,* S. 194.
44. Ebenda S. 188 f.
45. Ebenda S. 189 f.
46. Ebenda S. 191.
47. Ebenda S. 190 f.
48. Ebenda S. 198.
49. Ebenda S. 199.
50. Sabina Spielrein, *Ausgewählte Schriften,* a. a. O., S. 220.
51. Spielrein, »Über den psychologischen Inhalt eines Falles von Schizophrenie (Dementia praecox)«, *Sämtliche Schriften,* S. 94, Anm. 59.

Bibliographischer Essay

Für die deutsche Ausgabe
bearbeitet von Ursel Schäfer

Dieses Buch wurde mehrfach überarbeitet, wodurch es hoffentlich an Klarheit und Anschaulichkeit gewonnen hat. Der fachkundige Leser wird auf den ersten Blick erkennen, daß in die Erzählung etliche Themen eingebettet sind, die zu vertiefen lohnend wäre. Als Beispiele nenne ich nur die Entwicklung der Theorie vom Kernkomplex, die Bedeutung von Alfred Adler, die psychoanalytische Deutung von Autismus und Paranoia, die Rolle der Affekte in der Triebtheorie, die Konzepte Introversion und Ambivalenz, die möglicherweise prospektive Funktion von Träumen, die Theorie des Todestriebs – und ähnliche mehr.

Mit der folgenden Bibliographie verfolge ich zwei Absichten: Dem interessierten Leser möchte ich einen Weg durch das Dickicht der Literatur weisen, den fachkundigen Leser möchte ich auf bestimmte interessante Quellen aufmerksam machen, die oft übersehen werden. Das Buch stützt sich in erster Linie auf veröffentlichte Primärquellen. Von zentraler Bedeutung ist das von Aldo Carotenuto herausgegebene *Tagebuch einer heimlichen Symmetrie. Sabina Spielrein zwischen Jung und Freud,* Freiburg i. Br. 1986. Es enthält Sabina Spielreins Tagebuch aus den Jahren 1909–1912, ihre Briefe an Jung und Freud und die Briefe von Jung und Freud an sie. Sabina Spielreins »Transformations-Tagebuch«, das sie in den Jahren 1907–1908 schrieb, wurde von Mireille Cifali wiederentdeckt und von Jeanne Moll in einer französischen Übersetzung unter dem Titel »Extraits inédits d'un journal: De l'amour, de la mort et de la transformation« veröffentlicht in der Zeitschrift *Le Bloc-Notes de la Psychanalyse* 3 (1983), S. 149 bis 170. Das Original befindet sich im Privatarchiv der Nachfahren von Georges de Morsier in Genf. Auszüge sind auf deutsch veröffentlicht in Sabina Spielrein, *Ausgewählte Schriften,* herausgegeben von Günter Bose und Erich Brinkmann, Berlin 1986, S. 213 ff. Über Sabina Spielreins Teilnahme an den Sitzungen der Wiener Psychoanalytischen Vereinigung in den Jahren 1911/12 geben der dritte und der vierte Band der *Protokolle der Wiener Psychoanalytischen Vereinigung* Auskunft, herausgegeben von Hermann Nunberg und Ernst Federn, Frankfurt am Main 1979, 1981. Von ebenfalls zentraler Bedeutung ist der *Briefwechsel Sigmund Freud/C. G. Jung,* herausgegeben von William McGuire und Wolfgang Sauerländer, Frankfurt am Main 1974. Die Briefe sind mit ausführlichen und vorzüglichen Anmerkungen versehen. Vgl. dazu Kurt R. Eissler, *Psychologische Aspekte des Briefwechsels zwischen Freud und Jung,* Stuttgart-Bad Cannstatt 1982 (*Jahrbuch der Psychoanalyse,* Beiheft 7).

Briefe werden weiterhin aus folgenden Ausgaben zitiert: *Sigmund Freud. Briefe an Wilhelm Fließ 1887–1904,* hrsg. von Jeffrey M. Masson, Frankfurt am Main 1986; *Sigmund Freud/Karl Abraham. Briefe 1907–1926,* herausgegeben von Hilda C. Abraham und Ernst L. Freud, Frankfurt am Main 1965; Ludwig Binswanger, *Erinnerungen an Sigmund Freud,* Bern 1956, die auch Auszüge aus Briefen Freuds enthalten; *Sigmund Freud/Oskar Pfister. Briefe 1909–1939,* herausgegeben von Ernst L. Freud und Heinrich Meng, Frankfurt am Main 1963; *Sigmund Freud. Briefe 1873–1939,* ausgewählt und herausgegeben von Ernst und Lucie Freud, Frankfurt am Main 1968; *James Jackson Putnam and Psychoanalysis. Letters Between Putnam and Sigmund Freud, Ernest Jones, William James, Sándor Ferenczi, and Morton Prince, 1877–1917,* herausgegeben von Nathan G. Hale, Cambridge 1975; *C. G. Jung. Briefe in drei Bänden,* herausgegeben von Aniela Jaffé und Gerhard Adler, Olten/Freiburg i. Br. 1972/1973; John Burnham, *Jelliffe: American Psychoanalyst and Physician & His Correspondence with Sigmund Freud and C. G. Jung,* herausgegeben von William McGuire, Chicago 1983. Noch nicht auf deutsch erschienen ist die Korrespondenz zwischen Freud und Bleuler. Einige kommentierte Auszüge aus dem Briefwechsel finden sich bei Franz Alexander und Sheldon Selesnick, »Freud–Bleuler Correspondence«, *Archives of General Psychiatry* 12 (1965), S. 1–9.

Vom Briefwechsel Freud–Ferenczi, der in sechs Bänden veröffentlicht werden soll, sind bisher die ersten beiden Halbände erschienen: *Sigmund Freud/Sándor Ferenczi. Briefwechsel,* Band I/1 und I/2, herausgegeben von Eva Brabant, Ernst Falzeder und Patrizia Giampieri-Deutsch, Wien/Köln/Weimar 1993. Auszüge aus der Korrespondenz finden sich bei Ernest Jones, *Das Leben und Werk von Sigmund Freud,* 3 Bände, Bern/Stuttgart 1960/1962; Peter Gay, *Freud. Eine Biographie für unsere Zeit,* Frankfurt am Main 1989; Ilse Grubrich-Simitis, »Sigmund Freud/Sándor Ferenczi: Sechs Briefe zur Wechselbeziehung von psychoanalytischer Theorie und Technik«, *Zur Psychoanalyse der Objektbeziehungen,* herausgegeben von Gemma Jappe und Carl Nedelmann, Stuttgart-Bad

Cannstatt 1980, S. 139–174; Sándor Ferenczi, »Ten Letters to Freud«, *International Journal of Psycho-Analysis* 40 (1959), S. 243–250; Phyllis Grosskurth, *The Secret Ring. Freud's Inner Circle and the Politics of Psychoanalysis,* New York 1991. Der Briefwechsel Freud–Jones ist erst seit kurzem veröffentlicht: *The Complete Correspondence of Sigmund Freud & Ernest Jones, 1908–1939,* herausgegeben von Andres Paskauskas, Cambridge/Mass. 1993. Die Bücher von Jones, *Das Leben und Werk von Sigmund Freud,* und Gay, *Freud. Eine Biographie für unsere Zeit,* enthalten Auszüge aus der Korrespondenz. Vgl. dazu außerdem: Andrew Paskauskas, »Freud's Break with Jung. The Crucial Role of Ernest Jones«, *Free Associations* 11 (1988), S. 7–34, und die geisteswissenschaftliche Dissertation von Paskauskas mit dem Titel *Ernest Jones. A Critical Study of His Scientific Development (1896–1913),* Toronto 1985.

Die Schriften Freuds liegen in zwei deutschen Ausgaben vor, den *Gesammelten Werken. Chronologisch geordnet,* herausgegeben von Anna Freud, Edward Bibring, Willi Hoffer, Ernst Kris und Otto Isakower unter Mitwirkung von Marie Bonaparte, 18 Bände, London/Frankfurt am Main 1940–1968, und der *Studienausgabe* in zehn Bänden und einem Ergänzungsband, herausgegeben von Alexander Mitscherlich, Angela Richards und James Strachey, Frankfurt am Main 1969–1975. Die umfangreichste englische Ausgabe, auf die auch deutsche Autoren oft zurückgreifen, ist *The Standard Edition of the Complete Psychological Works of Sigmund Freud* in 24 Bänden, herausgegeben von James Strachey in Zusammenarbeit mit Anna Freud, Alix Strachey und Alan Tyson, London 1953–1974. Die *Gesammelten Werke* von Jung sind in 19 Bänden veröffentlicht, herausgegeben von Marianne Niehus-Jung, Lena Hurwitz-Eisner, Franz Riklin, Lilly Jung-Merker und Elisabeth Rüf, Zürich 1958–1970, Olten 1971–1983, außerdem als Supplement zwei Halbbände, herausgegeben von Lorenz Jung und Maria Mayer-Grass, Olten 1987, und herausgegeben von William McGuire, Olten 1991. Band 5 der *Gesammelten Werke* mit dem Titel »Symbole der Wandlung. Analyse des Vorspiels einer Schizophrenie« ist eine stark überarbeitete Fassung der »Wandlungen und Symbole der Libido. Beiträge zur Entwicklungsgeschichte des Denkens,« erstmals erschienen im *Jahrbuch für Psychoanalytische und psychopathologische Forschungen,* III. und IV. Band (1911–1912), nachgedruckt als Buch Leipzig/Wien 1913.

Sabina Spielreins Schriften wurden 1987 zum ersten Mal in einer Gesamtausgabe veröffentlicht: *Sämtliche Schriften,* Freiburg i. Br. 1987. Die maßgebliche Autorität für Sabina Spielreins Zeit in Genf ist Mireille Cifali; vgl. ihren Aufsatz »Une femme dans la psychanalyse, Sabina Spielrein. Un autre portrait«, *Le Bloc-*

Notes de la Psychanalyse 8 (1988), S. 253–266. Informativ sind ferner: Fernando Vidal, »Piaget et la Psychanalyse. Premières rencontres«, *Le Bloc-Notes de la Psychanalyse* 6 (1986), S. 171–189, und Pierre Bovet, *Vingt ans de vie de l'Institut Rousseau,* Genf 1932. Einige Aufschlüsse über ihre Tätigkeit in den letzten Lebensjahren gibt das *International Journal of Psycho-Analysis,* Band 1, S. 359f.; Band 3, S. 280 und S. 513–520; Band 4, S. 241 und S. 524; Band 5, S. 123 und S. 261–266; Band 6, S. 258–261; Band 7, S. 151. Informationen über Sabina Spielreins Arbeit in Rußland haben A. Etkind, Valerie Selensky und Magnus Ljunggrien beigesteuert. Zum geschichtlichen Hintergrund vgl. Martin Miller, »Freudian Theory Under Bolshevik Rule. The Theoretical Controversy During the 1920's«, *Slavic Review* 44 (1985), S. 625–646; ferner Hans Lobner und Wladimir Lewitin, »A Short History of Freudism. Notes on the History of Psychoanalysis in the U.S.S.R.«, *Sigmund Freud House Bulletin* 2 (1978), S. 5–30.

Über das Verhältnis von Freud und Jung ist viel und oft polemisch geschrieben worden. Einige Werke waren für das vorliegende Buch von grundlegender Wichtigkeit und werden darum aus der Fülle der Literatur besonders herausgehoben. Unverzichtbare Informationen über den Ablauf der Ereignisse enthält Jones' *Das Leben und Werk von Sigmund Freud.* Eine Fundgrube für jeden, der sich mit der Geschichte der Psychoanalyse befaßt, ist Henry Ellenbergers *Die Entdeckung des Unbewußten,* 2 Bände, Bern/Stuttgart/Wien 1973. Von unschätzbarem Wert ist Hannah Deckers Untersuchung *Freud in Germany. Revolution and Reaction in Science. 1893–1907,* New York 1977. Wichtige Einblicke in die Anfänge der psychoanalytischen Bewegung gewährt das Buch von Paul Roazen *Sigmund Freud und sein Kreis. Eine biographische Geschichte der Psychoanalyse,* Bergisch Gladbach 1976. Den von Hannah Decker eingeschlagenen Weg hat Norman Kiell weiter verfolgt. Sein Buch *Freud Without Hindsight. Reviews of His Work, 1893–1939,* Madison 1988, enthält viel aufschlußreiches Material. Zentralen Einfluß auf die Konzeption des vorliegenden Buches hatte Peter Homans, *Jung in Context. Modernity and the Making of a Psychology,* Chicago 1979. Die wissenschaftstheoretischen Ausführungen zum Status der Psychoanalyse orientieren sich an drei Autoren: Die in diesem Zusammenhang wichtigen Aufsätze von Robert Holt sind vor einigen Jahren in einem Sammelband erschienen mit dem Titel *Freud Reappraised,* New York 1989. Frank Sulloway ist nach seiner umfangreichen wissenschaftsgeschichtlichen Untersuchung *Freud. Biologe der Seele. Jenseits der psychoanalytischen Legende,* Köln-Lövenich 1982, vor kurzem mit dem gleichen treffsicheren Urteilsvermögen der Frage nachgegangen, was die Struktur der Wiener Gruppe damit zu tun hatte, daß Freud an dem selbstgesteckten Ziel scheiterte, ein Handbuch der psychoanalytischen Technik zu schreiben. Vgl. Sulloway, »Reassessing Freud's Case Histories. The Social Construction of Psychoanalysis«, *Freud and the History of Psychoanalysis,* herausgegeben von Toby Gelfand und John Kerr, Hillsdale 1992. Adolf Grünbaums *Die Grundlagen der Psychoanalyse. Eine philosophische Kritik,* Stuttgart 1988, spiegelt den Stand der Diskussion über die empirische Nachprüfbarkeit von Freuds Behauptungen wider.

Peter Swales, Freund und Kollege gleichermaßen, verdient eine gesonderte Erwähnung. Er hat sich in einer Reihe von Aufsätzen mit Freud und den Anfängen der Psychoanalyse beschäftigt: *Freud, Johann Weier, and the Status of Seduction,* veröffentlicht 1982 im Selbstverlag, zusammengefaßt unter dem Titel »A Fascination with Witches. The Role of the Witch in the Conception of Fantasy«, *The Science* 22 (1982), S.21–25; *Freud, Cocaine, and Sexual Chemistry. The Role of Cocaine in Freud's Conception of the Libido,* veröffentlicht 1983 im Selbstverlag; »Freud, Minna Bernays, and the Conquest of Rome. New Light on the Origins of Psychoanalysis«, *New American Review* 1 (1982), S.1–23; *Freud, Fliess, and Fratricide. The Role of Fliess in Freud's Conception of Paranoia,* veröffentlicht 1982 im Selbstverlag; »Freud, Minna Bernays, and the Imitation of Christ«, Vortrag am 20. Mai 1982 an der New School for Social Research in New York; *Freud, Martha Bernays, and the Language of Flowers. Masturbation, Cocaine, and the Inflation of Fantasy,* veröffentlicht 1983 im Selbstverlag; *Freud, Krafft-Ebing, and the Witches. The Role of Krafft-Ebing in Freud's Flight into Fantasy,* veröffentlicht 1983 im Selbstverlag; »Freud, Professor Diogenes Teufelsdröckh, and the Garden of Eden. Primal Innocence, Carnal Knowledge, and Original Sin«, *The Freudian Stratagem,* herausgegeben von John Kerr, erscheint demnächst; »Fliess, Freud, and the Skull on the Lido«, Vortrag bei der dritten Hannah-Konferenz über Geschichte der Medizin am Trinity College Toronto, 15. Oktober 1991; »Freud, his Teacher, and the Birth of Analysis« und »Freud, Katharina, and the First ›Wild Analysis‹«, beide Arbeiten in der Reihe von Paul Stepansky, *Freud. Appraisals and Reappraisals,* Hillsdale, Band 1 (1986), S. 3–82, und Band 3 (1988), S. 81–164; »Freud, His Origins, and Family History. The Freuds, the Nathansohns, and the Bernays«, Vortrag am Center for Israel and Jewish Studies an der Columbia University New York, 26. Januar 1987; »Freud and the Unconscionable. The Obstruction of Freud Studies, 1946–2113«, Vortrag vor der National Psychological Association for the Advancement of Psychoanalysis in New York, 25. Januar 1992; »What Jung *Didn't* Say«, *Harvest. Journal for Jungian Studies* 38 (1992), S.

30–37. Die im Selbstverlag veröffentlichten Untersuchungen über Kokain, Weier, Krafft-Ebing, Fließ und Brudermord liegen inzwischen gesammelt vor in dem von Laurence Spurling herausgegebenen Werk *Sigmund Freud. Critical Assessments,* Band 1, London 1989. Außerdem stellte Swales für die Arbeit an dem vorliegenden Buch das Manuskript seiner demnächst erscheinenden Untersuchung mit dem Titel *Wilhelm Fliess. Freud's Other* zur Verfügung.

Eigens erwähnt werden muß auch Sonu Shamdasani, dessen reiche Erkenntnisse zu einem großen Teil noch nicht veröffentlicht sind. Sein bemerkenswerter Aufsatz »A Woman Called Frank«, *Spring* (1990), S. 3–34, wirft ein neues Licht auf Jungs Voraussage über das Schicksal von Miss Miller in den »Wandlungen und Symbolen der Libido«. Erhellend ist ferner seine Arbeit »Two Unknown Early Cases of Jung«, *Harvest. Journal for Jungian Studies* 38 (1992), S. 38–43. Darüber hinaus hat Shamdasani dem Autor großzügig Erkenntnisse aus seinen Archivstudien mitgeteilt und Einblick in seine demnächst erscheinende Untersuchung über Jungs Leben und Werk gewährt.

Die beiden wichtigsten biographischen Quellen zu Jung sind die *Erinnerungen, Träume und Gedanken von C. G. Jung,* aufgezeichnet und herausgegeben von Aniela Jaffé, Olten/Freiburg i. Br. 1971, und die Mitschrift seines Seminars im 1925 von Cary de Angulo, durchgesehen von Jung selbst. Diese Aufzeichnungen sind seit kurzem auf englisch veröffentlicht unter dem Titel *Analytical Psychology. Notes of the Seminar Given in 1925 by C. G. Jung,* herausgegeben von William McGuire, Princeton 1989. Von keiner anderen Persönlichkeit der psychoanalytischen Bewegung, Freud eingeschlossen, liegt eine vergleichbare öffentliche Selbstdarstellung vor. Einige knappe, erhellende Kommentare gibt D. W. Winnicott in seiner Besprechung der *Erinnerungen* im *International Journal of Psycho-Analysis* 45 (1964), S. 450–455.

Eine der Freud-Biographie von Ernest Jones vergleichbare Biographie Jungs existiert nicht. Wer biographische Informationen über Jung sucht, sollte in erster Linie das Buch von Ellenberger konsultieren, *Die Entdeckung des Unbewußten.* Kapitel 9 im zweiten Band, S. 878–995, behandelt »Carl Gustav Jung und die analytische Psychologie«; Jung hat dieses Kapitel noch im Manuskript gelesen. Als weitere biographische Arbeiten sind zu nennen: Barbara Hannah, *C. G. Jung. Sein Leben und Werk,* Fellbach-Oeffingen 1982; Anthony Storr, *C. G. Jung,* New York 1973; E. A. Bennett, *C. G. Jung,* New York 1962; Vincent Brome, *Jung. Man and Myth,* New York 1978; Laurens van der Post, *C. G. Jung, der Mensch und seine Geschichte,* Berlin 1977; Paul Stern, *C. G. Jung. Prophet des Unbewußten,* München/Zürich 1977, und das Kapitel über Jung in *Kindlers*

Psychologie des 20. Jahrhunderts, »Tiefenpsychologie Band 4«, herausgegeben von Dieter Eicke, Weinheim/Basel 1982, S. 151–309. Hannah, Bennett und van der Post hatten den Vorteil, daß sie eng mit Jung zusammenarbeiteten. Das Buch von Brome ist die fachmännische Arbeit eines professionellen Biographen, Storr gibt aus der Sicht des Psychiaters einen knappen Überblick über Jungs Leben und Werk. Stern stützt sich bei seiner Studie offensichtlich auf Mitteilungen eines ungenannten Informanten, sein Buch ist die lebhafteste und am besten lesbare Darstellung. Hilfreiche Informationen, die zum Teil nirgendwo sonst erwähnt werden, enthalten zwei weitere Werke: der von Aniela Jaffé herausgegebene Bildband *C. G. Jung, Bild und Wort,* Olten/Freiburg i. Br. 1977, und *C. G. Jung im Gespräch. Interviews, Reden, Begegnungen,* herausgegeben von Robert Hinshaw und Lela Fischli, Zürich 1986. Das Jung Oral History Archive enthält fast zweihundert Interviews mit Personen, die Jung persönlich kannten. Die Interviews führte Gene Nameche, gefördert wurden sie von der Frances Wickes Foundation. Der größte Teil der Typoskripte, die in der Rara-Abteilung der Countway Library an der Harvard Medical School aufbewahrt werden, kann ohne Einschränkungen eingesehen werden. Linda Donn hat die Interviews für ihre überzeugende Studie *Freud und Jung. Biographie einer Auseinandersetzung,* Hamburg 1990, ausgewertet. Insgesamt hat dieses Material bei den Jung-Forschern noch nicht ausreichend Berücksichtigung gefunden. Besonders wichtig sind die Interviews mit Henry Murray (4. November 1968), C. A. Meier (11. September 1970), Ruth Bailey (17. Februar 1969), Robert Hobson (18. Dezember 1969), Wolfgang Binswanger (13. September 1970), Hermann Müller (4. Mai 1970), Jolande Jacobi (13. Dezember 1969 und 26. Januar 1970), Alphonse Maeder (11. Januar 1970), Michael Fordham (12. Februar 1969), Richard Evans (25. November 1971) und James Hillman (1. Januar 1970).

Über die Beziehung zwischen Freud und Jung geben vor allem die folgenden Werke Aufschluß: George Hogenson, *Jung's Struggle with Freud,* Notre Dame 1983; Robert Steele, *Freud and Jung. Conflicts of Interpretation,* London 1982; Duane Schultz, *Intimate Friends, Dangerous Rivals. The Turbulent Relationship between Freud and Jung,* Los Angeles 1990. Duane Schultz schildert wie Linda Donn erzählend die Beziehung der beiden Männer, während es George Hogenson und Robert Steele in erster Linie darum geht, die Fäden der theoretischen Kontroversen zu entwirren. Aus jungianischer Perspektive ist das Buch von Liliane Frey-Rohm geschrieben, *Von Freud zu Jung. Eine vergleichende Studie zur Psychologie des Unbewußten,* Zürich/Stuttgart 1969. Partei für Freud ergreift Edward Glover, *Freud or Jung?,* London 1950. Nach wie vor lesenswert ist Nandor

Fodor, *Freud, Jung, and Occultism,* New York 1971, obgleich sein Buch wie die Untersuchungen von Frey-Rohm und Glover erschien, bevor der Briefwechsel Freud–Jung veröffentlicht wurde. Zwei hervorragende, provozierende Aufsätze befassen sich mit dem Briefwechsel: Paul Stepansky, »The Empiricist as Rebel. Jung, Freud, and the Burden of Disciplinship«, *Journal of the History of the Behavioral Sciences* 12 (1976), S. 216–239, und Patrick Mahony, »The Budding International Association of Psychoanalysis and Its Discontents«, *Psychoanalysis and Contemporary Thought* 2 (1977), S. 551–590. Vgl. zum Briefwechsel außerdem Kurt R. Eissler, *Psychologische Aspekte des Briefwechsels zwischen Freud und Jung,* Stuttgart-Bad Cannstatt 1982 (*Jahrbuch der Psychoanalyse,* Beiheft 7). Vier Autoren haben sich vor allem darum bemüht, die psychologische Seite der Beziehung zwischen Jung und Freud zu erhellen: Mikkel Borch-Jacobsen, *The Freudian Subject,* Stanford 1988; François Roustang, *Un destin si funeste,* Paris 1976; Peter Homans, »Narcissism in the Jung–Freud Confrontation«, *American Imago* 38 (1974), S. 81–95; John Gedo, »Magna Est Vis Veritatis Tuae et Praevalebit«, *The Annual of Psychoanalysis,* Band 7, New York 1979.

Als Standardwerke über Freud sind zu nennen: Ernest Jones, *Das Leben und Werk von Sigmund Freud;* das zweihundert Seiten umfassende VII. Kapitel »Sigmund Freud und die Psychoanalyse«, S. 567–765, in Henry Ellenbergers *Die Entdeckung des Unbewußten,* Band II; Ronald Clark, *Sigmund Freud,* Frankfurt am Main 1981; Max Schur, *Sigmund Freud. Leben und Sterben,* Frankfurt am Main 1973, eine wichtige Studie, die viele Aspekte von Freuds Leben in einem neuen Licht erscheinen ließ. Zu Schurs Buch vgl. die Rezension von Lutz Rosenkötter, *Psyche* 28 (1974), S. 900f. Viele biographische Details enthält der Band *Sigmund Freud. Sein Leben in Bildern und Texten,* herausgegeben von Ernst Freud, Lucie Freud und Ilse Grubrich-Simitis, Frankfurt am Main 1976. Über Freud und die erste Generation der Analytiker informiert der von Dieter Eicke herausgegebene Band 1 »Tiefenpsychologie« in der Reihe *Kindlers Psychologie des 20. Jahrhunderts,* Weinheim/Basel 1982. In gewisser Hinsicht sind die interessantesten Arbeiten über Freud nicht die in jüngerer Zeit veröffentlichten, die eine verwirrende, mittlerweile unüberschaubare Fülle von Sekundärliteratur zu berücksichtigen hatten, sondern die Bücher, die vor der Standard-Biographie von Ernest Jones erschienen. Das wichtigste und auch am besten lesbare ist auch das älteste Werk: Fritz Wittels, *Sigmund Freud, die Lehre, die Schule,* Leipzig/Wien/Zürich 1924. Auch Wittels' zweites Buch, *Freud and His Time,* New York 1931, verdient immer noch gründliche Lektüre. (Wittels' Distanzierung von seinem ersten Buch, »Revision of a Biography«, *The Psycho-*

analytic Review 20 [1933], S. 361–374, sollte keine allzu große Bedeutung beigemessen werden. Er wurde offensichtlich dazu veranlaßt, so etwas zu schreiben, als er von Europa nach Amerika emigrierte.) Die Freud-Biographie von Helen Walker Puner, *Freud. His Life and His Mind,* New York 1947, ist provozierend und war, wie Peter Gay schreibt (S. 827), seinerzeit immerhin so einflußreich, daß Ernest Jones sich ausführlich damit auseinandersetzte. Hanns Sachs, *Freud, Master and Friend,* Cambridge 1944, schildert Freud so, wie ihn nur ein Schüler schildern kann. Theodor Reiks Buch *Dreißig Jahre mit Sigmund Freud,* München 1976, ist ein interessantes Sammelsurium von Anekdoten und Tatsachen und vermittelt einen guten Eindruck von der Situation der Psychoanalyse unmittelbar vor Beginn des Zweiten Weltkriegs. Erich Fromm, *Sigmund Freuds Psychoanalyse. Größe und Grenzen,* Stuttgart 1979, beleuchtet scharf einige wichtige Seiten von Freuds Persönlichkeit. Fromms von jeglicher Idealisierung freie Sicht ist um so bemerkenswerter, als Hanns Sachs seine wichtigste Informationsquelle war. Weniger farbig in der Darstellung, aber nicht weniger lesenswert sind die bahnbrechenden Arbeiten von Siegfried Bernfeld, »Freud's Earliest Theories and the School of Helmholtz«, *The Psychoanalytic Quarterly* 13 (1944), S. 341–363; »Freud's Scientific Beginnings«, *American Imago* 6 (1949), S. 163–196; »Sigmund Freud, M. D., 1882–1885«, *The International Journal of Psycho-Analysis* 32 (1951), S. 204–217; »Freud's Studies on Cocaine, 1884–1887«, *Journal of the American Psychoanalytic Association* 1 (1953), S. 581–613; und zusammen mit Suzanne Cassirer Bernfeld »Freud's First Year in Practice, 1886–1887«, *Bulletin of the Menninger Clinic* 16 (1952), S. 37–49.

Wer sich über das Erscheinungsbild und das wissenschaftliche Verständnis von nervösen Erkrankungen der damaligen Zeit informieren möchte, sollte vor allem die Literatur jener Zeit studieren, insbesondere die Schriften von Pierre Janet und Paul Dubois. Dubois befaßt sich in seiner Schrift *Die Psychoneurosen und ihre psychische Behandlung,* Bern 1905, zu gleichen Teilen mit der Entwicklung der Lehre von den nervösen Erkrankungen und der Behandlung (durch »Überzeugung«) bestimmter, umschriebener Beschwerdebilder. Die wichtigsten deskriptiven Arbeiten von Janet sind *L'Automatisme Psychologique. Essai de Psychologie Expérimentale sur les Formes Inférieurs de l'Activité Humaine,* Paris 1889, und *Der Geisteszustand der Hysterischen,* Leipzig/Wien 1894. Erwähnenswert ist ferner Théodule Ribot, *Les maladies de la personnalité,* Paris 1891. Eine autobiographische Notiz von Janet findet sich in *History of Psychology in Autobiography,* herausgegeben von Carl Murchison, Band 1, Worcester

1923, S. 123–133. Biographische Anmerkungen über Janet enthält auch Kapitel VI, »Pierre Janet und die psychologische Analyse« (S.449–560), bei Ellenberger, *Die Entdeckung des Unbewußten.* Über Joseph Grassets »polygonale« Psychologie geben am besten seine eigenen Arbeiten Aufschluß: *Demifous et demiresponsables,* Paris 1907, und *Le spiritisme devant la science,* Montpellier/Paris 1904. Zur Debatte über den Hypnotismus sollte man in erster Linie die Werke von Hippolyte Bernheim lesen: *Die Suggestion und ihre Heilwirkung,* übersetzt von Sigmund Freud, Leipzig/Wien 1888, Nachdruck Tübingen 1985, und *Neue Studien über Hypnotismus, Suggestion und Psychotherapie,* übersetzt von Sigmund Freud, Leipzig 1892. Die Bedeutung des erstgenannten Buches für das Verständnis der Entwicklung der Psychoanalyse hebt Johann Georg Reicheneder in seiner Besprechung in der *Psyche* 41 (1987), S. 472 ff., hervor. Weitere Informationen über die Hypnosebehandlung enthält Poul Bjerre, *The History and Practice of Psychoanalysis,* Boston 1916. Die beiden großen Schriften von Richard von Krafft-Ebing und die ähnlich gelagerte Abhandlung seines Schülers Albert von Schrenck-Notzing sind gleichfalls wichtig: Krafft-Ebing, *Lehrbuch der Psychiatrie auf klinischer Grundlage für praktische Ärzte und Studierende,* 5. Auflage Stuttgart 1893; Krafft-Ebing, *Psychopathia sexualis mit besonderer Berücksichtigung der conträren Sexualempfindung. Eine klinisch-forensische Studie,* 10. Auflage Stuttgart 1898; Schrenck-Notzing, *Die Suggestionstherapie bei krankhaften Erscheinungen des Geschlechtssinnes,* Stuttgart 1889.

Eine lesenswerte Untersuchung über die Geschichte der Hysterie ist das Buch von Ilza Veith, *Hysteria. The History of a Disease,* Chicago 1965. Einen Überblick über die Erscheinungsformen nervöser Erkrankungen gibt George Drinka, *The Birth of Neurosis, Myth, Malady, and the Victorians,* New York 1984. Stärker wissenschaftlich ausgerichtet sind die Arbeiten von Malcolm Macmillan: »Delbœuf and Janet as Influences in Freud's Treatment of Emmy von N.«, *Journal of the History of Behavioral Sciences* 15 (1979), S. 299–309; vgl. auch Kapitel 2, »Charcot, Hypnosis, and Determinism« in seinem scharfsichtigen Buch *Freud Evaluated. The Completed Arc,* Amsterdam 1990. Aufschluß über die Entwicklung der Krankheitsvorstellungen gibt Jeffrey Boss, »The Seventeenth-Century Transformation of the Hysteric Affection, and Sydenham's Baconian Medicine«, *Psychological Medicine* 1 (1979), S. 221–234. Boss zeichnet nach, wie sich die Auffassung von der Rolle der Gebärmutter bei hysterischen Erkrankungen entwickelte. Vgl. außerdem Nathan Kravis, »James Braid's Psychophysiology. A Turning Point in the History of Dynamic Psychiatry«, *American Journal of*

Psychiatry 145 (1988), S. 1191–1206; Toby Gelfand, »Réflexions sur Charcot et la famille névropathique«, *Histoire des Sciences Médicales* 21 (1987), S. 245 bis 250; Mark Micale, »Charcot and the Idea of Hysteria in the Male. Gender, Mental Science, and Medical Diagnosis in Late-Nineteenth-Century France«, *Medical History* 34 (1990), S. 363–441.

Die um die Jahrhundertwende entstandenen Theorien über nervöse Erkrankungen und erbliche Degeneration sind um so eindrucksvoller, wenn man sich vor Augen führt, daß Behandlungsmethoden erst relativ spät entwickelt wurden und daß Psychiatrie und Neurologie in der theoretischen Konzeptualisierung der klinischen Praxis lange Zeit erheblich hinterherhinkten. Grundlegende Quellen dazu sind: Erwin Ackerknecht, *Geschichte der Medizin,* 7. Auflage Stuttgart 1992; ders., *Kurze Geschichte der Psychiatrie,* 3. Auflage Stuttgart 1985; Michel Foucault, *Die Geburt der Klinik. Eine Archäologie des ärztlichen Blicks,* München 1973; Fielding Garrison, *Contributions to the History of Medicine,* New York 1966. Lesenswert ist auch das Buch von Franz Alexander und Sheldon Selesnick, *Geschichte der Psychiatrie. Ein kritischer Abriß der psychiatrischen Theorie und Praxis von der Frühgeschichte bis zur Gegenwart,* Konstanz 1969. Wer weitere Hintergrundinformationen sucht, sei auf die folgenden Arbeiten verwiesen: L. S. Jacyna, »Principles of General Physiology. The Comparative Dimension to British Neuroscience in the 1830's and 1840's«, *Studies in the History of Biology* 7 (1983), S. 47–92, sowie die gedankenreiche und sehr moderne Abhandlung von Charles Mercier, *Sanity and Insanity,* New York 1889, erschienen in der von Havelock Ellis herausgegebenen Reihe *Contemporary Science.* Die wichtigste Arbeit über Ellis ist nach wie vor die Biographie von Phyllis Grosskurth, *Havelock Ellis. A Biography,* New York 1980. Mit dem Zusammenhang zwischen der Theorie von der erblichen Degeneration und rassistischem Denken hat sich George Mosse in zwei wichtigen Arbeiten beschäftigt: *Ein Volk, ein Reich, ein Führer. Die völkischen Ursprünge des Nationalsozialismus,* Königstein/Ts. 1979, und *Rassismus. Ein Krankheitssymptom in der europäischen Geschichte des 19. und 20. Jahrhunderts,* Königstein/Ts. 1978. Vgl. ferner die höchst verdienstvolle Untersuchung von Sander Gilman, *Difference and Pathology. Stereotypes of Sexuality, Race and Madness,* Ithaca 1983. Wichtig ist auch das Buch von Léon Poliakov, *Der arische Mythos. Zu den Quellen von Rassismus und Nationalismus,* Wien/Zürich 1977.

Zu der Frage, an was für einer Erkrankung Sabina Spielrein litt, vgl. Anthony Storr, »A Second Opinion«, *The New York Times Book Review* 16. Mai 1982, S. 1f., S. 21. Auf Avicenna und die »Liebeskrankheit« hat Fady Hajal in einem

Vortrag mit dem Titel »Lovesickness, a Major Health Hazard for Medieval Middle Eastern Youth« am 19. Juni 1987 vor der Sektion für Geschichte der Psychiatrie des Cornell Medical Center am New York Hospital hingewiesen. Zu Robert Carter vgl. Alison Kane und Eric Carlson, »A Different Drummer: Robert B. Carter and Nineteenth-Century Hysteria«, *Bulletin of the New York Academy of Sciences* 58 (1982), S. 510–534. Die Bedeutung des Gymnasialabschlusses erwähnte Frau C. A. Meier in ihrem Interview mit Gene Nameche am 19./ 23. März 1970, Jung Oral History Archive. Über das Verhältnis von Russen zur Literatur und allgemein über die »russische Seele« vgl. Robert Williams, »The Russian Soul. A Study in European Thought and Non-European Nationalism«, *Journal of the History of Ideas* 31 (1970), S. 573–588. Wie sich die Einstellung gegenüber Masturbation veränderte, beschreibt Robert MacDonald, »The Frightful Consequences of Onanism. Notes on the History of a Delusion«, *Journal of the History of Ideas* 28 (1967), S. 423–431. Erhellend ist Rosemary Dinnages Rezension der englischen Ausgabe von Carotenutos Buch »Declaration of Dependance«, *London Times Literary Supplement,* 10. Dezember 1982, S. 1351.

Die Besonderheiten der Schweizer Tradition der Psychiatrie schildert Oskar Diethelm in Kapitel 9, »Schweiz«, S. 238–255, des Werkes *World History of Psychiatry,* herausgegeben von John G. Howells, New York 1975. Lesenswert sind auch die Aufsätze über Deutschland und Österreich (Kapitel 10, S. 256 bis 290) von Esther Fischer-Homberger und über die Sowjetunion (Kapitel 12, S. 308–333) von Joseph Wortis und A. G. Galatschjan. Wichtig sind ferner zwei Arbeiten von Henry Ellenberger, »The Scope of Swiss Psychology«, erschienen in dem von Henry David und Helmut von Braken herausgegebenen Band *Perspectives in Personality Theory,* New York 1961, und »Carl Gustav Jung. His Historical Setting«, *Historical Explorations in Medicine and Psychiatry,* herausgegeben von Hertha Riese, New York 1978. Ellenbergers Aufsatz über die Schweizer Psychiatrie wurde nachgedruckt als sechstes Kapitel in dem von Mark Micale herausgegebenen Band *Discovery of the Unconscious. Selected Essays on the History of Psychiatry by Henri Ellenberger,* Princeton 1993.

Die ergiebigste Quelle zu Auguste Forel ist Ellenbergers *Die Entdeckung des Unbewußten,* passim. Informativ sind außerdem die Aufsätze von Adolf Meyer, *Collected Papers of Adolf Meyer,* herausgegeben von E. Winters, Band 1, Baltimore 1950, und natürlich Forels Autobiographie *Rückblick auf mein Leben,* Zürich 1935. Forels Abhandlung *Der Hypnotismus oder die Suggestion und die Psychotherapie,* Stuttgart 1898, unterscheidet sich positiv von Albert Molls *Der Hypnotismus,* Berlin 1889. Forels Buch *Hygiene der Nerven und des Geistes im gesunden und kranken Zustande,* Stuttgart 1903, war als Einführung in die neue Lehre vom Nervensystem gedacht. Besonders wichtig ist nach wie vor Forels *Die sexuelle Frage. Eine naturwissenschaftliche, psychologische, hygienische und soziologische Studie für Gebildete,* München 1905, die in Verbindung mit Albert Molls *Das Sexualleben des Kindes,* Leipzig 1909, gelesen werden sollte.

Vater und Sohn Bleuler haben ihr Leben und Wirken in einer Weise für künftige Generationen dokumentiert, die einzigartig in der Geschichte der Psychiatrie ist. Vgl. Manfred Bleuler, »Eugen Bleuler's Conception of Schizophrenia – An Historical Sketch«, *Bulletin of the Isaac Ray Medical Library* 1 (1953), S. 47–60; »My Father's Conception of Schizophrenia«, *Bulletin of the New York State Asylums* 7 (1931), S. 1–16; »Eugen Bleuler«, *Archives of Neurology and Psychiatry* 26 (1934), S. 610–628; außerdem Manfred Bleulers Gespräch mit Gene Nameche am 8. Dezember 1969, Jung Oral History Archive. Die beiden großen Werke von Eugen Bleuler, *Dementia praecox oder Gruppe der Schizophrenien,* Leipzig/Wien 1911, und *Lehrbuch der Psychiatrie,* Berlin 1916 (inzwischen liegt die 15. Auflage 1983 vor), enthalten klinische Beobachtungen, die immer noch Beachtung verdienen. Für den Historiker sind sie darüber hinaus aufschlußreich, weil sie zeigen, was Bleuler über die Theorien seiner drei großen Kollegen Kraepelin, Jung und Freud dachte. Lesenswert ist auch Manfred Bleulers wichtige klinische Studie *Die schizophrenen Geistesstörungen im Lichte langjähriger Kranken- und Familiengeschichten,* Stuttgart 1972. Manfred Bleuler erörtert darin ausführlich, wie sich Jung und Eugen Bleuler wechselseitig beeinflußten. Wer sich für Bleulers Einstellung zur Psychoanalyse interessiert, sei auf folgende Literatur verwiesen: das Abstract »Bleuler versus Jung on Negativism«, *The Psycho-Analytic Review* 7 (1920), S. 106 ff., und das Abstract von M. Karpas in *The Psycho-Analytic Review* 2 (1915), S. 466 ff.; ferner Bleulers kritische Auseinandersetzung mit Freud in seinem Buch *Die Psychoanalyse Freuds,* Leipzig/Wien 1911.

Leser, die mehr über die Geschichte der Diagnose »Dementia praecox« erfahren möchten, sollten vor allem die Einführung zu Emil Kraepelins *Psychiatrie. Lehrbuch für Studenten und Ärzte,* 6. Auflage in zwei Bänden, Leipzig 1899, lesen. Kraepelins zweites großes Werk, *Einführung in die psychiatrische Klinik,* 2. Auflage Leipzig 1905, hat die Kritiker der herkömmlichen Psychiatrie auf den Plan gerufen, denn Kraepelin bleibt ganz und gar bei der klinisch-phänomenologischen Beschreibung. Kraepelins *Lebenserinnerungen,* New York/Berlin 1983, sind eine Fundgrube für jeden, der sich mit der Geschichte der Psychiatrie befaßt.

Über Jungs frühe persönliche und berufliche Entwicklung gibt es eine Reihe wichtiger Aufsätze. Einige Anekdoten berichtet Albert Oeri: »Ein paar Jugenderinnerungen an C. G. Jung«, abgedruckt in dem bereits erwähnten, von Hinshaw und Fischli herausgegebenen Band *C. G. Jung im Gespräch,* S. 1–9. Höchst lesenswert sind außerdem: Martin Ebon, »Jung's First Medium«, *Psyche* 7 (1970), S. 3–15; James Hillman, »Some Early Background to Jung's Ideas. Notes on *C. G. Jung's Medium* by Stephanie Zumstein-Preiswerk«, *Spring* (1976), S. 123–136; William B. Goodheart, »C. G. Jung's First ›Patient‹. On the Seminal Emergence of Jung's Thought«, *Journal of Analytical Psychology* 29 (1984), S. 1–34; Aniela Jaffé, »Details about C. G. Jung's Family«, *Spring* (1984), S. 35–43; Phillip Wolf-Windegg, »C. G. Jung – Bachofen, Burckhardt, and Basel«, *Spring* (1976), S. 137–147; Adolf Portmann, »Jung's Biology Professor. Some Reflections«, *Spring* (1976), S. 148–154; J. Marvin Spiegelman, »Psychology and the Occult«, *Spring* (1976), S. 104–122. Aubrey Lewis' Aufsatz »Jung's Early Work«, *Journal of Analytical Psychology* 2 (1957), S. 119 bis 136, ist ein Musterbeispiel für eine Untersuchung, die historische Darstellung und kritische Würdigung verbindet.

Die »Diagnostischen Assoziationsstudien« erschienen von 1904 bis 1910 im *Journal für Psychologie und Neurologie* und wurden in zwei Bänden, Leipzig 1906 und 1910, nachgedruckt. Unbedingt lesenswert sind die Beiträge von Jungs Mitarbeitern zum Assoziationsexperiment. Vgl. Eugen Bleuler, »Über die Bedeutung von Assoziationsversuchen«, Band 1, S. 1–6, und »Bewußtsein und Assoziation«, ebenda S. 229–257; Franz Riklin, »Kasuistische Beiträge zur Kenntnis hysterischer Assoziationsphänomene«, Band 2, S. 1–30; Emma Fürst, »Statistische Untersuchungen über Wortassoziationen und über familiäre Übereinstimmung im Reaktionstypus bei Ungebildeten«, ebenda S. 77–112; Ludwig Binswanger, »Über das Verhalten des psychogalvanischen Phänomens beim Assoziationsexperiment«, ebenda S. 113–195; außerdem Franz Riklin, »Analytische Untersuchungen der Symptome und Assoziationen eines Falles von Hysterie (Lina H.)«, *Psychiatrisch-neurologische Wochenschrift* 6 (1904/1905), S. 449–452, S. 493 ff., S. 505–511. Die sechs ursprünglichen Beiträge von Jung und spätere experimentelle Untersuchungen sind in Band 2 seiner *Gesammelten Werke,* S. 13–500, unter dem Titel »Diagnostische Assoziationsstudien« zusammengefaßt. Zu Binswangers Arbeit vgl. McGuire, »Jung's Complex Reactions (1907). Word Association Experiments Performed by Binswanger«, *Spring* (1984), S. 1–34. Herbert Lehman ist in einer interessanten, klugen Arbeit der Frage nachgegangen, welche Rolle Sabina Spielrein bei den ersten Kontakten von Jung und Freud spielte: »Jung Contra Freud/Nietzsche Contra Wagner«, *International Review of Psycho-Analysis* 13 (1986), S. 201–209. Über die Atmosphäre am Burghölzli zu der Zeit, um die es in dem vorliegenden Buch geht, geben am besten die beiden Bücher von A. A. Brill Aufschluß: *Lectures on Psychoanalytic Psychiatry,* New York 1946, und *Freud's Contribution to Psychiatry,* New York 1944. Die statistischen Angaben für das Jahr 1904 sind entnommen aus dem offiziellen *Rechenschaftsbericht über die Zürichische Kantonale Irrenheilanstalt Burghölzli für das Jahr 1904,* der an der Universität Zürich aufbewahrt wird. Bleulers Arbeit *Affektivität, Suggestibilität, Paranoia,* Halle 1906, ist ein Musterbeispiel für das theoretische Programm der Züricher Schule.

Wer sich einen Überblick über die in den letzten Jahrzehnten des 19. Jahrhunderts entstandene Literatur zum Okkultismus verschaffen möchte, sei verwiesen auf den ausführlichen Literaturbericht in Jungs Dissertation »Zur Psychologie und Pathologie sogenannter okkulter Phänomene,« Band 1 der *Gesammelten Werke,* S. 1–98. Interessanterweise war Jung wie Janet ein hervorragender Historiker, zumindest in den letzten Jahren seines Wirkens. Vgl. ferner die noch nicht auf deutsch veröffentlichten *Zofingia Lectures,* herausgegeben von W. McGuire und J. van Heurck, Supplementband A der englischen Ausgabe der Gesammelten Werke, *Collected Works,*Princeton 1983. Théodore Flournoys Meisterwerk *Des Indes à la planète Mars,* Genf/Paris 1900, ist faszinierend, wenn auch stellenweise zu leichtgläubig. Flournoy war ähnlich gutmütig und besaß ähnliche schriftstellerische Qualitäten wie sein enger Freund William James. Flournoys Arbeit »L'automatisme téléologique anti-Suicide« erschien erstmals 1908 im *Archive de Psychologie* und wurde auf englisch veröffentlicht unter dem Titel »Anti-suicidal Hallucinations« in dem von H. Carrington herausgegebenen Band *Spiritism and Psychology,* New York 1912. Mireille Cifali hat in einem klugen Aufsatz darauf hingewiesen, daß Freud wußte, daß Jung weiterhin mit Flournoy in Kontakt stand: »Le fameux couteau de Lichtenberg«, *Le Bloc-Notes de la Psychanalyse* 4 (1984), S. 171–188. Dies geht auch aus dem Kapitel »An Unknown Lecture of Freud's« der englischen Ausgabe von Reiks Erinnerungen hervor, *From Thirty Years with Freud,* New York 1944, S. 63–93.

Das Standardwerk für die Psychologie jener Zeit ist Edwin Borings *A History of Experimental Psychology,* New York 1950. Borings scharfsichtige Darstellung endet ganz bescheiden genau an dem Punkt, als er auf seinen eigenen wissenschaftlichen Beitrag hätte zu sprechen kommen müssen. Ebenso wichtig sind die Werke von Théodule Ribot, *La psychologie allemande contemporaine,* Paris

1879, und von Theodor Ziehen, *Leitfaden der physiologischen Psychologie,* Jena 1899. Eine autobiographische Notiz von Ziehen, in der er sein Konzept der Transposition erläutert, findet sich in Band 1, S. 122–133, des zitierten Werkes von Carl Murchison, *A History of Psychology in Autobiography.* Vgl. dort auch die Selbstdarstellung von Édouard Claparède (S. 63–97). Biographische Porträts hat auch Raymond Fancher zusammengestellt, *Pioneers of Psychology,* New York/London 1979. Der Leser, der sich über die Geschichte der Psychologie informieren will, sei außerdem auf die beiden von Heinrich Balmer herausgegebenen Bände »Geistesgeschichtliche Grundlagen« und »Entwicklungslinien zur wissenschaftlichen Psychologie« in der Reihe *Kindlers Psychologie des 20. Jahrhunderts,* Weinheim/Basel 1982, verwiesen.

Aufschluß über Behandlungsmethoden, die Jung vertraut waren, geben in erster Linie die Werke von Janet selbst: *Les médications psychologiques. Études historiques, psychologiques et cliniques sur les méthodes de la psychothérapie,* Paris 1919, und *Principes de la Psychothérapie,* Paris 1920. Das letztgenannte Werk ist in unserem Zusammenhang vor allem deshalb von Bedeutung, weil ihm Janets Lowell Lectures in Boston aus dem Jahr 1904 zugrunde liegen, es somit ungefähr zur selben Zeit entstand, als Jung Sabina Spielrein behandelte. Für den Historiker ist es freilich bedauerlich, daß zu den Lowell Lectures weiteres Material hinzugefügt wurde. Hervorragend, aber leider nicht leicht zu finden ist Bjorn Sjövalls *The Psychology of Tension. An Analysis of Pierre Janets Concept of Tension Psychologique,* Stockholm 1967.

Interessant als Vergleich, weil es darin ebenfalls um einen ersten Versuch mit der psychoanalytischen Behandlungsmethode geht, ist der Aufsatz von Eugene Taylor, »On the First Use of ›Psychoanalysis‹ at the Massachusetts General Hospital, 1903–1905«, *Journal of the History of Medicine and Allied Sciences* 43 (1984), S. 447–471. Leser, die sich für die frühe Rezeption Jungscher Gedanken in Amerika interessieren, seien auf weitere Arbeiten von Taylor verwiesen: »James Jackson Putnam's Fateful Meeting with Freud. The 1909 Clark University Conference«, *Voices* 21 (1985), S. 78–89; »Jung and His Intellectual Context. The Swedenborgian Connection«, *Studia Swedenborgiana* 7 (1991), S. 47–69; »C. G. Jung and the Boston Psychopathologists, 1902–1912«, *Voices* 21 (1985), S. 131–144; »William James and C. G. Jung«, *Spring* (1980), S. 157–169; »The American Society for Psychological Research, 1884–1889« in: *Annual Review in Parapsychology,* herausgegeben von D. Radin und N. Weiniger, Secaucus 1986; »Psychotherapy, Harvard, and the American Society for Psychical Research, 1884–1889«, *Proceedings of the 28th Annual Convention of the Parapsychological Association,* Medford/Mass. 1985; »William James on Consciousness and Freud's Reply«, Vortrag vor der American Psychological Association in Washington am 16. August 1992. Putnams erste Arbeit »Recent Experiences in the Study and Treatment of Hysteria at the Massachusetts General Hospital, with Remarks on Freud's Method of Treatment by ›Psycho-Analysis‹«, *Journal of Abnormal Psychology,* 1 (1906), S. 26–41, sollte in Verbindung mit seinen späteren Arbeiten gelesen werden, die nach Putnams Tod von Ernest Jones veröffentlicht wurden: *Addresses to Psychoanalysis,* New York 1921. Putnam wiederzuentdecken wäre eine lohnende Aufgabe für einen Forscher, der es verstünde, Putnams klinische Gedanken aus seiner hegelianischen Philosophie herauszudestillieren. Ein typisches Beispiel für eine nicht-freudianisch ausgerichtete amerikanische Studie aus der Zeit, um die es im vorliegenden Buch geht, ist Boris Sidis *Philistine and Genius,* New York 1911. Über Beard und das Konzept der Neurasthenie informiert Malcolm Macmillan, »Beard's Concept of Neurasthenia and Freud's Concept of the Actual Neurosis«, *Journal of the History of the Behavioral Sciences* 12 (1976), S. 376–390. Stanley Halls *Adolescence. Its Psychology and Its Relations to Physiology, Anthropology, Sociology, Sex, Crime, Religion, and Education,* 2 Bände, New York 1904, muß man lesen, um es zu glauben. Zum Kontext vgl. J. J. Lears, *No Place of Grace. Antimodernism and the Transformation of American Culture,* New York 1981. Ein Schüler von Hall hat ein Buch in ähnlichem Geist verfaßt: A. F. Chamberlain, *The Child. A Study in the Evolution of Man,* London 1906. Zur Freud-Rezeption in Amerika vor, während und nach der Clark-Konferenz sind zwei Werke unverzichtbar: Nathan G. Hale, *Freud and the Americans. The Beginnings of Psychoanalysis in the United States 1876–1917,* New York 1971, und John Burnham, *Psychoanalysis in American Medicine, 1894–1918. Medicine, Science, and Culture,* New York 1976. Demnächst erscheint eine umfassende Untersuchung von Eugene Taylor mit dem Titel *The Development of Scientific Psychotherapy in America.* Zusammen mit den Werken von Hale und Burnham ist damit dieser Themenkomplex gründlichst erforscht. Aufschlußreich sind auch Taylors Rekonstruktion der Lowell Lectures von William James aus dem Jahr 1896, *William James on Exceptional Mental States,* Amherst 1984, sowie die Briefe von William James, *The Letters of William James,* herausgegeben von Henry James, Boston 1920.

Die jüngste Kontroverse über Freuds Verführungstheorie wurde durch ein Buch von Jeffrey M. Masson angestoßen: *Was hat man dir, du armes Kind, getan? Sigmund Freuds Unterdrückung der Verführungstheorie,* Reinbek 1984.

Masson wurden zwar gravierende Fehler nachgewiesen, aber unbestritten hat er das Thema Kindesmißbrauch in psychoanalytischen Kreisen wieder ins Gespräch gebracht hat. Zur kritischen Auseinandersetzung mit Masson vgl. Winfried Knörzer, »Einige Anmerkungen zu Freuds Aufgabe der Verführungstheorie«, *Psyche* 42 (1988), S. 97–131. Die maßgebliche Autorität in allen Fragen, die mit Freuds Verführungstheorie zu tun haben, ist ohne Zweifel Anthony Stadlen vom Freud-Museum in London. Stadlen hat zu dem vorliegenden Buch etliche unveröffentlichte Forschungsergebnisse beigesteuert, wofür ihm an dieser Stelle gedankt sei.

Die Literatur über die Atmosphäre im Wien der Jahrhundertwende ist nahezu unüberschaubar. Dem Leser sei vor allem das Werk von Carl E. Schorske empfohlen, *Wien. Geist und Gesellschaft im Fin de siècle,* Frankfurt am Main 1982, eine flüssig geschriebene, auf lange Zeit aktuelle Untersuchung. Vielfältige Einblicke, in welchem Milieu Freud und seine Patient(inn)en lebten, bietet Hannah Decker, *Freud, Dora, and Vienna 1900,* New York 1991. Eine Fundgrube überraschender Erkenntnisse, die auf intelligente Weise in ihrem jeweiligen Kontext erläutert werden, ist William McGrath, *Freud's Discovery of Psychoanalysis. The Politics of Hysteria,* Ithaca 1986. McGrath ist vor kurzem in einem wichtigen Beitrag der Frage nachgegangen, welchen Einfluß die österreichische Politik auf Freuds Theoriebildung hatte: »Freud and the Force of History«, in dem von Toby Gelfand und John Kerr herausgegebenen Band *Freud and the History of Psychoanalysis,* Hillsdale 1992. Frederick Mortons mit viel Liebe zur Sache geschriebene Untersuchung *Schicksalsjahr Wien 1888/89,* Wien/München/Zürich/New York 1981, ist mit der Fülle farbiger Details so unterhaltsam zu lesen, daß man es dem Autor gern nachsieht, wenn er Freud als einen besessenen jungen Arzt porträtiert, der ohne auf seine Umgebung zu achten mit wildem Blick die Ringstraße entlangstürmt. Mehr wird dem Leser abverlangt in dem Buch von Erna Lesky, *Die Wiener medizinische Schule im 19. Jahrhundert,* Graz/Köln 1965, dem großen Werk einer bedeutenden Medizinhistorikerin. Knapp, klar und unterhaltend ist Francis Schiller, *A Möbius Strip. Fin-de-Siècle Neuropsychiatry and Paul Möbius,* Berkeley 1982. Zwei weitere wichtige Studien über Freuds Umfeld sind Dennis Klein, *The Jewish Origins of the Psychoanalytic Movement,* New York 1981, und Marianne Krüll, *Freud und sein Vater. Die Entstehung der Psychoanalyse und Freuds ungelöste Vaterbindung,* München 1979. Vgl. ferner Hugo Knoepfmacher, »Freud and the B'nai B'rith«, *Journal of the American Psychoanalytic Association* 27 (1979), S. 447–459. Provozierend ist das Buch von John Cuddihy, *The Ordeal of Civility,* New York 1974.

Gleichfalls provozierend, wenn auch in anderer Hinsicht, ist David Bakan, *Sigmund Freud and the Jewish Mystical Tradition,* Princeton 1958. Viel interessantes Material enthält Paul Vitz, *Sigmund Freud's Christian Unconscious,* New York 1988. Unbedingt empfehlenswert ist das neue Buch von Yosef Yerushalmi, einem ausgewiesenen Fachmann, *Freud's Moses. Judaism Terminable and Interminable,* New Haven 1991. Mit ähnlichen Fragen, aber unabhängig von Yerushalmi beschäftigt sich Emanuel Rice, *Freud and Moses. The Long Journey Home,* Albany 1991. Noch eine andere Perspektive eröffnet Peter Gay, *Ein gottloser Jude. Sigmund Freuds Atheismus und die Entwicklung der Psychoanalyse,* Frankfurt am Main 1987. Eine sehr wichtige Untersuchung zum geschichtlichen Hintergrund ist John Efron, *Defining the Jewish Race. The Self-Perceptions and Response of Jewish Scientists to Scientific Racism in Europe, 1882–1933,* Phil. Diss. Columbia University 1991, erscheint demnächst im Druck.

Eine wichtige Quelle über Freud als Person sind die von Hendrik Ruitenbeck gesammelten Porträts in dem Band *Freud as We Knew Him,* Detroit 1973. Zwei aufschlußreiche Aufsätze werden oft übersehen: Franz Alexander, »Recollections of Berggasse 19«, *Psychoanalytic Quarterly* 9 (1940), S. 197–206, und Bruno Goetz, »That's All I Have to Say About Freud«, *International Review of Psycho-Analysis* 3 (1975), S. 139–143. Vgl. ferner: Abram Kardiner, *Meine Analyse bei Freud,* München 1979, und H. Gundlach, »Freud schreibt an Hellpach. Ein Beitrag zur Rezeptionsgeschichte der Psychoanalyse in Deutschland«, *Psyche* 31 (1977), S. 909–921. Jede Generation von Forschern hat sich aufs neue mit dem Thema »Freud als Schriftsteller« befaßt. Aus der Fülle der Literatur seien drei Werke herausgegriffen, die den gegenwärtigen Stand der Diskussion widerspiegeln: Robert Holt, »Freud's Cognitive Style« und »On Reading Freud«, beide in dem eingangs erwähnten Sammelband von Holt, *Freud Reappraised;* Patrick Mahony, *Freud as a Writer,* New York 1982; und François Roustang, *... elle ne le lâche plus,* Paris 1980.

Freuds frühe Theorien haben viele Autoren untersucht. Der Leser, der sich in die Materie einarbeiten will, hat ein umfangreiches Pensum zu bewältigen. Unverzichtbar ist der Briefwechsel Freud–Fließ, darüber hinaus sollten unbedingt folgende Standardwerke herangezogen werden: Walter Stewart, *Psychoanalysis. The First Ten Years, 1888–1898,* London 1969, und Kenneth Levin, *Freud's Early Psychology of the Neuroses. A Historical Perspective,* Pittsburgh 1978. Zum Einfluß von Freuds neurologischer Ausbildung vgl. Peter Amacher, *Freud's Neurological Education and Its Influence on Psychoanalytic Theory,* New York 1962, und Paul Cranefeld, »Freud and the ›School of Helmholtz‹«, *Gesnerus* 23 (1966),

S. 35–39. Larry Stewarts Mutmaßungen über »Freud Before Oedipus. Race and Heredity in the Origins of Psychoanalysis«, *Journal of the History of Biology* 9 (1966), S. 215–228, sollten gelesen werden in Verbindung mit Toby Gelfand, »Mon Cher Docteur Freud. Charcot's Unpublished Correspondence to Freud, 1888–1893«, *Bulletin of the History of Medicine* 62 (1988), S. 563–588, und »Sigmund-sur-Seine. Fathers and Brothers in Charcot's Paris«, in dem von Toby Gelfand und John Kerr herausgegebenen Band *Freud and the History of Psychoanalysis.* Dieser Richtung der Argumentation stehen jene Autoren gegenüber, die den Einfluß romantischer biologischer Vorstellungen auf Freuds Denken betonen, so etwa Madeleine und Henri Vermorel, »Was Freud a Romantic?«, *International Review of Psycho-Analysis* 13 (1986), S. 15–37, und jene, die kulturelle Faktoren in den Mittelpunkt rücken, so Ernst Ticho, »The Influence of the German-Language Culture on Freud's Thought«, *International Journal of Psycho-Analysis* 67 (1986), S. 227–236, und Didier Anzieu, »The Place of Germanic Language and Culture in Freud's Discovery of Psychoanalysis Between 1895 and 1900«, *International Journal of Psycho-Analysis* 67 (1986), S. 219–226. Ein wichtiger, um eine Synthese unterschiedlicher Sichtweisen bemühter Beitrag zu diesem Thema ist der von John Gedo und George Pollack herausgegebene Band *Freud. The Fusion of Science and Humanism,* New York 1976.

Der Leser, der sich einen Überblick über Freuds klinische Konzepte verschaffen möchte, beginnt am besten mit Teil 1 von Macmillans Band *Freud Evaluated,* mit den Aufsätzen von Swales und mit Ola Andersson, *Studies in the Prehistory of Psychoanalysis. The Etiology of Psychoneuroses and Some Related Themes in Sigmund Freuds Scientific Writings and Letters 1886–1896,* Stockholm 1962. Höchst empfehlenswert sind drei hervorragende Aufsätze von Rosemarie Sand: »Early Nineteenth Century Anticipation of Freudian Theory«, *International Review of Psycho-Analysis* 15 (1988), S. 465–479; »Confirmation in the Dora Case«, *International Review of Psycho-Analysis* 10 (1983), S. 333–357; und »Pre-Freudian Discovery of Dream Meaning. The Achievements of Charcot, Janet, and Krafft-Ebing« in dem bereits erwähnten Band *Freud and the History of Psychoanalysis,* herausgegeben von Toby Gelfand und John Kerr. Der letztgenannte Aufsatz gibt einen Vorgeschmack auf das wichtige Buch von Rosemarie Sand über Theorien des Traums im 19. Jahrhundert, das demnächst erscheinen soll. Vgl. ferner: Léon Chertok, »On the Discovery of the Cathartic Method«, *International Journal of Psycho-Analysis* 42 (1961), S. 284–287, und »The Discovery of the Transference. Toward an Epistemological Interpretation«, *International Journal of Psycho-Analysis* 49 (1968), S. 560–576; Suzanne Reichard, »A Re-Examination of ›Studies in Hysteria‹«, *Psychoanalytic Quarterly* 25 (1956), S. 155–177; Lindsay Hurst, »Freud and the Great Neurosis. Discussion Paper«, *Journal of the Royal Society of Medicine* 76 (1983), S. 57–61; Charles Goshen, »The Original Case Material of Psychoanalysis«, *American Journal of Psychiatry* 108 (1952), S. 829–834. Hervorragend, aber leider zu wenig bekannt ist der Beitrag von Abram de Swaan »On the Sociogenesis of the Psychoanalytic Setting« in dem Band *Human Figurations. Essays for Norbert Elias,* herausgegeben von P. Gleichman, J. Goudsblom und H. Korte, Amsterdam 1977. Empfehlenswert sind weiterhin I. Bry und A. Rifkin, »Freud and the History of Ideas. Primary Sources«, in: *Science and Psychoanalysis,* herausgegeben von J. Masserman, Band 5, New York 1962. Hervorragend sind die beiden Arbeiten von Stephen Kern, »Explosive Intimacy. Psychodynamics of the Victorian Family«, *The New Psycho-History,* herausgegeben von L. de Mause, New York 1975, und »Freud and the Discovery of Child Sexuality«, *History of Childhood Quarterly* 1 (1973), S. 117–141. Unbedingt zu empfehlen ist der von Mark Kanzer und Jules Glenn herausgegebene Band *Freud and His Patients,* New York 1983. Über den »Rattenmann« vgl. Patrick Mahonys wichtige Studie *Freud and the Rat Man,* New Haven 1986. Mahonys parallele Untersuchung über den Wolfsmann, *Cries of the Wolf Man,* New York 1984, sollte in Verbindung mit dem Buch von Karin Obholzer gelesen werden, *Gespräche mit dem Wolfsmann. Eine Psychoanalyse und die Folgen,* Reinbek 1980. Der Leser, der sich für Schreber interessiert, sollte als erstes dessen Autobiographie zur Hand nehmen: Daniel Paul Schreber, *Denkwürdigkeiten eines Nervenkranken,* Leipzig 1903. Die wichtigsten Titel der Sekundärliteratur sind William Niederland: *Der Fall Schreber. Das psychoanalytische Profil einer paranoiden Persönlichkeit,* Frankfurt am Main 1978; Morton Schatzman, *Die Angst vor dem Vater. Langzeitwirkung einer Erziehungsmethode. Eine Analyse am Fall Schreber,* Reinbek 1974; Han Israëls, *Schreber. Father and Son,* im Selbstverlag 1981, Nachdruck Madison 1989; und Zvi Lothane, *In Defense of Schreber. Soul Murder and Psychiatry,* Hillsdale 1992. Lothane gibt neben einem historischen Abriß auch einen Überblick über die Fülle der Sekundärliteratur zum Fall Schreber.

Auch die Forschung über Weininger ist ein eigenes, reichlich beackertes Gebiet geworden. Dem Leser sei in erster Linie Weiningers Buch empfohlen, *Geschlecht und Charakter,* erstmals erschienen Wien 1903. Mit biologischen Theorien der Weiblichkeit aus jener Zeit befaßt sich Susan Mondal, »Science Corrupted. Victorian Biologists Consider ›The Woman Question‹«, *Journal of the History of Biology* 11 (1978), S. 1–55. Zum angeblichen Zusammenhang von Weiblichkeit und Judentum vgl. den scharfsinnigen, aber auch provozierenden Aufsatz von Sander Gilman, »The Struggle of Psychiatry with Psychoanalysis: Who Won?«, *The Trials of Psychoanalysis,* herausgegeben von F. Meltzer, Chicago 1988. Dieser Band enthält ferner eine außerordentlich bemerkenswerte Arbeit von Arnold Davidson, »How to Do the History of Psychoanalysis: A Reading of Freud's *Three Essays on the Theory of Sexuality«.* Drei nicht leicht einzuordnende, aber für den allgemeinen kulturellen Hintergrund und die Einstellung der damaligen Zeit zur Sexualität sehr aufschlußreiche Werke sind Edward Carpenter, *Love's Coming of Age,* New York 1905; Thomas Szasz, *Karl Kraus and the Soul-Doctors,* London 1977; und Iwan Bloch, *Das Sexualleben unserer Zeit in seinen Beziehungen zur modernen Kultur,* Berlin 1907.

An erster Stelle der Werke über Freuds Anhänger ist das bereits erwähnte Buch von Paul Roazen zu nennen, *Sigmund Freud und sein Kreis.* Die umfassendste Untersuchung über Breuer und »Anna O.« ist die Dissertation von Albrecht Hirschmüller, *Physiologie und Psychoanalyse im Leben und Werk Josef Breuers,* Bern 1978. Vgl. ferner Hirschmüllers Aufsatz »Eine bisher unbekannte Krankengeschichte Sigmund Freuds und Josef Breuers aus der Entstehungszeit der ›Studien über Hysterie‹«, *Jahrbuch der Psychoanalyse* 10 (1978), S. 136 bis 168, und Paul Cranefeld, »Josef Breuer's Evaluation of His Contribution to Psycho-Analysis«, *International Journal of Psycho-Analysis* 39 (1958), S. 317 bis 322. Zu Ranks Rolle in der Frühzeit der Psychoanalyse vgl. vor allem die entsprechenden Passagen in dem genannten Werk von Klein, *The Jewish Origins of Psychoanalysis,* ferner Jessie Taft, *Otto Rank. A Biographical Study,* New York 1958, und Esther Menaker, *Otto Rank. A Rediscovered Legacy,* New York 1982. Peter Rudnytsky, ein Literaturwissenschaftler mit breiten Kenntnissen über die Geschichte der Psychoanalyse, ist den Spuren von Menaker, einer bekannten Analytikerin, gefolgt und hat in einer geistvollen Studie Ranks Beitrag zum psychoanalytischen Denken erhellt: *The Psychoanalytic Vocation. Rank, Winnicott, and the Legacy of Freud,* New Haven 1991. An nächster Stelle auf der Liste derjenigen, die es wiederzuentdecken gilt, steht Ferenczi. Vgl. dazu den von Lewis Aron und Adrienne Harris herausgegebenen Band *The Theoretical and Clinical Contributions of Sándor Ferenczi,* Hillsdale 1993, darin insbesondere die historischen Beiträge von Judith Meszaros, André Haynal, Axel Hoffer, Arnold Rachman und Christopher Fortune. Vgl. ferner Martin Stanton, *Sándor Ferenczi. Reconsidering Active Intervention,* New York 1991. Ferenczis Arbeiten sind in einer vierbändigen Ausgabe veröffentlicht: *Bausteine zur Psychoanalyse,* Bern/Stuttgart 1964, Nachdruck der im Internationalen Psychoanalytischen Verlag Leipzig erschienenen Erstausgabe 1927 und 1938. Weitere Schriften von Ferenczi sind gesammelt in dem von Helmut Dahmer herausgegebenen Band *Zur Erkenntnis des Unbewußten und andere Schriften zur Psychoanalyse,* München 1978. Zu Ernest Jones vgl. in erster Linie die Arbeiten von Paskauskas, ferner Jones' Erinnerungen *Free Associations. Memoirs of a Psychoanalyst,* New York 1959, und Vincent Brome, *Ernest Jones. Freud's Alter Ego,* New York 1983. Viel über die Atmosphäre am Burghölzli und über die Beziehung von Karl Abraham zu Freud erfährt der Leser aus Hilda Abrahams Tribut an ihren Vater, »Karl Abraham. An Unfinished Biography«, *International Review of Psycho-Analysis* 1 (1974), S. 12–72. Karls Abrahams gesammelte Schriften hat Johannes Cremerius in einer zweibändigen Ausgabe herausgegeben: *Psychoanalytische Studien zur Charakterbildung. Und andere Schriften,* Frankfurt am Main 1969, und *Psychoanalytische Studien II,* Frankfurt am Main 1971. Biographische Informationen über Abraham geben ferner: Ernest Jones' Einleitung zur englischen Ausgabe von Abrahams Schriften, »Introductory Memoir«, *Selected Papers of Karl Abraham,* herausgegeben von Ernest Jones, London 1927; E. Glovers Einleitung zu Abraham, *Clinical Papers and Essays on Psychoanalysis,* herausgegeben von Hilda Abraham; und Vincent Brome, *Sigmund Freud und sein Kreis. Wege und Irrwege der Psychoanalyse,* München 1969. Unbedingt lesenswert sind die Erinnerungen von Stekel, *Autobiography. The Life of a Pioneer Psychoanalyst,* herausgegeben von E. A. Gutheil, New York 1950. Stekels magnum opus ist *Die Sprache des Traumes,* Wiesbaden 1911. Stekels Besprechung von Weiningers Buch erschien 1904 in *Die Waage.* Eine Verteidigungsschrift für Adler ist Phyllis Bottomes Buch *Alfred Adler. Apostle of Freedom,* London 1939. Sie setzt sich unter anderem mit dem Vorwurf des »Biologismus« auseinander. Ihr Buch sollte in Verbindung mit dem entsprechenden Kapitel in Ellenbergers *Entdeckung des Unbewußten* gelesen werden, »Alfred Adler und die Individualpsychologie«, Kapitel VIII, S. 765–878. Zu Alfred Adlers »Individualpsychologie« vgl. ferner das entsprechende Kapitel in *Kindlers Psychologie des 20. Jahrhunderts,* »Tiefenpsychologie Band 4«, herausgegeben von Dieter Eicke, Weinheim/Basel 1982, S. 1–150. Die umfassendste Untersuchung über Adlers Aufstieg und Fall in Freuds Kreis ist das Buch von Paul Stepansky, *In Freud's Shadow. Adler in Context,* Hillsdale 1983. Lesenswert ist ferner Leo Lobl, »Otto Rank and Alfred Adler, *Journal of the Otto Rank Association* 9 (1974), S. 49–64. Adlers Arbeiten sind in zwei von Heinz L. und Rowena Ansbacher herausgegebenen Ausgaben erschienen: *Alfred Adler. Individualpsychologie. Eine systematische Darstellung seiner Lehre in Auszügen aus seinen Schriften,* München/Basel 1972, und *Alfred Adler. Psychotherapie und Erziehung,* 2 Bände, Frankfurt am Main 1982.

Der Experte für Otto Groß ist Emanuel Hurwitz in Zürich; vgl. sein Buch *Otto Groß. Paradies-Suche zwischen Freud und Jung,* Zürich/Frankfurt am Main 1979. Eine weitere ergiebige Quelle ist Martin Green, *Else und Frieda, die Richthofen-Schwestern,* München 1976. Zu Groß' politischen Verbindungen vgl. Arthur Mitzman, »Anarchism, Expressionism, and Psychoanalysis«, *New German Critique* 10 (1977), S. 77–104. Über Freuds Verhältnis zu seinen Anhängern und die wiederholte Verschiebung seiner Gunst vgl. Richard Evans, *Gespräche mit C. G. Jung und Äußerungen von Ernest Jones,* Zürich 1967. Phyllis Grosskurth zeichnet in dem erwähnten Buch *The Secret Ring. Freud's Inner Circle and the Politics of Psycho-Analysis* die Gründung und das spätere Wirken des »Komitees« nach. Drei Werke geben einen interessanten Überblick über die Geschichte der Psychoanalyse: Marthe Robert, *La révolution psychanalytique. La vie et l'œuvre de Sigmund Freud,* 2 Bände, 2. Auflage Paris 1989; Edith Kurzweil, *Freud und die Freudianer. Geschichte und Gegenwart der Psychoanalyse in Deutschland, Frankreich, England, Österreich und den USA,* Stuttgart 1993; und das wichtige biographische Kompendium *Psychoanalytic Pioneers,* herausgegeben von Franz Alexander, Samuel Eisenstein und Martin Grotjahn. Über die Wiener Psychoanalytische Vereinigung informieren: Max Graf, »Reminiscences of Professor Sigmund Freud«, *The Psychoanalytic Quarterly* 11 (1942), S. 465–476; Edward Shorter, »The Two Medical Worlds of Sigmund Freud«, in: *Freud and the History of Psychoanalysis,* herausgegeben von T. Gelfand und J. Kerr; und die *Protokolle der Wiener Psychoanalytischen Vereinigung,* herausgegeben von Hermann Nunberg und Ernst Federn, 4 Bände, Frankfurt am Main 1976, 1977, 1979, 1981. Vgl. dazu Harald Leupold-Löwenthal, »The Minutes of the Vienna Psycho-Analytic Society«, *Sigmund Freud House Bulletin* 4 (1980), S. 23–41. Eine weitere wichtige Quelle sind die Aufzeichnungen von Lou Andreas-Salomé, *In der Schule bei Freud. Tagebuch eines Jahres 1912/13,* aus dem Nachlaß herausgegeben von Ernst Pfeiffer, Zürich 1958. Die großartige Biographie von Rudolph Binion, *Frau Lou. Nietzsche's Wayward Disciple,* Princeton 1968, ist so gründlich psychologisch fundiert, wie man es sich nur wünschen kann. Eine Vielzahl interessanter Informationen, so etwa über literarische Strömungen und die Jugendbewegung der damaligen Zeit, enthält Russell Jacoby, *Die Verdrängung der Psychoanalyse oder der Triumph des Konformismus,* Frankfurt am Main 1985. Niles Holt gewährt Einblicke in die Gedankenwelt der Haeckel-Bünde: »Ernst

Haeckel's Monistic Religion«, *Journal of the History of Ideas* 32 (1971), S. 265–305.

Über die Anfänge von Toni Wolffs Zusammenarbeit mit Jung hat ihre Schwester im Gespräch mit Gene Nameche berichtet (Interview mit Frau Susanne Trüb am 21. September 1970), Jung Oral History Archive. Über Trigant Burrows Beziehung zu Jung informiert Kap. 3 »The Year with Jung« in dem von Herbert Read herausgegebenen Band *The Selected Letters of Trigant Burrow with Biographical Notes,* New York 1958. Mit viel Einfühlungsvermögen erörtert Hans Walser den Selbstmord von Honegger: »An Early Psychoanalytic Tragedy. J. J. Honegger and the Beginnings of Training Analysis«, *Spring* (1974), S. 243–255.

John Billinskys Aufsatz »Jung and Freud« erschien 1969 im *Andover Newton Quarterly,* S. 3–34. An dieser Stelle sei John Billinsky jr. herzlich gedankt. Er hat nach langem Suchen die Originalaufzeichnungen seines Vaters entdeckt, die offensichtlich 1957 in Zürich entstanden sind, und für das vorliegende Buch zur Verfügung gestellt. Der Inhalt der Aufzeichnungen wird bestätigt durch Gene Nameches Gespräche mit Henry Murray (4. November 1968) und Carl Meier (11. September 1970), Jung Oral History Archive. Peter Gay schließt in dem bibliographischen Essay seiner Freud-Biographie und in einem Artikel die Möglichkeit aus, daß zwischen Freud und seiner Schwägerin Minna Bernays ein intimes Verhältnis bestand; vgl. »Sigmund and Minna? The Biographer as Voyeur«, *The New York Times Book Review,* 29. Januar 1989, S. 1, 43 ff. Festzuhalten ist, daß ein großer Teil der Korrespondenz zwischen Freud und Minna Bernays, genauer gesagt die Briefe aus dem Zeitraum vom 27. April 1893 bis zum 25. Juli 1910, noch im Sigmund-Freud-Archiv in der Library of Congress unter Verschluß ist. Anthony Stadlen konnte eine Vereinbarung treffen, die es ihm erlaubte, seine Analyse der »Aliquis«-Episode zu veröffentlichen in dem von John Kerr herausgegebenen Band *The Freudian Stratagem,* der demnächst erscheint.

Nora Crow Jaffé hat sich aus einem anderen Blickwinkel mit Freuds Interpretation von *Gradiva* beschäftigt. Sie kommt zu dem Schluß, Jensen habe mit der Erzählung ausdrücken wollen, daß eine Illusion heilsam wirken kann: »A Second Opinion on Delusions and Dreams. A Reading of Freud's Interpretation of Jensen«, *Images of Healers,* herausgegeben von Anne Hudson Jones, Albany 1983. Die drei grundlegenden Werke zur psychoanalytischen Interpretation von Mythen und Volksdichtung sind Franz Riklin, *Wunscherfüllung und Symbolik im Märchen,* Leipzig 1908; Karl Abraham, *Traum und Mythus. Eine Studie zur Völkerpsychologie,* Leipzig 1909; Otto Rank, *Der Mythus von der Geburt des Helden,* Leipzig 1909. Aufschlußreich im Hinblick auf Jungs Kritik am Christentum in den »Wandlungen und Symbolen« ist Oskar Pfisters Untersuchung über den Grafen Zinzendorf: *Die Frömmigkeit des Grafen Ludwig von Zinzendorf. Ein Psychoanalytischer Beitrag zur Kenntnis der religiösen Sublimierungsprozesse und zur Erklärung des Pietismus,* Leipzig 1910. Vgl. außerdem Otto Rank, *Das Inzest-Motiv in Dichtung und Sage,* Wien 1912. Wie stark sich Freud an Frazer anlehnt, geht aus *Totem und Tabu* deutlich hervor. Der moderne Leser wird annehmen, daß Freud weit über Frazer hinausgegangen sei, tatsächlich jedoch findet man viele von Freuds psychologischen Deutungen bereits bei Frazer. Wer sich ein genaues Bild verschaffen will, kann nicht umhin, das Original zu Rate zu ziehen: James Frazer, *Der goldene Zweig. Das Geheimnis von Glauben und Sitten der Völker,* Leipzig 1928. Nicht allein in *Totem und Tabu* beschäftigt sich Freud mit phylogenetischen Erklärungen, vgl. dazu Ilse Grubrich-Simitis, »Trauma oder Trieb – Trieb und Trauma. Lektionen aus Sigmund Freuds phylogenetischer Phantasie von 1915«, *Psyche* 41 (1987), S. 992–1023, sowie zwei Aufsätze von Barry Silverstein, »Oedipal Politics and Scientific Creativity. Freud's 1915 Phylogenetic Fantasy«, *Psychoanalytic Review* 76 (1989), S. 403 bis 424, und »Now Comes a Sad Story. Freud's Lost Metapsychological Papers«, *Freud. Appraisals and Reappraisals,* herausgegeben von Paul Stepansky, Hillsdale 1988. Einen Überblick über weiterführende Aspekte des Themas gibt Edmund Wallace, *Freud and Anthropology. A History and Reappraisal,* New York 1983. Von Jungs zahlreichen Quellen seien hier zwei hervorgehoben: Franz Cumont, *Die Mysterien des Mithra,* Leipzig 1903, und Leo Frobenius, *Aus den Flegeljahren der Menschheit. Bilder des Lebens, Treibens und Denkens der Wilden,* Hannover 1901. Miss Frank Millers Aufzeichnungen sind im Anhang zu »Symbole der Wandlung. Analyse des Vorspiels einer Schizophrenie«, Band 5 der *Gesammelten Werke* von C. G. Jung, S. 581–593, abgedruckt. Heymann Steinthals Untersuchung der Prometheussage erschien 1862 unter dem Titel »Die ursprüngliche Form der Sage von Prometheus« in der *Zeitschrift für Völkerpsychologie und Sprachwissenschaft.* Exzellente Hintergrundinformationen dazu findet der Leser bei L. Sahakian, *History and Systems of Social Psychology,* 2. Auflage New York 1982. Sahakian stellt Verbindungslinien zwischen Steinthal, Lazarus, Wundt und Herbart her. Wichtig ist ferner der Aufsatz von Kurt Danziger »Origins and Basic Principles of Wundt's *Völkerpsychologie,« British Journal of Social Psychology* 22 (1983), S. 301–313. Lesenswert ist selbstverständlich auch der Originaltext: Wilhelm Wundt, *Elemente der Völkerpsychologie,* Leipzig 1912. John Forrester hat sich als einziger gründlich mit allen Verästelungen des Kernkomplexes befaßt. Die Ausführungen im vorliegenden Buch stützen sich auf seine Arbeit *Language and the Origins of Psychoanalysis,* New York 1980. Martin Bergmann, *The Anatomy of Loving. The Story of Man's Quest to Know What Love Is,* New York 1987, enthält neben vielen interessanten Details eine aufschlußreiche Analyse von Freuds Arbeit »Über einen besonderen Typus der Objektwahl beim Manne«. Zum Einfluß von E. T. A. Hoffmanns *Die Elixiere des Teufels* und zu Jungs Traum von dem Ritter und dem Zollbeamten vgl. John Kerr, »*The Devil's Elixirs,* Jung's ›Theology‹, and the Dissolution of Freud's ›Poisoning Complex‹«, *The Psychoanalytic Review* 75 (1988), S. 1–34. E. T. A. Hoffmanns Roman liegt in unterschiedlichen Ausgaben vor, zitiert wurde nach der Insel-Ausgabe Frankfurt am Main 1978. Dmitri Mereschkowskis *Leonardo da Vinci. Historischer Roman aus der Wende des 15. Jahrhundert* ist in zahlreichen Ausgaben und Auflagen erschienen (1. Auflage Berlin o. J., 2. Auflage Leipzig 1906), heute aber vergriffen. Aufschluß über den Einfluß griechischer Gedanken in dieser Zeit geben zwei Werke: Elsie Marian Butler, *Deutsche im Banne Griechenlands,* Berlin 1948; Wilhelm Heinrich Roscher, *Ephialtes. Eine pathologisch-mythologische Abhandlung über die Alpträume und Alpdämonen des klassischen Altertums,* Leipzig 1900.

Sabina Spielreins Gedanken über Destruktion, Opfer und Transformation sind offensichtlich von Nietzsche beeinflußt, der auch für Jung eine wichtige Quelle darstellte, und darüber hinaus von Entwicklungen im Denken in ihrem Heimatland. Vgl. Friedrich Nietzsche, *Die Geburt der Tragödie. Unzeitgemäße Betrachtungen I–III,* herausgegeben von G. Colli und M. Montinari, Berlin/New York 1972; Lewis Feuer, *The Conflict of Generations. The Character and Significance of Student Movements,* New York 1969, darin Kapitel 4, »The Russian Student Movement. The Heroic Will to Martyrdom«; James Rice, »Russian Stereotypes in the Freud–Jung Correspondance«, *Slavic Review* 41 (1983), S. 19–34. Ähnliche Vorstellungen über Zerstörung und Werden finden sich auch in Eduard von Hartmanns umfangreichem Werk *Philosophie des Unbewußten,* Berlin 1869. Zu den Hintergründen des »Todestriebes« vgl. Ilja Metschnikow, *Studien über die Natur des Menschen,* Leipzig 1904, und John Kerr, »Beyond the Pleasure Principle and Back Again. Freud, Jung, and Sabina Spielrein«, *Freud. Appraisals and Reappraisals,* herausgegeben von Paul Stepansky, Band 3.

Zur Funktion von Träumen und zu der Frage, ob man Träume als Vorausdeutung auf Zukünftiges verstehen darf, sind an erster Stelle drei Arbeiten von Alphonse Maeder zu nennen: »Über die Funktion des Traumes«, *Jahrbuch für Psychoanalytische und psychopathologische Forschungen* IV/2 (1913), S. 692 bis 707; »Zur Frage der teleologischen Traumfunktion«, *Jahrbuch für Psycho-*

analytische und psychopathologische Forschungen V/1 (1913), S. 453 ff.; *Über das Traumproblem,* Leipzig 1914. Vgl. außerdem Herbert Silberer, *Probleme der Mystik und ihrer Symbole,* Wien/Leipzig 1914, Nachdruck Darmstadt 1961; Wilhelm Stekel, »Beiträge zur Traumdeutung«, *Jahrbuch für Psychoanalytische und psychopathologische Forschungen* 1/2 (1909), S. 458–512, und »Ein religiöser Traum«, *Zentralblatt* 4 (1913), Nr. 1. Maeders Brief an Freud vom Oktober 1912 wurde von Mireille Cifali veröffentlicht in *Le Bloc-Notes de la Psychanalyse* 9 (1989), S. 219–226. Seifs Brief an Jones vom Dezember 1912, in dem er sich lobend über Jungs symbolische Erweiterung des Libidokonzepts äußert, ist unveröffentlicht; Andrew Paskauskas war so freundlich, den Inhalt zusammenzufassen. Zu Oskar Pfisters Auffassung von der psychoanalytischen Deutungsmethode, die sich deutlich von Freud unterscheidet, vgl. sein Buch *Was bietet die Psychoanalyse dem Erzieher?,* Leipzig/Berlin 1917.

Zu Jungs Traum, in dem er Siegfried tötet, vgl. Michael Vannoy Adams, »My Siegfried Problem – And Ours. Jungians, Freudians, Anti-Semitism, and the Psychology of Knowledge«, *Lingering Shadows. Jungians, Freudians, and Anti-Semitism,* herausgegeben von Aryeh Maidenbaum und Stephen Martin, Boston 1991. Dieses Buch enthält wertvolle Informationen über Jungs späteren Antisemitismus und Deutungen aus unterschiedlichen Blickwinkeln. Besonders hervorgehoben sei der Beitrag von Jay Sherry, »The Case of Jung's Alleged Anti-Semitism«, S. 117–132.

Die Veröffentlichungen der Mitglieder des »Komitees« aus dem hier behandelten Zeitraum bedürfen einer eigenen Erwähnung. Die Arbeit von Ernest Jones, »The God Complex«, in: *Essays in Applied Psycho-Analysis,* Band 2, London 1951, S. 244–265, später nachgedruckt unter dem Titel *Psycho-Myth, Psycho-History,* New York 1974, war ausdrücklich als ein Porträt von Jung gemeint – und von Jones selbst. Ranks wichtiges Werk *Der Doppelgänger. Eine psychoanalytische Studie,* Leipzig 1925 (zuerst erschienen in *Imago* 1914) verrät die geheime Absicht, Jung in den Formulierungen zu übertreffen. Sehr viel deutlicher tritt dies zutage in dem Buch von Rank und Sachs, *Die Bedeutung der Psychoanalyse für die Geisteswissenschaften,* Wiesbaden 1913, allerdings muß es mit Vorsicht gelesen werden. Auch Analytiker, die nicht dem »Komitee« angehörten, beteiligten sich an der Auseinandersetzung mit Jung. Paul Federn veröffentlichte außer einer Rezension über Sabina Spielreins »Destruktion als Ursache des Werdens«, *Internationale Zeitschrift für ärztliche Psychoanalyse* 1 (1913), S. 92 f., auch eine Arbeit zum Lust- und Realitätsprinzip mit dem Titel »Some General Remarks on the Principles of Pain-Pleasure and of Reality«,

Psychoanalytic Review 2 (1914), S. 1–11. Ferenczis Rezension der »Wandlungen und Symbole der Libido« wurde erstmals veröffentlicht in der *Internationalen Zeitschrift für ärztliche Psychoanalyse* 1 (1913), S. 132–148, und nachgedruckt in Band 1 der *Bausteine zur Psychoanalyse,* S. 243–268. Abraham geht in seiner Rezension hart mit den »Wandlungen und Symbolen« und den Fordham Lectures ins Gericht: »Kritik zu C. G. Jung ›Versuch einer Darstellung der psychoanalytischen Theorie‹« (1914), abgedruckt in Karl Abraham, *Psychoanalytische Studien II,* S. 395–410. Otto Groß' Besprechung von Sabina Spielreins Arbeit erschien unter dem Titel »Über Destruktionssymbolik« im *Zentralblatt für Psychoanalyse und Psychotherapie* 4 (1914), S. 525–534.

Der Leser, der einen Überblick über den gegenwärtigen Stand der Freud-Forschung gewinnen möchte, sollte Paul Stepanskys »Series Introduction« (xi-xix) zu Rate ziehen und John Gedo, »On the Origins of the Theban Plague. Assessment of Freud's Character«, S. 241–259, beides in dem genannten Band von Stepansky, *Freud. Appraisals and Reappraisals,* ferner John Kerr, »History and the Clinician«, *Freud and the History of Psychoanalysis,* herausgegeben von Toby Gelfand und John Kerr. Der beste Führer durch das Dickicht des Quellenmaterials und der Sekundärliteratur ist Ellenberger, *Die Entdeckung des Unbewußten,* der in den Anmerkungen die Literatur ausführlich kommentiert. Die beste Bibliographie zur frühen Freud-Rezeption in Deutschland ist die von Hannah Decker in ihrem Buch *Freud in Germany. Revolution and Reaction in Science. 1893–1907.* Die Suche nach Sekundärliteratur wird durch vier hervorragende Bibliographien erleichtert. Mark Micale hat eine klug kommentierte Bibliographie zusammengestellt, die europäische und amerikanische Literatur enthält, orientiert an dem von Ellenberger vorgegebenen historiographischen Programm: *Beyond the Discovery of the Unconscious. Selected Essays on the History of Psychiatry by Henri Ellenberger.* (Micales Einführung zu diesem Band, »Henri F. Ellenberger and the Origins of European Psychiatric Historiography«, ist selbst ein wichtiger Beitrag zur Literatur.) Frank Sulloway hat in der Bibliographie zu seinem Buch *Freud. Biologe der Seele* auf fast siebzig Seiten wichtige Literatur zusammengetragen, alphabetisch nach Autoren geordnet. Noch ergiebiger im Hinblick auf die psychoanalytische Literatur ist die Bibliographie in dem genannten Werk von Malcolm Macmillan, *Freud Evaluated. The Completed Arc.* Eine vorzügliche Zusammenstellung von Primär- und Sekundärliteratur, versehen mit ausführlichen Kommentaren, bietet der bibliographische Essay im Anhang zur Freud-Biographie von Peter Gay, S. 823–872.

Personenverzeichnis

Sach- und Werkeverzeichnis